किसान, राष्ट्रीय आंदोलन और प्रेमचंद : 1918-22

प्रेमाश्रम और अवध के किसान आंदोलन का विशेष अध्ययन

किसान, राष्ट्रीय आंदोलन और प्रेमचंद : 1918-22

वीर भारत तलवार

वाणी प्रकाशन

प्रकाशन के उत्कृष्टतम 60 वर्ष

सजिल्द पहला संस्करण : 1990
सजिल्द दूसरा संस्करण : 2008
सजिल्द तीसरा संस्करण : 2023

vaniprakashan.com

वाणी प्रकाशन

4695, 21-ए, दरियागंज, नयी दिल्ली-110 002

फ़ोन : +91 11 23273167, 23275710

शाखाएँ

अशोक राजपथ, पटना-800 004, बिहार
कॉफ़ी हाउस कैम्पस, महात्मा गांधी मार्ग, इलाहाबाद-211 001, उत्तर प्रदेश
महात्मा गांधी अन्तरराष्ट्रीय हिन्दी विश्वविद्यालय, वर्धा-442 001, महाराष्ट्र
36/ए, शेक्सपियर सरणी, रानी बिरला गर्ल्स कॉलेज के पास, कोलकाता-700 017, प. बंगाल

sales@vaniprakashan.in
vaniprakashan@gmail.com

Kisan, Rashtriya Aandolan aur Premchand : 1918-22
by Veer Bharat Talwar

ISBN : 978-81-8143-867-6
Criticism

मूल्य : ₹ 595

आर. टेक ऑफ़सेट प्रिंटर्स, दिल्ली-110 032 में मुद्रित

वाणी प्रकाशन का लोगो मक़बूल फ़िदा हुसेन की कूची से

श्रद्धेय डॉ. रामविलास शर्मा को
जिनसे सीखना और झगड़ना–दोनों होता रहा है

विषय सूची

आमुख vii

भूमिका ix

दूसरे संस्करण की भूमिका xiii

1. प्रेमाश्रम 19-91
जमींदार वर्ग—किसान वर्ग—किसानों का संघर्ष और उनकी हार—किसानों का सवाल और प्रेमचंद का यूटोपिया—मध्यवर्ग—औरतें

2. 'प्रेमाश्रम' और अवध का किसान आंदोलन 92-111

3. युग और कृति 112-240
लड़ाई—किसान साहित्य—किसानों के शोषण के रूप—किसानों के संगठन—नेतृत्व का सवाल—किसान संघर्ष—किसान चेतना—गाँधी का उभार—बोल्शेविज़्म—स्त्री-चेतना—नेतृत्व की विडंबना—प्रेमाश्रम की परिणति—राष्ट्रीय आंदोलन : उर्दू मसौदा और प्रेमाश्रम—पाठकीय समीक्षा

4. प्रेमाश्रम काल की कहानियाँ तथा अन्य रचनाएँ 241-282
स्वाधीनता आंदोलन के क़थाकार—'बलिदान' और 'विध्वंस'—जमींदारी प्रथा और टॉल्स्टॉयवाद—द्वंद्व के बीच संकल्प

5. निष्कर्ष 283-287

6. संदर्भ-सूची 288-293

परिशिष्ट 294-303

आमुख

वीर भारत तलवार ने किसान, राष्ट्रीय आंदोलन और प्रेमचंद से संबंधित कुछ ऐसे पहलुओं को उजागर किया है जिनकी उचित व्याख्या अभी नहीं हुई है। 'प्रेमाश्रम' जैसी कृति का साहित्यिक कला की दृष्टि से और व्यापक संक्रमणकालीन सामाजिक परिप्रेक्ष्य में उन्होंने विशद विश्लेषण किया है। साहित्य और समाज, दोनों के ऐतिहासिक संदर्भ में उन्होंने प्रेमचंद और विशेष रूप से 'प्रेमाश्रम' के मूल्यांकन का सराहनीय प्रयास किया है। इस ग्रंथ की सबसे महत्त्वपूर्ण विशेषता यह है कि इसमें साहित्यिक समीक्षा को सामाजिक-ऐतिहासिक अध्ययन से जोड़ा गया है जिससे साहित्यिक आलोचना की नई दिशाएँ उभरती हैं।

एक भारतीय लेखक के रूप में प्रेमचंद के लेखन को प्रभावित और निर्धारित करने वाली सामाजिक प्रक्रियाओं—विशेषकर औपनिवेशिक व्यवस्था और उपनिवेशवाद विरोधी शक्तियों—की यह पुस्तक गहरी पहचान कराती है। इसके अलावा स्वयं प्रेमचंद ने अपने समय में चल रहे संघर्ष पर क्या प्रभाव डाला था, इसका भी पता इस ग्रंथ से चलता है। लेखक ने प्रेमचंद के विश्व-दृष्टिकोण पर टॉल्सटॉय, गाँधी जी तथा लेनिन (बोल्शेविज्म) के प्रभावों की गंभीर जाँच-पड़ताल करते हुए दिखलाया है कि महान लेखकों की कृतियाँ न तो विचारधारा से तटस्थ होती हैं और न ही विचारधारा से पूर्णतया निर्धारित होती हैं।

आशा है, इस शोध ग्रंथ से प्रेमचंद के 'प्रेमाश्रम' की जो व्याख्या वीर भारत तलवार जी ने आरंभ की है, उसे वे प्रेमचंद के समग्र साहित्य के अधिक गहरे ऐतिहासिक और समाजशास्त्रीय विश्लेषण के रूप में विकसित करेंगे जिसके द्वारा वे उन अपूर्णताओं को दूर कर पाएँगे जिनका एक प्रारंभिक प्रयास में रहना स्वाभाविक ही है।

पहले संस्करण की भूमिका

यह किताब जवाहरलाल नेहरू विश्वविद्यालय में पी-एच. डी. की उपाधि के लिए शोध-प्रबंध के रूप में 1982-83 में लिखी गई थी। शोध का विषय 'प्रेमाश्रम' और अवध के किसान आंदोलन के बीच कोई संबंध था या नहीं, इसकी जाँच-पड़ताल करना था। शोध शुरू करने के समय मैंने अध्ययन की जो रूपरेखा बनाई थी, शोध करने के दौरान, उसमें फेर-बदल होता गया। जब शोध पूरा हुआ तो यह अध्ययन एक कलाकृति के उसके युग के साथ संबंधों की छानबीन के रूप में सामने आया।

अवध के किसान आंदोलन (1918-20) के अध्ययन के लिए मैं मुख्यतः एम.एच. सिद्दीकी (जे. एन. यू.) तथा कपिल कुमार (मेरठ वि. वि.) के शोध कार्यों पर निर्भर रहा। सिद्दीकी का शोध-प्रबंध प्रकाशित था, कपिल का अप्रकाशित (अब प्रकाशित हो चुका है)। सिद्दीकी और कपिल, दोनों ने अवध के किसान आंदोलन से संबंधित बहुत-सी मूल सामग्री नई दिल्ली के जवाहरलाल नेहरू मेमोरियल म्यूज़ियम एवं लाइब्रेरी के पांडुलिपि विभाग में जमा करा दी थी। इस सामग्री में किसान आंदोलन के नेता बाबा रामचंद्र की हस्तलिखित नोटबुक, आत्मकथा संबंधी अंश, भाषण एवं लेखन, पत्राचार तथा 1918-22 के किसान आंदोलन पर लिखी गई उनकी टिप्पणियाँ शामिल हैं। इसी के साथ उस आंदोलन के दौरान छपे हैंडबिल तथा पैंफलेट्स आदि भी हैं। इस मूल ऐतिहासिक सामग्री का पूरा फायदा उठाने के अलावा मैंने कपिल कुमार के साथ किसान आंदोलन के प्रारंभिक केंद्र—प्रतापगढ़ जिले की पट्टी तहसील और रूरे गाँव—में भी जाकर आंदोलन में भाग लेने वाले सूरमाओं के पारिवारिक सदस्यों से बातचीत की। पट्टी तहसील में ही बाबा रामचंद्र की विधवा श्रीमती जग्गी देवी (गाँव देवस्थान कुंडा) से बातचीत की। वृद्धा हो जाने के बावजूद जग्गी देवी के विचारों की धार अब भी तीखी थी। किसानों का फिर से संगठन बनाने और आंदोलन करने की उनकी बेचैनी को देखकर बरबस ही उस महान किसान नेता की याद आ जाती थी जिनकी वह जीवन-संगिनी रहीं।

हिस्सों, एक ओर निम्न और साधारण मध्यवर्ग, दूसरी ओर उच्च मध्यवर्ग, के बीच फर्क करने और राजनीतिक-सामाजिक प्रश्नों पर उनके मतभेद को पहचानने की समझ--का एक अनगढ़ रूप पहली बार रामविलास जी के साथ अक्सर होने वाले मेरे सांध्यकालीन वार्तालाप के दौरान ही उभर कर आया था। लेकिन, शोध पूरा होने के साथ ही राष्ट्रीय आंदोलन के संदर्भ में देहात के भू-स्वामी वर्ग के बारे में मेरी कुछ धारणाओं का विकास हुआ। जब 'दस्तावेज' (गोरखपुर) पत्रिका ने आचार्य शुक्ल के एक अप्राप्य राजनीतिक निबंध को छापा, तब मैंने उस निबंध की आलोचना करते हुए एक लेख लिखा जिसमें राष्ट्रीय आंदोलन के संदर्भ में बड़े और छोटे जमींदारों के बीच भेद करते हुए शुक्ल जी को छोटे जमींदारों के हितों के प्रति चिंतित दिखाया। इस पर 'वर्तमान साहित्य' (गाजियाबाद) पत्रिका में रामविलास जी से मेरी बहस हो गई। लेकिन, इन विकसित हुई धारणाओं के मुताबिक शोध-प्रबंध के प्रकाशित रूप में मैंने कोई सुधार नहीं किया है। पहले की धारणाओं को मैंने आलोचना के लिए रहने दिया है।

मेरे शोध निदेशक डॉ. नामवर सिंह ने मेरे शोध कार्य में जैसी दिलचस्पी ली, वैसी आजकल विश्वविद्यालयों में कम ही देखने को मिलती है। न सिर्फ संकट के मौकों पर जटिल सवालों के जवाब ढूँढ़ने में उन्होंने मेरी मदद की, बल्कि कई बार मेरे सामने सवाल खड़े करके और मेरी धारणाओं पर असहमतिपरक टिप्पणियाँ करके उन्होंने मुझे और भी गहराई में जाने के लिए प्रेरित किया; मुझे अपनी धारणाओं को और भी दृढ़तापूर्वक रखने के लिए उत्तेजित किया। गुरु के ऋण को सिर्फ आभार प्रकट करके कैसे चुकाया जा सकता है?

समय-समय पर डॉ. रामविलास शर्मा, प्रो. बिपिनचंद्र और प्रो. हरबंस मुखिया से हुए विचार-विमर्श और उनसे मिली सूचनाओं और सुझावों के लिए मैं उनके प्रति आभार प्रकट करता हूँ।

दिल्ली के चाँदनी चौक इलाके में स्थित मारवाड़ी पुस्तकालय हिंदी की पुरानी किताबों और पुरानी पत्र-पत्रिकाओं के लिहाज से बहुत महत्त्वपूर्ण संस्था है और कुछ एक पत्रिकाओं के मामले में नागरी प्रचारिणी सभा से ज्यादा मूल्यवान है। लेकिन इसकी प्रबंध समिति अब इसकी व्यवस्था पर पर्याप्त ध्यान नहीं देती, न सरकार देती है--फलतः यहाँ दुर्लभ पुरानी पत्र-पत्रिकाएँ और किताबें धीरे-धीरे नष्ट हो रही हैं। इस पुस्तकालय के भूतपूर्व अध्यक्ष स्व. श्री पारीख जी ने पुरानी पत्र-पत्रिकाओं की फाइलों का अध्ययन करने की मुझे पूरी सुविधा दी थी। इलाहाबाद म्यूजियम के तत्कालीन डायरेक्टर श्री राजऋषि त्रिपाठी ने 'प्रेमाश्रम' के उर्दू मसौदे के एक हिस्से की कापी दिखाने का प्रबंध बहुत तत्परता से किया था और इस प्रबंध में श्री अमृतराय ने महत्त्वपूर्ण भूमिका अदा की थी। जवाहरलाल नेहरू मेमोरियल म्यूजियम एंड लाइब्रेरी के पांडुलिपि विभाग और माइक्रोफिल्म सेक्शन के कर्मचारियों ने पुराने कागजों और पुराने अखबारों के अध्ययन में सहयोग किया। काशी नागरी प्रचारिणी सभा के वाजपेयी जी तथा पुस्तकालय के दूसरे

कर्मचारियों ने 'आज' अखबार की धूल-भरी, जर्जर, पर भारी-भारी फाइलों को मेरे लिए उतरवाया। इन सबका मैं आभारी हूँ।

शोध-प्रबंध को किताब के रूप में प्रकाशित करते हुए मुझे कपिल कुमार का ध्यान आना स्वाभाविक है जिनके साथ तीन मूर्ति की लाइब्रेरी में अवध का किसान आंदोलन हमारी रोजाना बातचीत का मुद्दा बन गया था। हम दोनों एक ही रास्ते पर सफर कर रहे थे। प्रिय कपिल कुमार! रास्ते के साथ के लिए—जिससे सफर का बोझ कम हो गया—बहुत-बहुत शुक्रिया!

वीर भारत तलवार

18.02.90
भारतीय भाषा केंद्र
जवाहरलाल नेहरू विश्वविद्यालय
नई दिल्ली-110067

दूसरे संस्करण की भूमिका

हिंदी समाज में सवर्णों का जोर हमेशा से अपनी परंपरा पर रहा है। यह बात हजारीप्रसाद द्विवेदी जैसे बड़े विद्वानों ने भी कही है। खास बात यह है कि जो शिक्षित सवर्ण प्रगतिशील विचारधारा और वामपंथ के समझे जाते हैं, वे भी अपनी परंपरा को बहुत आलोचनात्मक दृष्टिकोण से नहीं देखते।

यह बात हिंदी साहित्य में भी दिखाई देती है। यहाँ के मार्क्सवादी लेखक भी अपनी तथाकथित जातीय साहित्यिक परंपरा को आलोचनात्मक विवेक की दृष्टि से उतना नहीं देखते जितना श्रद्धा-भक्ति की दृष्टि से। और कारणों के अलावा यह भी एक वजह है कि परंपरा के प्रति विद्रोही भाव रखने वाले राहुल सांकृत्यायन हिंदी साहित्य जगत को उतने मान्य नहीं हुए जितने परंपरा के प्रति आदरभाव रखनेवाले रामविलास शर्मा हुए। रामविलास जी ने हिंदी साहित्य में 'प्रगतिशील जातीय परंपरा' की एक अवधारणा बनाई है। उनके विराट और तेजस्वी व्यक्तित्व के कारण उनकी बनाई इस अवधारणा का इतना ज्यादा प्रभाव रहा है कि इस 'प्रगतिशील जातीय परंपरा' के अंदर पड़नेवाले लेखकों की प्रगतिशीलता के बारे में कोई सवाल या उनके प्रति आलोचना और विरोध के स्वर को हिंदी साहित्य में आमतौर पर नामंजूर कर दिया जाता है। कई बार लोग ऐसे स्वरों को सुनने तक के लिए तैयार नहीं होते। इस तरह हिंदी में परंपरा के बारे में कुछ निश्चित विचारों का ऐसा चौखटा तैयार हो गया है कि जिसके बाहर जाकर सोचने-समझने या सवाल उठाने की कोशिश को कुफ्र समझा जाता है। आलोचना की इस धारा से हिंदी साहित्य में वैचारिक कट्टरता और संकीर्णता को बढ़ावा मिला है।

इस किताब को लिखते समय 1982-83 में वह व्यापक प्रभाव किसी हद तक मुझ पर भी था। यही वजह है कि किताब में किए गए विवेचन के कुछ पक्षों से आज मैं सहमत नहीं हूँ। जैसे प्रेमचंद की स्त्री संबंधी-दृष्टि की बढ़-चढ़कर सराहना करने के लिए अपनाई गई पद्धति में आलोचनात्मक रुख पीछे छूट गया है। इस तरह के कुछ मुद्दे और भी हैं या हो सकते हैं। इसके बावजूद, पाठक गौर करेंगे कि उस वक्त भी अपने विवेचन में प्रेमचंद की महानता को पूरी तरह से मानते हुए भी मैंने उनके

कुछ ऐसे अंतर्विरोधों को उजागर किया था जिनकी चर्चा हिंदी आलोचना में बहुत कम होती थी। अपने ऊपर रामविलास जी के और हिंदी साहित्य के आम परंपरावादी प्रभाव के बावजूद मैंने राष्ट्रीय स्वाधीनता आंदोलन के नेतृत्वकारी वर्ग के प्रति प्रेमचंद के कुछ अंतर्विरोधों को नोट किया था। अपने समय में प्रेमचंद किसानों के सबसे बड़े पक्षधर लेखक थे, इसके बावजूद जमींदारी प्रथा और किसान संघर्ष के सवाल पर उनमें कुछ दुविधाएँ थीं, कुछ ऐसे मुद्दे थे जिनकी आलोचनात्मक जाँच-पड़ताल की जरूरत रही है। लेकिन हिंदी में प्रेमचंद के प्रति पूजा भाव होने के कारण उन सबकी चर्चा शायद ही कभी होती थी और कभी होने पर भी प्रबल विरोध के साथ दबा दी जाती थी। इन अंतर्विरोधों पर मेरा ध्यान तो गया पर मैंने भी उस वक्त उन पर पर्याप्त जोर नहीं दिया। इसका कारण वही प्रचलित आलोचना पद्धति थी जिसमें परंपरा के प्रति आदर-सम्मान का भाव ज्यादा होता और उसकी तर्कपूर्ण जाँच-पड़ताल कम होती थी।

नामवर जी का परंपरा संबंधी दृष्टिकोण रामविलास जी से अलग रहा है। उनकी दृष्टि जितनी परंपरा की खोज में रहती है, उससे कम नवीनता की खोज में नहीं रहती। इसलिए बहुत-से मुद्दों पर उनके रामविलास जी से मतभेद हैं। लेकिन इसके साथ ही यह विरोधाभास भी दिखाई देता है कि कई मुद्दों पर नामवर जी के विचार रामविलास जी से बहुत अलग नहीं हैं—थोड़े हेर-फेर के बावजूद। जैसे हिंदी जाति, हिंदी नवजागरण और प्रगतिशील जातीय परंपरा की अवधारणा और इसके प्रति आदर-सम्मान की भावना। इसलिए प्रेमचंद के प्रति मेरे आलोचनात्मक विवेचन को अपनी ज्यादा खुली दृष्टि से स्वीकार करते हुए भी इस दिशा में उन्होंने मुझे उत्साहित कभी नहीं किया। अपने समय में प्रेमचंद किसानों के सबसे बड़े हितैषी लेखक थे। इस सत्य के बावजूद किसानों के सामंत विरोधी संघर्ष को लेकर उनके मन में कुछ दुविधाएँ भी थीं, खासकर स्वाधीनता आंदोलन के परिप्रेक्ष्य में। 'प्रेमाश्रम' में किसान संघर्ष के प्रसंग में अपनी थीसिस में एक जगह मैंने प्रेमचंद की आलोचना की थी जिससे नामवर जी सहमत नहीं हुए। चूँकि वह अंश प्रकाशित पुस्तक में नहीं है, इसलिए यहाँ मैं उसे अलग से दे रहा हूँ। जमींदार ज्ञानशंकर के खिलाफ संघर्ष के प्रसंग में एक जगह प्रेमचंद किसान मनोहर के बारे में लिखते हैं—

''जिस दिन से वह ज्ञानशंकर की कठोर बातें सुनकर लौटा था, उसी दिन से विकृत भावनाएँ उसके हृदय और मस्तिष्क में गूँजती रहती थीं। एक मर्माहत पक्षी था, जो घावों से तड़प रहा हो! वह अपशब्द उसे एक क्षण भी न भूलते थे। वह ईंट का जवाब पत्थर से देना चाहता था। वह जानता था कि सबलों से बैर बढ़ाने में मेरा ही सर्वनाश होगा, किंतु इस समय उसकी अवस्था उस मनुष्य की-सी हो रही थी, जिसके झोंपड़े में आग लगी हो और वह उसके बुझाने में असमर्थ होकर शेष भागों में भी आग लगा दे कि किसी प्रकार इस विपत्ति का अन्त हो। रोगी अपने रोग को असाध्य देखता है तो पथ्यापथ्य की बेड़ियों को तोड़कर मृत्यु की ओर दौड़ता है।'' इस उद्धरण पर

टिप्पणी करते हुए मैंने अपनी थीसिस में लिखा था—"मनोहर की विकृत भावनाएँ क्या थीं? वह कारिंदे की चौपाल के सामने से अकड़कर चलता है, जमींदार के चपरासी को आता देख चारपाई से सलाम करने के लिए नहीं उठता, अपने पके आमों का चौथाई हिस्सा जमींदार को बेगार में नहीं देता और जमींदार जब झूठे आधारों पर लगान इजाफे का दावा करता है तो वह तय कर लेता है कि वह लगान की एक कौड़ी भी बेसी न देगा। क्या ये भावनाएं विकृत थीं। ये भावनाएँ विकृत न थीं, अन्यथा सामंती प्रथाओं के खिलाफ विद्रोह मात्र विकृति कहलाएगा।

"वह बेगार में घी देने से इनकार करता है तो जमींदार उसका अपमान करता है और उसे कुचलने के लिए शिकमी जमीन उसकी जोत से निकाल लेता है। लेकिन इससे मनोहर का साहस नहीं टूटता और वह सामंती प्रथाओं के खिलाफ और भी ज्यादा हिम्मत से अपना संघर्ष जारी रखता है। यह पथ्यापथ्य की बेड़ियों को तोड़कर मृत्यु की ओर दौड़ना न था। उस सामंती व्यवस्था के रोग को जब भी किसान वर्ग दूर करने की कोशिश करेगा तो उसे उसी पथ्य का सहारा लेना होगा, जिसका मनोहर ने लिया। यह एक क्रांतिकारी कोशिश थी। झोंपड़े के शेष भागों में भी आग लगा देने वाली उपमा स्थिति का सही बयान नहीं करती है।

"मनोहर की पराजय का कारण सामंती प्रथाओं और जुल्म के खिलाफ संघर्षशील भावनाएँ नहीं थीं; पराजय का कारण किसान वर्ग का असंगठित होना था। कारिंदे की हत्या के बाद जब जेल में दुखरन भगत और दूसरे किसान मनोहर की निंदा करते हैं तो कादिर उनसे कहता है—"यारो, ऐसी बात न करो। बेचारे ने तुम लोगों के लिए, तुम्हारे हक की रक्षा करने के लिए यह सब कुछ किया। उसकी हिम्मत और जीवट की तारीफ तो नहीं करते और उसकी बुराई करते हो। हम सब के सब कायर हैं, वही एक मर्द है।"

"मनोहर का बलिदान अपने वर्ग के मुक्ति संग्राम का एक हिस्सा था। यह मृत्यु की ओर दौड़ना न था, अपने हकों की रक्षा के लिए दौड़ना था। हकों की रक्षा के लिए दौड़ना अगर मृत्यु का वरण है, तो वह हो। प्रेमचंद ने जब मनोहर के संघर्ष और प्रतिरोध की भावनाओं की विकृति कहा था तो मानो अनजाने में ही वे उन्हीं कायर किसानों की श्रेणी में शामिल हो गए थे जिनके मुकाबले में मनोहर मर्द था। खुद प्रेमचंद के किसान प्रेमचंद से भिन्न भाषा बोलते हैं।"

थीसिस के उपरोक्त हिस्से में नामवर जी को एतराज खासकर आखिरी दो वाक्यों पर था। मेरा विवेचन सही या गलत हो सकता है। लेकिन मुख्य बात यह है कि हिंदी साहित्य में (खासकर विश्वविद्यालयों के हिंदी विभागों में) बड़े लेखकों के प्रति असहमति और विरोध के स्वर का, उनकी निर्मम आलोचनात्मक जाँच-पड़ताल करने की कोशिशों का, स्वागत करने की संस्कृति नहीं रही है। नामवर जी के प्रति न्याय करने के लिए यह कहना जरूरी है कि वे इस संस्कृति के अपवाद रहे हैं, बहुत

दूर तक। इसीलिए उनसे जुड़ी इस घटना का उल्लेख मैं कर पा रहा हूँ।

पर क्या यह एक तथ्य नहीं है कि एक ओर प्रेमचंद की किसान संबंधी चिंताएँ और दूसरी ओर अपने समय के किसान संघर्षों के प्रति उनका व्यावहारिक रुख, इन दोनों के बीच एक फांक, एक दूरी दिखाई देती है? क्या यह सच नहीं है कि प्रेमचंद ने किसान समस्याओं को जितनी हमदर्दी से देखा, उसके अनुरूप उन समस्याओं के हल के लिए चल रहे बड़े किसान आंदोलनों का उतना उत्साहपूर्ण और मुखर समर्थन नहीं किया? क्या यह सच नहीं है कि उनकी रचनाओं में कुछ जगहों पर किसान प्रश्न पर उनका रुख स्वाधीनता आंदोलन के उस पूँजीवादी नेतृत्व की राजनीति से नियंत्रित होता दिखाई देता है जो किसान प्रश्न के हल के प्रति बहुत गंभीर और ईमानदार नहीं था? प्रेमचंद साहित्य में कुछ अंतर्विरोध क्या ठीक इसी कारण से उभर नहीं आए हैं?

हिंदी साहित्य में परंपरा के प्रति श्रद्धापूर्ण, अनालोचनात्मक रवैये के व्यापक प्रभाव के कारण ही मैं कुछ सालों बाद प्रकाशित हुई गीतांजलि पांडे की किताब 'बिट्विन टू वर्ल्ड्स' (मनोहर, दिल्ली 1989) की सराहना नहीं कर सका। इस पर लिखे गए अपने समीक्षात्मक लेख 'सबाल्टर्न अध्ययन दृष्टि और प्रेमचंद' (जुलाई-सितंबर, 1991, इंद्रप्रस्थ भारती, दिल्ली) में मैंने शुरुआत तो सराहना से की थी लेकिन बहुत जल्दी सराहना की जगह किताब का विरोध शुरू हो जाता है जो अंत तक चलता है। मजेदार बात यह है कि उस वक्त हिंदी के लेखकों और पाठकों को उस सराहना से शंका हुई थी, डर लगा था, लेकिन आगे उसका विरोध देखकर राहत मिली, संतोष हुआ था। फिर *इंडियन इकनॉमिक एंड सोशल हिस्ट्री रिव्यू* 28, 4, 1991 दिल्ली) नामक जर्नल में उसकी एक छोटी सी समीक्षा *मिस रीडिंग प्रेमचंद* लिखते हुए मैंने उस सराहना को भी छोड़ दिया था, सिर्फ विरोध ही विरोध बचा रहा। इतना ही नहीं, सबाल्टर्न अध्ययन दृष्टि को भी नाहक मैंने गीताजंलि पांडे पर थोप दिया था।

अपनी इस पुरानी गलती को सुधारते हुए आज मैं कहना चाहूँगा कि प्रेमचंद संबंधी गीताजंलि पांडे की वह किताब बहुत महत्त्वपूर्ण और पढ़ने लायक है। उनके अध्ययन में कुछ स्पष्ट कमजोरियाँ होने के बावजूद उसमें स्वाधीनता आंदोलन, किसान समस्या, दलित प्रश्न, स्त्रीप्रश्न और सांप्रदायिकता के सवाल पर प्रेमचंद के महत्त्व के साथ-साथ उनके लेखन में मौजूद अंतर्विरोधों और दुविधाओं को एक सजग अंतर्दृष्टि के साथ पकड़ा गया है। प्रेमचंद की स्थिति को ऐतिहासिक परिप्रेक्ष्य में समझते हुए उनकी कमजोरियों को राष्ट्रीय स्वाधीनता आंदोलन की कमजोरियों के साथ देखा गया है। अपने महान लेखकों के साहित्यिक अध्ययन में ऐसा आलोचनात्मक विवेक और ऐसी ऐतिहासिक अंतर्दृष्टि हिंदी के कई बड़े आलोचकों में भी नहीं मिलती।

हिंदी भाषा और साहित्य के बारे में अंग्रेजी में लिखे जाने वाली आलोचना के प्रति हिंदी के कई आलोचकों में एक अजीब-सा कटाक्षपूर्ण विरोध भाव मिलता है

जिसके पीछे हीनता ग्रंथि काम करती लगती है। यह सही है कि हिंदी भाषा और साहित्य के बारे में अंग्रेजी में लिखा गया सभी कुछ महत्त्वपूर्ण नहीं है। उसमें काफी कुछ नासमझी और कूड़ा भी है। लेकिन नासमझी और कूड़ा कहाँ नहीं होता? यह तो हिंदी में अंग्रेजी से भी ज्यादा है। हिंदी के बारे में चूँकि अंग्रेजीदां लोगों ने लिखा है, इसीलिए वह हंसी और व्यंग्य से उड़ा देने लायक है—यह एक जहालत-भरा और अहंमन्यता-भरा दृष्टिकोण है। इस दृष्टिकोण से दूर रहने की जरूरत है। आज जरूरत इस बात की है कि भाषागत सीमाओं को लाँघकर हम वाद-विवाद-संवाद के अपने दायरे को और व्यापक बनाएँ और साहित्य के तुलनात्मक अध्ययन की ओर बढ़े। ऐसा करने के उलट, कुछ लोग हिंदी में लिखी गई किताबों पर भी अपने व्यंग्य-बाण सिर्फ इसलिए चलाते हैं कि उनमें अंग्रेजी में लिखी गई किताबों से संवाद किया गया है या उनमें व्यक्त विचार उन्हीं विषयों पर अंग्रेजी में लिखी गई किताबों से सहमति जताते हैं। कहना मुश्किल है कि ऐसे तर्करहित, विवेकहीन और संकीर्ण हिंदीवादी विचार कुछ लोगों द्वारा अपना वैचारिक बौनापन छुपाने की स्वार्थपूर्ण चेष्टा है या एक पूरे बौद्धिक समाज की हीनता ग्रंथि है?

कहने की जरूरत नहीं कि सवाल हिंदी या अंग्रेजी में लिखे जाने का नहीं हो सकता। सवाल विवेचन की तार्किकता, प्रामाणिकता और आलोचनात्मक दृष्टि का होना चाहिए।

प्रस्तुत संस्करण में कोई संशोधन-परिवर्तन नहीं किया गया है। अनुक्रमणिका, जो किताब के पिछले संस्करण में थी, कुछ वजहों से इस संस्करण में नहीं दी जा सकी है।

भारतीय भाषा केंद्र
जवाहरलाल नेहरू विश्वविद्यालय
नई दिल्ली-110067

वीर भारत तलवार
10 जून, 2007

1

प्रेमाश्रम

पूर्वी उत्तर प्रदेश से हजारों मील दूर रूस में लेनिन के नेतृत्व में मज़दूर-किसानों की बोल्शेविक क्रांति हो चुकी थी। हिंदी भाषी इलाके के एक छोर पर चंपारन में गाँधी के नेतृत्व में नील की खेती कराने वाले अंग्रेज जमींदारों के खिलाफ़ किसानों का आंदोलन हो चुका था। लेकिन पूर्वी उत्तर प्रदेश अभी चुप था। कांग्रेस का असहयोग आंदोलन, जिसने पूर्वी उत्तर प्रदेश के लाखों किसानों को खींच लिया, अभी भविष्य के गर्भ में था। बाबा रामचंद्र के नेतृत्व में अवध के किसानों का संघर्ष फूटने में देर थी; अभी वह रंगमंच के पीछे नेपथ्य में था। असंतोष की आग अंदर ही अंदर सुलग रही थी। 60 वर्षों से ब्रिटिश राज की छत्र-छाया में सामंत वर्ग के शोषण-उत्पीड़न से, विश्वयुद्ध की ज़्यादतियों, कर्जों और युद्ध खत्म होने के तुरंत बाद आकाश छूती कीमतों से पूर्वी उत्तर प्रदेश के खेतिहर-समाज में जो परिस्थितियाँ पैदा हो गई थीं, उन पर किसी भी राष्ट्रीय नेता के मुकाबले, पहली प्रतिक्रिया प्रेमचंद ने की। यह प्रतिक्रिया उन्होंने 'प्रेमाश्रम' रचकर की। 1918-19 में पूर्वी उत्तर प्रदेश की जिन परिस्थितियों के जवाब में 'प्रेमाश्रम' की रचना हुई, उन परिस्थितियों ने 'प्रेमाश्रम' की रचना पूरी होने के बाद फूटने वाले दो शक्तिशाली आंदोलनों–किसान आंदोलन और असहयोग आंदोलन–में भारी हाथ बँटाया। 'प्रेमाश्रम' न सिर्फ अपने समय के यथार्थ को चित्रित करता है बल्कि उस यथार्थ के भावी विकास की दिशा का भी संकेत करता है। यह एक ही साथ 'वास्तविक चेतना' और 'संभावित चेतना', दोनों का उपन्यास था।

1922 में प्रकाशित 'प्रेमाश्रम' हिंदी में किसानों के सवाल पर लिखा गया पहला उपन्यास है। इसमें सामंती व्यवस्था के साथ किसानों के अंतर्विरोधों को केंद्र में रखकर उसकी परिधि के अंदर पड़नेवाले हर सामाजिक तबके का–ज़मींदार, ताल्लुकेदार, उनके नौकर, पुलिस, सरकारी मुलाजिम, शहरी मध्यवर्ग–और उनकी सामाजिक भूमिका का

सजीव चित्रण किया गया है। 30 वर्षों के दौरान लिखे गए प्रेमचंद-साहित्य के कुल तीन हज़ार पात्रों में से करीब 40 पात्र सिर्फ 'प्रेमाश्रम' में हैं जिनमें से 25 पात्र बड़ी सजीवता के साथ उपन्यास में अपनी भूमिका निभाते हैं। एक तरफ परंपरागत ढंग का ज़मींदार प्रभाशंकर है जो धूप में पैदल चलकर आए अपने असामियों से यह भी पूछता है कि घर से खाकर चले हो क्या? साथ ही उन्हें हँसी-खुशी बेगार करने को भी कहता है। वह मान-मर्यादा के पुराने सामंती मूल्यों का पालन करता हुआ अपनी ज़मींदारी के गाँवों को बेचता जाता है, कर्जदार बनता जाता है और नई औपनिवेशिक व्यवस्था में तेजी से टूट रहा है। दूसरी तरफ नए ढंग का ज़मींदार ज्ञानशंकर है जो अपनी बेरहमी, क्रूरता और धनलिप्सा में अंग्रेजी राज के पूरी तरह अनुकूल है; जो अपने ससुर की जायदाद और साली की संपत्ति और शरीर, दोनों को हासिल करने की महत्त्वाकांक्षा में हर तरह की नीचता करता है लेकिन सफल होकर भी असफल हो जाता है। तीसरी तरह की ज़मींदार गायत्री है जिसमें स्त्रियों की रमणीयता और पुरुषों का साहस, दोनों है : जो अपने असामियों को अपनी इच्छा से चाहे जितनी छूट दे दे, लेकिन अगर असामी खुद अपना हक माँगे तो उनके घरों में आग लगवा देने का हुक्म देती है। चौथी तरह के ज़मींदार प्रेमशंकर और मायाशंकर हैं जो भूस्वामित्व के बारे में टॉल्स्टॉय का यूटोपिया दर्शन दुहराते हुए अपनी मर्जी से जमींदारी से इस्तीफ़ा दे कर सबको मुग्ध कर देते हैं और किसानों के हितैषी बन जाते हैं। इन ज़मींदारों के अलावा लखनऊ के ताल्लुकेदार राय कमलानंद भी हैं जो सभी कलाओं और विद्याओं में पारंगत हैं, अंग्रेजी राज के अच्छे मित्रों में हैं और बड़े ही तत्त्वज्ञानी सिद्ध-पुरुष हैं, फ़िर भी किसानों का शोषण-उत्पीड़न करने में उन्हें कोई दिक्कत नहीं होती क्योंकि उनके विचार से सभी इंसान कठपुतली भर हैं जो अज्ञात विधाता के इशारे पर नाच रहे हैं।

शोषक सामंती वर्ग की नाभि से जुड़े हुए हैं कारिंदा गौस खाँ और फैजुल्लाह, जो किसानों पर सामंती दबदबा और रोब जमाए रखने के लिए उन्हें हमेशा अपने पैरों तले कुचलकर रखते हैं; चपरासी जो कारिंदे के हुक्म पर किसानों की मुश्कें बाँधते और उनके घर जलाते हैं; गाँव का बनिया जो किसानों को फँसाने के लिए पुलिस का गवाह बनकर झूठी गवाही देता है; सरकारी मुलाजिम जो किसानों से मुफ्त में रसद लेना अपना हक समझते हैं; तहसीलदार जो किसानों को उनके घरों से खींचकर जबरन बेगार लेता है; पुलिस के सिपाही जो बेगार से इनकार करने वाले किसानों को जूते और लाठियों से पीटते हैं; पुलिस का दरोगा दयाशंकर जो कारिंदे के साथ मिलकर किसानों को झूठे मुकदमों में फँसाता और उनसे रिश्वत वसूलता है, बैरिस्टर इर्फान अली जो दौलत को अपना ईमान मानता है और निर्दोष किसानों के मुकदमे में इसलिए कोई दिलचस्पी नहीं लेता कि ज़मींदार उसे रोजाना बड़ी-बड़ी रकमों पर बुलाते हैं; डॉक्टर प्रियनाथ चोपड़ा जो पुलिस के दबाव में जमींदार का पक्ष लेकर लाश के पोस्टमार्टम की झूठी रिपोर्ट देता है और धूर्त ईजाद हुसैन खाँ जो हिंदू-मुस्लिम एकता की समस्या को अपनी कमाई का पेशा बनाता है।

एक तरफ शोषक सामंत वर्ग और उसके टुकड़ों पर पलनेवाला यह दमनकारी गिरोह है, दूसरी तरफ किसान हैं। गाँव का धनी किसान सुक्खू चौधरी जो कारिंदे और जमींदार के साथ मेल-जोल बनाकर रखने की नीति पर चलता है लेकिन बाकी किसानों के साथ जब उसके भी हितों पर चोट पड़ती है तो किसानों की तरफ हो जाता है। बूढ़ा कादिर मियाँ जो ज़मींदार के साथ संघर्ष से बचने की 'व्यावहारिक' नीति पर चलता है लेकिन संघर्ष फूट पड़ने पर हमेशा किसानों का साथ देता है; डरपोक और कमजोर दुखरन भगत जो बेगार से इनकार करने पर मार खाता है और अपना निर्बल गुस्सा शालिग्राम की मूर्ति पटक कर उतारता है; लड़ने की हिम्मत रखने वाला साधारण किसान मनोहर जो ज़मींदार की शक्ति को चुनौती देता है लेकिन खुद को अकेला पाकर टूट जाता है; मनोहर का जवान बेटा बलराज जिसके दिल में रूस और बुलगारिया के मजदूर-किसानों की क्रांति संघर्ष की प्रेरणा जगाती है और जो सबकी तरफ से अकेला ही शोषण और दमन की ताकतों से भिड़ जाता है; किसान औरत विलासी जो अपने जानवर पकड़े जाने पर कारिंदे से लड़ पड़ती है और गाँव के सारे मरदों के जेल चले जाने पर भी हिम्मत नहीं हारती।

'प्रेमाश्रम' में कोई एक व्यक्ति नायक नहीं है। रामविलास शर्मा ने लिखा था कि लखनपुर गाँव ही 'प्रेमाश्रम' का नायक है। एक ओर है ज़मींदार और उसका दमनकारी गिरोह, दूसरी ओर हैं असंगठित किसान। ब्रिटिश भारत में प्रथम विश्वयुद्धोत्तर पूर्वी उत्तर प्रदेश के इन्हीं दो वर्गों के संघर्ष की कहानी है 'प्रेमाश्रम'। उपन्यास के कथानक की मूल धारा सामंती व्यवस्था के खिलाफ किसानों के लगातार संघर्ष की धारा है। किसान एक के बाद एक संघर्ष करते हैं—बेगार के खिलाफ संघर्ष, रसद के खिलाफ संघर्ष, लगान इजाफ़ा और बेदखली के खिलाफ संघर्ष, गाँव के तालाब का पानी रोके जाने के खिलाफ संघर्ष, चरावर छीने जाने के खिलाफ संघर्ष और अपनी इज्जत के लिए संघर्ष। ये संघर्ष एक के बाद एक कड़ियों की तरह जुड़कर 'प्रेमाश्रम' के मूल कथानक की धारा तैयार करते हैं जिनके इर्द-गिर्द ज़मींदार परिवारों, मध्यवर्ग और सरकारी मुलाज़िमों की कहानियाँ गुँथी हुई हैं। प्रेमचंद बड़ी सजीवता से इस संघर्ष की कठोरता, कमजोरियों और शक्तियों को चित्रित करते हैं। प्रेमचंद की कला और यथार्थ-चित्रण का महत्त्व इस बात में है कि यह संघर्ष किसी एक किसान के जीवन का निजी संघर्ष नहीं बल्कि अपने युग का संघर्ष बन जाता है। कुछ मुद्दों पर किसान जीतते हैं, कुछ मुद्दों पर हार जाते हैं लेकिन कुल मिलाकर वे उस व्यवस्था को उखाड़ नहीं पाते जिसने उनके जीवन को नरक बना रखा था। यह प्रेमचंद की यथार्थवादी कला की पहचान है। लेकिन इसके साथ ही प्रेमचंद किसानों से अपनी सहानुभूति के कारण अपने सपने को मूर्त करने के लिए एक यूटोपिया की सृष्टि करते हैं और किसानों की हार को जीत में बदल देते हैं।

सामाजिक वर्गों के वास्तविक जीवन, उनके संबंधों, अंतर्विरोधों और संघर्षों के सजीव चित्रण के अलावा एक और भी चीज़ है 'प्रेमाश्रम' में जो चरित्रों के

वास्तविक संसार के ऊपर चील की तरह मँडराती रहती है और आखिर झपट्टा मारती है। वह है विचारधारा। टॉल्स्टॉय की विचारधारा। भूमि पर किसी का निजी स्वामित्व नहीं हो सकता क्योंकि वह ईश्वर की है; बुराई का प्रतिकार मत करो लेकिन उसमें भाग भी मत लो, उससे अलग हो जाओ, और हृदय परिवर्तन में विश्वास। 'हृदयहीन संसार के हृदय' जैसी इस विचारधारा को प्रेमचंद ने बड़ी ही मौलिकता के साथ ग्रहण किया और इसे भारतीय परिस्थितियों, इतिहास और अपने मौलिक क्रांतिकारी दृष्टिकोण के साथ एकाकार कर लेना चाहा। मूलतः इसी के तत्त्वों से वे अपने यूटोपिया की सृष्टि करते हैं। इस तरह कठिन वास्तविक समस्याओं का समाधान सरलतापूर्वक हो जाता है। यह विचारधारा एक असंगति की तरह उनके यथार्थ चित्रण के पीछे टँगी नज़र आती है।

ज़मींदार

'प्रेमाश्रम' में किसानों से अधिक ज़मींदारों की कहानियाँ हैं। लेनिन ने टॉल्स्टॉय के बारे में लिखा था कि उनका साहित्य पढ़कर रूस का मेहनतकश वर्ग अपने वर्ग-शत्रुओं को और भी अच्छी तरह पहचान सकेगा। यह बात प्रेमचंद के बारे में भी कही जा सकती है। प्रेमचंद के साहित्य को पढ़कर हिंदी भाषी इलाके के गरीब किसान अपने वर्ग शत्रुओं को और भी अच्छी तरह पहचान सकते हैं। ज़मींदार वर्ग और उसके दमनकारी गिरोह का यथार्थ चित्रण प्रेमचंद के साहित्य का एक महत्त्वपूर्ण अंग है। इस उपन्यास में प्रेमचंद ने ज़मींदार-ताल्लुकेदार वर्ग और उसकी दमनकारी मशीनरी का जितने विस्तार से और जितने असरदार ढंग से चित्रण किया है वह खुद प्रेमचंद के ही दूसरे उपन्यासों में फिर नहीं दिखलाई पड़ता।

'प्रेमाश्रम' में ज़मींदार वर्ग के चित्रण में सबसे महत्त्वपूर्ण बात यह है कि प्रेमचंद ने इस वर्ग के गतिशील इतिहास को पकड़ा और उसके बदलते हुए चरित्र को दिखलाया। यह इस बात का सबूत है कि ब्रिटिश राज ने जो नई भूमि-व्यवस्था कायम की थी, उसके नतीजों के प्रति प्रेमचंद कितने सजग थे। 'प्रेमाश्रम' में प्रेमचंद दो तरह के ज़मींदारों को दिखलाते हैं—एक पुराने ढंग का ज़मींदार, दूसरा नए ढंग का ज़मींदार। लखनपुर गाँव की ज़मींदारी बनारस के एक संयुक्त परिवार के हाथ में थी। इस संयुक्त परिवार का एक सदस्य प्रभाशंकर है जो पुरानी देशी परंपरा का ज़मींदार है। वह कुलीन है और मान मर्यादा के पुराने सामंती मूल्यों का निर्वाह करता हुआ ब्रिटिश राज की नई परिस्थितियों में तेजी से टूट रहा है। उसका भतीजा ज्ञानशंकर नए ढंग का ज़मींदार है जिसे ब्रिटिश राज की नई परिस्थितियों ने जन्म दिया है; जो 'एरिस्टोक्रेट' नहीं, बल्कि जैसा मार्क्स ने ब्रिटिश भारत के नए ज़मींदारों के लिए कहा था, 'मॅनीक्रेट' है। वह कुलीन नहीं, सिर्फ़ धनाढ्य होना चाहता है। दोनों के व्यवहार में फर्क क्या है? ज्ञानशंकर के मृत पिता जटाशंकर की बरसी मनाने के लिए किसानों से बेगार में घी माँगा जाता है। एक किसान मनोहर बेगार में घी देने से पहले इनकार करता है लेकिन बाद में ज़मींदार की ताकत

से डरकर ज़मींदार के घर माफी माँगने आता है। ज्ञानशंकर उसका अपमान करता है, उसे फटकारता और धमकाता है, उसकी शिकमी जोत वापस लेने और लगान में इजाफ़ा करने का हुक्म देता है। लेकिन पुराना ज़मींदार प्रभाशंकर बीच में आकर कहता है : "तुम लोग हमारे पुराने असामी हो, क्या नहीं जानते हो कि असामियों पर सख्ती करना हमारे यहाँ का दस्तूर नहीं है? ऐसा ही कोई काम आ पड़ता है तो तुमसे बेगार ली जाती है और तुम हमेशा उसे हँसी-खुशी देते रहे हो। अब भी उसी तरह निभाते चलो। नहीं तो भाई, अब जमाना नाजुक है, हमने तो भली-बुरी तरह अपना निभा लिया, मगर इस तरह लड़कों से न निभेगी।" इतना समझाने के बाद वह यह भी कहता है : "घर से कुछ खाकर तो चले न होगे? दिन भी चढ़ आया है, यहीं खा-पीकर विश्राम करो, दिन ढले चले जाना।"[1]

किसानों के साथ पुराने ज़मींदारों के संबंध थे तो शोषणपूर्ण ही, लेकिन उसमें मनुष्यता की कुछ मिलावट भी थी। वह संबंध बिलकुल नंगे शोषण के रूप में न था, उसमें कुछ मानवीय भावनाएँ भी शामिल थीं, कुछ निजता और घरेलूपन भी था। लेकिन नए ढंग के ज़मींदार ने उस बची-खुची मनुष्यता को भी खत्म कर दिया। किसान भी पुराने सामंतवाद से इस नए सामंतवाद का फर्क महसूस करते हैं। घी बेगार में देने के प्रसंग में कादिर मनोहर को समझाता है : "...यह कोई नई बात थोड़े ही है, बड़े सरकार थे तब भी तो एक-न-एक बेगार लगी ही रहती थी।" इस पर मनोहर कहता है : "भैया, तब की बातें जाने दो। तब साल-दो साल की देन बाकी पड़ जाती थी, मुदा मालिक कभी कुड़की बेदखली नहीं करते थे। जब कोई काम-काज पड़ता था, तब हमको नेवता मिलता था। लड़कियों के ब्याह के लिए उनके यहाँ से लकड़ी, चारा और 25 रु. बँधा हुआ था। यह सब जानते हो कि नहीं। जब वह अपने लड़कों की तरह पालते थे तो रैयत भी हँसी-खुशी उनकी बेगार करती थी। अब यह बातें तो गईं, बस, एक-न-एक पच्चड़ लगा ही रहता है। तो जब उनकी ओर से यह कड़ाई है तो हम भी कोई मिट्टी के लोदे थोड़े ही हैं?"[2]

देशी सामंतवादी परंपरा का पुराना ज़मींदार साल-दो साल का लगान बाकी रहने पर भी कुड़की-बेदखली न करता था, अपने घर के उत्सवों में अपने असामियों को नेवता देता था और असामी की बेटी के ब्याह में आर्थिक मदद करता था; नई सामंतवादी परंपरा के ज़मींदार ने अपने असामियों के साथ इस घरेलूपन और नरमी के बर्ताव को खत्म कर दिया। उसने अपने शोषण को तो नहीं छोड़ा, बल्कि और भी बर्बरतापूर्वक शोषण चलाता रहा, लेकिन असामियों के सुख-दुख में साथ देना छोड़ दिया। रैयत की अपने मालिक से पिता-पुत्र वाले पुराने संबंध की धारणा बदल गयी।

पुराने और नए ज़मींदार का यह फर्क क्या महज दो पीढ़ियों का फर्क था या इसका कोई सामाजिक-आर्थिक आधार था?

ज्ञानशंकर ज़मींदारी चलाने के मामले में अपने चाचा के नरम रवैये का विरोध करते हुए कहता है : "पुराने जमाने की बात और थी। तब जीवन संग्राम इतना भयंकर न था, हमारी आवश्यकताएँ परिमित थीं, सामाजिक व्यवस्था इतनी उन्नत न थी और सबसे बड़ी बात तो यह कि भूमि का मूल्य इतना चढ़ा हुआ न था। मेरे कई गाँव जो दो-दो हजार पर बिक गए, उनके दाम आज बीस-बीस हजार लगे हुए हैं। उन दिनों असामी मुश्किल से मिलते थे, अब एक-एक टुकड़े के लिए सौ-सौ आदमी मुँह फैलाए हुए हैं। यह कैसे हो सकता है कि इस आर्थिक दशा का असर ज़मींदार पर न पड़े?"[3]

नए सामंतवाद का भौतिक आधार यही था—भूमि का मूल्य बढ़ गया था और बे-जमीन असामियों की कमी न थी। नया ज़मींदार इसी नए भौतिक आधार की सृष्टि था। यह नया भौतिक आधार ब्रिटिशराज की देन था।

प्रभाशंकर कुल-मर्यादा की रक्षा को अपना सबसे बड़ा मूल्य मानता है। वह खाने-पीने का शौकीन है लेकिन इससे भी अधिक आनंद उसे दूसरों को खिला-पिलाकर, उनका आतिथ्य-सत्कार करने में आता है, क्योंकि इससे कुल की मर्यादा बढ़ती है, बड़प्पन महसूस होता है। अपने बड़े भाई (ज्ञानशंकर के पिता) जटाशंकर की बरसी पर वह एक हजार ब्राह्मणों के भोज की योजना बनाता है जिसमें दो हजार रुपए खर्च होंगे। कुल-मर्यादा की रक्षा के ऐसे कामों को ज्ञानशंकर फिजूलखर्ची और मूर्खता समझता है और अपने बाप की बरसी के लिए 200 रुपए काफी मानता है। संयुक्त परिवार भी पुरानी सामंती व्यवस्था की ही एक संस्था थी जिसे बनाए रखना प्रभाशंकर के लिए कुल की मान-मर्यादा बचाए रखने का प्रश्न था। ज्ञानशंकर इसे अपनी उन्नति की राह में रोड़ा समझता है। उसे यह बात बहुत अखरती है कि संयुक्त परिवार में रहने के कारण ही वह घाटे में रहता है क्योंकि चाचा के परिवार में कुल आठ प्राणी हैं जबकि उसके अपने परिवार में सिर्फ तीन और इस तरह आमदनी का ज्यादा हिस्सा चाचा के परिवार पर ही खर्च हो जाता है। वह घर के बँटवारे का फैसला करता है। कुल-मर्यादा को ही सबसे बड़ा मूल्य मानने वाला प्रभाशंकर इस फैसले से काँप उठता है : "हा दुर्भाग्य! घर में दो चूल्हे जलेंगे। जो बात कभी नहीं हुई थी, वह अब होगी। मेरे और मेरे प्रिय भाई के पुत्र के बीच केवल पड़ोसी का नाता रह जाएगा।"[4] लेकिन ज्ञानशंकर बँटवारा कर लेता है और प्रभाशंकर लाचारी से सिर झुका देता है। लोगों को खिलाने-पिलाने के उसके शौक के चलते उसकी पत्नी भी उसके हाथ में रुपया देना पसंद नहीं करती और वह पैसों के अभाव में गली के हलवाइयों की दुकानों के सामने खड़ा होकर पकवानों की खुशबू सूँघता फिरता है। वह अपने बच्चों को अच्छी शिक्षा नहीं दिला पाता। वह अपनी लड़कियों की शादी के लिए ज्ञानशंकर की मदद का मोहताज है। ज्ञानशंकर हमेशा उसका तिरस्कार करता है और उस पर मान-मर्यादा के नाम पर फिजूलखर्ची करते हुए जायदाद लुटा देने का इलजाम लगाता है। वह अपने मित्रों के सामने उसके पुराने सामंती मूल्यों की निंदा करता है और प्रभाशंकर दयनीय होकर यह सब सहता है क्योंकि वह

खुद ज़मींदारी को आगे नहीं बढ़ा सकता, वह किसानों से मुनाफा नहीं ऐंठ पाता, अपने पुराने असामियों को बेदखल कर ज़मीन का मूल्य नहीं बढ़ा पाता। वह एक टूटता हुआ जमींदार है जो अपने पुराने संसार के टूटने से आहत है लेकिन उसे बचाने में असमर्थ है। पहले उसकी ज़मींदारी में कई गाँव थे और सालाना 6 हजार रुपए की आमदनी होती थी। लेकिन पारिवारिक मान-मर्यादा की रक्षा में जायदाद का कुछ भाग रेहन हो गया, कुछ बिक गया और अब लखनपुर के सिवा चार छोटे-छोटे गाँव रह गए थे। प्रभाशंकर का मकान मानो उसके टूटते हुए संसार की ही कहानी कहता हो। घर टूट रहा था, दीवारें फट गई थीं, छत धँस रही थी। किसी समय इस घराने की नगर में बड़ी प्रतिष्ठा थी लेकिन अब मोहल्ले का बनिया भी उधार नहीं देता।

लेकिन नए उद्यमशील मुनाफाखोर ज़मींदारों की तुलना में इस टूटते हुए पुराने ज़मींदार में मनुष्यता अधिक थी। वह अंग्रेजी सभ्यता और नियम-कायदों के अनुकूल नहीं है, उसे आधुनिक शिष्टाचार का ज्ञान नहीं है और वह नई सामाजिक-राजनीतिक समस्याओं पर चर्चा करना और लेख लिखना नहीं जानता, लेकिन वह दूसरे इंसानों के साथ आत्मीयता का अनुभव करता है, किसानों के साथ नरमी और घरेलूपन का बर्ताव करता है और अपने संबंधियों के सुख-दुख में शरीक होता है, उनके प्रति अपने कर्त्तव्यों को पूरा करने के लिए हमेशा तैयार रहता है। ज्ञानशंकर हमेशा उसका तिरस्कार करता है लेकिन वह फिर भी ज्ञानशंकर को प्यार करता है क्योंकि वह उसके सगे भाई का बेटा है। वह अपने मृत भाई के उपकारों को हमेशा याद करता रहता है और उसके परिवार के प्रति अपनी वफादारी बनाए रखता है। ज्ञानशंकर का बड़ा भाई प्रेमशंकर अमेरिका से लौटकर आता है। ज्ञानशंकर अपने खोए भाई को वापस पाकर ख़ुश नहीं होता क्योंकि वह जायदाद में हिस्सा बँटाएगा लेकिन प्रभाशंकर, जिसने प्रेमशंकर को बचपन से प्यार किया है, उसके पास घंटों बैठता है, उसकी बातें सुनता है, उसे कोई अच्छी नौकरी करने की सलाह देता है। किसी हत्याकांड के झूठे इलजाम में प्रेमशंकर गिरफ्तार हो जाता है। उसका अपना सगा भाई उसकी रिहाई के लिए कुछ नहीं करता। उस वक्त इस पुराने ज़मींदार की चिंता और तत्परता देखने योग्य है :

"उन्होंने तुरंत जाकर कपड़े पहने, चोगा पहना, अमामा बाँधा और एक पुराने रईस के वेश में मजिस्ट्रेट के पास जा पहुँचे। साहब के सामने उन्होंने जितनी दीनता प्रकट की, जिस भक्ति से हाथ बाँधकर खड़े हो गए, अमामा उतारकर साहब के पैरों पर रख दिया और रोने लगे, अपने कुल मर्यादा की जो गाथा गाई और उसकी राज-भक्ति के जो प्रमाण दिए उसे एक नवशिक्षित युवक अत्यंत लज्जाजनक ही नहीं, बल्कि हास्यास्पद समझता। लेकिन साहब का दिल पसीज गया।"[5]

दूसरे दिन दरिद्र हो गए इस ज़मींदार ने एक सेठ के पास अपनी ज़मीन गिरवी रखकर 10 हजार रुपए उधार लेकर अपने भतीजे की जमानत करवा ली।

प्रभाशंकर उजड़ता जाता है, लेकिन ज्ञानशंकर अपनी छोटी-सी ज़मींदारी के अलावा दो और बड़ी रियासतों का मालिक बनने में सफल हो जाता है।

अगर प्रभाशंकर और उसका मृत भाई जटाशंकर पुराने ढंग के सामंत हैं तो ज्ञानशंकर, राय कमलानंद और गायत्री नए ढंग के सामंत हैं। पुराने ढंग के सामंत अपनी ज़मींदारी चौपट कर देते हैं, नए सामंत अपनी संपत्ति में वृद्धि करते हैं। लखनऊ के ताल्लुकेदार राय कमलानंद की रियासत सन् 57 के गदर में उनके पिता द्वारा अंग्रेजों की सेवा करने के बदले में मिली थी। गायत्री को ज़मींदारी अपने पति के मर जाने पर मिली। ज्ञानशंकर अपनी धूर्त्तता से इन दोनों की रियासतों का मालिक बन जाता है। यह नया सामंत वर्ग बड़ा ही व्यावहारिक है, कार्यपटु है, सामाजिक प्रश्नों में दिलचस्पी लेता है और अंग्रेजी राज के मित्रों में है। प्रभाशंकर और जटाशंकर का एक सिद्धांत यह था कि पुलिस के थाने और कचहरी में कभी कदम नहीं रखेंगे क्योंकि इससे कुल-मर्यादा की हानि होती थी। यहाँ तक कि जब प्रभाशंकर के बेटे के मुकदमे के फैसले का दिन आता है, जिसमें उसके बेटे को कड़ी सजा हो सकती थी, तब भी वह कचहरी नहीं जाता। नए सामंतों को अंग्रेजी राज की संस्थाओं से ऐसी कोई अव्यावहारिक नफरत नहीं है। ज्ञानशंकर सरकारी अधिकारियों से संबंध बनाकर रखता है, काउंसिल का चुनाव लड़ता है और अंग्रेजों की खैर-ख्वाह संस्था ताल्लुकेदार एसोसिएशन का मंत्री बनता है। राय कमलानंद खुद काउंसिल के मेंबर हैं और ताल्लुकेदार एसोसिएशन के मंत्री हैं और अपने अंग्रेज मित्रों-हाकिमों को अक्सर दावत देते रहते हैं। गायत्री अंग्रेज सरकार द्वारा मिली 'रानी' की उपाधि से विभूषित होकर अपने को परम सम्माननीय समझती है। मुकदमेबाज ये तीनों हैं। असामियों पर बकाया लगान की नालिश, लगान इजाफे के दावे और बेदखली के मामलों में वे अक्सर अदालत की राह लेते हैं। इस सामंत वर्ग की एक विशेषता इसके व्यक्तित्व का विभाजन है। प्रभाशंकर के पास एक ही व्यक्तित्व था, सिर्फ ज़मींदार का व्यक्तित्व। वह घर में ज़मींदार था और बाहर समाज में भी ज़मींदार था। मानवीय संबंध और आत्मीयता घर में थी, तो बाहर भी। लेकिन ज्ञानशंकर, कमलानंद और गायत्री का सिर्फ एक ही व्यक्तित्व नहीं है। उनके पास दो व्यक्तित्व हैं। कमलानंद गाँव में असामियों को कतार में खड़ा कर हंटर लगवाता है, लेकिन जातीय संगीत की रक्षा के लिए सम्मेलन भी करवाता है; स्वराज्य के आंदोलन, शिक्षा प्रणाली और औद्योगीकरण पर भी अपने विचार रखता है। गायत्री अपने असामियों के घरों में आग लगवा देने का हुक्म देती है, लेकिन सनातन धर्म सम्मेलन की संरक्षिका भी है। ज्ञानशंकर अपने असामियों को पैरों से कुचले रखता है, लेकिन 'हिंदुस्तान रिव्यू' में अभिजातवर्ग की जीवन शैली और सरकारी बजट पर लेख भी लिखता है। ये सामाजिक रुचियों वाले आधुनिक व्यक्तित्व के सामंत हैं जो अपने पेशे के तौर-तरीकों को अपनी सामाजिक छवि से अलग रखते हैं। ब्रिटिश राज में यही ज़मींदार और ताल्लुकेदार चुनावों में जीतकर विधान सभाओं में आते थे और अपने देश और समाज का नेतृत्व करते थे।

प्रेमचंद इस वर्ग को अच्छी तरह पहचानते थे। वे इस वर्ग के खोखलेपन, उसके जातीय नेतृत्व के मिथ्या दावे, उसके बौद्धिक दिवालियापन और उसकी भद्रता के पीछे छुपी क्रूरता और हिंसा को अच्छी तरह दिखलाते हैं।

लखनऊ के ताल्लुकेदार राय कमलानंद बड़े रईस हैं। एक लाख रुपए की वार्षिक आमदनीवाला राय कमलानंद शिकार और संगीत, साहित्य और पोलो, हर कला में निपुण है। उनकी कई कोठियाँ हैं, मोटर गाड़ियाँ हैं, नौकर-चाकर हैं। आधा साल नैनीताल में रहते हैं, आधा साल लखनऊ में। साल में एक बार रामलीला कराते हैं जिसमें हजारों रुपए खर्च होते हैं, रईसों को दावत दी जाती है और राम की राजगद्दी के दिन ब्रह्म-भोज चलता है, क्रिसमस में अंग्रेज हाकिमों को डालियाँ देते हैं। पाँच लाख रुपए खर्च करके जर्मन, इटली, फ्रांस, इंग्लैंड और मैसूर, ग्वालियर, ढाका, जयपुर तथा कश्मीर के गायकों को बुलाकर जातीय संगीत की रक्षा के लिए संगीत सम्मेलन करता है। वह शिव का उपासक भी है, उसे सिद्धियाँ हासिल हैं और आखिर में वह एक प्रसिद्ध संत भी बन जाता है। लेकिन अंग्रेजी राज के खिलाफ देश में चल रहे राष्ट्रीय आंदोलन के बारे में उसका दृष्टिकोण क्या है? वह कहता है : "जब राज-सत्ता अधिकारियों के हाथ में है, हमारे असहयोग और असम्मति से उसमें कोई परिवर्तन नहीं हो सकता, तो इसकी क्या जरूरत कि हम व्यर्थ अधिकारियों पर टीका-टिप्पणी करने बैठें और उनकी आँखों में खटकें?"[6] अंग्रेजों की दलाली करके मिली ताल्लुकेदारी की सुविधा और स्वार्थ को बनाए रखने के लिए उसने तर्क और दर्शन गढ़ रखा है : "हम काठ के पुतले हैं, तमाशे दिखाने के लिए खड़े किए गए हैं, इसलिए हमें डोरी के इशारे पर नाचना चाहिए।"

इन दार्शनिक विचारों से राय कमलानंद, जो विधान सभा का सदस्य भी है, अपने वर्ग की स्वार्थपरता और नपुंसकता को ढँकता है। वह परम ज्ञानी है, राष्ट्रीय नेताओं की स्वार्थपरता की आलोचना करता है, नई शिक्षा प्रणाली की आलोचना करता है, औद्योगीकरण का विरोध करता है, लेकिन उसकी अपनी महत्वाकांक्षा क्या है? उसकी महत्त्वाकांक्षा है योग के बल पर सिद्धि प्राप्त करना ताकि उसके यौवन की शक्ति कभी खत्म न हो और वह जीवन भर आनंद प्राप्त करता रहे। हाँ, वह भू-स्वामी वर्ग, जिसे बेशुमार दौलत मिली हुई थी और जो उस दौलत के बल पर विद्या और कलाओं पर भी अपना अधिकार रखता था और समाज का नेता बना हुआ था, वह वर्ग ऐसी ही महत्त्वाकांक्षाओं पर अपना जीवन जीता था। इस पर भी वह अपने बड़प्पन से अभिभूत था। कमलानंद आनंद भोगते हुए आनंद से निर्लिप्त रहने का योग साधता है और इस तरह अपने को परम ज्ञानी समझता है। लेकिन उसका यह परम ज्ञान उसे छोड़कर और किसी के भी काम नहीं आता। वह अपनी जायदाद को 'निरी दलाली' कहता है, लेकिन उसी जायदाद के लिए किसानों को कतारों में खड़ा कर हंटर भी लगाता है। उसका ज्ञान एक मिथ्या दंभ की तरह उसके खोखलेपन के कवच का काम करता है। वह सब कुछ जानता है, लेकिन करता कुछ भी नहीं और अपनी स्थिति का औचित्य सिद्ध करने के

लिए घिसी-पिटी दार्शनिक उक्तियों का सहारा लेता है। वह काउंसिल में अनिवार्य शिक्षा का प्रस्ताव लाने वाले सदस्यों की आलोचना करता है, लेकिन खुद कभी कोई प्रस्ताव नहीं रखता। वह अपने जैसे जातीय नेताओं की असलियत का ज्ञान भी उद्‌घाटित करता है : "हमारा प्रतिनिधित्व संपूर्णतः हमारी स्वार्थपरता और सम्मानलिप्सा पर निर्भर है। हम जाति के हितैषी नहीं हैं, हम उसे केवल स्वार्थ-सिद्धि का यंत्र बनाए हुए हैं।"[7] इस ज्ञान के बावजूद वह स्वयं भी इसी असलियत का हिस्सा है। उसका ज्ञान खुद उसके भी काम नहीं आता। उसकी बौद्धिकता एक बंजर जमीन जैसी है जिसकी उपयोगिता सिर्फ इतनी ही है कि वह एक मिथ्या दर्शन की नज़ीर बन सके। अपने चिर-यौवन की महत्त्वाकांक्षा की सिद्धि के लिए तरह-तरह के योग करता हुआ, जड़ी-बूटियों का रस और काढ़ा पीते हुए, भद्दे कुरुचिपूर्ण कवित्तों को सुनते हुए भी बिना मुस्कुराए अपनी निर्लिप्तता की साधना करते और अपने शरीर को पालते हुए वह एक निरर्थक ज़िंदगी जीता है।

गर्मियों के मौसम में यह भू-स्वामी वर्ग नैनीताल की पहाड़ियों पर जमा होता है जहाँ कभी बर्फ की सैर, कभी शिकार, कभी झील में बजरों की बहार, कभी पोलो और गोल्फ का खेल होता है। पिकनिक, पार्टियों और नित नए जलसों के बीच व्यवस्थापिका सभा की बैठकें भी होती हैं। इस समाज में ताल्लुकेदार हैं, ऊँचे अंग्रेज अफसर हैं, लेडियाँ हैं, राजा साहब हैं, दर्शन के ज्ञाता और बैरिस्टर भी हैं। "ये लोग विलासमय होटलों में शराब और लेमोनेड पीते हुए देश की दरिद्रता और अधोगति का रोना रोते हैं। यह भी उनके फैशन में शामिल था।" एक छोटा ज़मींदार ज्ञानशंकर इस उच्च समाज में 'फिट' नहीं हो पाता। उसे कोई भी महत्त्व नहीं देता तो वह इस उच्च समाज की आलोचना करते हुए, 'हिंदुस्तान रिव्यू' में एक लेख लिख मारता है। वह आलोचना इसलिए नहीं लिखता कि उसे इस समाज से नफरत है, बल्कि उसकी असमर्थता ने उसे साम्यवादी बना दिया था। लेकिन उच्च समाज उसकी आलोचना से ऐसा आतंकित होता है कि लेख छपने के बाद ज्ञानशंकर उनका बौद्धिक नेता बन जाता है, सब उसका आदर करने लगते हैं और हर मामले में उसके सुझाव माँगने लगते हैं। ऐसा कायर था यह उच्च समाज।

ताल्लुकेदारों का भूमि पर एकाधिकार था। उनकी आमदनी का सारा स्रोत खेती की उपज और किसानों का शोषण था। लेकिन खेती के विकास के प्रति उनका रवैया कैसा था? ताल्लुकेदार एसोसिएशन अमेरिका से कृषि-शास्त्र का अध्ययन करके लौटे प्रेमशंकर को अपने जलसे में आकर कृषि-संबंधी लेख पढ़ने का निमंत्रण देती है। लेकिन जब वह आता है तो उसके लेख पढ़ने में कोई दिलचस्पी नहीं लेता। जलसे के आखिरी दिन, जब थोड़े-से लोग बच जाते हैं, उसके लेख पढ़ने का कार्यक्रम तय होता है लेकिन जब ताल्लुकेदारों को पता चलता है कि वह स्वराज्यवादी है तो उसका लेख पढ़ने का कार्यक्रम रद्‌द कर दिया जाता है। खेती के विकास के लिए कुछ नए यंत्र बनाने और एक कृषि-प्रयोगशाला खोलने के उसके प्रस्ताव पर राजा इंद्रकुमार टिप्पणी करता है :

"आपके बनाए यंत्र कोई सेंत भी न लेगा। आपकी रासायनिक खादें पड़ी सड़ेंगी। बहुत हुआ तो आप पाँच-सात सैकड़े मुनाफा दे देंगे। इससे क्या होता है? जब हम दो-चार कुएँ खुदवाकर, पटवारी से मिलकर, कर्मचारियों का सत्कार करके आसानी से अपनी आमदनी बढ़ा सकते हैं, तो यह झंझट कौन करे?"[8]

भू-स्वामी वर्ग की दृष्टि में खेती के विकास के लिए नए यंत्रों, रासायनिक खादों और कृषि-प्रयोगशाला की जरूरत न थी। सरकारी मुलाजिमों की मदद से किसानों का लगान बढ़ाकर, उनसे नजराने और अबवाब वसूल कर, बेदखली से ज़मीन का मूल्य चढ़ाकर वे अपनी आमदनी बढ़ा सकते थे। जो वर्ग समाज का बौद्धिक नेता बना हुआ था और जिसने अपनी ज्ञान-जिज्ञासा और सामाजिक विकास में दिलचस्पी दिखलाने के लिए प्रेमशंकर को अपना लेख पढ़ने के लिए बुलाया था, और जिसका सारा अस्तित्व ही खेती पर निर्भर करता था, खेती के विकास के प्रति उसका असली दृष्टिकोण यही था। ताल्लुकेदारों की यह संस्था ऐसी है कि उसका मंत्री आखीर तक नहीं सोचता कि क्या भाषण देना है : "वहाँ जो मुँह में आएगा, बक डालूँगा।" संस्था के कोषाध्यक्ष को आय-व्यय का कोई पता नहीं, फिर भी वह सभा के सामने सारा ब्यौरा रख देता है। सहायक मंत्री की वकालत बिलकुल नहीं चलती, लेकिन अभी उन्होंने बीस हजार का एक बंगला मोल लिया है। ऐसी संस्था की उपयोगिता क्या है? राय कमलानंद जवाब देता है : "आजकल तो यही उपाधियों का सदर दरवाजा हो रहा है।" यह पहली उपयोगिता है। दूसरी उपयोगिता यह है : "बेचारे जाति के नाम पर मरने वाले सीधे-सादे लोग दूर-दूर से हमारे दर्शन को आते हैं, हमारी गाड़ियाँ खींचते हैं, हमारी पदरज अपने माथे पर चढ़ाते हैं। यह क्या कोई छोटी बात है?" स्वराज्यवादी होने के कारण प्रेमशंकर को ताल्लुकेदार न अपना निबंध पढ़ने देते हैं, न उसे अपनी गार्डन-पार्टी में बुलाते हैं। ब्रिटिश राज के टुकड़ों पर पलने वाले ये ताल्लुकेदार सिर्फ उसी चीज को महत्त्व देते हैं, जिसे ब्रिटिश सरकार महत्त्व देती है और उस हर चीज से नफरत रखते हैं, जिससे ब्रिटिश सरकार नफरत करती है। उनके जीवन और दृष्टिकोण में मौलिक कुछ भी न था। प्रेमशंकर अपनी प्रस्तावित कृषि प्रयोगशाला के लिए ताल्लुकेदारों से आर्थिक मदद चाहता है तो उससे कहा जाता है कि वह पहले सरकार की कृपा-दृष्टि प्राप्त करे। वह अपनी प्रयोगशाला को सरकारी संपर्क से अलग रखना चाहता है तो राजा इंद्रकुमार कहता है : "ऐसी दशा में आप इस एसोसिएशन की सहायता की आशा न रखें।" यह था उस वर्ग का हाल जिसने प्रेमशंकर को कृषि-संबंधी लेख पढ़ने को बुलाया था।

ताल्लुकेदार कमलानंद की विधवा बेटी गायत्री गोरखपुर की ज़मींदार है। उसके जीवन की महत्त्वाकांक्षा यह है कि उसका खूब नाम हो, उसका यश और कीर्ति फैले। कमलानंद ज्ञानशंकर से कहता है कि वह अंग्रेज सरकार की निगाह में गायत्री की छवि बनाने के लिए उस पर एक लेख लिख दे। ज्ञानशंकर गायत्री की छोटी बहन विद्या का पति है। वह गायत्री को फँसाने के लिए उस पर प्रशंसात्मक लेख लिखता है। गर्वीली

गायत्री अपनी प्रशंसा में छपा लेख देखकर खुशी से झूम उठती है। वह अपने मृत पति को अपने हृदय में बैठाए एक सती-साध्वी का जीवन बिता रही थी। ज्ञानशंकर ने लखनऊ में उसकी इज्जत पर हाथ डाला तो वह भागकर गोरखपुर चली आई। लेकिन ज्ञानशंकर का लेख उसके गर्व को तोड़ देता है और वह खुशामद से मुग्ध होकर उसे अपना मैनेजर बना लेती है। सरकार उसे 'रानी' की उपाधि देती है। ज्ञानशंकर उसे हासिल करने के लिए कृष्ण-भक्ति का स्वाँग रचता है और रास-लीलाएँ करवाता है। धार्मिक गायत्री कृष्ण भक्ति के रंग में रंगकर अपने को राधा और धूर्त ज्ञानशंकर को कृष्ण समझने लगती है। कृष्ण लीला में गायत्री राधा का और ज्ञानशंकर कृष्ण का पार्ट अदा करता है। नाटक के बाद कमरे में गायत्री ज्ञानशंकर के आलिंगन में बँध जाती है। ज़मींदार वर्ग की धर्म लीला का सारतत्व यही था।

जैसी धार्मिक गायत्री है, वैसा ही धार्मिक उसका मृत पति भी था। वह अपनी सारी जायदाद धर्मार्पण करना चाहता था। गायत्री उसकी धर्म-भावना की प्रशंसा करते थकती नहीं। वह कभी भी भिक्षुओं को अपने दरवाजे से खाली न लौटाता था, सत्कार्यों में हजारों रुपए चंदे दे डालता था। सौ-पचास साधुओं को रोज भोजन कराता था। लेकिन ऐसे धार्मिक ज़मींदार का अपने किसानों से कैसा बर्ताव था? असामियों से रुपए वसूलने में वह बड़ी निर्दयता से काम लेता। गायत्री कहती है : "मैंने स्वयं उन्हें असामियों की मुश्कें कस के पिटवाते देखा है। जब कोई और उपाय न सूझता तो उनके घरों में आग लगवा देते थे और अब मुझे भी वही करना पड़ता है।"[9] वह क्रूर और निर्दय ही नहीं, व्यभिचारी भी था। फिर भी गायत्री उसे देवता की तरह मानती है और उसकी धर्म-भावना पर मुग्ध है। अभिजात वर्ग के पास मनुष्य के व्यक्तित्व और चरित्र को परखने की कसौटी क्या है? भिक्षुओं को द्वार से न लौटाना, सत्कार्यों में चंदे देना और साधुओं को भोजन कराना। इन सबके लिए रुपया कहाँ से आता है, यह उसकी दृष्टि में महत्त्वपूर्ण नहीं। किसानों का निर्दय शोषण और उत्पीड़न उसके चरित्र-मूल्यांकन में बाधक नहीं बनता, क्रूरता और बेरहमी उसकी धार्मिक छवि को कलंकित नहीं करती। व्यक्ति के चरित्र-मूल्यांकन की ऐसी ही उथली, एकांगी और स्वार्थपूर्ण कसौटी के आधार पर अभिजातवर्ग के सदस्य एक-दूसरे की दृष्टि में आदरणीय और श्रद्धेय बने रहते हैं और इसी तरह अपने वर्ग के सदस्यों की छवि को वे समाज में भी प्रतिष्ठित करते हैं। किसानों की मुश्कें कसकर और उनके घर जलाकर उनसे वसूले रुपयों से गायत्री अपना नाम कमाती है, यश और कीर्ति हासिल करती है। समाज और धर्म की नेत्री बनती है। इस तरह प्रेमचंद उच्च वर्ग की उच्चता का भौतिक आधार दिखलाते हैं, उसके चरित्र की विडंबना और फरेब दिखलाते हैं। गायत्री काशी हिंदू विश्वविद्यालय देखने जाती है तो उसे 20 हजार रुपए का चंदा दे आती है। हिंदू-मुस्लिम एकता के नाम पर बनी संस्था 'इत्तहादी यतीमखाने' को दो हजार रुपए अनुदान देती है। सनातन धर्म के नेताओं को गुरुकुल आश्रम के लिए चार हजार रुपए नजर करती है। दो हजार रुपए गोपाल मंदिर

के पुजारी को भेंट करती है। इन सबसे उसका बड़ा नाम होता है, यश फैलता है—इसी नाम की महत्त्वाकांक्षा पर गायत्री अपना जीवन जीती है।

गायत्री सनातन धर्म सभा की संरक्षिका है। सभा के लिए वह 50 हजार के गहने देती है। वह धर्मशाला और मंदिर बनवाती है, अपनी सारी जायदाद धर्म के नाम अर्पित करना चाहती है। वह किसानों की भी भलाई करना चाहती है, उन्हें अपने कारिंदों के अत्याचारों से बचाना चाहती है। लेकिन किसी गाँव के असामी जब सनातन धर्म सभा के लिए चंदा देने से इनकार करते हैं तो गायत्री की त्योरियाँ चढ़ जाती हैं : "कारिंदे को लिख दीजिए कि इन पाजियों के घर आग लगवा दें और उन्हें कोड़ों से पिटवाएँ।" गायत्री किसानों से मुफ्त में बेगार लेने की विरोधी है। वह जब भी उनसे बेगार लेती है, अपनी इच्छा से उन्हें मजदूरी देती है। किसी गाँव में ठाकुर-द्वारे के निर्माण का काम रुक जाता है क्योंकि बेगार काम पर नहीं आते। बेगारों को मजदूरी मिलती है लेकिन ज़मींदारी दर से। जमींदारी दर दो आने थी, आम दर छः आने। गायत्री उनकी मजदूरी बढ़ाकर चार आना कर देने को कहती है। उसका मैनेजर ज्ञानशंकर कहता है कि इन गँवार उजड्डों पर दया करने से ये समझेंगे कि हम दब गए और कल पूरी मजदूरी की माँग करेंगे। गायत्री इससे सहमत होकर कहती है : "लिख दीजिए कि बेगारों को जबर्दस्ती पकड़ लें। अगर न आएँ तो उन्हें गाँव से निकाल दीजिए। हम स्वयं दया भाव से चाहे उनके साथ जो सलूक करें, मगर यह कदापि नहीं हो सकता कि कोई असामी मेरे सामने हेकड़ी जताए। अपना रौब और भय बनाए रखना चाहिए।"[10] किसानों के प्रति ज़मींदार वर्ग की उदारता का असली रंग यही था। किसान को बेगार की मजूरी इसलिए नहीं मिलती कि यह उसका जायज हक है, बल्कि इसलिए मिलती है कि ज़मींदार दयालु है। अगर किसान अपने हक की माँग खुद करे तो यह उसकी हेकड़ी है। ज़मींदारों को किसान पर अपना रौब और भय बनाए रखना चाहिए नहीं तो कल किसान अपने हक के लिए उठ खड़े होंगे। किसान पर ज़मींदार का रौब और भय सिर्फ उसके स्वभाव का गुण नहीं, एक मूल्य है जिसके बिना सामंती शोषण और उत्पीड़न की व्यवस्था टिक नहीं सकती। ज़मींदार की दया और उदारता उसी हद तक है जहाँ तक किसान उससे भयभीत रहें और अपने हकों की माँग खुद न करें। यानी जमींदार की उदारता व्यवस्था-विरोधी नहीं है बल्कि व्यवस्था की शर्त पर है। यहाँ प्रेमचंद क्रूर ज़मींदार और उदार ज़मींदार को दो अलग श्रेणियों में रखने का भ्रम नहीं पैदा करते। उसकी क्रूरता और उसकी उदारता, एक ही सिक्के के दो पहलू हैं।

जिन किसानों की भलाई की चिंता गायत्री करती है उन किसानों के प्रति उसकी धारणाएँ क्या हैं? वह किसानों से निर्दयतापूर्वक रुपए वसूलती है क्योंकि उसकी धारणा है कि : "यह नीच बिना मार खाए रुपए नहीं देते। घर में रुपए रखे रहते हैं, पर जब तक दो-चार लात-घूंसे न खा लें, या गालियाँ न सुन लें, देने का नाम नहीं लेते। यह उनकी आदत है।" गायत्री किसानों की भलाई के लिए जो कदम उठाती है, किसान उसे

संदेह की नजर से देखते हैं। ज्ञानशंकर गायत्री से कहता है कि किसान अपना उपकार नहीं समझते, इसलिए हम उन पर सख्ती करने को बाध्य हैं। गायत्री किसानों को कृतघ्न कहती है। उसका बाप कमलानंद किसानों को मूर्ख और नैतिक दृष्टि से अज्ञानी कहता है। ज्ञानशंकर उन्हें साँप कहता है। उसका भाई प्रेमशंकर किसानों के साथ भाईचारे का बर्ताव करता है तो ज्ञानशंकर बिगड़ उठता है : "आपके इसी भ्रातृ-भाव ने उनके सिर फिरा दिए। आप कड़वी नीम को दूध से सींच रहे हैं और आशा करते हैं कि मीठे फल लगेंगे। ऐसे कुपात्रों के साथ ऊँचे नियमों का व्यवहार करना दीवाने के हाथ मशाल देना है।"[11]

किसान नीच होते हैं, उन्हें गालियाँ और लात-घूँसे खाकर ही काम करने की आदत होती है, वे मूर्ख और कृतघ्न होते हैं जो अपना उपकार भी नहीं समझते और वे इस लायक नहीं हैं कि उनके साथ संस्कृति और सभ्यता के नियमों के अनुसार बर्ताव किया जाए। जो ज़मींदार किसानों के वोट पर चुनकर काउंसिलों में जाते थे, जिन्हें ब्रिटिश शासन किसानों का, 'स्वाभाविक नेता' कहता था, उन ज़मींदारों की किसानों के प्रति धारणाएँ ऐसी ही थीं।

इस ज़मींदार वर्ग की अपनी संस्कृति कैसी थी? उनके अपने घरों में क्या होता था?

ज़मींदार ज्ञानशंकर खुलेआम अपने सगे चाचा का अपमान और तिरस्कार करता है और अपने क्षुद्र स्वार्थों के लिए घर का बँटवारा कर लेता है। अपने चचेरे भाई दयाशंकर को मुकदमे में फँसता देखकर खुश होता है और सिर्फ ईर्ष्यावश उसे जेल भिजवाने का प्रयत्न करता है। अपने सगे भाई को वापस पाकर दुखी होता है कि वह जायदाद में हिस्सा बँटाएगा। अपनी भाभी को तीर्थयात्रा पर भेजकर उसकी जायदाद हड़पने की योजना बनाता है। सुंदर और वफादार बीवी होने के बावजूद अपनी बड़ी साली के शरीर पर आँख गड़ाता है, उसे हासिल करने के लिए कृष्ण-भक्ति का स्वांग रचता है और उसकी जायदाद हड़पने के लिए अपने बेटे को उसका धर्म पुत्र बना देता है। ताल्लुकेदार राय कमलानंद को अपने जवान बेटे की मौत को भूलकर भोग-विलास में डूबने में जरा भी देर नहीं लगती। उनकी बेटी अपनी बेइज्जती से आहत होकर बेहोश पड़ी रहती है, वे एक बार देखने भी नहीं आते। कोई जिए या मरे इसकी उन्हें कभी चिंता नहीं होती। हत्या, आत्महत्या और षड्यंत्र इस वर्ग की संस्कृति के अंग थे। गायत्री के पति को षड्यंत्र करके उसी के रिश्तेदार विष देकर मार डालते हैं। गायत्री के शरीर और संपत्ति को हासिल करने के लिए ज्ञानशंकर षड्यंत्र रचता है और अपने ससुर कमलानंद को अपने रास्ते से हटाने के लिए भोजन में विष मिलाकर दे देता है। अपनी बड़ी बहन और पति के नाजायज रिश्ते को देखकर ज्ञानशंकर की पत्नी विद्या विष खाकर आत्महत्या कर लेती है। उस सामंत वर्ग की घरेलू संस्कृति ऐसी ही नग्न स्वार्थपरता, हिंसा, षड्यंत्रों और यातनाओं से भरी हुई थी।

ज्ञानशंकर उस नई सभ्यता का ज़मींदार है जिसे औपनिवेशिक सत्ता ने जन्म दिया था। यह सामंती व्यवस्था पूँजीवाद का स्वांग तो भरती है लेकिन धन-दौलत हासिल करने के लिए सामंती शोषण और उत्पीड़न की पद्धतियों का और भी बर्बरता के साथ इस्तेमाल करती है। लगान इजाफ़ा और बेदखली—इन दो हथियारों से ज़मींदारी प्रथा को परंपरागत शासन की एक इकाई से बदल कर सिर्फ मुनाफा कमाने का एक व्यवसाय बना दिया था और मनुष्यता के सारे भावनात्मक बंधनों को तोड़कर नग्न रूप से अपना सिर्फ एक ही लक्ष्य घोषित किया—दौलत। ज्ञानशंकर इसी नई सामंती व्यवस्था का प्रतिनिधि पात्र है।

वह दो-चार गाँवों का एक छोटा ज़मींदार है। बी.ए. पास करके उच्च सरकारी अफसर बनना चाहता था लेकिन एक पुराने ढंग के ज़मींदार घराने में पैदा होने के कारण उच्च अधिकारी वर्ग के साथ उसके संपर्क न थे और वह मजबूरन ज़मींदार बनता है। वह महत्त्वाकांक्षी है और धन-दौलत ही उसके जीवन का ध्येय है। शिक्षित होने के कारण उसमें लिखने की क्षमता है। वह 'हिंदुस्तान रिव्यू' में उच्च वर्ग की जीवन शैली की आलोचना करता हुआ एक लेख लिखता है जिसे पढ़कर अमेरिका में उसका बड़ा भाई प्रभावित होता है और अपने देश लौटने का निश्चय करता है। लेकिन ज्ञानशंकर अखबारों में जो कुछ लिखता है, उसमें वह स्वयं विश्वास नहीं करता। वह लेख तो उसने इसलिए लिख दिया था कि वह उच्च वर्ग में अपने को 'फिट' नहीं पा रहा था। वह गायत्री की प्रबंध-कुशलता पर लेख लिखता है, लेकिन उसका उद्देश्य गायत्री की खुशामद कर उसके नजदीक आना होता है जो उसकी एक लंबी महत्त्वाकांक्षी योजना का एक हिस्सा था। वह उच्च वर्ग की आलोचना करता हुआ देश के गरीबों को दुहाई देता है, लेकिन उसकी अपनी नजरों में ज़मींदारी जीवन का श्रेष्ठ रूप है। वह अपने मित्र ज्वाला सिंह के डिप्टी कलक्टर होने पर सरकारी अफसरी को गुलामी कहता हुआ निंदा करता है, लेकिन उसका अपना ख्वाब भी यही था। वह बुर्जुआ रहन-सहन के घोर व्यक्तिवादी मूल्यों की दलील देकर अपने चाचा के साथ घर का बँटवारा कर लेता है, लेकिन वह खुद उन बुर्जुआ मूल्यों में दिल से विश्वास नहीं करता, और न उनका कभी आचरण कर पाता है। फिर भी वह उन मूल्यों को अपनी दलील बनाता है तो सिर्फ इसलिए कि उस समय घर का बँटवारा कर अपनी महत्त्वाकांक्षा को पूरा करने के लिए उसे उन दलीलों की जरूरत थी। वह नई सभ्यता का स्वाँग भरता है सिर्फ अपने स्वार्थपूर्ण उद्देश्यों को पूरा करने के लिए। वह न तो नए मूल्यों में विश्वास करता है, न पुराने मूल्यों में। लेकिन अपने स्वार्थों को पूरा करने के लिए वह किसी भी मूल्य के प्रति कसमें खा सकता है। अमेरिका से लौटकर आए अपने नए विचारों के भाई को जायदाद में हिस्सा बँटाने से दूर रखने के लिए वह समुद्र पार गए व्यक्ति से छुआछूत बरतने की पुरानी प्रथा का सहारा लेता है। वह धार्मिक कहीं से नहीं है लेकिन अपनी धर्मनिष्ठा में दृढ़ गायत्री का प्रेम पाने के लिए यह कृष्ण-भक्त बनकर भक्ति का स्वाँग रचता है। प्रेम

में उसका कोई विश्वास नहीं है, लेकिन गायत्री की दौलत हथियाने के लिए वह उससे प्रेम का नाटक रचता है। दौलत ही उसका एकमात्र साध्य है और बाकी हर चीज, हत्या, षड्यंत्र और हिंसा की तरह धर्म, नैतिकता, मानवीय संबंध, राजनीति और प्रेम भी—सिर्फ उस साध्य तक पहुँचने के साधन हैं।

रामविलास शर्मा ने लिखा था कि लखनपुर गाँव के किसान ही 'प्रेमाश्रम' के नायक हैं, और खलनायक है ज़मींदार वर्ग। इस ज़मींदार वर्ग में भी ज्ञानशंकर मुख्य खलनायक है। वह सिर्फ किसानों का ही नहीं, खलनायकों का भी खलनायक है। लखनपुर के किसानों के सामंतवाद-विरोधी संघर्ष को कुचलने में वह ज़मींदार वर्ग के नायक की भूमिका निभाता है। किसान ज़मींदार के शोषण बेगार, लगान इजाफा और बेदखली के खिलाफ संघर्ष करते हैं और ज्ञानशंकर उनके संघर्ष को कुचलने में कोई कसर नहीं उठा रखता। वह खेती के विकास के लिए कुछ नहीं करता, लेकिन अपना मुनाफा बढ़ाने के लिए सारे गाँव के किसानों पर लगान इजाफे का दावा दायर कर देता है। दावे की जाँच करने वाले डिप्टी कलक्टर की बीवी के साथ मेल-जोल बढ़ाकर अपनी सिफारिश करवाता है। असामियों के साथ संघर्ष में अपनी हार की संभावना पर वह एक सच्चे ज़मींदार की तरह सोचता है : "हार हुई तो असामियों की निगाहों में गिर जाऊँगा। वह शेर हो जाएँगे और बात-बात में मुझसे उलझेंगे।" डिप्टी कलक्टर उसका दावा खारिज कर देता है। मुकदमेबाजी और बीमारियों से तबाह किसानों को, बुरी हालत में देखकर वह ऊपर की अदालत में दावा दायर करता है और डिप्टी कलक्टर के खिलाफ अखबारों में प्रचार चलाकर, उसे बदनाम कर उसका तबादला करवा देता है। जब किसान बाहरी मदद से ऊपर भी उसके दावे के खिलाफ लड़ते हैं तो वह नफ़रत से भरकर संकल्प लेता है : "ज़मींदार के बावन हाथ होते हैं। लखनपुर वालों को ऐसा कुचलूँगा कि उनकी हड्डियों का भी पता न चलेगा।" तीन साल तक उनके खिलाफ वह संघर्ष चलाता रहता है। गाँव में प्लेग फैलता है। कई लोग उसकी चपेट में आ जाते हैं। महामारी से बचने के लिए कुछ किसान ज़मींदार के बगीचे में झोंपड़े डालते हैं। किसानों से बदला चुकाने के लिए ज्ञानशंकर उनके झोंपड़ों में आग लगवा देता है। किसानों को घुटनों के बल झुकने को मजबूर करने के लिए गाँव में पीने के पानी के एकमात्र स्रोत तालाब पर और चरावर के इस्तेमाल पर रोक लगा देता है। चरावर के झगड़े में उसका कारिंदा एक किसान औरत से बदसलूकी करता है और उसके पति के हाथों मारा जाता है तो ज्ञानशंकर को कुछ भी अचरज नहीं होता। "जो आदमी साँप को पैरों से कुचल रहा हो उसे यह मालूम होना चाहिए कि साँप के दाँत जहरीले होते हैं। ज़मींदारी करना साँप को नचाना है।"—वह कहता है और पुलिस को रिश्वत देकर हत्या के मामले में सारे गाँव को फँसा देता है। किसानों को उनके संघर्ष में पराजित करने के लिए वह न सिर्फ सामंती उत्पीड़न के हथियारों का इस्तेमाल करता है, बल्कि राज्य-मशीनरी के अंगों पर अपने प्रभाव और मेल-जोल का और बारीक तरीकों से रिश्वत और उपहारों से शहरी

भद्रवर्ग को खरीद कर उनका भी इस्तेमाल करता है। जब कारिंदे के पोस्ट-मार्टम की रिपोर्ट लिखने वाला डाक्टर उसे अपना निष्कर्ष बतलाता है कि यह हत्या कई लोगों ने नहीं, सिर्फ एक व्यक्ति ने की है तो, ज्ञानशंकर कारिंदे की स्वामिभक्ति की तारीफ करता है और बड़ी चतुराई से इस प्रश्न को एक वर्ग-प्रश्न के रूप में बदल देता है : ''हत्या हो गई, एक ने की या कई आदमियों ने मिलकर की। मेरे लिए यह समस्या इससे कहीं जटिल है। प्रश्न ज़मींदार और किसानों का है। अगर हत्यारों को उचित दंड न दिया गया तो इस तरह की दुर्घटनाएँ आए दिन होने लगेंगी और ज़मींदारों को अपनी जान बचाना कठिन हो जाएगा।''[12] प्रश्न को ऐसा रूप प्रदान कर वह न सिर्फ अपने वर्ग के सच्चे प्रतिनिधि की भूमिका निभाता है बल्कि अपनी ज़मींदारी के संघर्ष को स्थापित सामाजिक-व्यवस्था की रक्षा का रूप देकर मध्यवर्ग पर शासक वर्ग की विचारधारा के प्रभाव का भी अपने पक्ष में इस्तेमाल कर लेता है। विचारधारात्मक सहानुभूति हासिल करने की कोशिश करने के अलावा वह डाक्टर को रानी गायत्री का घरेलू डाक्टर नियुक्त कर 500 रुपए का इनाम, शिशु-चिकित्सा पर एक किताब लिखने का प्रोजेक्ट देकर और उसके प्रत्येक विज़िट के लिए 100 रु. फीस तय कर उसे पूरी तरह खरीद लेता है। किसानों की तरफ से मुकदमा लड़ने वाले मशहूर वकील को भी वह ऐसी ही लंबी-चौड़ी रकम देकर गोरखपुर बुलवा लेता है ताकि वह किसानों के मुकद्दमे की पैरवी न कर सके। जब गाँव के सभी किसान जेल में होते हैं और खेती तबाह हो चुकी होती है, किसानों के घर खाने के लिए एक दाना तक नहीं बचता तब वह इसे सुनहला मौका जानकर उन पर बकाया लगान का दावा करता और बेदखली का हुकम देता है। बकाए लगान की वसूली के लिए किसानों की मुश्कें बाँधकर पीटा जाता है, उनकी औरतों से बदसलूकी की जाती है, उनके घर जलाए जाते हैं और उनके मवेशी और बर्तन बिक जाते हैं। इस तरह ज्ञानशंकर सामंती व्यवस्था के खिलाफ सिर उठाने वाले किसानों को कुचलकर धूल में मिलाता है।

ज्ञानशंकर महत्त्वाकांक्षी है, लेकिन क्षुद्र है। वह सिर्फ ईर्ष्यावश उच्च समाज की जीवन शैली की आलोचना करता है। यह अपने ससुर के निःसंतान होने के कारण उसकी संपत्ति का उत्तराधिकारी बनेगा। ससुर की संपत्ति कहीं कम न हो जाए, सिर्फ इसलिए वह उसकी जीवन शैली की निंदा करता रहता है और अपनी पत्नी से शिकायत करता रहता है कि तुम्हारे पिता के पास इतनी संपत्ति है, लेकिन फिर भी वे मुझे कुछ नहीं देते। उसकी पत्नी विद्या इस क्षुद्रता के लिए उसका तिरस्कार करती है। सिर्फ ईर्ष्यावश ही वह अपने मित्र ज्वालासिंह के डिप्टी कलक्टर बनने पर उसकी नौकरी की हँसी उड़ाता है और अपने चचेरे भाई दयाशंकर के एक मामले में फँस जाने पर उसे छुड़ाने के बदले उसे जेल भिजवाने के लिए अपने डिप्टी कलक्टर दोस्त के पास शिकायत करने जाता है। अपनी महत्त्वाकांक्षाओं को पूरा करने के लिए वह कुटिलतापूर्वक षड्यंत्र रचता है, झूठ और पाखंड का सहारा लेता है और अपनी स्वार्थपरता में क्रूर और हिंसक

हो उठता है। जब उसके साले की मौत का तार आता है तो उसे जरा भी शोक नहीं होता, उल्टे उसके दिल की कलियाँ खिल पड़ती हैं। उसके लक्ष्यहीन जीवन में एक लक्ष्य का विकास होता है—निःसंतान ससुर की बेशुमार दौलत को हासिल करना। भाई की मौत का तार पाकर उसकी पत्नी बेहोश हो जाती है, लेकिन वह नीचे अपने कमरे में कानून की पुस्तकों में संपत्ति के उत्तराधिकार की व्यवस्था ढूँढ़ता फिरता है। उसका चचेरा भाई उसके साले की मौत पर शोक मनाने आता है और कहता है कि अब तो आप ही अपने ससुर की जायदाद के उत्तराधिकारी होंगे। ज्ञानशंकर उसे झिड़क देता है : "ऐसी बातों का यह समय नहीं।" उसका भाई अपनी असभ्यता पर लज्जित हो उठता है। ज्ञानशंकर को याद आता है कि उसने संवेदना का तार नहीं भेजा। वह भीतर आकर संवेदना का तार लिखता है और उत्तराधिकार की व्यवस्था समझने के लिए वकील के घर चल पड़ता है।

उसका बरसों से खोया सगा भाई अमेरिका से लौटकर आता है तो वह चिंतित होता है कि यह जायदाद में हिस्सा बँटाएगा। वह उसके साथ बैठकर नहीं खाता। वह डींग मारता है कि वह खुद छुआछूत में विश्वास नहीं करता, लेकिन बहुमत का आदर करने के लिए ऐसा कर रहा है। वह भाई को घर से भगाने के लिए चाल चलता है। बिरादरी वालों को भाई के खिलाफ झूठी मनगढ़ंत बातें कहकर भड़काता है : "वह देवताओं को गालियाँ देते हैं, कहते हैं मांस सब एक है, चाहे जिस किसी का हो। खाना खाकर कभी हाथ-मुँह नहीं धोते।" और दूसरी तरफ भाई से आकर कहता है : "आपके कारण मैं बदनाम हो रहा हूँ और शंका है कि लोग मुझे भी त्याग देंगे।" वह इतना नीच है कि अपनी भाभी को भी भाई के खिलाफ भड़काता है और इस तरह पति-पत्नी को मिलने नहीं देता।

नए विचारों का उसका भाई कहीं अपने हिस्से की जायदाद चाचा के नाम न कर दे, इस फिक्र से वह अपनी भाभी श्रद्धा को भड़काता है कि लखनपुर का आधा हिस्सा अपने नाम लिखवा लो। यह योजना बनाता है : "श्रद्धा को तीर्थयात्रा करने के लिए भेज दूँगा। एक-न-एक दिन मर ही जाएगी। जीती भी रही तो हरिद्वार में बैठी गंगा-स्नान करती रहेगी। लखनपुर की ओर से मुझे चिंता न रहेगी।" श्रद्धा उसकी चाल में नहीं फँसती तो वह अपने भाई को जाकर भड़काता है कि चाचा के घर के लोग भाभी को भड़का रहे हैं कि लखनपुर का आधा हिस्सा अपने नाम करा लो। उसका भाई श्रद्धा के जीवन के भरण-पोषण की जिम्मेवारी उस पर सौंपते हुए उसे विश्वास दिलाता है कि जमीन-जायदाद में उसकी कोई दिलचस्पी नहीं, लखनपुर आज से तुम्हारा हुआ। तो, वह अपनी इच्छा पूरी होने की खुशी में झूम उठता है लेकिन यह भी सोचता है : "वह इस्तीफा लिख देते तो बात और पक्की हो जाती।"

अपनी पत्नी की बड़ी बहन विधवा गायत्री की जायदाद हड़पने के साथ-साथ वह उसके शरीर का भी भोग करना चाहता है। उसे फँसाने के लिए पहले तो वह स्त्री-पुरुष

के मुक्त-यौन प्रेम के सिद्धांतों को रखता है लेकिन जब देखता है कि धर्मनिष्ठ गायत्री अपने रूढ़िगत संस्कारों को नहीं तोड़ सकती तो वह कुटिलतापूर्वक धर्म का सहारा लेता है और कृष्ण भक्ति का स्वाँग रचाता है। राधा और कृष्ण के पौराणिक संबंध को गायत्री के साथ व्यवहार में उतारने के बहाने वह उसे अपनी कामुकता के जाल में फँसा लेता है। उसकी पत्नी को इसका पता चलता है तो वह उसके प्रति घृणा से भर उठती है। लेकिन ज्ञानशंकर अपनी महत्त्वाकांक्षा में जितना धूर्त और क्षुद्र है, उतना ही क्रूर और हिंसक भी। जब उसकी पत्नी उन दोनों को आलिंगन में बँधा देख लेती है तो वह क्रूरतापूर्वक कहता है : "...तुम कई बार मेरे मार्ग का काँटा बन चुकी हो, लेकिन अब की बार मैं तुम्हें हमेशा के लिए रास्ते से हटा देना चाहता हूँ।" उसे शंका होती है कि गायत्री पर अभी जो मेरा रंग जमा है, वह बाद में उतर जाएगा, तो वह जल्दी-जल्दी दो दिन के अंदर ही अपने इकलौते बेटे को उसका 'धर्मपुत्र' बनाकर उसके लिए जायदाद को सुरक्षित करवा लेता है। वह अपने लोभ और स्वार्थ में इतना अंधा है और अपनी महत्त्वाकांक्षा में इतना विवेकहीन है कि जिन रिश्तेदारों ने जायदाद के लिए गायत्री के पति को विष देकर मार डाला और जो अब गायत्री की भी मौत की कामना करते हुए बैठे हैं, वे उसके बेटे को जायदाद पर कब्जा करते देख उसके भी खून के प्यास हो उठेंगे—इस भीषण यथार्थ को भी वह नजरअंदाज कर देता है। उसकी पत्नी उसे राक्षस कहती है और विष खाकर आत्महत्या कर लेती है, लेकिन तब भी उसे कोई अफसोस नहीं होता। उसके ससुर को उसकी महत्त्वाकांक्षाओं और कुटिलता की जानकारी हो जाती है तो वह ससुर को अपने रास्ते से हटाने के लिए भोजन में विष देकर उसकी हत्या का षड्यंत्र रचता है। उसका बेटा उसकी जमा की हुई संपत्ति और रियासतों को ठुकरा देता है तो उसकी सारी महत्त्वाकांक्षाएँ धूल में मिल जाती हैं, सारी कुटिलताएँ निरर्थक हो जाती हैं और वह निराश होकर आत्महत्या कर लेता है।

नई सभ्यता के इस ज़मींदार में वीरता का कहीं कोई भाव न था। अपनी महत्त्वाकांक्षाओं और स्वार्थों की पूर्ति में वह जितना धूर्त, कुटिल और षड्यंत्रकारी है, उतना साहसी नहीं। वह एक बुजदिल और कायर इंसान है जो अपनी कुटिलताओं और पाखंड का रंग खुलते देखकर भयभीत और निराश हो उठता है। वह अपने चचेरे भाई को जेल भेजने के लिए प्रेरित करने अपने सहपाठी डिप्टी कलक्टर ज्वाला सिंह के पास जाता है और उसे निष्पक्ष न्याय करने की पाखंडपूर्ण सलाह देता है। ज्वाला सिंह उसकी नीचता को भाँप जाता है और उससे कहता है कि उसके भाई के खिलाफ कोई सबूत नहीं होने की वजह से उसे रिहा किया जा रहा है तो ज्ञानशंकर के मुँह पर हवाइयाँ उड़ने लगती हैं। असामियों पर लगान इजाफे का उसका झूठा दावा ज्वाला सिंह खारिज कर देता है तो वह ज्वाला सिंह के खिलाफ अखबारों में प्रचार चलाता है, उसके चरित्र को कलंकित करता है। लेकिन इसके परिणामस्वरूप जब ज्वाला सिंह का दर्जा घटाकर उसका तबादला कर दिया जाता है तो ज्ञानशंकर को उसके सामने आने की भी हिम्मत

नहीं पड़ती। वह गायत्री को फाँसने के लिए भक्ति का स्वाँग रचता है लेकिन जब उसका ससुर कमलानंद मर्मभेदी निगाहों से उसकी ओर देखकर कड़ककर उसके बहुरुपिएपन का राज पूछता है, तो डर के मारे वह सारा भेद उगल देता है : ससुर के सामने अपना भेद खुल जाने से वह निराश हो उठता है और आत्महत्या कर लेने का निश्चय करता है। लेकिन वह इतना कायर है कि आत्महत्या भी नहीं कर पाता; उल्टे और भी कुटिलतापूर्वक कमलानंद को अपने रास्ते से हटाने के लिए उसके भोजन में विष मिलाकर दे देता है। कमलानंद मरता नहीं है। वह विष पचा जाता है और भेद खुल जाता है तो ज्ञानशंकर डर कर उसके पैरों पर गिरकर रोने लगता है। कमलानंद उस पर पिघलता नहीं और अपनी पिस्तौल खोजने लगता है तो वह भयभीत होकर अपनी मोटर साइकिल पर वहाँ से भाग जाता है। वह ऐसा कायर है कि भागते हुए अपनी पत्नी से भी नहीं मिलता और मन ही मन प्रार्थना करता रहता है कि उसकी पत्नी को यह किस्सा मालूम न हो। वह कमलानंद के डर से गायत्री से मिलने गोरखपुर भी नहीं जाता और गायत्री की चिट्ठियाँ आने पर डरते हुए खोलता है कि कहीं गायत्री को हकीकत का पता तो नहीं हो गया। वह इतना डरपोक है कि गायत्री के पत्रों में लिखी बातों का गूढ़ार्थ खोजता है कि कहीं इसमें उसकी असलियत जान लेने के संकेत तो नहीं छुपे हैं। महत्त्वाकांक्षी क्रूर, हिंसक और धूर्त ज्ञानशंकर इतना ही डरपोक और कायर भी था। ब्रिटिश राज के टुकड़ों पर पलने वाला और उसकी संगीनों के साए में सुरक्षित वह ज़मींदार वर्ग ऐसा ही था।

प्रेमचंद के ज़मींदार चरित्रों में ज्ञानशंकर सबसे ज्यादा विश्वसनीय और महत्त्वपूर्ण चरित्र है। प्रेमचंद ने बड़ी ही मनोवैज्ञानिक गहराई के साथ उसके व्यक्तित्व को सजीव कर दिया है। वह न सिर्फ ब्रिटिश-राज के नए ज़मींदार वर्ग का प्रतिनिधि चरित्र है, बल्कि अपनी निजी खूबियों और खामियों के साथ, अपने चरित्र की असंगतियों के साथ, अपने व्यक्तित्व की सजीवता और गतिशीलता में वह प्रेमचंद के साहित्य में चित्रित सभी ज़मींदारों में सबसे प्रभावशाली चरित्र है। वह प्रेमचंद के रचे खलनायकों में सबसे सच्चा खलनायक है। वह सिर्फ किसानों का नहीं, सबका खलनायक है। खलनायकत्व में ही उसके प्राण बसते हैं। जो भी उसके जीवन में, उसके संपर्क में आता है, वह उसके षड्यंत्रों, स्वार्थलिप्सा, क्रूरता, हिंसा, क्षुद्रता और ईर्ष्या का शिकार होता है। इस परम खलनायक को जीवन की निरर्थकता और आत्मग्लानि के बोध में डूबकर आत्महत्या करते हुए दिखाकर प्रेमचंद उसे नैतिक दृष्टि से दंडित करते हैं। ज्ञानशंकर की तुलना में राय कमलानंद एक कम विश्वसनीय चरित्र है। प्रेमचंद इस रईस ताल्लुकेदार के जीवन की अकर्मण्यता, भोग-विलास और असंगतियों को तो दिखलाते हैं लेकिन साथ ही उसे योग सिद्धियों के उपासक के रूप में अतिमानव भी बना देते हैं जो सिर्फ अपने योगबल से ही छिपे हुए भेदों को जान लेता है और घातक विष के कई कौर खाकर भी पचा लेता है। लेखक उसे इतने आदर्श रूप से चित्रित करता है मानो खुद भी उसके अतिमानव

होने में विश्वास करता हो। इस चित्रण का सबसे कमजोर पक्ष तो यह है कि उसे जिंदगी के सत्य को खोजता दिखाया गया है जिसे वह पहले निर्लिप्त भाव से भोग-विलास में खोजता है और अंत में, जायदाद के लिए होने वाली हिंसा की ठोकर खाने के बाद, संत बन जाता है और सचमुच जीवन का उपदेशक बन जाता है। यह सब बड़ा ही अविश्वसनीय है। कमलानंद की तुलना में गायत्री अधिक सजीव है। उसकी यश-कीर्ति की भूख, यश और कीर्ति के लिए किसानों की भलाई करने की उसकी इच्छा और अपने वर्गीय स्वार्थी और अहंकार की संतुष्टि के लिए उसकी क्रूरता, मृत पति के प्रति उसकी संस्कारजन्य निष्ठा और राधा-कृष्ण लीला से उसके मन में उठने वाली जीवन और यौवन की भूख और अपनी बहन की आत्महत्या से उत्पन्न उसका सहमापन और प्रेम-क्रीड़ा से अपने हाथ वापस खींच लेना—यह सब बहुत ही स्वाभाविक और उसके व्यक्तित्व और स्थिति के अनुरूप है। लेकिन अंत में प्रेमचंद उसे भी ज्ञानशंकर की ही तरह नैतिक रूप से दंडित करते हैं और वह पहाड़ पर साधु के वेश में अचानक मिल गए अपने पिता को सामने पाकर अपनी दुर्बलताओं की ग्लानि से मर जाती है। गायत्री की मौत की घटना से आन्ना कारेनिना की मौत याद आ जाती है। गायत्री की ही तरह आन्ना भी अपनी छोटी बहन के प्रेमी से प्यार करती है और उस प्यार की असफलता में मर जाती है। फ़र्क इतना ही है कि टॉल्स्टॉय आन्ना की मौत को एक नैतिक दंड के रूप में चित्रित नहीं करते बल्कि वह मौत उसके दर्द भरे जीवन की एक ट्रैजेडी बनकर आती है जबकि गायत्री उस ट्रैजेडी से दूर निकल जाती है लेकिन अपने जीवन की ग्लानि और नैतिक-अपराध के बोध से मर जाती है।

किसान

स्थिर कुछ भी नहीं है; इतिहास के प्रवाह में हर चीज़ बदल रही है। इतिहास के प्रवाह में प्रेमचंद जैसे बदलते हुए सामंत वर्ग के चरित्र को दिखलाते हैं—वैसे ही समय की गति में बदलते हुए किसानों को चित्रित करते हैं। किसान, जिनकी चेतना पर परंपराओं का बोझ पड़ा हुआ है, और जिनमें साठ वर्षों की नई सामंती व्यवस्था के शोषण-उत्पीड़न की प्रतिक्रिया भी है, दूर देश में हुई मज़दूर-किसानों की क्रांति का असर भी उन तक पहुँचता है और अपने देश में उठ रही नई गर्म हवाओं की आँच भी उन्हें तपाती है। इन सबके बीच पूर्वी उत्तर प्रदेश के किसानों के बदलते हुए चरित्र और चेतना को अंकित करते हैं।

लखनपुर गाँव के किसान 'प्रेमाश्रम' के नायक हैं। बनारस शहर से 12 मील उत्तर लखनपुर ज्ञानशंकर की ज़मींदारी का एक बड़ा गाँव है जहाँ कुर्मी किसान सुक्खू महतो है, राजपूत डपटसिंह और झपटसिंह हैं, अहीर मनोहर, बलराज और बिलासी हैं, मुसलमान कादिर मियाँ है, बनिया बिसेसर साह है, दुखरन भगत और रंगी चमार हे। इनमें से कुछ मौरूसी दखीलकार और कुछ बे-दखीलकार असामी हैं। ये किसान असंगठित हैं, लेकिन संगठित सामंतवाद के खिलाफ सिर उठाने की हिम्मत करते हैं। वे

ज़मींदार के दावों के खिलाफ और सरकारी जुल्म के खिलाफ संघर्ष करते हैं—ज़मींदार के मृत पिता की बरसी के लिए बेगार में घी देने से इनकार करते हैं, सरकारी लश्कर के लिए बेगार में दूध देने से इनकार करते हैं, सरकारी हाकिमों के लिए बेगार में घास छीलने से इनकार करते हैं, ज़मींदार के लगान इजाफा की लूट के खिलाफ संघर्ष करते हैं, परंपरा से चले आ रहे तालाब और चरावर के सामूहिक उपयोग पर लगाई गई रोक के खिलाफ लड़ते हैं और अपनी इज्जत पर हुए हमले का जवाब देते हैं। वे वर्षों तक कठोर परिस्थितियों में रह कर अपना संघर्ष चलाते हैं। वे कानूनी लड़ाइयों में जीत जाते हैं, लेकिन उनकी जीत उनकी वास्तविक पराजय से भी बुरी होती है। कानूनी लड़ाइयाँ लड़ते हुए और प्राकृतिक विपदाओं और बीमारियों के बीच उनकी खेती चौपट हो जाती है, घर के जवान सदस्य मर जाते हैं, मवेशी और बर्तन बिक जाते हैं और वे दाने-दाने के मोहताज हो जाते हैं।

कैसे थे ये किसान जिन्होंने सामंती शक्तियों को चुनौती देने की हिम्मत की? कैसी थी उनकी चेतना जो अपने अस्तित्व की शर्तों को बदलने के लिए संघर्ष करती है?

ये किसान बहुत बलशाली न थे। राज्य उनके साथ न था। बहुत-सी किताबों में संचित ज्ञान भी उनके पास न था। उनका न कोई नेता था, न संगठन। वे बहुत तपे-तपाए लोग भी न थे। वे बनारस जिले के बहुत-ही साधारण किसान थे। उनकी दुनिया बहुत-ही साधारण थी; गाँव की आम दुनिया जिसमें वे अपने चिर-परिचित सुख-दुख के साथ, खेती करते और लगान भरते हुए, अपने स्वार्थों में एक-दूसरे से लड़ते-झगड़ते और प्यार करते हुए बहुत ही मामूली जिंदगी गुज़र करते थे। फिर भी, इन्हीं किसानों की जिंदगी में, इन्हीं के जीवन की परिस्थितियों में ऐसा बहुत-कुछ था, जो इनकी चेतना को बदलता और उनके चरित्र को निखारता है। लेकिन सिर्फ उनकी जीवन-परिस्थितियों के अंदर ही नहीं, बाहर भी ऐसा बहुत कुछ है। उनका समाज कोई बंद और स्थिर समाज न था। इस स्थानीय समाज के बाहर परिवर्तन की जो लहरें उठती हैं, वह आखिर में उनके स्थानीय समाज तक भी पहुँचती हैं। परिवर्तन की ये लहरें जब उनकी परंपरा, उनके मूल्य-बोध, उनके अनुभवों और उनकी रोजमर्रा की जिंदगी से टकराती हैं तो इस टकराहट से वे सब तत्त्व जन्म लेते हैं जो उनके अंदर अपनी परिस्थितियों के खिलाफ विद्रोह के भाव भर देते हैं और वे स्थापित सामंती प्रथाओं को चुनौती देने की हिम्मत कर दिखाते हैं।

शाम के वक्त अलाव के इर्द-गिर्द बैठे किसान अपनी रोजमर्रा की घटनाओं पर बातें करते हैं। तभी ज़मींदार का चपरासी गिरधर आता है। ज़मींदार के घर उसके मृत पिता की बरसी मनाने के लिए वह किसानों से बेगार में घी लेने आया है। बाजार में घी रुपए में 10 छटांक मिलता है, लेकिन किसानों से माँग की जाती है कि वे रुपए सेर के भाव से ज़मींदार को घी दें। सुक्खू महतो और दुखरन भगत सिर झुकाकर घी देना मंजूर कर लेते हैं, लेकिन मनोहर इनकार कर देता है। चपरासी बहस करता है, डराता है,

धमकाता है। वह लालगंज गाँव का एक उदाहरण देता है जहाँ एक भी भैंस नहीं, फिर भी किसानों ने 30 रुपए का घी देना मंजूर किया। इन सबके बावजूद मनोहर बेगार में घी देने को तैयार नहीं होता। चपरासी नाराज होकर उसकी शिकायत कारिंदे से करने के लिए लौट जाता है। कादिर मियाँ मनोहर से कहता है, बेगार से इनकार करके तुमने गलती की, चलो, चलकर कारिंदे से माफी माँग लो। मनोहर की पत्नी बिलासी भी यही कहती है। कादिर और बिलासी ऐसा क्यों कहते हैं? जिस बेगार से मनोहर इनकार कर देता है, उसके लिए दूसरे किसान, सुक्खू और दुखरन उसी दम राजी क्यों हो जाते हैं?

ज़मींदार को बेगार में घी देना उस सामंती व्यवस्था की स्थापित प्रथा थी जिसमें ये किसान जी रहे थे। किसान परंपरा से चली आ रही प्रथाओं को मानता है, उनके आगे सिर झुकाता है। उस प्रथा से इनकार करना भूल है। कादिर मनोहर को यही समझाता है कि पहले भी तो एक-न-एक बेगार लगी ही रहती थी।

किसान परंपराओं को जायज मानकर उन्हें निभाता है। यह किसानों की विचारधारा का अंग है। यह विचारधारा उसने अपने आप विकसित नहीं की है; ज़मींदार वर्ग इस विचारधारा का दूसरा पक्ष है, जिसने अपनी सत्ता से इसे स्थापित किया है। पुराना ज़मींदार प्रभाशंकर मनोहर से बेगार को पुराना दस्तूर बताकर इसे हँसी-खुशी निभाते रहने को कहता है।

जो दस्तूर है, वह सख्ती नहीं है; उसे किसान हँसी-खुशी निभाते रहे हैं। तहसीलदार जब सरकारी हाकिमों के टेनिस खेलने के लिए गाँव के सभी किसानों से बेगार में घास छिलवाता है तो किसान इसका विरोध करते हैं। विरोध का कारण यह है कि ये किसान ऊँची जात के काश्तकार हैं। ऊँची जात के काश्तकारों से भी बेगार लेने की प्रथा है, लेकिन इस तरह के बेगार की नहीं। घास छीलना चमारों का काम है, ऊँची जात के काश्तकारों का नहीं। यह नई बात है, इसलिए सख्ती है। ऊँची जात के काश्तकार तहसीलदार की इस सख्ती का विरोध करते हैं, लेकिन चमार इसका विरोध नहीं करते, वे सिर्फ कुछ मजदूरी चाहते हैं। बेगार में घी देना एक पुरानी प्रथा थी, इसलिए लालगंज के किसान एक भी भैंस न होने के बावजूद, बाजार से खरीदकर भी, बेगार में घी देना मंजूर करते हैं। जो परंपरा से चला आ रहा है, वह अन्यायपूर्ण होने पर भी जायज है, इसलिए सुक्खू महतो और दुखरन भगत उसे स्वीकार करते हैं। पूरा किसान समाज इसे स्वीकार करता है। अपनी परिस्थितियों में एक किसान अपनी अलग राह नहीं निकाल सकता, इसलिए बिलासी भी मनोहर को समझाती है : "जब सारा गाँव घी दे रहा है, तब हम क्या गाँव से बाहर हैं।"

किसान सिर्फ परंपरावादी ही नहीं, वह अपने ज़मींदार से छोटा भी है। जैसे वह परंपरा को नाजायज नहीं मानता, उसी तरह अपने छोटेपन को भी नाजायज नहीं मानता। हमेशा से ज़मींदार की सत्ता के सामने उसने खुद को छोटा पाया। उसके पुरखों ने भी, खुद उसने भी। यह उसकी स्थिति का सच है। वह इस सच्चाई से कभी बाहर

नहीं जा पाता। यह सच एक ईश्वरीय विधान की तरह है। इसलिए परंपरा में अन्याय है—यह बात कभी चेतना में आ भी जाए तो इस चेतना को भुलाने की कोशिश करनी चाहिए क्योंकि निजी मानवीय अनुभवों से उपलब्ध सत्य की तुलना में ईश्वरीय विधान का सत्य ही ज्यादा बड़ा सच है। बिलासी यही तर्क मनोहर को देती है : "इसमें कोई अपनी हेठी थोड़े ही हुई जाती है? हेठा तो नारायण ने ही बना दिया है। तो क्या अकड़ने से ऊँचे हो जाएँगे? थोड़ा-सा घी हाँडी में है, दो-चार दिन में और बटोर लूँगी, जाकर तोल आना।"[13] बिलासी में अपने हेठेपन का बोध तो है, लेकिन इसके साथ शायद कुछ बेबसी का भाव भी है। लेकिन सुक्खू महतो अपनी हेठी स्थिति से आश्वस्त है और उसका उल्लंघन करना जुर्म भी समझता है : "हम मजदूर ठहरे, हम घमंड करें तो हमारी भूल है।" वह गरीब नहीं, मध्यवर्गीय किसान है, लेकिन सामंती सत्ता के सामने अपने छोटेपन की किसान विचारधारा से पूरी तरह सहमत है : "नारायण हमें चार पैसे दें, दस मन अनाज दें तो क्या हम अपने मालिकों से लड़ें, मारे घमंड के धरती पर पैर न रखें?"[14] दुखरन भगत इसका समर्थन करता है : "यही मद तो आदमी को खराब करता है। इसी मद ने रावण को मिटाया, इसी के कारण जरासंध और जिरजोधन का सर्वनाश हो गया। तो भला, हमारी-तुम्हारी कौन बात है?"[15] दुखरन भगत ही नहीं, इतिहास भी इसका समर्थन करता है। रावण, जरासंध और जिरजोधन का सर्वनाश इसलिए हुआ कि उन्होंने सर्वशक्तिमान ईश्वर की सत्ता के खिलाफ खड़े होने का घमंड किया था। इससे निष्कर्ष निकलता है कि किसान अगर ज़मींदार की सत्ता के खिलाफ खुद को बड़ा समझने का घमंड करेगा तो उसका भी इसी तरह सर्वनाश होगा। किसान अपने छोटेपन को उचित ठहराने के लिए इस तरह इतिहास की व्याख्या से समर्थन जुटा लेता है।

किसान का छोटापन ईश्वरीय विधान है। इतिहास इसका समर्थन करता है। लेकिन इस छोटेपन का वास्तविक आधार है, ज़मींदार की भौतिक सत्ता। "ज़मींदार की ज़मीन में बसते हैं, उसका दिया खाते हैं, उससे बिगड़कर कहाँ जाएँगे।"[16] सुक्खू महतो कहता है : "किसान जिस जमीन पर खेती करके अपने परिवार का गुज़र-बसर करता है, वह जमीन ज़मींदार की है, किसान उस जमीन का मालिक नहीं है। अगर ज़मींदार उसे उस जमीन से निकाल दे तो वह उजड़ जाएगा, उसका परिवार भूखों मर जाएगा।" किसान के छोटेपन का मूल आधार यही है। यह वास्तविक भौतिक परिस्थिति किसान की चेतना में एक मूल्य बनकर प्रतिष्ठित होती है। वह यों ही, अपने आप प्रतिष्ठित नहीं हो जाती। उसे प्रतिष्ठित करती है ज़मींदार की दमनकारी मशीनरी, उसके कारिंदे और चपरासी जो किसान की रोजमर्रा की ज़िंदगी में आते हैं और उसे जब भी जरूरत पड़ती है तो, यह याद दिलाते रहते हैं कि : "जब ज़मींदार की जमीन जोतते हो तो उसके हुकुम के बाहर नहीं जा सकते।" सत्ताधारी वर्ग के ऐसे दैनिक प्रचार के बाद भी इस मूल्य की प्रतिष्ठा निर्द्वंद्व भाव से नहीं बनी रहती। अपनी ही परिस्थितियों के दबाव से और अन्य तत्त्वों से चेतना प्राप्त कर जब किसान इस प्रतिष्ठित मूल्य का अतिक्रमण करता है तो

उसे शारीरिक और आर्थिक दंड मिलता है और इस तरह उस मूल्य को पुनः प्रतिष्ठित किया जाता है। बेगार में घी देने से इनकार करने वाले मनोहर की जोत से ज़मींदार अपनी शिकमी जमीन वापस निकाल लेता है, उसका अपमान करता है और उसके लगान में इजाफे का हुक्म देता है। यह कठोर भौतिक सत्ता ही वह निर्णायक तत्त्व है जो किसान की चेतना में उसके छोटेपन को एक मूल्य के रूप में प्रतिष्ठित करती है। भौतिक आधार पर एक बार प्रतिष्ठित हो जाने के बाद फिर इसके समर्थन में विचारधारात्मक तत्त्व—ईश्वरीय विधान और इतिहास की व्याख्या—जुटा लिए जाते हैं। अपनी परिस्थितियों के सार-तत्त्व को अपनी चेतना में एक मूल्य की तरह सँजोये हुए किसान अपने छोटेपन के एहसास से दबे हुए कमजोर व्यक्तित्व को प्राप्त करते हैं और अपने सामाजिक व्यवहार में बेबसी और दीनता की जिंदगी गुजारते हैं।

लेकिन प्रथम विश्वयुद्धोत्तर पूर्वी उत्तर प्रदेश के सभी किसान ऐसे ही न थे। सामंती मूल्यों के बोझ नीचे दीनता की जिंदगी गुजार रहे उस समाज में भी प्रेमचंद उन किसानों को ढूँढ़ निकालते हैं जो इन मूल्यों का प्रतिरोध करते हैं और अपनी जकड़ी हुई हालत को तोड़ने की कोशिश करते हैं। प्रेमचंद दिखलाते हैं कि उस समाज में पुरानी कड़ियाँ टूट रही थीं, नई कड़ियाँ जुड़ रही थीं और इस तरह इतिहास अपना विकास कर रहा था। इन कड़ियों को तोड़ने वाले लोग साधारण किसान थे और कड़ियों को तोड़ने का उनका संघर्ष आसान न था, वह हिम्मत, दुःख-तकलीफ और खून के छींटों से सना हुआ था। मनोहर एक ऐसा ही किसान है जो सामंती मूल्यों की उन कड़ियों को तोड़ने के लिए साहस भरा संघर्ष करता है।

ज़मींदार को बेगार में घी देने से इनकार कर जब वह हमेशा से चली आ रही प्रथा को तोड़ता है तो ज़मींदार का चपरासी गिरधर उसे धमकाता है : "ज़मींदार के गाँव में रहकर उससे हेकड़ी नहीं चल सकती। अभी कारिंदा साहब बुलाएँगे तो रुपए भी लोगे, हाथ-पैर भी पड़ोगे, मैं सीधे-सीधे कहता हूँ तो तेवर बदलते हो।" मनोहर इस धमकी से दबता नहीं। वह निर्भीकता से इसका जवाब देता है : "न कारिंदा कोई काटू है, न ज़मींदार कोई हौवा है। यहाँ कोई दबैल नहीं है। जब कौड़ी-कौड़ी लगान चुकाते हैं तो धौंस क्यों सहें?"[17] गिरधर उसे ज़मींदार का डर दिखाता है : "सरकार को अभी जानते नहीं। बड़े सरकार का जमाना अब नहीं है। इनके चंगुल में एक बार आ जाओगे तो निकलते न बनेगा।" डर दिखाकर उसे झुकने को मज़बूर किया जा रहा है, यह देखकर मनोहर गुस्से से भर उठता है और उस डरानेवाली सत्ता का मानो तिरस्कार करता हुआ चुनौती देता है : "अच्छा जाओ, तोप पर उड़वा देना।"

रात को घर में उसकी पत्नी बिलासी उसे समझाती है कि बेगार की प्रथा को तोड़ने का नतीजा अच्छा न निकलेगा, जाकर कारिंदे से माफी माँग लो और बेगार भर दो। वह माफी माँगने से इनकार कर देता है। उसका दोस्त कादिर मियाँ उसे समझाता है, फिर भी वह राजी नहीं होता। बिलासी खुद कादिर मियाँ के साथ जाकर कारिंदे से माफी

माँगती है लेकिन कारिंदा नहीं पिघलता और ज़मींदार से और भी बढ़ा-चढ़ाकर शिकायत करता है। पुराने विचारों का किसान कादिर मनोहर को मजबूर करता है ज़मींदार के पास चलने के लिए। कादिर और बिलासी के दबाव से हारकर मनोहर ज़मींदार के पास आता है। कादिर मनोहर की तरफ से दीनता प्रकट करते हुए कहता है : "हुजूर, हम लोगों की मजाल ही क्या है कि सरकार के आदमियों के सामने सिर उठा सकें? हाँ, अपढ़ गँवार ठहरे, बातचीत करने का सहूर नहीं है, उजड्डपन की बातें मुँह से निकल आती हैं। क्या हम नहीं जानते कि हुजूर चाहें तो आज हमारा कहीं ठिकाना न लगे। अब तो यही बिनती है कि जो खता हुई उसकी माफी दी जाए।"[18] लेकिन ज़मींदार उसकी गिड़गिड़ाहट पर नहीं पसीजता। वह मनोहर और कादिर दोनों को गालियाँ देता है, उनका अपमान करता है, मनोहर की जोत से अपनी शिकमी जमीन निकाल लेता है और उसका लगान बढ़ा देने का हुकम देता है। बिलासी और कादिर की माफी की गिड़गिड़ाहट अपमान और दमन से मनोहर की रक्षा नहीं कर पाती। किसानों के पुराने विचार और उनकी दीनता उन्हें सामंती अत्याचारों से बचा नहीं पाती।

दुखरन भगत जैसे कमजोर किसान, ज़मींदार और कारिंदे से मेल-जोल रखने वाले सुक्खू महतो जैसे धनी किसान और कादिर मियाँ जैसे पुराने विचारों के किसान से अलग चरित्र का किसान है मनोहर। वह प्रतिरोधी और संघर्षी चेतना का किसान है जो प्रथाओं को तोड़ता है। उसकी प्रतिरोधी और संघर्षी चेतना का आधार क्या है?

वह दूसरे किसानों की तुलना में ज्यादा संवेदनशील है, सामंती प्रथाओं में निहित अन्याय के प्रति उसकी चेतना ज्यादा सजग है। यह उसकी संघर्षी चेतना का पहला आधार है। लेकिन सिर्फ इसी आधार पर वह संघर्ष नहीं करता। आर्थिक हालात भी उसे संघर्ष के लिए मजबूर करते हैं। और किसानों की तरह वह भी बेगार में घी दे सकता था लेकिन उसके घर में सिर्फ एक ही भैंस है, उसका दूध बाल-बच्चों में उठ जाता है, घी होता नहीं। सुक्खू महतो धनी किसान है, वह घी दे सकता है। दुखरन भगत के घर भैंस लगती है, घी बिकता है। लेकिन मनोहर को बाजार से ज्यादा दामों में खरीदकर कम दाम में ज़मींदार को देना पड़ेगा। यह आर्थिक मार उसे अखरती है क्योंकि बाजार में चीजों के दाम बढ़ गए हैं। अनाज के बढ़े हुए भावों की दलील पर लगान की दर बढ़ाने की संभावना का विरोध करते हुए किसान कहते हैं कि मजदूरों की मजदूरी भी तो बढ़ गई है, बैलों का और लोहे-लक्कड़ का दाम भी तो बढ़ गया है। बाजार-तंत्र के अधीन चीजों की बढ़ती कीमतों ने किसान के लिए अपनी पैदावार को बेगार में देना पहले से भी ज्यादा असहनीय बना दिया था। आर्थिक परिस्थितियों का यह दबाव उसे लुटेरी सामंती प्रथाओं के खुले विरोध में ला खड़ा करता है। उसकी संघर्षी चेतना का यह दूसरा आधार है।

बेगार कोई नई चीज नहीं है, यह तो पहले से आ रही प्रथा है, यह तर्क देकर जब कादिर मियाँ उसे समझाता है तो मनोहर पुराने और नए ज़मींदार के फ़र्क की बात कहता

है। किसान खुद एक ऐसे संसार में जी रहे थे, जहाँ उनकी आँखों के सामने सदियों से चली आ रही पुरानी प्रथाएँ टूट रही थीं। उसके मालिकों की अपनी परंपरा टूट गई थी। पहले ज़मींदार साल-दो साल का लगान बाकी रह जाने पर भी कुड़की-बेदखली न करता था। ज़मींदार के घर के उत्सवों में किसानों को नेवता मिलता था। किसान की बेटियों के ब्याह में मदद के लिए ज़मींदार की ओर से लकड़ी, चारा और 25 रु. बँधा हुआ था। ज़मींदार वर्ग ने इन परंपराओं को तोड़ डाला था लेकिन अपने स्वार्थों को नहीं छोड़ा था। अब किसान के साथ ज़मींदार का संबंध पिता और पुत्र जैसा नहीं था। ज़मींदार ने अपने किसानों के सुख-दुख में शरीक होना छोड़ दिया। किसान इस बदलती हुई दुनिया से बेखबर नहीं रह सकते थे। जब ज़मींदारों ने किसानों के प्रति अपनी प्रथाएँ तोड़ दीं तो किसान उनके प्रति अपनी प्रथाएँ एकतरफा ढंग से क्यों निभाएँ? यह संभव नहीं था। किसानों की संघर्षी चेतना का यह तीसरा आधार था।

जब बिलासी मनोहर से कारिंदे के पास जाकर माफी माँग आने के लिए कहती है तो मनोहर उससे इनकार करता हुआ बेहिचक कहता है : "कारिंदा हमारा कर ही क्या सकता है? बहुत करेगा अपना शिकमी खेत छोड़ा लेगा। न दो हल चलेंगे, एक ही सही।"[19] मनोहर मौरूसी किसान है। उसके दो हल चलते हैं। कुछ शिकमी (किराए पर) ज़मीन उसने ज़मींदार से ले रखी है। एक हल मौरूसी जमीन पर जिस पर उसका वंशगत दखल है। कारिंदा ज़मींदार के पास शिकायत करता है। ज़मींदार कहता है कि थानेदार से मिलकर उन्हें किसी शिकंजे में क्यों नहीं कसते? कारिंदा अपनी लाचारी प्रकट करता है : "हुज़ूर, मौरूसी असामी है। यह सब ज़मींदार को कुछ नहीं समझते।"[20] जब मनोहर कादिर के साथ ज़मींदार के पास आता है तो ज़मींदार उसे गालियाँ देता हुआ गुर्राता है : "तू समझता होगा कि दखलकार हूँ, ज़मींदार मेरा कर ही क्या सकता है?" उसकी जोत से शिकमी ज़मीन वापस लेकर ज़मींदार दिखा देता है कि वह क्या कर सकता है।

मौरूसी ज़मीन—ज़मीन का एक ऐसा टुकड़ा जिस पर ज़मींदार का नहीं, किसान का अपना वंशगत कब्जा था—किसानों के ज़मींदार विरोधी संघर्ष और प्रतिरोध का एक भौतिक आधार था। दखलकार मौरूसी किसान ज़मींदार को कुछ नहीं समझते थे। क्योंकि ज़मींदार उनका क्या बिगाड़ सकता था? ज़मीन शिकमी हो तो ज़मींदार को अपनी ज़मीन वापस लेने का हक था। लेकिन वह किसान की मौरूसी ज़मीन नहीं ले सकता था, उस पर कानूनी कब्जा किसानों के वंश का था। भूमि के इस टुकड़े पर कानूनी कब्जा किसानों को वह भौतिक आधार प्रदान करता था जिसके बल पर वे ज़मींदार का प्रतिरोध करते थे। किसानों की प्रतिरोधी और संघर्षी चेतना का यह चौथा आधार था।

बलराज मनोहर का बेटा है। जवान लड़का, अखाड़े में कसरत किया गठीला, मजबूत बदन और आँखों में तेज। वह एक वामपंथी अखबार भी मँगाता है और शहर के मजदूर वर्ग की बात भी सोचता है। नई पीढ़ी का यह लड़का विश्वयुद्धोत्तर पूर्वी उत्तर

प्रदेश के किसानों के बीच सबसे आगे बढ़ी हुई, लड़ाकू चेतना का प्रतिनिधित्व करता है। उसके साहस और लड़ाकूपन से उसका संघर्षशील पिता भी घबराता है। बेगार में घी न देने के मामले पर जब वह अपने पिता और चपरासी के झगड़े की बात सुनता है तो प्रतिरोध की भावना से भर उठता है : "कोई हमसे क्यों घी माँगे? किसी का दिया खाते हैं कि किसी के घर माँगने जाते हैं? अपना तो एक पैसा नहीं छोड़ते, तो हम क्यों धौंस सहें? न हुआ मैं, नहीं तो दिखा देता।" [21]

बलराज की इस लड़ाकू चेतना का रूप उसके पिता की संघर्षी चेतना से थोड़ा भिन्न है। यह चेतना उस पुरानी दुनिया की टूटती हुई परंपराओं के बोध से पैदा नहीं होती। यह ज़मीन के किसी टुकड़े पर अपने कब्जे के एहसास की सुरक्षा से पैदा नहीं होती और न ही यह दुःख और कष्ट भरे जीवन के अनुभवों से बेबस किसान की अपने अस्तित्व की रक्षा की आखिरी कोशिश का रूप है। यह नई परिस्थितियों में पैदा हुई एक नए ढंग की चेतना है जो अन्यायी को सीधे ललकारती है, जो शोषक और शोषित के संबंधों को, सामंती मूल्य बोध का आवरण फेंककर नग्न रूप में देखती है और अन्याय का प्रतिकार करना ही जिसका सबसे पहला लक्षण है। चेतना के इस रूप पर सामंती मूल्यों के बोझ से मुक्त मानवीय स्वाभिमान और नए जन-आंदोलनों की छाप है।

उसकी माँ और पिता, दोनों ही उसके लड़ाकूपन से घबराते हैं कि इसके लिए कहीं इसको भारी कीमत न चुकानी पड़ जाए। जब वह अपने पिता से बेगार माँगने वालों के खिलाफ अपना गुस्सा जाहिर करता है तो उसकी माँ उसे समझाती है कि ज्यादा बहकना ठीक नहीं, कोई सुन लेगा और कारिंदे से जाकर शिकायत कर देगा तो नतीजा अच्छा न निकलेगा। इस पर बलराज कहता है : "सुन लेगा तो क्या किसी से छिपा के कहते हैं। जिसे बहुत घमंड हो आकर देख ले। एक-एक का सिर तोड़कर रख दें। यही न होगा कि कैद होकर चला जाऊँगा। इससे कौन डरता है? महात्मा गाँधी भी तो कैद हो आए हैं।" [22]

उसके पास शारीरिक बल है, जिससे वह दूसरों के सिर तोड़ने की हिम्मत रखता है। लेकिन इससे भी ज्यादा उसमें साहस है। वह दमन से नहीं डरता, जेल जाने से नहीं डरता। बड़े-बड़े लोगों ने अंग्रेजी सरकार के खिलाफ लड़ाई की, इसके लिए वह जेल भी गए। इन बड़े लोगों में महात्मा गाँधी को वह जानता है। जेल उनका कुछ बिगाड़ न सका। महात्मा गाँधी के जेल से हो आने के बाद जेल एक हौवा न रह गया था। अब जेल के नाम से संघर्ष के लिए उठ खड़े हुए किसानों को डराया नहीं जा सकता था। उस जमाने में किसानों की संघर्षी चेतना का पाँचवाँ आधार राष्ट्रीय आंदोलन और गाँधी का नाम था।

प्रेमचंद किसानों पर होने वाले अत्याचारों और शोषण के मार्मिक चित्र देते हैं, उस शोषण की क्रूरता और निर्दयता को दिखाते हैं, उसे सिर झुकाकर सह लेने वाले किसानों की दीनता और बेबसी को चित्रित करते हैं। इसके साथ ही वे इन अत्याचारों के खिलाफ

उन्हीं दीन किसानों के अंदर करवटें बदलती भावनाओं को भी दिखाते हैं। वे शोषण और अत्याचार के खिलाफ सिर उठाने वाली और उसको चुनौती देने वाली प्रतिरोध और संघर्ष की चेतना को भी दिखलाते हैं। कार्तिक और अगहन के महीने में सरकारी हाकिमों का लश्कर गाँव में आता है। गाँव के किसानों के लिए लश्कर कयामत बन जाता है। सरकारी मुलाजिम किसानों को अपनी बेगार और रसद के दावों से तबाह कर डालते हैं। जिस घी, दूध, शाक-भाजी और मांस-मछली के लिए वे शहरों में तरसते हैं, गाँव में सिर्फ अपने हुक्म और अपनी हिंसा के बल पर यह सब किसानों से मुफ्त में बटोर कर खाते हैं। किसान अपनी साल भर की मेहनत और पसीने की कमाई को खुलेआम इस तरह लुटते हुए देखकर भी कुछ कर नहीं पाते, कुछ बोलते हैं तो मार खाते हैं, बेगार में पकड़े जाते हैं और अत्याचार की उन ठोकरों से उनका स्वाभिमान मर जाता है, उनकी आत्मा उन निर्दय थपेड़ों की चोट से बेहोश होकर सो जाती है। वे अलाव के इर्द-गिर्द बैठकर आपस में बातें करते हैं, अपना दुःख एक-दूसरे के सामने रोते हैं, एक-दूसरे को सहलाते हैं, अपनी बेबसी पर हाथ मलते हैं और इन्हीं सबके बीच अपनी हालत को कुछ समझने की कोशिश भी करते हैं। लश्करवाले डपट सिंह की लकड़ियाँ उठाकर ले गए और वह ठंड से ठिठुरता हुआ जाड़े की रातें काटता है। "तुमने चपरासियों से कुछ कहा नहीं?" मनोहर पूछता है तो डपट सिंह कहता है : "क्या कहता, दस-पाँच मन लकड़ी के पीछे अपनी जान सांसत में डालता। गालियाँ खाता, लश्कर में पकड़ा जाता, मार पड़ती ऊपर से, तब तुम भी पास न फटकते!"[23] लश्करवाले कादिर मियाँ का बकरा पकड़ कर ले जाते हैं जो उसने बकरीद में कुर्बानी के लिए पाल रखा था।

इन सब जुल्मों के लिए कौन कसूरवार है? सामंती प्रथाओं के आगे सिर झुकाने वाला किसान कादिर कहता है : "इसमें हाकिमों का कुसूर नहीं। यह सब उनके लश्करवालों की धाँधली है। वही सब हाकिमों को भी बदनाम करते हैं।" पढ़ा-लिखा हाकिम किसान की जिंदगी में रोज नहीं आता, लेकिन उसके कर्मचारी रोज आते हैं। पुराणपंथी किसान हाकिम के नौकरों को कसूरवार समझता है, पर हाकिम को दूध से धुला हुआ। प्रथाओं के विरुद्ध लड़नेवाला मनोहर उसका खंडन करता है : "यह सब मिलीभगत है।"

कमजोर किसान दुखरन भगत अफसोस और आश्चर्य करता है कि परमात्मा यह अंधेर देखता है, फिर भी कोई जतन नहीं करता। लेकिन बलराज क्या करता है? लश्कर के चपरासी ज़मींदार के कारिंदे गौस खाँ को साथ लेकर किसानों से बेगार में दूध लेने आते हैं। चपरासियों को दस सेर दूध चाहिए। जुल्म और लूट से तबाह किसान दूध देने में आना-कानी करते हैं, भैंस गाभिन है, दुधार नहीं है, दूध तो हो जाएगा लेकिन दस सेर नहीं। कारिंदा मनोहर से पूछता है, तुम्हारी गाय तो दुधार है? जवाब बलराज देता है : "मेरी भैंस बहुत दुधार है, मन-भर दूध देती है, लेकिन बेगार के नाम से छटांक-भर भी न देगी।" इस जवाब पर एक चपरासी गुस्से से भरकर उसे धमकाता है : "अभी

हम लोगों के पंजे में नहीं पड़े हो। पड़ जाओगे तो आटे-दाल का भाव मालूम हो जाएगा।'' दूसरा चपरासी उसका इलाज बतलाता है : ''सिर पर गरमी चढ़ गई है तभी इतना ऐंठ रहा है। इसे लश्कर ले चलो तो गरमी उतर जाए।'' बलराज इस अपमान से आहत होकर जवाब देता है : ''मियाँ हमारी गरमी पाँच-पाँच रुपल्ली के चपरासियों के मान की नहीं है, जाओ, अपने साहब बहादुर के जूते सीधे करो, जो तुम्हारा काम है; हमारी गरमी के फेर में न पड़ो, नहीं तो हाथ लग जाएँगे। उस जन्म के पापों का दंड भोग रहे हो, लेकिन अब भी तुम्हारी आँखें नहीं खुलतीं।''[24] उसके इस प्रतिरोध में ऐसी गंभीरता थी कि चपरासी खिसियाकर रह जाते हैं। वह अपनी आत्मा की ताकत से भ्रष्टाचारियों और दमनकारियों की जमात के सामने एक किसान के गौरव को प्रतिष्ठित करता है। चपरासी इसका जवाब नहीं दे पाते। चपरासियों को कारिंदा लेकर आया था और बात कारिंदे के सामने कही गई थी। इसका मतलब था, सिर्फ सरकारी लश्कर को ही नहीं, ज़मींदार की सत्ता को भी चुनौती देना। अपनी इस बेइज्जती से बौखलाकर कारिंदा जाते हुए धमकी देता है : ''अगर मेरा नाम गौस खाँ है तो एक-एक को समझूँगा।'' सभी किसान दहल उठते हैं। जो किसान उसके साहसपूर्ण प्रतिरोध से गौरवान्वित हो रहे थे, बेगार की लूट से छुटकारा पा रहे थे और उसकी हिम्मत से खुद हिम्मत महसूस कर रहे थे, कारिंदे की धमकी से डर कर सिकुड़ उठते हैं और बलराज की 'उद्दंडता' को कोसने लगते हैं। बलराज वहाँ से चला आता है और किसानों के व्यवहार पर सोचता है : ''सब-के-सब कैसा सन्नाटा खींचे बैठे रहे। मालूम होता था कि किसी के मुँह में जीभ ही नहीं है। तभी तो यह दुर्गति हो रही है! अगर कुछ दम तो तो आज इतने पीसे कुचले क्यों जाते?—मुझे परमात्मा ने हाथ-पैर दिए हैं। मेहनत कर सकता हूँ और दो को खिला सकता हूँ। तुम्हें अगर अपने खेत इतने प्यारे हैं कि इनके पीछे तुम अत्याचार और अपमान सहने को तैयार हो तो शौक से सहो, लेकिन मैं ऐसे खेतों पर लात मारता हूँ। अपने पसीने की रोटी खाऊँगा और अकड़कर चलूँगा।''[25] सिर्फ खेती ही जीने का साधन नहीं है। ज़मीन के एक टुकड़े से चिपके हुए अत्याचार और अपमान सहते रहने से अच्छा है उस ज़मीन को लात मार कर पसीने की रोटी खाना। वह अपने पिता से कहता है : ''अब तो शहरों में मजूरों की माँग है, रुपया रोज खाने को मिलता है, रहने का पक्का घर अलग। अब हम ज़मींदार की धौंस क्यों सहें, क्यों भरपेट खाने को तरसें?''[26] ताल्लुकेदार कमलानंद औद्योगीकरण का विरोध करता है कि इससे सरल और संतोषी किसानों की आत्मा का पतन हो जाएगा। लेकिन किसान का बेटा बलराज औद्योगीकरण को अपनी आत्मा के पतन का रास्ता नहीं, सामंती शोषण और उत्पीड़न से मुक्ति का रास्ता समझता है। शहर में मजूरी का विकल्प उसे ज़मींदार की धौंस के खिलाफ लड़ने में सहारा देता है। वह इसे सामंती जुए के नीचे किसानी करने से ज्यादा बेहतर जीवन मानता है। यह एक नया मूल्य था जो औद्योगीकरण की नई परिस्थितियों के बीच उभरा था। किसानों की सामंत विरोधी संघर्षशील चेतना का यह छठवाँ आधार था।

बरसात खत्म हुई तो ज़मींदार ने बड़ी निर्दयता से किसानों से लगान वसूला। एक कौड़ी भी बाकी न छोड़ी। जिसने रुपए न दिए या जो न दे सका, उस पर नालिश की, कुर्की कराई और एक का डेढ़ वसूल लिया। शिकमी असामियों को उखाड़ फेंका और उनकी जमीन पर लगान बढ़ाकर दूसरे आदमियों को दे दिया। मौरूसी और दखीलकार किसानों पर भी झूठे आधारों पर लगान इजाफे की तैयारी की। सारे इलाके में हाहाकार मच गया। दबंग राजपूत किसान भी लगान इजाफे की खबर पाकर दब जाते हैं। धनी किसान सुक्खू चौधरी कारिंदे के साथ मिल जाता है और डरपोक दुखरन भगत शिवजी पर जल चढ़ाने से पहले चौपाल में जाकर कारिंदे के दर्शन करता है। अलाव के इर्द-गिर्द बैठे किसान सोचते हैं, अपना दुख किसके आगे जाकर रोएँ? किससे फरियाद करें जो उनको इन अत्याचारों से छुटकारा दिलाए? हाकिमों के इजलास में जाने से क्या फायदा? वे खुद भी तो ज़मींदार होते हैं और इसलिए उन्हीं का पक्ष लेते हैं। हाँ, हाकिम से भी ऊपर बड़े लाट होते हैं, उन्हें अगर हमारा हाल मालूम हो जाए तो वे हम पर निगाह जरूर रखेंगे। लेकिन उनके पास जाने की हिम्मत किसमें है? भला एक काश्तकार की क्या हिम्मत कि वह बड़े लाट के दरबार में जाए। डपट सिंह बलराज को तौलते हुए, उसकी हँसी उड़ाते हुए कहता है, बलराज से कहो, सरकार के दरबार में हम लोगों की ओर से फरियाद कर आए। बलराज तड़प कर इसका जवाब देता है : "तुम लोग तो ऐसी हँसी उड़ाते हो, जानो काश्तकार कुछ होता ही नहीं, वह ज़मींदार की बेगार ही भरने के लिए बनाया गया है; लेकिन मेरे पास जो पत्र आता है, उसमें लिखा है कि रूस देश में काश्तकारों का ही राज है, वह जो चाहते हैं, करते हैं। उसी के पास एक देश बलगारिया है। वहाँ अभी हाल की बात है, काश्तकारों ने राजा को गद्दी से उतार दिया है और अब किसानों और मज़दूरों की पंचायत राज करती है।"[27] इस महत्त्वपूर्ण जानकारी पर कादिर कुतूहल के साथ कहता है, उसी देश में चलें, वहाँ मालगुजारी न देनी पड़ेगी। डपट सिंह तारीफ करता है, वहाँ के काश्तकार बड़े चतुर और बुद्धिमान होंगे, तभी राज सँभालते होंगे। मनोहर अपनी परिस्थितियों से असंतुष्ट होकर कहता है, जब उस देश के किसान राज का बंदोबस्त कर लेते हैं, तो क्या हम लोग लाट साहब से अपना रोना भी नहीं रो सकेंगे? रूस के मजदूर-किसानों की क्रांति बलराज को किसानों की ताकत का एहसास कराती है; किसान सिर्फ ज़मींदार की बेगार भरने के लिए नहीं है, वह राजा को गद्दी से उतार कर अपना राज भी कायम कर सकता है। रूस और बलगारिया में ऐसा ही हुआ है। यह घटना उसके दिल में क्रांतिकारी प्रेरणा जगाती है। दूसरे किसानों के दिलों में यह कुतूहल, प्रशंसा, आत्मविश्वास और साहस की भावनाएँ जगाती हैं। सामंती प्रथाओं के खिलाफ सिर उठा रहे किसानों की संघर्षशील चेतना का सातवाँ आधार रूस के मजदूर-किसानों की क्रांति थी।

लेकिन प्रेमचंद दिखलाते हैं, ये किसान असंगठित थे। उनमें एकता न थी। सामंती व्यवस्था ने ऐसी परिस्थितियाँ बना रखी थीं जिसमें ये किसान अपने छोटे-छोटे स्वार्थों में

एक-दूसरे के खिलाफ खड़े हो जाते थे। ज़मींदार, पुलिस और सरकारी मुलाजिम उनकी इस स्थिति से फायदा उठाते थे और उन्हें एक-दूसरे के खिलाफ इस्तेमाल करते थे। आपसी विश्वास की कमी के कारण वे अपने स्वार्थों में एक-दूसरे से डरते थे और साथ ही एक-दूसरे पर झपटते भी थे। किसान अपनी इस कमजोर स्थिति पर विजय हासिल न कर पाए थे। अपनी लड़ाई में हार जाते थे। मनोहर अपने वर्ग की इस कमजोरी को महसूस करता और इसके दर्द को समझता है। जब किसान बैठकर अपने हाकिमों की रिश्वतखोरी की निंदा करते हैं तो वह कहता है कि उसके जिम्मेवार हम हैं; हममें एकता नहीं है, इसलिए वे हमसे रिश्वत वसूल कर लेते हैं। पढ़े-लिखे होकर भी हाकिम अन्याय करते हैं, इसका कारण क्या है? दुखरन भगत इसे उनकी विद्या का दोष कह कर अपने अनपढ़ होने का गर्व कर लेता है। सुक्खू महतो इसे देश का अभाग कहकर रो लेता है। मनोहर बेचैनी के साथ कहता है : "न विद्या का दोष है, न देश का अभाग; यह हमारी फूट का फल है।"[28]

हाकिमों की रिश्वतखोरी और अन्याय का कारण किसानों की आपसी फूट है, यह बात कहने वाला मनोहर यह भी कहता है कि ज़मींदार के ज़ुल्म का कारण हमारी एकता की कमी ही है, अगर हम एक हो जाएँ तो ज़मींदार हम पर जुल्म नहीं कर सकता। दुखरन जब कहता है कि कारिंदा साहब कह रहे थे कि अब की इस गाँव की बारी है, देखो क्या होता है—तो मनोहर कहता है : "होगा क्या, तुम हमारे खेत पर चढ़ोगे, तो हम तुम्हारे खेत पर चढ़ेंगे, छोटे सरकार की चाँदी होगी। सरकार की आँखें तो तब खुलतीं जब कोई किसी के खेत पर दाँव न लगाता। सब कौल कर लेते। लेकिन यह कहाँ होने वाला है।"[29] वह किसानों की एकता और संगठन के महत्त्व को समझता है; इसके न होने का उसको दर्द है। जब ज़मींदार का चपरासी किसानों से बेगार में घी लेने के लिए आता है तो मनोहर उससे बहस करता है, घी देने से इनकार करता है। चपरासी कारिंदे से शिकायत करने चल पड़ता है तो "सुक्खू और दुखरन ने अब मनोहर के साथ बैठना उचित न समझा।" इतना ही नहीं, वे दोनों कारिंदे के साथ जमींदार के घर भी जाते हैं ताकि जरूरत पड़े तो कारिंदे की हाँ में हाँ मिला सकें। मनोहर बेगार से इनकार करके और ज़मींदार की सत्ता को चुनौती देकर अपने पर गर्व करता है लेकिन खुद को असुरक्षित और अकेला भी महसूस करता है : "मुझसे बड़ी भूल हुई।" वह सोचता है : "गाँव वाले सबके सब मेरे दुश्मन हैं। वह इस समय चौपाल में बैठकर मेरी निंदा कर रहे होंगे।" रात को घर में उसका बेटा ज़मींदार की धौंस के खिलाफ अपना गुस्सा प्रकट करता है तो उसकी माँ कहती है, ज्यादा बहकना अच्छा नहीं : "कोई सुन लेगा तो वहाँ जाकर एक की चार जड़ आएगा। यहाँ कोई अपना मित्र नहीं।" किसानों से बेगार में दूध लेने आए सरकारी लश्कर के चपरासियों और कारिंदे को बलराज डाँट कर भगा देता है और डिप्टी कलक्टर से जाकर सरकारी मुलाज़िमों की ज्यादतियों की शिकायत करता है। इसका बदला चुकाने के लिए कारिंदा दारोगा के साथ मिलकर बलराज को सरकारी

मुलाजिमों के साथ मार-पीट के करने के झूठे इलजाम में फँसा कर जेल भिजवाने की कोशिश करता है। कादिर मियाँ किसानों को संगठित करता है और किसान मार-पीट की घटना को झूठ बतलाते हुए सच-सच बयान देते हैं। किसानों को डराने के लिए दरोगा उन्हें 100 रु. का मुचलका भरने को कहता है तो मुचलके के डर से सब अपना बयान बदलने के लिए राजी हो जाते हैं। ज़मींदार गाँव के चरावर में किसानों के मवेशियों के चरने पर रोक लगा देता है। किसानों पर इस नए जुल्म के खिलाफ बिलासी लड़ती है तो कारिंदा उसकी बेइज्जती करता है। पत्नी की बेइज्जती का बदला लेने के लिए मनोहर कारिंदे की हत्या कर देता है तो कोई उसका साथ नहीं देता, उल्टे सब उसे कोसते हैं। उनके बीच एकता का अभाव उन्हें हमेशा डरपोक और दीन-हीन बनाए रखता है।

प्रेमचंद का असली किसान चरित्र तो मनोहर है। प्रथम विश्वयुद्धोत्तर खेतिहर अंतर्विरोधों की उभरती सच्चाई का असली प्रतिनिधि वही है। वह टूटते हुए पुराने सामंती मूल्यों के बीच बदलते हुए किसानों की संघर्षी चेतना का सबसे विश्वसनीय चरित्र है जो अपनी परिस्थितियों का विश्लेषण करता है और अन्याय पर टिकी सत्ता के आगे सिर झुकाने से इनकार करता है। वह अपने ऊपर होने वाले दमन के डर से घुटने नहीं टेकता, अपने अधिकारों और गौरव की रक्षा के लिए मर-मिटने को तैयार है, लेकिन अपने वर्ग की फूट और एकता के अभाव से व्यथित है। वह उन्हें संगठित नहीं कर पाता और अकेला ही दमन की ताकतों के खिलाफ भिड़ जाता है। उसका जीवन असंगठित किसान वर्ग के संघर्ष की ट्रेजेडी बन जाता है। वह बेगार से इनकार करता है तो सुक्खू और दुखरन उसके पास बैठना उचित नहीं समझते। खुद को अकेला पाकर वह अपनी भूल महसूस करता है लेकिन अपने कर्म को हृदय से बुरा नहीं समझता। वह कारिंदे से जाकर माफी माँगने से इनकार करता है। भयभीत होकर भी वह अपना गौरव नहीं खोता और सोचता है : ''ज़मींदार भी देख ले कि गाँव में सब-के-सब भांड ही नहीं है।'' जमींदार उसकी हिम्मत को कुचलने के लिए उसकी जोत से अपनी शिकमी जमीन वापस ले लेता है और उसके लगान में इजाफ़ा करने का हुक्म देता है तो वह ज़मींदार के सामने ही साहस के साथ कहता है : ''इस दरबार से अब दया धर्म उठ गया।'' सत्ता का दमन उसके संघर्ष और हिम्मत को तोड़ नहीं पाता। शिकमी जोत निकाले जाने के बाद भी वह कारिंदे की चौपाल के सामने से गुजरता तो अकड़ कर चलता है। गाँव में कारिंदे को आते देखता तो सलाम करने के बदले पैर फैला कर लेट जाता है। सावन में उसके पेड़ के आम पकते हैं तो वह सारे आम तोड़ कर घर में रख देता। ज़मींदार का चिरकाल से बँधा चौथाई हिस्सा नहीं देता। ज़मींदार लगान में इजाफा करता है तो गंभीर होकर कहता है : ''हमने तो ठान लिया है कि एक कौड़ी भी बेसी न देंगे।'' पुलिस के सिपाही मार-पीट के झूठे इलजाम में उसके बेटे को गिरफ्तार करने के लिए उसकी मुश्कें बाँधने लगते हैं तो वह बेचैन हो उठता है, दौड़कर सिपाहियों को धक्के मारकर कहता है : ''छोड़ दो नहीं तो अच्छा न होगा।'' लेकिन और कोई किसान उसकी मदद के लिए

आगे नहीं बढ़ता। खुद को अकेला पाकर अपनी बेबसी में उसका गला रुँध जाता है और आँखों से आँसू निकल आते हैं। लेकिन उसका दिल किसानों के ऊपर होने वाले अत्याचारों को कभी चुपचाप स्वीकार नहीं कर पाता। हम किसान छोटे हैं, हमें भगवान ने छोटा ही बनाया है, इन शोषणपूर्ण प्रथाओं के खिलाफ हम कुछ नहीं कर सकते, क्योंकि हम कमजोर हैं। इसलिए जैसा चलता रहा है, वैसे ही चलने दो—बहुत से किसान ऐसे ही विचारों से खुद को समझा-बुझाकर बुजदिल और कायर बनकर, अपनी इज्जत खोकर भी उस दमनकारी सत्ता के आगे सिर झुकाकर जीते रहे। लेकिन मनोहर किसानों को घुटनों पर झुके रहने का धर्म सिखाने वाले इन विचारों से कभी सहमत नहीं होता, वह कभी भी इन मिथ्या मूल्यों को उचित नहीं मान पाता। चरावर के छीने जाने पर उसकी पत्नी बिलासी कारिंदे का हुक्म तोड़कर अपने मवेशी चरावर में चराती है। चपरासी उसे धक्के देकर निकाल देते हैं। डरपोक किसान अपने हितों को कुचला जाता देखकर भी चुप रहते हैं, बिलासी का साथ नहीं देते। कादिर मियाँ इस मामले को अदालत में ले जाने के लिए किसानों की पंचायत बुलाता है। किसानों के पतन की इन्तिहा यह है कि वे इस मामले को अदालत में भी ले जाने से डरते हैं और अपनी स्वार्थपूर्ण कायरता के साथ सलाह देते हैं कि कारिंदे को कुछ दे-दिलाकर मामले को निपटा लेना चाहिए। किसानों के हक और गौरव के लिए संघर्ष करने वाला मनोहर इस कायरतापूर्ण सलाह को नहीं मानता। वह कारिंदे की हत्या करने का फैसला लेता है : ''अपने मरजाद की रक्षा करना मरदों का काम है। ऐसे अत्याचारों का हम और क्या जवाब दे सकते हैं। बेइज्जत होकर जीने से मर जाना अच्छा है।''[30]

उसके वर्ग के सभी किसान उसका साथ नहीं देते, लेकिन वह अपने वर्ग को प्यार करता है और अपने वर्ग की इज्जत और हकों के लिए अपने जीवन का बलिदान करता है। वह जानता है कि ज़मींदार सारे गाँव से बिगड़ा हुआ है और हत्या के मामले में पुलिस को रिश्वत देकर गाँव के सभी किसानों को फँसाने की कोशिश करेगा। इसलिए और किसानों को ज़मींदार के हमले से बचाने के लिए वह खुद ही थाने में जाकर कहता है कि यह हत्या मैंने की है। अपने किसान भाइयों को बचाने की उसकी कोशिश के बावजूद पुलिस और ज़मींदार गाँव के सभी किसानों को हत्या के मामले में फँसाकर जेल भेज देते हैं। मुकदमे के दौरान अदालत में भी वह अपने अपराध को कबूल कर और किसानों को बचाने का प्रयत्न करता है। लेकिन डरपोक किसान दुखरन भगत उसकी निंदा करता है कि उसी के चलते सारे किसान फँसे। अपने को अकेला पाकर मनोहर टूट जाता है। चूँकि वह अपने वर्ग को प्यार करता था इसलिए वह भयानक मानसिक यातना से गुजरता है। जेल की कोठरी में बंद वह अपने संघर्ष से किसानों पर आई मुसीबतों के चित्रों की कल्पना करता है और यातना पाता है। वह अपनी कल्पना में देखता है, सारा गाँव उससे घृणा कर रहा है। लोग कह रहे हैं, तुम्हारे कारण गाँव मटियामेट हो गया। वह सोचता है, उनके बच्चे मुझे गाँव का द्रोही समझेंगे। मेरे चलते

सारे लोग बँध गए और उनके बाल-बच्चे दाने-दाने को तरसेंगे। इन विचारों से उसका संघर्षशील मन टूट जाता है। वह इस मानसिक यंत्रणा को झेल नहीं पाता और निराश होकर आत्महत्या कर लेता है।

कारिंदा गौस खाँ की नजरों में मनोहर एक काला नाग था। प्रेमचंद एक जगह मनोहर के बारे में लिखते हैं : "जिस दिन से वह ज्ञानशंकर की कठोर बातें सुन कर लौटा था, उसी दिन से विकृत भावनाएँ उसके हृदय और मस्तिष्क में गूँजती रहती थीं। एक मर्माहत पक्षी था, जो घावों से तड़प रहा हो। वह अपशब्द उसे एक क्षण भी न भूलते थे। वह ईंट का जवाब पत्थर से देना चाहता था। वह जानता था कि सबलों से बैर बढ़ाने में मेरा ही सर्वनाश होगा, किंतु इस समय उसकी अवस्था उस मनुष्य की सी हो रही थी, जिसके झोंपड़े में आग लगी हो और वह उसके बुझाने में असमर्थ होकर शेष भागों में भी आग लगा दे कि किसी प्रकार इस विपत्ति का अंत हो। रोगी अपने रोग को असाध्य देखता है तो पथ्यापथ्य की बेड़ियों को तोड़कर मृत्यु की ओर दौड़ता है।"[31] मनोहर की 'विकृत भावनाएँ' क्या थीं? वह कारिंदे की चौपाल के सामने से अकड़ कर चलता है, जमींदार के चपरासी को आता देख चारपाई से सलाम करने के लिए नहीं उठता, अपने पके आमों का चौथाई हिस्सा ज़मींदार को बेगार में नहीं देता और ज़मींदार जब झूठे आधारों पर लगान इजाफे का दावा करता है तो वह तय कर लेता है कि वह लगान एक कौड़ी भी बेसी न देगा। क्या ये भावनाएँ विकृत थीं? ये भावनाएँ विकृत न थीं, अन्यथा सामंती प्रथाओं के खिलाफ विद्रोह मात्र विकृति कहलाएगा। मनोहर का संघर्ष पथ्यापथ्य की बेड़ियों को तोड़कर मृत्यु की ओर दौड़ना न था। उस सामंती व्यवस्था के रोग को जब भी किसान दूर करने की कोशिश करेगा, तो उसे उसी पथ्य का सहारा लेना होगा जो मनोहर ने लिया। झोंपड़े के शेष भागों में भी आग लगा देने की उपमा स्थिति का सही बयान नहीं करती। असल में जो बात उसके दिल में आ गई थी वह यह थी कि चाहे मैं मर-मिट जाऊँ, अत्याचारी ज़मींदार के आगे नहीं झुकूँगा। मनोहर की पराजय का कारण सामंती प्रथाओं और जुल्म के खिलाफ उसकी संघर्षशील भावनाएँ न थीं, पराजय का कारण किसान वर्ग का असंगठित होना था। कारिंदे की हत्या के बाद जब जेल में दुखरन भगत और दूसरे किसान मनोहर की निंदा करते हैं तो कादिर उनसे कहता है : "यारो, ऐसी बात न करो। बेचारे ने तुम लोगों के लिए, तुम्हारे हक की रक्षा करने के लिए यह सब कुछ किया। उसकी हिम्मत और जीवट की तारीफ तो नहीं करते और उसकी बुराई करते हो। हम सबके सब कायर हैं, वही एक मर्द है।"[32] मनोहर का बलिदान अपने वर्ग के मुक्ति-संग्राम का एक हिस्सा था। अपने हकों की रक्षा के लिए दौड़ना अगर मृत्यु का वरण है, तो वह हो। सुक्खू चौधरी आखिर में साधु हो जाता है। कारिंदे की हत्या और मनोहर की आत्महत्या की खबर सुनकर वह कहता है : "वह वीर आत्मा था। इस मंदिर में अब उसकी समाधि बनेगी और उसकी पूजा होगी। इसमें अभी किसी देवता की स्थापना नहीं हुई है, अब उसी वीर मूर्ति की स्थापना होगी। उसने गाँव

की लाज रख ली, स्त्री की मरजाद रख ली। यह सब क्षुद्र आत्माएँ बैठी उसे बुरा भला कह रही हैं। कहती हैं, उसने गाँव का सर्वनाश कर दिया। इनमें लज्जा नहीं है, अपनी मरजाद का कुछ गौरव नहीं है। उसने गाँव का सर्वनाश नहीं किया, उसे वीरगति दे दी, उसका उद्धार कर दिया।''[33] यहाँ प्रेमचंद विकृति वाली बात दफना देते हैं और किसानों की भावनाओं के साथ बहते हैं। शोषण की सामंती प्रथाओं के खिलाफ लगातार संघर्ष चलाकर मनोहर ने न अपने झोंपड़े के शेष भागों में आग लगाई थी, न गाँव का सर्वनाश किया था। उसने गाँव की लाज रखी थी। उसे वीर गति दे दी थी। सामंतवाद के खिलाफ संघर्ष का प्रतीक मनोहर प्रेमचंद के रचे किसान चरित्रों में सबसे अनुपम है। अगर ज्ञानशंकर प्रेमचंद साहित्य में ज़मींदार वर्ग का नायक है तो मनोहर किसान वर्ग का नायक है। उसका चरित्र प्रेमचंद द्वारा किसान-समाज की गहराइयों में जाकर लाया गया मोती है जिसकी चमक कभी फीकी न होगी। उसका चरित्र प्रेमचंद की कला की ताकत के रहस्य को उद्‌घाटित करता है। प्रेमचंद ने जब 'प्रेमाश्रम' लिखना शुरू किया था तब वे यह न जानते थे कि वे एक इतना लंबा-चौड़ा उपन्यास लिखने जा रहे हैं। आवेग के साथ वे अध्याय के बाद अध्याय लिखते चले गए। कलाकार की चेतना यथार्थ में डूब गई और यथार्थ मानो खुद-ब-खुद उनकी कला में शक्ल अख्तियार करता गया। कलाकार के मन में अपने चरित्रों के पहले से बने हुए साँचे पीछे छूटते जाते हैं, जिंदगी खुद उन चरित्रों में बोलने लगती है और कलाकार खुद मानो उन चरित्रों के पीछे-पीछे चलने लगता है जिसके बारे में उसे पता नहीं कि वे उसे कहाँ ले जाएँगे। इसका मतलब यह नहीं है कि रचना एक बिल्कुल अचेत प्रक्रिया है। नहीं, ऐसी बात नहीं है, लेकिन जब लेखक यथार्थ में डूब कर लिखता है तो यथार्थ का दबाव उसके मन में पहले से बनी बहुत-सी योजनाओं की निर्ममता से काट-छाँट कर देता है। जब टॉल्स्टॉय ने 'आन्ना-कारेनिना' लिखना शुरू किया था, तब उनके साथ भी ऐसी ही बात हुई थी।[34]

गौस खाँ की नजर में मनोहर काला नाग था, पर कादिर मियाँ शैतान था। काले नाग से कारिंदा उतना न डरता था क्योंकि उसका काम एक बार में तमाम किया जा सकता था, पर शैतान से वह डरता था क्योंकि उस पर चोट करना मुश्किल था। मुश्किल इसलिए कि उस जवार में कादिर का बड़ा मान था। वह बड़ा नीति-कुशल, उदार और दयालु है। उसे जड़ी-बूटियों का भी अच्छा ज्ञान है। उस देहाती इलाके का हकीम, वैद्य, डाक्टर जो कुछ था, वही था। इसलिए जनता में उसके प्रति श्रद्धा थी। उसने ज़मींदार की आँखें ठीक कर दी थीं। जो कारिंदा उसे शैतान समझ कर दिन-रात उसे अपने पंजे में लाने की उधेड़बुन में रहता है, उसे जब प्लेग हो गया था तो इसी कादिर ने उसकी जान बचाई थी। उसे अपने शत्रुओं का भय नहीं, क्योंकि उसके दिल में राग और द्वेष का स्थान नहीं है। उसके दिल में सिर्फ प्रेम ही प्रेम है। प्रेमचंद अपने इस चरित्र को सहानुभूति देते हुए उसके महत्त्व और गौरव का बखान करते हैं : ''वह गाँव में विद्रोहाग्नि भड़का सकता था : खाँ साहब और इनके सिपाहियों की खबर ले सकता था।

गाँव में कई उद्दंड नवयुवक थे, जो इस अनिष्ट के लिए आतुर थे। किंतु कादिर उन्हें सँभाले रहता था। दीनरक्षा उसका लक्ष्य था, किंतु क्रोध और द्वेष को उभार कर नहीं, वरन् सद्व्यवहार तथा सत्प्रेरणा से।''[35] मनोहर की भावनाएँ सिर्फ इस प्रेम और अहिंसावाद के मुकाबले में ही विकृत थीं।

रामविलास शर्मा ने कादिर को पुराण-पंथी विचारों का किसान लिखा है।[36] असल में कादिर किसानों की उस पुरानी नैतिकतावादी विचारधारा का चरित्र है जिस विचारधारा को टॉल्स्टॉय ने अपने दर्शन में उसकी ऊँचाइयों तक पहुँचा दिया। यह किसान विचारधारा मूलतः भाववादी है जो व्यक्ति के सद्गुणों और नैतिक बल पर केंद्रित है और वस्तुगत परिस्थितियों को नजरअंदाज करती है, व्यक्ति के साथ उसके भौतिक हितों और व्यक्ति चेतना के साथ उसकी परिस्थितियों के संबंधों को देखने से इनकार करती है। गाँधी जी ने भी इस किसान विचारधारा को टॉल्स्टॉय से लिया था। प्रेमचंद ने इसे टॉल्सटॉय से भी लिया था, खुद किसानों के साथ अपने तादात्म्य से भी पाया था। अपने निजी सद्गुणों के कारण जनता में श्रद्धेय बना कादिर इसी नैतिकतावादी किसान विचारधारा का प्रतिनिधि चरित्र है। लेकिन प्रेमचंद अपने यथार्थ चित्रण में इस पुराणपंथी किसान के विचारों को टूटते और बदलते हुए दिखलाते हैं।

जब मनोहर बेगार में घी देने से इनकार करता है तो कादिर उसे समझाता है कि जाकर माफी माँग लो। ऐसी बात नहीं है कि वह अन्याय को नहीं समझता। वह अन्याय को समझता है लेकिन वह 'व्यावहारिक नीति' पर चलने की कोशिश करता है। अन्याय को मिटाने के लिए ज़मींदार के खिलाफ संघर्ष में उतर जाने को वह अव्यावहारिक समझता है क्योंकि उसे किसानों की ताकत पर भरोसा नहीं। वह उम्मीद करता है कि उसकी माफी से ज़मींदार का हृदय पिघल जाएगा। वह ज़मींदार की दयालुता पर भरोसा करता है। वह हमेशा मनोहर और बलराज को संघर्ष से रोकता है। अन्याय को मिटाने के लिए वह अल्लाह पर भरोसा करता है। जब बलराज उससे पूछता है, क्या अन्याय को चुपचाप सह लेना चाहिए तो कादिर उसे विश्वास दिलाता है, जब अल्लाह को मंजूर होगा तो आप ही आप सब उपाय हो जाएगा। वह समझता है कि हाकिम निर्दोष हैं, उनके कर्मचारी बुरे हैं। वह भद्र वर्ग पर विश्वास करता है। रूस और बलगारिया में राजा को गद्दी से उतार कर मजदूर-किसान की पंचायत राज करती है, यह सुनकर उसे विश्वास नहीं होता, कुतूहल होता है। वह अपने मालिकों की बुराई करना बुरी बात समझता है। डिप्टी कलक्टर ज्वाला सिंह गाँव का मुआयना करने आता है और ज़मींदार और कारिंदे के शोषण के बारे में पूछताछ करता है तो कादिर अपनी व्यावहारिक बुद्धि से ज़मींदार का गुणगान करता है : हमारे ज़मींदार तो हुजूर हम लोगों की बड़ी परवस्ती करते हैं, अल्लाह उन्हें सलामत रखे। हम लोग आप ही आलस के मारे कोई फिकर नहीं करते।

लेकिन, व्यवस्था से समझौता करके चलने की उसकी व्यावहारिक नीति सफल नहीं होती। उसकी गिड़गिड़ाहट-भरी माफी मनोहर को ज़मींदार के दमन से बचा नहीं पाती। उसका अल्लाह किसानों का लगान बढ़ाने से ज़मींदार को नहीं रोकता। स्थिति आती है जब किसानों के पास अपनी रक्षा के लिए ज़मींदार के खिलाफ लड़ने के सिवा कोई रास्ता नहीं रह जाता, तब कादिर जैसा किसान क्या करता है? वह लड़ाई में किसानों का साथ देता है। वह व्यावहारिक तो था, पर ईमानदार था, अन्याय को महसूस करता था। वह क्षुद्र और स्वार्थी न था, कायर न था। संघर्ष से बचने की उसकी व्यावहारिकता उन परिस्थितियों की देन थी जिनमें ज़मींदार की सत्ता के आगे किसान कमजोर और असंगठित थे। लेकिन परिस्थितियों की ही मार उसके पुराने विचारों की कमजोर दीवारों को ढहा देती है। जब किसान अपने अस्तित्व की रक्षा के लिए संघर्ष करने को उठ खड़े होते हैं तो उसके अंदर की न्याय चेतना उसे संघर्ष के पक्ष में खड़ा कर देती है। बलराज को गिरफ्तार करने के लिए सिपाही उसकी मुश्कें बाँधते हैं तो मनोहर सिपाहियों से भिड़ जाता है, लेकिन बेबसी में उसकी आँखों से आँसू निकल आते हैं। उस समय कादिर को मनोहर से सच्ची सहानुभूति होती है। पुलिस बलराज के खिलाफ गवाही देने के लिए किसानों को फोड़ने की कोशिश करती है, लेकिन कादिर किसानों को डगमगाने नहीं देता। वह पुलिस की चालबाजियों के खिलाफ किसानों में एकता कायम करता है। किसान अपने बयान में सच कहते हैं और बलराज बेदाग छूट जाता है। इससे कारिंदा और दरोगा को संतोष नहीं होता। दरोगा रात को गाँव के किसानों को अलग-अलग बुलाकर धमकाता है कि अगर बयान न बदला तो 100 रु. का मुचलका भरना होगा। मुचलके के डर से सभी किसान बयान बदलने को राजी हो जाते हैं। प्रेमचंद बड़ी विश्वसनीयता के साथ किसानों के चरित्र की कमजोरियों और खूबियों को दिखलाते हैं। व्यावहारिक लेकिन न्याय का पक्ष लेने वाला कादिर बलराज को बचाने के लिए रात देर तक एक-एक किसान के घर जाता है और उन्हें समझाता है। मुचलके के डर से स्वार्थी किसान बलराज पर इल्जाम लगाते हैं कि उसने लश्कर के चपरासियों से झूठ-मूठ बत-बढ़ाव करके हमें फँसा दिया। कादिर इस स्वार्थपरता का विरोध करता है : "हमने और तुमने रो-रो कर बेगार की, पर डर के मारे मुँह न खोल सके। वह हिम्मत का जवान है, उससे बर्दाश्त न हुई। जब वह सभी लोगों की खातिर आगे बढ़ा तो यह कहाँ का न्याय है कि मुचलके के डर से उसे आग में झोंक दें?"[37] प्रेमचंद दिखलाते हैं कि किसानों में सत्य और न्याय की सहज चेतना है : स्वार्थी होने पर भी वे साधारण न्याय पर आधारित सलाह को ठुकराते नहीं। डपट सिंह और दुखरन भगत कादिर की न्यायपूर्ण बातों से सहमत हो जाते हैं। लेकिन गाँव का बनिया बिसेसर साह मुचलके से बचने के लिए अपना बयान बदलने पर राजी है। वह कादिर की सलाह का विरोध करता है और संसार का नग्न सत्य सामने रखता है : "यह तो कपट लोक है। अपने मतलब के लिए दंगा, फरेब, जाल सभी कुछ करना पड़ता है। आज धरम का

विचार करने लगूँ तो कल ही सौ रुपए साल का टिकट बँध जाए, असामियों से कौड़ी वसूल न हो, और सारा कारोबार मिट्टी में मिल जाए।''[38] इस स्वार्थ-नीति का जादू निर्बल आत्माओं पर खूब चलता है। किसानों को बिसेसर साह की बातें न्याय-संगत जान पड़ती हैं। ''भाई, बात तो सच्ची कहते हो'', डपट सिंह कहता है : ''संसार में रहकर सीधी राह पर कोई नहीं चल सकता। अधर्म से बचना चाहे तो किसी जंगल-पहाड़ पर बैठे। यहाँ निबाह नहीं।'' कादिर देखता है कि बनिए की स्वार्थ-नीति से धर्म-न्याय की नीति हार रही है तो वह अपनी व्यावहारिक बुद्धि से दूसरा रास्ता निकालता है। ''डर तो यह है कि बयान बदल कर हम लोग और किसी संकट में न फँस जाएँ। पुलिस वाले किसी के नहीं होते। दूसरा बयान लेकर वह हम लोगों को जालसाजी में गिरफ्तार कर लें तो सोचो कि क्या हो? सात बरस से कम सजा न होगी।'' किसान बड़े सीधे थे। अपने स्वार्थ में वे अपनी सामने की बात छोड़कर और कुछ नहीं देख पाते। प्रेमचंद लिखते हैं : ''सीधे किसान वितंडावादी नहीं होते। वास्तव में इन लोगों के ध्यान में यह बात ही न आई थी कि बयान का बदलना प्रत्यक्ष जाल है।'' कादिर के तर्क से बिसेसर चकराता है, किसान भी चकराते हैं और चक्कर में फँसकर निकलने का कोई रास्ता न देखकर तय करते हैं कि बयान न बदलेंगे। इससे बलराज बच जाता है। प्रेमचंद दिखलाते हैं, उन किसानों का चरित्र ऐसा था कि उन्हें संगठित करने के काम में कादिर की व्यावहारिकता का भी उपयोग था। लेकिन इस उपयोग की भी सीमा थी। किसान बयान नहीं बदलते, बलराज छूट जाता है। लेकिन पुलिस सभी किसानों से सौ-सौ रु. का मुचलका भरवा लेती है। किसान इस आर्थिक दंड से तबाह हो जाते हैं।

सदियों से अपनी चेतना में सामंती मूल्यों को सँजोए हुए किसानों ने कठोर दमनकारी सत्ता की कैद में अपनी परिस्थितियों से समझौता करना सीख लिया था, अपनी व्यावहारिक बुद्धि से संघर्ष को टालना सीख लिया था। उनकी परिस्थितियों ने उन्हें कायर बना दिया था। दुखरन भगत एक ऐसा ही कमजोर और डरपोक किसान है जिसने अपनी चेतना में यह मूल्य विकसित कर रखा है कि अन्याय करने से अन्याय सह लेना अच्छा है। इस मूल्य के सहारे अपनी पतनशील स्थिति में भी एक झूठा गौरव हासिल कर वह अपनी कुचली हुई जिंदगी पर संतोष करता है। वह सिर झुकाकर बेगार देता है और भगवान पर भरोसा रखता है। ज़मींदार की बेगार भरने के बाद जो समय बचता है उसमें भगवत-भजन करता है। मुचलके के डर से बयान बदलने के लिए वही सबसे पहले राजी होता है। कादिर जब उसे पुलिस के सामने सच कहने के लिए जोर डालता है तो उसे लगता है कि कादिर मियाँ उसे किसी गहरी खोह में ढकेल रहे हैं। उसे किसानों की ताकत पर जरा भी यकीन नहीं। कादिर की कोशिशों से, किसानों की एकता से जब बलराज पुलिस के पंजे से छूट जाता है तो उसे लगता है, इस गाँव पर महावीर जी का साया है। ज़मींदार जब लगान इजाफे की धमकी देता है तो वह महादेव जी पर जल चढ़ाने से पहले कारिंदे का रोज दर्शन कर लेना जरूरी समझता है। किसानों

पर जुल्म और तबाही ढाने वाला सरकारी लश्कर जब गाँव में आता है, तो उसे अपनी चिंता नहीं होती, उसकी दिलचस्पी इस बात में है कि देखें, अबकी बिसेसर साह को कितनी घटी होती है। मानो उस पर होने वाला जुल्म तो उसके भाग्य में लिखा है, उसकी चिंता बेकार है। लेकिन बदली हुई परिस्थितियाँ इस दीन-हीन किसान की चेतना पर भी ठोकर मारती हैं और उसकी प्रतिक्रिया एक विचित्र रूप में होती है।

गाँव में पुलिस के अफसरों का लश्कर आता है। लूट और बेगार की मार शुरू होती है। टेनिस का कोर्ट तैयार करने के लिए मैदान की घास छीलनी है। तहसीलदार किसानों को बेगार में घास छीलने का हुक्म देता है। इन्हीं किसानों में दुखरन भगत भी होता है। अन्याय, शोषण, दमन और बेगार के आदी दुखरन भगत के लिए भी यह काम अजनबी था। वह ऊँची जात का काश्तकार है। यह बेगार परंपरा से चली आ रही बेगार न थी, यह शोषण की नई प्रथा थी। दुखरन भगत जीवन में पहली बार विरोध करता है : "घास चमार छीलते हैं, हमारा काम नहीं।" चपरासी उसकी गर्दन पकड़कर आगे ढकेल देता है : "चलते हो या यहाँ कानून बघारते हो?" ऊँची जात के काश्तकारों का ब्रिटिश राज की नई सामंती संस्कृति से सामना पड़ा है। वे सब चुपचाप सिर झुकाकर घास छीलते हैं। उनकी आँखों से आँसू निकल आते हैं। घास छीलने के बाद दुखरन भगत को हुक्म मिलता है, जमीन लीपो। प्रेमचंद नई सामंती व्यवस्था के साथ इस दीन-हीन किसान की टक्कर का एक मार्मिक चित्र उपस्थित करते हैं। वह हुक्म को अनसुना कर घर की ओर चल पड़ता है। तहसीलदार पूछता है—उधर कहाँ?

दुखरन ने उद्दंडता से कहा—घर जा रहा हूँ।

तहसीलदार—और लीपेगा कौन?

दुखरन—जिसे गरज होगी वह लीपेगा।

तहसीलदार—इतने जूते पड़ेंगे कि दिमाग की गर्मी उतर जाएगी।

दुखरन—आपका अख्तियार है—जूते मारिए चाहे फाँसी दीजिए, लेकिन लीप नहीं सकता।"[39]

इसके बाद क्या होता है? तहसीलदार उसे पचास जूते लगाने का हुक्म देता है। चपरासी भगत को धकेलकर जमीन पर गिरा देता है और जूते से उसे पीटता है। प्रेमचंद लिखते हैं : "भगत जड़वत भूमि पर पड़े रहे, मानो संज्ञा-शून्य हो गए हैं, उनके चेहरे पर क्रोध या ग्लानि का चिह्न भी न था। उनके मुख से हाय तक न निकलती थी, दीनता ने समस्त-चैतन्य शक्तियों का हनन कर दिया था।"[40]

यह एक किसान के प्रतिरोध का ढंग है। दबे हुए किसान का हठ। वह दीन बनकर जूतों की मार खाता है, लेकिन जमीन नहीं लीपता। उसकी दीनता के पीछे एक कठोर जिद छुपी हुई है—शोषण के नए रूप से इनकार की जिद। यह एक असंगठित और कमजोर किसान के प्रतिरोध का रूप है। दीनता कहकर प्रेमचंद इसके रूप को प्रकट करते हैं लेकिन उसके पीछे छुपी जिद की कठोरता पर कोई टिप्पणी नहीं करते। बेगार

के पीछे गालियाँ और मार खाकर वह घर आता है और अपना गुस्सा शालीग्राम की मूर्ति पर उतारता है। तीस साल से वह जिस भगवान की पूजा कर रहा था, उसने अपमान से उसकी रक्षा नहीं की। वह मूर्ति और पूजा की पिटारी उठाकर बाहर फेंक देता है। ईश्वर पर उसकी आस्था टूट जाती है।

सामंती सत्ता के सामने खुद को कमजोर पाकर संघर्ष को टालने वाले व्यावहारिक किसान शोषण के नए रूपों से टकरा रहे थे। ये टक्करें उनके चरित्र को बदलती हैं। शोषण के नए रूप उनकी चेतना में अपनी मर्यादा के मूल्यों को चोट पहुँचाते हैं। इस चोट से उनका स्वाभिमान आहत होता है, पुराने विचारों की जर्जर दीवार ढहकर गिरने लगती है। कादिर मियाँ को घास छीलने की अपमानजनक बेगार भरते समय बलराज की बातें याद आती हैं : ''देखते तो हो, बलराज के अखबार में कैसी-कैसी बातें लिखी रहती हैं। यह सब अपनी तकदीर की खूबी है।'' एक देश रूस है जहाँ के मजदूर-किसान राज चलाते हैं, दूसरे यह किसान हैं जो अपनी इज्जत गँवाकर बेगार में घास छील रहे हैं। तकदीर की इस खूबी पर कादिर की आँखों में आँसू भर आते हैं। दिल की आग और आहत स्वाभिमान से आँखें लाल हो उठती हैं।

प्रेमचंद बड़ी कुशलता से विश्वयुद्धोत्तर पूर्वी उत्तर प्रदेश के बदलते हुए किसानों के चित्र उपस्थित करते हैं। वे बड़ी विश्वसनीयता के साथ दिखलाते हैं, टूटते मूल्यों और बदलती परिस्थितियों के बीच हिंदुस्तानी किसान हतप्रभ न था, अपने को संकटग्रस्त अनुभव करता हुआ चौराहे पर खड़ा न था। वह संघर्ष की दिशा में बढ़ रहा था। स्वार्थी किसान सत्य और न्याय की पुकार अनसुनी न करते थे। डरपोक किसान दीनतापूर्व मार खाकर भी शोषण के खिलाफ इनकार-भरी जिद कर रहे थे। व्यावहारिक होकर भी वे अन्याय को महसूस करते थे और संघर्ष छिड़ने पर उसमें हिस्सा लेते थे। परिस्थितियों की मार ने उन्हें प्रतिरोध के लिए तैयार कर दिया था। उस सामंती व्यवस्था के अंतर्विरोध इस तरह बढ़ते जा रहे थे कि अपने हितों में अलग रहने वाला धनी किसान भी किसानों के संघर्ष की ओर खिंच रहा था।

सुक्खू चौधरी गाँव का धनी किसान है। वह ज़मींदार और कारिंदे के साथ मेल-जोल बनाकर रखने की नीति पर चलता है। गाँव में लगान न चुकाने या बेदखली की वजह से किसी की जमीन छिनती है या लड़ाई-झगड़ा होता है तो वह खुश होता है कि उसे अपनी जोत बढ़ाने का मौका मिलेगा। बलराज को पकड़ने के लिए जब गाँव में पुलिस आती है तो वह पुलिस का साथ देता है और मनोहर से कहता है कि गाँठ से कुछ खर्च करके दरोगा से समझौता कर लो। वह बलराज को बचाने के लिए कारिंदे से बिगाड़ करने के लिए राजी नहीं। वह कहता है : ''हमारा सिर जमींदार के पैरों तले रहता है। ऐसे देवता को राजी रखने में ही अपनी भलाई है।'' लेकिन जब ज़मींदार गाँव के तालाब के पानी पर रोक लगा देता है तो उसके हितों पर चोट पड़ती है। कारिंदा उसे अपनी ओर मिलाने की कोशिश करता है तो वह नाराज होकर कहता है : ''ज़मींदार की खातिर

अपने हाथ कटवा लूँ? पैरों में कुल्हाड़ी मार लूँ? खैरख्वाही के पीछे अपना हक नहीं छोड़ सकता।"[41] उसके जिस हक पर चोट हुई थी वह हक किसानों के साथ साझा था। तालाब पर किसानों का परंपरा से इस्तेमाल करने का हक था। गाँव में पीने को पानी का और कोई स्रोत न था। इस परंपरागत हक के लिए सुक्खू चौधरी जमींदार के आदमियों पर लाठी चलाने को तैयार होता है। वह ज़मींदार के खिलाफ अदालत में लड़ता है और जीत जाता है। कारिंदा इस चोट से बौखला कर दरोगा के साथ साजिश कर सुक्खू के घर से एक तोला कोकीन बरामद कर उसे दो साल जेल की सजा करा देता है। सुक्खू चौधरी जेल से छूटता है तो साधु हो जाता है। वह गाँव के किसानों को बेदखली से बचाता है और कारिंदे की हत्या करने पर मनोहर को वीर आत्मा कहकर गाँव के मंदिर में उसकी मूर्ति लगवाता है।

बलराज प्रथम विश्वयुद्ध के बाद पूर्वी-उत्तर प्रदेश के किसानों के बीच उभर रही उस नई संघर्षी चेतना का चरित्र है, जिसे रूस की बोल्शेविक क्रांति ने जगाया था। रूस और बलगारिया के मजदूर-किसानों ने क्रांति करके राजा को गद्दी से उतार फेंका और वे अब खुद राज चलाते हैं—यह घटना उसके दिल में क्रांतिकारी प्रेरणा जगाती है, अपने वर्ग की ताकत, गौरव और भविष्य के प्रति उसमें नया विश्वास भरती है। इस विश्वास से भरकर वह शोषण और अन्याय पर टिकी सामंती शक्तियों को निडर होकर चुनौती देता है। शहर में अपने दो हाथों से मजदूरी करके वह शान से जिंदा रह सकता है, यह संभावना उसे कभी भी उस दीनता का शिकार होने नहीं देती जो जमीन के टुकड़े से चिपके और किसानों में थी। वह बेहिचक बेगार में दूध माँगने के लिए आए चपरासियों और कारिंदे को डाँटकर भगा देता है। वह साहसी है, पर अनुभवी नहीं है। अपनी उम्र के मुताबिक उसमें लड़कों जैसा उत्साह और जवानी का जोश तो है, लेकिन जिंदगी के उतार-चढ़ाव में तपे हुए अनुभव नहीं हैं। इसलिए उसका पिता, जिसने जिंदगी के बदलते रंग देखे हैं और बहुत कुछ खोया है, उसके अनुभवहीन उत्साह से घबराता है। अनुभवों की कमी से उसमें अभी वह गहराई नहीं आई है जो उसके पिता में है। जब उसका पिता कारिंदे की हत्या के लिए अँधेरी रात में उसके हाथ में कुल्हाड़ी देता है तो क्रांति का सपना अपने मन में रखने वाला यह अनुभवहीन नौजवान डर से काँपने लगता है। उसमें अनुभवों की कमी जरूर है, लेकिन वह बहुत संवेदनशील है। वह अपने इर्द-गिर्द की दुनिया को बहुत गौर से देखता है और उसमें होने वाले अन्याय को महसूस करके बेचैन हो उठता है। अपने हलवाहे रंगी चमार के साथ रात को ऊख की रखवाली के लिए मडैया में आता है और रंगी से बातें करते हुए अपने संवेदनशील दिल की भावनाएँ कहता है : "क्या जाने क्यों रंगी, जब से दुनिया का थोड़ा-बहुत हाल जानने लगा हूँ मुझसे अन्याय नहीं देखा जाता। जब किसी जबरे को किसी गरीब का गला दबाते देखता हूँ तो मेरे बदन में आग-सी लग जाती है। यही जी चाहता है कि चाहे अपनी जान रहे या जाए, इस जबरे का सिर नीचा कर दूँ।"[42]

वह दबाए और कुचले गए लोगों को प्यार करता है, उनके प्रति उसका दिल सहानुभूति से भर उठता है और उन पर अन्याय करने वालों के खिलाफ गुस्से और नफरत से भरकर वह अकेला ही भिड़ पड़ता है। बिसेसर साह की दूकान में साबूदाना नहीं होता और लश्कर का चपरासी उससे हर हाल में बेगार में साबूदाना माँगता है। इस जबर्दस्ती को देखकर वह चपरासी से उलझ पड़ता है और उसे खदेड़ देता है। कोई आदमी अपनी बीमार माँ को अपनी बैलगाड़ी में अस्पताल ले जा रहा था। लश्कर के चपरासी उसकी गाड़ी को रोक लेते हैं और उस पर अपना सामान लाद कर चलने के लिए कहते हैं। बेगार के इस जुल्म को देखकर उसका दिल विरोध से भर उठता है। जिस डिप्टी कलक्टर के सामने कभी किसी किसान को जाने की हिम्मत नहीं हुई, बलराज हिम्मत के साथ जाता है और उनके कर्मचारियों के जुल्म की घटनाएँ बताता है। डिप्टी कलक्टर जब अपनी अकड़ में उसकी बातों को, 'सिर दर्द' कहकर टाल देता है तो वह और भी हिम्मत के साथ कहता है : ''मुझे आपसे यह विनती करने का हौसला हुआ, तो इसलिए कि मैं समझता था, आप दीनों की रक्षा करेंगे। अब मालूम हो गया कि हम अभागों का सहायक परमात्मा के सिवा और कोई नहीं।'' [43] यह कहकर वह बिना सलाम किए वहाँ से चल देता है। हमेशा चमचों की जी हुजूरी और खुशामदगियों की चापलूसी के अभ्यस्त डिप्टी कलक्टर ने स्वाभिमान से भरी ऐसी बात जीवन में पहली बार सुनी थी। अपनी संवेदनशीलता और न्याय-चेतना से वह अपने आचरण में जीवन का नया मूल्य पेश करता है। वह, उसका पिता और उसका हलवाहा रंगी चमार, घर में एक साथ बैठकर खाना खाते हैं। सबके सामने जौ की मोटी-मोटी रोटियाँ, बथुए का साग और अरहर की दाल है। उसकी माँ कटोरे में दूध लाकर बलराज के सामने रख देती है। दूध बेगार में चला गया, इसलिए सबके लिए नहीं है। वह कहता है, अच्छा, यह कटोरा रँगी के सामने रख दो। माँ दूध अपने बेटे को ही देना चाहती है। वह कटोरा उठाकर फेंक देता है : ''जो हमसे अधिक काम करता है उसे हमसे अधिक खाना चाहिए।'' वह कहता है, छाती फाड़कर काम करे हलवाहा और मूँछों पर ताव देकर दूध-घी खाएँ हम? ''ऐसा दूध-घी खाने पर लानत है।''[44] बलराज के माध्यम से प्रेमचंद किसानों की संस्कृति को संपत्तिशाली सामंत वर्ग की संस्कृति के मुकाबले में खड़ा करते हैं। एक ओर उन ज़मींदारों और ताल्लुकेदारों का वर्ग है जो किसानों को चूसकर अपने वैभव विलास के सामान इकट्ठा कर रहा था; हंटर लगाकर किसानों से वसूले गए रुपयों से धर्मशालाएँ बना रहा था, जायदाद के लिए अपने ही रिश्तेदारों के खिलाफ षड्यंत्र रचता और हत्याएँ करता है। दूसरी ओर ये दबे-कुचले गरीब किसान हैं जो सत्य और न्याय की पुकार सुनते हैं, अपने स्वार्थों के लिए अपने भाइयों का गला नहीं काटते, जो दूसरों पर अत्याचार होते देखकर उसे रोकने के लिए खुद भिड़ जाते हैं, जिंदगी के कठोर अभावों और दरिद्रता के बीच रहकर भी दूसरों के लिए सोचते हैं, उन्हें प्यार करते हैं। ज़मींदार वर्ग समाज का शासक था। वह सुशिक्षित था, कला और संस्कृति पर उसी का एकाधिकार था। उसी

की प्रतिष्ठा थी, देश के सामाजिक-राजनीतिक जीवन में उसी का बोलबाला था। लेकिन फिर भी हिंसा, क्रूरता और दौलत के घमंड को छोड़कर उस वर्ग के पास और कोई आदर्श न था जो वह समाज को दे सके। इस उच्च वर्ग के मुकाबले में अशिक्षित और शोषित उत्पीड़ित किसान ही जीवन के उन मूल्यों को पेश करते हैं जिनमें जीवन का सौंदर्य है। उन्हीं की दबी-कुचली, मैली जिंदगियों में वे मूल्य सबसे पहले प्रकट होते हैं जो मानवीय विवेक यात्रा की उपलब्धियाँ हैं, जो भविष्य के उच्चतर समाज-संगठन की बुनियाद हैं।

लेकिन, रूसी क्रांति का सपना मन में सँजोए हुए इस चरित्र का प्रेमचंद विकास नहीं दिखलाते। वे प्रथम विश्वयुद्धोत्तर पूर्वी उत्तर प्रदेश के किसान-संघर्ष का नायक इस समाजवादी चेतना वाले नौजवान को नहीं बनाते। क्यों? हंसराज रहबर ने इस पर टिप्पणी लिखी : ‘‘इसका कारण यही है कि वे किसानों और रूस की क्रांति से सहानुभूति रखते हुए भी खुद क्रांति के पथ पर चलने को तैयार नहीं थे।’’[45] क्या यह बात सही है?

किसानों का संघर्ष और उनकी हार

लखनपुर गाँव के किसान सामंती प्रथाओं के खिलाफ लड़ाई लड़ते हैं, लेकिन हार जाते हैं। प्रेमचंद उन्हें कानूनी लड़ाइयों में जिता देते हैं, लेकिन उनकी जीत उनकी हार से कम बुरी नहीं होती। मनोहर बेगार में ज़मींदार को घी देने से इनकार करता है। वह इसके लिए माफी नहीं माँगता, लेकिन ज़मींदार उसकी जोत से अपनी शिकमी जमीन वापस ले लेता है, वह कुछ नहीं कर पाता। किसान बेगार में दूध देने से इनकार करते हैं तो गाँव में पुलिस आती है। बलराज बच जाता है, लेकिन सबको सौ-सौ रुपए का मुचलका भरना पड़ जाता है। मुचलके की मियाद पूरी होती है तो ज़मींदार लगान इजाफे का दावा दायर कर देता है। मुचलके से बिगड़े हुए किसान इस दावे से भड़क उठते हैं। सारा गाँव संगठित हो जाता है। पंचायत बैठती है। जमींदार के खिलाफ बूढ़ा कादिर ललकारता है : ‘‘इसी धरती में सब कुछ होता है और सब कुछ इसी में समा जाता है। हम भी इसी धरती से पैदा हुए हैं और एक दिन इसी में समाँ जाएँगे। फिर यह चोट क्यों सहें? धरती के लिए ही छत्रधारियों के सिर गिर जाते हैं, हम भी अपना सिर गिरा देंगे।’’[46] किसान आपस में चंदा करके ज़मींदार के दावे के खिलाफ मुकदमा लड़ते हैं। ज्ञानशंकर इस एकता को देखकर चौंकता है। वह शीलमणी के जरिए डिप्टी कलक्टर ज्वालासिंह पर अपने हक में फैसले के लिए दबाव डालता है। लेकिन ज्वालासिंह किसानों की तकलीफ और दरिद्रता से प्रभावित होकर ज़मींदार के बेबुनियाद दावे को खारिज कर देता है। ज्ञानशंकर तिलमिला उठता है। वह अपना दावा ऊपर की अदालत में ले जाता है। गाँव वालों के पास लड़ने के लिए पैसा नहीं है। डिप्टी कलक्टर खुद 500 रु. प्रेमशंकर की मार्फत उन्हें मुकदमा लड़ने के लिए भिजवाता है। किसान मुकदमा तो जीत जाते हैं, लेकिन तबाह हो जाते हैं। फसल खेतों में खड़ी है, गाँव में प्लेग फैला है और अदालत

में लगान इजाफे का मुकदमा चल रहा है। कादिर प्रेमशंकर से कहता है : "खेत में अनाज सड़ा जाता है, कैसे काटें, कहाँ रखें। बस, भोर को घरों में एक बार चूल्हा जलता है। फिर दिन भर कहीं आग नहीं जलती। चिलम को तरस कर रह जाते हैं। हुजूर, रोते नहीं बनता, बड़ी दुर्दशा हो रही है। उस पर मालिकों की निगाह टेढ़ी हो गई है। सौ काम छोड़कर कचहरी दौड़ना पड़ता है। कभी-कभी तो घर में लाश छोड़कर जाना पड़ता है। क्या करें, जो सिर पर पड़ी है उसे झेलते हैं।"[47] वह प्लेग की तबाही बतलाता है : "हुजूर का एक गुलाम था। अच्छा पट्ठा था। सारी गृहस्थी सँभाले हुए था। तीन घड़ी में चल बसा। मुँह से बोल तक न निकले। सुक्खू चौधरी का तो घर ही सत्यानाश हो गया। बस, अब अकेले इन्हीं का दम रह गया है। बेचारे डपटसिंह का छोटा लड़का कल मरा, आज बड़ा लड़का बीमार है।"[48]

मुकदमे की तबाही का वर्णन करते हुए कादिर बतलाता है कि अब किसी घर में कुछ न रहा। सचमुच उन गरीबों के घर कुछ नहीं बचता। प्रेमशंकर और ज्वालासिंह अभी गाँव में ही थे कि उनके सामने ही डपट सिंह का बड़ा लड़का भी प्लेग में चल बसता है। लोग रोते रहते हैं, उसकी लाश पड़ी रहती है, उसे उठाया नहीं जाता। पूछने पर किसान प्रेमशंकर को बतलाते हैं कि लाश को दफनाने के लिए घर में कौड़ी नहीं है। प्रेमशंकर ज्वाला सिंह से 20 रु. उधार लेकर किसानों को देता है तो कफन आता है और लाश उठती है। ज्वाला सिंह घर आकर पत्नी से किसानों की दशा बतलाता है : "घर के घर अँधेरे हो गए, कोई नाम लेने वाला भी न रहा। उन गरीबों में अब अपील की सामर्थ्य नहीं। ज्ञानशंकर डिग्री पाते ही जारी कर देंगे। किसी के बैल बिकेंगे, किसी की फसल खेतों में खड़ी-खड़ी नीलाम हो जाएगी।"[49]

फिर भी किसान अपने संघर्ष में झुकते नहीं है, टूटते नहीं हैं। वे एक कानूनी लड़ाई लड़ते हैं, उसे भी तब जीत पाते हैं जब खुद डिप्टी कलक्टर उनका साथ देता है, उन्हें रुपयों से मदद करता है। फिर भी वे तबाह हो जाते हैं। मुकदमा लड़ने में घर का सारा सामान बिक गया। प्लेग से जवान बेटे चल बसे। आँधी और ओलों से खेती नष्ट हो गई। ज़मींदार ने प्लेग से बचने के लिए अपने बाग में डाले किसानों के झोंपड़ों में आग लगवा दी। उससे डपट सिंह का भाई चल बसा और उसी वक्त ज़मींदार तालाब का पानी रुकवा देता है।

सुक्खू तालाब के पानी के लिए लड़ता है। पटवारी की मदद से कानूनी लड़ाई में जीत जाता है। लेकिन घर से कोकीन बरामद होने के झूठे इलजाम में उसे दो साल की जेल हो जाती है। बेगार में जमीन लीपने से इनकार करने पर दुखरन भगत जूतों की मार खाता है। बेगार की मजूरी माँगने पर सिपाही चमारों को बन्दूक के कुंदों से पीटते हैं। किसानों का मसीहा बना आदर्शवादी प्रेमशंकर उन्हें बेगार से छुटकारा नहीं दिला पाता। ज़मींदार चरावर पर रोक लगाता है। चरावर के झगड़े में पत्नी के बेइज्जत होने पर मनोहर कारिंदे की हत्या कर देता है, सारा गाँव बँध जाता है। किसान एक नहीं हो पाते,

मनोहर अपने साथियों की निंदा से टूटकर आत्महत्या कर लेता है और किसानों को जेल हो जाती है। जब सभी किसान जेल में होते हैं तो मौका जानकर ज़मींदार उन पर हमला करता है। वह सख्ती और क्रूरता के साथ उनसे बकाया लगान वसूलता है। अपने जिन जानवरों के पीछे बिलासी कारिंदे से लड़ पड़ी थी, वे जानवर बकाया लगान चुकाने में बिक जाते हैं। मनोहर ने अपनी पत्नी की इज्जत के लिए कारिंदे की हत्या की थी, मनोहर की पतोहू से बलात्कार करने के लिए कारिंदा और चपरासी रात को उसके झोंपड़े पर हमला करते हैं। वह चिल्लाती है तो अगले दिन खुलेआम उसे पीटा जाता है। कादिर मियाँ के घर में आग लगा दी जाती है। गाँव में ज़मींदार का कारिंदा और उसके लठैत अंधेर मचा देते हैं। बकाया लगान की वसूली के लिए वे किसी को धूप में खड़ा करते, किसी की मुश्कें कसकर पिटवाते। औरतों के साथ पाशविक बर्ताव किया जाता, किसी की चूड़ियाँ तोड़ी जातीं, किसी के जूड़े नोचे जाते। प्रेमचंद लिखते हैं : ''इन अत्याचारों को रोकने वाला अब कौन था? सत्याग्रह में अन्याय के दमन करने की शक्ति है, यह सिद्धांत भ्रांतिपूर्ण सिद्ध हो गया।''[50]

प्रथम विश्वयुद्धोत्तर पूर्वी उत्तर प्रदेश के किसानों के संघर्ष का इससे अच्छा यथार्थवादी चित्रण और क्या हो सकता था? सत्याग्रह का सिद्धांत भ्रांतिपूर्ण सिद्ध हो गया, वह अन्याय और शोषण से किसानों को मुक्ति नहीं दिला सका। रूसी क्रांति से पैदा हुई चेतना इन किसानों तक पहुँची तो थी, लेकिन वह अब भी उनके लिए एक वास्तविक शक्ति न बन सकी थी। किसानों के कठोर संघर्ष और उनकी कड़वी हार पर रामविलास शर्मा लिखते हैं : ''प्रेमचंद एक विशाल संघर्ष को निर्मम यथार्थवादी की तरह उसके तर्क-संगत परिणाम की तरफ़ बढ़ाकर ले चलते हैं। अमन और कानून की ताकतें अब भी बहुत मजबूत हैं। लखनपुर गाँव के किसान अकेले पड़ जाते हैं। किसी दूसरे गाँव में जूँ तक नहीं रेंगती, क्योंकि अभी उनका कोई संगठन नहीं है। शहर से उन्हें कोई मदद नहीं मिलती, क्योंकि मजदूर से उनका एका नहीं है। सन् 1920 में जब प्रेमचंद ने यह उपन्यास लिखा था, तब ऐतिहासिक परिस्थितियाँ ऐसी ही थीं।''[51] 'प्रेमाश्रम' सिर्फ लखनपुर के किसानों की ही नहीं, अपने युग के किसान-संघर्ष की ट्रैजेडी कहता है। यह प्रेमचंद की यथार्थवादी चेतना है कि वे बोल्शेविक क्रांति से प्रेरित बलराज को अपना नायक नहीं बनाते। उन्होंने टॉल्स्टॉयवादी प्रेमशंकर को अपना आदर्श नायक बनाकर एक यूटोपिया खड़ा किया जिसमें किसान-समस्या का हल हो जाता है और लखनपुर में रामराज्य आ जाता है। प्रेमशंकर की जगह अगर बलराज को आदर्श नायक बनाया जाता तो वह भी एक यूटोपिया ही बनता। प्रेमचंद रूसी क्रांति के रास्ते पर चलना नहीं चाहते थे, यह बात हंसराज रहबर ऐसे कहते हैं मानो किसान चल रहे थे, और लोग चल रहे थे। 'प्रेमाश्रम' में बलराज के चरित्र का महत्त्व क्या है? वह नायक है या नहीं, यह बात उतनी महत्त्वपूर्ण नहीं है। उसका महत्त्व इस बात में है कि वह प्रथम विश्वयुद्ध के बाद के हिंदी भाषी खेतिहर समाज में उठ रही एक नई संभावना का संकेत देता है। किसानों

के बीच एक नई नैतिकता और क्रांतिकारी संघर्ष के एक नए लक्ष्य का विकास हो रहा था। उसका चरित्र उस बीज का पौधा है जो बीज रूसी मजदूर-किसानों की क्रांति ने सारी दुनिया की मेहनतकश जनता के बीच बिखेरे थे। प्रेमशंकर की तरह वह यूटोपिया नहीं है। वह किसानों की वास्तविक और साथ ही संभावित चेतना का सजीव चरित्र है।

किसानों का सवाल और प्रेमचंद का यूटोपिया

'प्रेमाश्रम' किसानों के सवाल को केंद्र में रखकर लिखा गया। बेगार, रसद, लगान इजाफ़ा और बेदखली किसानों के वे सवाल हैं जिन पर घटनाएँ घटती हैं, चरित्र खुलते हैं और किस्सा आगे बढ़ता है। इनके साथ किसानों पर ज़मींदार, कारिंदा चपरासियों, पुलिस और सरकारी मुलाज़िमों के अन्याय और जुल्म और किसानों के बीच फूट और उनकी एकता के सवाल भी उठाए गए हैं। इन सब सवालों को प्रेमचंद घटनाओं के बीच से उठाते हैं; फिर और भी आगे बढ़कर वे उस पूरी व्यवस्था का सवाल उठाते हैं जिसके तहत किसान जी रहे थे। प्रेमचंद दिखलाते हैं कि बेगार, रसद, लगान इजाफा और बेदखली, जुल्म और किसानों की फूट के सवाल अलग-अलग हो कर भी अलग-अलग नहीं हैं। इन सबका जन्म एक खास सामाजिक व्यवस्था में होता है और वह सामाजिक व्यवस्था ही असली सवाल है जिसे हल करना होगा। किसानों की दरिद्रता और उनकी गुलामी का कारण उनकी फिजूलखर्ची, आलस्य या अशिक्षा नहीं है। प्रेमचंद अपने आदर्श पात्र प्रेमशंकर से कहलाते हैं : "उनकी दरिद्रता का उत्तरदायित्व उन पर नहीं, बल्कि उन परिस्थितियों पर है जिनके अधीन उनका जीवन व्यतीत होता है और वह परिस्थितियाँ क्या हैं? आपस की फूट, स्वार्थपरता और एक ऐसी संस्था का विकास, जो उनके पाँवों की बेड़ी बनी हुई है।" इतना कहने के बाद प्रेमशंकर आगे कहता है : "लेकिन जरा गौर से विचार कीजिए तो यह तीनों टहनियाँ एक ही शाख से फूटी हुई प्रतीत होंगी और यही वह संस्था है जिसका अस्तित्व कृषकों के रक्त पर अवलंबित है।" प्रेमशंकर अपनी बात का विश्लेषण करता है : "आपस में विरोध क्यों है? दुरवस्थाओं के कारण, जिनकी इस वर्तमान शासन ने सृष्टि की है। परस्पर प्रेम और विश्वास क्यों नहीं है? इसलिए कि यह शासन इन सद्भावों को अपने लिए घातक समझता है और उन्हें पनपने नहीं देता। इस परस्पर विरोध का सबसे दुखजनक फल क्या है? भूमि का क्रमशः अत्यंत अल्प भागों में विभाजित हो जाना और उसके लगान की अपरिमित वृद्धि।"[52]

किसानों की दरिद्रता, उनकी बर्बादी और आपस की फूट, जमीन का छोटे-छोटे टुकड़ों में बँटते जाना और लगान का बेतरह बढ़ना, इन सब अंतर्विरोधों का असली कारण सामाजिक व्यवस्था है। यह व्यवस्था किसानों के खून पर खड़ी है और उनके पाँव की बेड़ी बनी हुई है। जाहिर है कि अगर इन सवालों को हल करना और किसान को आजाद कराना है तो इस व्यवस्था को उखाड़ फेंकना होगा। किसानों के सवाल पर यह

क्रांतिकारी दृष्टिकोण है जो सुधारवाद में विश्वास नहीं करता। यह चीजों के आपसी संबंधों को देखता है और पूरी व्यवस्था को उखाड़ फेंकने की माँग करता है।

जमींदार क्यों क्रूर और हिंसक हैं? किसान क्यों इतने दीन-हीन हैं? इसका मूल कारण उनके निजी स्वभाव में नहीं, सामाजिक संबंधों में है। गायत्री विद्या से कहती है : "यह संबंध ही ऐसा है कि एक ओर तो प्रजा में भय, अविश्वास और आत्महीनता के भावों को पुष्ट करता है और दूसरी ओर ज़मींदारों को अभिमानी, निर्दय और निरंकुश बना देता है।"[53] इसका मतलब है कि सामाजिक वर्गों की हिंसा, क्रूरता, भय और आत्महीनता को खत्म करने का तरीका व्यक्तियों का हृदय-परिवर्तन नहीं हो सकता। सामाजिक संबंधों को बदले बिना इन्हें बदला नहीं जा सकता। ज़मींदारी प्रथा के बारे में प्रेमशंकर कहता है : "इस प्रथा के कारण देश की कितनी आत्मिक और नैतिक अवनति हो रही है, इसका अनुमान नहीं लगाया जा सकता। हमारे समाज का वह भाग जो बल, बुद्धि, विद्या में सर्वोपरि है, जो हृदय और मस्तिष्क के गुणों से अलंकृत है, केवल इसी प्रथा के वश आलस्य, विलास और अविचार के बंधनों में जकड़ा हुआ है।"[54] प्रेमचंद देश की अवनति और व्यक्तियों के नैतिक पतन के कारण सामाजिक व्यवस्था में देखते हैं। यह ज़मींदारी प्रथा थी जिसने ज़मींदार वर्ग को नपुंसक, विलासी और मूल्यहीन बना रखा था। यह वर्ग समाज की दौलत का बड़ा हिस्सा खुद हड़प जाता था। खेती की सारी जमीन पर उसी का मालिकाना था। कला, संस्कृति और शिक्षा के साधनों पर उसने अपना एकाधिकार जमा रखा था। फिर भी वह बदले में समाज को कुछ भी नहीं देता था। सामाजिक विकास में कोई भूमिका नहीं अदा करता था। तब फिर समाज में उसके अस्तित्व का औचित्य क्या था? प्रेमशंकर कहता है : "भूमि उसकी है जो उसे जोते। शासक को उसकी उपज में भाग लेने का अधिकार है इसलिए कि वह देश में शांति और रक्षा की व्यवस्था करता है, जिसके बिना खेती हो ही नहीं सकती। किसी तीसरे वर्ग का समाज में कोई स्थान नहीं है।"[55] शासक वर्ग कौन था, उसका चरित्र क्या था, वह देश में शांति और रक्षा की व्यवस्था करता था या नहीं और यदि करता था तो किसके हित में करता था, प्रेमचंद इन सवालों को अपने उपन्यास में नहीं उठाते, लेकिन जो बात वह साफ-साफ और पूरे इतमीनान से कहते हैं, वह यह है कि किसी तीसरे वर्ग—ज़मींदार वर्ग—का समाज में कोई स्थान नहीं है। समाज में उसके बने रहने की कोई उपयोगिता नहीं है। वह खेती नहीं करता लेकिन खेती की पैदावार में हिस्सा बँटाता है, किसानों को लूटता और उन पर जुल्म करता है। सरकार लगान की वसूली उसे दरकिनार करके भी कर सकती है। लूट की कमाई पर पलने वाला यह परजीवी वर्ग हिंसक, क्रूर, विलासी और काहिल हो चुका है। वह समाज पर एक बोझ है, किसानों के पाँवों की बेड़ी है। समाज के हित में उसे खत्म कर देना होगा।

लेकिन, जमीन के सवाल का हल किसानों के संघर्ष से नहीं होता। उसका हल एक नेकदिल ज़मींदार की नैतिक चेतना और त्याग से होता है। ज्ञानशंकर का बेटा

मायाशंकर स्वेच्छा से अपनी ज़मींदारी से इस्तीफा देकर किसानों को जमीन का मालिक बना देता है। ज्ञानशंकर अपने इस बेटे के लिए छल और कपट से रियासतें हासिल करता है लेकिन बेटा आदर्शवादी बनकर अपने पिता की जायदाद को ठुकरा देता है। आदर्शों की शिक्षा वह आदर्शवादी प्रेमशंकर से पाता है जो किसानों का हितैषी है। प्रेमचंद हृदय परिवर्तन की प्रक्रिया से बचाने के लिए मायाशंकर को बचपन से आदर्शवाद की ओर झुका हुआ दिखलाते हैं। 14 बरस की उम्र से ही वह गंभीर बन जाता है, धन दौलत और विलासिता का तिरस्कार करता है। वह अपने बाप की रियासत में किसानों के बीच घूमता है और उनके दुख-दर्द को महसूस करता है। प्रेमशंकर के प्रेमाश्रम में रहकर वह समतावादी दर्शन के पाठ पढ़ता है। वह अखबार में ज़मींदारों के बेदखली के अधिकार की आलोचना करते हुए पत्र लिखता है। इस तरह प्रेमचंद दिखलाते हैं कि ज़मींदारी से उसका इस्तीफा उसके अचानक हृदय-परिवर्तन से नहीं होता, बल्कि वह उसके विचारों का लाजिमी नतीजा था। लेकिन जहाँ तक किसान समस्या के हल का प्रश्न है, उसके चरित्र का विकास स्वाभाविक ढंग से होना कोई मतलब नहीं रखता। ज्ञानशंकर उसके लिए राय कमलानंद और गायत्री की रियासत जुटा लेता है। लखनपुर गाँव का ज़मींदार भी अब वही है। उसके अभिषेक के मौके पर खुद गवर्नर महोदय आते हैं। ज़मींदारों, सरकारी हाकिमों, आदर्शवादियों और हजारों किसानों के बीच वह नाटकीय ढंग से अपनी ज़मींदारी और ताल्लुकेदारी के अधिकारों से इस्तीफे की घोषणा करके सबको चकित और मुग्ध कर देता है। वह ज़मींदार वर्ग को जमीन का मालिक नहीं मानता। इसका कारण राजनीतिक या आर्थिक नहीं, बल्कि नैतिक है : "भूमि या तो ईश्वर की है जिसने इसकी सृष्टि की है या किसान की जो ईश्वरीय इच्छा के अनुसार इसका उपयोग करता है।" इस नैतिक सिद्धांत पर आचरण करना एक दूसरी नैतिक माँग है : "यह नैतिक दुर्बलता और भीरुता होगी, अगर मैं अपने सिद्धांत को भोगलिप्सा पर बलिदान कर दूँ।"[56] जमीन का सवाल अगर एक सामाजिक-राजनीतिक सवाल है तो उसका हल भी सामाजिक-राजनीतिक ढंग से ही होगा। लेकिन मायाशंकर के लिए वह एक नैतिक प्रश्न है, इसलिए वह उसका हल नैतिक प्रयत्न से करता है। वह ज़मींदारी को दलाली कहता है और अगर वह इससे इस्तीफा न देता तो उसे नैतिक पीड़ा पहुँचती : "इस दलाली की बदौलत मुझे अपनी आत्मा पर कितने अन्याय करने पड़ते।" वह अपनी आत्मा की रक्षा करता है और किसानों पर शक करता है : "आप अपनी जमीन असामियों को नफे पर न उठा सकेंगे। यदि आप ऐसा करेंगे तो मेरे साथ घोर अन्याय होगा, क्योंकि जिन बुराइयों को मैं मिटाना चाहता हूँ, आप उन्हीं का प्रचार करेंगे। आपको प्रतिज्ञा करनी पड़ेगी कि आप किसी दशा में इस व्यवहार से लाभ न उठाएँगे, असामियों से नफा लेना हराम समझेंगे।" जमीन असामियों को नफे पर उठाकर लाभ कमाने की व्यवस्था समाज में कायम है, उसके इस्तीफे से यह व्यवस्था खत्म नहीं होती। वह जिस बुराई को मिटाना चाहता है, उसका प्रचार रोकने के लिए कोई

सामाजिक उपाय नहीं है। किसानों की प्रतिज्ञा, सिर्फ इस नैतिक उपाय पर ही उसे भरोसा करना पड़ता है। जिस सभा में वह इस इस्तीफे की घोषणा करता है, उसका सभापति प्रांत का गवर्नर है जो अंगरेज सरकार का एक प्रतिनिधि है। वह मायाशंकर के इस त्याग की प्रशंसा करता है और किसानों के कल्याण की कामना करता है। अंग्रेजी राज के जिन हाकिमों को ज्ञानशंकर और कमलानंद डालियाँ देते हैं, जो अंग्रेजी राज ज़मींदार गायत्री को 'रानी' की उपाधि देता है, जो अंग्रेजी राज गायत्री को ज़मींदारी के किसानों से सूखे और अकाल के बीच भी लगान की एक पाई नहीं छोड़ता, उस अंग्रेजी राज का भी मानो हृदय-परिवर्तन हो जाता है।

टॉल्स्टॉय के उपन्यास 'पुनरुत्थान' का नायक नेख़्लूदोव भी अपनी जागीर से इस्तीफा देता है। नेख़्लूदोव जब किसानों के हाथ जमीन सौंपता है तो किसान उस पर विश्वास नहीं करते। वे सोचते हैं कि यह उन्हें और भी लूटने के लिए मालिक की कोई नई चाल है और वे जमीन लेने से इनकार कर देते हैं। लेकिन जब मायाशंकर किसानों को जमीन सौंपता है तो किसान खुशी से रोने, उछलने और गिरने लगते हैं। वे गवर्नर और ज्ञानशंकर के पैरों से लिपट जाते हैं। एक-दूसरे से गले मिलने और अपने भाग्य को सराहने लगते हैं। उन्हें इस घटना पर कोई अविश्वास या शंका नहीं होती।

मायाशंकर के स्वेच्छा से दिए गए इस्तीफे से लखनपुर गाँव में रामराज आ जाता है। वे अपनी जमीन के मालिक बन जाते हैं, बेगार, रसद, बेदखली और लगान इजाफा के डर से आजाद होकर सुखी जीवन बिताने लगते हैं। वे खुशहाल भी हो जाते हैं। कादिर एक जोड़ी बैल खरीदता है, घर की मरम्मत हो जाती है, हाँडियों की जगह ताम्बे और पीतल के बर्तन आ जाते हैं। दुखरन दो साल में चार सौ रुपए जमा कर लेता है। कर्जा चुका देता है, एक पंछाही भैंस खरीद लेता है। कल्लू अहीर आदमी बन जाता है। फूँस का झोंपड़ा हटाकर पक्का मकान बनवा लेता है। गाँव की उपज से सुक्खू और उसकी साधु मंडली का खर्च भी निकल जाता है। बनिया बिसेसर साह पहले रुपये में आने ब्याज लेता था, अब रु. सैकड़े लेता है। इससे उसके धंधे में अगर कुछ घाटा होता है तो खुद किसान पूरा कर देते हैं। बेगार में मार खाकर गुस्से से शालिग्राम की मूर्ति पटकने वाले दुखरन भगत की भगवान में आस्था लौट आती है। रूसी क्रांति का सपना देखने वाला बलराज जिला परिषद का सदस्य बन जाता है और पूसा मुजफ्फरपुर से गेहूँ के बीज और मालवा-नागपुर से कपास के बीज मँगवाकर बोता है। मायाशंकर घोड़े पर चढ़कर अपनी इस भूतपूर्व प्रजा का हाल देखने आता है तो आजाद किसान उसे 'स्वामी' और 'मालिक' कहते हैं। गाँव की खुशहाली का वर्णन करता हुआ बलराज कहता है : "अब आपकी दया से गाँव में रामराज है।" अर्थात्

रावण न मरा, लंका न जली
खुद घर लौट आई जनक लली।

वह संस्था, जिसका अस्तित्व किसानों के रक्त पर अवलंबित था, अब भी बरकरार थी। किसानों को लूटने और कुचलने वाली ताकतें समाज में अब भी सक्रिय थीं। ब्रिटिश राज, जिसकी दलाली ज़मींदार करते थे, अब भी कायम था। तब फिर लखनपुर एक सुखी और आदर्श गाँव कैसे बन गया?

लखनपुर का सुख और आदर्श प्रेमचंद का यूटोपिया है। जैसा कि रामविलास जी ने लिखा है, कोई भी व्यक्ति जब समस्याओं से टकराता है और व्यवस्था के अंदर उन समस्याओं का हल होना संभव नहीं देखता तो वह या तो वैराग्य की शरण लेता है या फिर यूटोपिया खड़ा करता है। बुद्ध ने व्यवस्था से निराश होकर वैराग्य की शरण ली : जीवन दुख है उसे छोड़कर भिक्षु बन जाओ। तुलसीदास ने राम-राज्य का यूटोपिया खड़ा किया जिसमें बाघ और बकरी दोनों एक ही घाट पर पानी पीते हैं। प्रेमचंद भी यूटोपिया खड़ा करते हैं। इस यूटोपिया में वे अपना यह सपना मूर्त करते हैं कि एक दिन आएगा, जब किसान ऐसे ही सुखी होंगे। लेकिन वे यह संकेत भी देते हैं कि ऐसा सुखी गाँव तभी होगा जब वह ज़मींदारी प्रथा से मुक्त होगा। कला की दृष्टि से यह यूटोपिया उपन्यास की सबसे बड़ी कमजोरी है। प्रेमचंद की यथार्थवादी चित्रण-कला से इसका कोई मेल नहीं। इससे उपन्यास का असर बिखर जाता है और उसकी मार्मिकता कम हो जाती है। उपन्यास में इसकी कोई आवश्यकता भी न थी। इस यूटोपिया की रचना लेखक के कलात्मक आग्रह का नहीं बल्कि नैतिक आग्रह का नतीजा है। रचना में लेखक की नैतिक चेतना तभी सार्थक बनती है जब वह यथार्थ चित्रण का अंग बनकर आती है। यथार्थ-चित्रण के खिलाफ जाकर वह रचना के सौंदर्य और मूल्य को कम कर देती है।

मायाशंकर का गुरु प्रेमशंकर प्रेमचंद का दूसरा यूटोपिया है।

प्रेमशंकर ज़मींदार ज्ञानशंकर का बड़ा भाई है। अमेरिका में कृषि शास्त्र का अध्ययन करके खेती और किसानों की दुर्दशा सुधारने का आदर्श लेकर वह भारत लौट आता है। ज़ायदाद में हिस्सा बँटने के डर से ज्ञानशंकर उसकी बदनामी फैलाता है। उसकी रूढ़िवादी पत्नी श्रद्धा विदेश यात्रा को पाप समझने के कारण उससे प्रेम करते हुए भी उसके पास नहीं आती। भाई और पत्नी के व्यवहार से आहत होकर वह शहर से कुछ दूर हाजीपुर गाँव में प्रेमाश्रम खोलता है। वह अपनी जमींदारी से इस्तीफा देकर किसानों के साथ बराबरी और उनकी सेवा का आदर्श अपनाता है। उसकी शिक्षा से प्रेरित होकर स्वार्थ में डूबे लोगों का दिल बदल जाता है और उसका चेला मायाशंकर अपनी ज़मींदारी से इस्तीफा दे देता है। किसान उसकी जय-जयकार करते हैं।

प्रेमचंद प्रेमशंकर को एक आदर्श चरित्र के रूप में पेश करते हैं। इर्फान अली उसके बारे में कहता है : ''जो आदमी दस रुपए महावार पर जिंदगी बसर करे, अपने मजदूरों से मसावत का बर्ताव करे, मजलूमों की हिमायत करने में दिलोजान से तैयार रहे, अपने उसूलों पर अपनी जायदाद तक कुर्बान कर दे...ऐसा बेलौस आदमी इस शहर में क्या, मुल्क में भी मुश्किल से मिलेगा।''[57] इर्फान अली की ही तरह हिंदी के आलोचक

इंद्रनाथ मदान भी उसके आदर्शवाद का ऐसा ही गाना गाते हैं।[58] लेकिन प्रेमशंकर का आदर्शवाद असंगतियों का पिटारा है। उपन्यास में उसे किसानों के मसीहा के रूप में दिखलाया गया है लेकिन मूलतः वह एक मध्यवर्गीय चरित्र है जो दमन के खिलाफ लड़ रहे किसानों को एक भी तकलीफ से नहीं बचा पाता है।

किसानों की दुर्दशा सुधारने के लिए और दूसरे वर्गों के साथ उनकी बराबरी कायम करने के उद्देश्य से वह प्रेमाश्रम की स्थापना करता है लेकिन उसके प्रेमाश्रम में देहात के मुकदमेबाज ज़मींदारों और निठल्ले साधुओं का अड्डा जमा रहता है। वे कई-कई दिन वहाँ पड़े रहते हैं और किसानों की मेहनत की कमाई से प्रेमशंकर उनकी खातिरदारियाँ करता रहता है। प्रेमाश्रम किसानों की एक सामूहिक संस्था है और सामाजिक समानता उसका आदर्श है। प्रेमशंकर उस संस्था का सिर्फ प्रबंधकर्ता है, फिर भी किसान उसे अपना स्वामी ही समझते हैं। समाज में समता का आदर्श लाने की योजनाएँ बनाने वाला प्रेमशंकर खुद अपने आश्रम के किसानों में भी वह चेतना नहीं ला पाता। लखनपुर गाँव के किसान उसका स्वागत अपने ज़मींदार जैसा ही करते हैं और वह खुशी के साथ इसे स्वीकार भी करता है। वह किसानों के बीच कैसे रहता है? उसकी सेवा में वहाँ पलंग बिछा तैयार था। डपट सिंह चौका लगाते थे, कल्लू पानी भरते थे। उन्हें देखते ही गौस खाँ झुककर 'आदाब-अर्ज' बजा लाए।

प्रेमशंकर किसानों के सब झगड़ों का निपटारा प्रेम से करना चाहता है। तहसीलदार गाँव के ऊँची जात वाले काश्तकारों से बेगार में घास छिलवाता और जमीन लिपवाता है। इससे इनकार करने पर दुखरन भगत को चपरासी जूतों से पीटता है। प्रेमशंकर तहसीलदार से अनुरोध करता है कि यह पिटाई अनुचित है। तहसीलदार उसकी रिरियाहट पर जरा भी ध्यान नहीं देता, उल्टे उसे फटकारता है और उसी के सामने बेगार की मजूरी माँग रहे चमारों को सिपाहियों से पिटवाता है। प्रेमशंकर न किसानों की बेगार बंद करा पाता है, न उन्हें मार से बचा पाता है। उल्टे यह आदर्शवादी नायक शांति बनाए रखने के लिए किसानों से तहसीलदार का हुक्म मानने के लिए कहता है। वह बचकानी भावुकता के साथ व्याकुल होकर सोचता है : "कब तक गरीबों पर अन्याय होगा? कब उन्हें भी मनुष्य समझा जाएगा।" तहसीलदार बेहयाई से उसे जवाब देता है : "हम लोग तो एक तौर पर आपके मददगार हैं। रिआया को सताकर, पीसकर मजबूत बनाते हैं और आप जैसे कौमी हमदर्दों के लिए मैदान साफ करते हैं।" इस नीचता का प्रेमशंकर के पास कोई जवाब नहीं होता। किसानों को जिस व्यवस्था से टकराना पड़ता है, वह व्यवस्था दमन और नंगी हिंसा की ताकत पर खड़ी थी। प्रेमशंकर की प्रेमनीति किसानों को इस हिंसा और दमन से नहीं बचा पाती। प्रेमशंकर का व्यक्तित्व उस संघर्ष के बीच पिद्दी नजर आता है। वही बेहया तहसीलदार किसानों की पिटाई करवाने के बाद जब प्रेमशंकर को अपने घर चलने का न्यौता देता है तो प्रेमशंकर तुरंत राजी हो जाता है। तहसीलदार उसे अपनी नौकरी की मजबूरियाँ बतलाता है तो प्रेमशंकर उसके प्रति

सहानुभूति से भर उठता है जो उसके मध्यवर्गीय संस्कारों के बिल्कुल अनुरूप ही है।

उसे किसानों के मसीहा के रूप में दिखाया गया है। जब किसान जेल से छूटकर आते हैं तो बाजार में, सड़कों पर जुलूस बनाकर उसकी जय-जयकार करते हैं। किसानों के संघर्ष में उसकी भूमिका क्या है? वह किसानों का कोई आंदोलन नहीं चलाता। उन्हें कभी संगठित नहीं करता। उनके किसी संघर्ष में हिस्सा नहीं लेता। जब लखनपुर के किसान ज़मींदार के अत्याचारों के खिलाफ लड़ रहे होते हैं, तो वह उनके लिए कुछ भी नहीं करता। वह न लगान इजाफे के संघर्ष में उनकी कोई मदद करता है, न तालाब का पानी रोके जाने पर और न चरावर की लड़ाई में। उल्टे जब ज्ञानशंकर उस पर किसानों को भड़काने का झूठा आरोप लगाकर उसे किसानों के बीच जाने से मना करता है तो वह तुरंत ज्ञानशंकर से वादा कर लेता है कि वह किसान के बीच न जाएगा। वह महामारी में किसानों की सेवा करता है, बाढ़ से बचाने के लिए बाँध बनवाता है, लेकिन सामंतवाद के खिलाफ किसानों की लड़ाई में कोई हिस्सा नहीं लेता। ज्यादा से ज्यादा वह किसानों को जेल से छुड़ाने के लिए वकील ठीक करता है। लेकिन उसका ठीक किया वकील भी किसानों के मुकदमे में कोई दिलचस्पी नहीं लेता और किसानों को सजा हो जाती है। तब किसानों का यह मसीहा चुपचाप अपने प्रेमाश्रम में बैठकर चर्खा चलाता है। जेल के अपने किसान साथियों के परिवारों का हाल जानने के लिए वह एक बार भी लखनपुर नहीं जाता। वह जानता है कि किसानों को झूठे मुकदमे में फँसाया गया है। उन्हें छुड़ाने के लिए हाइकोर्ट में अपील करनी होगी। लेकिन महीनों बीत जाने पर भी वह अपील दायर करने का निश्चय नहीं कर पाता। लाश की पोस्टमार्टम की झूठी रिपोर्ट देने वाले डाक्टर प्रियनाथ का हृदय-परिवर्तन हो जाता है और वह प्रेमशंकर के साथ हो जाता है। किसानों के मुकदमे में दिलचस्पी न लेने वाले वकील इर्फान अली का हृदय परिवर्तन हो जाता है और वह प्रेमशंकर के साथ हो जाता है। किसानों के खिलाफ झूठी गवाही देने वाले बनिए बिसेसर साह का हृदय-परिवर्तन हो जाता है और वह भी प्रेमशंकर के साथ हो जाता है। प्रियनाथ, इर्फान अली और बिसेसर साह, तीनों उसे हाईकोर्ट में अपील दायर करने को कहते हैं, लेकिन वह कोई निश्चय नहीं कर पाता। उसके पास रुपयों की कमी है। लोग चंदा करके उसे रुपए देने का कार्यक्रम बनाते हैं। तब भी वह निश्चय नहीं कर पाता। प्रेमचंद लिखते हैं : "जिस काम में उन्हें किसी दूसरे से मदद मिलने की आशा न होती थी, उसे वह बड़ी तत्परता के साथ करते थे, लेकिन जब कोई उन्हें सहारा देने के लिए हाथ बढ़ा देता था, तब उन पर एक विचित्र शिथिलता-सी छा जाती थी।"[59] प्रेमशंकर जनता को साथ लेकर लड़ना नहीं जानता। वह सिर्फ अकेले पुण्य-कार्य कर सकता है।

दूसरों द्वारा धकेले जाने पर वह किसानों को जेल से छुड़ाने के लिए फिर से अपील करता है, लेकिन किसान जिन मुद्दों पर लड़ते रहने के कारण ज़मींदार की आँखों में खटके और जेल गए, उन मुद्दों में उसकी कोई दिलचस्पी नहीं। डपट सिंह की माँ उसे

बतलाती है कि गांव में कारिंदा सबकी बेदखली करने पर तुला हुआ है। बिसेसर उसे बतलाता है कि अब गाँव की बहू-बेटियों की इज्जत भी बचती नहीं दिखाई देती। कारिंदे के चपरासी ने मनोहर की दुल्हन को इतना मारा कि वह बेचारी पड़ी हल्दी पी रही है। कादिर मियाँ के घर आग लगा दी गई। किसानों पर होने वाले ये अत्याचार उसकी भावनाओं को नहीं छूते, उसे कुछ करने को प्रेरित नहीं करते। कारिंदे के हत्याकांड में उसे भी फँसाया गया था। वह किसानों के साथ कुछ दिन जेल में रहा, लेकिन गवाही के अभाव में छूट गया था। डपट सिंह, मनोहर और कादिर जेल में उसके साथी थे। इनके लिए वह अपनी मध्यवर्गीय रुचियों के अनुसार घर से खीर और पकवान बनाकर जेल में ले जाता है लेकिन उनके परिवारों पर होने वाले हमलों और अत्याचारों की खबर सुनकर भी उन्हें देखने के लिए नहीं जाता। किसानों को पीट कर उनसे बेगार लेने वाले बेहया तहसीलदार के प्रति उसका दिल सहानुभूति से भर उठता है। क्षुद्र बनिए, अत्याचारी दरोगा और क्रूर ज़मींदार के प्रति उसके दिल में सद्‌भावनाएँ उठती हैं, लेकिन लखनपुर के किसानों के संघर्ष के प्रति, संघर्ष के चलते उन पर होने वाले दमन के प्रति वह न कोई संवेदना दिखाता है, न कोई जिम्मेदारी निभाता है। उसके चरित्र में जन-संघर्ष का कोई निशान ही नहीं है। वह पूरी तरह से एक भाववादी मध्यवर्गीय चरित्र है। उसे किसानों के मसीहा के रूप में चित्रित करना किसान संघर्ष के ऊपर मध्यवर्गीय नेतृत्व की सफलता में विश्वास करने के अलावा और कुछ नहीं है। प्रेमचंद किसानों के संघर्ष की कठोरता का, उसकी कमजोरियों और शक्तियों का निर्ममता से यथार्थ-चित्रण करते हैं और दमन की ताकतों के आगे सत्याग्रह के सिद्धांत की विफलता को दिखलाते हैं। लेकिन प्रेमशंकर की असंगतियों और सीमाओं को भुलाकर उसे एक सफल आदर्श के रूप में चित्रित करते हैं। रामविलास शर्मा ने सही लिखा है कि वह 'प्रेमाश्रम' के सबसे निर्जीव पात्रों में है, "खासकर उन तपे हुए और मार खाए हुए किसानों के मुकाबले में जिनके गाँव को वह स्वर्ग बना देता है।"[60] किसान संघर्ष में प्रेमशंकर के आदर्शवाद की सफलता प्रेमचंद का दूसरा यूटोपिया है।

प्रेमशंकर को एक आदर्श चरित्र के रूप में पेश करने के लिए प्रेमचंद दिखलाते हैं कि वह बहुत सज्जन है। लेकिन उसकी सज्जनता बनावटी लगती है। उसके मन में नैतिक-द्वंद्व चलता रहता है, लेकिन उसका नैतिक द्वंद्व छलपूर्ण लगता है। उसे खुद पर आत्म-ग्लानि होती रहती है, लेकिन उसकी आत्म-ग्लानि निराधार और बचकानी लगती है। प्रभाशंकर उसकी रिहाई के लिए कर्ज में रुपए लेता है। प्रेमशंकर उसका कर्ज चुकाना चाहता है लेकिन पास में रुपए नहीं हैं। संकोचवश वह किसी से रुपए माँग नहीं पाता। मायाशंकर अपने वजीफे से बचे रुपयों को देकर कर्ज में डूबे अपने बाबा की मदद करना चाहता है लेकिन प्रेमशंकर उसके रुपयों को लेना गुनाह समझता है। एक मिथ्या नैतिक नियमावली के अधीन होकर वह एक ओर तो प्रभाशंकर के संकट का हल नहीं कर पाता, दूसरी ओर मायाशंकर की मानवीय भावनाओं का आदर नहीं कर पाता।

आखिर में वह श्रद्धा के इस फूहड़ तर्क से राजी हो जाता है कि वजीफे से बची हुई रकम तो असल में मायाशंकर को अवैतनिक रूप से पढ़ाने वालों की मजूरी है। वह वजीफे की बची रकम से कर्ज चुका देता है लेकिन उसका नैतिक द्वंद्व ऐसा है कि इसे भी वह अपने ऊपर एक कर्ज ही समझता है। उसकी सज्जनता बड़ी ही आत्मकेंद्रित है। मायाशंकर उसके आश्रम में किसानों के लड़कों के साथ एक जैसी हालत में रहता है तो ज्ञानशंकर इसकी शिकायत करता है। प्रेमशंकर एक ओर तो ज्ञानशंकर के विचार का यह कहकर विरोध करता है कि किसानों के लड़कों के साथ मायाशंकर की हैसियत के फर्क को प्रदर्शित करके किसानों को चोट पहुँचाना अनुचित है, दूसरी ओर वह खुद ही चाहता है कि मायाशंकर के लिए अध्यापक रखे जाएँ, कई घोड़े, गाड़ियाँ और नौकर रखे जाएँ ताकि उस पर यह इलजाम न आए कि उसने एक ज़मींदार के बेटे को किसानों से समता का पाठ पढ़ाया। वह अपने नैतिक आदर्शों को लेकर भी दुविधा में पड़ जाता है कि लोग उस पर कोई इलजाम न लगा दें, मानो वे नैतिक आदर्श सामाजिक न होकर उसकी नितांत निजी चेतना के अंग हों और उनका संबंध सामाजिक व्यवस्था से न होकर सिर्फ उसकी अपनी छवि से हो। एक ज़मींदार अखबार में ज़मींदारों को बेदखली करने की पूरी आजादी देने का सुझाव देते हुए लेख लिखता है। प्रेमशंकर इस सुझाव का विरोधी है। मायाशंकर उसे अपना विरोध लिखकर प्रकट करने को कहता है, लेकिन प्रेमशंकर नहीं लिखता। मायाशंकर खुद लिखता है। प्रेमशंकर उसे पढ़कर खुश होता है लेकिन अपनी खुशी छिपाता है। उसे डर लगता है कि ज्ञानशंकर कहीं यह न समझ ले कि ऐसा लिखने के लिए उसके बेटे को उसी ने प्रेरित किया है। वह अपनी सफाई देता है : "मैंने उसे यह पत्र लिखने के लिए इशारा तक नहीं किया।" मायाशंकर ने जो कुछ लिखा, वह उसके आदर्शों के अनुरूप है, उससे वह खुश भी है, फिर भी बदनामी के डर से वह कहता है : "माया ने मेरे साथ अच्छा सुलूक नहीं किया।" प्रेमशंकर के लिए सिद्धांत एक सामाजिक चेतना नहीं, सिर्फ व्यक्तिगत शोभा है। सिद्धांतों का खुलकर प्रचार करने के बजाय वह सबको संतुष्ट रखने की नीति पर चलता है और इस तरह सबकी नजरों में सज्जन बना रहना चाहता है। उसकी शिक्षा से प्रेरित होकर मायाशंकर अपनी ज़मींदारी से इस्तीफा देता है तो वह मारे शर्म के ज़मीन में गढ़ जाता है। उसका ऐसा आचरण उस आदमी का नहीं लगता है जिससे सामाजिक व्यवस्था के विश्लेषण से सिद्धांत निकाले हों और उन सिद्धांतों के अनुरूप सामाजिक व्यवस्था को बदलने के लिए बेचैन और संघर्षरत हो। उसका आचरण उस व्यक्ति का लगता है जिसके लिए सिद्धांत उसके मन के गोपनीय तत्त्व हों जिनके जाहिर हो जाने से वह अपने को संकोच और असमंजस की हालत में पाता है। उसका ऐसा आचरण उसके व्यक्तित्व को बड़ा ही बनावटी बना देता है। ऐसी भावनाएँ ओढ़ी हुई लगती हैं।

वह ईसाई-धर्म के सिद्धांतों का अभ्यास करता हुआ-सा लगता है। पाप से घृणा करो, पापी से नहीं—इस सिद्धांत का अभ्यास करता हुआ वह पापियों के प्रति ऐसी

सद्भावनाओं से भर उठता है जिनका कोई वास्तविक आधार नहीं होता। वह अपने प्रति ग्लानि अनुभव करता है, लेकिन उसकी आत्म-ग्लानि और भी निराधार होती है। दरोगा दयाशंकर किसानों पर जुल्म और अत्याचार करता है, उन्हें झूठे मुकदमों में फँसाता और उनसे रिश्वतें वसूलता है। सारा इलाका उससे काँपता है। लेकिन अपनी लूट की कमाई से वह थाने के सिपाहियों को खुश रखता है। उसकी विदाई पर सिपाही रोते हैं तो प्रेमशंकर उसके प्रति सद्भावनाओं से भर उठता है : "दुनिया में ऐसे सज्जन, ऐसे दयालु, ऐसे विनयशील पुरुष कितने हैं जिनकी मुट्ठी में इतने आदमियों के हृदय हों, जिनके वियोग से लोगों को इतना दुःख हो।" दयाशंकर के प्रति उसके ऐसे प्रशस्तिगान का कोई वास्तविक आधार न था। "इतने आदमियों," में सिर्फ थाने के दो सिपाही और मुंशी थे, जिनके हृदय दयाशंकर की मुट्ठी में थे, इसलिए कि उनकी मुट्ठियों में दयाशंकर के लुटे हुए माल का हिस्सा आता था। हज़ारों किसानों के लिए वह सिर्फ एक क्रूर अत्याचारी दरोगा था। गोरखपुर में सनातन धर्म महोत्सव की खबर अखबार में छपती है। उसमें ज्ञानशंकर की धर्मपरायणता का वर्णन पढ़कर वह अपनी संकीर्णता का रोना शुरू कर देता है; मैं कितना निर्बुद्धि हूँ। ऐसी दिव्य और विमल आत्मा पर अनुचित संदेह करने लगा? लखनपुर के किसानों को कुचलने के लिए दृढ़-प्रतिज्ञ ज्ञानशंकर के प्रति उसके ऐसे विश्वास और उदारता के पीछे कोई तर्क नहीं लगता। अपने ऊपर उसकी ग्लानि तो और भी अनावश्यक और बचकानी लगती है। प्रेमशंकर एक छलपूर्ण नैतिकता से ग्रस्त है। उसका मिथ्या नैतिक-द्वंद्व उसकी अतिशय आत्म-सजगता और आत्म-रति का खेल है। गौस खाँ की हत्या होने पर ज्ञानशंकर उस पर झूठा इलजाम लगाता है कि आप किसानों के साथ भाईचारे का बर्ताव करते रहे, उसी का नतीजा है। बस, प्रेमशंकर के मन में द्वंद्व मच जाता है : "क्या तुम्हें निश्चय है कि तुम्हारी ही उत्तेजनाएँ गौस खाँ की हत्या का कारण नहीं हुईं? तुम्हारे ही कटूपदेशों ने मनोहर की जान नहीं ली?" वह खुद को दोषी मानकर अपने आपको धिक्कारता है। "हाय! मैंने कितने प्राणों को अपनी ईर्ष्याग्नि के कुंड में धकेल दिया।" प्रेमशंकर ने किसानों को कभी किसी तरह की उत्तेजना न दी थी। लखनपुर के किसानों को उसने न कभी कटूपदेश दिया, न सदुपदेश। गाँव में चल रहे ज़मींदार विरोधी संघर्ष से उसका दूर का भी रिश्ता न था। जहाँ वह नहीं है, वहाँ भी वह खुद को ही देखता है मानो वह शीशमहल में बैठा हो। उसकी यह भ्रांतिपूर्ण नैतिक पीड़ा और बेतुकी आत्म-ग्लानि सिर्फ ईसाई धर्म के सिद्धांतों का एक संदर्भहीन अभिनय ही नहीं है, इससे भी ज्यादा वह उसकी आत्ममुग्ध चेतना और अहंकार की बारीक अभिव्यक्ति है जो व्यक्ति-केंद्रित विश्व-दृष्टि का अंग है।

प्रेमशंकर को बहुत सिद्धांतवादी दिखाया गया है, लेकिन उसकी सिद्धांतवादिता अंतर्विरोधों से भरी हुई है। वह ज़मींदारी प्रथा का विरोधी है और ज़मींदार वर्ग को किसानों के पाँव की बेड़ी समझता है। ज़मींदारी को दलाली कहते हुए वह उससे इस्तीफा दे देता है लेकिन अपने आश्रम में मायाशंकर को एक ज़मींदार के रूप में विकसित होने

के लिए हर आवश्यक सुविधा जुटाने की इच्छा रखता है। मायाशंकर के राज्याभिषेक में वह बड़ी तैयारी के साथ शामिल होता है। सिद्धांत उसके लिए नितांत व्यक्तिगत चीज है। वह किसानों के वोट से चुनाव जीतकर काउंसिल का सदस्य बनता है। उसके मन में बहुत दिनों से ज़मींदार के बेदखली के निरंकुश अधिकार को खत्म करने के लिए एक प्रस्ताव था। लेकिन काउंसिल का सदस्य बनने के बाद वह यह प्रस्ताव इसलिए नहीं रखता कि उसके रिश्तेदार भी ज़मींदार हैं और प्रस्ताव से उनके नाराज हो जाने का डर है। जब ज्ञानशंकर विदेशी यात्रा के प्रति बिरादरी की रूढ़िवादिता से असहमति प्रकट करके भी उससे बिरादरी को संतुष्ट करने के लिए प्रायश्चित्त करने को कहता है तब प्रेमशंकर इस सिद्धांतहीनता के लिए उसे फटकारता है : ‘‘अंतःकरण से किसी बात के कायल होकर केवल निंदा या उपहास के भय से उसका व्यवहार न करना तुम जैसे उदार पुरुष को शोभा नहीं देता।’’[61] उसकी पत्नी श्रद्धा उसे अपने प्रेम और धर्म की दुहाई देकर प्रायश्चित्त कर लेने को कहती है। वह उसके अनुरोध को भी सिद्धांत के नाम पर ठुकरा देता है और वर्षों उससे अलग रहता है। लेकिन लाखों किसानों के ऊपर होने वाले दमन के एक हथियार बेदखली के खिलाफ वह सिर्फ इसलिए विधान सभा में प्रस्ताव नहीं लाता कि इससे उसके रिश्तेदार ज़मींदार उसकी निंदा करेंगे।

प्रेमशंकर ‘प्रेमाश्रम’ का सबसे कमजोर और बनावटी चरित्र है। एक वास्तविक चरित्र के रूप में वह मध्यवर्गीय संस्कारों का आदर्शवादी युवक है। लेकिन ज़ब प्रेमचंद उसे दयालुता, सज्जनता और नैतिकता का पुतला बनाते हुए, किसानों के मसीहा के रूप में, एक आदर्श के रूप में पेश करते हैं तो वह वास्तविक चरित्र न रहकर एक यूटोपिया बन जाता है और उनकी यथार्थवादी चित्रण-कला की सबसे कमजोर कड़ी बन जाता है। इसकी वजह क्या है? एक ओर ज्ञानशंकर और मनोहर जैसे सशक्त और सजीव चरित्र, दूसरी ओर प्रेमशंकर जैसा बनावटी और निर्जीव चरित्र; एक ओर किसानों क़े संघर्ष की निर्मम हार, दूसरी ओर लखनपुर का सुखी समाज; एक ओर सत्याग्रह के सिद्धांत की विफलता, दूसरी ओर हृदय परिवर्तन के आदर्श की सफलता। ये अंतर्विरोध बतलाते हैं कि प्रेमचंद जब ‘प्रेमाश्रम’ लिख रहे थे, तब उनके मन में यथार्थ और आदर्शों के बीच जबर्दस्त संघर्ष चल रहा था। उस संघर्ष को हल करने की परिस्थितियाँ उनके सामने न थीं। उन्होंने अपनी कला में यथार्थ का चित्रण किया और साथ ही उन आदर्शों को भी चित्रित कर दिया जो उनके मन को खींच रहे थे। ये आदर्श यथार्थ के साथ कहीं मेल खाते थे, कहीं नहीं खाते थे। जो सिद्धांत आदर्श बन कर उनके मन को खींच रहे थे उनमें बोल्शेविज्म के अलावा टॉल्स्टॉय के सिद्धांत थे। बोल्शेविज्म के सिद्धांत ने किसानों के संघर्ष के प्रति उनकी पुरानी सहानुभूति और मौलिक दृष्टि को और मजबूत किया और बलराज के चरित्र पर अपना असर डाला। प्रेमशंकर का आदर्श चरित्र और ज़मींदार के हृदय परिवर्तन द्वारा जमीन के सवाल का नाटकीय हल प्रेमचंद पर तोल्स्तोयवाद के असर का नतीजा था। भूमि ईश्वर की है, उस पर किसी का निजी स्वामित्व नहीं हो

सकता; अन्याय का प्रतिकार मत करो लेकिन उसमें हिस्सा भी मत लो, उससे अलग हो जाओ; पाप से घृणा करो, पापी से नहीं; पापी के मन में भी आत्म-ग्लानि होती है और उसका हृदय बदल सकता है। तोल्स्तोय ने अपने साहित्य के जरिए इन सिद्धांतों का प्रचार कर अपने युग के बुद्धिजीवियों पर जबर्दस्त असर डाला था। तोल्स्तोय के सिद्धांतों का असर स्वतंत्र रूप से गाँधी और प्रेमचंद दोनों पर पड़ा था। प्रेमचंद 1914 से ही तोल्स्तोय के साहित्य से प्रभावित थे।[62] 'प्रेमाश्रम' के छपने के आस-पास ही प्रेमचंद ने तोल्स्तोय की कहानियों का अपना हिंदी अनुवाद भी छपाया। गणित के पंडित अवध उपाध्याय ने गणित के ही ढर्रे पर 'प्रेमाश्रम' को तोल्स्तोय के 'पुनरुत्थान' (रिज़ेरेक्शन) की नकल साबित करने की कोशिश करते हुए 1926 में 'सरस्वती' और 'समालोचक' में लेख लिखे थे। प्रेमचंद को इस झूठे इलजाम से पीड़ा पहुँची। उन्होंने खंडन करते हुए अपना जवाब 'समालोचक' में लिखा। उन्होंने अपने दोस्त सेहर हथगामी को पत्र में लिखा : "मैंने रिज़ेरेक्शन आज तक पढ़ा भी नहीं, हालाँकि उसकी तारीफ बहुत सुन चुका हूँ।"[63] असल में 'रिज़ेरेक्शन' और 'प्रेमाश्रम' की कहानी और विषयवस्तु में कोई समानता नहीं है। अवध उपाध्याय ने 'रिज़ेरेक्शन' के नायक नेख्लूदोव की तुलना 'प्रेमाश्रम' के प्रेमशंकर से की। दोनों का चरित्र, संघर्ष और संदर्भ बिलकुल अलग-अलग है। जिस बात में समानता है, वह यह कि नेख्लूदोव भी अपनी जमींदारी से इस्तीफा देता है, प्रेमशंकर भी। नेख्लूदोव मानता है कि जमीन ईश्वर की है, किसी आदमी की नहीं। जो आदमी जमीन पर काम नहीं करता, उसे जमीन का मालिक बनने का कोई अधिकार नहीं है। भूमि संबंधी ये विचार प्रेमशंकर और मायाशंकर के विचारों से मिलते-जुलते हैं। लेकिन जैसा कि प्रेमचंद ने अपने जवाबी लेख में लिखा : "जो राजनैतिक भाव आज रूस में दिलों को विकल कर रहे हैं, वही भाव आज भारत के हृदय में स्पंदन कर रहे हैं। कैसे संभव है कि हृदय रखनेवाले दो लेखकों के विचार और भाव आपस में न मिलें।"[64] कहा जा सकता है कि नेख्लूदोव और प्रेमशंकर के चरित्र बिल्कुल अलग-अलग संदर्भों में दिखाए गए हैं, लेकिन उनकी रचना कुछ विचारों के आधार पर हुई है और वे विचार आपस में मिलते-जुलते हैं। नेख्लूदोव और प्रेमशंकर दोनों नैतिक पीड़ा और आत्म-ग्लानि के शिकार होते हैं और दोनों प्रेम, अहिंसा और हृदय-परिवर्तन में विश्वास करते हैं। ईसाई धर्म की नैतिकता पर आधारित ये विचार जग जाहिर थे और इनके आधार पर चरित्र-रचना के लिए 'रिज़ेरेक्शन' को पढ़ना जरूरी न था। लेकिन नेख्लूदोव की नैतिक पीड़ा और आत्मग्लानि बहुत गहरी है और उसका एक वास्तविक आधार है। उसने एक सरल लड़की को पथभ्रष्ट करके तबाही के रास्ते पर धकेल दिया था और वही लड़की एक दिन अदालत में मुजरिम बनकर आती है जहाँ नेख्लूदोव जूरी का सदस्य है। उसकी नैतिक पीड़ा और आत्मग्लानि का यह वास्तविक आधार है। प्रेमशंकर को ऐसी गहरी पीड़ा और ग्लानि नहीं होती, जहाँ होती है वहाँ उसका कोई वास्तविक आधार नहीं होता। हृदय-परिवर्तन की धारणा इंजील की शिक्षाओं में है लेकिन नेख्लूदोव उसे अपनी

जिंदगी के लंबे संघर्ष और अनुभवों से गुजर कर अनुभव सत्य के रूप में हासिल करता-सा दिखाया गया है जबकि प्रेमशंकर ऐसी किसी प्रक्रिया से नहीं गुजरता फिर भी प्रक्रिया की सिद्धि उसे हासिल रहती है, एक विचारधारा के रूप में।

कुछ ऊपरी समानताओं के बावजूद नेख्लूदोव में जो सजीवता, मार्मिकता और प्रभाव है उसके सामने प्रेमशंकर बिलकुल निर्जीव, बनावटी और बेअसर है। इसका कारण सिर्फ टॉल्स्टॉय की कला की महानता में नहीं है। नेख्लूदोव के चरित्र की सजीवता का कारण यह भी है कि उसकी रचना जिन विचारों के आधार पर हुई थी, उन विचारों को टॉल्स्टॉय ने अपनी सारी जिंदगी को निचोड़कर हासिल किया था। उन विचारों में उन्हें गहरा विश्वास था। वे विचार उन्हें अपने प्राणों से भी प्यारे थे और उन्होंने उन विचारों के मुताबिक अपनी जिंदगी बदल ली थी। प्रेमचंद का उन विचारों में इतना गहरा विश्वास न था। वे प्रेमशंकर के जरिए अहिंसा और प्रेम के आदर्श को पेश करते हैं लेकिन साथ ही कारिंदे की हत्या को भी वीरता का काम कह कर पूरी सहानुभूति और समर्थन देते हैं। वे टॉल्स्टॉय के सिद्धांतों में विश्वास तो करते थे लेकिन वह विश्वास द्वंद्वहीन न था। वे उसके विरोधी सिद्धांत बोलशेविज्म में भी विश्वास करते थे। नेख्लूदोव की तुलना में प्रेमशंकर के चरित्र की निर्जीवता और बनावटीपन का कारण इसी द्वंद्व में है।

मध्यवर्ग

'प्रेमाश्रम' में शहरी मध्यवर्ग जीवन की सुविधाएँ जुटाने में स्वार्थपरता, झूठ, अन्याय और फरेब की दलदल में धँसा हुआ दिखता है। उसके भी जीवन का एक ही मूल्य है—दौलत। दौलत के लिए वह अपने ईमान का गला घोंटता है। यह मूल्य उसे शासक वर्ग की सेवा में खड़ा कर देता है। संघर्ष करने वाले किसानों की नज़र में वह शोषक वर्ग के दमनकारी गिरोह में शामिल है। उपन्यास के फैलाव को समेटने और अपने आदर्श अंत की ओर तेजी से बढ़ने के सिलसिले में प्रेमचंद अपने मध्यवर्गीय चरित्रों को विस्तार से चित्रित नहीं करते। लेकिन उनकी वर्गीय प्रवृत्तियों के विश्वसनीय चित्र देते हैं। वे उन्हें अपने युग में उठते हुए आदर्शों के संपर्क में लाते हैं और फिर उन सबको हृदय परिवर्तन की बाढ़ में बहाकर किसानों के पक्ष में ला खड़ा करते हैं।

बैरिस्टर इर्फान अली, डाक्टर प्रियनाथ चोपड़ा और हिंदू-मुस्लिम कौमी एकता का व्यवसाय चलाने वाला ईजाद हुसैन शहरी मध्यवर्ग के तीन प्रतिनिधि हैं। इर्फान अली शहर का नामी बैरिस्टर है। वकालत के धंधे से लाखों रुपए कमा चुकने के बाद वह वकालत के धंधे की निंदा यह कहकर करता है कि यह इंसानियत को कुचलती है। वह इस धंधे को छोड़कर काशी हिंदू विश्वविद्यालय में प्रोफेसरी करना चाहता है लेकिन वह कभी प्रोफेसरी नहीं करता क्योंकि उसमें आमदनी कम है। किसानों का मुकदमा वह इसलिए हाथ में लेता है क्योंकि उसे पुलिस के खिलाफ मुकदमा लड़ना पसंद है। वह

किसानों का मुकदमा लड़ता है लेकिन मोटी रकम लेकर। किसानों का मुकदमा उसके हाथ में देखकर ज्ञानशंकर फिक्र में पड़ता है। ज्ञानशंकर इर्फान अली को 500 रु. रोजाना की फीस पर गोरखपुर में गायत्री की ज़मींदारी के मुकदमे देखने के लिए बुलाता है। इर्फान अली किसानों का मुकदमा बीच में ही छोड़कर गोरखपुर चला जाता है। उसे किसानों के सवाल और मुकदमे की सच्चाई में कोई दिलचस्पी नहीं। अपनी स्वार्थपरता को ढकने के लिए कभी तो वह अपने पेशे को 'इन्तिहा दर्जे की गुलामी' कहता हुआ अपनी मजबूरियों को कबूलने की ईमानदारी का ढोंग करता है। कभी यह देखकर कि उसकी स्वार्थपरता इतनी नग्न है कि उसको ढँकना बेकार है, वह बेशर्मी से उसके औचित्य के लिए तर्क देता है : "जब वकालत का सियाह जामा पहना है तो उस पर शराफत का सफेद दाग क्यों लगाएँ? जब लूटने पर आए तो दोनों हाथों से क्यों न समेटें?"[65]

धन-दौलत मध्यवर्ग के सदस्यों को आसानी से नहीं मिलती। एक बार जब वह इसे अपना लक्ष्य बना लेता है तो इसके लिए वह झूठ का अभिनय भी करता है और बेहयाई से नंगा भी हो जाता है। लेकिन उसकी स्वार्थपरता उसे और भी दलदल में उतारती है। वह उसे अमानवीय बनाती है, अपने निजी संबंधों के प्रति संवेदना-शून्य और क्रूर बनाती है, उसके अपने वर्ग की सामान्य मर्यादाओं को तोड़ डालती है। ज्ञानशंकर के बुलावे पर जब वह गोरखपुर जाने लगता है, तब उसकी बेगम उसे रोकती है। उसकी छोटी बच्ची बीमार है, उसे कै दस्त हो रहे हैं। बच्ची की खराब हालत देखकर भी वह ज्ञानशंकर से मिलने वाली मोटी रकम का मोह नहीं छोड़ पाता और गोरखपुर चला जाता है। उसकी बेगम दुख और गुस्से से कहती है : "लड़की की जान खुदा के हवाले करते हो, लेकिन रुपए खुदा के हवाले नहीं किए जाते! लाहौल बिलाकूबत आदमी में इन्सानियत न हो, औलाद की मुहब्बत तो हो!"[66] रुपए कमाने का लालच उसे उस जगह तक ले जाता है जहाँ न इंसानियत है, न औलाद की मुहब्बत। उसके मुवक्किल किसान मुकदमा हार जाते हैं और उन्हें जेल की सजा हो जाती है।

डॉ. प्रियनाथ शहर के सरकारी अस्पताल का सिविल सर्जन है। वह सज्जन और कोमल आदमी है। लेकिन सरकारी अस्पताल में चलने वाले भ्रष्टाचार की कमाई में अपना हिस्सा लेना बुरा नहीं समझता। मरीजों के हिस्से की शाक-भाजी, दूध-मक्खन, उपले-ईंधन का एक हिस्सा रोज उसके घर पहुँच जाता है और वह इस भ्रष्टाचार को पहले से चली आ रही एक प्रथा की तरह निभाता है। अपराध और मुकदमों के सिलसिले में जब उसे कोई बयान देना पड़ता तो वह अपनी नीति पुलिस का रुख देखकर तय करता है। इसमें उसे कुछ मानसिक पीड़ा तो होती है लेकिन कई बार पुलिस के खिलाफ गवाही देने पर जो भुगतना पड़ा, उससे उसने अपना सबक सीख लिया। जब कारिंदे गौस खाँ की लाश पोस्ट मार्टम के लिए उसके पास आती है तो वह बड़े असमंजस में पड़ता है। निदान कहता था कि यह एक आदमी का काम है, लेकिन पुलिस उससे

कहलवाना चाहती है कि यह कई आदमियों का काम है। प्रियनाथ दुविधा में पड़ जाता है। उसकी दुविधा का हल कैसे होता है? ज्ञानशंकर उसके पास रानी गायत्री देवी का एक पत्र और 500 रु. इनाम लेकर पहुँचा। गायत्री उससे शिशु-पालन पर एक किताब लिखवाना चाहती थी और उसे अपना घरेलू डॉक्टर भी बनाना चाहती थी, हर विजिट के लिए 100 रु. का वादा था। डॉ. प्रियनाथ की दुविधा का हल निकल आता है। वह ज़मींदार और पुलिस के हक में पोस्टमार्टम की झूठी रिपोर्ट देता है और गाँव के सारे किसान फँस जाते हैं।

मध्यवर्ग के ये सदस्य शासक वर्ग की सेवा क्यों करते हैं? क्या यह शासक वर्ग की विचारधारा है जो उन्हें स्वभावतः अपने पक्ष में खींच लेती है? ज्ञानशंकर प्रियनाथ से हत्याकांड के मामले में कहता है : "प्रश्न ज़मींदार और किसानों का नहीं है। अगर हत्याकारियों को उचित दंड न दिया गया तो इस तरह की दुर्घटनाएँ आए दिन होने लगेंगी और ज़मींदारों को अपनी जान बचाना कठिन हो जाएगा।"[67] बेशक शासक वर्ग की विचारधारा मध्यवर्ग पर अपना स्वाभाविक प्रभाव डालती है। लेकिन सिर्फ इसी से प्रेरित होकर वह शासकवर्ग की सेवा नहीं करता। इससे भी अधिक उसे जीवन की सुविधाएँ प्रभावित करती हैं। फीस, इनाम और किताब लिखने की योजना की शक्ल में रिश्वत पाकर प्रियनाथ के लिए गुनाह बेलज्जत नहीं रह जाता। रुपया उसकी बुद्धि को प्रेरित करता है। पोस्टमार्टम की झूठी रिपोर्ट के पक्ष-समर्थन के लिए वह कई किताबें पढ़ता है और अपने समर्थन के तत्त्व ढूंढ़ निकालता है। विचारधारा के अलावा यह पैसा है जो मध्यवर्ग को शासक वर्ग के हितों का सेवक बनाता है। इसके अलावा पुलिस के दमन का भय भी उसे झूठी रिपोर्ट लिखने को मजबूर करता है।

ईजाद हुसैन पहले सरकारी मुलाजिम था। नौकरी से इस्तीफा देकर वह हिंदू-मुस्लिम कौमी एकता के लिए 'अंजुमन इत्तहाद' संस्था खोलता है। एक राष्ट्रीय समस्या उसे अपनी कमाई का नया जरिया दिखाती है। वह 10-12 यतीम बच्चों को जमा करता है जो फटी हुई बोरियों पर अधनंगे बैठे करीमा और खालिकबारी की रट लगाया करते और आपस में गाली-गलौज करते। इनसे अलग सात खूबसूरत बच्चे साफ-सुथरे कपड़े पहनते और चमकते चेहरों के साथ मधुर स्वर में हिंदू-मुस्लिम एकता के भावपूर्ण गीत गाते। इन सात बच्चों में तीन लड़कियाँ हैं, एक उसकी अपनी, दो बहन की। बाकी चारों लड़के उसकी दो बहनों के। अपने यतीमखाने के नाम पर इन्हें ही दिखलाकर और इनसे गाने गवाकर वह अपनी संस्था के लिए चंदे बटोरता। एक आदमी को सूखी रोटियों की मजूरी पर संस्था का नौकर रखा है जबकि खुद घर में पुलाव उड़ाता है। उसका अपना लड़का इलाहाबाद में कानून पढ़ता है। गोरखपुर में ज्ञानशंकर और गायत्री द्वारा आयोजित सनातन धर्म सम्मेलन में वह अपनी मंडली के साथ जाता है और हिंदू-मुस्लिम एकता के गाने गाकर और भाषण देकर पाँच हजार रुपये का चंदा बटोर लेता है। इतने की उम्मीद उसे भी न थी। वह अपने बेटे से कहता है, मैंने ज्यादा से ज्यादा 1000 रुपये का अंदाज

किया था, मगर आज मालूम हुआ कि ये सब कितने अहमक होते हैं। उसका बेटा हिंदू-मुस्लिम एकता पर दिए गए उसके भाषण की तारीफ करता है तो वह कहता है : "उसी पर तो जिंदगी का दारमदार है। न किसी के नौकर, न गुलाम। बस, दुनिया में कामयाबी का नुस्खा है तो यह शतरंजबाजी।"[68] लेकिन प्रेमशंकर से अपनी संस्था के लिए अच्छी-खासी रकम झाड़ते हुए वह यह भी कहता है कि "मज़हब रुहाना तसकीन और नजात का जरिया है, न कि दुनिया के कमाने का ढकोसला।"[69]

प्रेमचंद किसान और ज़मींदार की तरह शहरी मध्यवर्ग के चरित्र को भी ब्रिटिश भारत की बदलती हुई परिस्थितियों के संदर्भ में दिखाते हैं। उनका चरित्र अपने समय में चल रही हलचलों में उनकी भूमिका से जाहिर होता है। किसानों के फूट पड़ने वाले संघर्ष में वे जीवन की सुविधाओं के बदले ज़मींदार वर्ग का साथ देते हैं। राष्ट्र के जीवन में उठ रही सामाजिक-राजनीतिक समस्याओं में और सुधारवादी आंदोलन में वे अपनी कमाई के साधन खोज निकालते हैं। झूठ और पाखंड के बिना उनकी आजीविका नहीं चलती। अपनी स्वार्थपरता में डूबकर वे शासक वर्ग के अन्याय में शामिल होते हैं। ईजाद हुसैन जब सरकारी मुलाजिम था तो बेगार में दूध देने से इनकार करने वाले बलराज को बँधवाने के लिए डिप्टी कलक्टर के कान भरता है। जब वह हिंदू-मुस्लिम एकता की संस्था बना लेता है तो ज्ञानशंकर से चंदा बटोरने के लिए जाता है और बदले में उसे किसानों से लगान वसूलने का सबसे आसान रास्ता सुझाता है—उन्हें मई और जून की धूप में खड़ा कर देना। ब्रिटिश भारत का वह शहरी मध्यवर्ग, जो गँवार किसानों को अपने मंच पर चढ़ने न देता था, जो किसानों की लड़ाई को भय की नज़र से देखता था, जो ज़मींदारों को हर आंच से बचाते हुए साम्राज्यवाद विरोधी आंदोलन को सफल बना लेने का सपना देखता था, वह मध्यवर्ग ऐसा ही था जैसे इर्फान अली, प्रियनाथ और ईजाद हुसैन हैं।

कारिंदे के हत्याकांड के मुकदमे में ज़मींदार और पुलिस जीत जाती है और किसानों को जेल हो जाती है। काशी विश्वविद्यालय के छात्र और दूसरे साधारण लोग, जो किसानों के मुकदमे में दिलचस्पी ले रहे थे, बैरिस्टर इर्फान अली की मोटर घेर लेते हैं : "इन्हीं की गरदन पर बेगुनाहों का खून है।" लोग उसे मोटर से नीचे खींचकर मारना चाहते हैं लेकिन प्रेमशंकर बचा लेता है। जनता डॉ. प्रियनाथ को घेरती है : "बताइए साहब, लखनपुर के मामले में कितनी रिश्वत खाई है?" लोग उस पर लाठी चलाते हैं, प्रेमशंकर खुद मार खाकर प्रियनाथ को बचा लेता है। प्रेमशंकर, किसानों का हो या न हो, मध्यवर्ग का मसीहा जरूर है।

शहरी मध्यवर्ग के ये सफेदपोश अपने समय में उठने वाली आदर्शों की लहर के संपर्क में आते हैं। प्रेमशंकर खेती का विकास करने और किसानों की दशा सुधारने के लिए 'प्रेमाश्रम' खोलता है। प्रेमशंकर के जरिए इर्फान अली, प्रियनाथ और ईजाद हुसैन प्रेमाश्रम से जुड़ते हैं। वे प्रेमशंकर की नैतिक शक्ति और आदर्शवादी छवि से मुग्ध होकर

अपने पेशे से अन्याय और स्वार्थपरता को निकाल देते हैं, हालाँकि पेशा कायम रहता है। प्रेमशंकर की सज्जनता को देखकर उनमें आत्मग्लानि होती है और देखते ही देखते उनका हृदय-परिवर्तन हो जाता है। वे किसानों का पक्ष लेकर फिर से मुकदमा लड़ते हैं और जीत जाते हैं। जीतकर जेल से छूटे किसानों को वे जुलूस बनाकर लाते हैं। जुलूस शहर की गलियों से गुजरता है। इर्फान अली, प्रियनाथ सभी उस जुलूस में शामिल हैं। प्रेमचंद शहरी मध्यवर्ग को किसान संघर्ष का साथी दिखलाते हैं, लेकिन किसान संघर्ष में उसकी कोई भूमिका नहीं दिखला पाते। ये शहरी लोग किसानों को जेल से निकालने के काम में सिर्फ कानूनी सहायता और नैतिक समर्थन देने से ज्यादा कुछ नहीं कर पाते। उनकी भूमिका इसी में खत्म हो जाती है।

प्रेमचंद अपने मध्यवर्गीय चरित्रों के वर्गीय स्वरूप को पूरा उभारते हैं, लेकिन उनकी अपनी शख्सियत को कम। जहाँ वे चरित्रों की वर्गीय प्रवृत्तियों को दिखलाते हैं, उनके चरित्र विश्वसनीय और सजीव लगते हैं। लेकिन हृदय परिवर्तन का आदर्श किसी विश्वसनीयता की परवाह नहीं करता और सारे चरित्रों को बहाकर आदर्शों की जमीन पर ला पटकता है। उपन्यास में पूरे मध्यवर्ग का हृदय परिवर्तन हो जाता है। डिप्टी कलक्टर ज्वाला सिंह सरकारी अफसर को अपने देशवासी किसानों के हितों के खिलाफ पाकर छटपटाता है और इस्तीफा देकर प्रेमशंकर के प्रेमाश्रम में आ जाता है। ज़मींदार का साथ देनेवाला धनी किसान सुक्खू चौधरी साधु बन जाता है। उसके हृदय-परिवर्तन का कारण है प्लेग में उसके पूरे परिवार का खत्म हो जाना जिसे वह किसानों के साथ अपने अन्यायों का फल मानता है। बनिया बिसेसर साह जो किसानों के खिलाफ झूठी गवाही देता है, उसका भी हृदय-परिवर्तन हो जाता है। उसका कारण है कि मनोहर का भूत उसे सताता है। गाँव का पटवारी मौजीलाल भी हृदय-परिवर्तन का शिकार होता है। उसका कारण है कि उसके दो बेटे प्लेग में चल बसे जिसे वह किसानों के साथ अपने जुल्म और अन्याय का फल मानता है। ताल्लुकेदार राय कमलानंद भी ताल्लुकेदारी छोड़कर साधु बन जाता है। ज़मींदार का एक चपरासी गिरधर किसानी करने लगता है और दूसरा चपरासी बिंदा फौज में भरती हो जाता है। इस तरह न सिर्फ मध्यवर्ग बल्कि पूरा शोषक वर्ग ही बदल जाता है। जिनका हृदय-परिवर्तन नहीं होता, वे दंडित होते हैं। ज्ञानशंकर और गायत्री मृत्यु के रूप में नैतिक दंड प्राप्त करते हैं, कारिंदा फैजुल्लाह चोरी के जुर्म में जेल की सजा भुगतता है। प्रेमचंद के चरित्र खड़े तो यथार्थ की जमीन पर होते हैं, लेकिन उनका सिर आदर्श की हवा में होता है। सिर्फ गरीब किसान चरित्र ही इस हवा में कभी नहीं बहते और आखिर तक यथार्थ बने रहते हैं।

हृदय-परिवर्तन की नैतिक धारणा प्रेमचंद को टॉल्स्टॉय से मिली थी। गाँधीवाद आकर इस धारणा को और भी मजबूत करता है। वर्षों तक हृदय-परिवर्तन का आदर्श प्रेमचंद के साहित्य को, उनकी यथार्थवादी चित्रण कला को कमजोर करता रहता है।

औरतें

वर्गों में बँटे समाज में सभी कुछ साफ-साफ बँटा हुआ नहीं है। औरतें ज़मींदार भी हैं, औरतें किसान भी हैं; फिर भी एक औरत के रूप में हर जगह, आमतौर पर उसके अस्तित्व को दबाकर रखा जाता है। हर जगह उसे पुरुष के अस्तित्व का एक अंग माना जाता और उसकी स्वायत्तता को नकारा जाता है। आज नारीवाद ने उसकी स्वायत्तता के सवाल को उठाया है तो यह लाजिमी है कि हम उपन्यास के अध्ययन में उस पर अलग से भी विचार करें।

प्रेमचंद अपने नारी चरित्रों में कमजोरियाँ दिखलाते हैं। स्त्रियाँ अपने पतियों के आदर्शों को नहीं समझतीं और उनके संघर्ष को पीछे खींचती हैं। प्रेमशंकर अमेरिका से कृषिशास्त्र पढ़कर खेती और किसानों की दुर्दशा सुधारने का ऊँचा लक्ष्य लेकर भारत लौटता है। उसके भारत लौटने का एक कारण अपनी पत्नी श्रद्धा के प्रति उसका प्रेम भी है। लेकिन रूढ़िवादी और धर्मभीरु श्रद्धा अपने पति के ऊँचे विचारों को नहीं समझ पाती। इतने सालों के बाद अपने खोए पति को वापस पाकर भी वह उसके पास नहीं आती क्योंकि उसके दिल में यह धार्मिक रूढ़ि बैठी हुई है कि विदेश यात्रा से हिंदू का धर्म चला जाता है। वह प्रेमशंकर पर जोर देती है कि वह प्रायश्चित्त करके बिरादरी वालों की संतुष्टि कर दे। वह इस प्रायश्चित्त के लिए अपने प्रेम और धर्म की दुहाई देती है। प्रेमशंकर के कई बार समझाने पर भी कि यह रूढ़ि मूर्खतापूर्ण है और उसके धर्म पर कोई धब्बा नहीं लगा है, वह नहीं समझती है और उसकी छाया से भी बचती रहती है। पत्नी के प्यार और सहयोग से वंचित प्रेमशंकर का मन टूट जाता है। वह अपने को अकेला महसूस करता है और घर से अलग ही रहता है। शीलमणी अपने पति ज्वाला सिंह पर दबाव डालती है कि वह ज्ञानशंकर के लगान इजाफे के दावे के पक्ष में अपना फैसला दे। ज्वालासिंह दोस्ती के नाते एक बेबुनियाद दावे के पक्ष में फैसला करना नहीं चाहता लेकिन शीलमणी चूंकि ज्ञानशंकर से वादा कर चुकी होती है उसका काम करा देने का, लिहाजा वह अपने पति पर अपनी मान रक्षा की दुहाई देकर दबाव डालती है। ज्वालासिंह अपनी उलझी हुई हालत पर झुँझलाता है। मनोहर बेगार में ज़मींदार को घी देने से इनकार करता है तो उसकी पत्नी बिलासी उस पर जोर देती है कि जाकर कारिंदे से माफी माँग लो। मनोहर जानता है कि उसने बेगार से इनकार करके कोई गलत काम नहीं किया और इसके लिए माफी माँगना न सिर्फ उसकी इज्जत के खिलाफ है, बल्कि अन्याय के आगे झुकना भी है। लेकिन बिलासी अपने पति के संघर्ष और आत्मगौरव को नहीं समझ पाती और अपना दबाव जारी रखती है। मनोहर को मजबूर होकर माफी माँगने के लिए जाना पड़ता है जहाँ उसका अपमान होता है। बिलासी पति, बेटे और हलवाहे को खाना खिलाते वक्त सबको एक जैसा खाना देती है लेकिन दूध सिर्फ अपने बेटे को देती है। बेटा इसे अन्याय समझता है कि सबसे ज्यादा मेहनत करने वाले हलवाहे को दूध न देकर उसे क्यों दिया गया लेकिन बिलासी फिर भी दूध अपने बेटे को ही देना

चाहती है। गायत्री का पति किसानों पर जुल्म करता है फिर भी गायत्री उसे देवता से कम नहीं समझती।

'प्रेमाश्रम' के नारी चरित्रों में ये कमजोरियाँ हैं। इन कमजोरियों को समाज में आमतौर पर स्त्री जाति की स्वाभाविक दुर्बलताएँ समझा जाता है। लेकिन जरा गौर से देखा जाए तो यह साफ हो जाता है कि ये कमजोरियाँ इन चरित्रों की अपनी व्यक्तिगत विशेषता नहीं हैं बल्कि उन परिस्थितियों का प्रतिबिंब हैं जिनमें ये चरित्र जीते हैं। एक रूढ़िवादी समाज में, जहाँ विदेश यात्रा को एक पाप माना जाता है, श्रद्धा का ऐसे मूल्य में विश्वास करना कोई अजीब बात नहीं है। अकेले वही नहीं, पूरी बिरादरी इस मूल्य में विश्वास करती है और उसमें पुरुष भी शामिल है। श्रद्धा का पिछड़ापन एक औरत का पिछड़ापन नहीं है बल्कि एक समाज का पिछड़ापन है। उसके अपने चरित्र की खासियत तो यह है कि समाज द्वारा थोपे गए इस पिछड़ेपन के बावजूद वह अपने प्रेम के लिए संघर्ष करती है, अपनी कोमल और सहज मानवीय भावनाओं को सुरक्षित रखती है। पिछड़ेपन को एक मूल्य के रूप में स्वीकार करके और उसकी घुटन को बर्दाश्त करके भी वह प्रेमशंकर का साथ निभाने की कोशिश करती है। उसे जब पता चलता है कि प्रेमशंकर कुछ सामाजिक काम करना चाहता है और उसके पास रुपयों का अभाव है तो वह बेहिचक उसी वक्त उसके पास अपने चार हज़ार रुपए के गहने और एक हजार रुपए नगद भेज देती है। प्रेमशंकर अपने सिद्धांत पर खड़ा होकर श्रद्धा के लिए कुछ भी नहीं कर पाता, लेकिन श्रद्धा अपनी आस्था पर अडिग रहकर भी उसकी सहायता करती रहती है। यह फर्क है एक पिछड़ी औरत और आगे बढ़े हुए पुरुष के बीच।

उसकी आस्था एक व्यर्थ की रूढ़ि को लेकर है, लेकिन उसकी आस्था की दृढ़ता अपने आप में एक मूल्य बनकर उभरती है। अपनी आस्था के लिए वह अकेलेपन की यातना सहती है लेकिन उससे विचलित नहीं होती। जब अकेलेपन की यातना उसकी बर्दाश्त के बाहर हो जाती है तब वह आत्महत्या करने के लिए तैयार हो जाती है लेकिन जो संस्कार उसके मन में बैठा है और जिसमें उसका विश्वास है, उसे भुलाकर पति का सहारा नहीं खोजती। अपने अकेलेपन की कैद से छुटकारा पाने के लिए उसे जरा-से झूठ की जरूरत थी, वह कह देती कि धर्म की रूढ़ि में कुछ नहीं रखा है, और पति की बाँहों में समा जाती। उसके जीवन का सूनापन इतने से ही मिट जाता। लेकिन नहीं, वह ऐसा नहीं करती है। वह अपनी भावनाओं के प्रति ईमानदार बनी रहती है। उसका पिछड़ापन समाज ने दिया था, लेकिन प्रेम के लिए संघर्ष उसका अपना चरित्र है। अपने विश्वासों के लिए ऐसी गहरी निष्ठा ईमानदारी और दृढ़ता उसके अकेलेपन के जीवन की पूँजी बन जाता है। फिर भी न वह कठोर बनती है, न अभिमानी और न अवसाद और उदासी के स्याह सागर में डूब जाती है। वह मानवीय बनी रहती है, उसका प्रेम एक दिन जीतेगा, इस विश्वास से संघर्ष करती रहती है। वह प्रेमशंकर की सहायता करती रहती है, उसकी दूसरी जरूरतों का ख्याल रखती है, उसे भरसक परेशानियों से बचाती है और एक दिन

अपना प्यार हासिल करती है। इंद्रनाथ मदान जैसे आलोचक, जो उसे सिर्फ एक रूढ़िवादी चरित्र कहकर किनारे कर देते हैं, यह जानते ही नहीं कि चरित्र किसे कहते हैं।[70]

श्रद्धा की तरह बिलासी भी अन्याय से लड़ने में अपने पति मनोहर का साथ नहीं देती। वह उसे कारिंदे और ज़मींदार से माफी माँग लेने को कहती है। लेकिन बिलासी का यह पिछड़ापन भी उन्हीं परिस्थितियों से उपजा था, जिनमें वह और दूसरे किसान जी रहे थे। बेगार से इनकार करना प्रथा न थी। यह इनकार एक किसान के लिए आसान न था। ज़मींदार की सत्ता के आगे असंगठित किसान खुद को कमजोर पाते थे। उनकी यह परिस्थिति एक नैतिक मूल्य बनकर उनकी चेतना में बैठी हुई थी। उस मूल्य को सिर्फ बिलासी ही नहीं, दूसरे किसान भी स्वीकार करते थे। कादिर पुरुष है, लेकिन वह भी मनोहर को माफी माँगने को कहता है। दुखरन और सुक्खू चौधरी भी ऐसा ही सोचते है। किसान अपनी परिस्थितियों से समझौता कर व्यावहारिक बन गए थे। बेटे को दूध देने की इच्छा बिलासी का व्यक्तिगत दोष न था। निजी संपत्ति और खून के रिश्तों पर टिके समाज का वह एक दृढ़-स्थापित मूल्य था जिसका पालन बिलासी भी करती है। बलराज जो मूल्य पेश करता है कि जो ज्यादा काम करे, उसे ही ज्यादा खाना चाहिए, एक क्रांतिकारी मूल्य था, न सिर्फ बिलासी के लिए, बल्कि पूरे समाज के लिए। बिलासी का पिछड़ापन समाज के पिछड़ेपन को जाहिर करता है। गायत्री किसानों पर जुल्म करने वाले अपने पति को देवता समझकर उसकी पूजा करती है। इस अंधी श्रद्धा का कारण गायत्री के अंदर खोजना बेकार है, इसकी बुनियाद उसके वर्ग के मूल्यों में है। ज़मींदार वर्ग किसानों पर जुल्म करना अन्याय नहीं समझता, इसे चरित्र का दोष नहीं मानता। इसे वह अपनी मजबूरी समझता है। उसकी नजर में किसान हैं ही ऐसे कि बिना मार खाए लगान नहीं देते। जो जुल्म गायत्री का पति करता था, वह जुल्म किसानों पर वह खुद भी करती है। वह खुद ज़मींदार है और अपने वर्ग के ऐसे आचरण को जायज समझती है। इसलिए इसके चलते वह अपने पति को बुरा नहीं मान सकती। उसके वर्ग में चरित्र का आदर्श है साधु-संतों को भोजन कराना, भिखमंगों को भीख देना, मंदिर और धर्मशाला बनवाना। ये काम उसका पति करता था इसलिए वह देवता है। सिर्फ गायत्री ही क्यों, पूरा ज़मींदार वर्ग ऐसे कामों के लिए किसी को देवता मान सकता है। किसानों पर जुल्म करने वाले, लेकिन मंदिर धर्मशाला बनवाने वाले पति के प्रति भक्तिभाव गायत्री की नारी-बुद्धि की असंगति या कमजोरी नहीं है, यह उसके वर्ग के मूल्यों के हिसाब से एक सही चीज है। शीलमणी ज्ञानशंकर के झूठे दावे के पक्ष में फैसला देने के लिए अपने पति पर दबाव डालती है तो इसीलिए कि यह उसके वर्ग की एक प्रचलित संस्कृति है। मध्यवर्ग के लोग अपनी महत्त्वाकांक्षाओं को साधने के लिए संपर्कों की साधना करते हैं। एक दूसरे के संपर्कों और सिफारिशों के बल पर वे सत्ता और शक्ति केंद्रों के नजदीक पहुँचते हैं। आपसी संपर्कों का यह इस्तेमाल उनकी संस्कृति

का अंग है, एक ऐसा आचरण जो एक मूल्य बन गया है। इस मूल्य को ठुकराकर शीलमणी अपने वर्ग के एक सामान्य प्रचलित व्यवहार के घेरे से बाहर पड़कर अपनी स्थिति को भद्दी महसूस करेगी। इससे उसकी सामान्य शिष्टता और शान को बट्टा लगेगा। इसलिए वह अपनी शिष्टता के निर्वाह के लिए अपने पति पर दबाव डालती है। ज्ञानशंकर के काम के लिए दबाव देना उसकी नारी-बुद्धि का पिछड़ापन नहीं, उसके वर्ग की संस्कृति का अंग है।

प्रेमचंद ने अपने नारी-चरित्रों में सामाजिक कारणों से पैदा हुई इन कमजोरियों को दिखलाकर अपनी यथार्थवादी चित्रण कला का ही परिचय दिया है। ये कमजोरियाँ उनके नारी-चरित्रों को बहुत स्वाभाविक और विश्वसनीय बनाती हैं। अजीब बात तो तब होती जब वे ऐसी कमजोरियों को छुपा जाते। प्रेमचंद के नारी चरित्र आदर्शों की पुतलियाँ नहीं, सामाजिक परिस्थितियों के बीच, अपनी कमजोरियों और ताकत के साथ जीने वाली सचमुच की स्त्रियाँ हैं। लेकिन ये कमजोरियाँ 'प्रेमाश्रम' के नारी चरित्रों का मुख्य पक्ष नहीं है। उनका मुख्य पक्ष तो उनकी निःस्वार्थता है, दूसरों के लिए उनकी सहायता, समर्थन और प्यार है। 'प्रेमाश्रम' की नारियाँ सच्चाई और इंसाफ के लिए लड़ती हैं। वे अपनी सहज मानवीय भावनाओं और मूल्यों की रक्षा के लिए संघर्ष करती हैं। वे संपत्ति की महत्त्वाकांक्षा और उसके चलते होने वाली हिंसा के खिलाफ अपनी आवाज उठाती हैं और अपनी स्थिति को हीन महसूस किए बिना पुरुष की स्वार्थपरता, आत्मकेंद्रिकता, क्षुद्रता और शक्तिपिपासा का विरोध करती हैं। नारी पाप और दुर्गुणों की खान है—सामंती समाज के इस प्रचलित मिथ्या, दूषित और षड्यंत्रमूलक मिथक के उल्टा प्रेमचंद दिखलाते हैं कि स्त्रियों में सच्चाई और न्याय की भावनाएँ और अच्छे गुण स्वाभाविक रूप से मिलते हैं। चरित्र की इन अच्छाइयों और गुणों को ये किसान औरत में भी दिखलाते हैं; मध्यवर्गीय और ज़मींदार घराने की औरतों में भी दिखलाते हैं। औरतों के पति अपने प्रगतिशील और सहानुभूतिपूर्ण दृष्टिकोण के कारण वे पितृसत्तात्मक समाज की स्थापित धारणाओं को पूरे विश्वास के साथ ठुकरा देते हैं और नारी की असली सच्चाई को चित्रित करते हैं। वे दिखलाते हैं कि पितृसत्तात्मक ढांचे के अंदर संपत्ति और शक्ति के केंद्र सिर्फ पुरुषों के हाथों में हैं जो इनके लिए हिंसा और षड्यंत्रों का सहारा लेते हैं, अपनी महत्त्वाकांक्षाओं में नग्न रूप से स्वार्थी, क्षुद्र और कुटिल बन जाते हैं। लेकिन, स्त्रियाँ, जो आम तौर पर संपत्ति और सत्ता के इन केंद्रों से वंचित रखी जाती हैं, ठीक इसी कारण अपने अंदर कुछ ऐसे मानवीय गुणों को सहज ही सुरक्षित रखती हैं, जो पुरुषों के लिए उतने सहज नहीं होते। सच्चाई और न्याय का समर्थन करना, दूसरों के लिए सोचना और उन्हें प्यार देना उनके ऐसे ही सहज गुण हैं। इन्हें अपनाने के लिए पुरुषों को संघर्ष और द्वंद्व की कठिन प्रक्रिया से गुजरना पड़ता है; इन्हें अपनाकर वे प्रसिद्ध बन जाते हैं। लेकिन स्त्रियाँ इन गुणों को अपने अंदर सहज ही समेटे हुए, बिना किसी प्रशंसा और वाह-वाही के, रोजाना के नीरस संघर्षों से भरी एक गुमनाम

घरेलू जिंदगी जीती रहती हैं। विद्या, श्रद्धा, शीलमणी और बिलासी ऐसी ही नारियाँ हैं। श्रद्धा वर्षों तक एक धार्मिक नियम पर अडिग रहकर अपने पति से दूर रहती है लेकिन जब वह जेल से छूटकर आए किसानों के मुँह से प्रेमशंकर की जय-जयकार सुनती है तो वह अपनी जिद छोड़ देती है। आदमी को तौलने की उसकी कसौटी बदल जाती है। विदेश यात्रा करने से आदमी का धर्म चला जाता है, लेकिन सैकड़ों किसान जिस आदमी की जय-जयकार कर रहे हों, क्या उसके धर्म में संदेह करना उचित है? क्या दूसरों की भलाई करने से भी बड़ा कोई धर्म हो सकता है? पुरोहितों के रचे शास्त्रों और पुराणों का धर्म उसे इंसानियत के धर्म के आगे छोटा और झूठ दिखने लगता है। उसके इस एहसास में किसानों के पक्ष को सही और न्यायपूर्ण मानना भी शामिल है। ज्वालासिंह जब लखनपुर गाँव का दौरा करने के बाद शीलमणी से किसानों की गरीबी, तबाही और उन पर आई महामारी की मुसीबतों का वर्णन करता है, ज्ञानशंकर के लगान इजाफ़े के बेबुनियाद दावे को मान लेने से किसानों के हल-बैल बिक जाएँगे—यह सब बतलाता है तो शीलमणी अपने अनुचित दबाव की बात सोचकर काँप उठती है। झूठी शान के लिए की गई अपनी जिद वह छोड़ देती है और न्याय की सहज चेतना से प्रेरित होकर ज्ञानशंकर का दावा खारिज कर किसानों को बचाने का आग्रह करती है। न सिर्फ वह अन्याय में भागीदार होने से इनकार कर देती है, बल्कि ज्वालासिंह से किसानों की मदद करने को भी कहती है। उसकी बात मानकर ज्वालासिंह मुकदमा लड़ने के लिए किसानों को 500 रु. देता है। जब ज्वालासिंह अपनी सरकारी नौकरी और किसानों के हितों के बीच टकराव देखकर मानसिक रूप से पीड़ित रहता है और नौकरी छोड़े या न छोड़े, इस अंतर्द्वंद्व की यातना झेलता है, तब शीलमणी उसके स्वभाव को समझकर उसे नौकरी छोड़ देने को उत्साहित करती है और इस तरह उसे उसकी यातना से छुटकारा दिलाती है। धन-दौलत के लिए क्षुद्रता और अन्यायपूर्ण स्वार्थपरता का विरोध शीलमणी, श्रद्धा और विद्या तीनों करती हैं। शीलमणी सरकारी नौकरी से मिलने वाली आमदनी और सुविधाओं का तिरस्कार कर ज्वालासिंह को सच्चाई की राह पर चलने में मदद करती है। ज्ञानशंकर श्रद्धा को उकसाता है कि भैया का कुछ पता नहीं, कब कहाँ चल दें। उनकी जायदाद पर चाचा अपने लड़कों के लिए नज़र गड़ाए बैठे हैं। सो, तुम लखनपुर गाँव का आधा हिस्सा अपने नाम लिखवा लो। श्रद्धा उसके इस कुटिलतापूर्ण सुझाव को ठुकरा देती है। प्रेमशंकर पर अविश्वास करने और चाचा के परिवार वालों को पराया समझने की कीमत पर वह संपत्ति को प्यार नहीं करती। विद्या दूसरों की संपत्ति हड़पने की ज्ञानशंकर की हर महत्त्वाकांक्षा का खुलकर विरोध करती है।

विद्या संपत्ति और सत्ता की महत्त्वाकांक्षा पर चल रहे ज्ञानशंकर की स्वार्थपरता, क्षुद्रता, कुटिलता और नीचता के खिलाफ लगातार संघर्ष करती है। मैं स्त्री हूँ, पति की इच्छा में ही स्त्री की इच्छा होनी चाहिए, इस मूल्य को उसका दिल कभी स्वीकार नहीं करता। ज्ञानशंकर जब सिर्फ आर्थिक स्वार्थ और क्षुद्रता से प्रेरित होकर चाचा के परिवार

से संबंध तोड़कर घर का बँटवारा करना चाहता है, तो विद्या उसका खुलकर विरोध करती है। वह ज्ञानशंकर की नीचता को हमेशा तुरंत पहचान जाती है। ज्ञानशंकर जब मुकदमे में फँसे अपने चचेरे भाई दयाशंकर के खिलाफ ज्वालासिंह को प्रेरित करके लौटता है तो बिना पूरी बात जाने ही वह ज्ञानशंकर की नीचता को भाँप जाती है और उसकी निंदा करती है। ज्ञानशंकर तिलमिला उठता है। ज्ञानशंकर जब अपने ससुर कमलानंद और साली गायत्री की जायदाद पर आँख गड़ाता है तो विद्या उसे समझाती है, उसकी क्षुद्रतापूर्ण स्वार्थपरता का विरोध करती है। कमलानंद जब उसे बतलाता है कि ज्ञानशंकर गायत्री के शरीर को भी हासिल करने का जाल बिछा रहा है तो विद्या अपने पति की निंदा बर्दाश्त नहीं करती। लेकिन ऐसा वह पति-भक्ति के नाते नहीं करती। वह धन-दौलत के प्रति ज्ञानशंकर के लोभ और स्वार्थ से परिचित थी, लेकिन ज्ञानशंकर ने इससे पहले कभी दूसरी स्त्रियों का लालच न किया था। यह घटना एक नई बात थी। वह ज्ञानशंकर का न तो अंध-समर्थन करती है, न अंध-विरोध। लेकिन जब वह अपनी आँखों से ज्ञानशंकर और गायत्री को आलिंगनबद्ध देखती है तो उसका मन घायल हो जाता है। जिस पुरुष को वह अपना समझती थी, वह उसका नहीं है—यह बात उसके प्रेम के अभिमान को तोड़ देती है। श्रद्धा इसका दोष गायत्री को भी देती है, लेकिन विद्या गायत्री को मुख्य दोषी नहीं मानती। लेकिन ज्ञानशंकर जब गायत्री की जायदाद हड़पने के लिए अपने बेटे को गायत्री का धर्मपुत्र बना देता है तो विद्या उसकी धूर्तता से बौखला उठती है। उसकी समझ में आ जाता है कि ज्ञानशंकर क्यों गायत्री के साथ प्रेम लीला चला रहा था। ज्ञानशंकर गायत्री पर मुग्ध है, यह देखकर उसके मन को पीड़ा हुई थी क्योंकि इससे ज्ञानशंकर पर उसका प्यार और अधिकार खंडित हुआ था; फिर भी किसी दूसरी स्त्री के रूप-लावण्य पर मुग्ध होने को वह बहुत निंदित कर्म नहीं समझती। लेकिन जब वह देखती है कि ज्ञानशंकर की प्रेम लीला गायत्री की जायदाद हड़पने का जरिया थी, तो वह ज्ञानशंकर की इस नीचता पर नफ़रत और गुस्से से तड़प उठती है। वह श्रद्धा से कहती है—"जो प्राणी प्रेम का स्वाँग भर कर उससे अपना कुटिल अर्थ सिद्ध करता है, टट्टी की आड़ से शिकार खेलता है, उससे ज्यादा नीच नराधम कोई हो ही नहीं सकता। वह उस डाकू से गया बीता है जो धन के लिए लोगों के प्राण हर लेता है। वह प्रेम जैसी वस्तु का अपमान करता है। उसका पाप अक्षम्य है।"[71] यह अजीब बात नहीं है कि प्रेम के प्रति ऊँची धारणा विद्या जैसे नारी-चरित्र के माध्यम से लेखक रखता है। विद्या जैसी स्त्रियाँ ही, जो खुद को हीन नहीं समझतीं; पति की अंध-भक्ति नहीं करतीं, सत्ता और संपत्ति के स्वार्थों के विरोध में खड़ी होती हैं, प्रेम के ऐसे ऊँचे मूल्य को पेश कर सकती हैं।

जिस जायदाद के लिए गायत्री के पति को उसके रिश्तेदारों ने विष देकर मार डाला, उस जायदाद को हड़प कर अपने बेटे को सौंपने की साजिश देखकर वह बेटे की रक्षा के लिए छटपटा उठती है। "बेचारे माया पर क्या बीतेगी। यह हराम का माल, यह

हराम की जायदाद उसकी जान की गाहक हो जाएगी, सर्प बनकर उसे डस लेगी।"[72] संपत्तिशाली वर्ग की घृणित संस्कृति के खिलाफ एक स्त्री की यह छटपटाहट है। लेकिन वह इस घृणित और हिंसात्मक संस्कृति के दुर्ग को तोड़ नहीं पाती। वह पितृसत्तात्मक समाज की कठोरता से हार जाती है। अपनी पराजय की निराशा में वह जहर खा लेती है। लेकिन जहर के नशे में भी वह अपने पति की नंगी स्वार्थपरता, क्षुद्रता और बर्बरता के खिलाफ अपनी घृणा जाहिर करती है—"यह पिशाच है। इसके लंबे-लंबे बाल हैं। वह देखो, दाँत निकाले मेरी ओर दौड़ा आता है। हाय! हाय! इसे भगाओ, मुझे खा जाएगा। देखो-देखो, मुझे पकड़ लेता है। इसके सींग हैं, बड़े-बड़े दाँत हैं, बड़े-बड़े नख हैं।"[73] मृत्यु से ठीक पहले अपने पति के प्रति एक स्त्री के मुँह से निकले ये आखिरी शब्द हैं। यह स्त्री उस समाज में जन्मी और मरी है जहाँ पति परमेश्वर माना जाता है। विद्या के आखिरी शब्दों से संपत्तिशाली वर्गों की रची हुई पितृसत्तात्मक समाज-व्यवस्था के खिलाफ नारी की घृणा प्रकट होती है। अपनी लड़ाई में विद्या टूट जाती है, लेकिन किसानिन बिलासी नहीं टूटती। जो बिलासी पहले ज़मींदार से समझौता करके जीने की व्यावहारिक नीति पर चलती थी, वह अपने अनुभवों से सीख जाती है कि सामंती व्यवस्था किसानों पर रहम नहीं खाती। उसके खिलाफ लड़ने के अलावा और कोई रास्ता नहीं। ज़मींदार लड़ने वाले किसानों का दमन करने के लिए गाँव के चरावर पर रोक लगा देता है। परंपरा से चले आ रहे चरावर पर किसानों के सामूहिक अधिकार को इस तरह छीने जाने के खिलाफ बिलासी हिम्मत के साथ लड़ती है। ज़मींदार का चपरासी उसके मवेशियों को चरावर में घुसने से रोकता है और मवेशियों को कांजीहाउस भिजवा देने की धमकी देता है तो बिलासी उससे झगड़ पड़ती है : "कानी हौद कैसे पठे दैहें; कोई राहजनी है? हमारे मवेशी सदा से यहाँ चरते आए हैं और सदा यहीं चरेंगे। अच्छा सरकारी हुक्म है, आज कह दिया चरावर के छोड़ दो, कल कहेंगे अपना घर छोड़ो, पेड़ तले जाकर रहो। ऐसा कोई अंधेर है।"[74]

वह जानवर नहीं लौटाती। गौस खाँ के हुक्म पर फैजू उसके जानवर पकड़ लेता है तो वह प्रतिवाद करती है : "कहे देती हूँ, इन जानवरों के पीछे लोहू की नदी बह जाएगी, माथे गिर जाएँगे।" ज़मींदार के चपरासी उसके जानवर हाँकने लगते हैं तो वह बिना डरे उनका रास्ता रोक लेती है। फैजू धमकाता है : "हटती या नहीं चुड़ैल?" बिलासी जवाब देती है : "तू हट जा दाढ़ीजार।" कारिंदे के हुक्म पर चपरासी बिलासी की गर्दन पकड़कर उसे जमीन पर पटक देता है।

मनोहर कारिंदे की हत्या करता है तो सारा गाँव बँध जाता है। मनोहर जेल में आत्महत्या कर लेता है। बिलासी विधवा हो जाती है। जिन जानवरों के पीछे वह लड़ी, वे जानवर लगान चुकाने में बिक जाते हैं। बेटा जेल में है। खेती बर्बाद हो जाती है। ज़मींदार जुल्म करता है। लेकिन बिलासी नहीं टूटती। गाँव की औरतें उसे ताने देती हैं कि उसने सारा गाँव बँधवा दिया। बिलासी ताने देने वाली औरतों का विवेक जगाती हुई

जवाब देती है : "विधवा हो गई तो क्या, घर का सत्यानाश हुआ तो क्या, किसी के सामने आँखें तो नीची नहीं हुईं। अपनी लाज तो रखी।"[75]

प्रेमचंद के नारी-चरित्र संपत्तिशाली वर्गों की स्वार्थपरता और क्षुद्रता के खिलाफ विवेकपूर्ण मानवीय मूल्यों को थामे रहते हैं। अन्याय और झूठ के खिलाफ न्याय और सच्चाई की सहज चेतना को जगाते हैं। दंभपूर्ण सिद्धांतों की कट्टरता के बीच मानवीय प्यार और सहयोग की भावनाओं को जिलाए रखते हैं। दमन और हिंसा के खिलाफ संघर्ष करने को उठ खड़े होते हैं। फिर भी वे आदर्शों की पुतलियाँ नहीं हैं। उनमें कमजोरियाँ भी हैं, उनकी परिस्थितियों से पैदा हुई कमजोरियाँ और उनकी अपनी भी कमजोरियाँ। इसलिए उनमें सजीवता है। ये नारी-चरित्र सामाजिक व्यवस्था में नारी की हैसियत और भूमिका के प्रति परंपरावादी दृष्टिकोण को बदलने की माँग भी करते हैं। 1971 के अंतर्राष्ट्रीय महिला वर्ष के दौरान भारत सरकार ने देश में औरतों की स्थिति की छानबीन करने के लिए एक समिति बैठाई। समिति ने अपनी रिपोर्ट में खेद प्रकट किया कि गृहिणी स्त्रियों के श्रम को श्रम नहीं माना जाता, इसके लिए उन्हें किसी भी तरह का पारिश्रमिक या पुरस्कार नहीं दिया जाता। आज सारी दुनिया में नारीवादी आंदोलन ने गृहिणी स्त्रियों के श्रम को भी दफ्तरों-खेतों और कारखानों में होने वाले श्रम के समान मानने की माँग उठाई है। 1918-19 में प्रेमचंद ने 'प्रेमाश्रम' लिखा और इसी सवाल को उठाया। श्रद्धा की नौकरानी बुधिया औरतों की पीड़ा प्रकट करती हुई कहती है : "बहूजी, पैसा सब कोई देखता है, मेहनत कोई नहीं देखता। मर्द दिन भर में एक-दो रुपए कमा लाता है तो मिजाज ही नहीं मिलता, और बेचारी औरत रात-दिन चूल्हे-चक्की में जुती रहे फिर भी वह निकम्मी ही समझी जाती है।"[76] ये वाक्य इस बात के सबूत हैं कि प्रेमचंद समाज में औरतों की स्थिति पर गहराई से सोच रहे थे। अपनी मर्मभेदी दृष्टि से उन्होंने यह भी देख लिया था कि मर्द और औरत के श्रम की मान्यता में यह फर्क उसी समाज व्यवस्था की विशेषता है जिसमें रुपए की कदर है, लेकिन मेहनत की नहीं। इस तरह वे औरतों के सवाल को श्रम की प्रतिष्ठा के सवाल से जोड़कर देखते हैं।

संदर्भ

1. प्रेमाश्रम, हंस प्रकाशन, इलाहाबाद, जुलाई, 1977, पृ. 24
2. वही, पृ. 18
3. वही, पृ. 25
4. वही, पृ. 43
5. वही, पृ. 216
6. वही, पृ. 274
7. वही।
8. वही, पृ. 125

9. वही, पृ. 85
10. वहीं।
11. वही, पृ. 211
12. वही, पृ. 236
13. वही, पृ. 17
14. वही, पृ. 19
15. वही, पृ. 19
16. वही, पृ. 14
17. वही, पृ. 12
18. वही, पृ. 24
19. वही, पृ. 17
20. वही, पृ. 23
21. वही, पृ. 16
22. वही, पृ. 17
23. वही, पृ. 55
24. वही, पृ. 60
25. वही, पृ. 61
26. वही, पृ. 52
27. वही, पृ. 53
28. वही, पृ. 10
29. वही, पृ. 10
30. वही, पृ. 205
31. वही, पृ. 50
32. वही, पृ. 223
33. वही, पृ. 246
34. अन्ना-कारेनिना : मन्मथनाथ गुप्त; डॉ. नगेंद्र द्वारा संपादित पुस्तक 'तोलस्तोय : जीवन धर्म और साहित्य', आलेख प्रकाशन, दिल्ली, 1979, पृ. 104-105
35. वही, पृ. 50
36. प्रेमचंद और उनका युग, पृ. 52
37. वही, पृ. 99
38. वही, पृ. 100
39. वही, पृ. 188
40. वही, पृ. 188
41. वही, पृ. 181
42. वही, पृ. 63
43. वही, पृ. 65
44. वही, पृ. 62
45. प्रेमचंद : जीवन, कला और कृतित्व, पृ. 183
46. प्रेमाश्रम, पृ. 192
47. वही, पृ. 157

48. वही, पृ. 158
49. वही, पृ. 161
50. वही, पृ. 248
51. प्रेमचंद और उनका युग, पृ. 54-55
52. वही, पृ. 207
53. वही, पृ. 85
54. वही, पृ. 156
55. वही, पृ. 156
56. वही, पृ.-417
57. वही, पृ. 367
58. देखिए, इंद्रनाथ मदान द्वारा संपादित पुस्तक 'प्रेमचंद प्रतिभा' में इंद्रनाथ मदान का लेख : प्रेमाश्रम, पृ. 58-59, सरस्वती प्रेस, इलाहाबाद, 1967
59. वही, पृ. 302
60. प्रेमचंद और उनका युग, पृ. 56
61. वही, पृ. 117
62. चिट्ठी पत्री, हंस प्रकाशन, इलाहाबाद, 1978, पृ. 29; दयानारायण निगम को प्रेमचंद का पत्र।
63. प्रेमचंद : कलम का सिपाही, अमृतराय, हंस प्रकाशन, इलाहाबाद, 1981, पृ. 336
64. विविध प्रसंग, भाग 3, हंस प्रकाशन, इलाहाबाद, 1998, पृ. 71
65. प्रेमाश्रम, पृ. 258
66. वही, पृ. 259
67. वही, पृ. 236
68. वही, पृ. 270
69. वही, पृ. 232
70. "प्रेमशंकर की पत्नी श्रद्धा पुराने विचारों की रूढ़िग्रस्त है, जो अपने उदार विचारों के पति के साथ ठीक से निभा नहीं सकती।" इंद्रनाथ मदान, प्रेमचंद प्रतिभा, पृ. 58
71. प्रेमाश्रम, पृ. 339-40
72. वही, पृ. 340
73. वही, पृ. 344
74. वही, पृ. 200
75. वही, पृ. 247
76. वही, पृ. 408

2

'प्रेमाश्रम' और अवध का किसान आंदोलन

क्या 'प्रेमाश्रम' की रचना पर अवध के किसान आंदोलन का प्रभाव था?

'कलम' के पाँचवें अंक (प्रेमचंद विशेषांक) में मुरली मनोहर प्रसाद सिंह का लेख छपा : प्रेमचंद की रचनाओं पर किसान आंदोलन का प्रभाव।[1] 'प्रेमाश्रम' को अवध के किसान आंदोलन से प्रेरित बतलाते हुए उन्होंने लिखा है : "रायबरेली, प्रतापगढ़, सुल्तानपुर और फ़ैजाबाद के किसान संघर्षों के संबंध में इधर इतिहास और समाजविज्ञान के क्षेत्र में जो भी शोध सामग्री आई है, उससे पता चलता है कि प्रेमचंद की चेतना में : 'किसान उपद्रव' का यह लाल भभूका कहाँ से आया था।"[2] वे दावे के साथ लिखते हैं : "...प्रेमचंद की महत्त्वपूर्ण रचना 'प्रेमाश्रम' (के) कथानक निर्माण में अवध के किसान आंदोलन के इस व्यापक उभार का जबर्दस्त योगदान है।"[3]

यह जबर्दस्त योगदान क्या है, मुरली मनोहर प्रसाद सिंह इसे कहीं भी नहीं बतलाते। वे यह भी नहीं बतलाते कि वह शोध सामग्री क्या है जिसके आधार पर उन्होंने ऐसा दावा किया है। अपने दावे के आधार और दावे से संबंधित तथ्यों को खोलकर रखने के प्रति वे ऐसा उपेक्षा भरा रवैया अपनाते है मानो उनका दावा कर देना ही काफी है।

और लोगों ने भी 'प्रेमाश्रम' के प्रसंग में अवध के किसान आंदोलन को याद किया है लेकिन उनमें से किसी ने भी मुरली मनोहर प्रसाद सिंह जैसा दावा नहीं किया है। 22 वर्ष पहले रामदीन गुप्त ने अपनी किताब 'प्रेमचंद और गाँधीवाद' में 'प्रेमाश्रम' के प्रसंग में अवध के किसान आंदोलन का हवाला दिया था। पहले उन्होंने लिखा कि 'प्रेमाश्रम' गाँधीजी के असहयोग आंदोलन से प्रेरित था।[4] फिर अवध के किसान आंदोलन का हवाला दिया जो गाँधीजी और कांग्रेस के प्रभाव से स्वतंत्र स्वतःस्फूर्त ढंग से हुआ था और फिर अपना बयान सुधार कर लिखा : किसान आंदोलन की कल्पना प्रेमचंद को

चाहे गाँधीजी से न मिली हो लेकिन इतना स्पष्ट है कि 'प्रेमाश्रम' में उन्होंने किसान समस्या का जो समाधान प्रस्तुत किया, वह उनकी विचारधारा पर गाँधीवाद के प्रभाव का स्पष्ट परिचायक है।[5] रामदीन गुप्त के मुताबिक 'प्रेमाश्रम' में किसान आंदोलन है; इसकी कल्पना प्रेमचंद को गाँधीजी से नहीं मिली थी, शायद अवध के किसान आंदोलन से मिली हो। 'शायद' इसलिए कहना पड़ता है क्योंकि रामदीन गुप्त ने साफ नहीं लिखा कि 'प्रेमाश्रम' में 'किसान आंदोलन' की कल्पना प्रेमचंद को अवध के किसान आंदोलन से मिली थी। लेकिन वे अवध के किसान आंदोलन की चर्चा करने के बाद ही अपना पहला बयान सुधारते हैं, इसलिए समझा जा सकता है कि उनका इशारा किधर है।

एक तीसरे तरह का जिक्र आयोध्या सिंह करते हैं। 'प्रेमाश्रम' में किसानों की सुगबुगाहट और उनके तन कर खड़े हो जाने के प्रसंगों की चर्चा करने के बाद वे लिखते हैं : "याद रखने की बात है कि किसानों की इसी सुगबुगाहट ने 1920-22 में संयुक्त प्रदेश में किसान आंदोलन के तूफान का रूप धारण किया था जिसके दमन के लिए ब्रिटिश शासकों को फौज भेजनी पड़ी थी।"[6] यहाँ अयोध्या सिंह 'जबर्दस्त योगदान' का दावा नहीं करते, न 'किसान आंदोलन की कल्पना' के स्रोत की ओर इशारा करते हैं। वे सिर्फ 'प्रेमाश्रम' और अवध के किसान आंदोलन के समान ऐतिहासिक संदर्भ की ओर ध्यान खींचते हैं।

'प्रेमाश्रम' की रचना पर अवध के किसान आंदोलन के प्रभाव का क्या मतलब हो सकता है? इसका एक मतलब यह हो सकता है कि अवध के किसान आंदोलन से प्रेरित होकर प्रेमचंद ने 'प्रेमाश्रम' में भी किसी तरह के किसान आंदोलन को चित्रित किया हो, जैसा कि रामदीन गुप्त ने कहना चाहा है। तथ्य यह है कि 'प्रेमाश्रम' में किसी भी तरह का किसान आंदोलन नहीं है। उसमें किसानों का वीरतापूर्ण संघर्ष जरूर है, लेकिन यह संघर्ष आगे बढ़कर आंदोलन का रूप नहीं ले पाता। संघर्ष और आंदोलन एक ही चीज़ नहीं है। संघर्ष रोजमर्रा की जिंदगी का अभिन्न हिस्सा है। वर्गों में बँटे और शोषण पर टिके समाज में व्यक्ति हर रोज अनगिनत रूपों में संघर्ष करते हैं जो उनके वर्ग संघर्ष का हिस्सा है। लेकिन, इन सबको आंदोलन नहीं कहा जा सकता। आंदोलन में भी संघर्ष होता है, लेकिन हर संघर्ष आंदोलन नहीं होता। आंदोलन, चाहे वह संगठित हो या स्वतःस्फूर्त, संघर्ष के विकास की एक अवस्था है जहाँ संघर्ष का स्वरूप आम हो जाता है; संघर्ष व्यक्तिगत नहीं रह जाता, सामूहिक हो जाता है। 'प्रेमाश्रम' में लखनपुर के किसान ज़मींदार और सरकारी लश्कर के जुल्म-शोषण के खिलाफ संघर्ष करते हैं। उनका संघर्ष कठिन, लंबा और तकलीफभरा होता है, लेकिन वह आंदोलन के रूप में नहीं बदलता। उन्हें अपना-अपना संघर्ष अकेले ही करना पड़ता है। ज़मींदार को बेगार में घी देने के खिलाफ मनोहर अकेले ही संघर्ष करता है। सरकारी लश्कर को बेगार में दूध देने के खिलाफ बलराज अकेले ही संघर्ष करता है। सरकारी लश्कर द्वारा बेगार में किसानों की गाड़ी पकड़ने के खिलाफ बलराज अकेले जाकर डिप्टी कमिश्नर से अपना

विरोध जाहिर करता है। पुलिस गाँव में आकर बलराज को झूठे इलजाम में गिरफ्तार करने के लिए उसकी मुश्कें बाँधने लगती है, तो इस पुलिस-जुल्म के खिलाफ उसके पिता को छोड़कर और कोई संघर्ष नहीं करता। यह सही है कि कादिर के समझाने पर गाँव के सभी किसान बलराज के हक में सच्ची गवाही देते हैं, लेकिन यह सुबह की बात है। उसी शाम वे पुलिस के दबाव में आकर अपने बयान बदलने को राजी हो जाते हैं। कादिर उन्हें व्यक्तिगत बातचीत से पुलिस के दबाव का विरोध करने के लिए राजी कर लेता है लेकिन बिसेसर साह के इनकार करने पर किसान फिर मुकर जाते हैं। आखिरकार वे अपना बयान नहीं बदलते हैं लेकिन ऐसा वे इसलिए नहीं करते कि पुलिस-जुल्म के खिलाफ उन्होंने कोई आंदोलन विकसित कर लिया था, बल्कि ऐसा वे सिर्फ इस डर से करते हैं कि बयान बदलने पर वे कहीं जालसाजी के मुकदमे में न फँस जाएँ। इस घटना को पुलिस के खिलाफ किसान आंदोलन नहीं कहा जा सकता। चरावर पर लगी रोक के खिलाफ बिलासी अकेले संघर्ष करती है। उस पर हुए हमले का जवाब देने के लिए कादिर किसानों को एकजुट करने की कोशिश करता है लेकिन किसान बिलासी के संघर्ष में साथ नहीं देते और कारिंदे को कुछ दे दिलाकर मामला खत्म करने की सलाह देते हैं। ज़मींदार जब बकाया लगान के लिए किसानों को बेदखली की नोटिस देता है तो उस वक्त ज्यादातर किसान जेल में होते हैं। गाँव में बचे लोग बेदखली के खिलाफ कोई संघर्ष नहीं करते और ज़मींदार के जुल्म को बर्दाश्त करने को मजबूर होते हैं। तभी गाँव में पहुँचता है सुक्खू चौधरी जो अब साधु हो गया है। बेदखली अवध के किसान आंदोलन में सबसे बड़ा मुद्दा था। इस पर आंदोलन का नेतृत्व भी एक साधु बाबा ने किया था। अगर अवध के किसान आंदोलन से प्रेरित होकर प्रेमचंद ने 'प्रेमाश्रम' में किसान आंदोलन की कल्पना की होती तो उस कल्पना को मूर्त करने के लिए यह सबसे आदर्श स्थिति थी जहाँ सुक्खू चौधरी के नेतृत्व में बेदखली के खिलाफ किसान आंदोलन चित्रित किया जा सकता था। लेकिन उपन्यास में घटित क्या होता है? साधु बना सुक्खू चौधरी अपने अलौकिक चमत्कार से रुपयों को ठीकरों में बदलता है, किसानों का बकाया लगान चुकाकर उन्हें बेदखली से बचा लेता है। क्या यह किसान आंदोलन है?

उपन्यास में एक जगह और आंदोलन का मुद्दा आता है, तालाब पर रोक। बेगार, रसद और चरावर की तरह यह मुद्दा भी अवध के किसान आंदोलन में शामिल था। लेकिन 'प्रेमाश्रम' में इस मुद्दे पर जो कुछ घटता है वह किसी आंदोलन का रूप नहीं उभारता। उससे एक ही चीज मुख्य रूप से उभर कर आती है—सुक्खू चौधरी का बदला हुआ संघर्षशील रूप। यह घटना गौर-तलब है। गर्मी के मौसम में कारिंदा गौस खाँ अपनी मर्जी से तालाब का पानी रोक लेता है। किसान अपने परंपरागत अधिकार पर इस हमले का विरोध करते हैं। प्रेमचंद लिखते हैं : "गाँव के लोग तुरंत तालाब के तट पर जमा हो गए और चपरासियों से वाद-विवाद करने लगे।"[7] बात बढ़ती देखकर कादिर

वहाँ से हटना चाहता है लेकिन सुक्खू चौधरी उसका हाथ पकड़ लेता है : "कहाँ जाते हो कादिर भैया! जब तक यहाँ कोई निपटारा न हो जाए, तुम जाने न पाओगे। जब जा-बेजा हर एक मामले में इसी तरह दबना है तो गाँव के सरगना काहे को बनते हो?"

"कादिर खाँ—तो क्या कहते हो लाठी चलाऊँ?

सुक्खू—और लाठी है किस दिन के लिए?

कादिर—किसके बूते पर लाठी चलेगी? गाँव में रह कौन गया है? अल्लाह ने पट्ठों को चुन लिया।

सुक्खू—पट्ठे नहीं हैं न सही, बूढ़े तो हैं? हम लोगों की जिंदगानी किस रोज काम आएगी?"[8]

इस प्रभावशाली बातचीत के बाद सुक्खू चौधरी की बहस कारिंदे गौस खाँ से होती है। सुक्खू चौधरी ने हमेशा ज़मींदार और कारिंदे का साथ दिया था लेकिन इस सवाल पर उनके खिलाफ हो गया था। सुक्खू चौधरी को अड़ा देख चपरासी फैजू पूछता है : "तो फ़ौजदारी करने का अरमान है?" सुक्खू—"फ़ौजदारी क्यों करें, क्या हाकिम का राज नहीं? हाँ जब हाकिम भी न सुनेगा तो जो तुम्हारे मन में है, वह भी हो जाएगा।" यह कहने के बाद सुक्खू चौधरी उसी वक्त बैलगाड़ी में बैठकर अदालत चले गए। दूसरे दिन दावा दायर हो गया।

अदालत में सुक्खू चौधरी जीत जाता है क्योंकि हार-जीत पटवारी मौजीलाल की गवाही पर निर्भर करती थी। ताऊन में मौजीलाल का इकलौता बेटा चल बसा था। वह इसे अपने पूर्व संचित पापों का फल समझता है। इसलिए गवाही में सच बोलकर वह अपना प्रायश्चित्त कर लेता है। सारी घटना का समापन होता है : "सुक्खू चौधरी की डिगरी हो गई है और यद्यपि उनके कई सौ रुपए खर्च हुए, पर गाँव में उनकी खोयी हुई प्रतिष्ठा फिर जम गई। धाक बैठ गई।"[9]

यह घटना पूरी तरह से आंदोलनपरक थी, लेकिन प्रेमचंद की मुख्य दिलचस्पी उसके आंदोलनात्मक रूप में नहीं बल्कि सुक्खू चौधरी के चरित्र-परिवर्तन में है। पूरे चित्रण से सुक्खू चौधरी का बदला हुआ संघर्षशील चरित्र उभरता है न कि किसी किसान आंदोलन का रूप। शुरू की एकमात्र पंक्ति : "गाँव के लोग तुरंत तालाब के तट पर जमा हो गए और चपरासियों से वाद-विवाद करने लगे"—सुक्खू चौधरी के चरित्र उत्कर्ष के नीचे दब जाती है।

कहा जा सकता है कि इन संघर्षों को अलग-अलग न देखकर एक साथ देखना चाहिए और फिर देखना चाहिए कि उससे क्या रूप उभरता है। बेगार के खिलाफ मनोहर का संघर्ष, रसद के खिलाफ बलराज का संघर्ष, तालाब पर रोक के खिलाफ सुक्खू चौधरी का संघर्ष, चरावर पर रोक के खिलाफ विलासी का संघर्ष और ऐसे ही अन्य संघर्ष। क्या ये सभी संघर्ष मिलकर जमींदारी प्रथा के खिलाफ उठ रहे एक आंदोलन का चित्र नहीं देते? लखनपुर गाँव के किसान जो सब दिन ज़मींदार और

सरकार की सत्ता के आगे घुटने टेकते आए, अब हर मुद्दे पर साहस के साथ अपना सिर उठाने लगे और सामंती प्रथाओं को चुनौती देने लगे—क्या यह स्थिति एक गाँव में उभर रहे सामंतवाद विरोधी किसान आंदोलन का रूप नहीं है?

यह सही है कि 'प्रेमाश्रम' में संघर्ष के लिए उठ खड़े हुए किसानों का चित्रण है। वे सामंती प्रथाओं के आगे सिर झुकाने से इनकार करते हैं और ज़मींदारी व्यवस्था के जुल्म-शोषण के खिलाफ संघर्ष करते हैं। लेकिन फिर भी, यह सब मिलकर भी इस हद तक और इस रूप में नहीं है कि उसे किसान आंदोलन की कल्पना कहा जा सके, वह भी ऐसी कल्पना जो अवध के किसान आंदोलन से प्रेरित हो। ऐसा कहना तो घड़ी की सुइयों को पीछे की ओर घुमाना होगा। 'प्रेमाश्रम' में किसानों के बदलते हुए तेवर, उनकी सुगबुगाहट और उनके साहस भरे संघर्षों से एक ऐसे समाज की तसवीर उभरती है जो एक बड़े किसान आंदोलन के लिए तैयार होता लग रहा है। वहाँ स्वयं आंदोलन उपस्थित नहीं है। सही शब्दों में कहा जाए तो 'प्रेमाश्रम' में किसान आंदोलन का पूर्वाभास है, किसान आंदोलन की संभावनापूर्ण स्थिति है, लेकिन किसान आंदोलन नहीं।

ज्ञानशंकर जब किसानों के लगान में मनमाना इजाफा करता है तो कादिर किसानों को एकजुट करके लगान इजाफे के खिलाफ संघर्ष चलाता है। यह संघर्ष लंबा चलता है। इसे कोई 'प्रेमाश्रम' में किसान आंदोलन कहना चाहे तो कह सकता है। लेकिन देखना चाहिए कि इस आंदोलन का चरित्र क्या है और अवध के किसान आंदोलन से उसका कोई संबंध है या नहीं। लखनपुर गाँव के किसान लगान इजाफे के खिलाफ नारेबाजी नहीं करते, दूसरे गाँव के किसानों को एकजुट नहीं करते, अपनी माँगों को लेकर कोई जुलूस नहीं निकालते, ज़मींदार के मकान पर धरना नहीं देते और न ही सरकार के सामने कोई प्रदर्शन करते हैं। तो फिर वे किस तरह का आंदोलन करते हैं? वे अदालत में लगान इजाफे की नोटिस के खिलाफ अपनी याचिका दाखिल कर मुकदमा लड़ते हैं। नीचे की अदालत में वे मुकदमा जीत जाते हैं तो ज़मींदार ऊपर की अदालत में नालिश करता है। किसान नेक दिल डिप्टी कमिश्नर से 500 रु. की मदद पाकर ऊपर की अदालत में भी मुकदमा लड़ते हैं और जीत जाते हैं। यही उनका आंदोलन है। यह सही है कि ज़मींदार के नाजायज लगान इजाफे का विरोध करना, उसके खिलाफ लड़ना, किसानों की संघर्षशील चेतना का सबूत है। लेकिन यहाँ सवाल किसान की चेतना का नहीं है। 'प्रेमाश्रम' के किसानों की चेतना लड़ाकू है, इससे कौन इनकार करता है? लेकिन सवाल तो उस चेतना की अभिव्यक्ति के रूप का है, उनकी लड़ाई के रूप का है। लखनपुर के किसानों की यह लड़ाई सरकारी रेंट ऐक्ट की एक धारा के मुताबिक की गई आम कार्रवाई है कि जब ज़मींदार बिना किसी उचित आधार के रैयतों के लगान में इजाफा करे तो रैयतों को भी हक है कि वे अदालत में उस इजाफे के खिलाफ अपनी याचिका पेश करे। लेकिन किसानों के इस सामूहिक कानूनी संघर्ष के चित्र में ऐसा क्या है जिसे खासतौर पर अवध के किसान आंदोलन से ली गई कल्पना कहा जा सके? अवध का

किसान आंदोलन, जो कानूनी माँगों से शुरू होकर भी कभी कानूनी सीमाओं तक सीमित नहीं रहा, जिसने ब्रिटिश राज की तमाम कानूनी और गैर-कानूनी सत्ता को उखाड़कर किसानों की ताकत पर समानांतर सरकारें कायम करने के एक से अधिक उदाहरण पेश किए, और जिसमें पूरे डेढ़ साल के दौरान एक भी अदालती लड़ाई नहीं लड़ी गई—क्या लगान इजाफे के सवाल पर ऐसी किसी अदालती लड़ाई की प्रेरणा देता है? अगर कोई इसका जवाब 'हाँ' में देता है तो वह अपनी पूरी सद्भावना के बावजूद सिर्फ यही साबित करने की कोशिश करता है कि प्रेमचंद एक आंदोलन से कितने गलत ढंग की प्रेरणा ले सकते थे, जो तथ्य नहीं है।

'प्रेमाश्रम' की रचना में अवध के किसान आंदोलन का कोई योगदान था या नहीं, इसे जाँचने के लिए देखना चाहिए कि एक आंदोलन के रूप में अवध के किसान आंदोलन की अपनी विशेषताएँ क्या थीं और उनका असर 'प्रेमाश्रम' में मिलता है या नहीं। उस आंदोलन की खास घटनाएँ या घटनाओं की प्रवृत्ति क्या थी?

तुलसी के 'रामचरितमानस' की दोहे-चौपाइयों के सहारे किसानों में वर्ग चेतना और संघर्ष की भावना जगाना अवध के किसान आंदोलन की पहली विशेषता थी।[10] 'सलाम' की जगह 'सीताराम' शब्द अभिवादन के रूप में चलाकर ऊँच-नीच जातियों में बँटे धनी-गरीब किसानों के बीच समानता की भावना पैदा करना और आगे चलकर इस शब्द को किसान आंदोलन के एक चमत्कारपूर्ण मंत्र और युद्धनाद में बदल देना, अवध के किसान आंदोलन की दूसरी विशेषता थी।[11] गाँवों में किसान सभाओं की स्थापना करना और उसकी सदस्यता लेते समय प्रतिज्ञाएँ करना उस आंदोलन की तीसरी विशेषता थी।[12] किसानों की बड़ी-बड़ी सभाओं का होना चौथी विशेषता थी।[13] जब संघर्ष फूट पड़ा तो बाजार में गल्ले और कपड़े के व्यापारियों की दुकानों पर हमला करना,[14] ज़मींदारों और ताल्लुकेदारों की हवेलियों को घेर लेना, उन्हें सुधरने की चेतावनी देना,[15] उनकी फसलों को बर्बाद कर देना और उनके अनाज के भंडारों को लूट लेना,[16] बेगार बंद कर देना, नाई-धोबी बंद कर शोषकों का सामाजिक बहिष्कार करना,[17] अपनी सभाओं में जाने और लौटने के लिए हजारों की संख्या में बिना टिकट रेल में सफर करना,[18] गिरफ्तार नेताओं को छुड़ाने के लिए हजारों की संख्या में पुलिस या जेल को घेर लेना[19] और जहाँ भी मुमकिन हो, ताल्लुकेदारों और ब्रिटिश राज के प्रभुत्व के खात्मे का ऐलान कर समानांतर सरकार खड़ी करना[20] अवध के विशाल किसान आंदोलन की खास निशानियाँ बन गई थीं। आंदोलन के दौरान पुलिस ने कई बार किसानों की भीड़ पर गोलियाँ चलाईं। किसानों ने भी कुछ जगहों पर पुलिस के सिपाहियों और ताल्लुकेदार या ज़मींदार के आदमियों की हत्याएँ कीं, हालाँकि यह आंदोलन की आम प्रवृत्ति न थी।

अवध किसान आंदोलन की इन विशेषताओं का 'प्रेमाश्रम' में किसानों की घटनाओं पर कोई असर नहीं दिखता। 'प्रेमाश्रम' में किसानों की कोई किसान सभा नहीं है जो अवध के किसान आंदोलन का एक मुख्य आधार थी। मनोहर किसानों में एकता

न होने का दर्द महसूस करता है। लेकिन वह किसानों को संगठित करने की कोशिश नहीं करता। रूसी क्रांति से प्रेरित बलराज भी किसानों की कोई सभा नहीं करता। कादिर लगान इजाफ़ा के खिलाफ किसानों को एकजुट करता है, यह बात उपन्यास में सिर्फ एक सूचना के रूप में दर्ज है, चित्रण का विषय नहीं है। यह एकता भी किसी संगठन का रूप नहीं लेती। 'प्रेमाश्रम' में अवध के किसान आंदोलन की विशेषताएँ बारीकी से ढूँढ़ने पर भी नहीं मिलतीं। इसमें किसानों की बड़ी-बड़ी सभाओं, हजारों की संख्या में बिना टिकट रेल में सफर और किसानों की समानांतर सरकार के चित्र कहीं नहीं मिलते। गौस खाँ की हत्या के बाद किसान गिरफ्तार होकर जेल जाते हैं। उन्हें छुड़ाने के लिए किसानों की भीड़ पुलिस या जेल को नहीं घेरती। उन्हें छुड़ाया जाता है एक लंबी कानूनी प्रक्रिया से। कानूनी प्रक्रिया भी अविश्वसनीय ढंग से तब सफल होती है, जब शहरी मध्यवर्ग के सदस्यों और गाँव के बनिए का हृदय-परिवर्तन हो जाता है। बेदखली अवध के किसान आंदोलन में संघर्ष का सबसे बड़ा मुद्‌दा था। 'प्रेमाश्रम' में वह सबसे गौण मुद्‌दा है जिस पर किसान कोई संघर्ष नहीं करते।

'प्रेमाश्रम' पर अवध के किसान आंदोलन की घटनाओं का कोई असर साबित नहीं होता, न उस आंदोलन में हिस्सा लेने वाले मुख्य व्यक्तियों की भूमिकाओं या चरित्रों का कोई असर साबित होता है। अवध के किसान आंदोलन के दो सबसे बड़े नेता थे बाबा रामचंद्र और मदारी पासी। बाबा रामचंद्र महाराष्ट्रीय ब्राह्मण थे;. फिजी में मजदूरी करके अवध में लौट कर आए थे। उन्होंने रामचरितमानस का इस्तेमाल कर किसानों को संगठित किया और ताल्लुकेदारों के खिलाफ उनके संघर्ष का नेतृत्व किया। उनमें संगठन की विलक्षण शक्ति थी। आंदोलन के बिखर जाने के बाद भी वे किसानों के नेता बन रहे और उनका झुकाव कम्युनिस्टों की ओर हो गया।[21] मदारी पासी समाज के निचले तबके से उभर कर आए लड़ाकू नेता थे, जिन्होंने फरार रहते हुए आंदोलन का नेतृत्व किया और आंदोलन के खत्म हो जाने के बाद भगत सिंह और आजाद की हिंदुस्तान रिपब्लिकन आर्मी के सदस्य बन गए। 'प्रेमाश्रम' में इन दो प्रसिद्ध किसान नेताओं के चरित्र और भूमिका की कहीं कोई परछाईं नहीं है। सुक्खू चौधरी साधु बन जाता है, किसानों को बेदखली से बचाता और गौस खाँ की हत्या को वीरतापूर्ण कारनामा कहता है। इसके बावजूद उसकी पृष्ठभूमि और भूमिका इतनी अलग है कि उसे किसी भी हालत में बाबा रामचंद्र को ध्यान में रखकर रचा गया चरित्र नहीं कहा जा सकता। अगर वह बाबा रामचंद्र के आधार पर रचा जाता तो बाबा रामचंद्र के काम करने के ढंग और उनकी विलक्षण संगठन क्षमता से उसका चरित्र निखारने से प्रेमचंद को कौन-सी चीज रोक लेती? किसान आंदोलन के सबसे बड़े नेता के आधार पर रचे गए चरित्र की भूमिका उपन्यास में इतनी गौण क्यों होती? और उसकी पृष्ठभूमि की समानता भी बाबा रामचंद्र के चरित्र से कैसे हो सकती है जबकि वह एक धनी किसान है जो किसानों के खिलाफ ज़मींदार के साथ मेल रखकर चलता है और दूसरे किसानों की ज़मीन हड़पने का मौका खोजता रहता है?

प्रतापगढ़ जिले में पहली बार किसान सभा कायम करने वाले झिंगुरी सिंह और शाहदेव सिंह, जो किसानों का संघर्ष आगे बढ़ाने के लिए बाबा रामचंद्र से संपर्क कर उन्हें किसान आंदोलन में लेकर आते हैं, या शहरी होते हुए भी बाबा रामचंद्र के साथ मिलकर किसान आंदोलन को नेतृत्व देने वाले पंडित गौरी शंकर मिश्र, जो प्रयाग में एक विद्यालय में शिक्षक थे, 'प्रेमाश्रम' के चरित्रों में खोजे नहीं मिलते। नेहरू ने, जो प्रसिद्ध राष्ट्रीय नेता थे और किसानों के लिए बाहरी आदमी थे, किसान आंदोलन में भाग लिया था। पहले उन्होंने आंदोलन के लिए किसानों को संगठित करने में मदद की और किसानों के उत्साह को बढ़ाया, फिर बाद में गाँधी के निर्देशों के मुताबिक सामंतवाद विरोधी किसान संघर्ष को खत्म कर किसानों को असहयोग आंदोलन में खींचने की कोशिश की। 'प्रेमाश्रम' में प्रेमशंकर जमींदार वर्ग का आदमी है जो किसानों के बीच ऊँचे आदर्शों को लेकर बाहर से आता है। लेकिन क्या वह अवध किसान आंदोलन में नेहरू के रूप की याद दिलाता है? प्रेमशंकर उपन्यास का सबसे निर्जीव चरित्र है जो न किसानों को संगठित करता है, न उनके संघर्ष को आगे बढ़ाता है। किसानों के संघर्ष में उसकी किसी भी तरह की भूमिका नहीं है, सिवाय उन्हें जेल से छुड़ाने के। कुछ लोगों ने कादिर के चरित्र में गाँधीवादी असर देखा है। कुछ गाँधीवादी मूल्यों के बावजूद कादिर अवध किसान आंदोलन में गाँधी की छवि का प्रतिनिधित्व नहीं करता। गाँधी सबसे बड़े राष्ट्रीय नेता थे जिन्होंने असहयोग आंदोलन के पक्ष में अवध के किसान आंदोलन को खत्म करने के निर्देश जारी किए थे। कादिर किसानों के बीच का आदमी है। अपने कुछ गाँधीवादी मूल्यों के बावजूद वह किसानों को लगान इजाफ़ा के खिलाफ संघर्ष करने के लिए एकजुट करता है और गौस खाँ की हत्या को मर्दानगी का काम कहकर उसका समर्थन करता है। क्या यह गाँधी की परछाईं है?

अगर कोई यह कहना चाहे कि 'प्रेमाश्रम' के लड़ाकू किसानों के चरित्रों पर अवध किसान आंदोलन के प्रसिद्ध व्यक्तियों का प्रभाव भले न हो, लेकिन स्थानीय स्तर के व्यक्तियों का प्रभाव संभव है, तो यह सिर्फ एक अटकलबाजी होगी। प्रेमचंद की पत्नी, पुत्र और अन्य जीवनीकारों ने प्रेमचंद के जीवन और साहित्य पर जो सामग्री छपाई है, उनमें कहीं इस बात का संकेत तक नहीं है कि अवध के किसान आंदोलन में सक्रिय स्थानीय व्यक्तियों के साथ प्रेमचंद का कोई संपर्क था और उन्होंने ऐसे व्यक्तियों के आधार पर 'प्रेमाश्रम' के चरित्रों का विकास किया था। न अवध के किसान आंदोलन पर इतिहास और समाजविज्ञान के क्षेत्र में इधर आई नई से नई शोध सामग्री भी ऐसा कोई आधार देती है जिस पर कहा जा सके 'प्रेमाश्रम' के चरित्रों पर अवध के किसान आंदोलन में सक्रिय व्यक्तियों की छाप है। मुरली मनोहर प्रसाद सिंह का ऊँचा दावा कि 'प्रेमाश्रम' के कथानक निर्माण में अवध के किसान आंदोलन के उभार का जबर्दस्त योगदान था, अंदर से खोखला दिखाई देता है।[22]

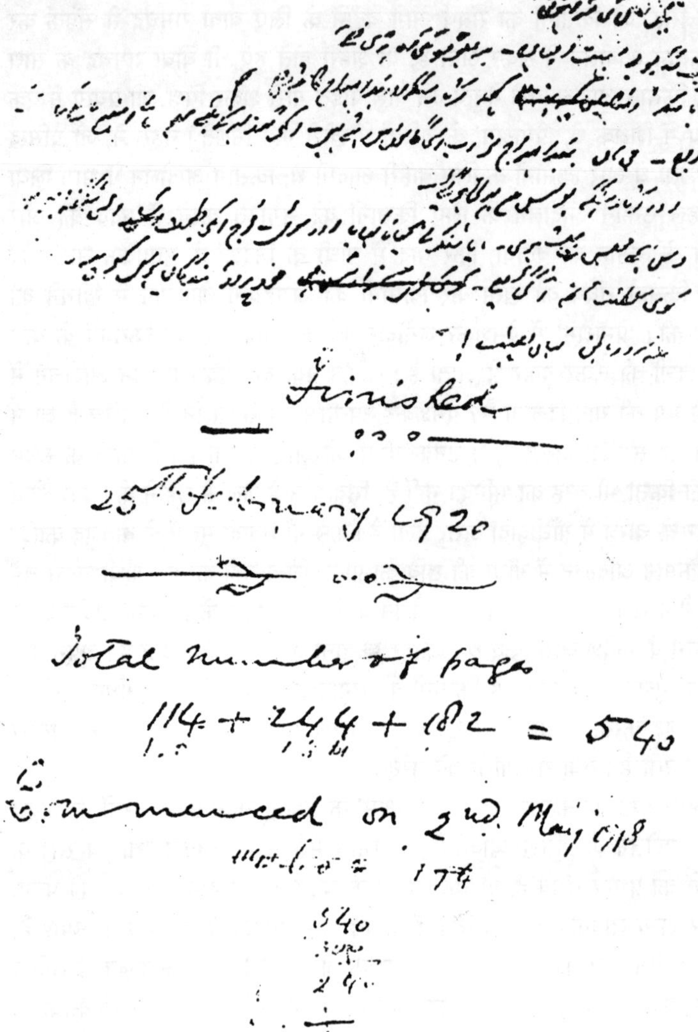

Finished

25th February 1920

Total number of pages

114 + 244 + 182 = 540

Commenced on 2nd May 1918

'प्रेमाश्रम' के उर्दू मसौदे का अंतिम पृष्ठ जिस पर मसौदे को लिखना शुरू करने और खत्म करने की तारीख दर्ज़ है।

'प्रेमाश्रम' की रचना में अवध के किसान आंदोलन का कोई योगदान न था। हो भी नहीं सकता था। कारण सीधा-सा है। अवध में किसान आंदोलन भड़क उठने से पहले ही 'प्रेमाश्रम' की रचना पूरी हो चुकी थी।

'प्रेमाश्रम' के मूल उर्दू मसौदे की रचना 2 मई, 1918 को शुरू हुई और 25 फरवरी, 1920 को पूरी हो गई।[23] फ़ैजाबाद, सुल्तानपुर, रायबरेली, लखनऊ और बाराबंकी के जिलों में किसान आंदोलन की मुख्य घटनाएँ, जिन्हें सरकार ने 'किसान-उपद्रव' कहा, 1921 की जनवरी में शुरू हुईं। ताल्लुकेदारों और ज़मींदार की फसल बर्बाद करना, उनके अनाज के भंडारों को लूटना, बाजारों पर हमला और किसानों की पुलिस से मुठभेड़ें, आंदोलन की ये सभी बड़ी घटनाएँ 2 जनवरी, 1921 से शुरू हुईं और मार्च में आकर कम हो गईं। जुलाई महीने तक आंदोलन को कुचल दिया गया। इस तरह की सिर्फ एक घटना (ठाकुरदीन कांड) 1920 के नवंबर में घटी थी। 1921 के दिसंबर में बहराइच, सीतापुर, हरदोई और बाराबंकी के जिलों में मदारी पासी के नेतृत्व में आंदोलन फिर से भड़क उठा। 1922 की जनवरी से अप्रैल तक इन इलाकों में ताल्लुकेदारों-ज़मींदारों की फसल और संपत्ति की लूट और उन पर हमले, बेगार और लगान बंद करने और पुलिस से मुठभेड़ की घटनाएँ घटीं। अप्रैल के आखिर तक आंदोलन कुचल दिया गया। 'प्रेमाश्रम' के मूल उर्दू मसौदे की रचना 1921 में किसान आंदोलन से भड़कने से 10 महीने पहले ही पूरी हो चुकी थी और मदारी पासी के नेतृत्व में अभी किसान आंदोलन जारी ही था कि 1922 की होली के आस-पास हिंदी बुक एजेंसी, कलकत्ते से 'प्रेमाश्रम' प्रकाशित भी हो गया।[24] ऐसी हालत में 'प्रेमाश्रम' की रचना पर अवध के किसान आंदोलन का प्रभाव कैसे पड़ सकता था?

यह सही है कि अवध के किसान आंदोलन की मुख्य घटनाएँ जनवरी, 1921 से भले ही शुरू हुई हों, लेकिन अवध में किसानों का संगठन इससे बहुत पहले ही शुरू हो चुका था। कांग्रेस के मालवीय ग्रुप ने 1918 की फरवरी में इलाहाबाद में यू. पी. किसान सभा का गठन किया था। लेकिन इस किसान सभा ने कोई वास्तविक आंदोलन नहीं खड़ा किया। बाबा रामचंद्र के नेतृत्व में जिस किसान सभा ने अवध में किसान आंदोलन खड़ा किया, उसका पहला संगठन प्रतापगढ़ जिले की पट्टी तहसील के रूरे गाँव में बना। सिद्दीकी के मुताबिक यह संगठन 1920 की शुरुआत में बना।[25] लेकिन कपिल कुमार ने लिखा कि रूरे की पहली किसान सभा का संगठन 1917 में हुआ।[26] कपिल कुमार ने अपनी तारीख के लिए काफी सबूत नहीं दिये, वैसे ही जैसे सिद्दीकी ने नहीं दिए। पहली किसान सभा 1917 में बनी हो या नहीं, किसान सभाओं की कार्रवाई और फैलाव 1920 से ही शुरू होता है। यह कपिल और सिद्दीकी के बयान से जाहिर है। रूरे में पहली किसान सभा का गठन करने वाले झिंगुरी सिंह और शाहदेव सिंह से बाबा रामचंद्र की पहली मुलाकात 1919 में होती है। उसके बाद ही किसान सभाओं का फैलाव शुरू होता है, जो 1920 के शुरू के महीनों की बात है। बाबा रामचंद्र को किसान सभा में लाने से

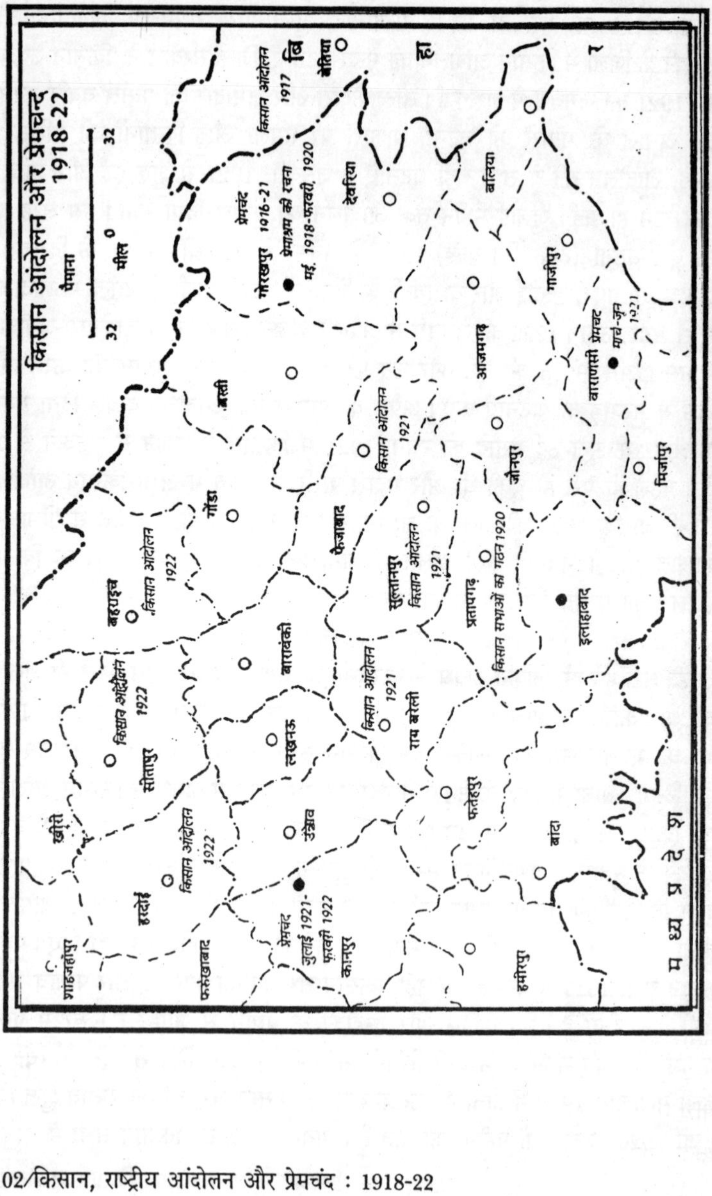
किसान आंदोलन और प्रेमचन्द
1918-22
पैमाना
32 0 32
मील
गोरखपुर
प्रेमचंद 1916-21
प्रेमाश्रम की रचना
मई 1918-फरवरी 1920
किसान आंदोलन
1917
बि
बेतिया
देवरिया
हा
बलिया
र
गाजीपुर
वाराणसी प्रेमचंद
मार्च-जून 1921
आजमगढ़
बस्ती
गोंडा
फैजाबाद
किसान आंदोलन
1921
जौनपुर
मिर्जापुर
बहराइच
किसान आंदोलन
1922
सुल्तानपुर
किसान आंदोलन
1921
प्रतापगढ़
किसान सभाओं का गठन 1920
इलाहाबाद
बाराबंकी
किसान आंदोलन
1921
राय बरेली
लखनऊ
सीतापुर
किसान आंदोलन
1922
खीरी
हरदोई
किसान आंदोलन
1922
उन्नाव
फतेहपुर
बांदा
प्रेमचंद
जुलाई 1921-
फरवरी 1922
कानपुर
फर्रुखाबाद
शाहजहांपुर
हमीरपुर
म ध्य प्र दे श

पहले झिंगुरी सिंह और शाहदेव सिंह 20-25 किसान सभाएँ बना चुके थे। यह 1919 की बात है। इन्हीं दिनों प्रेमचंद "प्रेमाश्रम लिख रहे थे। उन्होंने 2 मई, 1918 को इसे लिखना शुरू किया जब इलाहाबाद में कांग्रेसी वकीलों और छोटे ज़मींदारों ने यू. पी. किसान सभा का कागजी गठन कर लिया था। जाहिर है कि लिखना शुरू करने से पहले प्रेमचंद ने अपने दिमाग में उपन्यास की कोई रूपरेखा बना ली होगी। लेकिन 1918 की मई में उपन्यास शुरू करने के बावजूद पूरे साल भर प्रेमचंद ने बहुत कम लिखा। लिखना बहुत धीमा रहा, महीने में चार-पाँच पृष्ठ।"[27] 1919 के पूर्वार्ध में भी लिखना धीमा रहा, जब झिंगुरी सिंह और शाहदेव सिंह प्रतापगढ़ में छोटी-छोटी किसान सभाएँ बना रहे होंगे। 'प्रेमाश्रम' के लिखने में तेजी आई 1919 के अक्तूबर के महीने से। अक्तूबर और नवंबर महीने में वे तेजी से उपन्यास लिखने में डूब गए। दिसंबर में पेचिश के चलते उपन्यास लिखना बंद रहा। झिंगुरी सिंह किसान सभाओं के काम को आगे बढ़ाने के लिए बाबा रामचंद्र को प्रतापगढ़ में अभी लेकर ही आए थे कि 25 फरवरी, 1920 को 'प्रेमाश्रम' का मूल उर्दू मसौदा प्रेमचंद ने पूरा कर लिया।

इस तरह 'प्रेमाश्रम' का मूल मसौदा एक ऐसे दौर में लिख लिया गया था जब अवध का किसान आंदोलन अपने प्रारंभिक संगठन के दौर में था। झिंगुरी सिंह और शाहदेव सिंह ने कुछ किसान सभाएँ बना ली थीं, लेकिन ये सभाएँ अभी तक सिर्फ प्रतापगढ़ जिले तक सीमित थीं।[28] बाबा रामचंद्र अभी तक किसानों की आँसू भरी कहानी न्यायप्रिय डिप्टी कमिश्नर के पास अर्जी के रूप में पहुँचाने की मंजिल तक ही पहुँचे थे। अंदर देहाती इलाकों में किसानों की चेतना में उभार आ रहा था और उनकी सभाएँ होने लगी थीं, लेकिन ये खबरें अभी बाहर शहरों तक न पहुँची थीं।[29] कोई बड़ा संघर्ष न फूटा था। 'प्रेमाश्रम' की रचना इसी दौर में हुई थी। स्वाभाविक है कि उसकी रचना में उस किसान आंदोलन का कोई चित्र नहीं मिलता जो उसकी रचना पूरी हो जाने के बाद फूटा।

25 फरवरी, 1920 को 'प्रेमाश्रम' के मूल उर्दू मसौदे को पूरा कर लेने के बाद प्रेमचंद ने उसका हिंदी अनुवाद करना शुरू किया।[30] मूल उर्दू मसौदे के हिंदी अनुवाद का काम जनवरी, 1921 में भी चल रहा था।[31] यह अनुवाद कब पूरा हुआ, इसका पता नहीं चलता। 'प्रेमाश्रम' का हिंदी अनुवाद चाहे जब भी पूरा हुआ हो, महत्त्वपूर्ण बात यह है कि जब प्रेमचंद 'प्रेमाश्रम' के उर्दू मसौदे की हिंदी कर रहे थे, उस समय अवध का किसान आंदोलन अपने पूरे उभार पर था और उसकी खबरों ने संयुक्त प्रांत के अखबारों में तहलका मचा रखा था। क्या 'प्रेमाश्रम' को उर्दू से हिंदी में बदलते समय अवध के किसान आंदोलन के प्रभाव से उसमें कुछ फेर-बदल किए गए?

मुरली मनोहर प्रसाद सिंह ने लिखा है : "फिलहाल 'प्रेमाश्रम' की कथा में उपस्थित बेदखली के खिलाफ स्वतःस्फूर्त किसान संघर्ष की प्रेरणाओं पर ही कुछ ऐतिहासिक संदर्भों का उल्लेख किया जा सकता है।"[32] जिस व्यक्ति ने पूरे उपन्यास के

कथानक निर्माण में अवध किसान आंदोलन के जबर्दस्त योगदान का दावा किया था, अब वह यहाँ मान ले रहा है कि उपन्यास की सिर्फ एक घटना "बेदखली के खिलाफ स्वतःस्फूर्त किसान संघर्ष पर ही कुछ ऐतिहासिक संदर्भों का उल्लेख हो सकता है। लेकिन वे 'कुछ' संदर्भों का भी उल्लेख नहीं करते। वे सिर्फ एक संदर्भ का उल्लेख करते हैं और वह भी उनके दावे को साबित नहीं करता। उन्होंने संदर्भ दिया है, 'पायोनियर' के संवाददाता ने 1921 के जनवरी में 'लंदन प्रेस' को रायबरेली के 'किसान-उपद्रव' की रिपोर्ट टेलीग्राम द्वारा भेजी कि बागी किसानों ने अपने नियंत्रण के संपूर्ण क्षेत्र पर 'सोवियत' कायम कर ली है।" आगे उन्होंने लिखा है कि लंदन स्थित भारत के राज्य सचिव ने वाइसराय से इसकी रिपोर्ट माँगी और पूछा कि इसमें महात्मा गाँधी का कहाँ तक हाथ है? वाइसराय ने जवाब भेजा कि इसमें महात्मा गाँधी का हाथ नहीं है लेकिन पूरे अवध में ऐसे उपद्रव फैलने का खतरा है।[33]

हम मान लेते हैं कि यह घटना जब घटी, तब प्रेमचंद 'प्रेमाश्रम' का हिंदी अनुवाद कर रहे थे। लेकिन 'प्रेमाश्रम' की कथा से इस घटना का क्या संबंध? क्या 'प्रेमाश्रम' में कहीं पर भी बाग किसानों की परछाई है? मुरली मनोहर 'प्रेमाश्रम' में "बेदखली के खिलाफ स्वतःस्फूर्त किसान संघर्ष" की बात करते हैं। लेकिन वह कहाँ है? 'प्रेमाश्रम' में बेदखली से संबंधित सिर्फ एक ही घटना है जहाँ कारिंदा फैजुल्लाह लगान बकाया के आधार पर अदालत में बेदखली की डिग्री लेने जाने की तैयारी कर रहा है और दूसरी ओर किसान बेदखली के आगे सिर झुकाने को तैयार बैठे हैं। जिस दिन बेदखली का फैसला होने वाला था, उस दिन के गाँव का वर्णन देखिए : "—गाँव में जरा भी हलचल न थी। मर्दों में कादिर के छोटे लड़के के सिवा सभी नीच जातियों के लोग थे, जिन्हें मान-अपमान का ज्ञान ही न था; और वह बेचारा कानूनी बातों से अनभिज्ञ था। झपट के दिल में ऐसा हौल समाया हुआ था कि घर से बाहर ही न निकलते थे। रही स्त्रियाँ, वे दीन-अबलाएँ कानून का मर्म क्या जानें? बूढ़ियाँ कहती थीं, खेत निकल जाएँ, हमारी बला से, हमें क्या करना है? इन रानियों का घमंड तो चूर हो जाएगा! यहाँ तक कि बिलासी भी जो इस सारी विपत्ति-कथा की कैकेयी थी; आज निश्चित बैठी हुई थी।"[34]

क्या यह चित्र "बेदखली के खिलाफ स्वतःस्फूर्त किसान संघर्ष" का चित्र है? यह बेदखली के आगे सिर झुकाए, कमजोर और चेतनाहीन किसानों का चित्र है। किसान बेदखल होने के लिए तैयार बैठे थे कि अचानक साधु बाबा सुक्खू चौधरी ने वहाँ पहुँच कर अपनी झोली से हजार रु. निकालकर कारिंदे के आगे रख दिए और इस तरह भगवान ने मौके पर सुक्खू चौधरी को भेजकर किसानों को बेदखल होने से बचा लिया। क्या यह घटना अवध के किसान आंदोलन के बागी किसानों द्वारा नियंत्रित क्षेत्रों में कायम 'सोवियतों' से प्रेरित है?

1920 के अगस्त महीने में जब प्रेमचंद 'प्रेमाश्रम' के उर्दू मसौदे की हिंदी कर रहे थे, अवध के किसान आंदोलन में नेहरू आ चुके थे। 28 अगस्त को एक झूठे इल्जाम

में फँसा कर बाबा रामचंद्र और उनके साथियों को पहली बार गिरफ्तार किया गया। 10 सितंबर को बाबा रामचंद्र को जेल से छुड़ाने के लिए 10 हजार किसानों ने प्रतापगढ़ की जिला जेल को घेर लिया। यह अवध के किसान आंदोलन की पहली बड़ी घटना थी जिसमें किसानों की जीत हुई और 24 घंटों के अंदर प्रशासन ने बाबा रामचंद्र को छोड़ दिया। नवंबर में किसान आंदोलन का उभार इस हद तक पहुँच गया था कि गाँधी, शौकत अली और मोहम्मद अली जैसे राष्ट्रीय नेताओं को अवध में आना पड़ा। उन्होंने किसान आंदोलन के सामंतवाद विरोधी चरित्र को दबाकर उसे कांग्रेस के राष्ट्रीय आंदोलन की ओर मोड़ने की कोशिश की। इसी महीने ठाकुरदीन कांड हुआ जिसमें प्रतापगढ़ और जौनपुर की सीमा पर ठाकुरदीन सिंह ने ताल्लुकेदार और ब्रिटिश राज के खात्मे का ऐलान कर किसान सभा का राज कायम किया। दिसंबर में अयोध्या के सरयू तट पर बाबा रामचंद्र ने करीब एक लाख किसानों का दो दिन का सम्मेलन किया जो किसान आंदोलन की एक अभूतपूर्व घटना थी। प्रेमचंद अभी 'प्रेमाश्रम' का हिंदी तर्जुमा कर ही रहे थे कि जनवरी 1921 में संघर्ष फूट पड़ा। ताल्लुकेदारों की फसलों और अनाज के भंडारों पर हमले शुरू हो गए। तीन जनवरी को प्रेमचंद ने निगम को खत लिखकर 'प्रेमाश्रम' के हो रहे हिंदी तर्जुमा की सूचना दी और इसके सिर्फ तीन दिन बाद, 6 जनवरी को रायबरेली के फुर्सतगंज बाजार में किसानों की भीड़ पर गोली चली। अगले दिन आंदोलन की सबसे बड़ी घटना 'मुंशीगंज फ़ायरिंग' घटी। सारे देश ने उसे जलियांवाला बाग की पुनरावृत्ति बताया। प्रेमचंद के मित्र 'प्रताप' के संपादक गणेश शंकर विद्यार्थी पर उस घटना की रिपोर्टिंग के सिलसिले में ताल्लुकेदार ने मुकदमा चलाया। नेहरू ने 'इंडिपेंडेंस' में दो किस्तों में उस पर लेख लिखे। 1921 की जनवरी में किसानों का संघर्ष रायबरेली, सुल्तानपुर और फैजाबाद में समान रूप से फैल चुका था। क्या प्रेमचंद ने उर्दू मसौदे की हिंदी करते हुए इनके प्रभाव से मूल कथानक में कोई परिवर्तन किया? 'प्रेमाश्रम' के मूल उर्दू मसौदे की सिर्फ एक खंडित प्रति मिलती है जो 'प्रेमाश्रम' के आखिरी अध्यायों की है।[35] इस प्रति में किसानों से संबंधित ऐसा कुछ भी नहीं मिलता जिसे 'प्रेमाश्रम' की हिंदी करते समय बदला गया हो। किसानों से और उनके संघर्ष से संबंधित वे सभी अंश जो हिंदी 'प्रेमाश्रम' में हैं, हू-ब-हू मसौदे की इस प्रति में भी हैं। यह सही है कि यह प्रति खंडित है और 'प्रेमाश्रम' के प्रारंभिक अध्यायों का, जिसमें किसान संघर्ष चित्रित है, उर्दू मसौदा नहीं मिलता। लेकिन जहाँ तक 'प्रेमाश्रम' पर अवध के किसान आंदोलन के प्रभाव के अध्ययन का प्रश्न है, पूरे मसौदे के सामने न रहने पर भी कोई फ़र्क नहीं पड़ता। क्योंकि प्रेमचंद ने जो भी रद्दोबदल किए हों, आखिरकार 'प्रेमाश्रम' के छपे हुए हिंदी और उर्दू संस्करण ही उस रद्दोबदल को जाहिर करेंगे। मान लिया जाए कि प्रेमचंद ने उर्दू से हिंदी करते समय रद्दोबदल किए थे। रद्दोबदल के बाद छपे 'प्रेमाश्रम' के कथानक में क्या ऐसा कुछ भी है जो अवध के किसान आंदोलन के प्रभाव को दिखलाता हो? 'प्रेमाश्रम' में ऐसा कुछ भी नहीं है जो

उसके मूल उर्दू मसौदे से हिंदी तर्जुमा करते वक्त अवध में चल रहे किसान आंदोलन के प्रभाव को दिखलाता हो। यहाँ मैं यह नहीं कह रहा कि प्रेमचंद ने उर्दू से हिंदी करते हुए उपन्यास में कोई रद्दोबदल नहीं किया। इसके उल्टे, मैं यह मान ले रहा हूँ कि संभव है उन्होंने बहुत-से रद्दोबदल किए हों। लेकिन उस रद्दोबदल के बाद भी, अंतिम रूप से छपे 'प्रेमाश्रम' में ऐसा कुछ नहीं है जो उसके तर्जुमे के दौरान चल रहे खास किसान आंदोलन के असर को दिखलाता हो। क्या किसानों के बीच आंदोलन के लिए सक्रिय नेहरू की भूमिका का कोई असर प्रेमशंकर पर पड़ा? 10 सितंबर, 1920 को 10 हजार किसान अपने नेता को जेल से छुड़ाने के लिए जिस तरह जेल को घेर लेते हैं और सारी रात वहीं बिताते हैं, क्या इसका कोई असर लखनपुर के किसानों को जेल से छुड़ाने की लंबी कानूनी प्रक्रिया पर पड़ा? क्या संघर्ष के दौरान ताल्लुकेदारों की फसलों और अनाज के भंडारों पर किसानों के हमलों का कोई असर ज़मींदार के जोर-जुल्म, मुकदमेबाजी और बर्बाद खेती की पीड़ा से भुखमरी का सामना कर रहे लखनपुर के किसानों की स्थिति पर पड़ा? यहाँ तक कि कारिंदा गौस खाँ की हत्या पर भी सन् 21 की जनवरी से फूटनेवाली हिंसक घटनाओं का कोई असर नहीं पड़ा, अन्यथा कारिंदे की हत्या करने वाला मनोहर जेल की कोठरी में निराशा और आत्म-धिक्कार की हालत में आत्महत्या क्यों कर लेता?

अमृतराय ने मूल उर्दू मसौदे से हिंदी करते वक्त किए गए एक रद्दोबदल का जिक्र किया है। रायकमलानंद को ज्ञानशंकर विष दे देता है। मूल उर्दू मसौदे में कमलानंद ज्ञानशंकर से कहता है : ''इस भूमि पर मेरा क्या अधिकार है? मैंने इसे बाहुबल से नहीं लिया। नवाबों के जमाने में किसी सूबेदार ने इस इलाके की आमदनी वसूल करने के लिए मेरे दादा को नियुक्त किया था। मेरे पिता पर भी नवाबों की कृपा दृष्टि बनी रही। इसके बाद अंग्रेजों का जमाना आया और यही सिलसिला कायम है।''[36] अमृतराय ने लिखा है : ''पहले उर्दू मसौदे से अनुवाद करते समय मुंशीजी ने और सब कुछ तो ज्यों का त्यों रहने दिया लेकिन जब आखीर के टुकड़े पर आए तो यह बात गलत मालूम हुई क्योंकि अंग्रेजों ने बहुतों की ज़मींदारियाँ छीन ली थीं और फिर अपने नए ज़मींदार पैदा किए थे—अपने पिट्ठुओं में से, जिन्होंने गदर और उसके पहले भी उनकी मदद की थी। आज भी राष्ट्रीय आंदोलन के वही सबसे बड़े दुश्मन थे और यह दिखलाना जरूरी था कि इस दुश्मनी की जड़ कहाँ पर है। लिहाजा मुंशीजी ने बाद वाला टुकड़ा बदलकर यह कर दिया—''इसके बाद अंग्रेजों का जमाना आया और यह अधिकार पिताजी के हाथ से निकल गया। लेकिन राज-विद्रोह के समय पिताजी ने तन-मन से अंग्रेजों की सहायता की। शांति स्थापित होने पर हमें वही पुराना अधिकार मिल गया। यही इस रियासत की हकीकत है।''[37]

इस तरह उर्दू मसौदे में कमलानंद के बयान में सन् 57 के गदर की और रियासत छिन जाने की बात नहीं थी; हिंदी तर्जुमा करते वक्त प्रेमचंद ने इसे जोड़ दिया। इस

रद्दोबदल से अवध के किसान आंदोलन का क्या संबंध? इस रद्दोबदल के लिए किसी किसान आंदोलन की प्रेरणा की जरूरत न थी।

लेकिन 'प्रेमाश्रम' में कम से कम एक जिक्र ऐसा है जिससे किसान सभाओं के आंदोलन का संकेत मिलता है। तहसीलदार लखनपुर के किसानों और चमारों से जबरन बेगार लेता है। विरोध करने पर दुखरन भगत पीटा जाता है। चमार बेगार की मजदूरी माँगते हैं तो तहसीलदार चपरासियों को उन्हें पीटने का हुक्म देता है। बीच में प्रेमशंकर आकर इसका विरोध करता है। तहसीलदार व्यंग्यपूर्वक उसे झिड़क देता है : ''आपके ही इशारों से इन बदमाशों ने सरकशी अख्तियार की है। इसके जिम्मेदार आप हैं। मैं समझ गया, आप किसी किसान सभा से ताल्लुक रखते हैं।''[38]

प्रेमचंद ने जिस साल 'प्रेमाश्रम' का मूल उर्दू मसौदा लिखना शुरू किया, उस साल उन्हें किसी किसान सभा की जानकारी न थी। 'जमाना' के 1919 के फरवरी अंक में उनका प्रसिद्ध लेख ''दौरे जदीद : दौरे कदीम' छपा। इस लेख को प्रेमचंद ने 20 दिसंबर, 1918 से पहले तैयार कर लिया था। इस समय तक 'प्रेमाश्रम' का उर्दू मसौदा लिखना शुरू किए करीब 7 महीने बीत चुके थे। अपने लेख में प्रेमचंद ने लिखा : ''क्या यह शर्म की बात नहीं कि जिस देश में नब्बे फीसदी आबादी किसानों की हो उस देश में कोई किसान सभा, कोई किसानों की भलाई का आंदोलन, कोई खेती का विद्यालय, किसानों की भलाई का कोई व्यवस्थित प्रयत्न न हो?''[39] जाहिर है कि मूल उर्दू मसौदा लिखने के शुरुआती दौर में प्रेमचंद को किसी किसान सभा और किसान आंदोलन की जानकारी न थी। किसान आंदोलन की जानकारी का न होना स्वाभाविक है क्योंकि उस वक्त आंदोलन उभरा न था। होम रूल लीग वालों ने यू. पी. किसान सभा का गठन कर रखा था लेकिन वह बेजान थी। जून, 1919 तक युक्त प्रांत की 173 तहसीलों में यू. पी. किसान सभा की 450 शाखाएँ खुल चुकी थीं। 1919 के दिसंबर में खुद गोरखपुर में, जहाँ बैठकर प्रेमचंद तेजी से 'प्रेमाश्रम' का उर्दू मसौदा लिख रहे थे, यू. पी. किसान सभा की शाखा खुली। सभा शाकिर अली ने संगठित की और पं. गौरीशंकर मिश्र उद्‌घाटन करने आए।[40] जाहिर है कि 'प्रेमाश्रम' का मूल उर्दू मसौदा लिखने के आखिरी दौर में प्रेमचंद को किसान सभा की जानकारी मिल चुकी होगी। लेकिन 'प्रेमाश्रम' में जिस प्रसंग में किसान सभा का जिक्र आया है, उसका चरित्र यू. पी. किसान सभा के चरित्र से मेल नहीं खाता। तहसीलदार प्रेमशंकर पर किसान सभा से ताल्लुक रखने की बात के साथ यह भी कहता है कि ''आपके ही इशारों से इन बदमाशों ने सरकशी अख्तियार की है। इसके जिम्मेदार आप हैं।'' मतलब यह कि बेगार की प्रथा से इनकार करना किसान के लिए असंभव बात थी। किसान सभा वालों ने उसे जाग्रत और संगठित कर उसमें यह चेतना जगाई कि वह आज बेगार से इनकार कर रहा है। यह बात छोटे ज़मींदारों और शहरी वकीलों की रहनुमाई में ऊपर से बनी कांग्रेसी किसान सभाओं के चरित्र से मेल नहीं खाती। यू. पी. किसान सभा का चरित्र लड़ाकू न था। वह किसानों को बेगार से

इनकार करना नहीं सिखाती थी। संघर्ष की चेतना तो बाबा रामचंद्र और झिंगुरी सिंह की नीचे से बनी किसान सभाओं ने किसानों में फैलाई थी। इसलिए यह अंदाज लगाना वाजिब होगा कि यहाँ किसान सभा का जिक्र प्रेमचंद ने मूल उर्दू मसौदे की हिंदी करते वक्त जोड़ा होगा क्योंकि इसी दौर में अवध के जिलों में बाबा रामचंद्र की किसान सभाओं का आंदोलन उभर कर आया था।

'प्रेमाश्रम' में किसान सभा का जिक्र उपन्यास के ऐतिहासिक संदर्भ का संकेत जरूर देता है, लेकिन उपन्यास के कथानक निर्माण में किसी योगदान को साबित नहीं करता। पूरे उपन्यास में यह जिक्र बहुत आकस्मिक ढंग का है। प्रेमशंकर किसी किसान सभा से ताल्लुक नहीं रखता। तहसीलदार चमारों पर अपने जुल्म को सही ठहराने के लिए प्रेमशंकर पर किसान सभा से ताल्लुक रखने का इल्जाम ठीक उसी तरह लगाता है जैसे सत्तर के दशक में लड़ाकू गरीब किसानों की हत्या करने को सही ठहराने के लिए धनी किसान और पुलिस उन पर नक्सलवादियों से ताल्लुक रखने का इल्जाम लगाती रही। किसान सभा के जिक्र से तहसीलदार के बयान को एक ऐतिहासिक संदर्भ में समझने में मदद तो मिलती है, लेकिन उससे यह कहाँ साबित होता है कि 'प्रेमाश्रम' की रचना अवध के किसान आंदोलन की प्रेरणा से हुई थी या उसके कथानक निर्माण में किसान आंदोलन का प्रभाव था?

'प्रेमाश्रम' की रचना की प्रेरणा किसान आंदोलन की घटनाओं में न खोजकर प्रथम विश्वयुद्ध के बाद पूर्वी उत्तर प्रदेश की उन खेतिहर परिस्थितियों में खोजनी चाहिए जिन्होंने समान रूप से 'प्रेमाश्रम' को और अवध में किसान आंदोलन को जन्म दिया था।

संदर्भ

1. कलकत्ते से प्रकाशित पत्रिका; अंक में प्रकाशन का वर्ष या महीना कहीं नहीं दिया गया।
2. कलम, पृ. 73
3. वही, पृ. 70
4. रामदीन गुप्त, प्रेमचंद और गाँधीवाद, पृ. 168, हिंदी साहित्य संसार, दिल्ली, 1961।
5. वही, पृ. 170
6. कलम, अंक 5, पृ. 41
7. प्रेमाश्रम, पृ. 181
8. वही, पृ. 181
9. वही, पृ. 183
10. यूज़िंग दी रामचरितमानस ऐज़ ए रेडिकल टेक्स्ट : बाबा रामचंद्र इन अवध 1920-50; 7-11, फरवरी, 1983 को सोशल ट्रांसफॉर्मेशन एंड दी क्रिएटिव इमेज़िनेशन विषय पर नेहरू मेमोरियल म्यूज़ियम एंड लाइब्रेरी, दिल्ली, में आयोजित सेमिनार में पढ़ा गया कपिल कुमार का अप्रकाशित निबंध।

साथ ही, रामचंद्र पेपर्स; 163/फाइल नं. 1; जे. एन. एम. एम. एल.

11. पृ. 85, मेरी कहानी, जवाहरलाल नेहरू, सस्ता साहित्यमंडल, दिल्ली; 1971, साथ ही, पृ. 112, पेजेंट मूवमेंट इन अवध : 1918-22, कपिल कुमार का अप्रकाशित शोध प्रबंध, इतिहास विभाग, मेरठ विश्वविद्यालय; 1979 आगे से सिर्फ कपिल कुमार।

12. पृ. 116-17, पृ. 245-47, पृ. 135, कपिल।

13. पृ. 112, पृ. 138, कपिल।
साथ ही पृ. 148, पेजेंट रिवोल्ट एंड इंडियन नेशनलिज्म : दी पेजेंट मूवमेंट इन अवध : 1919-22; ज्ञान पांडे; रंजीत गुहा द्वारा संपादित सबाल्टर्न स्टडीज-1 में; आक्सफोर्ड यूनिवर्सिटी प्रेस, दिल्ली' 1982

14. पृ. 143, ज्ञान पांडे, वही।
पृ. 157-58, कपिल तथा पृ. 243, पोस्ट वॉर एवेक्निंग : 1919-21, सुखबीर चौधरी, ए. आर. देसाई द्वारा संपादित प्रेजेंट स्ट्रगल इन इंडिया में; ऑक्सफोर्ड यूनिवर्सिटी प्रेस, बंबई; 1979

15. कपिल कुमार, वही पृ. 155, तथा पृ. 153, पृ. 162, एग्रेरिएन अनरेस्ट इन नॉर्थ इंडिया, एम. एम. सिद्दीकी; विकास, दिल्ली; 1978। आगे से सिर्फ सिद्दीकी।

16. कपिल कुमार, वही, पृ. 152, पृ. 177

17. जवाहर लाल नेहरू वाङ्मय, भाग 1, पृ. 197

18. कपिल कुमार, पृ. 173; जवाहर लाल नेहरू, वही, पृ. 14

19. कपिल कुमार, पृ. 159-60, पृ. 185, सिद्दीकी, वही, पृ. 133; ज्ञान पांडे, वही, पृ. 148, पृ. 155

20. कपिल कुमार, वही, पृ. 140, पृ. 183, पृ. 184

21. सिद्दीकी, वही, पृ. 195

22. मुरली मनोहर प्रसाद सिंह न सिर्फ अपने दावे को साबित करने के प्रति एक उपेक्षा भरा रवैया अपनाते हैं, जो कि एक अजीब बात है, बल्कि इसमें भी संदेह होता है कि उन्होंने उस शोध-सामग्री को गौर से पढ़ा है जिसका उल्लेख वे करते हैं। उन्होंने अवध के किसान आंदोलन और कांग्रेस के संबंध के बारे में लिखा है : "1922 के बाद ही कांग्रेस इस आंदोलन के भीतर अपनी पैठ प्राप्त कर सकी।" पृ. 70, वही। तथ्य यह है कि आंदोलन 1922 के अंदर ही खत्म हो चुका था; 1922 के बाद उसके भीतर पैठ प्राप्त कर सकने का क्या मतलब? प्रतापगढ़, रायबरेली, सुल्तानपुर और फ़ैजाबाद के जिलों में किसान सभाओं के आंदोलन को 1921 की जुलाई तक कुचल दिया गया। हरदोई, सीतापुर और बहराइच के जिलों में एका सभाओं का आंदोलन 1921 के दिसंबर में शुरू हुआ और 1922 के अप्रैल तक कुचल दिया गया। (कपिल कुमार; सिद्दीकी) बाबा रामचंद्र गाँधी तथा दूसरे बड़े राष्ट्रीय नेताओं को किसान आंदोलन में लाने के लिए जून, 1920 में अपने साथियों के साथ इलाहाबाद आए थे। वहाँ गाँधी से भेंट नहीं हुई, नेहरू और पुरुषोत्तम टंडन से हुई। 1920 की जून से ही नेहरू ने किसान आंदोलन में भाग लेना शुरू कर दिया। सितंबर, 1920 में कलकत्ते में असहयोग आंदोलन का प्रस्ताव पास होने के बाद से ही नेहरू ने किसानों को असहयोग आंदोलन की ओर मोड़ना शुरू कर दिया। जब संघर्ष फूट पड़ा तो जनवरी, 1921 में मोतीलाल नेहरू को किसान सभा का अध्यक्ष बना दिया गया। यह बाबा रामचंद्र को अच्छा नहीं लगा। (रामचंद्र पेपर्स, फाइल नं. 1, एन. एम. एम. एल.) 1921 की जुलाई तक अवध का किसान आंदोलन कांग्रेस के असहयोग आंदोलन में विलीन हो गया; किसानों की सभाओं और कांग्रेस की सभाओं में कोई फर्क नहीं रह गया।

23. "ये नावेल प्रेमचंद ने अव्वलन उर्दू में लिखा। इसका मसविदा महफूज है। प्रेमचंद अक्सर अपने

मसविदात पर तसनीफ के आगाज और खात्मे की तारीख दर्ज कर देते थे। इस नावेल के पहले सफ़े पर तारीख 2 मई, 1918 दर्ज है। मसविदे के आखीर में नावेल को खत्म करने की तारीख 25 फरवरी, 1920 है।''

—डॉ. कमर रईस, प्रेमचंद का तनकीदी मुताला,
पृ. 190 से, सैयद बुक डिपो, अलीगढ़, 1977

यही तारीखें अमृतराय ने भी दी हैं; कलम का सिपाही, पृ. 20 और 28

24. 'प्रेमाश्रम' के प्रथम संस्करण में रामदास गौड़ के लिए अनुवचन के नीचे तारीख दी गई है। होली, 1979, जो ई. सन् में 1922 होगा। जाहिर है, 'प्रेमाश्रम' का प्रकाशन 1922 को होली के आस-पास हुआ होगा। 31 मई, 1922 को प्रेमचंद ने दयानारायण निगम को खत में लिखा : ''मेरा नया नाविल शाया हो गया। बड़े अच्छे रिव्यू हो रहे हैं।'' 'चिट्ठी-पत्री', भाग I, पृ. -121

25. सिद्दीकी, पृ. 115

26. कपिल कुमार, पृ. 92

27. 27 अक्तूबर, 1918 को प्रेमचंद ने निगम को खत लिखा : ''नाविल शुरू कर रखा है जो शायद महीने में चार पाँच सुफहात से ज्यादा नहीं चलता।'' चिट्ठी-पत्री, भाग I, पृ. 76

28. प्रतापगढ़ जिले के बाहर किसान सभा का फैलाव अक्तूबर, 1920 से शुरू हुआ जब रायबरेली जिले के रसूलपुर और अरखा, इन दो गाँवों में किसान सभाएँ बनीं। सिद्दीकी पृ. 116

29. जून, 1920 में नेहरू पहली बार बाबा रामचंद्र के बुलावे पर प्रतापगढ़ के देहातों में गए और वहाँ उन्होंने किसानों के उभार को देखा। उन्होंने लिखा : ''मुझे सबसे बड़ा आश्चर्य इस बात पर हुआ कि हम शहरवालों को इतने बड़े किसान आंदोलन का पता तक नहीं था। किसी अखबार में उस पर एक खबर भी नहीं आती थी।'' मेरी कहानी, पृ. 89। यह हालत जून, 1920 की है। 'प्रेमाश्रम' की रचना पूरी होने से पहले यानी फरवरी, 1920 से पहले की हालत का अंदाजा लगाया जा सकता है जब किसानों का उभार इस हद तक भी नहीं आया था।

30. डॉ. कमर रईस ने लिखा है : ''ऐसा मालूम होता है कि उर्दू में लिखने के साथ-साथ वो इसका हिंदी तर्जुमा भी कराते रहे या खुद करते रहे।'' वही, पृ. 190। लेकिन डॉ. रईस इसका कोई सबूत नहीं देते। उनका ख्याल इस गलत सूचना पर आधारित है कि ''नावेल की तकमील के फौरन बाद फरवरी, सन् 1921 में ये नावेल 'प्रेमाश्रम' के नाम से शाया हो गया।'' वही, पृ. 190। 'प्रेमाश्रम' 1921 में नहीं, 1922 में शाया हुआ।

'प्रेमाश्रम' का हिंदी अनुवाद करने की पहली सूचना 18 अगस्त, 1920 को इम्तियाज अली 'ताज' के नाम लिखे प्रेमचंद के खत से मिलती है, '' 'नाकाम' नामुकम्मल है। उसका हिंदी तर्जुमा नामुकम्मल है।'' चिट्ठी-पत्री, भाग-II, पृ. 117

31. 3 जनवरी, 1921 को प्रेमचंद ने निगम को लिखे खत में यह सूचना दी : ''नाविल की हिंदी कर रहा हूँ।'' वही, भाग-I, पृ. 119

32. वही, पृ. 69

33. मुरली मनोहर प्रसाद सिंह ने भी अंग्रेजी राज के गृह मंत्रालय की इस गुप्त राजनीतिक रिपोर्ट के स्रोत को गुप्त रखना ही उचित समझा। उन्होंने इस सूचना में भी कुछ बातों को गुप्त रख लिया। यह सही है कि महात्मा गाँधी का इन घटनाओं के पीछे कोई हाथ न था। लेकिन वाइसराय ने अपने जवाब में यह भी लिखा था कि किसानों द्वारा सोवियतें कायम करने की बात सही नहीं है। असल में एक अंग्रेज पत्रकार ने 'किसान सभा' का अंग्रेजी अनुवाद करते हुए उसे 'सोवियत' लिख दिया था और इसी से लंदन के गोरे शासक काँप उठे थे। (कपिल कुमार, पृ.

170)। अवध में किसान आंदोलन से डरे हुए ताल्लुकेदारों ने 1920 में भी वाइसराय को छद्म नामों से चिट्ठियाँ लिखकर किसान सभाओं को बोल्शेविकों की सोवियतें बताकर सरकार से उनके दमन का अनुरोध किया था। (कपिल कुमार, पृ. 129)

34. 'प्रेमाश्रम', पृ. 248-49
35. इलाहाबाद म्यूजियम।
36. कलम का सिपाही, पृ. 211
37. वही, पृ. 211
38. प्रेमाश्रम, पृ. 189
39. विविध प्रसंग, भाग 1, पृ. 268
40. सिद्दीकी, पृ. 124

3

युग और कृति

1914 में शुरू हुआ पहला विश्वयुद्ध 1919 में जाकर खत्म हुआ। इसने सारी दुनिया में भारी उलट-फेर कर दिया। 1919 में गोरखपुर में प्रेमचंद के मित्र पं. दशरथ प्रसाद द्विवेदी ने एक नया साप्ताहिक अखबार शुरू किया : स्वदेश। प्रेमचंद ने इसके प्रवेशांक का संपादकीय लिखा : स्वदेशी का संदेश। इस संपादकीय में प्रेमचंद ने विश्वयुद्ध के बारे में लिखा : "सचमुच जनता का इतना गौरव इस युद्ध से पहले कभी न था। वास्तव में इस युद्ध में अगर किसी की जीत हुई तो वह है जनता की जीत। इस युद्ध ने जनता के लिए वह कर दिया है जो फ्रांस की राज्य क्रांति ने भी न किया था।"[1] पहला विश्वयुद्ध साम्राज्यवादी देशों का आपसी युद्ध था। उस युद्ध को लड़कर कई साम्राज्यवादी देश कमजोर पड़ गए और मेहनतकश जनता के ऊपर उनकी पकड़ ढीली हुई। आस्ट्रिया और जर्मन साम्राज्य टूट गए और पूर्वी यूरोप के देश आजाद हो गए। खुद आस्ट्रिया और जर्मनी में राजतंत्र के पाँव उखड़ गए और वहाँ जनतंत्र कायम हुआ। युद्ध से जर्जर बलगारिया में कृषक संघ की सरकार बनी। इंग्लैंड की साम्राज्यवादी अर्थव्यवस्था लड़खड़ा गई और उसके कमजोर पड़ गए शासकों को इंग्लैंड के मजदूर वर्ग और औरतों के जायज अधिकारों की माँग के आगे झुकना पड़ा। पूरा यूरोप आर्थिक संकट में फँस गया और मजदूर-किसानों तथा औरतों के क्रांतिकारी आंदोलन का नया दौर शुरू हुआ। सबसे महत्त्वपूर्ण घटना यह हुई कि साम्राज्यवाद की विश्व-व्यवस्था की एक कड़ी टूटकर हमेशा के लिए उससे अलग हो गई; सोवियत संघ में बोल्शेविकों के नेतृत्व में मजदूर वर्ग का शासन कायम हुआ जो सारी दुनिया की मेहनतकश जनता के लिए शोषण-उत्पीड़न और वर्ग समाज के खिलाफ क्रांतिकारी संघर्ष की प्रेरणा का केंद्र बन गया। प्रेमचंद ने सही लिखा था कि विश्वयुद्ध से दुश्मन कमजोर हुए और जनता की ताकत बढ़ी। 'प्रेमाश्रम' इसी दौर की रचना थी जब सारी दुनिया की जनता अपने गौरव को समझकर अपने अत्याचारी शोषकों को जीतने के लिए उठ रही थी।

लड़ाई

भारतीय समाज पर इस युद्ध ने गहरा असर डाला। सैकड़ों तरीकों से भारत का एक-एक गाँव इस युद्ध से प्रभावित हुआ। हिंदोस्तान के गाँवों के किसान 'विश्वयुद्ध' या 'महायुद्ध' शब्द का प्रयोग नहीं करते थे। वे इसे 'लड़ाई' कहते थे। लड़ाई शब्द भारत के किसानों की जिंदगी का हिस्सा बन गया क्योंकि इस लड़ाई के लिए उनसे 'चंदा' लिया गया था; लड़ाई-चंदा। वह लड़ाई भारत के किसानों के पैसों से चल रही थी। उसमें लड़ने वाले सिपाही भी भारत के किसान ही थे; किसानों के भाई-बेटों को रंगरूट बनाकर लड़ाई के मैदानों में भेजा गया था। यूरोप के मैदानों में जो खून बह रहा था, उसमें भारत के किसानों का खून शामिल था। भारत के सभी अखबार—चाहे राष्ट्रवादी हों या अंग्रेजों के पिट्ठू—यूरोप की लड़ाई की खबरों और तस्वीरों से भरे रहते थे। (इन्हीं खबरों को पढ़कर और तस्वीरों को देखकर पं. चंद्रधर शर्मा 'गुलेरी' ने 'उसने कहा था' कहानी लिखी थी।) लेकिन, लड़ाई खत्म होते न होते यूरोप और एशिया के दूसरे देशों की तरह भारत में भी जन-आंदोलनों की बाढ़ आ गई। क्या मजदूर, क्या किसान और क्या शहरी मध्यवर्ग, सभी आंदोलन के रास्ते पर उतर आए। लड़ाई खत्म होने के तीन साल के अंदर जितने आंदोलन हुए, उतने पहले कभी नहीं हुए थे। तीन तरह के आंदोलन मुख्य थे; स्वराज्य का आंदोलन, मजदूर और किसान आंदोलन। लड़ाई के आखिरी सालों में, 1917-18 में एनी बेसेंट और मदनमोहन मालवीय के नेतृत्व में होमरूल आंदोलन अपने पूरे उभार पर आ गया। लड़ाई खत्म होते ही 1919 में रौलट एक्ट के खिलाफ स्वराज्य के लिए देश में पहली बार व्यापक सत्याग्रह आंदोलन चला। लड़ाई के दौरान टर्की के खिलाफ ब्रिटिश साम्राज्यवाद की नीतियों से नाराज होकर मुस्लिम लीग ने कांग्रेस के साथ संयुक्त मोर्चा बना लिया और खिलाफ़त का आंदोलन छेड़ दिया। एक साल बाद 1920-21 में पूरे भारत को असहयोग आंदोलन की लहर अपने साथ बहाकर ले गई। दूसरी ओर मिल मजदूरों का आंदोलन एक बवंडर की तरह देश पर छा गया। 1919 में कानपुर की सूती मिलों के 17000 मजदूरों ने हड़ताल कर दी, जमालपुर में रेलवे के 16 हजार मजदूर हड़ताल पर उतर गए। 1920 में कलकत्ते की जूट मिलों के 35 हजार मजदूरों ने हड़ताल की, रंगून के 20 हजार, बंबई में ब्रिटिश इंडिया नेबीगेशन कंपनी के 10 हजार, शोलापुर के कारखानों के 16 हजार, जमशेदपुर में टाटा कारखाने के 40 हजार, बंबई की सूती मिलों के 60 हजार, मद्रास के 17 हजार और अहमदाबाद के 25 हजार मजदूरों ने हड़ताल कर दी। इन हड़तालों के अलावा भी कई हड़तालें हुईं। तीसरी ओर हिंदोस्तान के नंगे-भूखे किसान सामंती शोषण और अत्याचारों के खिलाफ तनकर खड़े हो गए। लड़ाई के दौरान ही 1917 में चंपारन के देहातों में किसानों ने नीलहे गोरों के शोषण और जुल्म के खिलाफ आंदोलन किया। 1918 में राजस्थान के बिजोलिया में किसानों ने जागीरदारी प्रथा के खिलाफ संघर्ष छेड़ दिया। उनका संघर्ष 1919 में भी जारी रहा। 1920-21-22 में अवध के 12 जिलों में किसान आंदोलन की तूफानी हवाएँ

चलती रहीं। इन्हीं सालों में राजस्थान के सिरोही में भील किसानों ने विद्रोह किया, पंजाब में अकालियों ने सामंती मठाधीशों के खिलाफ मोर्चा लिया और आंध्र प्रदेश में रम्पा और गुन्डेम की पहाड़ियाँ आदिवासियों की सामंतवाद विरोधी लड़ाइयों से दहल उठीं।

इन आंदोलनों का विश्व युद्ध से क्या संबंध था? इन आंदोलनों की जड़ें उन अंतर्विरोधों में थीं जो पिछले 60 वर्षों से ब्रिटिश राज की छत्र-छाया में पनप रहे थे। फिर भी, विश्वयुद्ध से पहले, करीब-करीब एक ही साथ, इतने सारे आंदोलन कभी नहीं हुए। असली वजह यह थी कि विश्वयुद्ध ने उन तमाम अंतर्विरोधों को और भी तेज कर एक नई मंजिल पर पहुँचा दिया था। विश्वयुद्ध ने भारत के सामाजिक-आर्थिक ढांचे में महत्त्वपूर्ण उलट-फेर कर दिए थे जिसने नई सामाजिक, आर्थिक-राजनीतिक ताकतों को जन्म दिया। सामाजिक वर्गों के स्वरूप और उनके शक्ति-संतुलन में फेर-बदल हो गया। युद्ध ने जनता के विभिन्न तबकों की मानसिकता बदल दी; उनके अंदर नई आशाएँ जगा दीं, उन्हें निराश और बेचैन भी कर दिया। युद्ध ने ब्रिटिश साम्राज्यवाद को ऐसी जरूरतों के सामने खड़ा कर दिया कि उसके लिए पुरानी नीतियों पर चलते रहना नामुमकिन हो गया। लड़ाई के दिनों में यूरोप में यातायात के रास्ते बंद हो जाने से भारत के उद्योगों पर ब्रिटेन की निर्भरता बढ़ गई। इस हालत से फायदा पहुँचा भारत के दुबले पूँजीपति वर्ग को जो युद्ध के बाद कुछ मोटा होकर निकला। भारतीय पूँजी को दबाकर रखने और भारत को सिर्फ एक खेतिहर देश बनाए रखने की पुरानी ब्रिटिश नीति को लड़ाई ने तोड़ दिया। 1916 में ब्रिटिश सरकार ने इंडियन इंडस्ट्रियल कमीशन बैठाया जिसने दो साल बाद भारत में उद्योग-धंधों को बढ़ाने के लिए सिफारिश कर दी। इस तरह लड़ाई के असर से भारत के बूर्जुवा वर्ग के स्वरूप में फर्क आ गया जिसके पास अब लड़ाई से कमाई पूँजी जमा थी और आगे बढ़ने के लिए ब्रिटिश राज की कृपा दृष्टि के साथ-साथ उसकी कमजोरी से फायदा उठाने की ताकत भी आ गई थी। यह नामुमकिन था कि उसकी इस हैसियत के सामाजिक और राजनीतिक नतीजे न निकलते।

लड़ाई से दूसरा फर्क स्वराज्य आंदोलन के चरित्र में आया जिसका नेतृत्व शिक्षित मध्यवर्ग के हाथों में था। बूर्जुवा विचारधारा के मातहत चलने वाले इस मध्यवर्गीय नेतृत्व को लड़ाई के वक्त अंग्रेजों ने यह उम्मीद बँधाई थी कि लड़ाई खत्म होने के बाद उन्हें राजनीतिक अधिकार दिए जाएँगे। इस उम्मीद और वादे पर इस वर्ग ने लड़ाई के दौरान अंग्रेजों की मदद की और किसानों से भी उन्हें मदद दिलाई, लेकिन लड़ाई खत्म होने से पहले ही यह नजर आने लगा कि अंग्रेज अपने वादे से मुकर रहे हैं। मध्यवर्ग क्षुब्ध और बेचैन हो उठा। 1917 में वामपंथियों की पत्रिका 'मर्यादा' के जुलाई अंक में अपने लेख 'एशिया का जागरण' में लड़ाई और अंतर्राष्ट्रीय परिस्थितियों का विश्लेषण करते हुए एच. एच. हाइन्डमन ने भारत में फैली बेचैनी को नोट किया : "हम लोगों को अब यह ख्याल छोड़ देना चाहिए कि हिंदुस्तान अभी सो रहा है और इसमें कोई संदेह नहीं हो सकता कि हिंदुस्तान के ओर से छोर तक असंतोष फैल रहा है। हिंदुस्तान स्वराज्य

चाहता है।" इससे कुछ ही दिन पहले उस समय के दक्षिण पंथियों के अंग्रेजी अखबार 'लीडर' के 30 जून के अंक में मुस्लिम लीग के एक नेता वजीर हसन ने संप्रादक के नाम अपने पत्र में पूछा था : "क्या साम्राज्य के पुत्रों का बहा खून उन्हें उसी जगह छोड़ जाएगा जहाँ वे पहले थे? संक्षेप में, क्या यह युद्ध बेकार लड़ा गया था?"[2] वजीर हसन ने जो सवाल पूछा था, वह उस समय के करोड़ों भारतीय पूछ रहे थे। हिंदुस्तान की जनता बेचैन थी अपनी आजादी के लिए। इस आजादी के लिए अंग्रेजों ने उससे वादा किया था। इस आजादी के लिए भारत की जनता ने अपनी घोर गरीबी के बीच रहते हुए भी साम्राज्य को करोड़ों रुपयों का कर्ज और लाखों सिपाही दिए थे। चार साल हो गए थे लड़ाई के लिए भारतीयों को अपना घर लुटाते और उजाड़ते हुए। आखिर लड़ाई खत्म हुई। पर, भारतीयों को कुछ नहीं मिला। साम्राज्य की रक्षा में दी गई सहायता के बदले अंग्रेजों ने रॉलट ऐक्ट बनाकर हिंदुस्तानियों पर बर्बर जुल्म और अत्याचारों का नया दौर शुरू कर दिया। क्षुब्ध और बेचैन भारतीयों का गुस्सा आंदोलनों का ज्वार बनकर फूट पड़ा। अंग्रेजों ने सुधारवादी कार्यक्रम के तहत प्रांतीय विधान सभाओं और सरकारी नौकरियों में कुछ रियायतें देकर शिक्षित मध्यवर्ग के एक हिस्से को अपनी ओर मिला लिया। जो हिस्सा इन रियायतों से खुश होकर सरकार के खिलाफ नए आंदोलन का विरोध करने लगा, उसका नेतृत्व कांग्रेस के नरम दली करते थे। इस घटना से देश के राजनीतिक जीवन में नरम दल हमेशा के लिए एक गौण भूमिका में चला गया। गरम दल के नेता तिलक का देहांत हो गया और नेतृत्व गाँधी के हाथों में आ गया। यह नया नेतृत्व न नरम था, न गरम था, बल्कि दोनों से व्यापक था। लड़ाई के दौरान गाँधी भी नरम दली थे। उन्होंने साम्राज्य की सहायता के लिए गुजरात में किसानों को फौज में भर्ती किया था और कहा था : "स्वराज्य पाने का सरल और सीधा उपाय यही है कि साम्राज्य की रक्षा में हाथ बँटाएँ। यदि हम स्वराज्य चाहते हैं तो साम्राज्य की सहायता करना हमारा कर्तव्य है।"[3] लड़ाई खत्म होने पर जब अंग्रेज अपने वादे से मुकर गए और नरम दलियों की सहायता का इनाम सख्त दमन, फौजी हुकूमत और गोलियों से दिया तो गाँधी ने अंग्रेजी राज के प्रति अपना पुराना नजरिया छोड़ दिया और सरकार के खिलाफ असहयोग आंदोलन छेड़ दिया जो उस जमाने में एक गैर-कानूनी आंदोलन था। गाँधी की इस बदली हुई भूमिका को नोट किया भारत में समाजवाद के प्रारंभिक प्रचारकों में एक, आचार्य नरेन्द्र देव ने : "वे एक कट्टर सहयोगी से कट्टर विरोधी बन गए।"[4] लड़ाई ने, उससे पैदा हुई आशा और निराशा ने, उससे उपजे असंतोष और उत्साह ने, भारत के राष्ट्रीय आंदोलन के स्वरूप को बदल दिया, इसके नेतृत्व को बदल दिया।

लड़ाई ने जिन वर्गों को सबसे अधिक बदला, वे थे मजदूर और किसानों के वर्ग। 1917 से 1922 तक होने वाले मजदूर-किसान आंदोलनों के पीछे लड़ाई का भारी हाथ था। लड़ाई ने समाज के आर्थिक ढाँचे पर जबर्दस्त असर डाला था। जिस एक चीज ने

मजदूर, किसान, दोनों को सबसे ज्यादा प्रभावित किया, वह थी महँगाई और अनाज का अभाव। लड़ाई के दौरान चीजों की कीमतें तेजी से बढ़ीं और आकाश छूने लगीं। सबसे ज्यादा दाम उन अनाजों के बढ़े जिन्हें गरीब मजदूर-किसान खाते थे। चना, बाजरा, ज्वार, उड़द और गेहूँ की कीमतों में लड़ाई के बाद 200 से लेकर 600 प्रतिशत तक की वृद्धि हुई। बड़े पैमाने पर अनाज विदेश भेजा जा रहा था और मजदूर-किसान भुखमरी की हालत में पहुँच गए थे। देश के कई हिस्सों में अनाज लूटा जाने लगा। 23 सितंबर, 1918 के 'प्रताप' में अनाज के लूट की खबरें छपीं। मद्रास, पटना, बंगाल और दूसरी जगहों पर भूखे किसानों ने अनाज के भंडार लूट लिए थे। 'प्रताप' में इस पर टिप्पणी छपी : "हिंदुस्तान के मनुष्य जो कि गूँगे समझे जाते हैं, वे एकाएक बोलने कैसे लगे; जो कानून से इतना डरते हैं, वे इतना अडर कैसे हो गए?" टिप्पणी लिखने वाले ने खुद ही इसका जवाब भी दिया : "मनुष्य अडर तभी होते हैं जब वे अतिरिक्त दुखी होते हैं।" भुखमरी और महँगाई की तकलीफ ने मजदूर-किसानों को जिंदा रहने के लिए एक नई लड़ाई में उतार दिया। इस बार लड़ाई यूरोप में नहीं, भारत के अंदर हुई।

भुखमरी महँगाई का सिर्फ एक नतीजा था, सबसे सीधा नतीजा। उसके और भी नतीजे थे। महँगाई के कारण मजदूरों का वास्तविक वेतन बहुत कम हो गया था। लड़ाई के बाद हुए ज्यादातर मजदूर-आंदोलनों में वेतन बढ़ाने की माँग बुलंद हुई। किसान जो चीजें बेगार और रसद में पहले ज़मींदार को रिवाजी तौर पर देता था, महँगाई के कारण अब उनका देना उसे चुभने और अखरने लगा। इससे खेतिहर अंतर्विरोध बढ़े। लगान की बढ़ती दर अब उसके लिए और भी घातक बन गई। बाजार तंत्र ऐसा था कि महँगाई से फायदा किसान को नहीं, ज़मींदार, महाजन और व्यापारी को होता था। महँगाई के अलावा एक और चीज थी जिसने किसानों को बागी बना दिया था। लड़ाई का चंदा। युद्ध चलाने के लिए किसानों से लड़ाई का चंदा जबरन वसूला गया था। हिंदुस्तान के नंगे-भूखे किसानों से करोड़ों नहीं, अरबों रुपए लड़ाई चंदा के नाम से छीन लिए गए थे। किसानों को अपने घर का सामान, मवेशी और जमीन बेचकर लड़ाई चंदा देना पड़ा। सिर्फ 1917-18 के भारतीय बजट में भारत की ओर से ब्रिटेन को डेढ़ अरब रुपए दान में देने की मद में रखे गए थे। ये रुपए भारत के किसानों से वसूल किए जाने थे।[5] रुपयों के अलावा लाखों किसान परिवारों के जवान मर्दों को रंगरूट बनाकर साम्राज्यवादी तोपों का चारा बनने के लिए भेज दिया गया। लड़ाई के आखिरी साल, 1918 में भारत से 5 लाख रंगरूट देने का वादा हुआ था।[6] खेतों से हटाकर लड़ाई की खंदकों में भेजने से पहले उनसे वादा किया गया था कि लौटने पर उन्हें जमीन दी जाएगी। लेकिन जब वे मौत के मुँह से बचकर आए, तो उन्हें कुछ भी नहीं मिला। किसानों को लगा कि उनके साथ दगाबाजी की गई है। विरोध आंदोलनों में फूट पड़ा।

लड़ाई के बाद का भारत वही नहीं था, जो लड़ाई से पहले था। अपने संघर्षों और आंदोलनों की बदौलत भारत के मजदूर और किसान, पहली बार एक स्वतंत्र राजनीतिक

शक्ति के रूप में उभरे। मध्यवर्ग के नेतृत्व में चल रहे स्वराज्य आंदोलन के लिए अब यह संभव न था कि मजदूर-किसानों के रूप में उभरी इतनी बड़ी सामाजिक और राजनीतिक ताकत की उपेक्षा करके वह चलता रहे। लड़ाई के बाद उभरे मजदूर-किसान वर्गों ने हिंदोस्तान की राजनीति का चरित्र बदल दिया। लड़ाई से पहले स्वराज्य का आंदोलन सिर्फ शिक्षित मध्यवर्ग का आंदोलन था। जिसकी उपेक्षा करना सरकार के लिए कठिन न था। लेकिन लड़ाई के बाद मजदूर-किसान जगे तो शिक्षित वर्ग को संतुष्ट रखना सरकार के लिए जरूरी हो गया। सुधार कार्यक्रम की एक वजह यह भी थी। स्वराज्य आंदोलन में नरम और गरम का विभाजन अब पुराना पड़ गया। उसकी जगह ले ली बूर्जुवा विचारधारा के तहत मध्यवर्गीय नेतृत्व और बोल्शेविक विचारधारा के तहत मजदूर-किसान वर्गों के नेतृत्व के द्वंद्व ने। यह द्वंद्व अगले दस वर्षों के बाद शुरू होने वाला था, लेकिन इसके बीज लड़ाई के बाद ही पड़ गए थे। संघर्ष के लिए मजदूर-किसानों का उठ खड़े होना पहले विश्व युद्ध का सबसे महत्त्वपूर्ण परिणाम था। 1918 के दिसंबर में लिखे एक लेख में प्रेमचंद ने अपने वक्त की इस करवट को नोट किया। ‘‘बेजबानों की ताकत का जाहिर होना’’—इस टुकड़े को इनवर्टेड कामा के अंदर रखकर प्रेमचंद ने जोड़ा : ‘‘हाल के यूरोपीय महायुद्ध ने इस पहलू को और भी उजागर कर दिया है।’’[7] भारत के लिए पहले विश्वयुद्ध के जो नतीजे निकले, ऊपर की एक पंक्ति में प्रेमचंद ने उसका निचोड़ रख दिया। बेजबानों की ताकत स्वराज्य के आंदोलन में जाहिर हुई। मजदूरों और किसानों के आंदोलनों में जाहिर हुई। बेजबानों की ताकत ‘प्रेमाश्रम’ में जाहिर हुई। वह मनोहर, बलराज और बिलासी के चरित्रों में जाहिर हुई। विश्वयुद्ध चाहे पहला हो या दूसरा, साम्राज्यवादी जब भी आपस में लड़े तो वे कमजोर हुए और जनता की जीत हुई। विश्वयुद्धों ने हर बार इतिहास की धारा को उन्हीं के खिलाफ मोड़ दिया जिन्होंने युद्ध को शुरू किया था। मार्क्स और एंगेल्स ने लिखा था कि पूँजीवाद अपनी कब्र खुद खोदता है। उसके विनाश के बीज उसी के गर्भ में पलते हैं। वे ही मजदूर और किसान, जिनके बल पर साम्राज्यवादियों ने युद्ध लड़ा, युद्ध की बेरहम ज्यादतियों के खिलाफ संघर्ष में उठ खड़े हुए। युद्ध ने सैकड़ों तरीकों से मजदूर और किसानों में एक नई जागृति ला दी जिसके नतीजे निकलने ही थे। प्रेमचंद बड़ी जागरूकता से इन नई हलचलों को देख और समझ रहे थे। लड़ाई के आखिरी साल में प्रेमचंद ने नए जमाने की आहट को सुनते हुए लिखा : ‘‘निकट भविष्य में हिंदुस्तान के लाखों मजदूर और कारीगर फ्रांस से वापस आएँगे, लाखों सिपाही लड़ाई के बाद अपने-अपने घर लौटेंगे। क्या आप समझते हैं कि उन पर उन आजाद देशों की आबोहवा का कुछ भी असर न होगा?’’[8] यह असर कितना हुआ, प्रेमचंद ने अपने जमाने की धड़कनों को कितना सही सुना, यह प्रकट हुआ अढ़ाई साल बाद 1921 की चौदह मार्च को रायबरेली जिले के जोधा गाँव में किसानों की एक सभा में। इसमें किसान सभा के आदेशों का उल्लंघन करने वाले एक आदमी और सेंध लगाने वाले एक मुजरिम को सजा सुनाई गई। यह

घटना ताल्लुकेदार और ब्रिटिश अदालत, दोनों की सत्ता के समानांतर किसान सत्ता कायम करने की कोशिश थी। इस किसान सभा का नेता था बृजपाल सिंह जो प्रतापगढ़ का बाशिंदा था और जिसने ब्रिटिश साम्राज्य की फौज में भर्ती होकर फ्रांस के मैदानों में जर्मनों से मोर्चा लिया था। बृजपाल सिंह को गिरफ्तार करने के लिए जब पुलिस ने उसे हथकड़ी पहनाने की कोशिश की तो बृजपाल सिंह ने विरोध करते हुए कहा कि जब मुझे युद्ध में बंदी बनाया गया तब जर्मनों ने भी मुझे हथकड़ी नहीं लगाई थी। बृजपाल सिंह को गिरफ्तार करने के लिए आई पुलिस पर किसानों ने हमला कर दिया। पुलिस भागकर ताल्लुकेदार की कोठी में छुप गई। बृजपाल सिंह और किसानों ने सारी रात कोठी को घेरकर रखा। बृजपाल सिंह ने डिप्टी कमिश्नर से कहा कि मैं लड़ाई के मैदान में मशीन गनों, तोप और घुड़सवार सेना से भी नहीं डरा हूँ। उसने पुलिस के सिपाहियों से कहा कि तुम किसानों का साथ दो, वे तुम्हारे भाई हैं। सारी रात मुठभेड़ के बाद, तीन बार गोलियाँ चलाकर, चार किसानों की हत्या कर और बीस को घायल कर पुलिस ने बृजपाल सिंह को किसानों से अलग किया और सिर्फ तभी उसे गिरफ्तार कर सकी। बृजपाल सिंह को चार साल जेल की सजा सुनाते हुए मजिस्ट्रेट ने अपने फैसले में लिखा कि बृजपाल सिंह ने किसानों के दिल से ब्रिटिश सरकार के अस्तित्व के ख्याल को ही मिटा दिया था। उसने पुलिस के खिलाफ ऐसे उत्साह के साथ मोर्चा लिया मानो वह फ्रांस की लड़ाई के मैदान में हो।[9]

विश्व युद्ध से लौटकर किसान आंदोलन में भाग लेने वाला फौजी किसान बृजपाल अकेला न था। ऐसे सैकड़ों किसान थे। फैजाबाद-सुलतानपुर जिलों की सीमा पर खपरडीहा रियासत में जब स्थानीय किसान नेता सूरज प्रसाद उर्फ छोटा रामचंद्र को पुलिस गिरफ्तार कर ट्रेन से ले जाने लगी तो उसे छुड़ाने के लिए किसान सभा के हजारों किसानों ने गोसांइगंज रेलवे स्टेशन को घेर लिया था। किसानों की उस भीड़ में सैकड़ों किसानों ने विश्व युद्ध की अपनी फौजी वर्दी पहन रखी थी। भीड़ की अगुआई कर रहे किसान की वर्दी पर तीन फीते लगे हुए थे।[10]

फ्रांस की लड़ाई के मैदानों से लौटे उत्तर प्रदेश के किसान अपने साथ आजाद मुल्कों की हवाएँ लेकर आए थे। 'प्रेमाश्रम' में लड़ाई से लौटे ये किसान चरित्र नहीं मिलते क्योंकि वे जब लौटे, तब तक 'प्रेमाश्रम' की रचना पूरी हो चुकी थी। रायबरेली में किसान आंदोलन 'प्रेमाश्रम' की रचना के बाद फूटा। 'बादल राग' में 'ऐ विप्लव के वीर, तुझे बुलाता कृषक अधीर' जैसी पंक्तियाँ लिखने में निराला को अभी छः साल की देर थी। लेकिन, जैसे किसान हवा को सूँघकर वर्षा का अंदाज लगा लेते हैं, प्रेमचंद ने पच्छिम की हवाओं को सूँघकर आने वाले विप्लवी बादलों का अंदाज लगा लिया था। 'प्रेमाश्रम' में किसान-विप्लव के बादल नहीं हैं, उसका पता देनेवाली हवाएँ हैं। 'प्रेमाश्रम' अवध के किसान आंदोलन की उपज न था। एक ओर 1917 का चंपारन का किसान आंदोलन था, दूसरी ओर 1921-22 का अवध का किसान आंदोलन था। 'प्रेमाश्रम' इन

दोनों के बीच के समय की रचना थी। यह बीच का समय जन-जागरण का समय था। भारी उथल-पुथल का युग था। अभी आग जली न थी; युद्ध की ठंडी होती राख से सिर्फ चिंगारियाँ उड़ रही थीं। राजनीति की दुनिया में गाँधी का नेतृत्व उभर रहा था। अवध के किसान अपनी सभाओं में संगठित हो रहे थे और कलकत्ता, कानपुर और बंबई के मजदूर हड़ताल की तैयारी कर रहे थे। इन सब की तरह कला की दुनिया में भी एक कृति रची जा रही थी। यह कृति गाँधी के नेतृत्व, किसानों की सभा या मजदूरों की हड़ताल से नहीं उपज रही थी, बल्कि उन्हीं सब की तरह यह भी अपने युग की उपज थी। अलग-अलग, लेकिन फिर भी एक-दूसरे से जुड़े हुए, शरीर के अंगों की तरह। जिस युग की ये उपज थीं, उसे युद्ध ने जन्म दिया था।

किसान-साहित्य

1916 की दिसंबर में चंपारन के एक धनी किसान राजकुमार शुक्ल ने लखनऊ के कांग्रेस अधिवेशन में आकर किसानों की दुर्दशा का हाल बतलाया और गाँधी को चंपारन ले गया। गाँधी और उनके साथियों ने चंपारन में किसानों की दुर्दशा की जो जाँच की, उसकी खबरों ने राष्ट्रीय प्रेस में तहलका मचा दिया। हिंदी-अंग्रेजी के सभी राष्ट्रवादी अखबारों और पत्र-पत्रिकाओं ने चंपारन के किसानों की दुर्दशा की खबरों को महत्त्व देकर छापा। 1917 के अगस्त में कानपुर से निकलने वाले साप्ताहिक पत्र 'प्रताप' पर सरकार ने चंपारन संबंधी बड़े-बड़े लेख छापने के लिए कानूनी कार्रवाई की और जमानत माँगी। 'प्रताप' ने फिर भी चंपारन की खबरें छापना बंद नहीं किया और सरकारी नोटिस के जवाब के रूप में 'चंपारन का उद्धार' नामक किताब छापकर चंपारन के एक-एक किसान के घर तक पहुँचा दी।[11] गाँधी के नेतृत्व में चंपारन में खेतिहर अंतर्विरोधों की जाँच और उसके नतीजों ने हिंदी प्रदेश में शिक्षित मध्य वर्ग के बीच किसानों की समस्या को विचार का महत्त्वपूर्ण विषय बना दिया। इससे पहले भी किसानों की समस्याओं पर विचार हुआ था। लेकिन चंपारन में खेतिहर अंतर्विरोधों की जाँच के बाद नई बात यह हुई कि किसानों का सवाल स्वराज्य के रू-ब-रू खड़ा हो गया। किसानों के सवाल के साथ स्वराज्य के आंदोलन का संबंध क्या है? यह प्रश्न स्वराज्य आंदोलन को नेतृत्व देने वाले शिक्षित मध्यवर्ग के लिए सिर्फ सैद्धांतिक ही नहीं, बल्कि व्यावहारिक राजनीति का प्रश्न बन गया। गाँधी ने चंपारन में किसानों के बीच कुछ रचनात्मक काम चलाने की कोशिश की। इधर पं. मदन मोहन मालवीय ने 1918 में इलाहाबाद को केंद्र बनाकर होमरूल लीग के मातहत यू. पी. किसान सभा कायम की जिसने सरकार की किसानों की समस्याओं पर एक लंबा-चौड़ा माँग पत्र पेश कर दिया। राष्ट्रीय आंदोलन में पहली बार किसान फ्रंट खोला गया जिसकी शाखाएँ तेजी से फैलने लगीं। दिल्ली के कांग्रेस अधिवेशन में पहली बार एक हजार किसान प्रतिनिधि युक्त प्रांत से भेजे गए जिनमें से सात सौ प्रतिनिधियों का खर्च यू. पी. किसान सभा ने उठाया। इसी साल प्रतापगढ़ में

नीचे से किसानों ने अपनी एक किसान सभा बनाई जिस पर दो साल बाद स्वराज्य आंदोलन के मध्यवर्गीय नेताओं ने अपना कब्जा जमा लिया। आने वाले सालों में देश के कई हिस्सों में किसानों के आंदोलन हुए। आरंभ में ये सभी किसान आंदोलन राष्ट्रीय आंदोलन से स्वतंत्र और किसान नेताओं की अपनी पहलकदमी से हुए, लेकिन बहुत जल्दी वे राष्ट्रीय आंदोलन के संपर्क में आए और मध्यवर्ग के शिक्षित नेताओं ने उन आंदोलनों के साथ अपनी राष्ट्रीय राजनीति का तालमेल बैठा लिया। किसानों के प्रश्न और राष्ट्रीय प्रश्न के बनते-बिगड़ते रिश्तों के विकास के साथ-साथ मध्यवर्ग के बीच किसानों की समस्याओं पर विचार-विमर्श भी तेजी से चला। पत्र-पत्रिकाओं, अखबारों, राजनीतिक किताबों, बुकलेट और पैम्फलेटों, साहित्यिक उपन्यासों, कहानियों, कविताओं और पत्र-पत्रिकाओं में छपनेवाले रेखाचित्रों में पहली बार व्यापक रूप से किसान एक विषय बनकर छा गए। उस समय शिक्षित मध्यवर्ग के बहुत से लोग किसानों के बारे में लिख रहे थे। प्रेमचंद भी उनमें से एक थे।

कृषक जागरण के इस दौर में हिंदी प्रदेश का बौद्धिक नक्शा क्या था? उस समय हिंदी प्रदेश में चार मुख्य बौद्धिक केंद्र थे। कानपुर, इलाहाबाद, बनारस और इंदौर। कानपुर से उर्दू के 'जमाना' और 'आजाद' पत्रों के अलावा हिंदी में गणेश शंकर विद्यार्थी का साप्ताहिक 'प्रताप' अखबार निकलता था जो लड़ाकू राष्ट्रवाद का मुख पत्र था। यहीं से 1920 से विद्यार्थी जी ने मासिक 'प्रभा' भी निकालनी शुरू की जो उस समय की सबसे महत्त्वपूर्ण राजनीतिक पत्रिकाओं में एक थी। इलाहाबाद से मदन मोहन मालवीय का साप्ताहिक अखबार 'अभ्युदय' निकलता था जिसका संपादन 7 दिसंबर, 1918 से वामपंथी विचारक कृष्णकांत मालवीय ने सँभाल लिया था। इलाहाबाद से ही कृष्णकांत मालवीय के संपादन में मासिक पत्र 'मर्यादा' निकल रहा था जो उस जमाने में अंतर्राष्ट्रीय साम्यवाद का सबसे मुख्य पत्र था। यहीं से महावीर प्रसाद द्विवेदी के संपादन में हिंदी की प्रसिद्ध पत्रिका 'सरस्वती' निकलती थी। इलाहाबाद से ही सी. वाई. चिंतामणी के संपादन में 'लीडर', नेहरू के संपादन में 'इंडिपेंडेंस' और सच्चिदानंद सिन्हा के संपादन में 'हिंदुस्तान रिव्यू' जैसे राष्ट्रीय पत्र निकल रहे थे। 1919 में बनारस से श्री प्रकाश के संपादन में दैनिक अखबार 'आज' का निकलना शुरू हुआ जो लड़ाकू राष्ट्रवाद का प्रचारक था। 'आज' का प्रकाशन शिवप्रसाद गुप्त की संस्था 'ज्ञानमंडल' से होता था जिसने राष्ट्रीय आंदोलन से संबंधित कई महत्त्वपूर्ण प्रकाशन किए थे। 1920 में इसी संस्था ने कृष्णकांत मालवीय से 'मर्यादा' को खरीद लिया और यह संपूर्णानंद के संपादन में निकलना शुरू हुआ। 1922 में कुछ महीनों के लिए यह प्रेमचंद के संपादन में भी निकला। बनारस से ही 1919 में प्रो. जीवन शंकर मलिक ने 'स्वार्थ' पत्रिका निकाली जो राजनीति, समाजशास्त्र और अर्थशास्त्र की गंभीर पत्रिका थी। इंदौर में 'सरस्वती सदन' प्रकाशन की ओर से मासिक पत्र 'नवजीवन' निकलता था जो राष्ट्रवादी पत्रिका थी। सरस्वती सदन राष्ट्रवादी किताबों की एक मुख्य प्रकाशक संस्था थी। हिंदी प्रदेश

के इन सब केंद्रों में औद्योगिक शहर कानपुर सबसे महत्त्वपूर्ण था जहाँ मजदूर वर्ग के आंदोलन का भी विकास हो रहा था। कानपुर न सिर्फ क्रांतिकारी राष्ट्रवाद का केंद्र था, बल्कि वह भावी कम्युनिस्ट आंदोलन का भी केंद्र था। बनारस के 'ज्ञानमंडल' की तरह गणेश शंकर विद्यार्थी का 'प्रताप' प्रेस क्रांतिकारी आंदोलनों से संबंधित कई महत्त्वपूर्ण प्रकाशन कर रहा था।

'प्रेमाश्रम' लिखना शुरू करने के सात-आठ महीने पहले, जब प्रेमचंद अपने भावी उपन्यास की कल्पना कर रहे होंगे 'प्रताप' के अंकों में चंपारन के किसानों की दुर्दशा और गाँधी की जाँच की रिपोर्टें छप रही थीं। 1917 के 7 मई के अंक में 'चंपारन में महात्मा गाँधी' टिप्पणी छपी। इसमें किसानों के बयान छपे जो उन्होंने गाँधी के सामने दिए थे। किसानों ने गाँधी को बताया कि : ''हम लोगों से जबर्दस्ती तावान वसूल किया जाता है। खेत और माल मवेशी बेचकर हम लोगों ने तावान का रुपया दिया है। जिन लोगों से कुल रुपया वसूल न हो सका उन लोगों ने हैंडनोट लिखकर दिए हैं। इनहार में बहुत से लोगों ने कहा कि हम लोगों ने 100 रु. से 125 रु. बीघा तक तावान दिया है। अहीरों ने कहा कि हम लोगों से आने सेर घी लिया जाता है। दूध और दही का तो दाम ही नहीं मिलता। पटवारी को फी रुपया–आना परकानन और दवात पूजा की बीघा एक रुपया प्रति वर्ष देना पड़ता है। ठेकेदार को हर एक काश्तकार एक रुपया देता है।'' सीघा छपरा गाँव की एक स्त्री ने गाँधी को बताया : ''कोठी का ठेकेदार मुझे आँगन से यह सिर का केश पकड़ कर खेत तक ले गया। मैं गाँव वालों को दोहाई देती रह गई, मगर इन लोगों ने मेरी सहायता न की। मेरे घर से मेरा खेत लगभग बीस बीघा दूर है। वहाँ तक ठेकेदार बाबू मेरा झोंटा खींचे हुए ले गए और मुझसे और मेरे दस वर्ष के लड़के से खेत का काम कराया।'' इसी अंक में 'मेवाड़ में युद्ध ऋण' टिप्पणी छपी। सरकारी कर्मचारी किसानों से जबरन युद्ध ऋण वसूल कर रहे थे। टिप्पणी में लिखा : ''इस काम में कल्पना से बाहर अत्याचार किया जा रहा है। चाहे किसी के घर एक दिन खाने के लिए न हो, परंतु उसे 611 इस युद्ध ऋण में देने ही होंगे। ऐसी आज्ञा दिन प्रतिदिन कृषकों को सुनाई जा रही है।'' 'अभ्युदय' के एक जून, 1917 के अंक में बिजनौर में युद्ध ऋण की वसूली में ज्यादती की खबर छपी। 1917 के 21 मई के अंक में 'प्रताप' में 'चंपारन में अनुसंधान कमेटी', 'नीलहे गोरे', 18 जून के अंक में 'चंपारन में अनुसंधान कमेटी', 16 जुलाई के अंक में 'चंपारन में अनेक प्रकार के कर' लेख छपा। यह आखिरी लेख आगे सितंबर तक धारावाहिक छपता रहा जिसमें किसानों से वसूले जाने वाले अबवाबों जैसे घुड़अही, हथिअही, फगुआही, मोटरही आदि का परिचय छपा। 19 नवंबर के अंक में 'चंपारन में गाँधी की जीत' छपना शुरू हुआ जो दिसंबर तक धारावाहिक छपता रहा। इसमें किसानों की दुर्दशा, जाँच कमेटी की टिप्पणियों और किए जा रहे सुधारों की चर्चा थी। 11 जून, 1917 के अंक में इलाहाबाद के अंग्रेजी दैनिक 'लीडर' में चंपारन के किसानों की समस्याओं पर संपादकीय छपा और 20 जून के अंक

में 'दी प्लाटर्स रूल' टिप्पणी छपी जिसमें नील के जमींदारों की ढिठाई और उनके किसान विरोधी रुख की चर्चा थी। शिक्षित मध्यवर्ग अपनी राजनीति को फैलाने के लिए गाँवों की ओर मुखातिब हो रहा था, इसकी सूचना मिलती है 'अभ्युदय' 1917, 27 जुलाई के अंक से। इसमें एक लेख छपा : 'गाँवों में होमरूल'। 'हिंदुस्तान का उद्धार गाँव वालों पर निर्भर है। जब तक गाँवों के लोग होमरूल की महिमा को अच्छी तरह न समझने लगेंगे तब तक आजकल की हलचल बहुत अंश में अधूरी ही रहेगी।'' इस लेख में 'काश्तकारों की अवस्था।' उप-शीर्षक देकर किसानों की गरीबी और शोषण को सामने लाया गया : ''सर विलियम हंटर के अनुसार देश में चार करोड़ आदमी ऐसे हैं जिनको साल के 365 दिनों बराबर एक ही बार खाना खाने को मिलता है।...कोई ऐसा साल नहीं गुजरता जब देश में कहीं न कहीं दुर्भिक्ष की कराल काया हमारी आशाओं को न सुखाती हो।...लगान के कारण लाखों काश्तकार इस समय पिसे जा रहे हैं।...बड़े ज़मींदारी के मुख़्तार और छोटे-छोटे ज़मींदार खुद गरीब काश्तकारों को लूटने में पुलिस के सहायक बनते हैं।...जेल में कैदियों को जो खाना नसीब होता है वह गाँव वालों को शायद ही कभी खाने को मिलता हो। अनुमान से, फी काश्तकार की सालाना आमदनी 24 रु. से अधिक नहीं है। लेकिन हमारे सूबे के जेलों में, सन् 1917 की रिपोर्ट के अनुसार, फी कैदी की खुराक में 37 रु. सालाना खर्च हुए। कैदी के ऊपर 37 रु., काश्तकार के लिए सिर्फ 24 रु.।'' 10 अगस्त के अंक में 'अभ्युदय' में टिप्पणी छपी : गाँवों में प्रचार। इसमें होमरूल के आंदोलन को गाँवों के किसानों तक पहुँचाने के लिए कहा गया। 'सरस्वती' में, 1917 के जून अंक में माधव राव सप्रे का लेख 'किसानों की शिक्षा' छपा। इसमें ज़मींदारों और महाजनों के शोषण का जिक्र करते हुए उसका कारण किसानों की अज्ञानता और अशिक्षा को बतलाया। डेनमार्क के किसानों की तुलना में भारतीय किसान के पिछड़ेपन की चर्चा है। स्वराज्य की हाँक लगाने वालों से कहा गया : ''जिनके लिए तुम स्वराज्य प्राप्ति चाहते हो उन्हें स्वराज्य का अर्थ समझने योग्य कर दो। किसानों में ज्ञान पिपासा के उद्भूत होने पर स्वराज्य प्राप्ति का प्रश्न सहज ही हल हो जाएगा।''

उपन्यास में आने से पहले किसान हिंदी कविता में आए। किसानों पर कविता लिखने का एक नया दौर शुरू हुआ। कितने ही कवियों ने किसानों पर होने वाले शोषण, अत्याचारों, उनकी गरीबी और असहायता पर कविताएँ लिखीं। 14 मई, 1917 के 'प्रताप' में कवि 'त्रिशूल' की एक कविता छपी : किसान।

''मानापमान का नहीं ध्यान, बकते हैं उनको बदजुबान।
कारिंदे कलिके कूचबान, दौड़ाते देते दुख महान।।
चुप रहते, सहते हैं किसान।
नजराने देते पेट काट, कारिंदे लेते लहू चाट।
दरबार बीच कह चुके लाट, पर ठोंक-ठोंक अपना लिलाट।।
रोते दुखड़ा अब भी किसान।''

28 मई के अंक में 'त्रिशूल' की दूसरी कविता छपी 'किसानों का आर्तनाद'—बनाया क्यों प्रभु हमको दीन। कविता गाने के लिए भजन के रूप में छपी। 4 जून के अंक में किसानों पर 'त्रिशूल' की तीसरी कविता छपी : दम गनीमत है किसानों का। 18 अक्तूबर अंक में अनिरुद्धलाल की कविता छपी : सता लो जितना जी चाहे। जब प्रेमचंद 'प्रेमाश्रम' लिख रहे थे, तब, 1918 के अप्रैल में 'सरस्वती' के आठ पृष्ठों में गया प्रसाद शुक्ल 'सनेही' की लंबी कविता छपी : दुखिया किसान।

खेतों पर कुछ नहीं हाय! अधिकार हमारा; सुनती कुछ
भी नहीं, उग्र सरकार हमारा
कैसे हो, हो कहाँ, कहो सुविचार हमारा; एक करे तो
करे, न्याय कर्त्तार हमारा

इस कविता में सनेही जी ने किसानों पर सामंती शोषण को दिखलाया और शिकायत की कि शिक्षितों को किसानों से सहानुभूति नहीं है। किसानों की उन्नति के बिना देश की उन्नति न होगी। 1919 में 'प्रताप' के 13 अक्तूबर के अंक में पांडे बेचन शर्मा की कविता छपी : कृषक।

टका पास भी है नहीं, टूटा टहवा टाट है।
अब हमको क्या रह गया, हाड़ चाम का ठाठ है।।

24 नवंबर के अंक में हरिश्चंद्र देव विद्यार्थी की कविता छपी : भारतीय कृषक।

अनुपम सरल उदार दिव्य तेरा जीवन है।
पर हित श्रम रत हुआ सूख के काँटा तन है
पर दुखिया किसान की सब दुनिया दुश्मन है!

1920 के 31 मई अंक में शिवबालक त्रिवेदी की कविता 'किसान' छपी। 21 जून के अंक में कवि गुलाब की कविता 'कृषक विलाप' छपी। 1919 में 'प्रताप' के 28 अप्रैल के अंक में कवि त्रिशूल के पहले कविता संग्रह 'त्रिशूल तरंग' का विज्ञापन छपा। विज्ञापन में त्रिशूल को 'हिंदी के राष्ट्रीय कवि-सम्राट' की उपाधि दी गई। किताब 'प्रताप' प्रेस से छपी थी और उसकी भूमिका गणेश शंकर विद्यार्थी ने लिखी थी। किसानों पर उपन्यास लिखने वाले प्रेमचंद 'उपन्यास सम्राट' कहलाए तो किसानों पर कविताएँ लिखने वाले 'त्रिशूल' कवि-सम्राट।

1917 की विजयादशमी पर 'प्रताप' का राष्ट्रीय अंक छपा। इसमें किसानों की समस्या पर एक महत्त्वपूर्ण लेख छपा : भारतीय किसान। लेखक की जगह नाम छपा 'ध्रुव'। लेख में लिखा गया कि यूरोप और एशिया के सभी देशों में कृषकों पर अत्याचार होते रहे हैं। ''आयरलैंड के कृषकों और रूस के सर्फ़ों की दुख गाथा किसी से छिपी नहीं

है, परंतु भारतीय किसानों की दशा, जो इनसे किसी प्रकार अच्छी नहीं है, इसलिए और भी बुरी है कि अन्य देशों के कृषकों की दशा सुधारने का उद्योग किया जा रहा है, परंतु यहाँ कुछ भी नहीं। यदि किसी से भारतीय खेतिहरों की दुर्दशा का वर्णन कीजिए तो उसके परिणाम में उसके मुँह से उपेक्षा भाव से, एक धीमी 'हाँ' तो अवश्य निकल जाती है, और कुछ नहीं। बस, कृषकों के प्रति उनके कर्त्तव्य और सहानुभूति का यहीं अंत हो जाता है।'' किसानों की समस्या के प्रति उस समय के मध्यवर्ग के रवैये और निष्क्रियता का सटीक वर्णन है। लेख में मार्मिक ढंग से किसानों की सामाजिक, आर्थिक और राजनीतिक दुर्दशा का वर्णन करने के बाद मध्यवर्ग की उस राजनीति को ललकारा जिस राजनीति में किसानों की कोई माँग नहीं है। लेखक ने लार्ड कर्जन को उद्धृत किया कि ''भारतीय कृषक राजनीति नहीं जानते, पर उसके बुरे-भले फलों को भोगते हैं।'' फिर इस पर अपनी टिप्पणी लिखी है : ''वे राजनीति जानें कैसे? देश और उसकी राजनीति से उन्होंने लाभ ही क्या उठाया है, जो वे देश का गर्व करें और उसकी राजनीति जानें?''

गंगाधर पंत, दयाशंकर दूबे, प्राणनाथ विद्यालंकार और रमाशंकर अवस्थी उस जमाने में किसानों की समस्याओं पर लिखने वाले मुख्य लेखक थे। इन लेखकों ने अपने लेखों में किसानों के शोषण-उत्पीड़न की समस्याओं को उठाया, उनका विश्लेषण किया; उन्हें राष्ट्रीय-अंतर्राष्ट्रीय परिस्थितियों के संदर्भ में रखकर देखा और उनके हल के उपाय भी बतलाए। 1918 में 'सरस्वती' के जून और जुलाई अंकों में गंगाधर पंत का लेख 'अवध के जमींदार और काश्तकार' दो किस्तों में छपा। पहली किस्त में पंत ने अवध में खेतिहर अंतर्विरोधों का इतिहास बतलाया, गदर और अंग्रेजी राज की स्थापना के बाद बदल गई भूमि व्यवस्था और काश्तकारी नियमों का वर्णन किया। दूसरी किस्त में किसानों की तकलीफों का वर्णन करते हुए उसमें सुधार के भी कुछ उपाय बतलाए। लेख में नज़राने, अबवाबों, लगान की बढ़ती दर तथा जमींदार के और बहुत से हथकंडों और चालाकियों का सजीव वर्णन किया गया और किसानों की असहायता का चित्र खींचा : ''वर्तमान काल में जमींदार, नए बंदोबस्त के समय, नजराने की भली चंगी रकम लेने की ताक में रहते हैं। सात वर्ष व्यतीत होने पर 61 फी सैकड़ा वार्षिक लगान में वृद्धि की जा सकती है और नजराना घाते में मिलता है। जो अधिक नजराना दे, वही जमीन ले। खेद है, बहुत से हथकंडे और चालाकियाँ काम में लाकर जमींदार कानूनी बेशी से ज्यादा रुपया वसूल कर लिया करते हैं। बेचारे गरीब काश्तकार मजबूरी या मूर्खता से, जो माँगा जाता है, देने को तैयार हो जाते हैं। नजराना असामियों को खलता है। सरकार उसका विरोध करती है। फिर भी गरज बावली होती है। इसलिए असामी ऐसी रकमें देते हैं और देंगे। ''जबरा मारे रोने न दे।'' हाँ, कोई बलवती शक्ति इस कठिनता के निवारण का उपाय कर सकती है।'' इसी साल अक्तूबर के अंक में शालग्राम का लेख 'कृषकों की दरिद्रता' भी छपा।

कृष्णकांत मालवीय की पत्रिका 'मर्यादा' का मुख्य उद्देश्य हिंदी भाषी जनता को

अंतर्राष्ट्रीय कम्युनिस्ट आंदोलन से परिचित कराना था। बीच-बीच में भारत की सामाजिक-राजनीतिक स्थिति पर भी लेख छपते थे। 1918 के मई अंक में मातादीन शुक्ल का लेख 'हिंदुस्तान के कृषकों की दशा' छपा। इसमें भारतीय किसानों की तकलीफ के कारणों का विवेचन किया गया और फ्रांस, जर्मनी, आस्ट्रिया, इटली तथा हॉलैंड की लगान की दर से भारत में लगान की दर की तुलना की गई। जनवरी, 1919 के अंक में राजेंद्र प्रसाद का लेख छपा : "किनको वोट देने का अधिकार मिलना चाहिए?" लेख में किसानों को वोट देने के हक का समर्थन किया गया। अप्रैल अंक में विशम्भर नाथ शर्मा की कहानी 'किसान' छपी जिसमें जमींदारी शोषण का चित्र खींचा गया। 1919 सितंबर की मर्यादा में रमाशंकर अवस्थी का लेख 'रूसी किसान : आगामी विश्वकर्मा' छपा। लेख में लिखा : "सारे देश की भूमि पर राष्ट्रीय सरकार का कब्जा हो गया है। जनता ही भूमि की स्वामी बनाई गई है। अब रूसी किसान गत शताब्दी का दीन-हीन तथा दुखी किसान नहीं है, वह संसार में स्वाधीनता तथा समता के आदरणीय प्रतिनिधि की हैसियत से विराजमान है।...रूसी किसान की दीक्षा सारे संसार में बराबर फैलती जा रही है।" इसी साल 'अभ्युदय' के 30 अगस्त के अंक में कृष्णकांत मालवीय का संपादकीय छपा : "किसान भाइयों के साथ न्याय।" इस संपादकीय में किसानों पर होने वाले जुल्म और अन्याय का वर्णन कर मुख्यतः लगान का सवाल उठाया गया और आखीर में लिखा : "जैसा कि श्रद्धेय लाला लाजपत राय कई बार लिख चुके हैं, भारत में शीघ्र ही एक भूमि आंदोलन शुरू होना चाहिए।" 'भूमि आंदोलन' शब्द को मोटे टाइप में छापकर आगे लिखा है : "प्रत्येक किसान भाई को इसमें भाग लेना चाहिए। जिस ग्राम में किसान सभा अब तक न स्थापित हुई हो वहाँ एक सभा शीघ्र ही स्थापित होनी चाहिए। देश के कोने-कोने में सभाएँ कर यह प्रस्ताव पास होना चाहिए कि प्रत्येक कृषक कुटुंब की आवश्यकता के अनुसार उसे जमीन बेलगानी मुफ्त मिलनी चाहिए।" लेख के खात्मे पर यह सूचना दी गई कि जल्दी ही एक विद्वान 'अभ्युदय' में भूमिकर पर एक लेखमाला शुरू करेंगे।

बनारस में ज्ञानमंडल से निकलने वाली पत्रिका 'स्वार्थ' के हर अंक में एक लेख किसानों की समस्या पर रहता था। 1919 के मार्ग शीर्ष अंक में शिवदत्त त्रिपाठी का लेख छपा : 'किसानों की दरिद्रता और उसका प्रतिकार।' भारत में किसानों के सवाल पर लेखक ने लिखा : "यह एक महत्त्वशाली राष्ट्रीय प्रश्न है जिसका शीघ्र ही हल करना आवश्यक है। क्योंकि जिस राष्ट्र का एक बहुत ही बड़ा भाग अच्छी फसल के दिनों भी मुश्किल से रूख-सूख खाकर आधा पेट भरने पाता है, वस्त्राभाव के कारण कठिनता से अपनी लाज बचाने पाता है, उस राष्ट्र की आर्थिक दशा का यदि शीघ्र सुधार नहीं किया जाएगा तो उसके जीवित रहने की आशा करना व्यर्थ है।" पौष अंक में नारायण सिंह के लेख 'हमारी खेती' में खेती की समस्याओं पर विचार किया गया और देशवासियों से किसानों की दशा सुधारने की कोशिश करने की अपील की गई। चैत्र अंक में विनायक

नंद शंकर मेहता का लेख 'धरती की चकबंदी' छपा। विनायक नंद शंकर मेहता एक आई.सी.एस. अफसर थे जिन्होंने प्रतापगढ़ में चकबंदी कार्यक्रम लागू किया था। 'सरस्वती' में छपे एक लेख में इस कार्यक्रम की चर्चा आई तो लेख के नीचे द्विवेदी जी ने संपादकीय फुटनोट लिखकर मेहता को पूरे सूबे की ओर से बधाई दी। प्रतापगढ़ के कमिश्नर के रूप में मेहता ने अवध किसान आंदोलन में किसानों के प्रति सहानुभूति बरती तो ताल्लुकेदारों के दबाव से सरकार ने उसका तबादला कर दिया। 1919 के साल की शुरुआत बिजोलिया के किसान आंदोलन से हुई। हिंदी प्रदेश की पत्र-पत्रिकाओं ने बिजोलिया के किसान आंदोलन और उसके दमन की खबरें महत्त्व देकर छापीं। 'प्रताप' के 3 फरवरी, 1919 के अंक में एक लेख छपा : 'बिजोलिया की भयंकर स्थिति' उप शीर्षक था : 'अत्याचार का संगठित विरोध करें।' लेख में बताया गया कि बिजोलिया के किसानों से 75 तरह की लागतें ली जाती हैं। किसानों ने इस सामंती शोषण का प्रतिरोध किया। 500 किसानों को जेल में ठूँस दिया गया। 24 फरवरी के अंक में फिर बिजोलिया के किसान आंदोलन की खबर छपी। चार सौ किसान और गिरफ्तार हो गए थे। तीन महीनों तक बिजोलिया में किसानों का आंदोलन और उन पर दमन चलता रहा। 28 अप्रैल के अंक में बिजोलिया के किसानों पर दमन की खबरें छपीं। 21 जुलाई के अंक में फिर 'बिजोलिया की माँग' टिप्पणी छपी। लिखा : "अन्यायपूर्ण लगान तथा बेगार के खिलाफ वहाँ छः महीनों से आंदोलन चल रहा है। 51 किसानों ने सत्याग्रह किया। 400 किसान जेल गए। जाँच कमीशन बैठा। पर अत्याचार अब भी जारी है। किसानों का दमन अब भी चल रहा है।" बिजोलिया के किसान आंदोलन की खबरें 1919 की फरवरी से छपनी शुरू हुईं और 1920 में भी जारी रहीं। 1920 के 10 मई के अंक में 'बिजोलिया की कृषक कथा' छपी। इसमें किसानों की दुर्दशा की जाँच के लिए बैठाए गए कमीशन को किसानों ने जो शिकायती चिट्ठी दी थी, वह छपी। इस चिट्ठी में किसानों पर होने वाले जुल्मों का मार्मिक वर्णन है। किसानों को बर्बर यातनाएँ दी जाती थीं। काठ के छेदों में किसानों के पाँव डालकर, उल्टा लटकाकर, उन्हें मारा जाता था। उनकी पिटाई नालदार जूतों से, लाठियों से तब तक चलती रहती जब तक वे बेदम न हो जाएँ। ऐसी यातनाओं के कई उदाहरण और सबूत दिए गए। 14 जून को 'प्रताप' में संपादकीय निकला, बिजोलिया पर काले बादल। अत्याचारों से आतंकित और उत्पीड़ित किसान बिजोलिया राज्य छोड़कर दूसरे राज्यों में भाग रहे हैं।

1920 में कानपुर से गणेश शंकर विद्यार्थी ने मासिक पत्र 'प्रभा' निकालना शुरू किया। इसके मार्च अंक में प्राणनाथ विद्यालंकार का एक महत्त्वपूर्ण लेख छपा : भारत में पूँजी की कमी। लेखक ने सरकारी मालगुजारी ज्यादा होने से भारतीय किसानों की पूँजीगति दरिद्रता और कम पैदावार के आंकड़े देकर यूरोप के देशों से उनकी तुलना की। इसी अंक में एक टिप्पणी छपी : मजदूर और किसान। इसमें संघर्ष में मजदूरों और किसानों के बीच एकता न होने के प्रश्न पर विचार किया गया। टिप्पणी में एक

अमेरिकी अखबार का हवाला देकर कहा गया कि "यदि मजदूर और किसान मिलकर एक हो गए तो सन् 1921 में अमेरिका में सोवियत शासन की स्थापना हो जाएगी। टिप्पणी की अंतिम पंक्ति है, 'लीडर' नामक साम्यवादी पत्र का कहना है कि किसानों और मजदूरों को एक होकर विजय प्राप्त करनी चाहिए।" जुलाई अंक में बिजोलिया के किसान आंदोलन के दौरान लकड़ी के छेदों में पाँव डालकर किसानों को दी गई यातनाओं के चित्र छपे और उन पर टिप्पणी छपी।

1920 में 'प्रभा' के नवंबर अंक में प्रो. प्राणनाथ विद्यालंकार का दूसरा लेख छपा : भारत में श्रम तथा कृषि की दशा। 1921 की जनवरी में दयाशंकर दूबे का लेख 'भारतीय कृषकों की आर्थिक दशा' छपा। मई में उनका दूसरा लेख 'कृषि सुधार योजना' छपना शुरू हुआ जो कई किस्तों में छपा। अवध के किसान आंदोलन के संदर्भ में यह लेख महत्त्वपूर्ण था। इसमें जमींदारों के बदले हुए चरित्र के साथ किसानों के शोषण को जोड़कर देखा गया और अवध में बेदखली के बारे में लिखा : "बेदखली की इस मार से अवध के हर एक जिले, गाँव और झोंपड़ों में हाहाकार मच गया है।" इसी साल बनारस से निकल रहे 'आज' के 8 जनवरी के अंक में 'बेगार और रसद' शीर्षक से किसानों के शोषण पर एक प्रभावशाली लेख छपा। इस समय तक अवध का किसान आंदोलन फूट चुका था। 1921 के 'प्रताप', 'अभ्युदय' और 'आज' के अंकों में उसकी खबरें छपती रहीं। अवध के किसान आंदोलन के सिलसिले में गणेशशंकर विद्यार्थी पर एक ताल्लुकेदार ने मानहानि का मुकदमा चलाया। 'आज' के 1921-22 के अंकों में उस मुकदमे की पूरी कार्रवाई छपी। गणेश शंकर विद्यार्थी को छः महीने जेल की सेजा हुई। 'प्रभा' में उनका चित्र छपा और उस पर शीर्षक था : प्रतापी वीर। 'प्रभा' के 1922 के अंकों में अवध किसान आंदोलन के दौरान रायबरेली जेल के पास मुंशीगंज के पुल पर किसानों पर हुई फायरिंग से संबंधित महत्त्वपूर्ण चित्र छपे। इनमें पुलिस की गोली से घायल किसानों, उनकी देह पर छर्रे के निशान और उनके परिवारों के चित्र थे। मुंशीगंज के पुल के पास बिखरे खून से सने किसानों के कपड़ों और किसानों की लाश को नोचकर खा रहे गिद्धों के चित्र भी छपे। इसी समय पंजाब में अकाली किसानों का आंदोलन चल रहा था। सिरोही (राजस्थान) में भील किसानों का आंदोलन चल रहा था। 'प्रताप', 'अभ्युदय' और 'आज' में इनकी खबरें छप रही थीं। 'प्रभा' में इन आंदोलनों के दौरान किसानों को दी जाने वाली सामंती और साम्राज्यवादी पुलिस की यातनाओं और उत्पीड़न के रेखाचित्र छपे।

पहले विश्वयुद्ध के बाद हिंदी प्रदेश में किसान जागृति का जो दौर शुरू हुआ उसमें पहली बार किसानों को विषय बनाकर अखबार निकले। यू.पी. किसान सभा ने अपना मुख-पत्र 'किसान' निकाला। 4 जनवरी, 1919 के 'अभ्युदय' में इसके प्रकाशन की घोषणा छपी। इसका प्रकाशन अभ्युदय प्रेस, इलाहाबाद से होता था। दूसरा अखबार मुजफ्फरपुर से 'किसान समाचार' निकला। 'प्रताप' के 12 जुलाई, 1920 के अंक में

इसका विज्ञापन इस तरह छपा—महमदपुर (मुजफ्फरपुर) से किसानों की भलाई के लिए प्रजापक्ष का एक 'किसान समाचार' नामी साप्ताहिक पत्र एक अगस्त से निकलने वाला है। तीसरा अखबार पटने से दीक्षित, गणेश शर्मा ने निकाला : किसान मित्र। यह पत्र पाक्षिक था और आकार 'प्रताप' जैसा। 16 पृष्ठों का यह पत्र 1922 की विजयादशमी से निकलना शुरू हुआ और इसका विज्ञापन 'प्रताप' के 25 सितंबर, 1922 के अंक में छपा। होमरूल लीग के साप्ताहिक पत्र 'अभ्युदय' में किसानों से संबंधित समाचार और लेख रहते थे और हर पृष्ठ के ऊपर मोटे-मोटे हर्फों में लिखा रहता था : "कृपाकर पढ़ने के बाद इसे किसी किसान भाई को दे दीजिए।"

किसानों से संबंधित इन पत्र-पत्रिकाओं के अलावा किसानों की समस्याओं पर किताबें भी छप रही थीं। 1919 में बंबई के हिंदी ग्रंथ रत्नाकर से रामचंद्र वर्मा की किताब 'साम्यवाद' छपी। इस किताब की खासियत यह थी कि इसमें साम्यवाद के सिद्धांतों की चर्चा भारत के किसानों की समस्याओं के संदर्भ में हुई। किताब में पूर्वी उत्तर प्रदेश के जमींदारी इलाकों में किसानों की समस्याओं और उनके शोषण की चर्चा विस्तार से है। 1920 में इंदौर के सरस्वती सदन (जहाँ से 'हिंदी नवजीवन' निकलता था) से भवानी दयाल की किताब 'शिक्षित और किसान' छपी। 61 पृष्ठों की इस किताब में एक बैरिस्टर और किसान की बातचीत के रूप में किसानों की समस्याओं और स्वराज्य की आवश्यकता के बारे में लिखा गया। 1921 में रामनरेश त्रिपाठी की किताब 'देश का दुखी अंग' छपी। 'मर्यादा' के 1921, मार्च अंक में इसका परिचय छपा : "यह दुखी अंग किसान है, जिनके ऊपर सारे देश का बोझ है लेकिन सरकार, जमींदार, पुलिस, पटवारी, अदालत और महाजन सब इसी वर्ग का शोषण करते हैं। पुस्तक के अंत में किसानों के दुख दूर करने के उपाय भी बतलाए गए हैं। कीमत सिर्फ तीन आने।" 1921 में ही बनारस के मान मंदिर से प्राणनाथ विद्यालंकार के किसानों से संबंधित तीन ट्रैक्ट छपे : 'भारतीय किसान', 'किसानों का अधिकार' और 'किसानों पर अत्याचार।' 'सरस्वती' सितंबर, 1921 के अंक में इनका परिचय छपा। 'भारतीय किसान' ट्रैक्ट में बतलाया गया कि "भारत के निवासी भिन्न-भिन्न पेशों को छोड़कर किस प्रकार खेती द्वारा अपना भरण पोषण करने को बाध्य हुए। यह बात सिद्ध करने के लिए उपसंहार में अंकों (आंकड़ों) की जो आठ सूचियाँ दी गई हैं, वे महत्त्वपूर्ण हैं।" दूसरे ट्रैक्ट 'किसानों पर अत्याचार' के बारे में लिखा : "इस पुस्तिका में यह बतलाया गया है कि किसानों से लगान लेना पाप है। इसके सिवा ताल्लुकेदार तथा सरकारी कर्मचारी किसानों से जो तरह-तरह के नजराने और बेगार आदि लेते हैं, उनका संक्षेप में पूरा विवरण इस ट्रैक्ट में लिख दिया गया है।" 'किसानों का अधिकार' के बारे में लिखा कि "इस ट्रैक्ट में यह बताया गया है कि किसानों का भूमि पर क्या स्वत्व है और उन्हें उसका लगान किस तरह देना चाहिए। इसके बाद योरुप के भिन्न-भिन्न देशों के कृषकों की दशा का संक्षेप में वर्णन किया गया है।" परिचय देने वाले ने आखिरी पंक्ति में लिखा : "ये तीनों ट्रैक्ट

बहुत अच्छे ढंग से लिखे गए हैं और देश-काल के अनुरूप हैं।'' 1922 में किसानों से संबंधित तीन किताबें और निकलीं। पहली किताब 'अवध के किसानों की बरबादी', जो भारत समाचार समिति, काशी ने छापी और लेखक की जगह 'एक किसान' नाम दिया गया। 1922 में 'प्रताप' के 28 अगस्त के अंक में इसके विज्ञापन में कहा गया कि यह किताब लेखक के किसानों की समस्याओं से संबंधित उन आठ लेखों का संग्रह है जो 'आज' में धारावाहिक छपे थे। दूसरी किताब ब्रह्मानंद तिवारी की 'भारतीय किसान' छपी जिसका विज्ञापन 'प्रताप' के 22 मई, 1922 के अंक में छपा। तीसरी किताब राजेंद्र प्रसाद की 'चंपारन में महात्मा गाँधी' छपी जिसमें चंपारन के किसानों की दुर्दशा का विस्तार से वर्णन करके गाँधी की जाँच का ब्यौरा दिया गया। राजेन्द्र प्रसाद ने यह किताब 1918 और 1919 की दुर्गापूजा की छुट्टियों में लिखी थी। इन तीनों किताबों का प्रकाशन जिस साल हुआ, उसी साल 'प्रेमाश्रम' का प्रकाशन भी हुआ। प्रो. दयाशंकर 1921 में 'प्रभा' में किसान-समस्याओं पर महत्त्वपूर्ण लेख लिख रहे थे। उनकी किताब 'भारत में कृषि सुधार' 1923 में उसी हिंदी पुस्तक एजेंसी, कलकत्ता से छपी जहाँ से 'प्रेमाश्रम' छपा था। 1923 में ही किसान समस्याओं पर 'प्रभा' के एक और लेखक प्राणनाथ विद्यालंकार की किताब 'भारतीय संपत्तिशास्त्र' छपी। इसे कानपुर से प्रताप प्रेस ने छापा। 'सरस्वती' सितंबर, 1932 के अंक में इसके परिचय में कहा गया कि ''इस ग्रंथ में लेखक ने जमींदारी और भूमिकर की पद्धति को निन्द्य ठहराया है।'' 'प्रेमाश्रम' के प्रकाशन वर्ष 1922 में किसानों से संबंधित दो उपन्यास भी छपे। पहला उपन्यास इलाहाबाद निवासी पं. बालदत्त पांडे का 'वनदेवी' था जो कलकत्ते की भारतीय पुस्तक एजेंसी ने छापा था। इसका परिचय 'सरस्वती' के 1922, जनवरी के अंक में छपा। इससे लगता है कि उपन्यास 1921 के अंत में ही छप चुका था। उपन्यास के परिचय में लिखा है : ''इसमें पति-पत्नी के आदर्श प्रेम की झलक है; स्त्रियों को अशिक्षित रखने के कुफलों का वर्णन है, दुर्भिक्ष के कारण प्रजा-जनों, विशेषकर किसानों, पर आई हुई आपदाओं का चित्र है, जमींदारों के द्वारा किए गए उत्पीड़न की चर्चा है; कृषि, शिल्प, साहित्य, वैद्यक आदि हीनता से उत्पन्न हुई देश की अधोगति का विवेचन है और अंत में, देशोद्धारक संन्यासियों और संन्यासिनियों की सृष्टि तथा देश के कोने-कोने तक कुटिया बनाकर वहीं से उनके द्वारा भारतोन्नति के प्रेरक उपदेशों की घोषणा की आवश्यकता।'' किसानों से संबंधित दूसरा उपन्यास जंगबहादुर सिंह का 'पतितोद्धार' हिंदी ग्रंथ भंडार कार्यालय, काशी से छपा था। 'मर्यादा' आषाढ़, 1922 के अंक में, जब प्रेमचंद इसके संपादक थे, खुद प्रेमचंद ने इस उपन्यास की समीक्षा लिखी। अपनी समीक्षा में प्रेमचंद ने लिखा : ''इस उपन्यास के पतित नायक किशनचंद्र नाम के एक जमींदार हैं। वह सरकार के बड़े भक्त थे। युद्ध के आरंभ में उनके इलाके से बहुत-से मनुष्य पकड़-पकड़कर रंगरूट बनाकर भेज दिए गए पर बाबू साहब ने इन बेगारों का पक्ष न लिया था। प्रजा के एकमात्र हितैषी बाबू साहब के एक मित्र बा. शिवनाथ थे पर

उन्हें पुलिस के षड्यंत्र के कारण एक चोरी के अभियोग में तीन मास का दंड दिया गया। युद्ध के पीछे रौलट एक्ट और मार्शल ला का जमाना आया। जमींदार महोदय का, जो अब रायसाहब हो गए थे लड़का बम से घायल हो कर मरा, उनकी जायदाद जब्त हो गई और उनको कालेपानी का दंड मिला। इस दुख में उनके दो सहायक हुए, एक तो बाबू शिवनाथ जो जेल से छूटने पर स्वामी विश्वेश्वरानंद के नाम से संन्यासी हो गए थे और दूसरा संत सिंह जिसको बाबू साहब ने जबर्दस्ती रंगरूट बना कर भिजवा दिया था। युद्ध में वीरता दिखलाने के कारण संत सिंह को विक्टोरिया क्रास मिला था पर इनकी रक्षा में एक अंग्रेज को गोली मार डालने के अपराध में वह गोली से मार दिया गया। अंत में बाबू साहब को क्षमादान मिला और जायदाद भी लौटा दी गई। इनकी आँखों से पट्टी खुली। इन्होंने संत सिंह के लड़के को अपने यहाँ रख लिया और रायसाहबी की सनद भी जला दी। यही इनका उद्धार हुआ। पुस्तक अच्छी है।'' कहने की जरूरत नहीं कि यह उपन्यास प्रेमचंद के आदर्शों और रुचियों के ही निकट नहीं बल्कि कुछ बातों में खुद 'प्रेमाश्रम' के भी निकट नजर आता है।

महत्त्व की बात यह है कि चंपारन की जाँच से लेकर अवध के किसान आंदोलन तक, इन पाँच सालों के अंदर किसानों की समस्याओं पर लिखने वाले प्रेमचंद अकेले लेखक न थे। हिंदी प्रदेश में किसानों से संबंधित बहुत से लेख, कविताएँ, कहानियाँ, उपन्यास और विवेचनात्मक किताबें लिखी जा रही थीं। किसानों से संबंधित पत्रिकाएँ निकल रही थीं। किसानों का सवाल राजनीतिक दृष्टि से जागरूक मध्यवर्ग के बीच सैद्धांतिक और व्यावहारिक राजनीति का विषय बन गया था। खुद किसान और मजदूर एक स्वतंत्र ताकत के रूप में उठ कर खड़े हो रहे थे। उन पाँच सालों के अंदर किसानों के संबंध में जो कुछ लिखा गया, उसे हम उस युग का किसान-साहित्य कह सकते हैं। किसान साहित्य यानी किसानों के बारे में लिखा गया साहित्य। 'प्रेमाश्रम' इसी किसान साहित्य की एक कड़ी थी।

किसानों के शोषण के रूप

बेदखली 'प्रेमाश्रम' में किसानों के संघर्ष का मुद्दा नहीं बना जबकि अवध के किसान आंदोलन में यह सबसे अहम मुद्दा था। 'प्रेमाश्रम' में अवध जैसा किसान आंदोलन क्यों नहीं मिलता? इस सवाल के जवाब में यह सवाल पूछना वाजिब होगा कि जिस समय अवध के जिलों में किसान आंदोलन हुआ, उस समय उसके इर्द-गिर्द के जिलों में, गोरखपुर, जौनपुर, आजमगढ़ या बनारस आदि में, किसान आंदोलन क्यों नहीं हुआ? या क्यों नहीं फैला? पूर्वी उत्तर प्रदेश के इन जिलों के बीच ऐसा क्या फर्क था कि कुछ जिलों में आंदोलन होता है लेकिन उससे सटे हुए दूसरे जिलों में नहीं होता, जबकि किसान दोनों ही जगह तबाह थे?

अवधी जिलों में ताल्लुकेदारी की प्रथा थी। गोरखपुर, जौनपुर, आजमगढ़ और बनारस के जिलों में जमींदारी प्रथा थी। किसान दोनों जगह तबाह थे, लेकिन दोनों इलाकों की भूमि व्यवस्था में फर्क था। गौण फर्कों को अभी छोड़ दिया जाए। सबसे खास फर्क जोत की सुरक्षा का था। 'गार्डेन आफ इंडिया' में इरविन ने लिखा था कि गदर के बाद अवध में ताल्लुकेदारी बंदोबस्त होने के बाद सिर्फ 4.5% किसानों को अपनी जोत पर दखल का हक मिला; बाकी 95.5% किसान ऐसे थे जिन्हें अपनी जोत पर किसी भी तरह की सुरक्षा हासिल न थी। इन्हें ताल्लुकेदार जब चाहे जोत से बेदखल कर सकते थे और करते भी थे। अवध रेंट ऐक्ट में सुधार के बावजूद इनकी हालत और भी बिगड़ती चली गई। अवध में किसान आंदोलन फूटने से ठीक पहले 1918 में, इंडिया कांस्टिच्यूशनल रिफॉर्म्स के लिए बनी कमेटी ने अपनी रिपोर्ट के चौथे खंड में ताल्लुकेदारी और जमींदारी प्रथा वाले इलाकों में सुरक्षित और असुरक्षित जोत वाले किसानों के आँकड़े दिए थे।[12] इस रिपोर्ट के मुताबिक अवध के लखनऊ डिवीजन में लखनऊ, उन्नाव, रायबरेली, सीतापुर, हरदोई और खेरी जिलों में एक रु. से लेकर 99 रु. तक लगान तक देने वाले गरीब और मध्यवर्गीय कुल किसानों में से सिर्फ 1.32% किसानों को ही अपनी जोत पर सुरक्षा हासिल थी, बाकी 98.68% किसान कभी भी बेदखल किए जा सकते थे। अवध के फैजाबाद डिवीजन के फैजाबाद, गोंडा, बहराइच, सुल्तानपुर, प्रतापगढ़ और बाराबंकी जिलों में एक रु. से 99 तक लगान चुकाने वाले कुल किसानों में सिर्फ 3% किसानों को जोत की सुरक्षा थी, बाकी 97% किसानों को कभी भी बेदखल किया जा सकता था। यही हालत इससे ज्यादा लगान चुकाने वाले धनी किसानों की भी थी। मसलन 100 रु. से ऊपर लगान चुकाने वाले सीतापुर जिले के कुल 2956 किसानों में सिर्फ 28 किसानों की जोत सुरक्षित थी, सुल्तानपुर जिले के 7,345 किसानों में सिर्फ 108 किसानों और फैजाबाद जिले के कुल 1,499 किसानों में सिर्फ 64 किसानों की जोत सुरक्षित थी। अवध के 12 जिलों में 1917-18 में किसानों को 31450 और 1919-20 में 43490 बेदखली की नोटिसें जारी हुई थीं। जोत की ऐसी भयानक असुरक्षा वाले अवध के जिलों में ही किसान आंदोलन हुआ, जमींदारी प्रथा वाले जिलों में किसान आंदोलन नहीं हुआ क्योंकि वहाँ जोत की ऐसी असुरक्षा नहीं थी। बनारस डिवीजन के बनारस, मिर्जापुर, जौनपुर, गाजीपुर और बलिया जिलों में एक रु. से 99 रु. तक लगान चुकाने वाले गरीब और साधारण मध्यवर्ग के सभी तरह के कुल किसानों में 71.40% किसानों को अपनी जमीन की सुरक्षा हासिल थी, उन्हें जब चाहे तब जमींदार बेदखल न कर सकता था। गोरखपुर डिवीजन के गोरखपुर, बस्ती और आजमगढ़ जिलों में एक रु. से 99 रु. तक लगान चुकाने वाले कुल किसानों में 74% किसानों को अपनी जोत पर सुरक्षा हासिल थी। जोत पर यह सुरक्षा निम्न और साधारण मध्यवर्गीय किसानों को और भी ज्यादा हासिल थी। मसलन बनारस जिले में 50 से 99 रु. तक लगान चुकाने वाले साधारण मध्यवर्गीय किसानों की कुल संख्या में 80% किसानों को और 25 रु. से

49 रु. तक लगान चुकाने वाले निम्न मध्यवर्गीय किसानों की कुल संख्या में 91% किसानों को अपनी जोत पर सुरक्षा हासिल थी। इन्हीं वर्गों के सुरक्षित किसानों की संख्या जौनपुर में क्रमशः 81% और 90% थी।

शोषण के अन्य रूपों और उनकी मात्रा में फर्क के साथ-साथ जोत की सुरक्षा में फर्क वह मुख्य वजह थी कि पूर्वी उत्तर प्रदेश के ताल्लुकेदारी वाले इलाकों में किसान आंदोलन हुआ, लेकिन जमींदारी इलाकों में नहीं हुआ। 70-80 या 90% किसानों को अपनी जोत पर सुरक्षा (दखीलकारी हक) होने की वजह से जमींदारी इलाकों में मूल समस्या बेदखली की नहीं, लगान की थी। लेंकिन 97% से भी ज्यादा किसानों को अपनी जोत पर किसी भी तरह की सुरक्षा हासिल न होने की वजह से बेदखली अवध के किसानों की मूल समस्या थी। अवध रेंट ऐक्ट के मुताबिक सात साल मियाद पूरी होने पर ताल्लुकेदार बिना किसी खास वजह के, सिर्फ अपनी मर्जी से किसान को बेदखल कर सकते थे। किसानों को दखीलकारी हक न होने से वे इस मियाद से पहले भी कई तरीकों से उन्हें बेदखल करते थे। यही कारण है कि 1918-22 में किसान समस्याओं पर छपे लेखों में अवध के एक-एक झोंपड़े में मचे बेदखली के हाहाकार की बात मिलती है।[13] यही कारण है कि उस वक्त अवध से जुड़े कानपुर के अखबार 'प्रताप' में छपे लेखों और किसानों की चिट्ठियों में बेदखली की मार की पुकार अक्सर सुनाई पड़ती है जबकि जमींदारी इलाके के शहर बनारस के अखबार 'आज' में बेगार और रसद के सवाल पर तो लेख मिल जाते है, लेकिन बेदखली के सवाल पर कोई लेख या चिट्ठी नहीं मिलती।

'प्रेमाश्रम' बनारस के जमींदारी इलाके के किसानों की कहानी है। इसमें किसानों के शोषण के ज्यादातर रूप वही हैं जो जमींदारी इलाकों में प्रचलित थे। यही वजह है कि किसानों के चरम शोषण की 'मुर्दा फरोशी' और 'कन्या विक्रय' जैसी प्रथाएँ, जो बेदखली की समस्या से निकली थीं और अवध के इलाके में प्रचलित थीं,[14] 'प्रेमाश्रम' में नहीं मिलतीं।

ऐसी बात नहीं है कि जमींदारी इलाकों में बेदखली नहीं होती थी। 'प्रेमाश्रम' में सुक्खू चौधरी के एक बयान में बेदखली की धूम का जिक्र आता है। 1919 में छपी रामचंद्र वर्मा की किताब 'साम्यवाद' में पूर्वी उत्तर प्रदेश के जमींदारी इलाकों में हो रहे किसानों के शोषण के कई रूपों का विवरण मिलता है। रामचंद्र वर्मा ने लिखा है कि "माल की अदालतों में जिन मुकदमों की संख्या सबसे अधिक होती है वे बेदखली के हैं।" लेकिन, जमींदारी इलाकों में बेदखली लगान नहीं चुका सकने के आखिरी नतीजे के रूप में होती थी। लखनपुर के किसान बकाया लगान नहीं चुका पाते हैं, इसलिए उन पर बेदखली की नालिश दायर होती है। इसलिए इन इलाकों में किसान सीधे बेदखली के खिलाफ लड़ने के बजाय ज़मींदार द्वारा लगान में इज़ाफा करने के खिलाफ लड़ते थे। लगान इज़ाफा 'प्रेमाश्रम' में किसानों के संघर्ष का सबसे प्रधान मुद्दा है।

लगान के सवाल को प्रेमचंद ने उपन्यास में संघर्ष का सबसे अहम मुद्दा यूँ ही

नहीं बनाया था। लगान की बढ़ती दर औपनिवेशिक भारत में किसानों के शोषण का सबसे प्रधान रूप था। खेत का लगान भारत में ईस्ट इंडिया कंपनी की आमदनी का सबसे प्रधान जरिया था। कंपनी राज खत्म हो जाने के बाद भी भू-राजस्व भारत में अंग्रेजी राज की आमदनी का सबसे बड़ा जरिया बना रहा। सरकार जितनी मालगुजारी माँगती थी, उससे कहीं अधिक, करीब-करीब दुगनी रकम, ज़मींदार और ताल्लुकेदार लगान की शक्ल में किसानों से वसूलते थे। मध्यवर्गीय राष्ट्रवादियों ने ब्रिटिश राज की आलोचना में लगान की अत्यधिक दर को अपना मुख्य हथियार बनाया। 'प्रेमाश्रम' की रचना से दस साल पहले महावीर प्रसाद द्विवेदी ने अपने ग्रंथ 'संपत्तिशास्त्र' में भारत के किसानों की मुख्य समस्या लगान की अत्यधिक दर को बताया। इसे भारत की बर्बादी का कारण बताते हुए उन्होंने लिखा था : "साठ-साठ फीसदी के हिसाब से कृषि की पैदावार को काश्तकारों से लेने पर कोई देश बरबाद होने से नहीं बच सकता।"[15] मालगुजारी की दर को सही ठहराने वाली औपनिवेशिक दलीलों को काटते हुए उन्होंने लिखा : "यदि मालगुजारी ज्यादा नहीं तो फिर क्या कारण है कि जो हजारों-लाखों कृषकों के बैल-बधिए बिक जाते हैं और लाखों एकड़ जमीन नीलाम हो जाती है?"[16] अंग्रेजी राज में कायम सभी तरह के भूमि बंदोबस्तों का विश्लेषण करके और अपने जमाने के मशहूर अर्थशास्त्रियों के तर्कों की जाँच करके उन्होंने जोर देकर कहा : "स्वदेशी या विदेशी, जितने इस देश के हित चिंतक हैं, सबने इस बात को सप्रमाण साबित कर दिया है कि जो मालगुजारी सरकार रैयत और जमींदारों से लेती है, बहुत है। इस कारण प्रजा को बहुत दुख भोगना पड़ता है। उनके पास कुछ भी नहीं बचता। फल यह होता है कि फसल जरा भी खराब हो जाने से उन्हें भूखों मरने की नौबत आती है।"[17] 1918-20 में, जब किसानों की समस्याओं पर शिक्षित मध्यवर्ग के बीच बहस चली तो लगान का सवाल बहस का एक मुख्य मुद्दा बना। मई, 1918 की 'मर्यादा' में मातादीन शुक्ल ने अपने लेख 'हिंदुस्तान के कृषकों की दशा' में लगान की ऊँची दर की समस्या को उठाया। मातादीन शुक्ल ने यूरोप के छह देशों में प्रचलित लगान की दर से तुलना करके दिखलाया कि भारत में लगान की दर कई गुना ऊँची है। भारत में भी, अवध और पूर्वी उत्तर प्रदेश के जमींदारी इलाकों में लगान की दर सबसे ऊँची थी। अगस्त, 1915 की 'सरस्वती' में ईश्वर दास मारवाड़ी ने लिखा था कि भारतीय किसानों को लगान बढ़ने के कारण ही कष्ट नहीं है, बड़ी कड़ाई के साथ लगान वसूलने के कारण भी कष्ट है। 'प्रेमाश्रम' में जमींदार और ताल्लुकेदार असामियों को हंटर लगवाकर, उनके घर जलाकर, उन्हें धूप में खड़ा कर और उनकी मुश्कें बँधवाकर उनसे लगान वसूलते हैं। गरीबी, प्लेग, भुखमरी और अकाल के बावजूद उनसे लगान वसूला जाता है। 'प्रेमाश्रम' में प्लेग की तबाही का काफी चित्रण हुआ है। 1917-18-19 में हिंदी प्रदेश में और हिंदी प्रदेश से बाहर भी प्लेग फैला हुआ था और कई हिस्सों में अकाल पड़ा था। 20 मार्च, 1917 के एक खत में प्रेमचंद ने निगम को देहातों में फैले प्लेग के जोर-शोर का जिक्र

करते हुए कानपुर में प्लेग की कैफियत पूछी थी। अवध के इलाके में इसी प्लेग की तबाही में निराला का पूरा परिवार चल बसा था। प्लेग और अकाल के बावजूद किसानों से लगान न सिर्फ कड़ाई से वसूला जा रहा था, बल्कि उसमें इजाफा भी हुआ था। जब प्रेमचंद 'प्रेमाश्रम' में प्लेग और भुखमरी से तबाह किसानों पर लगान इज़ाफे की मार दिखा रहे थे, उसी वक्त 23 नवंबर, 1918 के 'अभ्युदय' में 'लगान की वसूली' टिप्पणी छपी थी। इसमें लिखा था : ''जमीन का लगान प्रतिवर्ष बढ़ता ही जा रहा है। सन् 1916 में यह 12.86 करोड़ रुपए था जो 1917 में 13.55 करोड़ हुआ। इस वर्ष देश में रोग, अनावृष्टि और अकाल का प्रकोप होने पर भी 14.87 करोड़ रुपए वसूल हुआ। अर्थात् इस विपत्ति के समय भी गत वर्ष की अपेक्षा 132 लाख रुपए अधिक वसूल किए गए।'' यही हाल अवध में भी था जिसका पता 'प्रताप' 1919 के 27 अक्तूबर और 'अभ्युदय' 1919 के 4 जनवरी के अंक में छपी किसानों की चिट्ठियों से चलता है। अकाल और बीमारियों के बावजूद लगान इज़ाफा हुआ और किसानों को मार-मार कर उनसे मालगुजारी वसूल कर ली गई।

30 अगस्त, 1919 के 'अभ्युदय' में कृष्णकांत मालवीय ने 'भूमिकर' शीर्षक से संपादकीय लिखकर लगान के बोझ के खिलाफ एक भूमि-आंदोलन छेड़ने का आह्वान किया था। 'प्रेमाश्रम' में लगान इज़ाफे की चोट के खिलाफ कादिर संघर्ष का बिगुल बजाता है। 1917-18 में गुजरात के खेड़ा में प्लेग और बाढ़ से बर्बाद हो गए पट्टीदारों ने लगानबंदी की लड़ाई छेड़ी। 1919 में बिजोलिया (उदयपुर, राजस्थान) के किसानों ने अन्यायपूर्ण लगान के शोषण के खिलाफ छह महीने तक लगातार संघर्ष चलाया और जेल गए। 1919 में ही राजस्थान की सिरोही रियासत के भील किसानों ने रियासत को लगान देना बंद कर दिया। सिरोही के ज्ञानशंकर ने उन पर बेइन्तिहा जुल्म ढाए। सौ भीलों के घर जला दिए गए और उसी में स्त्रियाँ और बच्चे भी जल मरे। एक साल बाद बेदखली और लगान के जुल्म से तबाह अवध के किसानों ने सिर उठाया। 'प्रेमाश्रम' में लगान के शोषण के खिलाफ संघर्ष अपने जमाने के संघर्ष का ही एक हिस्सा था।

ज़मींदारी इलाकों में लगान के अलावा बेगार और रसद शोषण के सबसे महत्त्वपूर्ण रूप थे। 'प्रेमाश्रम' में बेगार और रसद के बड़े मर्मस्पर्शी और कलात्मक दृश्य खींचे गए हैं। ज़मींदार के पिता की बरसी के लिए चपरासी असामियों से बेगार में घी वसूलता है। बाजार में घी का भाव रुपए एक दस छटाँक है, लेकिन वह उनसे रुपए में एक सेर घी माँगता है।

प्रेमाश्रमकालीन हिंदी प्रदेश में किसानों को अपना भूसा, पतई और दूध-घी बाजार से बहुत कम दाम पर ज़मींदार-ताल्लुकेदार को देना पड़ता था। यह भी एक तरह की बेगार थी। चंपारन में जाँच की जो रपटें 'प्रताप' में छपी थीं, उनमें इनकी शिकायत मिलती है : ''अहीरों ने कहा कि हम लोगो से =) आने सेर घी लिया जाता है। दूध और दही का तो दाम ही नहीं मिलता।''[18] चंपारन में लूट मची थी। फिर, यह बात 1917 की

है। उसके बाद चीजों के भाव और भी बढ़े थे। पूर्वी उत्तर प्रदेश में बेगार में घी देने के शोषण का जिक्र रामचंद्र वर्मा ने अपनी किताब में किया है। अवध के इलाके में ऐसे बेगार की समस्या जमींदारी इलाकों से भी ज्यादा थी। 1920 में छपी एक फटी हुई किताब में, जो बाबा रामचंद्र पेपर्स में शामिल है, इस बेगारी की बात मिलती है। अवधी इलाकों में बेगार की चर्चा करते हुए इसमें लिखा है : ''जब कभी किसी चीज की जैसे घी, उपली, लकड़ी, रस की जरूरत पड़ी, किसान के सामने नाम के लिए कुछ दाम फेंक दिया और किसान से जो चीज चाही ले ली। एक रुपए का डेढ़ सेर घी, 15 या बीस खाँचा भूसा, ।।) आने में महीनों पाथा हुआ उपली जिलेदार लिया करते हैं।'[19] अवध के इलाके में बेगार में घी का भाव ज़मींदारी इलाके से ज्यादा बदतर था। यह सवाल अवध के किसान आंदोलन में संघर्ष का एक मुख्य मुद्दा बन गया। किसान सभाओं में किसानों ने इन चीजों का वाजिब दाम लेने की और एका सभाओं में बेगार में इन चीजों को न देने की प्रतिज्ञा की। किसान सभाओं के आंदोलन में इस मुद्दे पर डिप्टी कमिश्नर मेहता ने ताल्लुकेदारों और असामियों के बीच समझौता कराने की कोशिश की। फटी हुई किताब में यह घटना दर्ज मिलती है : ''9 अक्तूबर, 1920 को ताल्लुकेदारों की एक सभा हुई थी। उसमें बहुत-सी बातों के साथ यह भी तय हुआ था कि अनंत चौदस के एक रुपए का चौदह छटाँक घी ताल्लुकेदार किसानों से ले सकेंगे। डिप्टी कमिश्नर उस सभा में मौजूद थे। वह भी इस अन्याय के साथ थे। कहने का आशय यह है कि यदि बाजार में एक रुपए का सात छटाँक घी मिलता होगा तो ताल्लुकेदार 14 छटाँक घी किसानों से ले सकेंगे। क्या अंधेर है।'' यह समझौता हो नहीं पाया, क्योंकि ताल्लुकेदार बेदखली और नजराना के सवाल पर झुकने को तैयार न थे।

गाँवों में सरकारी लश्कर के आने से देहातियों पर रसद और बेगार के शोषण तथा अत्याचार का जो अंधा दौर शुरू होता था, उसके हाहाकार से 1920-22 की हिंदी पत्र-पत्रिकाएँ भरी पड़ी हैं। कई लेखकों ने अपने लेखों में और खुद इस शोषण के शिकार देहातियों ने अखबारों में इसके बारे में चिट्ठियाँ लिखी थीं। 'प्रेमाश्रम' में लखनपुर गाँव में सरकारी लश्कर दो बार आता है। प्रेमचंद ने सरकारी लश्कर के शोषण-अत्याचार के चार रूपों का जम कर चित्रण किया; देहातियों से जबर्दस्ती में रसद का इंतजाम और सरकारी मुलाजिमों की लूट, किसानों और खेत मजदूरों से बेगार में खटनी, बेगार में किसानों की गाड़ियों को पकड़ना और बनिए की दुकान की लूट। प्रेमचंद ने इनका जैसा चित्रण किया और उस वक्त के अखबारों में, खासकर बनारस के 'आज' और कानपुर के 'प्रताप' में, इस बारे में जो लेख और चिट्ठियाँ छप रही थीं, दोनों में ऐसी अद्‌भुत समानता मिलती है कि दोनों को सामने रखकर उन्हें देखना एक दिलचस्प अध्ययन होगा।

'प्रेमाश्रम' में गाँवों में सरकारी लश्कर के आने का वर्णन करते हुए प्रेमचंद ने लिखा : ''अधिकारी वर्ग और उनके कर्मचारी विरहिणी की भाँति इस सुखकाल के दिन

गिना करते हैं। शहरों में तो उनकी दाल नहीं गलती, या गलती है तो बहुत कम। वहाँ प्रत्येक वस्तु के लिए उन्हें जेब में हाथ डालना पड़ता है, किंतु देहातों में जेब की जगह उनका हाथ अपने सोटे पर होता है या किसी दीन किसान की गर्दन पर, जिस घी, दूध, शाक-भाजी, मांस-मछली आदि के लिए शहर में तरसते थे, जिनका स्वप्न में भी दर्शन नहीं होता था, उन पदार्थों की यहाँ केवल जिह्वा और बाहु के बल से रेल-पेल हो जाती। जितना खा सकते हैं खाते हैं, बार-बार खाते हैं और जो नहीं खा सकते, वह घर भेजते हैं। घी से भरे हुए कनस्तर, दूध से भरे हुए मटके, उपले और लकड़ी, घास और चारे से लदी हुई गाड़ियाँ शहरों में आने लगती हैं।''[20] लश्कर वाले डपट सिंह के इमली के पेड़ की लकड़ियाँ और कादिर का कुर्बानी के लिए रखा बकरा उठाकर ले जाते हैं। बिसेसर साह की दुकान फरमाइशें पूरी करते-करते खाली हो जाती हैं। पूरे गाँव से दूध माँगा जाता है। आनाकानी करने पर पुलिस के मुकदमे में फँसाकर सबसे सौ-सौ रुपए का मुचलका भरवा लिया जाता है। कादिर कहता है : ''हाकिमों का दौरा क्या है, हमारी मौत है।'' दूसरी बार दौरा होता है तो ''तहसीलदार स्वयं रसद का प्रबंध करने के लिए आए। चपरासियों की फौज साथ थी; लश्कर में सौ-सवा सौ आदमी थे।....लोग अपनी-अपनी लकड़ियाँ और भूसा उठा-उठाकर घरों में रखने लगे।''[21] बेगार की हालत यह थी कि ''पाँच बड़े-बड़े घोड़ों के लिए हरी घास छीलना सहज नहीं था। गाँव के सब चमार इस काम में लगा दिए गए। कई नोनिए पानी भर रहे थे। चार आदमी नित्य सरकारी डाक लेने सदर दौड़ाए जाते थे। कहारों को कर्मचारियों की खिदमत से सिर उठाने की फुर्सत न थी। इसलिए जब दो बजे साहब ने हुक्म दिया कि मैदान में घास छील कर टेनिस का कोर्ट तैयार किया जाए तो वे लोग भी पकड़े गए जो अब तक अपनी वृद्धावस्था या जाति-सम्मान के कारण बचे हुए थे।'' बेगार से इनकार करने पर दुखरन भगत को जूतों से पीटा जाता है। बेगार की मजदूरी माँगने वाले चमारों को पुलिस के सिपाही लाठियों से पीटते हैं। 'प्रेमाश्रम' के इन प्रसंगों पर अब जरा 'आज' और 'प्रताप' में छपे संदर्भों को देखा जाए। 8 जनवरी, 1921 के 'आज' में बिजनौर के लाला ठाकुरदास का एक लंबा लेख 'बेगार और रसद' छपा। लिखते हैं : ''अब रसद का कुछ हाल सुनिए। दौरे पर हाकिमों के लिए रसद देने के वास्ते अर्थात् कस्बे के बाहर या दूर और किसी गाँव में जहाँ लश्कर ठहरा होता है, खाने-पीने की चीज लाकर देने के लिए कस्बे के लोगों को मजबूर किया जाता है। वे लोग या तो बारी-बारी से इस कार्य को करके अपने सिर की बला टालते हैं या सब लोग मिलकर इस काम के लिए किसी एक आदमी को ठेका देते हैं और उस मौसम के लिए कई-कई सौ रुपए इकट्ठा करके उसकी हानि पूर्ति के लिए उसको दिए जाते हैं। कहा जाता है कि दौरे पर हाकिम चीजों का मोल मंदा लगाते हैं और निचले नौकर या तहसील के चपरासी तो मूल्य देते ही नहीं।...निचले नौकर और तहसील के चपरासी दुकानदार के साथ...(अस्पष्ट है)...बरताव करते हैं और...(अस्पष्ट है)...अपमान करते हैं।'' एक तहसीलदार की पत्नी ने अपने पति के

साथ गाँवों में घूमते हुए किसानों पर रसद और बेगार के निर्मम शोषण को देखा और उसे रोकने के लिए अपने पति से कहा। तहसीलदार ने जवाब दिया : "आजकल खमीर ही बिगड़ा हुआ है, यह काम मेरे अकेले के वश का नहीं है।" पत्नी ने गाँवों में अपनी आँखों से देखे शोषण का वर्णन करते हुए 'प्रताप' में एक चिट्ठी लिखी जो 17 मई, 1920 के अंक में छपी, "जब कोई साहब दौरे पर निकलते हैं तो स्थानीय तहसीलदार साहब के पास रोबकार जाता है कि, अमुक साहब की रसद-रसानी व पड़ाव की सफाई का इंतजाम किया जाए। तहसीलदार चपरासियों को नियुक्त करते हैं।...चपरासियान ज़मींदार के यहाँ जाते हैं और उनसे रसद इत्यादि माँगते हैं। ज़मींदार किसी गरीब काश्तकार का पेड़ लकड़ी के लिए दिखला देते हैं, और किसी का पुआल। चपरासियों को क्या, वे लेकर चलते हुए।" 'प्रेमाश्रम' में लश्कर के चपरासी ज़मींदार के कारिंदा गौस खाँ की अगुआई में गाँव वालों से दूध, कादिर से पुआल और डपटसिंह से लकड़ियाँ लेते हैं। डपटसिंह मनोहर से अपना रोना रोता है : "खाँ साहब से कितना कहा कि इसे मत ले जाइए, पर उनकी बला सुनती है। चपरासियों को ढेर दिखा दिया। बात की बात में सारी लकड़ी उठ गई।"[22] तहसीलदार की पत्नी ने अपनी चिट्ठी में आगे लिखा : "इसी तरह लोहार बढ़ई, कुम्हार और चमारों को भी पकड़ा जाता है।" 14 जून, 1920 के 'प्रताप' में 'किसानों की गोहार' टिप्पणी छपी जिसमें कारिंदे और सरकारी महकमे के अफसरों के जुल्म शोषण के बारे में लिखा : "गरीब किसानों से जबरन फुलवारी सिंचवाना और कभी हाथियों के लिए ईख के खेत कटवा लेना तो साधारण बात है। गरीबों से माटी मोल चीजें मोल ली जाती हैं। बेचारे गरीब बड़े दुखी हैं।" 5 अप्रैल, 1920 के 'प्रताप' में नौ कहारों की एक चिट्ठी छपी : "हम लोग पुखरायें में रहने वाले कौम के कहार हैं। हम लोगों की बिरादरी के नियम हैं कि जो कोई मुसलमान का पानी भरेगा वह बिरादरी से निकाल दिया जाएगा। जब से श्रीमान तहसीलदार साहब खाँ साहब इस तहसील में पधारे हैं, हम लोग परेशान हैं। रोजाना मारपीट, गाली-गलौज होती है। कचहरी में पानी भरना पड़ता है। मवेशी खाने के मवेशियों को पानी पिलाना पड़ता है। तिस पर भी तनख्वाह सिर्फ एक रुपया महीना। हम लोगों को दिन भर मेहनत करनी पड़ती है और कैदियों की तरह हम पर पहरा रखा जाता है। इतना मौका तक नहीं मिलता कि घर जाकर नहा और खा सकें।"

'प्रेमाश्रम' में सरकारी लश्कर की बेगार का एक रूप किसानों की गाड़ियों को पकड़ने का है। जब किसान अलाव के इर्द-गिर्द बैठकर अपनी मुसीबतों का जिक्र कर रहे हैं, उसी वक्त एक बटोही आता है जिसकी गाड़ी लश्कर वालों ने पकड़ ली थी। वह अपना रोना रोता है : "घर तो है देवरी पार; अपनी बुढ़िया माता को लिए अस्पताल जाता था। मगर वह जो सड़क के किनारे बगीचे में डिप्टी कमिश्नर साहब का लश्कर उतरा है, वहाँ पहुँचा तो चपरासियों ने गाड़ी रोक ली और हमारे कपड़े लत्ते फेंक-फाँककर लकड़ी लादने लगे। कितनी अरज-विनती की, बुढ़िया बीमार है भर रात का चला हूँ,

आज अस्पताल नहीं पहुँचा तो कल न जाने इसका क्या हो? मगर कौन सुनता है?"[23] बेगार में किसानों की गाड़ियों को पकड़ने की प्रथा चंपारन में भी थी और राजस्थान में भी। प्रताप में तहसीलदार की पत्नी की जो चिट्ठी छपी, उसमें भी इसका वर्णन हुआ। 8 जनवरी, 1921 के 'आज' में लाला ठाकुरदास ने अपने लेख 'बेगार और रसद' में इसका लंबा-चौड़ा ब्यौरा दिया : "यों तो सदा ही कभी-न-कभी सरकारी अफसरों और नौकरों को सदर से बाहर अथवा एक स्थान से दूसरे स्थान को जाना पड़ता है किंतु लगभग छह महीने, अक्तूबर से मार्च तक, प्रायः दौरे का मौसम होता है। इसमें सरकारी हाकिम प्रायः दौरा करते हैं। इनके आने-जाने के लिए तहसील के जमादार या चपरासी के द्वारा गाड़ियाँ पकड़ी जाती हैं, हर कस्बे में तहसील के जमादार और चपरासियों ने किसी-न-किसी मनुष्य को चौधरी का नाम दे रखा है। वह जिसकी गाड़ी, बैल चाहे, चपरासियों को पकड़वा देता है। ...जब जरूरत होती है, गरीब किसानों की और बहुत करके उन लोगों की गाड़ियाँ पकड़ी जाती हैं जो उस समय उस स्थान में अपने किसी काम के लिए पहुँच जाते हैं। यह पकड़-धकड़ माँग के अनुसार ही नहीं की जाती, किंतु बेजा लालच को पूरा करने के लिए कई दिन पहले और बहुत-सी गाड़ियों की रोक-टोक आरंभ कर दी जाती है। जिनसे कुछ मिल जाता है, उन्हें छोड़ दिया जाता है। जो कुछ नहीं दे सकते, उनकी गाड़ी बैल पकड़कर लश्कर में खड़े कर दिए जाते हैं।" वर्णन बहुत लंबा है। प्रेमचंद ने लिखा कि जब लश्कर गाँव में आता है तो "देहातों में भूकंप-सा आ जाता है और लोग भय से प्राण छिपाने लगते हैं।" लाला ठाकुर दास ने लिखा है : "जब हाकिम लश्कर के साथ गाँवों में आते तो इर्द-गिर्द के किसान एक गाँव से दूसरे गाँव नहीं जाते। लोग अपनी गाड़ियाँ घरों से बाहर नहीं निकालते अन्यथा उन्हें पकड़ लिया जाता है।"

'प्रेमाश्रम' में लश्कर की रसद के लिए बिसेसर साह की दुकान खाली हो जाने का दृश्य है। लश्कर जब भी आता है, बिसेसर साह पर कयामत आती है। दुखरन पूछता है : "देखें, बिसेसर साह को अब की कितनी घटी आती है।" तो डपट बतलाता है : "पर साल तो पूरे तीन सौ की चपत पड़ी थी। वही अब की भी समझो। अगर जिन्स ही तक रहे तो इतना घाटा न पड़े, मगर यहाँ तो इलायची, क़त्था, सुपारी, मेवा और मिश्री सभी कुछ चाहिए और सब टके सेर।"[24] लश्कर का चपरासी बिसेसर साह से साबूदाना माँगता है जो उसकी दुकान में है ही नहीं। चपरासी कहता : "जहाँ से भी हो लाकर दो।" प्रातःकाल बिसेसर साह दुकान खोल ही रहे थे कि अरदली के दस-बारह चपरासी दुकान पर आ पहुँचे। "बिसेसर ने आटे-दाल के बोरे खोल दिए, जिन्स तौली जाने लगी। दोपहर तक यही ताँता लगा रहा। घी के कई कनस्तर खाली हो गए। तीन पड़ाव के लिए जो सामग्री एकत्र की थी, अभी समाप्त हो गई।" लश्कर की बिदायगी पर बिसेसर साह दाम लेने के लिए तहसीलदार के पास जाता है। वे चपरासी कहीं नजर नहीं आते जो उससे सामान ले गए थे। बिसेसर ने हिसाब लगाया, दो सौ रुपए। उसे

मिलते हैं सिर्फ सत्तर रुपए। ऊपर से गालियाँ, जिल्लत और धमकियाँ। तेली, तमोली और बूचड़ बिसेसर का यह हाल देखकर बिना दाम माँगे ही खिसक जाते हैं। लश्कर की रसद के ऐसे जुल्म का वर्णन 'प्रताप' में छपी चिट्ठी में तहसीलदार की पत्नी ने किया था : "बनियों से मुफ्त खाने की चीजें माँगी जाती हैं, जो देहातों में न मिलें जैसे संदल का तेल, चर्बी का तेल, अंडा, पकाने के लिए केसर, आदि। जब बनिए नहीं दे सकते तो उन पर मार और गाली की बौछार होती है। वे सब सहन करके जब कुछ नजर देते हैं–तब क्षमा पाते हैं। रात को दस बजे हुक्म होता है कि 10 दर्जन अंडा चाहिए। गाय बुलाओ, यहीं दुही जाए; रोहू मछली साब अभी माँगते हैं।...जब बनिए का हिसाब होता है तब जो वस्तु रुपए सेर बिकती है, उसके आधे दाम देते हैं। यदि बेचारा बनिया मुँह से "चूँ" भी करे तो गाली और मार पड़े।" प्रेमाश्रम में भी गाँव में दूध माँगने के लिए गए चपरासी किसानों से कहते हैं : "भैंसें हमारे सामने लाओ, दूध तो हमारा चपरास निकालता है।"[25] रसद का जो अत्याचार लखनपुर में था, वही घाटमपुर में भी था। 29 मार्च, 1920 के 'प्रताप' में कुछ देहातियों की एक चिट्ठी छपी : 'घाटमपुर में रसद के अत्याचार।' लिखा : "हम लोग घाटमपुर के निवासी हैं। इस ओर हाकिम के दौरे होते हैं तो हम लोगों पर बड़ा जब्र किया जाता है। जब अफसरान दौरे पर आते हैं तो हम लोगों को कैंप में जरूरियात की चीजें पहुँचानी पड़ती है और जो चीज नहीं मिलती उसके लाने के लिए हम लोग मजबूर किए जाते हैं और अगर न मिल सकी तो बेइज्जती होती है।...अभी हाल में 7 फरवरी से दस तक जनाब कलेक्टर साहब को हम लोगों ने रसद पहुँचाई थी मगर जब दाम लगाए गए तो हमारे पैरों तले से जमीन निकल गई। आटा आठ सेर, घी चौदह छटाँक, पेड़ा बरफी चार आने सेर। जब हम लोगों ने लेने से इनकार किया और हम लोग अपनी-अपनी दुकान पर लौट आए, तब जमादार और चपरासी नौ बजे रात को हम लोगों को बुलाने आये। हम लोगों ने रात को जाने से इनका़र किया। मगर वह भैरव कलार, जगन्नाथ बानी, मुंशी बानी इन...(अस्पष्ट) उन लोगों ने तहसीलदार के सामने भी कहा कि, दाम कम मिलते हैं, हम नहीं...(अस्पष्ट)...वह तीनों आदमी कलेक्टर साहब के सरदार के पास पहुँचाए गए और जब उन्होंने भी ऊपर लिखित भाव से दाम लगाए तो उन लोगों के इनकार करने पर उनकी बेइज्जती की गई। रात भर ओस में तालाब के किनारे रखा गया। जब सुबह को हम लोग पहुँचे तो देखा कि वे लोग बैठे रो रहे थे। जब हम लोगों ने कलेक्टर साहब के पास शिकायत करने के लिए जाना चाहा, तहसीलदार, थानेदार, नायब तहसीलदार आदि ने हम लोगों को नहीं जाने दिया। हम लोगों से फिर दाम अगले मुकाम में ले आने को कहा गया। पर हम लोग खौफ़ के मारे नहीं गए। हम लोगों को अभी तक दाम नहीं मिले हैं।" नीचे चिट्ठी लिखने वालों के नाम हैं–मंगलप्रसाद बानी, गोकुल हलवाई, शिव शंकर लाल हलवाई, छोटकू हलवाई, मदाखन बानी, रामचरन बानी, गंगाप्रसाद वाजपेयी (हलवाई), शीतल बनिया, जगन्नाथ बानी, बद्री प्रसाद बानी, मुसई बानी, औसेरी बानी, मुंशी बानी, रामचरन

कलवार (पेशा पर्चूनी), और बाबूराम बनिया। 'प्रेमाश्रम' में रसद और बेगार के अत्याचारों के दृश्यों और 'प्रताप' और 'आज' में छपे विवरणों में इतनी समानताएँ हैं कि मानो यह सब एक ने दूसरे को पढ़कर लिखा हो। फर्क इतना ही है कि 'प्रेमाश्रम' पहले लिखा गया और 'प्रताप' तथा 'आज' के विवरण उसके बाद निकले।

लगान इज़ाफा, बेगार और रसद के अलावा प्रेमचंद ने किसानों पर सामंती शोषण के दो और रूपों—तालाब के पानी और चरावर पर रोक का भी चित्रण किया। 1918-20 में किसानों की समस्याओं पर लिखे गए साहित्य में इन आखिरी दो रूपों का जिक्र कहीं नहीं मिलता। 'प्रेमाश्रम' में किसान तालाब और चरावर पर लगी रोक के खिलाफ लड़ते हैं। दो साल बाद अवध के बहराइच, हरदोई और सीतापुर के जिलों में एका सभाओं का जो आंदोलन फूटा, उसमें किसानों की प्रतिज्ञाओं में सातवीं प्रतिज्ञा तालाब के पानी के लिए कोई भुगतान न करने की और आठवीं प्रतिज्ञा जंगल और चरागाह में मवेशी चराने के लिए भुगतान न करने की थी।"[26]

आश्चर्य की बात है कि 'प्रेमाश्रम' में उस सूदखोर महाजन के चरित्र को कोई खास तरजीह नहीं दी गई जो कि आगे चलकर प्रेमचंद की कई कहानियों और उपन्यासों में एक मुख्य चरित्र बनकर आता है। 'प्रेमाश्रम' में सूदखोर महाजन के रूप में बिसेसर साह के शोषण का जिक्र सिर्फ सूचनात्मक है, उसके चित्र नहीं मिलते। लेकिन आश्चर्य की बात यह भी है कि 1918-22 के बीच किसान समस्याओं पर लिखे लेखों में भी इसका जिक्र गौण रूप में ही मिलता है। अवध के किसान आंदोलन में, किसान सभाओं और एका सभाओं की प्रतिज्ञाओं में बेदखली, लगान नज़राना, अबवाब, बेगार, रसद, सामंती हिंसा और आपसी फूट के खिलाफ तो प्रतिज्ञाएँ की जाती थीं, लेकिन महाजन के शोषण के खिलाफ एक भी शब्द नहीं मिलता। आंदोलन के दौरान सबसे ज्यादा हमले जमींदारों और ताल्लुकेदारों की कोठियों और फसलों पर हुए। इसके बाद कारिंदों, चपरासियों, पुलिस और कुछ दुकानदारों पर हुए। सूदखोर महाजन पर हमले का उदाहरण अपवाद रूप में ही मिलता है।

किसानों का संगठन

'प्रेमाश्रम' में किसानों का कोई संगठन नहीं मिलता। लड़ाई के बाद किसानों के जो आंदोलन हुए, उनमें से ज्यादातर हिंदी प्रदेश के बाहर हुए और 'प्रेमाश्रम' की रचना के बाद हुए। सिरोही और बिजोलिया के आंदोलन 'प्रेमाश्रम' की रचना के दौरान हुए थे लेकिन राजस्थान में। आंध्र में रम्पा और गुन्डेम के आदिवासियों, पंजाब के अकालियों और मालाबार के मोपलाओं का संघर्ष 'प्रेमाश्रम' की रचना के बाद हुआ। हिंदी प्रदेश में सिर्फ दो जगहें किसान आंदोलन के नक्शे में उभरती हैं—चंपारन और अवध। चंपारन में गाँधी ने किसानों का कोई संगठन न बनाया था। गाँधी वहाँ किसानों के बुलावे पर उनकी समस्याओं की जाँच के लिए आए थे। गाँधी के आने पर बेचैन किसानों की जो

भीड़ उमड़ी, उस पर गाँधी और उनके सहयोगियों का पूरा नियंत्रण था। लेकिन गाँधी की जाँच से नौ वर्ष पहले 1907-8 में चंपारन में नील की खेती के खिलाफ आंदोलन हुआ था। उसमें किसान संगठन की रूप-रेखाएँ मौजूद थीं। 1908 की सितंबर में बेतिया में विजयादशमी के मेले में दूर-दूर से आए हजारों देहातियों के कानों में शेख गुलाब और शीतल राय ने नील की खेती के खिलाफ बग़ावत का मंत्र फूँका था। मेले के बाद शीतल राय ने किसानों को संघर्ष के लिए संगठित करना शुरू किया। शीतल राय रात में किसानों को इकट्ठा करके नील की खेती के खिलाफ सभाएँ करते। इन सभाओं में किसान अपनी एकता और संघर्ष के लिए शपथ लेते। रैयतों ने संघर्ष के दौरान एक-दूसरे को बुलाने के लिए एक सांकेतिक आवाज भी ठीक कर ली थी जिस पर देखते ही देखते सैकड़ों रैयत इकट्ठे हो जाते।[27] असल में किसानों को संगठित करने के ये तौर-तरीके किसान समुदाय में बहुत पुराने जमाने से प्रचलित रहे हैं और इस पद्धति की जड़ें खेतिहर आदिवासी कबीलों तक में मिलती हैं। 1855-56 के मशहूर संथाल विद्रोह और 1973-74 में शीबू सोरेन के नेतृत्व में धनबाद में टुन्डी के संथालों के आंदोलन में भी संगठन के ये रूप मिलते हैं। मेले या बाजार में प्रचार करना, रात को सभाएँ करना, शपथ लेना और बुलाने के लिए सांकेतिक आवाजों का इस्तेमाल करना—संगठन के ये तरीके किसान समुदाय के संगठनों का अपना खास चरित्र है जिसकी जड़ें किसानों और खेतिहर कबीलों के जीवन की परिस्थितियों में, बिखरे हुए गाँवों की भौगोलिक स्थिति और जातियों या गोत्रों में बँटी हुई उनकी सामाजिक बनावट में है। 1907-8 के चंपारन के किसान संगठन का यह स्वरूप अपने और भी विकसित रूप में अवध में मिलता है। अवध की किसान सभाओं के आंदोलन की यह विशेषता मशहूर है कि बाबा रामचंद्र ने किसानों के बीच अभिवादन के लिए 'जै सीताराम' शब्द को चलाया था जो जल्दी ही उनके आंदोलन में किसानों को संगठित करने के लिए एक खास सांकेतिक नारा बन गया। बाबा रामचंद्र ने इसे 'सीटी' और नेहरू ने 'युद्ध घोष' कहा जिसे सुनकर देखते-ही-देखते हजारों किसान एक जगह जमा हो जाते थे। किसान सभा और एका सभा, दोनों में सदस्य बनते समय किसानों को प्रतिज्ञाएँ लेनी पड़ती थीं। इन प्रतिज्ञाओं में हिंदू-मुस्लिम धार्मिक प्रतीकों का इस्तेमाल होता था। उदाहरण के लिए एका सभा का संगठन बनाने से पहले रात को किसानों की सभा बुलाई जाती। पहले सत्यनारायण और महमूद शरीफ की कथा बाँची जाती और फिर किसानों की समस्याओं की चर्चा की जाती। उन्हें एकजुट होने का महत्त्व बताया जाता और प्रतिज्ञाएँ करवाई जातीं। गढ़हे में पानी डालकर उसे गंगाजल मानकर किसान प्रतिज्ञा करते। संगठन के स्वरूप के लिहाज से अवध में किसानों का संगठन 1907-8 में चंपारन के किसान संगठन की परंपरा का विकास था। लेकिन इन दोनों के बीच में, 1917 के चंपारन में किसानों की बेचैनी और उनकी समस्याओं के बावजूद यह संगठन नहीं उभरता है। इसका कारण उन पर गाँधी और उनके मध्यवर्गीय सहयोगियों का नियंत्रण था जिसने किसानों की स्वतंत्र

पहलकदमी की संभावना को खत्म कर दिया था। 'प्रेमाश्रम' में किसानों का कोई अपना संगठन न होने का दर्द मनोहर महसूस करता है जो हर लड़ाई में खुद को अकेला पाता है और इस अकेलेपन के कारण आखीर में टूट भी जाता है। जब 'प्रेमाश्रम' लिखा जा रहा था, उस समय होमरूल लीग के नेतृत्व में इलाहाबाद के कुछ जमींदार वकीलों के नेतृत्व में यू.पी. किसान सभा का गठन हुआ था। यह 1918 की जनवरी में बना और एक-डेढ़ साल के अंदर इसकी सैकड़ों शाखाएँ पूरे उत्तर प्रदेश में खुल गई थीं। प्रेमचंद इसके अस्तित्व से या तो अनजान थे, जैसा कि उनके 1918 के दिसंबर में लिखे लेख 'पुराना जमाना, नया जमाना' से लगता है, या उन पर इसका कोई असर न था। सच बात तो यह है कि अपनी सैकड़ों शाखाओं के बावजूद यू. पी. किसान सभा का साधारण किसानों के बीच कोई खास असर न था। छोटे जमींदारों और शहरी वकीलों द्वारा खड़ी की गई इस किसान सभा ने कहीं भी किसानों को संघर्ष के लिए प्रेरित न किया। असल में इसका गठन मदनमोहन मालवीय ने कांग्रेस में अपने गुट के प्रभाव को बढ़ाने के इरादे से किया था। बाबा रामचंद्र के नेतृत्व में नीचे से किसान सभाओं का गठन होने से और इन्हीं किसान सभाओं के नेतृत्व में किसानों का आंदोलन होने से यू.पी. किसान सभा की निरर्थकता अपने आप साबित हो गई। किसानों के असंगठित होने का मनोहर का दर्द उस जमाने का दर्द था। किसानों पर जो निर्मम शोषण और अत्याचार हो रहे थे और उनके आगे किसान जिस तरह असहाय होकर फरियादें कर रहे थे, उनका मूल कारण उनका असंगठित होना था। किसानों की कितनी ही ऐसी चिट्ठियाँ हैं, जिनमें उनकी असहायता उनकी असंगठित हालत को उजागर करती है। बेदखली के प्रसंग में मनोहर किसानों की आपसी फूट की बात कहता है : "तुम हमारे खेत पर चढ़ोगे, हम तुम्हारे खेत पर चढ़ेंगे। छोटे सरकार की चाँदी होगी। सरकार की आँखें तो तब खुलतीं जब कोई किसी के खेत पर दाँव न लगाता। सब कौल कर लेते।" यह कौल अवध में किसान सभा के सदस्य बनने वाले किसान लेते हैं। इससे पता चलता है कि मनोहर की पीड़ा कितनी सच्ची थी। किसान संगठित हों और अपनी एकता की कौल लें यह ऐतिहासिक आवश्यकता थी शोषण के आगे असहाय खड़े उन किसानों की। 'प्रेमाश्रम' के रचना काल में अखबारों में किसानों की कितनी ही ऐसी चिट्ठियाँ छपीं जिनमें उनकी असहायता और उनकी असंगठित हालत उजागर होती है। स्वराज्य आंदोलन का नेतृत्व करने वाली अखिल भारतीय संस्था कांग्रेस किसानों का संगठन न बन सकी। 1918 में दिल्ली के कांग्रेस अधिवेशन में कुछ किसान भी गए थे। इन्हें मदन मोहन मालवीय ने अपना 'जन-आधार' दिखलाने के लिए वहाँ यू.पी. किसान सभा की ओर से, सभा के खर्च से भेजा था। उनमें से एक किसान ने दिल्ली से लौटकर 'प्रताप' (8 दिसंबर, 1919) में चिट्ठी लिखी : "सबसे अधिक आवश्यक होने पर भी कांग्रेस में किसानों की रक्षा के प्रस्ताव पेश नहीं हुए। संयुक्त प्रांत, बंगाल, बिहार और मध्य प्रांत के किसानों को जमींदारों के नाम पर उनके कारिंदे और सिपाही, जो उन्हीं किसानों में से होते हैं, बहुत

अधिक सताया करते हैं। देश के नेता इधर ध्यान नहीं देते। कांग्रेस भी इसके संबंध में कुछ नहीं बोलती और देश का सबसे बड़ा जन-समुदाय कृषक-वृंद मिटा जा रहा है।'' 1920 में नागपुर कांग्रेस ने किसानों की लगानबंदी की माँग को मानने से इनकार कर दिया और 1919 की अमृतसर की कांग्रेस में कांग्रेस के सभापति पं. मोतीलाल नेहरू ने जाहिल और गँवार देहातियों को आगे से बिना टिकट और बिना डेलीगेटफीस के अधिवेशन में आने से मना कर दिया। लेकिन गाँधी और कांग्रेस को अपना नेता मानने वाले मध्यवर्ग में एक हिस्सा ऐसा था जो किसानों के संगठन को जरूरी समझता था : इस हिस्से के एक प्रतिनिधि थे गणेश शंकर विद्यार्थी।

''सब नेता बड़ी-बड़ी बातें करते हैं, काम कुछ नहीं।'' प्रताप (10 मई, 1920) की एक टिप्पणी में उन्होंने लिखा : ''इस समय का सबसे आवश्यक काम है संगठन का।...गाँव और पुरवे, कसबे और शहर–सभी को भलीभाँति संगठित कर लेने की आवश्यकता है। जिस समय हम निर्बलों का ऐसा संगठन हो जाएगा...देहातों में जमींदारों और पुलिस, चौकीदार और रसद के अत्याचार न हो सकेंगे और व्यक्तियों को पीसने वाला हाकिम अपना जघन्य कर्म करते हुए डरेगा कि उस पर देश भर की संगठित शक्ति रूपी मशीन टूट पड़ेगी।'' इन्हीं दिनों महावीर प्रसाद द्विवेदी ने किसानों को संगठित करने की जरूरत पर जोर देते हुए संगठन का पूरा ढाँचा पेश किया[28] और कृष्णकांत मालवीय ने पूरे देश में किसान सभाएँ कायम करने के लिए लिखा।[29] अवध के या दूसरी जगहों के किसान आंदोलनों से किसानों के संगठन का सवाल हल नहीं हुआ क्योंकि इनके संगठन स्थानीय थे। इन आंदोलनों के बाद भी किसानों के संगठन के अभाव और जरूरत की बात होती रही। बूर्जुआ राष्ट्रवादी नेतृत्व भारत के करोड़ों दबे-कुचले किसानों को उनका वर्ग संगठन नहीं दे पाया। वामपंथियों के नेतृत्व में अखिल भारतीय किसान सभाएँ कायम होने में अभी दस साल की देर थी। लेकिन लड़ाई के बाद से ही स्वराज्य के आंदोलन में गाँधी और कांग्रेस के नेतृत्व को मान कर भी किसानों के सवाल पर उनसे बिल्कुल अलग रास्ता लेने वाला और किसानों के संगठन पर जोर देने वाला मध्यवर्ग का एक हिस्सा अपनी आवाज बुलंद करता रहा। उसकी बुलंद आवाज का आधार किसान समुदाय की वास्तविक हालत थी जिसके वह नजदीक था। प्रेमचंद मध्यवर्ग के इसी हिस्से के आदमी थे।

नेतृत्व का सवाल

यह बात नोट करने लायक है कि 'प्रेमाश्रम' में कोई बड़ा किसान नेता नहीं मिलता। 'प्रेमाश्रम' में सबसे ज्यादा संघर्ष मनोहर करता है, लेकिन वह नेता नहीं है। रूसी क्रांति से प्रेरित बलराज बेगार और रसद के सवाल पर संघर्ष करता है, लेकिन प्रेमचंद उसे किसान नेता के रूप में आगे नहीं बढ़ाते। कादिर और सुक्खू चौधरी किसानों के संघर्ष में अगुवाई करते हैं लेकिन किसान जिसकी जय-जयकार करते दिखाए गए हैं वह कादिर

या सुक्खू चौधरी नहीं, प्रेमशंकर है। वह किसानों के अपने वर्ग का नहीं, उस वर्ग से बाहर का है; अपनी हैसियत से एक जमींदार, लेकिन संस्कारों और विचारों से शिक्षित मध्यवर्ग का सदस्य। वह किसानों के संघर्ष को आगे नहीं बढ़ाता लेकिन उनके सुखी समाज को असली कर्णधार वही बनता है। इसका आधार क्या है? गीतांजलि पांडे ने लिखा है कि प्रेमचंद इस धारणा से ग्रस्त दिखाई पड़ते हैं कि किसानों के मुक्तिदाता किसान समुदाय के बाहर से आएँगे। यह प्रेमचंद की यथार्थवादी चेतना की एक कमजोरी है।[30] हंसराज रहबर लिखते हैं : "प्रेमशंकर प्रेमचंद ही का प्रतिरूप है और उसकी असंगतियाँ प्रेमचंद की अपनी असंगतियाँ हैं।"[31] क्या यह सही है?

भारत के साम्राज्यवाद विरोधी स्वराज्य आंदोलन का नेतृत्व शिक्षित मध्यवर्ग के हाथों में था। लड़ाई के तुरंत बाद जो मॉडरेट सुधार स्कीम से खुश होकर नाच रहे थे वे पूँजीपति वर्ग के उस हिस्से के प्रतिनिधि थे जिसने लड़ाई से दौलत कमाई थी और ब्रिटिश कारोबार में छोटा हिस्सेदार बनने के बाद अब ब्रिटिश शासन में भी छोटी-सी भागीदारी की स्कीम से संतुष्ट था। इस पूँजीपति वर्ग ने असहयोग आंदोलन में हिस्सा न लिया और उसके राजनीतिक प्रतिनिधियों ने अमन सभाएँ कायम कर आंदोलन का खुला विरोध किया। लेकिन, असहयोग आंदोलन में व्यापक जन उभार को देखकर और उसकी सीमाओं को पहचान कर बाद में इस पूँजीपति वर्ग ने अपनी भूमिका फिर से तय की। जो शिक्षित मध्यवर्ग साम्राज्यवाद के खिलाफ संघर्ष चाहता था, वह भी कोई एक जैसा (समरूप) वर्ग न था। उसके दो हिस्से आसानी से अलग किए जा सकते हैं। एक हिस्सा उच्च मध्यवर्ग का था जिसके हाथों में कांग्रेस का नेतृत्व था। इस वर्ग में शहरों के धनी-मानी-वकील, डाक्टर और कुछ जमींदार थे। कुछ ऐसे भी थे जो जमींदार और वकील दोनों ही थे। दूसरा हिस्सा साधारण और निम्न मध्यवर्ग का था जो स्कूल के मास्टरों, छोटे दुकानदारों और प्रेस से जुड़े बुद्धिजीवियों, कर्मचारियों का था। शिक्षित मध्यवर्ग के इन दो हिस्सों की विचारधारा को अलग करता था किसानों और मजदूरों का सवाल। किसान-मजदूरों के सवाल पर दोनों वर्गों के दृष्टिकोण और व्यवहार में बुनियादी फर्क था। अव्वल तो उच्च मध्यवर्ग इस सवाल से ही कतराता था। ज्यादा से ज्यादा वह किसान-मजदूरों के आर्थिक सवालों को उठाए बिना, उनकी जिंदगी और रहन-सहन की भयंकर तकलीफ भरी परिस्थितियों को बदलने की कोई कोशिश किए बिना, उन्हें अपनी सभाओं के श्रोता और दर्शकों के रूप में, अपने जुलूस में झंडा ढोने वालों के रूप में देखना चाहता था ताकि उनका इस्तेमाल वह अपनी राजनीतिक महत्त्वाकांक्षाओं को पूरा करने में कर सके। यह बात इस वर्ग की आर्थिक जरूरतों से बिल्कुल मेल खाती थी क्योंकि जो जमींदार अपनी शिक्षा और दौलत के बल पर स्वराज्य आंदोलन के नेता बने थे, उनकी शिक्षा और दौलत किसानों के शोषण पर टिकी थी। शहर के बड़े वकील इसी भूस्वामी वर्ग की वकालत करके और मुकदमे में फँसकर कचहरी आए किसानों का खून चूसकर अपनी संपत्ति और सुविधाएँ जुटाते थे। इस शिक्षित उच्च मध्यवर्ग को देश के

अयोध्या के किसान सम्मेलन में आने में नेहरू ने अपनी असमर्थता प्रकट की।
बाबा रामचंद्र को जवाहरलाल नेहरू का पत्र : रामचंद्र पेपर्स

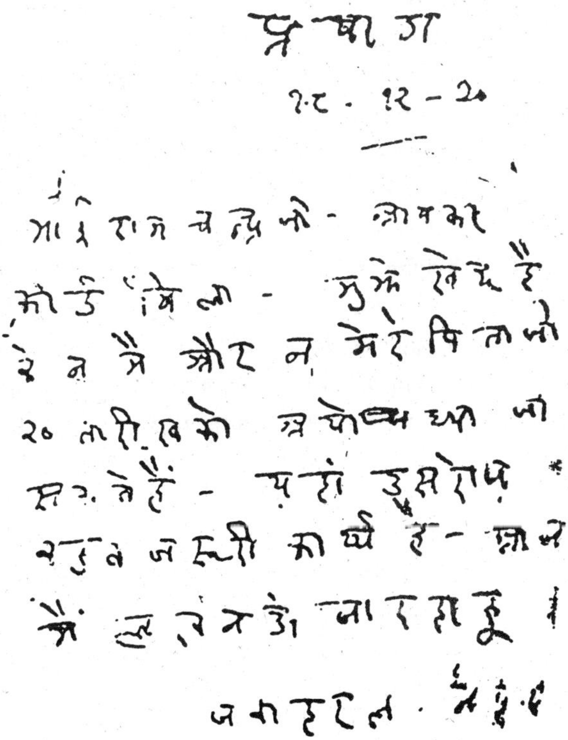

प्रयाग
२८-१२-२०

श्री रामचन्द्र जी - आपका कार्ड मिला - मुझे खेद है कि न मैं और न मेरे पिताजी २० तारीख को अयोध्या आ सकते हैं - यहाँ इस समय बहुत जरूरी कार्य है - आज मैं लखनऊ जा रहा हूँ।

जवाहरलाल नेहरू

किसानों के साथ उच्च-मध्यवर्गीय नेताओं के संपर्क का एक उदाहरण थे जवाहरलाल नेहरू। वे जितनी जल्दी किसान आंदोलन में आए, उतनी ही जल्दी लौट भी गए।

किसानों और मजदूरों से सच्ची हमदर्दी और लगाव नहीं है, यह बात चुभती थी निम्न मध्यवर्ग को जिसके अधिकांश सदस्य सैकड़ों तरीकों से देहात से जुड़े हुए थे। स्कूल के मास्टर हमेशा ही देहाती समाज के क्रांतिकारी वर्गों के बुद्धिजीवियों की भूमिका निभाते रहे हैं, फ्रांस की राज्य क्रांति से लेकर हमारे समय का नक्सलवादी किसान संघर्ष तक इस मच्चाई का गवाह है। भारत का स्वराज्य आंदोलन भी इसका अपवाद न था। प्रेमचंद इसी वर्ग के एक स्कूल मास्टर थे। गोरखपुर के निवासी पं. गौरीशंकर मिश्र प्रयाग के विद्या मंदिर स्कूल में पढ़ाते थे। प्रतापगढ़ के गाँवों के किसानों के बीच उनका आना-जाना था। कांग्रेस में रहकर भी अवध के किसान आंदोलन में किसानों के संघर्ष का आखीर तक साथ देने वाले वे अकेले कांग्रेसी नेता थे जिसका बाबा रामचंद्र ने अपनी डायरियों और पांडुलिपियों में सबसे आदर के साथ जिक्र किया है। हिंदी प्रदेश में बोल्शेविक क्रांति को किसान-मजदूरों के सवाल के साथ जोड़कर प्रचारित करने वाले सबसे पहले प्रचारक रमाशंकर अवस्थी और रामचंद्र वर्मा इसी निम्न मध्यवर्ग के सदस्य थे। यह वर्ग किसानों के निकट था और उनकी परिस्थितियों को अच्छी तरह जानता था। यह वर्ग इस बात को साफ देखता था कि स्वराज्य की जरूरत सबसे ज्यादा देहातों के शोषित उत्पीड़ित किसानों को है। इस वर्ग का मानना था कि देश के सबसे बड़े समुदाय—किसान—के आगे आए बिना स्वराज्य का आंदोलन सफल नहीं हो सकता। इसलिए यह शिक्षित जमींदारों और वकीलों से बने स्वराज्य आंदोलन के उच्च मध्यवर्गीय नेतृत्व की आलोचना करता था और उनसे माँग करता था कि वह किसानों के प्रति हमदर्दी का रवैया अपनाएँ और उनका नेतृत्व करे। माधव राव सप्रे इसी वर्ग के एक लेखक थे जिन्होंने स्वराज्य की हाँक लगाने वालों से कहा था कि स्वराज्य के लिए पहले तुम किसानों को जाकर शिक्षित करो।[32] किसानों के सवाल पर माधव राव सप्रे ने बहुत कुछ लिखा था। इसी वर्ग के महावीर प्रसाद द्विवेदी ने लिखा कि अगर मजदूर हड़ताल कर दें और किसान लगान देना बंद कर दें तो अंग्रेजी राज का भट्ठा बैठ जाएगा। 'प्रेमाश्रम' की रचना के दौरान प्रेमचंद ने किसानों के सवाल पर उच्च मध्यवर्ग की आलोचना करते हुए 1918 के अपने एक प्रसिद्ध लेख में लिखा : "हमारे स्वराज्य के नेताओं में वकील और जमींदार ही सबसे ज्यादा हैं। हमारी कौंसिलों में भी यही दो समुदाय आगे-आगे दिखाई पड़ते हैं। मगर कितने शर्म और अफसोस की बात है कि उन दोनों में से एक भी जनता का हमदर्द नहीं। वे अपने ही स्वार्थ और प्रभुत्व की धुन में मस्त हैं। वह अधिकार और शासन की माँग करते हैं और धन तथा वैभव के इच्छुक हैं, जनता की भलाई के नहीं।"[33] प्रेमचंद ने स्वराज्य आंदोलन के नेता वर्ग के चरित्र को बिल्कुल ठीक पहचाना था। प्रेमचंद ने इस वर्ग के स्वार्थियों को बेनकाब किया और उसके राजनीतिक आंदोलन की संकीर्ण वर्गीय सीमाओं को उद्‌घाटित किया : "शायद अपने राष्ट्र की जो कसौटी आपके दिमाग में थी उसको देखते हुए आपका आचरण जरा भी आपत्तिजनक न था।" प्रेमचंद ने इस वर्ग को इसके लिए धिक्कारा कि उसने

किसानों की शिक्षा और भलाई के लिए कोई भी आंदोलन न चलाया। प्रेमचंद इस नेतृत्वकारी वर्ग को सुझाव देते हैं : "हमारे कौंसिलरों और राजनीतिक नेताओं का कर्त्तव्य है कि वे अपने प्रस्तावों की परिधि को फैलाएँ और जनता (यानी काश्तकारों) की हिमायत का एक प्रोग्राम तैयार करें और उसे अपनी कार्य प्रणाली बना लें।" प्रेमचंद का यह लेख साधारण मध्यवर्ग के उस स्कूल मास्टर के विचारों का सबसे प्रतिनिधि उदाहरण हैं जो एक ओर उच्च मध्यवर्ग के नेतृत्व में स्वराज्य आंदोलन में शामिल था और दूसरी ओर जिसकी जड़ें देहात में थीं और वह किसानों के कष्टों को नजदीक से जानता था। 'प्रताप' के संपादक गणेश शंकर विद्यार्थी के पिता स्कूल मास्टर थे। 'प्रताप' का संपादक बनने से पहले खुद गणेश शंकर विद्यार्थी ने भी स्कूल में मास्टरी की थी। 'प्रताप' के जरिए वे किसानों के सवाल पर मध्यवर्ग का ध्यान खींचने की कोशिश करते रहे। उन्होंने एक ऐसा राष्ट्रीय संगठन बनाने पर जोर दिया, जिसमें शहर और गाँव दोनों संगठित हों। यह संगठन सारे देश की शक्ति रूपी मशीन होगी जिसे देखकर हाकिम व्यक्तियों को पीसने और जमींदार किसानों पर अत्याचार करने से बाज आएँगे। जाहिर है कि विद्यार्थी जी भी शहरी शिक्षित मध्यवर्ग और देहाती किसान समुदायों के संयुक्त मोर्चे को ही संगठित करने की बात कह रहे थे। 'प्रताप' के 1917 के विजयादशमी अंक में छपे एक लेख में किसानों के सवाल पर शिक्षित मध्यवर्ग की बेरुखी और निष्क्रियता को दिखलाते हुए लिखा है : "आप किसी से भारतीय कृषकों की दुर्दशा का वर्णन कीजिए तो उसके परिणाम में उसके मुँह से उपेक्षा भाव से, एक धीमी 'हाँ' तो अवश्य निकल जाती है, और कुछ नहीं। बस, कृषकों के प्रति उनके कर्त्तव्य और सहानुभूति का यहीं अंत हो जाता है।" इसका लेखक स्वराज्यवादी है और उसका मानना है कि किसानों की मुक्ति स्वराज्य के बिना नहीं हो सकती। लेकिन किसान स्वराज्य की राजनीति के अंग बनें, इसके लिए जरूरी है कि वह राजनीति उनके वर्ग की समस्याओं से भी जुड़ी हुई हो। स्वराज्य अगर लाना है तो शिक्षित मध्यवर्ग को किसानों के पक्ष में खड़ा होना होगा। स्वराज्य के लिए उच्च मध्यवर्ग की राजनीति का मुँह किसानों की ओर मोड़ने का सुझाव देते हुए लेखक देश के शिक्षित समुदाय से अपील करता है : "अतः देश बंधुओं को अपनी सहृदयता और सज्जनता निष्क्रिय न रखनी चाहिए। उन्हें अकर्मण्यता छोड़कर असहाय और दीन हीन कृषकों की समस्त अत्याचारों और अन्यायों से रक्षा करने के लिए मैदान में आ जाना चाहिए।" गणेश शंकर विद्यार्थी ने इस विचारधारा के अनुरूप खुद यू.पी. के लेफ्टीनेंट गवर्नर हरकोर्ट बटलर और उनके दलाल ताल्लुकेदारों के खिलाफ अवध के किसान आंदोलन में भाग लेकर संघर्ष किया और उसके लिए जेल भी गए। वे शहर के शिक्षित मध्यवर्ग से न सिर्फ किसानों के साथ बल्कि मजदूर वर्ग के संघर्षों के साथ भी जुड़ने की अपील कर रहे थे। 1919 के नवंबर में कानपुर की पाँच मिलों—ऊलन मिल, एलगिन मिल, म्योर मिल, विक्टोरिया मिल और कॉटन मिल—के 17 हजार मजदूरों ने हड़ताल कर दी। गणेश शंकर विद्यार्थी ने 'प्रताप' में संपादकीय लिखा,

हड़ताल क्यों हुई? उन्होंने हड़ताल के कारणों का विश्लेषण कर उसे जायज ठहराते हुए शिक्षित मध्यवर्ग को मजदूरों के संघर्ष में साथ देने के लिए आह्वान किया : "शहर वालों का यह काम नहीं कि वे चुपचाप इस लीला को देखते रहें। वे मजदूरों से मिलें, उनकी बातें सुनें और फिर विचार करें।...कानपुर के अच्छे नागरिक उसे शीघ्र ही मिटाकर क्यों नहीं पुण्य के भागीदार बनते।"[34] गणेश शंकर विद्यार्थी ने खुद कानपुर के मजदूर संगठनों को बनाने में हिस्सा लिया था और वे हड़ताली मजदूरों के प्रतिनिधिमंडल के एक सदस्य भी थे। बाबा रामचंद्र अवध के किसानों के संघर्ष को 'देश का भविष्य' बना देना चाहते थे। इसके लिए इलाहाबाद में पं. गौरीशंकर मिश्र ने जवाहरलाल नेहरू और पुरुषोत्तम दास टंडन जैसे राष्ट्रीय नेताओं से बाबा रामचंद्र और उनके पचास किसान साथियों की भेंट का इंतजाम किया ताकि किसानों को स्वराज्य आंदोलन के उच्च मध्यवर्गीय नेताओं का नेतृत्व मिल सके।

जिस जमाने में प्रेमशंकर जैसा एक बाहरी व्यक्ति किसानों का नेता बनता दिखाया गया, उस जमाने की हकीकत भी यही थी कि किसानों को (और मजदूरों को भी) नेतृत्व देने के लिए शिक्षित मध्यवर्ग के राष्ट्रवादियों की ओर देखा जाता था, उन्हें बुलाकर लाया जाता था। इसलिए अगर 'प्रेमाश्रम' में किसान प्रेमशंकर की जय-जयकार करते हैं तो यह खास प्रेमचंद के किसी धारणा से ग्रस्त होने का सबूत नहीं, बल्कि उनके युग के यथार्थ की अभिव्यक्ति है। प्रेमशंकर के रूप में शिक्षित उच्च मध्यवर्ग को किसानों के नेता के रूप में देखने की इच्छा प्रेमचंद की अपनी असंगति न थी, यह किसानों के सवाल पर राष्ट्रीय आंदोलन में शामिल निम्न और साधारण मध्यवर्ग का दृष्टिकोण था जिसे प्रेमचंद 'प्रेमाश्रम' में अभिव्यक्त कर रहे थे। यह वर्ग एक ओर शिक्षित उच्च मध्यवर्ग के नेतृत्व में राष्ट्रीय आंदोलन में शामिल था, दूसरी ओर कई तरह से देहात के निकट था और किसानों की दुख भरी परिस्थितियों से परिचित था। यह वर्ग राष्ट्रीय आंदोलन के उच्च मध्यवर्गीय नेतृत्व को किसानों की समस्याओं से जोड़ना चाहता था और उच्च मध्यवर्ग से माँग कर रहा था कि वह किसानों को नेतृत्व दे। प्रेमचंद इसी वर्ग के लेखक थे और प्रेमशंकर को किसानों का नेता बनाकर अपने वर्ग की राजनीतिक इच्छा को ही मूर्त कर रहे थे। रहबर जब इस दृष्टि को असंगति बतलाते हैं तब वे आज के जमाने की स्थिति से 1918-20 के सवालों को देखते हैं जो ऐतिहासिक दृष्टि से ठीक नहीं। 'प्रेमाश्रम' के युग में निम्न और साधारण मध्यवर्ग की यह दृष्टि कोई असंगति न थी। उस जमाने में सामाजिक वर्गों की जो स्थिति थी, उसमें यह दृष्टि स्वाभाविक थी। नेतृत्व का सवाल समाज में वर्गों के विकास की अवस्था पर निर्भर करता है। लड़ाई के बाद वर्गों की स्थिति यह थी कि समाज में मजदूर-किसानों के वर्ग अपने तीखे अंतर्विरोधों के बावजूद कमजोर और असंगठित थे। उनके मुकाबले में शिक्षित मध्यवर्ग बहुत शक्तिशाली और संगठित था। वह युग मध्यवर्ग का युग था और समाज में उसी का बोलबाला था। उसकी सबसे बड़ी ताकत उसका अखिल भारतीय राजनीतिक संगठन था जो मजदूर-किसान

वर्गों के पास न था। अखिल भारतीय संगठन की बात तो दूर, हिंदी प्रदेश में किसानों के पास अपना कोई स्थानीय संगठन भी न था। समाज के सामने किसान या मजदूर वर्ग के बीच से उभरे उनके वर्गीय नेताओं का कोई उदाहरण न था। किसानों के सवाल पर उच्च मध्यवर्ग से नेतृत्व की कामना का आधार सामाजिक वर्गों की यही स्थिति थी जिसमें किसान खुद उच्च मध्यवर्गीय संगठनों और नेताओं को गोहार लगा रहे थे। 4 जनवरी, 1919 के 'अभ्युदय' में प्रतापगढ़ के कुछ किसानों की एक चिट्ठी छपी, 'कृषकों की गोहार'। उस जमाने में असंगठित किसानों की असहाय स्थिति का यह चिट्ठी प्रतिनिधि उदाहरण है। इसमें किसानों ने लिखा : "इस छोटे-से लेख में हम पीड़ित कृषकों की गोहार भारतवर्ष के सभी प्रधान कर्मचारी, नेता और किसान सभा के सभापति तथा समस्त किसानों से भलीभाँति प्रकट कर सकते हैं। फिर भी गोहार तभी की जाती है जब भयंकर समय उपस्थित होता है। हम किसानों का कोई नेता नहीं। ताल्लुकेदार के हाथों में ही जीवन-मरण निर्भर है।" चंपारन में किसानों पर नीलहों के अत्याचार और वहाँ के किसानों को गाँधी जैसे नेता के मिलने की बात लिखकर आगे लिखा : "वहाँ विदेशी नीलहे गोरे थे और यहाँ देशी ताल्लुकेदार और जमींदार हैं जो अवध के एक्ट से बलवान होकर किसानों पर भयंकर प्रभुता कर रहे हैं। क्या कोई भी माई का (भारत भूमि) लाल ऐसा है जो इन किसानों को भी मनुष्य का अधिकार और सुख दिलावे?" पड़ोस में रहने वाले मालवीय जी किसानों के कुछ कष्ट जानते हैं, यह बात लिखने के बाद लिखा : "जिस दिन कोई कृपालु नेता किसानों में बैठकर उनकी दुख की कहानियाँ सुनेंगे, तभी उन्हें मालूम होगा कि प्रतापगढ़ के किसानों पर कैसा वर्णनातीत अन्याय हो रहा है।" चिट्ठी में बेदखली, गैर-कानूनी अबवाबों और अकाल का जिक्र है : "कोई भी किसान जरा भी चूं करे तो उसे हर तरह हैरान करके बेदखल किया जाता है।...कितनी भी पुरानी जमीन क्यों न हो, वह बेदखल हो सकती है।—हम सब नौकरी और मजदूरी और छोटे-छोटे रोजगार करके ताल्लुकेदारों और ज़मींदारों को तरह-तरह का दंड देते हैं परंतु जमीन से पैदा किए अन्न को भी खा नहीं पाते। किसानी ही जिसका भरोसा है वह त्योहार और न्योते में ही पेट भर भोजन पाता है। इस दुर्भिक्ष में तो पेट भर साग भी नहीं मिलता। इस पर भी कहीं लगान माफ और कहीं मुल्तवी हुआ है, किंतु प्रतापगढ़ में मार-मार कर आधी मालगुजारी वसूल कर ली गई है। यहाँ के अफसर भी दुखिया किसानों से वैसा ही व्यवहार करते हैं जैसे ताल्लुकेदार और ज़मींदार! चिट्ठी के अंत में लिखा है : "हे भारत के सम्राट! हे बड़े लाट! हे छोटे लाट! हे भारत के सपूत नेतागण! और किसान सभा के सभापति। हम किसानों की गोहार सुनिए।"

हो सकता है कि किसी ने मूल चिट्ठी की भाषा और भावों को सँवारा हो। हो सकता है कि यह चिट्ठी खुद किसानों ने न लिखी हो, उनके किसी स्थानीय नेता ने लिखी हो।[35] फिर भी यह चिट्ठी उस वक्त के किसानों की असंगठित हालत का मार्मिक

और सजीव चित्र पेश करती है। ऐसी हालत में किसानों द्वारा राष्ट्रीय आंदोलन के नेताओं को अपने नेतृत्व के लिए बुलाना और देहात से जुड़े निम्न तथा साधारण मध्यवर्गीय तबके के राष्ट्रवादी बुद्धिजीवियों द्वारा उच्च मध्यवर्गीय नेतृत्व से किसानों का नेतृत्व करने की अपील करना एक असंगति कैसे हो सकती है? 'प्रेमाश्रम' से पहले की एक घटना है चंपारन। चंपारन का किसान प्रतिनिधि राजकुमार शुक्ल लखनऊ जाकर गाँधी को किसानों का नेतृत्व करने के लिए ले जाता है। 'प्रेमाश्रम' से बाद की एक घटना है अवध। किसानों के नेता बाबा रामचंद्र इलाहाबाद आते हैं, बड़े राष्ट्रीय नेताओं को किसानों के बीच ले जाने के लिए। बाबा रामचंद्र असल में इलाहाबाद गाँधी को लेने आते हैं। गाँधी इलाहाबाद में न थे। तो, वे नेहरू से कहते हैं। नेहरू जाना नहीं चाहते। बाबा रामचंद्र और उनके किसान साथी एक तरह से नेहरू से 'चिपक' जाते हैं। नेहरू को जाना पड़ता है। खुद बाबा रामचंद्र एक ऐसे नेता थे जो किसान वर्गों से बाहर के थे। उन्हें स्थानीय किसान नेता झिंगुरी सिंह किसानों को नेतृत्व देने के लिए प्रतापगढ़ में लेकर आए थे। नेताओं को बाहर से बुलाना उस जमाने की एक खास प्रवृत्ति थी जिसका आधार शोषित वर्गों की असंगठित स्थिति थी। गाँधी से दक्षिण अफ्रीका के भारतीयों ने इसी तरह नेतृत्व देने के लिए अनुरोध किया था। फ़िजी के द्वीप में कुली प्रथा के मातहत काम करने वाले भारतीय मजदूरों ने इसी तरह भारत से अपने नेता डॉ. मणीलाल को बुलाया था।[36] गाँधी और मणीलाल, दोनों वकील थे। दोनों शिक्षित उच्च मध्यवर्ग के सदस्य थे।

'प्रेमाश्रम' के जमाने में झगड़ा इस बात पर न था कि किसानों को नेतृत्व उच्च मध्यवर्ग देगा या मजदूर वर्ग देगा। यह सवाल तो बाद में पैदा हुआ। तब सवाल यह था कि किसानों का प्रतिनिधि ज़मींदारों को माना जाए या शिक्षित मध्यवर्ग को। मध्य युग में राजा के खिलाफ संघर्ष में स्थानीय जमींदार और जाति या कबीले के मुखिया किसानों का नेतृत्व करते थे। यह बात सन् सत्तावन के गदर तक मिलती है जिसमें अंग्रेजों को लगा था कि ताल्लुकेदार किसानों के 'स्वाभाविक नेता' हैं। ब्रिटिश भारत में पहली बार एक ऐसे शहरी मध्यवर्ग का विकास हुआ जो अंग्रेजी राज के खिलाफ जनता को नेतृत्व देने के लिए सामने आया था। लेकिन ज़मींदार और ताल्लुकेदार अब भी सैकड़ों तरीकों से किसानों पर अपना रोब-दाब रखते थे और खुद को किसानों का प्रतिनिधि समझते थे। अंग्रेजी राज भी उन्हीं को किसानों के प्रतिनिधि के रूप में मान्यता देता था। यह बात वैसी ही है जैसे कारखानों और उद्योगों में मालिक और मैनेजमेंट अपने दलाल नेताओं की यूनियनों को ही मान्यता देते हैं। 'प्रेमाश्रम' में ताल्लुकेदार राय कमलानंद एक व्यावसायिक कंपनी के एजेंट से किसानों को औद्योगिक मजदूरों में बदलने का इस ढंग से विरोध करता है मानो वह किसानों का पिता और संरक्षक हो। कमलानंद काउंसिल का चुनाव किसानों के वोट के बल पर ही जीतता था। जमींदार और ताल्लुकेदारों का वर्ग अपनी ताकत के बल पर कैसे किसानों का प्रतिनिधि बनकर बैठा

हुआ था, इसका एक प्रमाण यह है कि प्रांतीय काउंसिलों में देहातों के अधिकांश प्रतिनिधि ये ही लोग थे। शिक्षित उच्च मध्यवर्ग राष्ट्र के नाम पर अपना राजनीतिक प्रभुत्व बढ़ाने के लिए किसानों को अपने प्रभुत्व में रखना चाहता था। इसलिए यह लाजिमी था कि इसमें उसका झगड़ा देहात के सामंत वर्ग से होता। किसानों पर ज़मींदारों के प्रभुत्व को लेकर शिक्षित, उच्च मध्यवर्ग के मन में जो चिंता थी, उसकी झलक जनवरी, 1919 की 'मर्यादा' में राजेंद्र प्रसाद के एक लेख में मिलती है : ''किनको वोट देने का अधिकार मिलना चाहिए?'' 1919 में जब प्रांतीय काउंसिलें बनीं तो सवाल उठा कि उसमें किसानों को वोट देने का हक मिलना चाहिए या नहीं? राजेंद्र प्रसाद ने लिखा : ''रैयतों को वोट देने का हक मिलना चाहिए लेकिन यह ध्यान में रखना चाहिए कि अधिकतर रैयत अपने जमींदारों के प्रभाव में रहते हैं, उनके मालिक ज़मींदार जिसे कहेंगे, वे उसी को वोट देंगे भले ही वह ज़मींदार सभा में जाकर रैयतों के विरुद्ध काम करे।'' राजेंद्र प्रसाद और उनके जैसे शिक्षित उच्च मध्यवर्ग के कुछ दूसरे लोगों ने गाँधी के साथ चंपारन में किसानों के हित के लिए ज़मींदार वर्ग के स्वार्थों का विरोध किया था। काउंसिल के चुनावों में वोट पाने के सवाल पर इन दो वर्गों के बीच विरोध होना स्वाभाविक था। राजेंद्र प्रसाद ने लिखा, हमारे देश विशेषकर बिहार प्रांत की रैयत जमींदारों के सामने सिर अभी नहीं उठा सकती और ऐसा जान पड़ता है कि यदि दो मनुष्य उनकी सम्मति (वोट) के लिए खड़े हों जिनमें एक ज़मींदार अथवा ज़मींदार का खड़ा किया हुआ आदमी हो और दूसरा देश हितैषी शिक्षित सज्जन हो तो इसमें संदेह नहीं कि ज़मींदार के खड़ा किए हुए मनुष्य को ही रैयतों की सम्मति मिलेगी।'' किसानों को ज़मींदारों के दबदबे से आजाद कर शिक्षित मध्यवर्ग के नेतृत्व में लाने की जरूरत है, इस बात को राजेंद्र प्रसाद ने यूँ कहा : ''शिक्षित समाज पर बड़ा भार है इसमें संदेह नहीं कि सुधार की जो माँग आज भारतवर्ष के प्रत्येक कोने से आ रही है वह उन्हीं की पैदा की हुई है। इस सुधार को देश के हित का साधन बनाना उन्हीं के हाथ में है।'' यह बात 1919 की है। 'हिंदुस्तान रिव्यू' में डॉ. विश्वनाथ मुकर्जी का लेख छपा था : ''भारत और संसार व्यापी मजदूर आंदोलन।'' इसे अगस्त, 1920 में 'प्रभा' ने उद्धृत किया। मुकर्जी ने लिखा कि बिहार के ज़मींदार, दरभंगा के महाराज, अवध के ताल्लुकेदार और आगरे के ज़मींदार अंग्रेजी पूँजीपतियों के साथ मिलकर ''कौंसिलों के चुनाव में शिक्षित समुदाय को पराजित करने का प्रयत्न कर रहे हैं क्योंकि वे ही शिक्षित समुदाय भारतीय मजदूरों का पक्ष लेते हैं। दरभंगा के महाराजा, अवध के ताल्लुकेदार और आगरा प्रांत के ज़मींदारों की चालें इस बात के उदाहरण हैं। संयुक्त प्रांत और बिहार के ज़मींदार अपने विशेष प्रतिनिधि चाहते हैं क्योंकि वे (जैसा कि वे कहते हैं) ही सरकार और जनसाधारण के मध्यस्थ हो सकते हैं। इन्हीं प्रांतों में ज़मींदारों और किसानों का झगड़ा अधिक है।'' शिक्षित उच्च मध्यवर्ग किसान और शासक वर्ग के बीच खुद को मध्यस्थ बनाना चाहता था। ज़मींदार वर्ग मध्यस्थ के रूप में अपने प्रतिनिधि चाहता था। प्रतिनिधित्व का यह

झगड़ा उन प्रांतों में ज्यादा था जहाँ ज़मींदारों और किसानों के बीच संघर्ष अधिक था। क्योंकि शिक्षित समुदाय किसानों का पक्ष लेता था, इसलिए ज़मींदार और ताल्लुकेदार शिक्षित समुदाय को हराने की कोशिश अंग्रेज पूँजीपतियों के साथ मिलकर कर रहे थे। यह स्थिति थी। 'प्रेमाश्रम' में ज्ञानशंकर ऐसा ही ज़मींदार है जो अपने और किसानों के बीच शिक्षित मध्यवर्ग को देखना नहीं चाहता। प्रेमशंकर उस शिक्षित मध्यवर्ग का प्रतिनिधि है। ज्ञानशंकर किसानों के बीच उसके जाने का विरोध करता है और किसान संघर्ष के दौर में पुलिस सहायता से उसे भी गिरफ्तार करवा देता है।

उस युग में किसानों का नेतृत्व करने के सवाल पर जिस तरह के विरोध का जिक्र शिक्षित उच्च मध्यवर्ग और ज़मींदार वर्ग के बीच मिलता है, उस तरह विरोध का जिक्र शिक्षित उच्च मध्यवर्ग और मजदूर वर्ग के बीच नहीं मिलता। इसका कारण यह है कि मजदूर वर्ग का इतना विकास न हुआ था कि वह किसानों का नेतृत्व करने के सवाल पर उच्च मध्यवर्गीय नेतृत्व को चुनौती दे सके। मजदूर वर्ग खुद असंगठित था और उसे संगठित करने के लिए शिक्षित मध्यवर्ग की मदद की जरूरत थी। लड़ाई के बाद देश में मजदूर वर्ग की जो लड़ाइयाँ हुईं, उनमें कानपुर का स्थान महत्त्वपूर्ण है। मजदूरों की हड़ताल की पहली लहर 1919 में चली। कानपुर में 1919 के दिसंबर में पाँच मिलों के 17 हजार मजदूरों की जो हड़ताल हुई, उसके बारे में गणेश शंकर विद्यार्थी ने एक दिसंबर को 'प्रताप' में लिखा : "मजदूर गरीब है, मिलवाले धनवान। मजदूर अशक्त हैं और मिल वाले शक्तिमान। मजदूर निस्सहाय हैं और मिल वालों को सहायकों की कमी नहीं। इसलिए इस संग्राम में मजदूरों की जीत होगी, यह बात संदिग्ध है। यदि, मजदूर घुटने टेक दें और मिल वालों के चरणों के तले गिर जाएँ तो कोई आश्चर्य नहीं। परंतु इसका अर्थ यह कदापि नहीं है कि मजदूरों ने गलती की और मिल वाले ठीक रास्ते पर थे। मिल वालों पर जो कलंक है, वह जीत से नहीं मिटता, मजदूरों की जो हालत है, वह असफल होने पर भी, और कोई उपाय न होने के कारण उन्हें हड़ताल के सिवा और कोई दूसरा मार्ग नहीं दिखाती।" 1919 में कानपुर मजदूर हड़ताल का यह कोई मध्यवर्गीय मूल्यांकन नहीं, बल्कि उसकी वास्तविकता थी। मजदूरों की हड़ताल उनकी राजनीतिक चेतना और विकसित संगठन का नतीजा न थी। उन्होंने हड़ताल की थी क्योंकि उनकी हालत उन्हें हड़ताल के सिवा और कोई रास्ता नहीं दिखाती थी। उनके सामने और कोई उपाय न था। उनकी जीत संदिग्ध इसलिए थी क्योंकि उनकी ताकत उस समय बहुत कम थी। इन पंक्तियों में जिस मजदूर वर्ग का चित्र उभरता है, वह ऐसा नहीं है जो किसानों को नेतृत्व देने के सवाल पर शिक्षित उच्च मध्यवर्ग को चुनौती दे सकने के योग्य है। स्थिति उसके ठीक उल्टे थी। मजदूर वर्ग को खुद शिक्षित मध्यवर्ग की मदद चाहिए थी। कानपुर में मजदूरों को जिन नेताओं ने संगठित किया था, उनमें गणेश शंकर विद्यार्थी भी एक थे। हड़ताली मजदूरों ने कानपुर के ग्वाल टोली में सभा की, जिसमें तय हुआ कि समस्या के हल के लिए हरकोर्ट बटलर को तार दिया जाए। मजदूरों ने बातचीत के लिए अपना

जो प्रतिनिधिमंडल बनाया, उसमें दस मजदूर थे और पाँच शहर के नेता थे। ग्वाल टोली में हड़ताली मजदूरों की इस सभा की अध्यक्षता की थी राय साहब डॉ. मुरारीलाल ने।

1920-22 के दौरान देश में मजदूर संघों की तादाद तेजी से बढ़ी थी। लेकिन मजदूर संघ और मजदूर वर्ग का राजनीतिक संगठन एक ही चीज नहीं होती। समाज में मजदूर वर्ग राजनीतिक नेता के रूप में उभरे और किसानों को नेतृत्व दे, यह लक्ष्य मजदूर वर्ग का राजनीतिक संगठन बनाए बिना पूरा नहीं किया जा सकता। यह स्थिति 'प्रेमाश्रम' की रचना पूरी होने के बाद भी बहुत वर्षों तक नहीं आई। लड़ाई के बाद 'प्रेमाश्रम' की रचना के समय भारत में जो युग शुरू हुआ था, वह शिक्षित उच्च मध्यम वर्ग के नेतृत्व में बुर्जुवा राष्ट्रवाद का युग था। मजदूरों को राजनीतिक रूप से संगठित करने के प्रयास असहयोग आंदोलन के बाद शुरू हुए। 1922 में श्रीपाद अमृत डांगे ने 'सोशलिस्ट' नाम से अखबार निकाला और इंडियन सोशलिस्ट पार्टी आफ दी इंडियन नेशनल कांग्रेस के गठन का सुझाव दिया। 1923 में एम. सिंगारवेलू ने मद्रास में लेबर किसान पार्टी आफ हिंदुस्तान को कायम किया। 1925 में सत्य भक्त की भारतीय कम्युनिस्ट पार्टी बनी। 1925 में ही बंगाल में हेमन्त कुमार सरकार, काजी नजरुल इस्लाम और मुजफ्फर अहमद ने लेबर स्वराज पार्टी ऑफ इंडियन नेशनल कांग्रेस की स्थापना की। 1926 में बंबई में कांग्रेस लेबर पार्टी बनाना तय हुआ। भारत के इन सब शुरुआती कम्युनिस्ट ग्रुपों की एक विशेषता यह थी कि इन सबका गठन शिक्षित मध्यवर्ग की पार्टी कांग्रेस के अंदर से हुआ था, बाहर से नहीं। इन सब ग्रुपों ने अपने आप को कांग्रेस से जोड़ कर रखा और अपने सदस्यों को कांग्रेस में सदस्य बनकर काम करने की न सिर्फ छूट दी बल्कि निर्देश भी दिया। महत्त्वपूर्ण बात यह है कि इन सब ग्रुपों ने अपना उद्देश्य मजदूर वर्ग के नेतृत्व में एक अलग राजनीतिक संगठन खड़ा करना नहीं, बल्कि स्वराज्य के लिए और मजदूर-किसानों की आर्थिक-सामाजिक मुक्ति के लिए, कांग्रेस के वामपंथ को मजबूत करना घोषित किया। अपने इसी उद्देश्य के अनुरूप इन्होंने यूरोप में रह रहे और तीसरी इंटरनेशनल के सम्मानप्रद नाम के साथ जुड़े हुए एम. एन. राय के इस सुझाव को ठुकरा दिया कि भारत में एक गैर कानूनी कम्युनिस्ट पार्टी बनाने की जरूरत है जिसका नेतृत्व सर्वहारा वर्ग करे। डांगे ने इसका विरोध करते हुए इस सुझाव को यूरोपीय सामाजिक संदर्भ से उपजा बताया जहाँ एक विकसित लड़ाकू मजदूर वर्ग पहले से है जबकि भारत में वह उस रूप में नहीं है। यहाँ तो अभी मजदूर वर्ग को ट्रेड यूनियनों तथा अन्य तरीकों से संगठित करने की जरूरत है। यह बात 1923-24 की है। 1923-24 में भारत के कम्युनिस्ट ग्रुप सर्वहारा वर्ग के नेतृत्व में एक गैर-कानूनी राजनीतिक संगठन खड़ा करने से इसलिए इनकार कर रहे थे क्योंकि भारत में तब तक मजदूर वर्ग पूरी तरह से संगठित और नेतृत्व देने लायक नहीं हुआ था।[37] जब 1923-24 में ऐसी हालत थी, तब 'प्रेमाश्रम' के समय में, 1918-20 में मजदूर वर्गों से नेतृत्व की आशा कैसे की जा सकती थी? 1920-22 में एक एम. एन. राय थे जो लेनिन

से असहमत थे और भारत में गाँधी को 'प्रतिक्रिया' की शक्तियों का 'उग्रतम' और सबसे 'असाध्य रूप' बतलाते हुए मजदूर वर्ग के नेतृत्व में एक गैर कानूनी कम्युनिस्ट पार्टी के निर्माण की माँग कर रहे थे। जो आलोचक 'प्रेमाश्रम' में बलराज के चरित्र में एक बोल्शेविक नेता के विकास को देखना चाहते हैं, वे असल में राजनीति के क्षेत्र में 1920-22 के राय का समर्थन करते हैं।

किसान संघर्ष

प्रेमचंद की विशेषता यह थी कि कम्युनिस्ट ग्रुपों की स्थापना से बहुत पहले, अवध में किसानों का संघर्ष फूटने से भी पहले, उन्होंने 'प्रेमाश्रम' में किसानों को संघर्ष करते हुए दिखाया।

1918 की मई में जब प्रेमचंद ने 'प्रेमाश्रम' लिखना शुरू किया था, उस वक्त हिंदी प्रदेश में कहीं भी किसानों का संघर्ष नहीं चल रहा था। 1917 में चंपारन में जो किसान संघर्ष हुआ, उसकी ऊँचाई 'प्रेमाश्रम' में चित्रित किसान संघर्ष से ऊँची न थी। चंपारन में उठते हुए किसान संघर्ष को स्थानीय धनी किसान नेताओं ने खुद ही गाँधी के नेतृत्व में शिक्षित उच्च मध्यवर्ग के हवाले कर दिया था। 'प्रेमाश्रम' में किसान अपने संघर्ष को इस वर्ग के हवाले करने नहीं जाते। कारिंदे की हत्या करने वाले किसान मनोहर को वीरात्मा के रूप में प्रतिष्ठित कर प्रेमचंद चंपारन के महात्मा की विचारधारात्मक सीमा को तोड़ते हैं। रूस और बलगारिया की क्रांति से प्रेरित किसान बलराज का चरित्र सामने लाकर प्रेमचंद अपने समय से बहुत आगे उभरने वाले किसान संघर्षों के एक क्रांतिकारी तत्त्व की संभावना को चित्रित करते हैं। हिंदी प्रदेश में 'प्रेमाश्रम' के किसान संघर्ष से कहीं बड़े किसान संघर्ष 'प्रेमाश्रम' की रचना के आखिरी दौर में उभरे थे, अवध में किसान संघर्ष 'प्रेमाश्रम' की रचना पूरी हो जाने के बाद उभरा। 'प्रेमाश्रम' का किसान संघर्ष अपने आगे आने वाले किसान संघर्षों का पूर्वाभास था।

'प्रेमाश्रम' काल के पूर्वी उत्तर प्रदेश में असंगठित किसान ऐसी हालत में पड़े हुए थे जहाँ उनके आगे संघर्ष को छोड़कर और कोई राह न थी। प्रेमचंद ने उनकी इस हालत को ठीक पहचाना और उन्हें संघर्ष के लिए उठते हुए दिखाया। 'प्रेमाश्रम' में चित्रित किसान संघर्ष का महत्त्व तब और भी बढ़ जाता है जब हम उसे उस जमाने में लिखे जा रहे किसान साहित्य के संदर्भ में देखते हैं जिसमें किसानों की अनगिनत समस्याओं का रोना तो मिलता है लेकिन कहीं भी किसानों के संघर्ष के लिए आह्वान नहीं मिलता। 1917 से लेकर 1920 तक हिंदी प्रदेश की पत्र-पत्रिकाओं में किसानों से संबंधित सैकड़ों रचनाएँ प्रकाशित हुईं, करीब दर्जन भर छोटी-बड़ी किताबें छपीं, उनमें किसानों के शोषण और उत्पीड़न के हर रूप की चर्चा हुई, लेकिन कहीं भी किसानों के संघर्ष का विचार नहीं मिलता। जब प्रेमचंद 'प्रेमाश्रम' लिख रहे थे, उन्हीं दिनों राजेंद्र प्रसाद अपनी किताब 'चंपारन में महात्मा गाँधी' लिख रहे थे। राजेंद्र प्रसाद ने चंपारन में किसानों की

समस्याओं को हल करने में हाथ बँटाया था। जिन किसानों के वे नेता बने थे, उन किसानों के बारे में राजेंद्र प्रसाद ने अपनी किताब में लिखा : "किसान लोग स्वभावतः डरपोक होते हैं और विशेषतः चंपारन जैसी जगह की रिआया तो और भी सीधी-सादी है।" प्रेमचंद ने राजेंद्र प्रसाद की इस धारणा के खिलाफ किसानों की वीरता और हिम्मत को चित्रित किया। उन्होंने मनोहर, कादिर, बलराज, सुक्खू चौधरी और बिलासी जैसे किसान चरित्रों को दिखाया जो कहीं से भी डरपोक नहीं हैं। 'प्रेमाश्रम' के रचना-काल में किसानों से संबंधित जो बहुत से लेख और टिप्पणियाँ छपीं, उनमें अक्सर किसान को 'बेचारा' कहा जाता था। 'सरस्वती' (जून, 1914) में गंगाधर पंत ने लिखा : "बेचारे गरीब काश्तकार मजबूरी या मूर्खता से जो माँगा जाता है, देने को तैयार हो जाते हैं।" 'स्वार्थ' (पौष, 1919) में नारायण सिंह ने लिखा : "बेचारों को खाना भी प्राप्त नहीं, फिर भला खेती की उन्नति किस प्रकार करें।" किसानों की समस्याओं पर लिखने वाले शहरी मध्यवर्ग के इन लेखकों की किसानों के साथ सहानुभूति रखने का एक कारण यह भी था कि इन्हें किसान 'बेचारे' और 'मूर्ख' लगते थे। इन्हें उनकी 'बेचारगी' और 'मूर्खता' पर दया आती थी। मध्यवर्ग के इन लेखकों के उल्टे प्रेमचंद ने किसानों को कहीं भी मूर्ख या बेचारा नहीं दिखलाया। वे प्लेग और लगान इजाफा के मुकदमे से तबाह किसानों की फटेहाली और बर्बादी का चित्र खींचते हैं, तब भी वे उन्हें 'बेचारा' नहीं दिखलाते। वे अपनी तबाही के बीच भी ज़मींदार के आगे जाकर घुटने नहीं टेकते बल्कि दृढ़ता के साथ अपनी लड़ाई में टिके रहते हैं। उनकी तबाही को देखकर पढ़ने वालों की ही तरह डिप्टी कमिश्नर ज्वाला सिंह के भी मन में दया का भाव नहीं उपजता, बल्कि उनके न्यायपूर्ण संघर्ष के प्रति समर्थन और सहानुभूति का भाव पैदा होता है। गंगाधर पंत का 'सरस्वती' में छपा ऊपरवाला लेख एक महत्त्वपूर्ण लेख था। इसमें उन्होंने अवध के किसानों और ज़मींदारों के बदलते हुए संबंधों के इतिहास की छानबीन की थी। उन्होंने किसानों पर ज़मींदार के शोषण और अन्याय का विरोध किया था और बेदखली के खिलाफ किसानों के लिए मौरूसी हक की माँग की थी। जाहिर है कि गंगाधर पंत किसानों के पक्षधर लेखक थे। इसके बावजूद वे किसानों की 'बेचारगी' पर तरस खा रहे थे और यह नहीं देख पा रहे थे कि किसान शोषण और अन्याय के खिलाफ संघर्ष भी कर सकते हैं। इसलिए किसान-जमींदार के टकराव की स्थिति को रोकने के लिए गंगाधर पंत किसानों को सुझाव देते हैं : "किसानी का सबसे बड़ा मंत्र अपने जमींदार को प्रसन्न रखना है।" 'प्रेमाश्रम' के किसान गंगाधर पंत के बताए इस मंत्र पर नहीं चलते। गंगाधर पंत ने लिखा था : "किसान का हित इसी में है कि परिश्रम से खेती करे, लगान वक्त पर दे दिया करे, और शर्तों के अनुसार काम करता जाए।" प्रेमचंद के किसान अपने अनुभवों से देखते हैं कि यह बात झूठ है। मनोहर बताता है कि किसानों का हित आपस में संगठित होने में है। कादिर और बलराज बताते हैं कि किसानों का हित संघर्ष करने में है।

किसानों के बारे में लिखे जा रहे उस जमाने के लेखों में एक प्रवृत्ति यह थी कि किसानों के पक्षधर लेखक जमींदार को यह तर्क देते थे कि किसान को इतना मत चूसो कि वह मर ही जाए। अगर ऐसा हुआ तो जमींदार को भी कोई लाभ न होगा। गंगाधर पंत ने लिखा : "दुधारू गाय जब तक दूध दे तब तक खैर! पर उसके और उसके बच्चों की हिफाजत और बेहतरी का ख्याल न रखना कहाँ का न्याय है? सोने का अंडा देने वाली मुर्गी को खिला-पिलाकर बहुत दिन जीवित और तंदुरुस्त रखने से जो लाभ हो सकता है वह, लालच में आकर सारा खजाना एक ही दिन में निकाल लेने की चेष्टा से नहीं होता। मुर्गी की जान जाएगी और मालिक का अपरिमित नुकसान होगा सो अलग।" किसान दुधारू गाय है, वह सोने की मुर्गी है, यह बात और लेखक भी कहते थे। 'प्रताप' के राष्ट्रीय अंक (विजयादशमी 1917) में किसानों के पक्ष का जबर्दस्त समर्थन करने वाले लेख 'भारतीय किसान' में लेखक ने किसानों पर ज़मींदार वर्ग और उसके अमलों, सरकारी हाकिमों और पढ़े-लिखे शहरियों तक के शोषण का वर्णन करके लिखा : "ओ बुद्धि से काम लो, एक ही बार में सोने का अंडा प्राप्त करने के लोभ में आकर मुर्गी को मत हलाल करो।" यह तर्क देकर मध्यवर्ग के लेखक यह बतलाना चाहते थे कि यह जमींदार वर्ग के हित में ही है कि वह किसानों का शोषण कम करे। 'दुधारू गाय' और 'सोने का अंडा देने वाली मुर्गी' जैसी उपमाओं में ही यह दृष्टिकोण निहित था कि किसान संघर्ष नहीं कर सकते। वे असहाय हैं। गाय और मुर्गी बढ़ते हुए शोषण से मर तो सकते हैं, लेकिन शोषण के खिलाफ लड़ नहीं सकते। प्रेमचंद इसी वर्ग के लेखक थे लेकिन फिर भी उन्होंने 'प्रेमाश्रम' में किसानों को 'दुधारू गाय' और 'सोने का अंडा देने वाली मुर्गी' बताकर जमींदार को उसका हित नहीं सुझाया। संघर्ष परिस्थितियों का एक स्वाभाविक तर्क है। किसानों पर लिखने वाले मध्यवर्ग के लेखक किसानों की परिस्थितियों का तो वर्णन खूब कर रहे थे, लेकिन उससे निकलने वाले तर्क को नहीं देख रहे थे। प्रेमचंद ने किसानों की परिस्थितियों को दिखलाया और इन परिस्थितियों को बदलने के लिए उन्हें लड़ते हुए भी दिखलाया।

'प्रेमाश्रम' में किसानों के संघर्ष को चित्रित करने का महत्त्व कितना है, यह तब साफ होता है जब हम यह देखते हैं कि न सिर्फ उस जमाने के विवेचनात्मक साहित्य में, बल्कि कलात्मक साहित्य में, कविता, कहानी और उपन्यासों में भी संघर्ष करते किसानों के चित्र कहीं नहीं मिलते। 1917 से 1920 के बीच हिंदी में किसानों के बारे में दर्जनों कविताएँ लिखी गईं, पर उनमें से एक में भी किसान संघर्ष का चित्र नहीं मिलता। 1919 की अप्रैल की 'सरस्वती' में गया प्रसाद शुक्ल 'सनेही' की एक लंबी कविता छपी थी। कविता में कवि भारत के किसानों के दुख की गाथा सुनाने के लिए बैठता है। गाथा शुरू करने से पहले वह कहता है :

"कौन सुनेगा, दीन जनों की राम कहानी;
दीनबंधु भी भूल गए वह बात पुरानी।
रहे बहुत दिन मौन सही सबकी मनमानी;
आँखों से बह गया धैर्य हो-होकर पानी।
कल न सही, तो काल ही, किसी तरह कट जाएगा
रोएँगे कुछ देर तो, कुछ तो दुख घट जाएगा।।

जिस किसान की याद अब दीनबंधु भगवान को भी नहीं आती, सनेही जी उस किसान के दुखों का वर्णन करते हैं। कविता में किसानों की भुखमरी, जमींदार कारिंदे, चपरासियों, पुलिस के थानेदारों के शोषण और अत्याचारों का वर्णन है। किसान के भूखे बैलों का चित्र है, बेगार की तस्वीर है, किसानों के प्रति शिक्षित शहरियों की उपेक्षा की निंदा है और अंत में यह चेतावनी है—

याद रहे अगर कहीं हम मर जाएँगे—नरक निवासी पितर न उनके तर जाएँगे।
अस्थि, चर्म्म से पेट न उनके भर जाएँगे, बन जब सारे खेत विकट ऊसर जाएँगे।
आठ-आठ आँसू तभी रोएँगे मतिमंद ये।
लूट रहे हैं अभी तो लूट-लूट आनंद वे।।29।।

मतलब यह कि अगर सब कुछ इसी तरह चलता रहा और किसी ने भी आकर किसानों की रक्षा न की तो एक दिन ये किसान मर जाएँगे। क्या उनके मरने से नरक में रह रहे जमींदारों के पुरखों का उद्धार हो जाएगा? क्या मरे हुए किसानों की हड्डियों और चमड़ों से ज़मींदारों का पेट भर जाएगा? अगर किसान मर गए तो वे खेत बंजर हो जाएँगे जिसमें वे खेती किया करते थे। अनाज पैदा करने वाला ही न रहेगा। तब फिर क्या होगा? ऐ मूर्खों, आज तो तुम किसान की मेहनत का आनंद लूट रहे हो, लेकिन तब तुम बैठकर रोओगे। जैसे माँ-बाप की ज्यादतियों से घुट रहा नाराज किशोर उन्हें चेतावनी देता है कि मैं घर छोड़कर चला जाऊँगा, तब आप समझोगे। ऐसे ही किसान ज़मींदार को चेतावनी देते हैं कि जब हम मर जाएँगे, तब तुम समझोगे। किसानों की यह चेतना मध्य युग की विशेषता थी, जब ज़मींदार या राजा के अत्याचार बढ़ जाने से किसान सामूहिक रूप से गाँव छोड़कर चले जाया करते थे। किसान संघर्ष का यह रूप उसकी असहाय स्थिति से उपजता था। असल में यह संघर्ष नहीं, संघर्ष से भागने का उपाय था। 'प्रेमाश्रम' के आखिरी दौर में, 1919 के अंत में राजस्थान की सिरोही तहसील के भील किसान भी जागीरदारों के जुल्म से बचने के लिए इसी तरह हजारों की संख्या में गाँव छोड़कर भाग गए थे।

उस समय किसानों पर लिखी गई दर्जनों कविताओं में किसान की इसी दीनता और असहायता का वर्णन मिलता है। 1917 की 8 अक्तूबर को 'प्रताप' में अनिरुद्ध

लाल की कविता 'सता लो जितना जी चाहे' का मुख्य स्वर यही था :

और कहें क्या नहीं रहा तुम से कहने का काम
न्याय करेंगे मेरा-तेरा किसी एक दिन राम
पसारें किसके आगे हाथ, कौन देता दुखियों का साथ।

1919 की 13 अक्तूबर को 'प्रताप' में हिंदी के उभर रहे तेज-तर्रार लेखक पांडे बेचन शर्मा की कविता छपी : कृषक।

करुणा निधि भगवान भक्त जन के रखवाले
दंग रह गए नाथ देखकर रंग निराले
निर्धनता से हो रहा अपना पतला हाल है
फिर भी जो चाहता है, करता हमें हलाल है।

किसानों को अपनी बुरी हालत और अपनी हालत के प्रति भगवान और अपने शोषकों की निष्ठुरता पर दंग दिखाकर ही कविता खत्म हो जाती है। भगवान से करुणा की पुकार इन सभी कविताओं में मिलती है। 1920 की 21 जून को 'प्रताप' में गुलाब की 'कृषक विलाप' कविता इसका प्रतिनिधि उदाहरण है :

दीनबंधु भगवान कहो हम किसे पुकारें
तुम्हीं बता दो नाथ! किस तरह धीरज धारें
ले लेकर अवतार दैत्य तुमने संहारे
निठुर बने क्यों नाथ! देखकर हाल हमारे

अपनी असहायता के लिए ईश्वर से शिकायत कर आखीर में यह प्रार्थना है :

प्रभु अब रक्षा कीजिए तव चरणों में लीन हैं
काटो यह दुख फंद अब सभी तरह से दीन हैं

किसानों के बारे में लिखी गई यह कविता 'प्रेमाश्रम' की रचना पूरी हो जाने के बाद की है। 'त्रिशूल' (गयाप्रसाद शुक्ल 'सनेही') उस जमाने के सबसे क्रांतिकारी राष्ट्रीय कवि माने जाते थे। किसानों के बारे में सबसे ज्यादा कविताएँ उन्होंने ही लिखी थीं। उनकी कविताओं में भी संघर्ष के आह्वान की जगह ईश्वर और शिक्षित समाज से करुणा और सहायता की पुकार ही मिलती है :

इनकी सुध लेगा हाय कौन, ये खुद भी तो हैं मौन हाय।
हो कहाँ? राधिका कौन हाय, क्यों बंद किए हैं श्रोन हाय।।
गोपाल! गुड़ गए हैं किसान

उद्धार भारत-भू का विचार, जो फैलाते हैं सद्विचार।
उनसे मेरी इतनी पुकार, पहले कृषकों को करें पार।।
अब बीच धार में हैं किसान।

यह कविता 4 जून, 1917 के 'प्रताप' में छपी थी। 'त्रिशूल' ने किसानों के गाने के लिए एक भजन की भी रचना की थी जिसकी टेक यह थी :

बनाया क्यों प्रभु हमको दीन

और आखिरी पंक्तियाँ थीं :

"काटो यह दुख फंद करो या निज चरणों में लीन"

1917 से 1920 तक हिंदी में किसानों पर लिखी गई कविताओं में संघर्षशील किसान का चित्र कहीं नहीं मिलता।

यही हालत इस समय के कथा-साहित्य में मिलती है। किसानों पर कहानियाँ लिखने वाले प्रेमचंद के अलावा एक लेखक और थे, विशम्भर नाथ शर्मा कौशिक। 'मर्यादा' के अप्रैल 1919 के अंक में उनकी कहानी छपी : किसान। इसमें प्रीतम सिंह नामक एक मामूली किसान अपने खेतों से होने वाली सारी आमदनी ज़मींदार का लगान और महाजन का सूद चुकाने में खर्च कर देता है। उसे खेती के लिए बीज तक कर्ज में लेने पड़ते हैं। तब भी वह संघर्ष नहीं करता, ईश्वर की दयालुता पर भरोसा करके भाग्य पर सब कुछ छोड़ देता है। 'प्रेमाश्रम' के दौर के कम से कम दो उपन्यास ऐसे मिलते हैं जिनमें किसानों की समस्याओं को उठाया गया था। एक 1921 में छपा पं. बालदत्त पांडे का उपन्यास 'वनदेवी' दूसरा 1922 में छपा जंग बहुदर सिंह का 'पतितोद्धार'। 'वनदेवी' में किसानों की समस्याओं के अलावा समाज-सुधार की दूसरी समस्याओं को भी लिया गया था। लेकिन, जैसा कि 'सरस्वती' में छपे उसके परिचय से पता चलता है, उसमें किसानों के संघर्ष का चित्रण न था। उसमें अकाल से पैदा हुई किसानों की मुसीबतों और उन पर जमींदार के अत्याचारों का वर्णन था। संन्यासियों द्वारा भारत की उन्नति के प्रेरक उपदेश थे। मुसीबतों और ज़मींदारी अत्याचारों के खिलाफ किसानों को लड़ते हुए नहीं दिखाया गया था। जंगबहादुर सिंह का उपन्यास किसानों को लड़ाई में जबरन भर्ती करने की समस्या को आधार बनाकर लिखा गया था। इसकी समीक्षा खुद प्रेमचंद ने 'मर्यादा' में लिखी थी। उपन्यास में रोलट ऐक्ट और मार्शल लॉ के खिलाफ संघर्ष का चित्रण था जिसमें ज़मींदार का लड़का हिस्सा लेता है और जिसके फलस्वरूप ज़मींदार की जायदाद अंग्रेजी सरकार जब्त कर लेती है। किसानों को जबरन रंगरूट बनाने का विरोध ज़मींदार का एक दोस्त शिवनाथ करता है जिसे पुलिस षड्यंत्र में फँसाकर जेल में बंद कर देती है। शोषण के खिलाफ किसानों का संघर्ष इसमें भी न था।

उपन्यास की कहानी शिवनाथ और ज़मींदार के परस्पर उल्टे चरित्रों के बीच घूमती है जिसमें शिवनाथ अंग्रेजी राज का विरोधी है और जमींदार दलाल है। उपन्यास का अंत ज़मींदार द्वारा सरकारी रायसाहबी की सनद को जलाकर होता है। 1917 से 1920 के बीच लिखे गए किसान साहित्य में 'प्रेमाश्रम' अकेली कृति थी जिसमें किसानों के वर्ग संघर्ष को चित्रित किया गया था। ज़मींदारी प्रथा के खिलाफ किसानों के संघर्ष को चित्रित करने वाले प्रेमचंद हिंदी के पहले लेखक और 1917-20 के जमाने के एकमात्र लेखक थे।

किसान चेतना

'प्रेमाश्रम' में किसान ज़मींदारी प्रथा को खत्म करने की माँग नहीं करते। वे बेगार और रसद का विरोध करते हैं। तालाब के पानी, चरावर पर लगी रोक और नाजायज लगान इजाफा का सवाल उठाते हैं लेकिन ज़मींदारी प्रथा का सवाल नहीं उठाते। "जमीन उसकी जो उसे जोते" की बात प्रेमशंकर करता है जो किसान नहीं है; किसान समुदाय के बाहर का एक शिक्षित आदर्शवादी है। मायाशंकर अपनी ज़मींदारी से इस्तीफा देकर किसानों को जमीन का मालिक घोषित करता है तो किसान नाचते-गाते, उछलते और कूदते हैं क्योंकि यह बात उनकी कल्पना से बाहर की थी। बेशक, बलराज रूस और बलगारिया में मजदूर किसानों के राज के बारे में जानता है। लेकिन यह खबर भी उसने बाहर के किसी अखबार में पढ़ी थी। यह चेतना उसे अपने वर्ग के अंदर से नहीं, बाहर से मिली थी।

'प्रेमाश्रम' की रचना से ठीक पहले चंपारन के किसान संघर्ष में जो मुद्दा सबसे प्रधान था वह नील बोने की तीन कठिया प्रथा थी जिसमें ज़मींदार किसानों को अपनी जोत के हर एक बीघे के पीछे तीन कट्ठे में नील बोने पर मजबूर करता था। इसके अलावा दो खास मुद्दे तावान और शरहबेसी के थे। चंपारन में गाँधी के आने से पहले भी किसान इन्हीं मुद्दों पर लड़ रहे थे। किसानों ने हाकिमों को जो शिकायती चिट्ठियाँ लिखी थीं उनमें से ये ही मुद्दे उठाए गए थे। कुछ किसानों ने अदालत में ज़मींदारों के खिलाफ मुकदमे भी दायर किए थे जो शरहबेसी (लगान इज़ाफा) को लेकर थे। 1917 से भी पहले 1914 में चंपारन के लोकरिया, सानी, तघवा, नन्दपुर, भेरिहारी, करमैनी और फुलिया खाँड मौजों के रैयतों ने अपने दस्तखत से चंपारन के कलक्टर को अपनी दरख्वास्त दी थी। उसमें तीन कठिया प्रथा, कम मजदूरी, हरजानों, जोर जुल्म से पट्टे लिखवाने आदि का जिक्र किया लेकिन ज़मींदारी प्रथा के खात्मे की माँग नहीं की।[38]

'प्रेमाश्रम' की रचना के बाद उभरे अवध के किसान आंदोलन में किसान सभा का सदस्य बनते समय किसान जो प्रतिज्ञाएँ लेते थे, वे 28 जून, 1920 के 'प्रताप' में 'किसान प्रतिज्ञा' शीर्षक से छपी—

1. हम किसान सच बोलब, झूठ न बोलब, दुख के बात सच-सच कहब।
2. हम केहू के मार, गारी न सहब,—हम केहू पर हाथ न छोड़ब लेकिन जब केहू जिलादार बा सिपाही मारे बदे हाथ उठाई उनकर दस पाँच जने मिलकेहू हाथ पकड़ लेब। जब केहू गारी देई हम सभन मिलकर मना करब अगर न मनिहैं तो पकरि के अपने ठकुरे के पास ले जाब।
3. खेत के लगान ठीक बख्त पर भुगतान करब, लगान के रसीद जरूर लेब। आपन गाँव भर मिलके ठकुरे इहाँ जायके लगान देब।
4. हथियावन, घोड़ावन, मोटरावन गैर कानूनी टिकस न देब। बेगार बिना मजदूरी के न करब। अगर कौनो किसान के ताल्लुकेदार के सिपाही पकड़िहैं वो के गाँव भर मिलके छोड़ाय के भोजन करब, पहिले नाहीं। उपरी पतई, भूसा बाजार भाव से थोड़िक कम भाव पर बेचब, रुपया लेब तबै देब।
5. आपस में झगड़ा न करब और कबौं जब झगड़ा होय जाई, पंचाइत में तय कय लेब। हर गाँव या दुई-दुई चार-चार मिलके पंचाइत बनाउब और जौन कुछ झगड़ा तकरार होई वोही में तय कय लेब।
6. अपने गाँव में अगर कौनो किसान खाये पीये के तकलीफ मा और कौनो प्रकार के तकलीफ में होई ओकर हम मदद करब। सब किसान के दुख-सुख आपन समझब।
7. सरकारी सिपाहिन से डरब न और ऊ अगर जुलुम करिहें उन्हें हम रोकब। केहू के जुलुम हम न सहब।
8. ईश्वर में विश्वास रक्खब और साहस और धीरज से आपन दुख मिटावैं के कोशिश करब। बेदखली के कानून तोरवावै बदे मन से कोशिश करब।

बाबा रामचंद्र ने अपनी पांडुलिपियों में किसानों की चौदह प्रतिज्ञाओं को लिखा है जो आंदोलन के दौरान बाबा रामचंद्र और पं. गौरीशंकर मिश्र के नाम से एक पैम्फलेट की शक्ल में छपी थी। इसमें उपरी, पतई, भूसा वगैरह पूरे बाजार दाम पर बेचने की बात लिखी है। 'प्रताप' में छपी प्रतिज्ञाओं में नजराने का जिक्र नहीं है जबकि रामचंद्र की पांडुलिपि में नज़राना न देने की प्रतिज्ञा भी शामिल है, साथ ही बेदखल खेत अगर कोई और किसान लेता है तो उसके सामाजिक बहिष्कार करने की प्रतिज्ञा भी है।[39] बाकी सारी बातें दोनों में समान हैं। अवध के किसान आंदोलन में बेदखली, नजराना, बेगार और नाजायज अबवावों को खत्म करने की माँग किसानों ने की, लेकिन ताल्लुकेदारी प्रथा के खात्मे की माँग और 'जमीन उसकी जो उसे जोते' का नारा उन्होंने नहीं दिया।

जमींदारी या ताल्लुकेदारी प्रथा को खत्म करने की माँग 1918-22 में हिंदी प्रदेश के किसानों की चेतना का अंग न थी। ज़मींदारी प्रथा के खात्मे की माँग राष्ट्रवादी

शिक्षित मध्यवर्ग के वामपंथी बुद्धिजीवियों ने उठाई थी। किसान असल में जिस चीज की माँग कर रहे थे वह गदर पूर्व (या पूर्वी उत्तर प्रदेश के भोजपुर इलाकों में ब्रिटिश-पूर्व) भूमि व्यवस्था थी जिसमें बेदखली न की जाती थी; खेत देने से पहले नाजायज नजराने की शक्ल में इतनी बड़ी रकम न वसूली जाती थी और न इतने तरह के नाजायज अबवाब लगते थे। किसान उस नई सामंती व्यवस्था का विरोध कर रहे थे जिसे अंग्रेजी राज ने जन्म दिया था।

ज्ञान पांडे ने आंदोलन के दौर में किसानों की चेतना का विश्लेषण करते हुए दिखलाया है कि किसान परंपरा से चली आ रही प्रथाओं और उनकी उचित सीमाओं के विरोधी न थे।[40] कोई राजा होगा, कोई प्रजा होगी; कोई जमींदार या ताल्लुकेदार होगा, कोई किसान होगा; कोई लगान लेगा, कोई लगान देगा—इस व्यवस्था को किसान अस्वाभाविक या अन्यायपूर्ण नहीं मानते थे। लेकिन इस व्यवस्था में कुछ कर्त्तव्य और मर्यादाएँ हैं जिनका संबंधित पक्षों को पालन करना चाहिए। लेकिन अंग्रेजी राज के नए सामंत वर्ग ने इन मर्यादाओं को तोड़ दिया था। अवध में किसानों के संघर्ष का सबसे मुख्य मुद्दा बेदखली था जो किसानों को बर्बाद करने के लिए और उन्हें अपनी शर्तों पर घुटने टिकवाने के लिए ताल्लुकेदारों के हाथों में सबसे बड़ा हथियार था। गदर से पहले ऐसी मनमानी बेदखली न होती थी। किसान आंदोलन के दौरान किसानों के किसी स्थानीय नेता की लिखी एक फटी हुई किताब में बेदखली के सवाल पर गदर से पहले के जमाने को याद किया गया है।[41] बेदखली अंग्रेजी राज में चली एक नई प्रथा थी जो किसानों के आंदोलन का सबसे मुख्य निशाना बनी। किसानों ने जिन नाजायज अबवाबों को न देने की प्रतिज्ञा की थी वे अबवाब खासकर वे ही थे जो नए थे, जैसे घोड़ावन, हथियावन और मोटरावन। इनका चलन अंग्रेजी राज में हुआ था। किसान प्रथाओं पर आधारित ताल्लुकेदारों के 'उचित' अधिकारों को मानते थे। अपनी प्रतिज्ञा में उन्होंने लगान नहीं देने की बात कभी नहीं कही बल्कि लगान वक्त पर चुकाने की बात कही और सिर्फ लगान की रसीद माँगने पर जोर दिया क्योंकि ताल्लुकेदार इससे नाजायज फायदा उठा रहे थे। किसान बेगार और रसद के उतने खिलाफ़ न थे जितना बेदखली और नज़राना के; क्योंकि बेगार और रसद परंपरा से चली आ रही प्रथाएँ थीं जबकि बेदखली और नज़राना नई थी। महँगाई के कारण और ताल्लुकेदारों द्वारा मनमाने ढंग से बहुत अधिक मात्रा में बेगार और रसद की माँग करने से किसानों ने बेगार और रसद को पुरानी प्रथा की मर्यादा के अंदर सीमित रखने की माँग की। उन्होंने उपली, पतई और भूसा कम दाम पर ताल्लुकेदार को बेचने की प्रतिज्ञा की, उसे नहीं देने की प्रतिज्ञा नहीं की। डिप्टी कमिश्नर मेहता ने ताल्लुेदारों और किसानों के बीच जब समझौता कराने की कोशिश की तब किसान इन पाँच मुद्दों पर राजी हो गए कि वे—

1. प्रति हल 15 सेर भूसा
2. एक गोठी पुआल, एक गोठी ईख पतई

3. साल में दोनों जुताई के मौसम में एक-एक हाड़ी
4. प्रतिदिन 2 सेर अनाज या तीन से पाँच आने मजूरी पर बेगार
5. मवेशी रखने वाले किसान साल में एक बार एक रुपए तक का घी बाजार से आधे दाम पर, और
6. होली पर एक रुपए की भेंट—

ताल्लुकेदारों को देंगे।[42] लेकिन इससे ज्यादा की माँग करने पर वे अपनी चीज का पूरा दाम लेंगे। यह समझौता लागू नहीं हो सका क्योंकि ताल्लुकेदारों ने नज़राना और बेदखली के सवाल पर किसानों की माँग नहीं मानी। इस घटना से यह साबित होता है कि किसान बेगार और रसद जैसी पुरानी प्रथाओं पर झुकने को तैयार थे, लेकिन नज़राना और बेदखली जैसी नई प्रथाओं पर नहीं। इससे यह भी साबित होता है कि किसान बेगार और रसद में दी जाने वाली परंपरागत चीजों को बिल्कुल ठुकराना नहीं चाहते थे बल्कि उन्हें पुरानी मर्यादा के अंदर सीमित रखना चाहते थे। प्रेमचंद ने 'प्रेमाश्रम' में ज्यादातर किसानों को कुछ असंतोष और आनाकानी के बावजूद इन प्रथाओं पर चलते दिखाया लेकिन बलराज और मनोहर इनको पूरी तरह से ठुकरा देते हैं। उनके विरोध की यह चेतना अपने समय से आगे बढ़ी हुई थी। तहसीलदार जब ऊँची जाति के काश्तकारों और चमारों से बेगार में घास छिलवाता है तो ऊँची जाति के काश्तकार इसका विरोध करते हैं क्योंकि उनसे इस तरह की बेगार लेना पुरानी मर्यादा को तोड़ना था। उसकी प्रथा न थी। लेकिन चमार बेगार का विरोध नहीं करते, सिर्फ उसकी मजूरी माँगते हैं। ज्ञानशंकर का कारिंदा जब तालाब के पानी और चरावर पर रोक लगाता है तो किसान विरोध करते हैं क्योंकि तालाब के पानी और चरावर का इस्तेमाल किसान परंपरा से करते आ रहे थे। परंपरा से आ रही चीज उनका अधिकार जैसा बन गई थी। ज्ञानशंकर को लगान में इज़ाफा करने का हक है, इसे किसान जानते हैं। लेकिन वह खेती के विकास में कुछ खर्च किए बिना ही मनमाने ढंग से लगान में इज़ाफा करता है तो किसान उसके विरोध में उठ खड़े होते हैं। लेकिन यही ज्ञानशंकर गायत्री के इलाके में किसानों पर जुल्म और बेदखली बंद कर देता है, उनके विकास के लिए बाजार और सिंचाई का इंतजाम करता है तो लगान इज़ाफा किए बिना ही उसकी आमदनी तीन गुना बढ़ जाती है। किसान खुद वक्त पर पूरा लगान चुकाने लगते हैं।

जमींदारी प्रथा या ताल्लुकेदारी प्रथा को उखाड़ फेंकना किसान-चेतना का अंग न होने पर भी 1918-22 में हिंदी प्रदेश में किसानों की सामंतवाद विरोधी चेतना का विकास हो रहा था। किसान अपनी कमजोरियों से ऊपर उठ रहे थे। 1920 में किसान सभा की प्रतिज्ञाएँ तय करने से पहले बाबा रामचंद्र और झिंगुरी सिंह ने एक आठ सूत्री कार्यक्रम बनाया था जिसमें किसानों और जमींदारों की एकता की बात कही गई थी। किसानों के साथ जमींदारों को भी संगठित करने का कार्यक्रम था। आगे चलकर किसान-जमींदार एकता की बात खत्म हो गई और किसान प्रतिज्ञाओं में वह फिर नहीं

दिखाई देती। किसान प्रतिज्ञाओं में हुए परिवर्तन में किसान चेतना का विकास नजर आता है। 'प्रताप' में जो किसान प्रतिज्ञाएँ छपीं और बाबा रामचंद्र ने अपनी पांडुलिपि में आंदोलन के दौरान छपे पैम्फलेट 'चौदह प्रतिज्ञाएँ' का जो उद्धरण दिया है, उनमें फर्क है। 'प्रताप' वाली प्रतिज्ञा में भूसा, उपरी, पतई आदि को बाजार भाव से कुछ कम पर मालिक को देने की बात है, लेकिन पांडुलिपि में पूरे दाम पर। 'प्रताप' में मालिक के जिलादार या सिपाही से झगड़ा होने पर न्याय के लिए ठाकुर (जमींदार या ताल्लुकेदार) के पास जाने की बात है। ठाकुर की न्यायशीलता में यह विश्वास पांडुलिपि वाली प्रतिज्ञाओं में नहीं मिलता। नजराने के सवाल पर 'प्रताप' वाली प्रतिज्ञाओं में खामोशी है, लेकिन पांडुलिपि में इसे न देने की प्रतिज्ञा है। बेदखल खेत अगर कोई दूसरा किसान ले ले तो क्या किया जाएगा, इस पर 'प्रताप' में कुछ नहीं कहा गया, लेकिन पांडुलिपि में उसके सामाजिक बहिष्करर करने की प्रतिज्ञा है। ये प्रतिज्ञाएँ 1920 में बाबा रामचंद्र की किसान सभाओं के सदस्य लेते थे। 1921 के दिसंबर में मदारी पासी की एका सभाओं में जो प्रतिज्ञाएँ मिलती हैं, वह इससे भी आगे का कदम हैं। एका सभाओं की प्रतिज्ञाओं में एक लगान को छोड़कर और कुछ भी न देने की प्रतिज्ञा है। न रसद, न बेगार, न हाड़ी, न नजराना और न अबवाब। ये चाहे प्रथा से आ रहे हों, चाहे नए हों, नहीं दिए जाएँगे क्योंकि ये सब नाजायज हैं। यह किसानों की सामंतवाद विरोधी चेतना का महत्त्वपूर्ण विकास था। एका सभाओं के आंदोलन में किसानों ने अपनी परंपरावादी चेतना की कई सीमाओं को तोड़ दिया।

अपनी चेतना की सीमाओं को किसानों ने इससे भी ज्यादा अपने व्यवहार और संघर्ष में तोड़ा। जब आंदोलन विकसित न था और किसान अभी संगठित ही हो रहे थे तब उन्होंने धार्मिक-नैतिक मूल्यों पर आधारित प्रतिज्ञाएँ की थीं कि हम ईश्वर पर भरोसा करेंगे और कभी किसी पर हाथ नहीं छोड़ेंगे। लेकिन जब आंदोलन आगे बढ़ा और किसानों के संगठन ताकतवर हो गए तो उन्होंने अपनी उन धार्मिक-नैतिक प्रतिज्ञाओं को ताख पर रख दिया और जमींदारों-ताल्लुकेदारों की कोठियों पर हमले किए, उनकी फसल काट ली और उनके अनाज के भंडारों को लूट लिया। उन्होंने अपने ऊपर हमला करने वाले ताल्लुकेदारों के कारिंदों और लठैत चपरासियों को मारा-पीटा, पुलिस से झड़प की और कहीं-कहीं उनकी हत्याएँ भी कर दीं। लेकिन अपने संघर्ष के सबसे तूफानी दौर में भी उन्होंने ताल्लुकेदारी प्रथा के खात्मे की माँग नहीं की, अपने आंदोलन की सबसे ऊँची मंजिल में भी उन्होंने जमींदारों और ताल्लुकेदारों की हैसियत की वैधता को चुनौती नहीं दी। 5 जनवरी, 1921 को रायबरेली जिले में चंदनिया के ताल्लुकेदार त्रिभुवन नारायण सिंह को किसानों की भीड़ ने घेर लिया और उसे अपनी रखैल अच्छी जां को हटाकर अपनी पत्नी को रियासत की रानी बनाने के लिए कहा[43] सालोन परगना की नुरुद्दीन रियासत की महिला ताल्लुकेदार को किसान सभा ने अपने अपराधी मैनेजर को बर्खास्त करने को कहा[44] 1921 की दिसंबर में हरदोई जिले में कई

जगह किसानों के झुंड ने जमींदारों को घेरा और उन्हें अपनी पिछली ज्यादतियों के लिए माफी माँगने को कहा[45] इस तरह जहाँ भी किसानों ने जमींदारों या ताल्लुकेदारों को पकड़ा या घेरा, वहाँ उन्होंने जमींदारों या ताल्लुकेदारों की हैसियत को मान्यता दी; सिर्फ उनकी ज्यादतियों का कड़ाई के साथ विरोध किया।

जिन इलाकों में ताल्लुकेदार कमजोर पड़ गए या भाग गए वहाँ उसका विकल्प यह हुआ था कि स्थानीय किसान नेता को 'राजा' घोषित कर दिया गया। कुछ इलाकों में किसानों ने ब्रिटिश राज की जगह अपनी समानांतर सरकार कायम करने के मंसूबे बनाए थे। 29 जनवरी को फैजाबाद जिले के बसखरिया गाँव में पुलिस-किसान झड़प के बाद गिरफ्तार किसानों से जो दस्तावेज पुलिस ने बरामद किए उनमें ऐसी स्थानीय समानांतर सरकार की रूपरेखा मिली। किसानों ने अपना स्थानीय समानांतर प्रशासन खड़ा करने के लिए अपने आदमियों को ही डिप्टी कमिश्नर, कप्तान साहब और दरोगा के पदों पर बहाल करने की योजना बनाई थी।[46] उनके अपने राज की यही रूपरेखा थी। एरिक आर. वोल्फ ने लिखा है कि किसान स्वभावतः अराजकतावादी होते हैं और उनका कल्पित आदर्श एक ऐसा राज्य विहीन समाज होता है जहाँ टैक्स कलेक्टर न हो, भू-स्वामी न हो, सरकारी अफसर न हो।[47] लेकिन अवध का किसान आंदोलन वोल्फ की इस धारणा का खंडन करता है। अवध में किसानों ने अपना जो राज कायम करना चाहा, उसका ढाँचा स्थापित राज का ही प्रतिरूप था। उन्होंने शक्ति तथा अधिकार के संबंधों को प्रकट करने वाली उस भाषा और शब्दावली को हथिया लिया था जिसे शासक वर्ग ने रचा था और अभी तक सिर्फ उसी के कब्जे में थी।

लेकिन, यह सब तो बाद की बातें हैं। 'प्रेमाश्रम' की रचना तो उसी समय पूरी हो गई थी जब अवध में बाबा रामचंद्र किसानों और जमींदारों की एकता की बातें कर रहे थे। प्रेमचंद का महत्त्व इस बात में है कि उन्होंने 'प्रेमाश्रम' में इन क्रांतिकारी घटनाओं से बहुत पहले ही बदलते हुए यथार्थ की गति को पकड़ने की कोशिश की। उन्होंने 'प्रेमाश्रम' में किसानों की ठहरी हुई चेतना को नहीं बल्कि उसमें हो रहे विकास को दिखलाया। जैसे अवध के किसानों की प्रतिज्ञा में ठाकुर की न्यायशीलता में विश्वास मिलता है, वैसे ही कादिर भी जमींदार की न्यायशीलता और दयालुता में विश्वास रखता है। लेकिन अपने अनुभवों से उसका विश्वास टूटता है और परंपरावादी से बदलकर एक संघर्षशील किसान के रूप में उसका चरित्र आगे बढ़ता है। सिर्फ कादिर को ही नहीं, धनी किसान सुक्खू चौधरी को भी, जो पहले जमींदार के साथ था, बढ़ते हुए संघर्ष के दौरान जमींदार के खिलाफ जाते दिखलाया। दब्बू और डरपोक किसान दुखरन भगत भी अपने ढंग से बेगार के जुल्म का विरोध करता है। प्रेमचंद ने उसकी धार्मिक आस्था को टूटते हुए दिखलाया। प्रेमचंद ने बड़ी बारीकी के साथ बदलती हुई उन भौतिक परिस्थितियों को दिखलाया जो 1918-20 में हिंदी प्रदेश के किसानों की सामंतवाद विरोधी चेतना का विकास कर रही थीं।

लेकिन, इस किसान चेतना की सीमाएँ थीं। उसकी महत्त्वपूर्ण सीमा यही थी कि राजा और प्रजा, मालिक और किसान के रिश्ते को वह तोड़ नहीं पाती। प्रेमशंकर जमींदारी प्रथा में यकीन नहीं करता, लेकिन जब वह लखनपुर जाता है तो किसान उसका स्वागत सत्कार अपने जमींदार के रूप में ही करते हैं। मायाशंकर भरी सभा में जमींदारी से इस्तीफा देकर किसानों को जमीन का मालिक बना देता है। लेकिन, जब वह खुशहाल लखनपुर में आता है तो जमींदारी प्रथा से मुक्त हो गए आजाद किसान तब भी उसे अपना 'स्वामी' कहते हैं और उसके साथ उसकी प्रजा की ही तरह पेश आते हैं। किसान आंदोलन के दौरान अवध में सभी किसान नेताओं को किसानों ने अपना राजा मान लिया। अवध में किसानों को पहली बार संगठित करने वाले किसान नेता झिंगुरी सिंह को किसान 'रुरे का राजा' घोषित करते हैं। शाह मुहम्मद नईम अता 'सालोन का राजा', छोटा रामचंद्र 'गोसाइगंज का राजा' और ठाकुरदीन सिंह 'परहत का राजा' घोषित हुआ। इसी तरह एका सभाओं के किसान नेता भी अपने इलाकों के राजा कहलाए। बाबा रामचंद्र अपने को अवध के किसानों का सेवक कहते थे, लेकिन अवध के किसान उनके नाम का जो लोकगीत गाते थे वह यह था—

बाबा रामचंद्र के रजवा
परजा मजा उड़ावे ना[48]

ज्ञान पांडे ने सही लिखा है कि राजा और प्रजा के रिश्ते की भावना किसानों के दिल में गड़ी हुई थी। उनकी चेतना इस रिश्ते को खत्म करने की माँग नहीं करती थी बल्कि एक बुरे राजा की जगह अच्छे राजा की, अन्यायी और अत्याचारी जमींदार की जगह न्यायप्रिय और दयालु जमींदार की माँग करती थी। 'प्रेमाश्रम' और अवध का किसान आंदोलन, दोनों से यही साबित होता है कि जिस व्यवस्था में किसान पिसते हैं, उस व्यवस्था का तर्कसंगत विकल्प, जो साथ ही ऐतिहासिक दृष्टि से भी एक विकसित व्यवस्था हो, अकेली किसान चेतना से नहीं निकल सकता। वह विकल्प किसानों से बाहर के वर्गों के सहयोग से आता है।

1918-22 में हिंदी प्रदेश में किसान संघर्षों के दौरान किसानों की एकता का आधार क्या था? जाति या वर्ग?

गुजरात में खेड़ा किसान आंदोलन पर अपने अध्ययन में डेविड हार्डिमन ने लिखा कि किसानों के आंदोलन को वर्ग की दृष्टि से नहीं जाति की दृष्टि से देखना चाहिए। खेड़ा के धनी पट्टीदार और गरीब पट्टीदार अपनी जातीय चेतना के आधार पर संघर्ष के लिए संगठित हुए। हार्डिमन ने लिखा कि अवध के किसान आंदोलन में भी किसानों की एकता जातीय चेतना के आधार पर कायम हुई थी।[49] आजकल अंग्रेजी में सामाजिक विज्ञानों में होने वाले अध्ययनों में अध्ययन के साँचों के इस्तेमाल पर बड़ा जोर है। पहले से बने-बनाए अध्ययन के ये साँचे कैसे कई बार हकीकत को उजागर करने की जगह

उसे बिगाड़ कर पेश करने का काम करते हैं, इसका एक उदाहरण डेविड हार्डिमन हैं। किसानों की जाति-चेतना के साँचे में अवध के किसान संघर्ष को समझने की कोशिश वैसी ही है जैसा माज़िद सिद्दीकी द्वारा हाब्सबॉम की 'सोशल बेण्डिटरी' वाले सांचे में अवध के एका आंदोलन या मदारी पासी के नेतृत्व को समझने की कोशिश करना। अवध के किसान संघर्ष में किसान अपनी जाति-चेतना के आधार पर संगठित हुए थे, इससे बड़ा झूठ और कुछ न होगा। यह सही है कि कुर्मी होने के नाते झिंगुरी सिंह को बहुत-से कुर्मी किसानों ने काफी मदद की। लेकिन अवध के एक दर्जन जिलों में फैल गए किसान आंदोलन की एकता सिर्फ कुर्मी किसानों की जाति-चेतना पर न टिकी थी। उसमें ताल्लुकेदारी प्रथा के नीचे पिस रहे सभी जातियों के किसान शामिल हुए। कुर्मियों और अहीरों के अलावा उसमें ब्राह्मण, राजपूत, चमार और पासी तथा और भी कितनी ही जातियों के किसान थे। किसानों के स्थानीय नेता माताबदल कोयरी, पं. अमोल शर्मा, देवनारायण पांडे, केदारनाथ, ठाकुर दीन सिंह, बृजपाल सिंह, सूरजभान सिंह, मार्तण्ड वैद्य और लाल जी शर्मा आदि कुर्मी न थे। अपने नेताओं को छुड़ाने आए हजारों किसानों की भीड़ पर 7 जनवरी, 1921 को रायबरेली के मुंशीगंज के पुल के पास जो गोलियाँ चलीं, उसमें मरे और घायल हुए पाँच किसानों के चित्र 'प्रभा' के सितंबर, 1921 के अंक में छपे थे। इनमें एक ब्राह्मण, एक कुर्मी और तीन मुराई थे।

इसके एक दिन पहले, 6 जनवरी को रायबरेली में ही फुर्सतगंज बाजार में हजारों किसानों की भीड़ पर पुलिस ने गोलियाँ चलाई थीं। गोली से घायल होने वाले किसानों में चार मुराव, तीन कोयरी, दो चमार, आठ पासी और एक-एक ब्राह्मण, कुर्मी, अहीर, गड़रिया, गौरैया, गुसांई और मुर्जी था। किसानों का नेतृत्व कर रहे दोनों स्थानीय किसान नेता ब्राह्मण थे।[50] क्या यह किसान संघर्ष का जाति-आधार था? धर्म और जाति के परे किसानों की एकता इस हद तक जाहिर थी कि अयोध्या सम्मेलन में बाबा रामचंद्र ने नोट किया : ''यहाँ तक कि जाति-पाँति के रिवाज को सबने छोड़ दिया था।''[51]

अवध के किसान आंदोलन में किसानों की एकता का मुख्य आधार उनकी जाति-चेतना नहीं, बल्कि उनकी वर्ग चेतना थी। कपिल कुमार ने अपनी शोध-ग्रंथ में किसानों की इस वर्ग चेतना को अच्छी तरह दिखलाया है। किसानों की वर्ग चेतना का आधार खुद ताल्लुकेदारी प्रथा थी जिसमें सारी जमीन के मालिक ताल्लुकेदार थे और 95% किसान, चाहे वे धनी हों या गरीब, जमीन के स्वामित्व के अधिकार से समान रूप से वंचित थे। जातियों में बँटे किसानों में वर्ग चेतना लाने का काम खुद ब्रिटिश राज की पैदा की गई नई दलाल सामंती व्यवस्था ने किया था जिसने पिछले 60 वर्षों के दौरान जमीन से दौलत कमाने के लिए ऊँची जातियों के लाखों ब्राह्मण, राजपूत काश्तकारों को भी जमीन से बेदखल कर उन्हें मंझोली और निचली खेतिहर जातियों के वर्ग में फेंक दिया था।

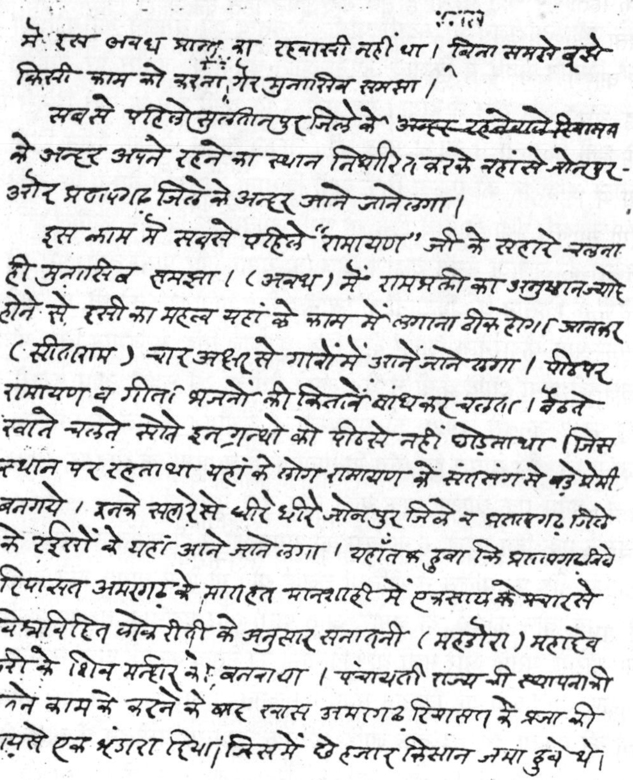

मैं इस अवध प्रान्त का रहवासी नहीं था। बिना समझे बूझे किसी काम को करना गैर मुनासिब समझा।

सबसे पहिले सुल्तानपुर जिले के ~~अन्दर रहनेवाले रियासत~~ के अन्दर अपने रहने का स्थान निर्धारित करके वहां से जौनपुर और प्रतापगढ़ जिले के अन्दर आने जाने लगा।

इस काम में सबसे पहिले "रामायण" जी के सहारे चलना ही मुनासिब समझा। (अवध) में रामभक्ती का अनुष्ठान ज्यादे होने से इसी का महत्व यहां के काम में लगाना ठीक होगा। जानकर (सीताराम) चार अक्षर से गावों में आने जाने लगा। पीठपर रामायण व गीता भजनों की कितावें बांधकर चलता। बैठते खाते चलते सोते इन ग्रन्थो को पीठसे नहीं छोड़ता था। जिस स्थान पर रहता था वहां के लोग रामायण के सतसंग से बड़े प्रेमी बनगये। इनके सहारे से धीरे धीरे जौनपुर जिले व प्रतापगढ़ जिले के रईसों के यहां आने जाने लगा। यहां तक हुवा कि प्रतापगढ़ जिले रियासत अमरगढ़ के मातहत मानशाही में एकसाथ के प्रचार से विधिविहित वेदरीती के अनुसार सनातनी (महडौरा) महादेव जी के शिव मन्दिर को बनवाया। पंचायती राज्य की स्थापना भी इतने काम के करने के बाद खास अमरगढ़ रियासत के प्रजा की रायसे एक भंडारा दिया। जिसमें छै हजार किसान जमा हुवे थे।

बाबा रामचंद्र ने अवध में किसानों से संपर्क बढ़ाने के लिए धार्मिक ग्रंथों का सहारा लिया। अवध-किसान आंदोलन से संबंधित बाबा रामचंद्र की हस्तलिखित पांडुलिपि का एक पृष्ठ।

—आर. सी. **XI**, रामचंद्र पेपर्स

प्रेमचंद ने 'प्रेमाश्रम' में किसानों की इसी वर्ग चेतना को दिखलाया। धनी कुर्मी किसान सुक्खू चौधरी कायस्थ जमींदार का साथ देता है अपने हितों के लिए। लेकिन जब उसके हितों पर चोट पड़ती है तब वह अपने हित को बाकी किसानों के हित के साथ देखता है। वह किसानों के साथ अपनी जाति-चेतना के कारण नहीं, अपनी वर्ग चेतना के कारण आता है। इसी वर्ग चेतना के आधार पर मुसलमान कादिर, राजपूत डपट सिंह और अहीर मनोहर सब मिलकर ज़मींदार के खिलाफ लड़ते हैं। किसी भी किसान के लिए लड़ने को तैयार बलराज में यह वर्ग चेतना सबसे ज्यादा है जो रूस और बलगारिया में किसानों को पंचायती राज की बात बड़े गर्व से सुनाता है। वह अपने हलवाहे रंगी चमार से भी इतनी आत्मीयता का अनुभव करता है कि उसके हक के लिए अपनी माँ से झगड़ पड़ता है।

उस युग में किसान चेतना पर धर्म और धार्मिक प्रतीकों का असर हर जगह दिखाई पड़ता है। चंपारन में किसान गाँधी को भगवान रामचंद्र कहते थे जो रावण रूपी राक्षस जमींदारों से लड़ने आया है। अपने नेता को साधु या महात्मा के रूप में देखना या साधु के रूप में सामने आए नेताओं को अपनाना किसानों की धार्मिक चेतना का सबूत था। अवध के किसान आंदोलन में धार्मिक प्रतीकों ने महत्त्वपूर्ण भूमिका निभाई थी। किसान सभाओं और एका सभाओं, दोनों में सदस्यता लेने और प्रतिज्ञा करने की विधि धार्मिक कर्मकांडों के साथ जुड़ी हुई थी जिसमें सत्यनारायण और महमूद शरीफ की कथाओं के साथ ही शपथ लेने के लिए पवित्र गंगाजल के प्रतीक का भी इस्तेमाल होता था। बाबा रामचंद्र ने 'सीताराम' शब्द को सलाम बंदगी की जगह देकर, फिर उसे एक युद्धघोष में बदल दिया। लेकिन सिर्फ इतना ही नहीं, सांस्कृतिक क्रांति में चीनी किसानों के बीच माओ नाम के चमत्कार की ही तरह अवध के किसानों के बीच भी 'सीताराम' नाम के चमत्कार की कई कथाएँ फैल गईं। 'सीताराम' का नाम भर लेने से सैकड़ों दुश्मन मिलकर भी झिंगुरी सिंह का कुछ न बिगाड़ सके और 'सीताराम' शब्द बोलने से हाथी ने एक किसान नेता पर वार करने से इनकार कर दिया और इसी नाम के प्रताप से हर तीसरे साल फलने वाले आम अब हर साल फलने लग गए। ये कथाएँ रामचंद्र की आत्मचरित वाली नोट बुक में दर्ज मिलती हैं।[52] धार्मिक प्रतीक उस युग में किसानों के अंदर वर्ग संघर्ष की भावना को आगे बढ़ाने के लिए इस्तेमाल किए जा रहे थे। बाबा रामचंद्र ने किसानों को संगठित करने और उन्हें संघर्ष के लिए तैयार करने में तुलसी की रामचरित मानस के दोहे-चौपाइयों का व्यापक इस्तेमाल किया। जॉर्ज ग्रियर्सन ने तुलसीदास के रामचरित मानस को भारतीय समाज के विभिन्न वर्गों या समुदायों के बीच समन्वय करने की भूमिका अदा करने के कारण करोड़ों भारतीयों की बाइबिल बताया था, लेकिन अवध में बाबा रामचंद्र के हाथों में पड़कर रामचरित मानस किसानों के अंदर वर्ग संघर्ष की चेतना मजबूत करने की भूमिका अदा कर रही थी।[53]

प्रेमचंद ने 'प्रेमाश्रम' में कहीं भी किसानों की इस धार्मिक चेतना का या संघर्ष के लिए उन्हें संगठित करने वाले धार्मिक प्रतीकों का चित्रण नहीं किया। इसके उल्टे उन्होंने बढ़ते हुए संघर्ष के दौरान दुखरन भगत की धार्मिक आस्था को टूटते हुए दिखलाया। इससे लगता है कि प्रेमचंद किसान चेतना को आलोचनात्मक दृष्टि से देखते थे और किसान संघर्ष को आगे बढ़ाने में धार्मिक चेतना के इस्तेमाल के पक्ष में कम थे। नहीं तो, ऐसे युग में जबकि धार्मिक चेतना और धार्मिक प्रतीक किसान संघर्षों के साथ इतने ज्यादा मिले हुए थे, प्रेमचंद के यथार्थवादी किसान साहित्य में इनका न आना एक अचंभे की बात होगी। न सिर्फ 'प्रेमाश्रम' में, बल्कि आगे की अपनी दूसरी रचनाओं में भी प्रेमचंद ने धर्म और धार्मिक प्रतीकों से किसानों को संघर्ष की प्रेरणा लेते अक्सर नहीं दिखलाया। बेशक, यह धर्म के प्रति प्रेमचंद का आलोचनात्मक दृष्टिकोण था जो यथार्थ के इस अंग को हमेशा छाँटकर अलग कर देता था और उसकी जगह भौतिक मानवीय आधारों को देता था। हालाँकि इससे न किसान वर्गों की यथार्थ चेतना अपनी समग्रता में प्रकट होती है, और न ही यह किसान जीवन को देख रहे लेखक के अपने वर्ग—निम्न और साधारण शिक्षित मध्यवर्ग की प्रतिनिधि दृष्टि को प्रकट करता है।

प्रेमचंद इस धार्मिक चेतना के बजाय किसानों की वर्ग चेतना को महत्त्व देते हैं जो धार्मिक अलगाव को तोड़ती है। कादिर और मनोहर की दोस्ती का आधार यही वर्ग चेतना है। शहरों में हिंदू-मुस्लिम सांप्रदायिकतावाद मध्यवर्गीय राष्ट्रीय आंदोलन में एक बड़ी समस्या थी और राष्ट्रीय नेतृत्व अंत तक इस समस्या को सुलझा नहीं पाया। प्रेमचंद दिखलाते हैं कि इस सांप्रदायिकतावाद के जहर ने देहात के किसानों की चेतना को दूषित न किया था। धार्मिक अलगावों को तोड़ने वाली किसानों की यह चेतना अवध के किसान आंदोलन में खूब दिखाई पड़ती है जहाँ हिंदू-मुस्लिम किसानों ने मिलकर संघर्ष किया। रामचंद्र ने लिखा है कि अयोध्या सम्मेलन में बाहर से आए किसानों के ठहरने के लिए मंदिरों के दरवाजे खोल दिए गए और मंदिरों में हिंदू-मुसलमान किसान एक साथ सोए।[54]

यह बात नोट करने लायक है कि 'प्रेमाश्रम' के किसानों में ब्रिटिश राज विरोधी चेतना कहीं नहीं मिलती। ''जैसा उनका अकबाल है, वैसा ही नारायण ने स्वभाव भी दिया है। न्याय करना यही जानते हैं, दूध का दूध और पानी का पानी, घूस-रिश्वत से कुछ मतलब नहीं।'' अंग्रेजी राज की न्यायशीलता की तारीफ में एक किसान द्वारा कहे गए इन वाक्यों को छोड़कर पूरे उपन्यास में अंग्रेजी राज के प्रति किसानों की चेतना को जाहिर करने वाली कोई घटना, कोई प्रसंग, कोई पंक्ति नहीं मिलती। यह बात हैरानी में डालने वाली है। खासकर ऐसे वक्त में जब किसानों को उनके खेतों से हटाकर लड़ाई की खंदकों में फेंक दिया गया हो; उन्हें मार-पीटकर उनके हल-बैल बिकवाकर उनसे जबरन लड़ाई का चंदा वसूला गया हो और वे साम्राज्यवादी युद्ध से पैदा हुई महँगाई से तबाह हों; ऐसे वक्त में 'प्रेमाश्रम' के किसान सिर्फ अंग्रेजी राज की न्यायशीलता की

तारीफ करके रह जाते हैं। यह बात सचमुच हैरानी में डालने वाली लगती है कि जो प्रेमचंद स्वराज्य के आंदोलन को किसानों के बिना सोच भी नहीं पाते थे और जो आने वाले वर्षों में किसानों को स्वराज्य के फायदे बतलाने के पर्चे लिखने वाले थे, 1918-20 में उन्हें किसानों में ब्रिटिश राज विरोधी चेतना का कोई सबूत नहीं मिला।

लेकिन, हम इसके लिए प्रेमचंद के चित्रण पर हैरान क्यों हों जबकि उस जमाने में खुद किसानों ने अपनी ऐसी चेतना का कोई सबूत नहीं दिया। जो चेतना किसानों में थी ही नहीं, अगर प्रेमचंद ने उसे किसानों में नहीं दिखलाया तो यह प्रेमचंद की ईमानदारी और उनकी यथार्थवादी कला का सबूत है। यह उस युग का एक तथ्य है कि किसानों ने अपने ऊपर होने वाले शोषण-अत्याचार और अपनी मुसीबतों के लिए ब्रिटिश राज को दोषी नहीं ठहराया। उन्होंने दोषी ठहराया ताल्लुकेदारों और जमींदारों को और इनसे भी ज्यादा इनके कारिंदों, चपरासियों और मैनेजरों को। यानी किसानों ने उसी को दोषी ठहराया जो उनके बिल्कुल सामने थे, जो उसकी रोज की जिंदगी में आते थे। इससे ऊपर उनकी चेतना अपने आप न उठ सकी। जबरन भर्ती और जबरन चंदा वसूली के खिलाफ हिंदी प्रदेश के किसानों ने सरकार विरोधी कोई संघर्ष नहीं किया। अवध में किसान आंदोलन के दौरान भी उन्होंने इसके लिए ब्रिटिश राज को दोषी नहीं ठहराया क्योंकि भर्ती और वसूली ताल्लुकेदारों के कारिंदों और चपरासियों के मार्फत हुई थी। किसान आंदोलन में महँगाई के मुद्दे पर किसानों की चेतना इस तरह प्रकट हुई कि 10 हजार किसानों की भीड़ ने रायबरेली के फुर्सतगंज बाजार में बनियों की दुकानों को घेर लिया और उन्हें चार आने गज पर कपड़ा और रुपए में आठ सेर आटा बेचने की हिदायत दी। जब पुलिस ने किसानों को हट जाने का हुक्म दिया तो किसानों ने कपड़े और अनाज की महँगाई की शिकायत की और कहा कि ये बनिए मुनाफाखोर हैं।[55] महँगाई के लिए किसानों ने ब्रिटिश राज को दोषी नहीं ठहराया। अवध के किसान आंदोलन में हजारों की संख्या में किसानों ने अपनी सभाओं में जाने और वहाँ से लौटने के लिए बिना टिकट रेल का सफ़र किया था। उन्होंने पुलिस और जेलों को घेर कर अपने गिरफ्तार नेताओं की रिहाई की माँग की। उन्होंने कई इलाकों में ब्रिटिश राज के खात्मे का और गाँधी राज के आने का भी ऐलान किया था। किसान आंदोलन का प्रभुत्वशाली वर्गों की दृष्टि से लिखे गए इतिहास का विरोध करते हुए और इन वर्गों की राजनीति के बाहर उभरे किसान आंदोलन की स्वायत्तता पर जोर देते हुए भी सबाल्टर्न स्टडीज-I ज्ञान पांडे ने बिना टिकट रेलों पर चढ़ने और जेलों से गिरफ्तार किसान नेताओं को छुड़ाने की घटनाओं को किसानों की साम्राज्यवाद विरोधी चेतना का उदाहरण नहीं कहा ब्रिटिश राज के खात्मे और गाँधी राज के आने का ऐलान खुद किसानों पर उस वक्त चल रहे स्वराज्य आंदोलन के असर को जाहिर करता है जिसमें गाँधी ने एक साल में स्वराज्य लाने का नारा दिया था। एका सभाओं के कार्यक्रम में सामंतवाद विरोधी तेरह प्रतिज्ञाओं के अलावा तीन राजनीतिक प्रस्ताव भी शामिल थे–

1. स्वराज्य के लिए एका कायम करो।
2. महात्मा गाँधी का राज जल्द आने वाला है, स्वदेशी और चर्खे का उपयोग करो।
3. सरकारी अदालतों का बहिष्कार करो और अपनी पंचायतें बनाओ।

लेकिन इस बात को नहीं भुलाना चाहिए कि 1921 के आखिरी महीनों से लेकर 1922 के शुरू के महीनों के बीच हुआ एका आंदोलन असहयोग के राष्ट्रीय आंदोलन के माहौल में चल रहा था। बाद में कांग्रेस ने एका आंदोलन का विरोध किया, लेकिन शुरू में कांग्रेस के स्थानीय नेताओं से उसका संपर्क था। एका आंदोलन के राजनीतिक प्रस्ताव किसान आंदोलन पर मध्यवर्गीय राष्ट्रीय आंदोलन के असर को दर्शाते हैं अन्यथा क्या कारण है कि 1919 में जब प्रतापगढ़ में किसानों की सभाएँ कायम हुईं तो उसके कार्यक्रम और प्रतिज्ञाओं में स्वराज्य या ब्रिटिश राज के बारे में कोई प्रस्ताव नहीं मिलता?

फ्रॉन्थ्रॉप ने अपनी रिपोर्ट में एका सभाओं के आंदोलन के ब्रिटिश विरोधी स्वरूप को ठीक ही पकड़ा था। एका सभाओं के आंदोलन में किसानों ने न सिर्फ अपनी परंपरावादी चेतना की सीमाओं को तोड़कर एक समझौता विहीन सामंतवाद विरोधी संघर्ष चलाया बल्कि अपने संघर्ष की परिस्थितियों के बीच ब्रिटिश राज की सत्ता से भी सीधे टक्कर लेने की स्थिति में पहुँचे थे। सरकारी अधिकारियों ने अपनी रिपोर्ट में किसानों द्वारा ब्रिटिश शासन व्यवस्था का उल्लंघन करने के 'मूड' को दर्ज किया था। उन्होंने किसानों के अंदर यूरोपियों और अपने ही स्वदेशी भाइयों के खिलाफ विदेशी सरकार की सेवा में लगे सिपाहियों के प्रति बढ़ती हुई नफरत को नोट किया। किसान उस सरकार की भी निंदा कर रहे थे जो किसानों पर जुल्म ढाने में ताल्लुकेदारों के साथ मिली हुई थी।[56] सामंतवाद विरोधी संघर्ष में जहाँ पुलिस ने दखलअंदाजी की, वहाँ, जैसे शहगाँव—पच्छिमगाँव में, किसानों ने पुलिस पर भी हमला किया। बेशक, किसानों की चेतना के इस विकास में कांग्रेसी नेताओं का हाथ न था। यह उनके अपने अनुभवों और संघर्ष की परिस्थितियों के बीच स्वाभाविक रूप से हुआ स्वतःस्फूर्त विकास था। इससे यह पता चलता है कि अपने संघर्ष के दौरान स्वतःस्फूर्त ढंग से किसानों में साम्राज्यवाद विरोधी चेतना आती है। लेकिन यह कभी टिकाऊ नहीं होती। स्वतःस्फूर्त ढंग से आई इस चेतना को वे अपनी विश्वदृष्टि या विचारधारा के रूप में विकसित नहीं करते। एक सामाजिक वर्ग या समुदाय के रूप में किसानों के अंदर साम्राज्यवाद विरोधी चेतना, जो उनकी विचारधारा का अंग बन जाए, अपने आप विकसित नहीं होती। इसे हमेशा बुद्धिजीवी ही उनके अंदर लाते हैं। ये बुद्धिजीवी चाहे किसान वर्गों के हों या दूसरे वर्गों के, महत्त्वपूर्ण बात यह है कि यह चेतना किसान वर्गों के भौतिक जीवन की परिस्थितियों के बाहर जाकर ही पाई जा सकती है।

भारत के राष्ट्रीय आंदोलन में साम्राज्यवाद विरोधी संघर्ष की विचारधारा किसान वर्गों की विचारधारा न थी। यह शिक्षित मध्यवर्ग की विचारधारा थी। यही कारण है कि माधव राव सप्रे किसानों को स्वराज्य की शिक्षा देने पर जोर दे रहे थे और प्रेमचंद किसानों को स्वराज्य के फ़ायदे बताने के लिए पैम्फलेट लिख रहे थे।

भारतीय इतिहास लेखन में हाल ही में उभरे तेज-तर्रार वामपंथी लेखकों के सबाल्टर्न ग्रुप ने इधर किसान आंदोलनों की स्वायत्तता पर काफी जोर दिया है।[57] प्रभुत्वशाली वर्गों की दृष्टि से किए गए इतिहास लेखन के खिलाफ जेहाद बोलकर इतिहास में मजदूर, किसानों और आदिवासियों के संघर्ष और उनकी भूमिका को सामने लाकर इस ग्रुप ने एक महत्त्वपूर्ण काम को आगे बढ़ाया है। लेकिन इस सबाल्टर्न इतिहास लेखन की सैद्धांतिक स्थापनाओं का चरित्र क्या है? उत्पीड़ित वर्गों के संघर्ष और उनकी भूमिका को सामने लाना और उसका महत्त्व दिखाना एक बात है, लेकिन उसकी स्वायत्तता के सिद्धांत को एक सकारात्मक मूल्य के रूप में गौरवान्वित करना दूसरी बात है। किसानों के या किसी भी उत्पीड़ित वर्ग या समुदायों के आंदोलन की स्वायत्तता को गौरवान्वित करना एक खतरनाक वैचारिक मूल्य है। सबाल्टर्न स्टडीज ग्रुप के लेखक ग्राम्शी को बहुत उद्धृत करते हैं। लेकिन ग्राम्शी ने कभी भी उत्पीड़ित वर्गों की चेतना या संघर्ष की स्वायत्तता की वकालत नहीं की। इसके उल्टे उन्होंने सामाजिक क्रांति में विभिन्न सामाजिक वर्गों की चेतना और विचारधारा के आपसी संबंधों की प्रक्रिया के महत्त्व को समझने पर जोर दिया था।

भारत के राष्ट्रीय आंदोलन के दौर में किसानों में साम्राज्यवाद विरोधी चेतना थी या नहीं, यह बहस महत्त्वपूर्ण नहीं है। महत्त्वपूर्ण सवाल यह है कि किसान जो सामंतवाद विरोधी संघर्ष चला रहे थे, वह संघर्ष वस्तुगत रूप से साम्राज्यवाद के विरुद्ध जाता था या नहीं? ताल्लुकेदारों और जमींदारों के खिलाफ किसानों की लड़ाई ब्रिटिश राज को कमजोर करती थी या नहीं? अगर कमजोर करती थी, तो किसान आंदोलन को आगे बढ़ाना उन सब का फर्ज था जो साम्राज्यवाद विरोधी संघर्ष को मजबूत करना चाहते थे। शिक्षित मध्यवर्ग के राष्ट्रवादी किसानों के बीच जाकर, उनके संघर्ष में शामिल होकर उनकी सामंत विरोधी चेतना को आत्मसात कर सकते थे और साथ ही किसानों के बीच साम्राज्यवाद विरोधी विचारधारा को फैलाकर, किसान संघर्ष को राष्ट्रीय संघर्ष के कार्यक्रम में जोड़ सकते थे। लेकिन राष्ट्रीय आंदोलन के उच्च मध्य वर्गीय नेताओं ने यह नहीं किया। उन्होंने इससे उल्टा रास्ता अपनाया।

गाँधी का उभार

सन् 1933 में वर्धा में हिंदी परिषद् की बैठक हुई। वहाँ गाँधी ने प्रेमचंद को 'हंस' के बारे में बातचीत के लिए बुलाया था। प्रेमचंद गए। गाँधी से यह उनकी पहली और आखिरी मुलाकात थी। गाँधी से मिलकर प्रेमचंद बहुत प्रभावित हुए। लौटकर उन्होंने शिवरानी

से गाँधी के असर का बखान किया। आगे की बातचीत इस तरह हुई :

"मैं बोली—तो क्या आप भी महात्मा गाँधी के तरफदार हो गए?

अरे तरफदार होने को तुम कहती हो, मैं उनका चेला हो गया।

चेला तो उसी समय हुआ, जब वह गोरखपुर में आए थे।

मैं बोली—चेले तब हुए थे, दर्शन अब कर पाए।

आप बोले—चेला होने के मानी किसी की पूजा करना नहीं होता, बल्कि उन गुणों को अपनाना होता है।

मैं बोली—तो आपने अपना लिए।

आप बोले—मैंने अपना लिए! अपनाने को कहती हो, उसी के बाद तो मैंने 'प्रेमाश्रम' लिखा है। सन् 22 में छपा है।

मैं बोली—वह तो पहले ही से लिखा जा रहा था।

आप बोले—इसके मानी यह है कि मैं महात्मा गाँधी को बिना देखे ही उनका चेला हो चुका था।"[58]

1918-20 का वक्त, जब प्रेमचंद गोरखपुर में 'प्रेमाश्रम' लिख रहे थे, राष्ट्रीय आंदोलन में गाँधी के उभार का दौर था। अपने युग के लाखों-करोड़ों लोगों की ही तरह प्रेमचंद भी इस नए नेतृत्व के उभार से सचेत रूप से प्रभावित हुए थे। यह प्रभाव 'प्रेमाश्रम' में दिखाई देता है। भारत के राष्ट्रीय आंदोलन में गाँधी का नाम उसी वक्त से उभरना शुरू हो गया था जब वे अफ्रीका में संघर्ष कर रहे थे। तब तक वे महात्मा नहीं बने थे। लोग उन्हें मिस्टर एम. के. गाँधी के नाम से जानते थे। 'प्रेमाश्रम' लिखना शुरू होने के आठ साल पहले, मार्च 1910 के 'इंडियन रिव्यु' में 'एम. के. गाँधी' शीर्षक से गाँधी पर एक लेख छपा। इस लेख में दक्षिण अफ्रीका में गाँधी के संघर्ष की जानकारी और उनके जीवन की चर्चा की गई। गाँधी का वह सत्याग्रही रूप, जो भारत में बाद में उभरा, इस लेख में उभारा गया था। 'प्रभा' गणेशशंकर विद्यार्थी के संपादन में कानपुर से निकलने के बहुत पहले मध्य प्रदेश के खंडवा से निकलती थी। तब इसके संपादक कालूराम गंगराडे थे। इसके अक्तूबर, 1913 के अंक में मिस्टर गाँधी का एक चित्र छपा और साथ में 'कर्मवीर मि. गाँधी' शीर्षक से श्रीयुत कृष्णदास की एक कविता छपी। महात्मा के विशेषण से पहले गाँधी के नाम के साथ कर्मवीर विशेषण जुड़ा था। चंपारन के आंदोलन की रिपोर्ट जब अखबारों में छपती थी तो उनमें से कई के साथ यही कर्मवीर विशेषण जुड़ा रहता था। 'प्रभा' के ही फागुन, 1915 के अंक में दक्षिण अफ्रीका के ट्रांसवाल से भेजा भवानी दयाल का लेख 'सत्याग्रह के इतिहास की भूमिका' छपा। इसमें दक्षिण अफ्रीका में भारतीयों पर होने वाले अत्याचारों और उनके खिलाफ गाँधी के नेतृत्व में एक नए ढंग के संघर्ष 'सत्याग्रह' के बारे में लिखा गया था। यह लेख कई किस्तों में छपा। 'प्रेमाश्रम' रचना से ठीक पहले चंपारन की जाँच ने गाँधी को शोषित वर्गों की आशा का केंद्र बना दिया। 20 जून, 1917 के 'लीडर' में 'दी प्लांटर रूल' टिप्पणी

छपी। चंपारन के ज़मींदारों ने गाँधी की जाँच से चिढ़कर सरकार को धमकी दी थी कि वे अब अपनी रक्षा का इंतजाम खुद करेंगे। टिप्पणीकार ने लिखा कि यह धमकी सिर्फ इस कारण से है कि चंपारन के फटेहाल शोषित लोगों ने अपना सिर उठाना शुरू किया है और जो लोग पहले बिना किसी दोस्त के थे, उन्हें अब गाँधी के रूप में एक दोस्त मिल गया है। उनकी तकलीफों का रोना गाँधी के कानों तक पहुँचा है और वे उसे दूर किए बिना वहाँ से न जाएँगे। गाँधी की उपस्थिति से गरीब किसानों की हिम्मत बँधी है। 14 जून के अंक में जाँच कमेटी के गठन और उनमें किसानों के प्रतिनिधि के रूप में गाँधी को शामिल किए जाने पर खुशी जाहिर करते हुए लिखा गया कि गाँधी से ज्यादा ईमानदार किसानों का प्रतिनिधि और कौन होगा? कमेटी के गठन से चंपारन में गाँधी के मानवतावादी मिशन का पहला अध्याय पूरा होता है। शायद आखिरी अध्याय किसानों की सदियों से अनसुनी पड़ी माँगों के हल के साथ पूरा हो। 'प्रताप' में 21 मई, 1917 को 'चंपारन में महात्मा गाँधी' लेख छपा। लेखक ने गाँधी के प्रति किसानों की भावनाओं का वर्णन करते हुए लिखा : ''हजारों देहाती 20-20 कोस से केवल उनके दर्शनों के लिए आते रहते हैं और महात्मा का ऋषियों जैसा रहन-सहन देखकर आश्चर्य चकित हो जाते हैं। महात्मा गाँधी को कोई बाबा जी कहता है, कोई मालिक साहब कहता है।...उन देहातियों को महज आशा ही नहीं बल्कि दृढ़ विश्वास है कि परमात्मा ने स्वयं, जैसा कि श्रीकृष्ण भगवान ने गीता में कहा है : ''हे भारत! संसार में जब-जब अत्याचार अनाचार और पाप बढ़ जाते हैं तब-तब मैं अपने को एक विशेष पुरुष के रूप में अवतरित करता हूँ।'' अपनी ओर से हम दीन प्रजा का उद्धार करने के लिए विशेष पुरुष के रूप में महात्मा गाँधी को चंपारन में भेजा है जो हम लोगों की दुख कथा सुनकर भारत सरकार से प्रार्थना करेगा।'' बिहार सरकार ने गाँधी पर मुकदमा दायर किया और वापस ले लिया। 27 अप्रैल, 1917 के 'अभ्युदय' में 'कर्मवीर गाँधी का मुकदमा' शीर्षक टिप्पणी छपी और सरकार द्वारा मुकदमा वापस लेने को गाँधी की 'नैतिक जीत' कहा। चंपारन की जाँच से गाँधी को कितनी प्रसिद्धि मिली, इसका पता एक जापानी उपन्यास के हिंदी अनुवाद के विज्ञापन से चलता है। 6 जुलाई, 1917 के 'अभ्युदय' में 'महात्मा गाँधी' नाम देकर सोगोरे के उपन्यास के हिंदी अनुवाद 'जापान रहस्य' का विज्ञापन छपा। विज्ञापन में लिखा : ''महात्मा गाँधी किस आदर्श पर दक्षिण अफ्रीका और बिहार के मोतिहारी और बेतिया आदि में कार्य कर रहे हैं, वह क्या आपको मालूम है? यदि नहीं मालूम है तो जापान के कर्मवीर गाँधीमना महात्मा सोगोरे के कार्य पद्धतिपूर्ण उपन्यास 'जापान-रहस्य' को पढ़िए...यदि लंपट कियेमान से चूता की सतीत्व रक्षा का महत्त्व पढ़ना चाहते हो, यदि जापान सम्राट शोगेन बहादुर की न्यायप्रियता का आदर्श नमूना देखना चाहते हो, यदि देश के कष्ट दूर करने के लिए दशनामक सोगोरे की स्त्री-पुत्रों सहित आत्मबलि देखना चाहते हो और यदि प्रेम, प्रेम, प्रेम की मज़ेदार कहानी मनन करना चाहते हो ताजी छपी 'जापान रहस्य' तुरंत मँगवाकर पढ़िए। मूल्य दस आने।

मिलने का पता वंशनारायण पांडे, पाटिलपुत्र आफिस, मुरादपुर, बांकीपुर।'' इसी अंक में गाँधी और कस्तूरबा के चित्रों की बिक्री का विज्ञापन भी छपा। यह सब 'प्रेमाश्रम' की रचना शुरू होने से एक साल पहले 1917 की बातें हैं। राष्ट्रीय आंदोलन के नेतृत्व में गाँधी की प्रतिष्ठा का मुख्य आधार उनके सत्याग्रह का सिद्धांत था। गाँधी ने दक्षिण अफ्रीका में सत्याग्रह की लड़ाई लड़ी थी। भारत में 1914 से 1919 तक 'सत्याग्रह' के सिद्धांत की बड़ी चर्चा रही। शिक्षित मध्यवर्ग के बीच यह एक क्रांतिकारी सिद्धांत माना जाता था। सत्याग्रह का मतलब था अपने विश्वास पर, सत्य पर अडिग रहना, उसके लिए हर तकलीफ उठाना और मर मिटना। कोसाम्बी ने 'गीता' की लोकप्रियता का एक कारण यह बतलाया था कि अन्याय के खिलाफ संघर्ष करने का उपदेश देने वाली 'गीता' कहीं भी अन्याय क्या है, यह नहीं बतलाती। इससे लोगों को यह सुविधा हुई कि वे अपनी-अपनी धारणा से अन्याय को तय कर उसके खिलाफ लड़े। यही कारण है कि गीता की व्याख्या परस्पर विरोधी मत वालों ने अपने-अपने पक्ष में की। सत्याग्रह सिद्धांत की भी लोकप्रियता का एक कारण यह था कि इसमें सत्य को हर व्यक्ति पर छोड़ दिया गया था। किसान-मजदूरों, निम्न और साधारण मध्यवर्ग और शिक्षित उच्च मध्यवर्ग, सबके सत्य एक जैसे न थे। लेकिन अपने-अपने सत्य के लिए सब को सत्याग्रह के सिद्धांत से बल मिलता था। गाँधी ने राष्ट्रीय आंदोलन में स्वराज्य को सत्य बतलाया और उसके लिए संघर्ष छेड़ दिया। शिक्षित उच्च मध्यवर्ग के एक हिस्से नरम दल वालों ने गाँधी के सत्याग्रह संग्राम का विरोध किया। एनीबेसेंट और मदन मोहन मालवीय इस हिस्से के नेता थे। मदन मोहन मालवीय के अखबार 'अभ्युदय' में 'वामन' नाम से 1917 के अगस्त में सत्याग्रह सिद्धांत के खिलाफ लगातार लेख लिखकर हमले किए गए। उस समय कांग्रेस में सरकार के खिलाफ सत्याग्रह संग्राम छेड़ने के प्रस्ताव पर विचार चल रहा था। 'वामन' ने लिखा कि अगर कांग्रेस ने इस अस्त्र के प्रयोग की इजाजत दे दी तो हमारे राष्ट्रीय आंदोलन का स्वरूप ही बदल जाएगा। लेख में सत्याग्रह आंदोलन के प्रस्ताव के खिलाफ कई दलीलें दी गईं और इसे एक खतरनाक प्रस्ताव बतलाते हुए अंत में लिखा कि : ''हमारी राय में इसका प्रयोग हिंदुस्तान की वर्तमान अवस्था में असंभव है और अधिकांश में हानिकारक ही सिद्ध होगा।'' यह दृष्टि उच्च मध्यवर्ग को एक हिस्से की थी। इसके विरोध के बावजूद जब सत्याग्रह आंदोलन छिड़ा तो जनता को एक राजनीतिक कार्यक्रम मिल गया। तूफानी आंदोलन फूट पड़े। पंजाब में हिंसा की घटनाएँ घटीं। एनी बेसेंट ने गाँधी और सत्याग्रह के आंदोलन पर हमले किए। उन्होंने उपद्रवों के लिए गाँधी को दोषी ठहराया और कहा कि सत्याग्रह आंदोलन ने देश में विद्रोह के द्वार खोल दिए हैं। नरम दल वाले और अंग्रेज सत्याग्रह को कैसे देखते थे, इसका वर्णन गणेश शंकर विद्यार्थी ने 'प्रताप' 26 मई, 1919 में किया : ''नरम दल वाले उसे वैसे ही देखते हैं जैसे राजा जनक और उनके बंधुओं ने परशुराम से विवाद करते बालक लक्ष्मण को देखा था और अंग्रेज सत्याग्रह को देखकर चिल्लाते हैं : 'अरे बचाओ! गाँधी को चौरंगी में झटपट फाँसी दो और सब सत्याग्रहियों को बंगाल की खाड़ी में डुबा दो'।''

निम्न और साधारण मध्यवर्ग ने और खासकर उसके वामपंथियों ने सत्याग्रह का जोर-शोर से समर्थन किया। सत्याग्रह के खिलाफ लिखे वामन के लेखों का 'अभ्युदय' में ही कृष्णकांत मालवीय ने मुँहतोड़ जवाब दिया। एनी बेसेंट के हमलों का जवाब 'प्रताप' में गणेश शंकर विद्यार्थी ने दिया। उच्च मध्यवर्ग के सरकारपरस्त सुविधाभोगी सत्याग्रह के भय से काँपते थे, लेकिन निम्न और साधारण मध्यवर्ग के इन वामपंथी बुद्धिजीवियों के लिए सत्याग्रह एक क्रांतिकारी राजनीतिक अस्त्र था जिसका भारत के राष्ट्रीय आंदोलन में पहली बार इस्तेमाल हो रहा था। भावनाशील मध्यवर्ग के अंदर वह एक दुर्दम्य आत्मिक बल और तेज को जगाता था। गाँधी बाद में कहा करते थे कि सत्याग्रही कैसा होता है, इसे समझना हो तो गणेश शंकर विद्यार्थी को देखकर समझो। गणेश शंकर विद्यार्थी उस निम्न और साधारण मध्यवर्ग के थे जिस वर्ग के प्रेमचंद थे। प्रेमचन्द ने 'प्रेमाश्रम' सत्याग्रह आंदोलन की छाया के नीचे बैठकर लिखा था; कादिर और प्रेमचंद के चरित्र पर वह परछाईं है। वह परछाईं 'प्रेमाश्रम' के पूरे विकास पर है। 'प्रेमाश्रम' की रचना के जमाने में निम्न और साधारण मध्यवर्ग ने 'सत्याग्रह' के सिद्धांत को किस दृष्टि से देखा था, इसका पता 'प्रताप' में गणेश शंकर विद्यार्थी के लेखों से चलता है। 21 अप्रैल, 1919 को उन्होंने लिखा : "जिस बल से हम स्वेच्छाचारिणी सरकार को भी नीचे झुका सकेंगे, वह आत्मबल है, सत्य और न्याय की दृढ़ उपासना है और उसके लिए कष्ट पर कष्ट उठाना है।" जब सत्याग्रह आंदोलन शुरू हुआ तो, 26 मई को लिखा : "कुछ काल पहले तक सत्याग्रह प्रह्लाद की कहानी में वा राष्ट्रीय दल के कार्यक्रम में दिख पड़ता था। तब तक वह एक सुखमय कल्पना थी और एक प्यारा एवं मधुर शब्द था। अब वह समाज में एक शक्ति है। उसका व्यावहारिक जीवन में आना एक नई बात है।" सत्याग्रह संग्राम के दौरान गाँधी की गिरफ्तारी पर, 14 अप्रैल 1919 को लिखा : "गाँधी की गिरफ्तारी के समाचार ने भारतवर्ष के हृदय को हिला दिया। वे हिल गए जो सत्याग्रह के महामंत्र पर मुग्ध हैं, और वे भी हिल गए जो उस पर द्विविधा या चिंता से सिर हिलाते हैं।...अन्याय और स्वेच्छाचार का यह प्रसार असहनीय है और भारतवर्ष की आत्मा यह निश्चय कर चुकी है कि वह रोका जाएगा। बाहुबल द्वारा नहीं, उस बल के द्वारा नहीं जिस पर यूरोप की सभ्यता को अभिमान है, और जिस पर, ऐसा मालूम पड़ता है, हमारे हाकिमों को भी बेतरह विश्वास है, किंतु उस बल से, जो शरीर के कुचले जाने पर ज्यों का त्यों अक्षय बना रहेगा, जो पिसते जाने पर भी अन्याय को अन्याय कहने से बाज न आएगा, और बाज न आएगा न्याय पथ पर डटे रहने से।" इन शब्दों में एक क्रांतिकारी का संकल्प झलकता है। उन नक्सलपंथियों जैसा जो जेल में पुलिस की क्रूर और बर्बर यातनाएँ झेलते हुए मर गए, अपंग हो गए, पागल हो गए, लेकिन झुके नहीं। सत्याग्रह का सिद्धांत 1919 में निम्न और साधारण मध्यवर्ग के अंदर स्वराज्य के लिए ऐसी ही क्रांतिकारी भावनाएँ जगा रहा था। इस वर्ग के लिए सत्याग्रह एक राजनीतिक अस्त्र था, जीवन की शक्ति था, भारत की सभ्यता के गौरव का प्रतीक था, सत्य और न्याय की दृढ़ उपासना और आत्मा का बल था।

शिक्षित निम्न और साधारण मध्यवर्ग के वे सभी बुद्धिजीवी जो 1918-19 में हिंदी प्रदेश में बोल्शेविज्म का प्रचार कर रहे थे, गाँधी और सत्याग्रह के बारे में यही दृष्टि रखते थे। हिंदी में साम्यवाद पर पहली पुस्तक लिखने वाले रामचंद्र वर्मा ने 1919 में 'महात्मा गाँधी' नामक किताब लिखी। 464 पृष्ठों की इस किताब में दो खंड थे। पहले खंड में 131 पृष्ठों में रामचंद्र वर्मा ने गाँधी की जीवनी लिखी। दूसरे खंड के 313 पृष्ठों में गाँधी के लेखों और भाषणों को संकलित किया। किताब हिंदी पुस्तक भंडार, बंबई से छपी थी। भारत में बोल्शेविज्म के सबसे बड़े प्रचारक पं. कृष्णकांत मालवीय ने 'सत्याग्रह की मीमांसा' किताब लिखी। 31 मार्च, 1919 के 'प्रताप' में किताब का विज्ञापन छपा। सत्य भक्त ने मई, 1919 की 'मर्यादा' में गाँधी की जीवनी पर लेख लिखकर सत्याग्रह का समर्थन पहले ही कर दिया था। दो साल बाद उन्होंने गाँधी के असहयोग संबंधी लेखों का संकलन संपादित किया जो 'असहयोग' नाम से 1921 में राष्ट्रीय ग्रंथालय कार्यालय, 63, हिवेट रोड, इलाहाबाद से छपा। गणेश शंकर विद्यार्थी, रामचंद्र वर्मा, सत्य भक्त और प्रेमचंद–चारों साधारण या निम्न मध्यवर्ग के बुद्धिजीवी थे जो राष्ट्रवादी, किसानों के पक्षधर, बोलशेविज्म के समर्थक और सत्याग्रह के सिद्धांत से प्रभावित थे। गाँधी के व्यक्तित्व का जो रूप शिक्षित मध्यवर्ग को अपनी ओर खींच रहा था वह था तड़क-भड़क और शान-शौकत के खिलाफ सादगी भरा रूप। यह खासियत उन्हें अपने समय के शिक्षित उच्च मध्यवर्ग के दूसरे नेताओं से अलग करती थी। गाँधी ने अपने व्यक्तित्व की सादगी को हिंदुस्तान के किसानों की गरीबी से जोड़कर एक सैद्धांतिक जामा पहना दिया था। इससे न सिर्फ शिक्षित उच्च मध्यवर्ग प्रभावित हुआ बल्कि साधारण और निम्न मध्यवर्ग के वामपंथी बुद्धिजीवी भी प्रभावित हुए। मई, 1918 की 'मर्यादा' में सत्य भक्त ने 'महात्मा गाँधी की जीवनी पर एक दृष्टि' लेख लिखा। सत्य भक्त ने गाँधी की तारीफ करते हुए लिखा : ''आपका वर्तमान जीवन एक सच्चे साधु या त्यागी की भाँति है। सब प्रकार के आराम, भोग विलास आदि को आप त्याग चुके हैं। स्वादिष्ट भोजन करना आपने छोड़ दिया है। और तो क्या, नमक, खाँड, घी तथा दूध आदि वस्तुओं का भी, जिन्हें सब कोई अनिवार्य समझते हैं, आप व्यवहार नहीं करते।...प्रजा के कष्टों में सहानुभूति दिखलाने और उनके अभियोग तथा अभावों को दूर करने के लिए जो नेता बातों की नदी का बंद तोड़ देते हैं और परम देश हितैषी के नाम से प्रसिद्ध होते हैं, उनमें से कोई जिस कार्य को नहीं करता, उस आवश्यकीय कार्य के करने का गाँधी जी पूर्ण ध्यान रखते हैं। वह कभी थर्ड क्लास को छोड़कर और किसी दर्जे में यात्रा नहीं करते जिससे अपने भाइयों की सच्ची दशा का स्वयं अनुभव कर लिया जाए। विनय, नम्रता, मिलनसारी में आपके समान बहुत थोड़े मनुष्य पाए जाएँगे। कैसा ही छोटा और साधारण आदमी आपके पास चला आवे आप सबका मीठी वाणी से स्वागत करते हैं और किसी की उपेक्षा करना आपके स्वभाव के बाहर है।'' सत्य भक्त ने यहाँ एक नेता की जिस छवि का वर्णन किया, यह ठीक वही छवि थी जिसको उस समय का साधारण और निम्न

व मध्यवर्ग राष्ट्रीय नेतृत्व में देखना चाहता था। साधारण और निम्न मध्यवर्ग के लेखक प्रेमचंद ने इसी छवि को अपने आदर्श नायक प्रेमशंकर के चरित्र में उतारने की कोशिश की। गाँधी की ही तरह शिक्षित उच्च मध्यवर्ग का सदस्य होकर भी प्रेमशंकर देश और किसानों की दुर्दशा के बारे में सोचता है। वह रेल के तीसरे दर्जे के डिब्बे में सफर करता है और अपना सामान कुली से न उठवाकर खुद उठाता है। छोटे-से-छोटे आदमी के साथ विनम्रता से बर्ताव करता है और किसी की उपेक्षा करना उसके भी स्वभाव के बाहर की चीज है। अपने राजनीतिक लेखन में नेता के जिस रूप को सत्य भक्त आदर्श बता रहे थे, उसी रूप को उपन्यास में प्रेमचंद उतार रहे थे। यह संयोग न था। यह साम्राज्यवाद के खिलाफ लड़ाकू संघर्ष चाहने वाले और किसानों के साथ जुड़े हुए साधारण और निम्न मध्यवर्ग की दृष्टि थी।

गाँधी की इस छवि ने शिक्षित उच्च मध्यवर्ग को भी प्रभावित किया था। शिक्षित उच्च मध्यवर्ग के बहुत से लोग जो डाक्टरी और वकालत करके दौलत कमाने का अरमान रखते थे, गाँधी के इस रूप से खिंचकर जाति की सेवा और देश के उद्धार (जैसा उस समय राष्ट्रीय आंदोलन को कहा जाता था) के काम में आए। राजेंद्र प्रसाद इनमें से एक थे। वकील बनने का अरमान रखने वाले राजेंद्र प्रसाद ने जब अपने जैसे और कई शिक्षित उच्च मध्यवर्गीय साथियों के साथ चंपारन में गाँधी के साथ काम किया तो गाँधी के इसी रूप ने उन्हें सबसे ज्यादा प्रभावित किया। इस प्रभाव का वर्णन उन्होंने इस तरह किया : "जिन लोगों को आपके साथ चंपारन में रहने का सौभाग्य प्राप्त हुआ था, उनको आपने एक नई दुनिया दिखला दी। उनमें एक नवजीवन का संचार कर दिया...इस प्रकार की सेवावृत्ति के लिए सत्य ग्रहण करना, भय छोड़ना और गरीबी अख्तियार करना आवश्यक था। जब हम लोग पहले पहल चंपारन पहुँचे, तब हममें से अनेक के साथ नौकर थे, रसोई बनाने के लिए रसोइया था। कुछ ही दिनों में महात्मा जी के इच्छानुसार नौकरों की संख्या कम कर दी गई और कुछ दिनों के बाद सिवाय एक के और सब हटा दिए गए। फल इसका यह हुआ कि जिन लोगों ने अपने जीवन में एक लोटा जल कुएँ से नहीं निकाला था अथवा जिन्होंने नहाकर एक गमछा भी नहीं धोया था, उन्हीं लोगों ने महात्मा जी के सत्संग में थोड़े दिनों में ही एक दूसरे को नहला देने, कपड़ा धो लेने तथा जूठे बर्तनों को साफ करने का संकोच छोड़ दिया। हम लोग ये सब काम स्वयं कर लेते थे। घरों में झाड़ू देना, चौका साफ करना, अपने बरतनों को मलना, स्टेशन या बाजार से स्वयं गठरियों को लाना, सब काम हम लोग स्वयं कर लिया करते थे।"[59] प्रेमशंकर के प्रभाव से प्रेमाश्रम में जातीय सेवा के काम में आने वाले शिक्षित उच्च मध्यवर्ग के सदस्य भी प्रेमशंकर के ठीक इसी रूप से प्रभावित होते हैं। डॉक्टर प्रियनाथ प्रेमशंकर की तारीफ करते हुए इजाद हुसैन से कहता है : "वह अपने को मशहूर नहीं करते, लेकिन कौम की जो वह खिदमत कर रहे हैं, काश और लोग भी करते तो यह मुल्क रश्के-फिरदौस हो जाता। जो आदमी दस रुपये महावार पर जिंदगी बसर

करे, अपने मजदूरों से मसाबात का बर्ताव करे, मजलूमों की हिमायत करने में दिलोजान से तैयार रहे, अपने उसूलों पर अपनी जायदाद तक कुर्बान कर दे, उसकी निस्बत ऐसा शक करना शराफत के खिलाफ है...ऐसा बेलौस आदमी इस शहर में क्या, मुल्क में मुश्किल से मिलेगा।''[60] डॉक्टर प्रियनाथ प्रेमशंकर के बारे में वही बात कहता है जो गाँधी के उच्च मध्यवर्गीय सहयोगी गाँधी के बारे में कह रहे थे। प्रेमशंकर के साथ 'प्रेमाश्रम' के उच्च मध्यवर्गीय चरित्रों का वही संबंध है जो गाँधी के साथ शिक्षित उच्च मध्यवर्ग का था। 1915 में गाँधी ने अहमदाबाद के निकट गाँव में सत्याग्रह आश्रम कायम किया था। प्रेमचंद 'इंडियन रिव्यू' पत्रिका ध्यान से पढ़ा करते थे। 'इंडियन रिव्यू' के 1917-18 के अंकों में अहमदाबाद सत्याग्रह आश्रम के बारे में कई लेख निकले थे। यह आश्रम गाँधी द्वारा शिक्षित उच्च मध्यवर्ग को अपनी राजनीति में भर्ती करने का स्कूल था। प्रेमशंकर का 'प्रेमाश्रम' वैसा ही आश्रम है जहाँ शिक्षित उच्च मध्यवर्ग के डॉक्टर, वकील और सरकारी नौकरी छोड़कर आने वाले अफसर अपने हाथ से बागवानी करते हैं, चर्खा चलाते हैं, देहातों में चिकित्सा करते हैं, गौशाला खोलते हैं और बच्चों के लिए स्कूल चलाते हैं। वहाँ इनकी पत्नियाँ भी इन कामों में शरीक होती हैं। प्रेमशंकर का यह प्रेमाश्रम सिर्फ साबरमती से ही नहीं, बल्कि चंपारन में गाँधी के रचनात्मक काम करने वालों की टीम से भी मेल खाता है। चंपारन में गाँधी ने जो पाठशालाएँ खोली थीं उनमें से एक बडहरवा लखनसेन पाठशाला में बंबई के प्रसिद्ध इंजीनियर जिन्होंने इंग्लैंड में शिक्षा पाई थी, श्री बबन गोखले और उनकी विद्वान पत्नी (जो इंग्लैंड घूम चुकी थी) श्रीमती अवंतिका बाई गोखले पढ़ाती थी। प्रेमशंकर के आश्रम में उसका भतीजा मायाशंकर रहता था, गाँधी की इस पाठशाला में उनका छोटा लड़का देवदास गाँधी रहता था। भितरवाँ पाठशाला में प्रसिद्ध सर्जन, जो सर्वेंट ऑफ इंडिया सोसायटी के सेक्रेटरी भी थे, डॉ. देव काम करने के लिए आए। बेलगाँव के मिस्टर सोमन, बी. ए., एल. एल. बी., इस स्कूल के संचालक थे। उनके अलावा श्रीयुत अप्पाजी और कस्तूरबा गाँधी भी इस पाठशाला का काम देखती थीं। मधुवन में लड़कों की पाठशाला के अलावा एक पाठशाला लड़कियों की भी थी जिसकी संचालिका आनंदीबाई थीं। आनंदीबाई पूना के महिला आश्रम के रजिस्ट्रार दिवाकर महाशय की बहन थीं। इन लोगों के अलावा चंपारन के रचनात्मक कामों में नरहरि द्वारकादास पारीख, उनकी पत्नी श्रीमती मणिबाई पारीख, महादेव देसाई तथा उनकी पत्नी दुर्गाबाई देसाई काम करती थीं। कुछ दिनों के लिए प्रो. कृपलानी भी आए।

प्रेमशंकर के चरित्र पर गाँधी की छाप साफ है। चंपारन में गाँधी की सफलता का कारण बताते हुए राजेंद्र प्रसाद ने लिखा : ''सच्चे हृदय से रैयतों की दुःख शांति की मनस्कामना और साथ ही नीलवरों के प्रति किसी प्रकार के हिंसक विचार को न आने देने का दृढ़ संकल्प, अपने सिद्धांत और कर्त्तव्य पालनार्थ दुख सहन करने के लिए प्रस्तुत रहना, सत्य पर अटल विश्वास और उसके सामने पृथ्वी की अन्य शक्तियों से निर्भीकता—बस

इन्हीं गुणों के कारण ऐसा परिवर्तन संभव हुआ।''[61] प्रेमचंद ने मानो गाँधी के इन्हीं गुणों को प्रेमशंकर में उतारने की कोशिश की हो। वह अपने सिद्धांतों और कर्त्तव्य पालन के लिए दुख तो उठाता ही है, अहिंसा के सवाल पर भी पूरा गाँधी नजर आता है। 20 मई, 1917 की एक चिट्ठी में गाँधी ने चंपारन के कलक्टर हिकॉक को लिखा था : ''मैं इस बात का बार-बार विश्वास दिला सकता हूँ कि मुझे नीलवरों के विरुद्ध किसी प्रकार का द्वेषभाव नहीं है।''[62] प्रेमशंकर ठीक यही बात दूसरे शब्दों में ज्ञानशंकर से दुहराता है : ''मुझे लखनपुर के ही नहीं, सारे देश के कृषकों से सहानुभूति है। लेकिन इसका यह आशय नहीं, कि मुझे जमींदारों से कोई द्वेष है।''[63]

वह सचमुच ज्ञानशंकर के खिलाफ कोई द्वेषभाव नहीं रखता। वह किसानों के शोषण में शामिल डॉक्टर प्रियनाथ और बैरिस्टर इरफ़ान अली को जनता की हिंसा से बचाता है। इसी गाँधीवाद के लिए आगे चलकर गाँधी कम्युनिस्टों की सबसे ज्यादा आलोचना के शिकार हुए और रजनी पाम दत्त ने लिखा कि गाँधी पूँजीपति वर्ग की ताबीज़ हैं। गाँधी अहिंसा को इतना महत्त्व देते थे कि उसके लिए वे अपने संघर्ष को भी रोक सकते थे। असहयोग आंदोलन में उन्होंने ऐसा ही किया था। इससे भी पहले 1919 के सत्याग्रह आंदोलन में भी उन्होंने ऐसा ही किया था। 'प्रेमाश्रम' में ऐसा कोई बड़ा आंदोलन तो नहीं है लेकिन गाँधीवाद का यह चरित्र प्रेमशंकर के माध्यम से प्रकट होता है। चमार अपने बेगार की मजदूरी माँगते हैं और किसान बेगार खटने से आनाकानी करते हैं। तहसीलदार उन्हें पिटवाता है। जब किसान भी उत्तेजित होने लगते हैं तो किसानों का हितैषी प्रेमशंकर हिंसा को रोकने के लिए किसानों से बेगार करने के लिए कहता। वैसे ही जैसे अवध के किसान आंदोलन में हिंसा को रोकने के लिए गाँधी किसानों को जमींदार के प्रति अपने परंपरागत कामों को पूरा करने और लगान देने के लिए कहते हैं।

लेकिन प्रेमशंकर पूरी तरह से चंपारन के गाँधी का हमशक्ल नहीं हैं। उसमें कई ऐसी बातें हैं जो चंपारन के गाँधी से मेल नहीं खातीं। सबसे मुख्य बात तो यह कि एक किसान नेता के रूप में वह गाँधी की छवि नहीं उभारता। गाँधी ने किसानों के मुद्दों–तिनकटिया, शरहबेसी–पर संघर्ष का नेतृत्व किया था। चंपारन में कुल 2,841 गाँव थे। गाँधी के नेतृत्व में जमींदारों की 60 कोठियों के खिलाफ 850 गाँवों के 5 हजार रैयतों के पूरे बयान और 8 हजार रैयतों के संक्षिप्त बयान दर्ज किए गए थे। देहात में टेबुल-कुर्सी लगाकर, दिन भर किसानों की शिकायतें दर्ज करने वाले, गाँव-गाँव में घूमकर उनके बयान दर्ज करने वाले और तथ्यों का पता लगाने वाले गाँधी की छवि प्रेमशंकर में नहीं मिलती। चंपारन के कलक्टर ने गाँधी पर देहातों में न जाने और चंपारन छोड़कर चले जाने के लिए बहुत दबाव डाला था और फ़रमान भी निकाला था। गाँधी ने इसके जवाब में कलक्टर को लिखा था : ''हम लोग उस समय तक किसी प्रकार से इस जिले को नहीं छोड़ सकते, जब तक कि या तो हम लोग सरकार की ओर से बलात् हटा न

दिए जाएँ। रैयतों की जो कुछ दशा हमने देखी है, यदि उनको उसी दशा में छोड़कर हम लोग इस समय यहाँ से चलें जाएँ, तो हम लोग मनुष्य और ईश्वर दोनों के सामने दोषी ठहराए जाएँगे और सबसे बड़ी बात तो यह है कि हम लोग खुद भी अपने को कभी क्षमा नहीं कर सकेंगे।''[64] लेकिन ज्ञानशंकर जब प्रेमशंकर को लखनपुर गाँव में जाने से मना करता है तब प्रेमशंकर तुरंत मान जाता है और उससे वादा कर लेता है कि वह वहाँ न जाएगा। जब किसान जेल में बंद होते हैं और वहाँ कारिंदे और जमींदार का जुल्म उनके परिवारों पर तबाही ढा रहा होता है और वे आकर प्रेमशंकर से अपना रोना सुनाते हैं, वह तब भी लखनपुर नहीं जाता है। चंपारन में गाँधी की जीत किसानों की समस्याओं को एक हद तक हल करके होती है लेकिन प्रेमशंकर की जय-जयकार सिर्फ किसानों को जेल से छुड़ाने पर ही हो जाती है। एक हद तक गाँधी की छवि को उभारने के बावजूद प्रेमशंकर गाँधी का सुसंगत प्रतिनिधित्व नहीं करता।

प्रेमचंद आमतौर पर अपने चरित्रों को वर्गीय प्रतिनिधि बनाते हैं लेकिन कई बार वे एक वर्ग के प्रतिनिधि से दूसरे वर्गों के दृष्टिकोण को भी दर्शाने का काम लेते हैं। प्रेमशंकर पर उन्होंने कई वर्गों का चरित्र और दृष्टिकोण थोप दिया है। वह शिक्षित उच्च मध्यवर्ग का प्रतिनिधि है, वह गाँधीवाद का प्रतिनिधि है, वह टॉल्स्टॉय के सिद्धांतों का भी पुतला है। इसी प्रेमशंकर के माध्यम से प्रेमचंद 'जमीन उसकी जो उसे जोते' का विचार भी प्रकट करते हैं जो उस समय के शिक्षित उच्च मध्यवर्ग का विचार न था। इतना ही नहीं, प्रेमशंकर ज़मींदार वर्ग को अंग्रेजी राज का दलाल मानता है और इस वर्ग को सामाजिक व्यवस्था में बिलकुल अनावश्यक बताते हुए उसे एक वर्ग के रूप में खत्म कर देने और पूरी व्यवस्था को बुनियादी रूप से बदलने का विचार रखता है। यह न उच्च मध्यवर्ग की दृष्टि थी, न गाँधीवाद था, न टॉल्स्टॉयवाद। यह बोलशेविज्म था। प्रेमशंकर चुनाव लड़कर काउंसिल में आता है लेकिन वहाँ सिर्फ बातें करने के अलावा किसानों के हित में कभी कोई प्रस्ताव नहीं ला पाता। यहाँ प्रेमचंद प्रेमशंकर के माध्यम से शिक्षित उच्च मध्यवर्ग के उस हिस्से का चरित्र और उसकी दृष्टि की निरर्थकता दिखलाते हैं जो अंग्रेजी राज के सुधार कार्यक्रमों से खुश था और काउंसिलों के माध्यम से जनता की खुशहाली ले आना मुमकिन समझता था। इस तरह प्रेमचंद प्रेमशंकर के चरित्र में शिक्षित उच्च मध्यवर्ग के लड़ाकू स्वराज्यवादियों और साथ ही उनके विरोधी माडरेटों का चरित्र, गाँधीवाद, टॉल्स्टॉयवाद और बोलशेविज़्म सब कुछ घोल देते हैं। प्रेमशंकर आधा तीतर आधा बटेर बन जाता है।

गाँधी के सत्याग्रह संग्राम की परछाईं के नीचे बैठकर भी प्रेमचंद ने किसानों पर अन्याय को रोकने में सत्याग्रह के सिद्धांत की असफलता दिखलाई। गाँधी ने रौलट एक्ट के खिलाफ सत्याग्रह आंदोलन का पहली बार अखिल भारतीय आह्वान किया था। 1919 की 6 अपैल को देशव्यापी हड़ताल हुई। अंग्रेजी राज के खिलाफ असंतोष से भरे हुए लाखों-करोड़ों लोगों ने इस राजनीतिक हड़ताल में हिस्सा लिया। देश में अभूतपूर्व

हिंदू-मुस्लिम एकता दिखलाई पड़ी। दिल्ली में हड़तालियों पर गोली चली। लेकिन महँगाई के बोझ से दबे और कम वेतन के शिकार मजदूरों और छोटे कारीगरों ने पंजाब में नजारा ही बदल दिया। पंजाब में बड़े पैमाने पर हिंसा फूटी और सरकारी प्रशासन तंत्र चरमरा उठा। लाहौर में रेलवे वर्कशाप के 12 हजार मजदूरों तथा दूसरे कारखानों के मजदूरों की हड़ताल से ऐसी परिस्थिति पैदा हो गई कि अंग्रेज शहर छोड़कर भाग गए और शहर पर जनता ने अपनी कमेटी बनाकर नियंत्रण कर लिया। लाहौर और पंजाब में हड़तालियों को कुचलने के लिए सरकार ने मार्शल लॉ लागू कर दिया और फौज ने बर्बरता के साथ लोगों का दमन किया और गोलियों से मारा। खुद गाँधी के गुजरात में बड़े पैमाने पर हिंसा फैली। अहमदाबाद की सूती मिलों के मजदूरों ने 51 सरकारी इमारतों को आग लगा दी और अपनी जवाबी कार्रवाई में सरकार ने 13 आदमियों को गोली से मार दिया और 123 को घायल कर दिया। देश भर में सैकड़ों हड़तालियों को जेल, आजीवन कारावास, फाँसी और कालेपानी की सजाएँ हुईं। उच्च मध्यवर्गीय नेतृत्व इस हिंसा को देखकर घबरा गया। गाँधी ने महसूस किया कि उनसे हिमालय जैसी भूल हो गई। जनता को अपने नियंत्रण में रखते हुए खास सीमाओं के अंदर आंदोलन चलाने वाले गाँधी इतने व्यापक और अनियंत्रित जन-उभार के लिए वैचारिक और सांगठनिक तौर पर तैयार न थे। दमन इतना सख्त और जोरों का था कि राष्ट्रीय नेतृत्व को खुलकर उसका विरोध करने की भी हिम्मत न हुई और वे सिर्फ एक गैर-सरकारी जाँच की माँग करके रह गए। गाँधी ने कुछ दिन बाद ढंग बदल कर आंदोलन फिर करने की बात कहकर आंदोलन रोक दिया। कुछ दिन बाद भी आंदोलन नहीं किया गया। रौलट एक्ट के खिलाफ शुरू हुए पहले देशव्यापी सत्याग्रह संग्राम को ब्रिटिश फौज के बेरहम बूटों और संगीनों ने कुचल दिया। जिस सत्याग्रह के सिद्धांत को निम्न और साधारण मध्यवर्ग अपनी आत्मा का तेज समझ रहा था और जिस सिद्धांत पर चलकर वह मर-मिटने के लिए तैयार था, अपनी आँखों के सामने ही उसे फौजी दमन से पराजित हो कर धूल में मिलते देख उसकी हिम्मत छूट गई। सत्याग्रह आंदोलन के इस हश्र को देखकर आदर्श सत्याग्रही गणेश शंकर विद्यार्थी ने 28 अप्रैल के अंक में लिखा : "देश में अभी तक सख्ती और पकड़-धकड़ के युग का जोर है। जिन्होंने 'गद्दारी' की थी, वे शांत हैं परंतु जिन्होंने 'गद्दारी' को 'गद्दारी' का नाम दिया, वे अभी तक जोरों पर हैं और मालूम पड़ता है कि न उन्हें शांति की परवा है न अशांति की। वे केवल लोगों के दिल अपनी धाक से अच्छी तरह हिला देना चाहते हैं।" इन पंक्तियों में एक सत्याग्रही का तेज नहीं बोल रहा। यह एक शिकस्त खाए आदमी की बेकस बौखलाहट है। ये पंक्तियाँ जब लिखी गईं तब दमन चल रहा था, लेकिन आंदोलन रुका न था। जब आंदोलन भी बंद हो गया तब गणेश शंकर विद्यार्थी उसका मूल्यांकन करने बैठे। 28 जुलाई अंक में उन्होंने संपादकीय लिखा : सत्याग्रह--सफल या असफल? "हिंसक घटनाओं के चलते सत्याग्रह रोक दिया गया। वह फिर कब आरंभ होगा, यह नहीं कहा जा सकता।" देश की

परिस्थितियों और सत्याग्रह आंदोलन पर ब्यौरे से विचार करते हुए अंत में उन्होंने अपना निष्कर्ष पेश किया : ''हमें कुछ ऐसा भासित होता है कि सामूहिक रूप में तो इस समय सत्याग्रह विफल हुआ ही—जैसा कि हमारे ख्याल से वह होता ही—परंतु ढंग बदलने पर भी वह सफल होता-सा नजर नहीं आता। हम उन कारणों पर कुछ भी नहीं कहना चाहते जिनसे ऐसा हो रहा है, परंतु इसमें संदेह नहीं कि यह अत्यंत कडुआ अनुभव है। ये बातें अप्रिय हैं परंतु स्पष्ट दृष्टि और विचार रखने के लिए यह आवश्यक है कि हम कभी-कभी अप्रिय बात भी कहें और सुनें।'' ब्रिटिश दमन के आगे सत्याग्रह का सिद्धांत विफल हुआ। ढंग बदलने पर भी वह सफल होगा—इसमें संदेह है। सत्याग्रह की विफलता की यह बात गणेश शंकर विद्यार्थी ने राष्ट्रीय आंदोलन के संदर्भ में लिखी। यही बात, ठीक इसी समय, प्रेमचंद ने 'प्रेमाश्रम' में किसान-संघर्ष के संदर्भ में लिखी। इसके बाद भी गणेश शंकर विद्यार्थी और प्रेमचंद, दोनों गाँधी के नेतृत्व के समर्थक बने रहे।

बोलशेविज़्म

गाँधी शिक्षित उच्च मध्यवर्ग के सदस्य थे। लेकिन राष्ट्रीय आंदोलन के नेतृत्व में उनकी पहली झड़प बोल्शेविकों से नहीं, बल्कि शिक्षित उच्च मध्यवर्ग के ही उस हिस्से से हुई जो अंग्रेजी राज के खिलाफ़ लड़ाकू संघर्ष छेड़ने के लिए तैयार न था। झड़प में गाँधी जीत गए। इस जीत का एक कारण उनको उस निम्न और साधारण मध्यवर्ग का समर्थन था जो अंग्रेजी राज के खिलाफ लड़ाकू संघर्ष चलाना चाहता था। इस वर्ग ने गाँधी के नेतृत्व को अपना लिया। यह वही साधारण और निम्न मध्यवर्ग था जो मजदूर-किसानों के संघर्ष का हिमायती था। इसी वर्ग के बुद्धिजीवी बोल्शेविज्म की लहर को भारत में फैला रहे थे। 'प्रेमाश्रम' इसी काल की रचना थी जब बोल्शेविज्म के असली अर्थ का लोगों को पता न था, यानी उसका वर्ग-आधार अभी उसे न मिला था। एक ही वर्ग गाँधी के उच्च मध्यवर्गीय नेतृत्व और बोल्शेविज़्म, दोनों का समान भाव से स्वागत कर रहा था। आने वाले वर्षों में इनसे दो अलग-अलग राहें फूटने को थीं। लेकिन 1918-19 में, जब 'प्रेमाश्रम' लिखा जा रहा था, दोनों के बीच कोई द्वंद्व न उभरा था।

कुछ लोगों को इस बात पर आश्चर्य होता है कि अक्तूबर क्रांति के कुछ ही महीनों बाद प्रेमचंद ने कैसे 'प्रेमाश्रम' में रूसी और बल्गारिया क्रांति से प्रेरित चरित्र दिखा दिए जबकि उस वक्त रूसी क्रांति की खबरें अंग्रेजी हुकूमत के कड़े सेंसर से कट-छँट कर और चोरी-छुपे बचकर ही भारत तक पहुँचती थीं। इतना ही नहीं, अंग्रेज सरकार रूसी बोल्शेविक शासन के खिलाफ मनगढ़ंत झूठा प्रचार भी चला रही थी।

हकीकत यह थी कि रूसी क्रांति के खिलाफ झूठे प्रचार सिर्फ सरकारपरस्त अंग्रेजी प्रेस में ही छपते थे। लेकिन अंग्रेजी के राष्ट्रीय प्रेस ने और खासकर हिंदी प्रेस ने रूसी क्रांति का स्वागत किया। 'प्रेमाश्रम' की रचना-काल में हिंदी की सभी पत्र-पत्रिकाएँ बोल्शेविक क्रांति की खबरों से और क्रांति के समर्थन में लिखे लेखों से भरी पड़ी हैं।

कृष्णकांत मालवीय की पत्रिका 'मर्यादा' बोलशेविज़्म के प्रचारकों में सबसे मुख्य थी। इसमें मुख्य रूप से यूरोप के साम्यवादी आंदोलन पर लेख छपते थे, हिंदी प्रदेश में बोलशेविज़्म के प्रचार के इतिहास को 'मर्यादा' के बिना समझा नहीं जा सकता। इसके अगस्त (1919) के अंक में एन्टन पेनेकोर का लेख 'जर्मनी की राज्य क्रांति' छपा। इस लेख में जर्मनी की सोशल डेमोक्रेट पार्टी को वहाँ के अमीरों की पार्टी बताया गया और रोजा लुक्जमबर्ग की कम्युनिस्ट पार्टी को क्रांतिकारी कहा गया। इसी अंक में लाला लाजपत राय का लेख 'भारत का पुनः संगठन' छपा और सोवियत संघ की कम्युनिस्ट पार्टी की केंद्रीय समिति के महत्त्वपूर्ण सदस्य बुखारिन का लेख 'कम्युनिज़्म की स्थापना कैसे हो?' छपा। इसी अंक में 'अभ्युदय' के साभार से एक टिप्पणी छपी : वर्तमान पेट्रोग्राड। इस टिप्पणी में रूसी क्रांति के बाद के पेट्रोग्राड की स्थिति का विवरण है। तब एक पेट्रोग्राड का नाम बदलकर लेनिनग्राड न हुआ था। 'अभ्युदय' के संपादक भी कृष्णकांत मालवीय ही थे। अंग्रेजी हुकूमत के कड़े सेंसरों के बावजूद रूस के अंदर की हालत का विवरण पूर्वी यूरोप के देशों में स्थित 'मर्यादा' के संवाददाता भेजते थे। इसी अंक में कृष्णकांत मालवीय की संपादकीय टिप्पणी है, 'बोलशेविज्म का प्रचार'। बोल्शेविज़्म के प्रचारक और समर्थक के रूप में देश के अंदर और बाहर (?) कृष्णकांत मालवीय का कितना नाम था, इसका पता 29 सितंबर, 1919 के 'प्रताप' में छपी इस छोटी-सी अद्‌भुत खबर से चलता है : "पं. कृष्णकांत शीघ्र ही पेट्रोगार्ड जाने वाले हैं। मोशिए लेनिन ने उन्हें 'बोल्शेविज़्म पर व्याख्यान देने के लिए निमंत्रित किया है। संभवतः 'मर्यादा' का जेनेवा स्थित संवाददाता भी उनके साथ रहेगा। पर, एडमिरल कोलचक और जनरल डेनकिन के कारण नाक में दम है। देखें, वे मार्ग भी देते हैं या नहीं?"

उस युग में बोल्शेविज़्म के दूसरे मुख्य प्रचारक रमाशंकर अवस्थी थे। रमाशंकर अवस्थी गणेश शंकर विद्यार्थी के प्रताप प्रेस में काम करते थे। उन्होंने 'मर्यादा' में तीन महत्त्वपूर्ण लेख लिखे : 'रूसी किसान : आगामी आदर्श' (सितंबर, 1919) 'रूसी मजदूर : आगामी विश्वकर्मा' (दिसंबर 1919) और 'रूसी सैनिक : स्वतंत्र राष्ट्र रक्षक' (फरवरी, 1920)। सैनिकों वाले लेख में रमाशंकर अवस्थी ने भाड़े पर दूसरों के स्वार्थों की रक्षा में लड़ने वाले पूँजीवादी देशों के सैनिकों और खुद अपने शासन और अपनी मेहनत की रक्षा के लिए लड़ने वाले रूसी सैनिकों के बीच फर्क बतलाया। मजदूरों वाले लेख में उन्होंने लिखा कि 1918 से पहले साम्यवाद एक काल्पनिक सिद्धांत था और इसे अमल में लाने के लिए भी यूरोप के विचारक तरह-तरह के काल्पनिक उपाय बतलाते थे। लेकिन उनमें से किसी भी उपाय ने किसी भी देश में जनता की किस्मत को नहीं बदला। वर्तमान रूसी प्रधान मंत्री मोशिए लेनिन ने साम्यवाद को 'बोल्शेविज़्म' के रूप में, 'व्यावहारिक क्रिया' में बदल दिया। किसानों वाले लेख में उन्होंने लिखा कि अब रूसी किसान पिछली शताब्दी का दीन-हीन किसान नहीं है। अब वह भूमि का मालिक है।

उसने निरंकुश अधिकारियों के हाथ से सारी संपत्ति को छीनकर जनता के बीच बाँट दिया। वह आज संसार में स्वाधीनता और समता के आदरणीय प्रतिनिधि की हैसियत से विराजमान है। उसी ने मजदूरों को मिल में हिस्सेदार बनाया और सैनिकों को राजनीतिक अधिकार दिलाए। रूसी किसान की दीक्षा आज सारे संसार में फैलती जा रही है। रमाशंकर अवस्थी ने रूसी क्रांति में किसानों की जिस भूमिका का वर्णन किया, वह सही न थी। रूसी क्रांति के नेता किसान न थे। उन्होंने किसानों को जो महत्त्व दिया, उसका कारण यह था कि उनकी निगाह में भारत की परिस्थितियाँ थीं। इन लेखों में दो महत्त्वपूर्ण बातें नहीं मिलतीं, वह हैं मजदूर वर्ग का नेतृत्व और उसका अपना वर्ग संगठन। 1918-20 में भारत के निम्न और साधारण मध्यवर्ग ने बोल्शेविज्म का जो प्रचार किया उस प्रचार में मजदूर वर्ग के नेतृत्व और कम्युनिस्ट पार्टी की धारणा का उल्लेख कहीं नहीं मिलता।

सितंबर, 1919 की 'मर्यादा' में एक टिप्पणी छपी : 'बोल्शेविज्म की बाइबिल'। यह टिप्पणी उस समय से पचास वर्ष पहले छपी कार्ल मार्क्स की किताब 'दास कैपिटल' के बारे में थी। टिप्पणी में लिखा था : "मजदूरों के लिए एकमात्र उपाय विप्लव है। अमीरों को दबाना चाहिए और मजदूरों को उभारना। देश के सारे उद्योग धंधे और पैदावार सम्मिलित मिल्कियत के अधीन रखी जानी चाहिए। व्यक्तिगत पूँजी की कुछ आवश्यकता नहीं।—संसार के लिए कार्ल मार्क्स का, बस यही संदेश है।" यह टिप्पणी 'स्वदेश' पत्रिका से लेकर छापी गई थी। 'स्वदेश' गोरखपुर से प्रेमचंद के मित्र पं. दशरथ प्रसाद द्विवेदी निकालते थे। 'स्वदेश' निकालने से पहले दशरथ प्रसाद द्विवेदी 'प्रताप' में गणेश शंकर विद्यार्थी और रमाशंकर अवस्थी के साथ काम करते थे।

'अभ्युदय' और 'मर्यादा' में यूरोप के बोल्शेविक आंदोलन की सबसे ताजा सूचनाएँ छपती थीं। अक्तूबर, 1919 की 'मर्यादा' में 'अभ्युदय' के साभार से एक टिप्पणी छपी : मैं बोल्शेविक क्यों हुई? इसमें इंग्लैंड की मिस सिल्विया पैंखर्स्ट का बयान छपा जिससे पूछा गया था कि आप इंग्लैंड में बोल्शेविक सिद्धांतों का प्रचार क्यों करना चाहती हैं? बयान अपने मूल रूप में 'डेली स्कैच' में छपा था। बयान में एक शब्द 'प्रोलेतेरी' आया था। मार्क्स एंगेल्स के कम्युनिस्ट मेनीफ़ेस्टो की तब तक भारत में जानकारी न थी जिसमें प्रोलेतेरी की परिभाषा दी गई थी। प्रोलेतेरी शब्द का अर्थ 'मर्यादा' संपादक ने एक फुटनोट लिखकर बताया : प्रोलीटेरिएट का अर्थ "स्वाधीनतापूर्वक व्यवसाय न करने वाला है।....रूस के अंदर कोई मनुष्य स्वतंत्र व्यवसाय नहीं कर सकता।" जिस तरह उस जमाने में किसान संबंधी बहुत-से लेखों के लेखकों का नाम 'एक कृषक' मिलता है, उसी तरह साम्यवाद पर लिखे बहुत-से लेखों के साथ लेखक का नाम 'एक साम्यवादी' मिलता है। नवंबर अंक में एक 'साम्यवादी' के नाम से 'बेलाकुन के समय में हंगरी की अवस्था' लेख छपा। इसमें हंगरी की क्रांति और बेलाकुन द्वारा स्थापित हंगरी की सोवियत गवर्नमेंट के दो महीनों के इतिहास का लेखा-जोखा किया

गया था। लेख में क्रांति के बाद हंगरी में सामाजिक समानता और विकास के प्रमाण देकर सोवियत विरोधी प्रचार का खंडन किया गया। 'मर्यादा' में इससे पहले के अंकों में भी हंगरी की क्रांति पर कुछ टिप्पणियाँ छप चुकी थीं। नवंबर अंक में ही 'एक बोल्शेविक' के नाम से 'हंगरी के लिए अपील' छपी। इसमें जनता से हंगरी की सहायता करने के लिए कहा गया। फुटनोट में संपादक ने लिखा : 'हंगरी की दशा खराब है... साम्राज्यवादियों के कारण आस्ट्रिया हंगरी में प्रजातंत्र सफलतापूर्वक नहीं स्थापित होने पाता है। प्रजापक्ष की सहायता के लिए एक प्रसिद्ध वोल्शेविक की यह अपील है।' उस प्रसिद्ध बोल्शेविक का नाम नहीं बताया गया। इसी अंक में 'एक संवाददाता' के नाम से 'इटली में सोवियत शासन प्रणाली' लेख छपा। जिसमें इटली के क्रांतिकारी मजदूर वर्ग के संगठन 'चैम्बर आफ लेबर' को इटली सोवियत संगठन कहा गया और उस संगठन के कार्यक्रम और आंदोलन का विवरण दिया गया। जून, 1920 की 'मर्यादा' में 'बोल्शेविक रूस से संधि' : ''पौलेंड और बोल्शेविक'', 'फारस में बोल्शेविक' आदि लेख छपे। अंतर्राष्ट्रीय साम्यवादी आंदोलन पर जितने लेख 1918-20 में हिंदी पत्रिकाओं में छपते थे, उतने आज नहीं छपते।

बोल्शेविज़्म के एक मुख्य प्रचारक सत्याग्रही गणेश शंकर विद्यार्थी थे। उनके अखबार 'प्रताप' में बड़ी सीधी भाषा में बोल्शेविज़्म के पक्ष में लेख छपते थे। 20 जनवरी, 1919 के अंक में 'एक यात्री' के नाम से एक लेख छपा, 'बोल्शेविज़्म का जोर'। इस लेख में यूरोप के देशों में और यूरोप से भी बाहर दक्षिणी अमेरिका के अर्जेंटाइना और उरेगुआ आदि देशों में बोल्शेविज़्म के जादू के पहुँचने का विवरण है। बोल्शेविज़्म के प्रभाव से इन देशों में मजदूर-किसानों के आंदोलन उठ खड़े हुए थे। लेखक ने बोल्शेविज़्म का जादू इस तरह बताया : ''न होगा बांस, न बजेगी बांसुरी।'' बस, इसी बात पर ध्यान रखकर बोल्शेविज़्म के आचार्यों ने जमीन और कारखाने की मिल्कियत का हक ही उड़ा दिया। सीधी-सी बात यह मान ली गई कि ''ज़मींदारों और कारखाने वालों की जरूरत ही नहीं, जमीन और कारखाने गवर्नमेंट के और गवर्नमेंट जनता की।'' 21 जुलाई के अंक में गणेश शंकर विद्यार्थी ने संपादकीय लिखा : आगामी मजदूर महाक्रांति। ''विश्वयुद्ध के बाद सारी दुनिया में एक नया महान आंदोलन उठ खड़ा हुआ है'', गणेश शंकर विद्यार्थी ने लिखा : ''गत पाँच शताब्दियों से दुनिया में ज़मींदारशाही और पूँजी शासन के अत्याचार होते रहे हैं जिसने मनुष्यों के अधिकारों को ठुकराया है। अब बोल्शेविज्म ने उस शासन का अंत कर दिया है। दुनिया के मजदूर इसकी ओर आकर्षित हैं। भविष्य इसी का है।'' 13 अक्तूबर के अंक में विद्यार्थी जी ने एक और संपादकीय लिखा : मजदूर महत्तम समापवर्तक। इसमें उन्होंने लिखा कि 16वीं सदी की औद्योगिक क्रांति मानव समाज से गरीबी और विषमता की समस्या को दूर न कर सकी। आज बोल्शेविज़्म उस समस्या को हल करेगा। इस समय इंग्लैंड में मजदूरों की हड़ताल चल रही थी और प्रधान मंत्री जार्ज लॉयड ने हड़ताल को बोल्शेविकों का रचा षड्यंत्र

कहा था। विद्यार्थी जी ने लिखा : ''मि. लॉयड जार्ज सरीखे लोगों और गरीब जनता के विचारों में बहुत बड़ा अंतर है। जिसे वे 'बोल्शेविज्म' समझते हैं, गरीब लोग उसे सामाजिक विकास समझते हैं और जिसे वे 'षड्यंत्र' समझते हैं, असल में वही लोकसत्ता के स्थापना करने की एक सीढ़ी है।'' विद्यार्थी जी ने प्रधान मंत्री लॉयड जार्ज को चुनौती देते हुए लिखा कि वे 10 शिलिंग प्रति सप्ताह वेतन पर काम करके दिखाएँ क्योंकि ''लेनिन को भी इतना ही मिलता है और यही बोल्शेविज्म है।'' लेनिन 10 शिलिंग प्रति सप्ताह के वेतन पर गुज़ारा करता है, गाँधी तीसरे दर्जे के डिब्बे में सफर करते और सादा खाना खाते हैं। प्रेमशंकर 10 रुपए में महीने पर गुजारा करता है। 1918-20 के निम्न और साधारण मध्यवर्गीय बुद्धिजीवियों को यह छवि बहुत प्रिय थी। गाँधी और लेनिन, दोनों में उन्हें यह छवि समान रूप से दिखती थी।

5 अक्तूबर, 1918 के 'अभ्युदय' में बलगारिया के आत्मसमर्पण की खबर छपी। युद्ध से जर्जर बलगारिया ने अपनी पराजय स्वीकार कर ली और वहाँ मित्र देशों की सेनाओं का कब्जा हो गया। टिप्पणीकार ने लिखा कि अब इससे जर्मन साम्राज्य का स्वप्न टूट गया। तीन महीने बाद बलगारिया के राजा को गद्दी से उतारकर वामपंथी कृषक पार्टी ने अपनी राज्य सत्ता कायम की। 'प्रेमाश्रम' में बलराज बलगारिया में किसानों के जिस राज की बात करता है, उसका स्रोत यह था। प्रेमचंद गाँव के एक किसान से रूस और बलगारिया की क्रांति की बात कहलवाते हैं, यह बात बहुतों को अविश्वसनीय लगती है। क्या यह संभव है कि रूसी क्रांति को हुए जब कुछ ही महीने बीते थे, बनारस के एक गाँव के किसान तक उस क्रांति का चित्र इस हद तक पहुँच चुका हो कि वह उससे अपने जीवन की प्रेरणा ले रहा हो? यह संभव था। इसे संभव किया था 'अभ्युदय' और 'प्रताप' जैसे हिंदी के अखबारों ने। कृष्णकांत मालवीय के संपादन में 'अभ्युदय' के हर अंक में, हर पृष्ठ के ऊपर लिखा रहता था, इसे पढ़कर किसी किसान भाई को दे दीजिए। अगर वह गाँवों में न जाता तो इसे लिखने की जरूरत न पड़ती। 'अभ्युदय' से भी ज्यादा 'प्रताप' गाँवों में जाता था। दशरथ प्रसाद द्विवेदी ने 'प्रताप' के वितरण के बारे में लिखा : ''कानपुर शहर में 'प्रताप' विशेष पढ़ा नहीं जाता था। मुश्किल से दो-ढाई सौ उसके खरीदार थे और 40-50 प्रतियाँ फुटकर बिक जाती थीं। युक्त प्रांत तथा बिहार प्रांत के देहातों में अलबत्ता उसका बेहद प्रचार था। 'प्रताप' इसीलिए निकाला ही गया था। इतने कम समय में ही देहाती संसार में जितना 'प्रताप' का प्रचार हुआ उससे पूर्व किसी पत्र का नहीं।''[65] लखनपुर गाँव के किसानों तक बोल्शेविज़्म की लहर 'प्रताप' ने पहुँचाई थी।

हिंदी में बोल्शेविज़्म पर पहली किताब 'साम्यवाद' 1919 में छपी। इसके लेखक थे रामचंद्र वर्मा। किताब हिंदी ग्रंथ रत्नाकर, बंबई से छपी थी। बोल्शेविज़्म पर दूसरी किताब रमाशंकर अवस्थी की 'रूस की राज्य क्रांति' थी जो 1920 में छपी। यह प्रताप प्रेस से प्रताप पुस्तकमाला प्रकाशन के अंतर्गत छपी थी। 'प्रभा', 1920 के जुलाई अंक

में लेनिन की फोटो के साथ इसका विज्ञापन छपा। विज्ञापन में लिखा था कि 'बोल्शेविक आंदोलन और उसका आज तक का इतिहास' इस पुस्तक में पढ़ने को मिलेगा। तीसरी किताब विनायक सीताराम सर्वटे की 'बोल्शेविज्म' थी जिसे गाँधीवादी राजनीति के एक साहित्यिक केंद्र हिंदी साहित्य मंदिर। इंदौर से जीतमल लूणिया ने 1921 में प्रकाशित किया था। इसकी भूमिका भगवान दास गुप्त ने लिखी थी। नवंबर, 1921 की 'प्रभा' और मार्ग शीर्ष 1921 की 'मर्यादा' में इसकी समीक्षाएँ छपीं। चौथी किताब 'रूस का पुनर्जन्म' राष्ट्रवादी प्रकाशन ज्ञानमंडल, (बनारस) ने 1922 में छापी। 1 अप्रैल, 1922 के 'आज' में इसका विज्ञापन छपा। लेखक का नाम नहीं दिया। इस तरह 'प्रेमाश्रम' की रचना से लेकर उसके प्रकाशन के पहले तक हिंदी में बोल्शेविज़्म पर चार किताबें छप चुकी थीं।

उस जमाने में हिंदी के कलात्मक साहित्य में बोल्शेविज्म सिर्फ कुछ कविताओं में ही मिलता है। 'प्रताप' ने 'साम्यवाद' विषय पर कविताओं की प्रतियोगिता रखी थी। इस प्रतियोगिता में 'त्रिशूल' (गया प्रसाद शुक्ल 'सनेही') की कविता प्रथम हुई। इससे पहले भी 'प्रताप' ने तीन विषयों पर प्रतियोगिताएँ रखी थीं; उनमें भी 'त्रिशूल' को ही प्रथम पुरस्कार मिला था। लिहाजा पुरस्कार देने वाली समिति ने तय किया कि जिसे पहले तीन बार पुरस्कार मिल गया हो, उसे चौथी बार नहीं दिया जाएगा। अतः प्रथम होने पर भी 'त्रिशूल' को पुरस्कार न दिया गया। पहला पुरस्कार बेनीमाधव खन्ना को, दूसरा 'बागीश्वर' को और तीसरा शिवदास गुप्त 'कुसुम' को दिया गया। 'साम्यवाद' विषय पर इनाम पाई इन तीनों की कविताएँ 22 मार्च, 1920 के 'प्रताप' में छपीं। उस समय की हिंदी कविता में 'साम्यवाद' का कैसा रूप प्रकट हुआ, इसे प्रथम पुरस्कार प्राप्त बेनीमाधव खन्ना की इन पंक्तियों में देखा जा सकता है। कविता इस तरह शुरू होती है—

> यह स्वर्गीय गीति की अनुपमत तान कहाँ से आती है,
> क्या बसन्त की सखी कोकिला कल-आलाप सुनाती है?
> अथवा यह .स्वतंत्रता देवी वीणा मधुर बजाती है
> सरस्वती माँ स्वयं स्वर्ग से श्रवणसुधा बरसाती है?

इस जिज्ञासा का उत्तर खुद कवि देता है—

> नहीं-नहीं यह नहीं कोकिला अथवा अन्य किसी का गान
> यह तो है एथेन्स नगर की एक दिव्य वीणा की तान

इसमें एथेन्स नगर कहाँ से आया, पता नहीं चलता। लेकिन दिव्य वीणा की तान का रंग ऐसा है कि—

> पुष्प-पुष्प में हुआ प्रकाशित जिससे साम्यभाव का रंग
> और हृदय में भृंग-भृंग के उठने लगी नवीन तरंग

21 अप्रैल, 1920 के 'प्रताप' में कन्हैया लाल जैन की कविता 'साम्यवाद' छपी। इस कविता में भी 'साम्यवाद' को मुग्धकारी, पवित्र, मनोहर, उल्लासमय, पूजनीय रूप में चित्रित किया गया—

प्रेम! प्रभाकर! जगो ज्योति जग में फैलाओ।
ऐक्य भाव की बाल लालिमा यहाँ बिछाओ।।
पावनता की वसुधा तल पर धार बहाओ।
साम्यभाव का सुखद मनोहर कमल खिलाओ।।

बेनीमाधव खन्ना ने साम्यवाद को 'दिव्य वीणा की तान' कहा कन्हैया लाल जैन ने भी उसके दिव्य रूप का वर्णन किया—

ब्रह्मलोक से अमृत रूप में भू-पर आओ
सम्यक दर्शन-ज्ञान-प्रकाश-झलक झलकाओ।

साम्यवाद दिव्य वीणा की तान है, वह अमृत रूप है, वह ब्रह्मलोक से उतर कर धरती पर ज्ञान का उज्ज्वल प्रकाश बिखेरेगा। बोल्शेविज्म पर हिंदी की प्रारंभिक कविताओं में साम्यवाद का ऐसा ही वर्णन किया गया। लेकिन सिर्फ ऐसा ही नहीं; कुछ कविताओं में समाज की आर्थिक विषमता और वर्ग विभाजन को भी स्पष्ट रूप से रखा गया। 'बाग़ीश्वर' की कविता साम्यवाद में पूँजीपतियों की विलासिता, खेती की दुर्दशा, किसानों की गरीबी, श्रम की कठोरता, धनियों की समृद्धि और भिखारियों की दयनीयता का वर्णन करते हुए आर्थिक विषमता को भी दिखलाया गया—

—श्रमी कमाते, धनी लूट कर खाते हैं
सजे किन्हीं के साज रेशमी और किन्हीं के खद्दर है
लिए किन्हीं ने शाल दुशाले और किन्हीं ने चद्दर है।
कोई पैर न धरते नीचे, खड़ी गाड़ियाँ मोटर हैं
कोई नंगे पैर छानते फिरते काँटे पत्थर हैं।

संपत्ति के कारण समाज दो वर्गों में बँट गया है, इसे 'बागीश्वर' ने साफ़ तौर पर कहा वे इस विषमता को खत्म करने के लिए भगवान से प्रार्थना करते हैं—

करो दूर इस विषम विषमता को अब तुमही भगवान
जिससे सब सुख-भोग करें, हो सके सबके ही अधिकार समान

सामाजिक विषमता को खत्म करने के लिए वर्ग संघर्ष की बात नहीं करते। भगवान से प्रार्थना करने के अलावा वे प्रकृति की शक्तियों को प्रलय का तांडव नृत्य करने को कहते हैं—

हे भूगर्भलीन प्रलयानल! चंड-चंड तुम हो जाओ
हे वसुधे! इस पाप बोध से खंड-खंड तुम हो जाओ
हे तारागण! टूट पड़ो तुम भग्न-भग्न सब कर डालो
मर्यादा दो छोड़, सिन्धु! तुम वारि-मग्न सबकर डालो।

'साम्यवाद' विषय पर पुरस्कृत तीसरी कविता शिवदास गुप्त 'कुसुम' की थी। शिवदास गुप्त ने भी धनी वर्ग की दिनचर्या और गरीबों की दिनचर्या का फ़र्क दिखाकर समाज की आर्थिक विषमता को दिखलाया और लिखा कि धनी वर्ग गरीबों की मेहनत का फल हड़प लेता है–

जोतें खेत किसान, अन्न हो जमींदार का
काम करें श्रमशील, माल हो साहूकार का
यही ढंग है आज सभ्यता के बाजार का
खूब हो रहा न्याय, धर्म का–सदाचार का।
साम्यवाद के मूल पर होता वज्र प्रहार है
इसीलिए तो सब तरफ हाहाकार प्रचार है।

बोल्शेविज्म के असर से राजनीतिक साहित्य में पूँजीपति वर्ग की आलोचना शुरू हुई। रूसी क्रांति से पहले हिंदी साहित्य में पूँजीपति शब्द नहीं मिलता है। शिवदास गुप्त ने अपनी कविता में पूँजीपति वर्ग का चित्रण किया–

उनका है बाजार, मूलधन जिनके कर हैं।
महँगी, सस्ती, एकमात्र उनके ऊपर है।
इधर बढ़ रहे अगणित ये पुतलीधर वाले
निकल रहे छोटे धनिकों के उधर दिवाले
पूँजीपति के हाथ में व्यापारिक संसार है
जैसे चाहे मोड़ दे इनको सब अधिकार है।

शिवदास गुप्त ने अपनी कविता में साम्यवाद के सार को इस तरह रखा–

पृथक रहे असमान भाव, सब नर समान हों
सभी निर्धन हों अथवा सब ही द्रव्यवान हों।
पराधीनता निशाचरी का सर्वनाश हो
जीवन हो स्वाधीन, मानवी वन विकास हो।
साम्यवाद का वस्तुतः यही सुखद उपदेश है
मनुज मात्र उन्नति करें, यह उसका संदेश है।

बोल्शेविज़्म के असर से 'मर्यादा' (अप्रैल, 1920) में 'कृषक-मजदूरों का राष्ट्रीय गीत' छपा–

देवि! वह मधुरी वीणा बजा दो
जिसको सुन भूमंडल जागा
वह संगीत सुना दो।

1918-20 की हिंदी कविता में बोल्शेविज़्म का जो संगीत सुनाई पड़ता है, वह एक दिव्य तान है। उसमें बोल्शेविज़्म झरने के पानी जैसा निर्मल है, प्रकाश जैसा उज्ज्वल है। वह हृदय में प्रेम और समानता के भाव जगाता है। इससे आगे बढ़कर वह समाज में ऊँच-नीच के भेद को, धनियों और गरीबों के बीच विषमता को दिखलाता है। वह किसानों और मजदूरों पर जमींदारों और पूँजीपतियों के शोषण को दिखलाता है। इस अन्याय की व्यवस्था को नष्ट कर देने के लिए वह ईश्वर से प्रार्थना करता है, प्रकृति की शक्तियों का आह्वान करता है। बस, इससे आगे बोल्शेविज्म नहीं जाता। इन कविताओं में वर्ग शोषण के चित्र मिलते हैं, वर्ग संघर्ष के नहीं। जमींदार प्रथा को खत्म करने की बात नहीं मिलती। मजदूर वर्ग की भूमिका का तो सवाल ही नहीं उठता।

कथा-साहित्य में बोल्शेविज्म की बात करने वाले और बोल्शेविज्म से प्रेरित चरित्र की रचना करने वाले प्रेमचंद हिंदी के पहले लेखक और उस जमाने के एकमात्र लेखक थे। प्रेमचंद ने 'प्रेमाश्रम' में प्रेमशंकर के माध्यम से जमीन पर ज़ोतने वाले के हक और जमींदारी प्रथा को खत्म कर देने का विचार रखा। एक वर्ग के रूप में ज़मींदार वर्ग की समाज में कोई जरूरत नहीं है; उसकी कोई भूमिका नहीं है, इसलिए वह अनावश्यक है। इस क्रांतिकारी विचार का स्रोत क्या था? यह बोल्शेविज्म की गूँज थी। सुधीर चंद्र ने लिखा है कि शायद 'प्रेमाश्रम' के इस विचार का स्रोत यू. पी. किसान सभा द्वारा 1919 की कांग्रेस में पेश किया गया वह प्रस्ताव हो, जिसमें किसानों को उनकी जोत का असली मालिक करार देने की माँग की गई थी।[66] यू.पी. किसान सभा ज़मींदारों और वकीलों द्वारा ऊपर से बनाकर किसानों पर थोपी गई एक संस्था थी जिसका गठन मदन मोहन मालवीय की होमरूल लीग ने कांग्रेस में किसानों के बल पर अपना कब्जा बढ़ाने के उद्देश्य से किया था। इसकी सभाओं में किसानों से ज्यादा ज़मींदार थे। प्रजा और राजा के बीच, ज़मींदार और किसानों के बीच मधुर संबंध बनाना यू. पी. किसान सभा का घोषित उद्देश्य था। यू. पी. किसान सभा के चरित्र, उद्देश्य और कार्यक्रमों से उस प्रस्ताव का कोई मेल नहीं था जो उसने 1919 की कांग्रेस में पेश किया। वह प्रस्ताव खुद बोल्शेविज्म की उपज था जो पं. कृष्णकांत मालवीय के प्रभाव से उसमें आया होगा। कृष्णकांत मालवीय भी यू. पी. किसान सभा में थे और अपने प्रभाव से ऐसा वामपंथी प्रस्ताव किसान सभा की ओर से कांग्रेस के सामने रखवाने में सफल हो गए होंगे। लेकिन सभा के संगठन और कार्यक्रम पर कृष्णकांत मालवीय की कोई पकड़ न थी।

उसमें ज़मींदारों और वकीलों का बोलबाला था। ऐसे प्रस्ताव के बावजूद यू. पी. किसान सभा अपने व्यवहार में इन विचारों का प्रचार न करती थी। खुद कांग्रेस ने उस प्रस्ताव को ठुकरा दिया।[67] फिर भी इस प्रस्ताव में ज़मींदारी प्रथा को खत्म कर देने की साफ माँग न थी। किसान को अपनी जोत पर हक हो सकता है, लेकिन ज़मींदारी प्रथा रहेगी या नहीं? किसानों से मालगुजारी वसूल कर सरकार को देने वाले मध्यस्थ दलालों के एक वर्ग के रूप में ज़मींदार रहेंगे या नहीं? इस सवाल पर वह प्रस्ताव कुछ नहीं कहता। किसानों को अपनी जोत पर मालिकाना हक देने की माँग भारत में पहली बार बोल्शेविकों ने नहीं उठाई थी। यह माँग बहुत पुरानी थी। 1908 में प्रकाशित महावीर प्रसाद द्विवेदी की किताब 'संपत्तिशास्त्र' में जमीन पर किसानों को मौरूसी हक देने की माँग मिलती है।[68] किसान को अपनी जोत पर हक हो : जमींदार को उस जोत से बेदखल करने का हक न हो; जमींदार सिर्फ उससे मालगुजारी वसूल कर सरकार को दे। यह माँग गदर के बाद उसी समय उठाई गई थी जब 1859 में अवध में ताल्लुकेदारी प्रथा कायम की गई थी। रमेशचंद्र दत्त यह माँग करते रहे। 1918-20 के बीच लिखे गए किसानों से संबंधित कई लेखों में यह माँग मिलती है। लेकिन इनमें से किसी ने भी ज़मींदारी प्रथा के रूप में कायम भूमि-व्यवस्था को ही जड़ से उखाड़ फेंकने की माँग कभी नहीं की। प्रेमचंद पहले लेखक थे जिन्होंने 'प्रेमाश्रम' में ज़मींदारी प्रथा को जड़ से उखाड़ फेंकने के लिए लिखा था। यह बोल्शेविज़्म का असर था। भारत के सामंतवाद विरोधी बोल्शेविक आंदोलन के इतिहास में 'प्रेमाश्रम' का महत्त्व ऐतिहासिक है।

हंसराज रहबर को शिकायत है कि प्रेमचंद ने रूसी क्रांति से प्रेरित बलराज के चरित्र को नायक के रूप में आगे नहीं बढ़ाया। ऐसा करने का कोई सामाजिक आधार न था। अपने वक्त के लिहाज से बलराज 'संभावित चेतना' का चरित्र है। 'प्रेमाश्रम' की रचना काल में बोल्शेविज़्म गाँव के किसानों की चेतना का यथार्थ न था। वह राष्ट्रीय आंदोलन में शामिल शिक्षित मध्यवर्ग के कुछ प्रगतिशील बुद्धिजीवियों की चेतना का यथार्थ था। भारत में बोल्शेविज़्म का पहला असर होमरूल आंदोलन पर पड़ा। होमरूल आंदोलन ब्रिटिश न्याय व्यवस्था की कानूनी सीमाओं के अंदर नरमदली नेतृत्व में चल रहा आंदोलन था। रूसी क्रांति ने भारत में चल रहे इस आंदोलन को ऊँचाई तक पहुँचाने में हाथ बँटाया। होमरूल आंदोलन की नेता एनीबेसेंट ने फरवरी क्रांति का स्वागत करते हुए कहा कि जैसे रूसी जार जनता के स्वाधीनता आंदोलन को कुचल नहीं सका उसी तरह ब्रिटिश शासक भी भारत के आंदोलन को कुचल नहीं सकेंगे।[69] साधारण और निम्न मध्यवर्ग की ही तरह भारत के शिक्षित उच्च मध्यवर्ग ने भी, यहाँ तक कि उसके नरमदली हिस्से ने भी, बोल्शेविज़्म का स्वागत किया। इसका कारण सोवियत बोल्शेविकों द्वारा साम्राज्यवाद और उपनिवेशवाद के खिलाफ लड़ रहे राष्ट्रों के स्वाधीनता आंदोलन को खुलकर दिया गया समर्थन था। रूसी बोल्शेविकों ने भारत, मिस्र तथा ईरान आदि उपनिवेशिक देशों में उपनिवेशवाद विरोधी स्वतंत्रता आंदोलन को अपना समर्थन देते हुए

भारत के बारे में अपनी नीतियों पर एक किताब छापी थी। किताब का नाम 'ब्लू बुक' था और यह 1918 में मास्को से छपी। के. एम. त्रिओनोवस्की ने इसकी भूमिका लिखी थी। त्रिओनोवस्की पेट्रोगार्ड का एक विद्यार्थी था और रूसी क्रांति से पहले स्टॉकहोम में सोवियत सेक्रेटेरिएट की ओर से काम कर रहा था। उसी समय स्टॉकहोम में कुछ भारतीय क्रांतिकारी वीरेंद्र चट्टोपाध्याय, तिरुवल आचार्य आदि स्टॉकहोम इंडियन कमेटी बनाकर काम कर रहे थे। इनका संपर्क त्रिओनोवस्की से हुआ और इन्होंने ही त्रिओनोवस्की को भारत के स्वतंत्रता आंदोलन से संबंधित जानकारी, दस्तावेज और किताबें दी थीं। 'ब्लू बुक' किताब जब मास्को में छप रही थी तभी ब्रिटिश सरकार को उसके बारे में पता लग गया और उसने किताब को भारत में पहुँचने से रोकने के लिए हर इंतजाम किया। इसके बावजूद किताब भारत पहुँच गई। किताब में अंग्रेजी राज के अधीन भारत की आर्थिक, सामाजिक और राजनीतिक दुर्दशा का वर्णन करते हुए कहा गया था कि भारत अंग्रेजी साम्राज्यवाद का एक प्रमुख आधार है। अगर इसे तोड़ दिया जाए तो विश्व को साम्राज्यवादी व्यवस्था को करारी चोट पहुँचेगी। किताब में भारत को स्वराज्य देने के लिए इंग्लैंड को चेतावनी दी गई और भारत के साम्राज्यवाद विरोधी संघर्ष को रूसी समर्थन दिया गया। 'ब्लू बुक' के कुछ अंश भारतीय पत्र-पत्रिकाओं में छप गए। सिंध से प्रकाशित 'भारतवासी' और इलाहाबाद से प्रकाशित 'भविष्य' में इसके कुछ अंश छपे और स्वराज्य आंदोलन को दिए गए बोल्शेविक समर्थन का अभिनंदन किया गया।[70]

ब्रिटिश सरकार ने बोल्शेविज़्म के खिलाफ भारत में प्रचार चलाया। 'पायोनियर' (इलाहाबाद) और 'इंग्लिश स्टेट्समैन' (कलकत्ता) सरकार के बोल्शेविज़्म विरोधी प्रचार के दो मुख्य पत्र थे। सरकार के प्रचार अधिकारी प्रोफेसर रशब्रुक विलियम ने बोल्शेविज़्म के खिलाफ कई नोट्स लिखे जो 'पायोनियर' में छपे। एडमंड कैंडलर ने 'बोल्शेविज्म : दी ड्रीम एंड दी फ़ैक्ट' किताब लिखी जिसमें बोल्शेविज़्म के खिलाफ जनता की धार्मिक भावनाओं को उभारा गया।[71] बोल्शेविज़्म विरोधी सरकारी प्रचार में बोल्शेविक क्रांति का झूठा, भयानक, काला चित्रण रहता, रूस की दुर्दशा, अराजकता और बोल्शेविकों की बर्बरता और पाशविकता का चित्र रहता। भारत के राष्ट्रवादी नेताओं और राष्ट्रवादी पत्र-पत्रिकाओं ने, ट्रिब्यून, अमृत बाजार पत्रिका, इंडिपेंडेंट, अभ्युदय, मरहठा, केसरी, प्रताप, मर्यादा, इंडियन रिव्यू और मॉडर्न रिव्यू ने सरकारी प्रचार को झूठा बताया। सरकार ने उसी समय छिड़ी तीसरी अफगान लड़ाई को बोल्शेविकों द्वारा भारत को हड़पने की साजिश बताया। भारत के राष्ट्रवादी प्रेस ने इस साजिश को सरकार की कपोल-कल्पना कहा।

नरम दल से भी ज्यादा भारत के गरम दल के नेताओं ने बोल्शेविज़्म का स्वागत किया। बाल गंगाधर तिलक, विपिन चंद्र पाल, लाजपत राय और सी. आर. दास ने बोल्शेविज़्म का खुलकर समर्थन किया। तिलक पंथियों ने बोल्शेविक साहित्य का मराठी

में अनुवाद किया। 1920 की जून में तिलकपंथियों द्वारा अनूदित लेनिन की 'सामाजिक क्रांति' किताब सरकार द्वारा जब्त कर ली गई।[72] तिलक के अखबार 'केसरी' ने लेनिन को मानवता का प्रेमी बतलाया और कहा कि कम्युनिज़्म के इतिहास में उनका नाम अमर रहेगा। तिलक ने बोल्शेविक सिद्धांतों के साथ 'गीता' के सिद्धांतों की समानता घोषित की। विपिन चंद्र पाल ने अप्रैल, 1920 में ब्रिटिश पूँजीपतियों के खिलाफ योरोप के मजदूरों के साथ भारत के मजदूरों के संघर्ष की एकता की बात कही और कहा कि मैं बोल्शेविक हूँ।[73] सिर्फ गाँधी ने बोल्शेविज़्म के समर्थन में कुछ नहीं कहा, उसका विरोध किया। लेकिन अफ़गान लड़ाई के सिलसिले में बोल्शेविकों द्वारा भारत को हड़पने के सरकारी प्रचार को उन्होंने भी ठुकरा दिया। खिलाफत आंदोलन के नेताओं ने बोल्शेविज़्म का स्वागत किया और इस्लाम के सिद्धांतों के साथ बोलशेविज़्म के सिद्धांतों की समानता घोषित की।[74] एनी बेसेंट की होमरूल लीग ने 1918 में एक पर्चा निकाला 'दी लेसन फ्रॉम रशिया।' इसमें रूसी क्रांति के संदेश को भारत के मजदूरों और किसानों तक पहुँचाने के लिए कहा गया।[75] एनी बेसेंट के सहयोगी वाडिया ने 1918 में मद्रास लेबर यूनियन का संगठन किया। बेसेंट की होमरूल लीग के मुकाबले में महाराष्ट्र में तिलक पंथियों ने मजदूर संगठन बनाए। उस समय कोई कम्युनिस्ट ग्रुप या संगठन न था। भारत में मजदूरों के पहले संगठन बोल्शेविज़्म के प्रभाव से राष्ट्रवादी उच्च मध्यवर्गीय नेताओं ने बनाए थे।

लेकिन, राष्ट्रीय आंदोलन में शामिल शिक्षित उच्च मध्यवर्ग के जो नेता बोल्शेविज़्म का खुलकर समर्थन कर रहे थे, वे बोल्शेविक न थे। बोल्शेविज़्म उनके हाथों में साम्राज्यवाद-विरोधी संघर्ष में एक हथियार था। वे साम्राज्यवाद के विरोधी थे, लेकिन उनका उद्देश्य साम्राज्यवाद को खत्म कर मजदूर-किसानों की सत्ता कायम करना न था। ब्रिटिश साम्राज्यवाद के साथ भारतीय जनता के अंतर्विरोध इतने तीखे हो चुके थे कि उच्च मध्यवर्गीय नेतृत्व मजदूर वर्ग को संगठित करने के लिए मजबूर हुआ। लेकिन जब मजदूरों का संघर्ष फूटा, तब इस नेतृत्व ने बोल्शेविज़्म के आधार पर उसको आगे नहीं बढ़ाया। रूसी क्रांति का स्वागत करने वाली एनी बेसेंट ने संघर्ष को फूटते देख राष्ट्रीय आंदोलन तक का विरोध किया। मद्रास में पहली आधुनिक मजदूर यूनियन संगठित करने वाले वाडिया ने खुद अपनी ही यूनियन के मजदूरों की पहली हड़ताल का विरोध किया।[76] एनी बेसेंट और वाडिया नरमदली नेता थे। गरम दल के तिलक पंथियों ने भी, जो खुद को बोल्शेविक कहते थे और जिन्होंने मजदूरों को आगे बढ़कर संगठित किया था, बोल्शेविज़्म के आधार पर मजदूर संघर्ष को आगे नहीं बढ़ाया।

1918-20 में भारत जैसे औपनिवेशिक देशों में बोल्शेविज़्म का पहला मतलब साम्राज्यवाद विरोधी संघर्ष करना था। लेकिन इस संघर्ष को उच्च मध्यवर्ग अपने वर्ग की दृष्टि से देखता था। उसकी दृष्टि में साम्राज्यवाद विरोधी संघर्ष का मतलब साम्राज्यवाद को हटाकर अपने वर्ग का प्रभुत्व कायम करना था। इसलिए वह खुद को तो बोल्शेविक

कहता था, लेकिन मजदूर-किसानों को बोल्शेविक के रूप में देखना पसंद नहीं करता था क्योंकि साम्राज्यवाद विरोधी संघर्ष में मजदूर-किसानों की भागीदारी का मतलब मिलनेवाली सत्ता में भी उनकी भागीदारी को कबूल करना था। लेकिन निम्न और साधारण मध्यवर्ग के बुद्धिजीवियों के लिए, जो मजदूर-किसानों के ज्यादा निकट थे, बोल्शेविज़्म का मतलब साम्राज्यवाद विरोधी संघर्ष में मजदूर-किसानों को आगे बढ़ाना था ताकि आनेवाले स्वराज्य में उनके हक कायम हों। हिंदी प्रदेश में मजदूर-किसानों तक बोल्शेविज़्म को पहुँचाने का काम राष्ट्रीय आंदोलन में शामिल निम्न और साधारण मध्यवर्ग के बुद्धिजीवियों ने, गणेश शंकर विद्यार्थी, सत्यभक्त, राधा मोहन गोकुल जी, कृष्णकांत मालवीय, रमाशंकर अवस्थी और रामचंद्र वर्मा जैसे लोगों ने किया था। प्रेमचंद का महत्त्व यह है कि 1918-20 में उन्होंने नई पीढ़ी के एक किसान को बोल्शेविज़्म से प्रेरित दिखलाया जो अपने सामने फूल के कटोरे में रखे दूध को फेंक कर कहता है कि खाने का हक उसी को है, जो मेहनत करे। किसान चरित्र के माध्यम से बोल्शेविक मूल्य की प्रतिष्ठा करने वाले प्रेमचंद उस युग के अकेले लेखक थे।

स्त्री चेतना

नारी चरित्रों की दृष्टि से 'प्रेमाश्रम' महत्त्वपूर्ण उपन्यास है। इसमें प्रेमचंद ने कहीं भी दब्बू और पुरुषों की मनमानी इच्छाओं और प्रभुत्व के आगे श्रद्धा से सिर झुकाती औरतों को नहीं दिखलाया। 'प्रेमाश्रम' की सभी स्त्रियाँ—बिलासी, श्रद्धा, शीलमणी और विद्या—संघर्ष करती हैं, सामाजिक व्यवस्था के खिलाफ या पुरुषवाद के खिलाफ़। सिर्फ़ ज़मींदार गायत्री की कहानी कुछ अलग है। लेकिन विद्या के चरित्र में पुरुष प्रधान समाज के खिलाफ एक स्त्री के संघर्ष की ऊँचाई दिखती है। हालाँकि वह अपने संघर्ष में टूटकर आत्महत्या कर लेती है, लेकिन वह यूं ही, घुटते हुए चुपचाप नहीं मरती। मरने से पहले वह पूरी ताकत के साथ अपने पति के खिलाफ अपनी घृणा जाहिर करती है और उसे अपना परमेश्वर बताने की जगह राक्षस कहती है। 'प्रेमाश्रम' के संघर्षशील नारी चरित्र और पति के खिलाफ विद्या की घृणा अपने जमाने में उठ रहे नारी-आंदोलन की हवाओं का पता देते हैं।

20वीं सदी में, 'प्रेमाश्रम' की रचना-काल के आस-पास उभर रहे नारी आंदोलन का 19वीं सदी के समाज सुधारकों के नारी-आंदोलन से बुनियादी फ़र्क था। यह स्त्रियों के सवाल को पुरुषों की नजर से नहीं, स्त्रियों की नजर से उठाता है। दूसरी विशेषता स्त्रियों के अपने संगठनों का बनना है। तीसरी विशेषता उनकी माँगें और विचारधारा है जो समाज के पितृसत्तात्मक ढांचे पर हमला करती है।

इस नारी आंदोलन की शुरुआत 19वीं सदी के आखिरी दशकों में हुई थी जब पंडिता रमाबाई, रमाबाई रानाडे, आनंदीबाई जोशी, फ़ानना सारोबजी, एनीजगनाथन और रुक्माबाई जैसी औरतें अपने घरों में पुरुषों द्वारा थोपे बंधनों को तोड़कर ऊँची

शिक्षा के लिए विदेश गईं और लौटकर उन्होंने भारत में स्त्रियों के आंदोलन को आगे बढ़ाया।

नारी आंदोलन की लहर से हिंदी प्रदेश अछूता न रहा। 1909 में इलाहाबाद में रामेश्वरी नेहरू ने प्रयाग महिला समिति का गठन किया और 'स्त्री दर्पण' पत्रिका निकालनी शुरू की। इस पत्रिका का एक अंतरंग भाग 'कुमारी दर्पण' के नाम से छपता था जिसकी संपादिका रूप कुमारी नेहरू थी। 'प्रेमाश्रम' की रचना से ठीक पहले और उसकी रचना के दौरान 'स्त्री दर्पण' हिंदी प्रदेश में स्त्रियों की सबसे मुख्य पत्रिका थी। हिंदी प्रदेश स्त्रियों के मामले में बहुत पिछड़ा हुआ इलाका था और बंगाल, महाराष्ट्र या मद्रास के मुकाबले यहाँ नारी आंदोलन कमजोर था। फिर भी पहले विश्वयुद्ध के दौर में और उसके बाद हिंदी में किसान-साहित्य की ही तरह नारी साहित्य की भी काफी रचना हुई। स्त्रियों के सवालों को उठाया गया, खुद स्त्रियों ने आगे बढ़कर बहस चलाई और साहित्य लिखा। कुछ स्थानीय स्त्री संगठन भी बने और स्त्रियों से संबंधित पत्र-पत्रिकाओं और किताबों का प्रकाशन हुआ। 'स्त्री दर्पण' के अलावा स्त्रियों से संबंधित एक पत्रिका 'गृहलक्ष्मी' छपती थी। स्त्रियों से संबंधित तीसरी पत्रिका 'आर्य महिला' बनारस से छपती थी। सनातन धर्म महामंडल की पत्रिका 'आर्य महिला' वैदिक आदर्शों के आधार पर स्त्री को शिक्षित करने और प्रतिष्ठा दिलाने वाले पक्ष की पत्रिका थी।

स्त्री आंदोलन की चौथी पत्रिका अलीगढ़ से पं. देवदत्त शर्मा निकाल रहे थे। पत्रिका का नाम था : महिला सर्वस्व। इसमें भी स्त्रियों के उपयोगी लेख रहते थे। पाँचवीं पत्रिका 'कायस्थ महिला हितैषी' थी जिसे दो वकीलों की पत्नियाँ निकालती थीं। पत्रिका मासिक थी। 1922 में इलाहाबाद से महिलाओं की सचित्र मासिक पत्रिका 'चाँद' छपनी शुरू हुई। इसके संपादक रामरिख सहगल और रामकृष्ण मुकुन्द लघाटे थे और संचालिका थीं श्रीमती विद्यावती सहगल। 'स्त्री दर्पण' के बाद 'चाँद' हिंदी में महिलाओं की दूसरी महत्त्वपूर्ण पत्रिका थी जिसके माध्यम से कवयित्री के रूप में महादेवी वर्मा पहली बार हिंदी साहित्य में उभरनीं। स्त्रियों की जितनी पत्रिकाएँ उस जमाने में निकलती थीं उतनी पत्रिकाएँ आज भी हिंदी में नहीं निकलतीं।

'स्त्री दर्पण' हिंदी प्रदेश में नारी आंदोलन की सबसे महत्त्वपूर्ण पत्रिका थी। इस पत्रिका से उस समय हिंदी प्रदेश में उठ रहे नारी आंदोलन की झलक मिलती है। पत्रिका में हिंदी के सत्यभक्त और रमाशंकर अवस्थी जैसे कुछ प्रगतिशील पुरुष भी लेख लिखते थे, लेकिन ज्यादातर रचनाएँ स्त्रियों की ही छपती थीं। पत्रिका पूरी तरह से स्त्रियों द्वारा निकाली जाती थी। दोनों संपादिकाएँ स्त्रियाँ थीं। पत्रिका की मैनेजर थीं कमला नेहरू।

पिछड़े हुए हिंदी प्रदेश में उस समय स्त्रियों की छह समस्याएँ मुख्य रूप से उठाई जा रही थीं—परदा प्रथा, बाल विवाह, विधवा विवाह, मृतस्त्रीक विवाह, शिक्षा और राजनीतिक अधिकारों का सवाल। 'स्त्री दर्पण' के अंकों में इन समस्याओं पर लिखे लेख भरे पड़े हैं। इनमें से कई समस्याएँ पुरानी थीं जिन्हें 19वीं सदी के समाज सुधारकों ने

भी उठाया था। राजनीतिक अधिकारों का सवाल राष्ट्रीय आंदोलन के विकास से उठा था। महत्त्वपूर्ण बात इन समस्याओं के विश्लेषण में प्रकट हुआ नारी दृष्टिकोण था। इन समस्याओं को स्त्रियाँ स्त्रियों की दृष्टि से उठा रही थीं। जून 1917 के अंक में श्रीमती सत्यवती का लेख : 'स्त्रियाँ और परदा' छपा। लेखिका ने लिखा कि पर्दा भारत की प्राचीन प्रथा नहीं है। मुसलमानी शासन में इसका चलन हुआ। भारत में जहाँ मुसलमानी शासन नहीं रहा या कमजोर रहा, जैसे दक्षिण में, वहाँ परदे का चलन नहीं है। इसका सबसे ज्यादा चलन हिंदी प्रदेश में है जो मुसलमानी शासन का गढ़ रहा। यही बात अगस्त, 1918 के अंक में छपे श्रीमती भाग्यवती के लेख 'आधुनिक पर्दा प्रणाली तथा उससे हानियाँ' में कही गई। परदे के खिलाफ स्त्रियों का एक मुख्य तर्क यह था कि परदा स्त्री शिक्षा में रुकावट है। 19वीं सदी के सुधारक परदे का विरोध करते हुए सिर्फ परदे का ही विरोध करते थे। स्त्रियों ने उसे अपनी दूसरी समस्याओं से जोड़कर देखा। परदा सिर्फ एक समस्या न थी, वह एक दुश्चक्र का अंग था। परदे का विरोध करते हुए सत्यवती ने उस दुश्चक्र को सामने रखा—"न तो बल, न पूरा ज्ञान, न विद्या, न स्वतंत्रता, फिर एक परदा ही उठाने से क्या लाभ होगा?" उन्होंने सारी बुरी प्रथाओं को तोड़ते हुए परदा हटाने की माँग की। भाग्यवती ने अपने लेख में इस लांछना का खंडन किया कि बेपर्दा स्त्रियाँ भ्रष्ट हो जाती हैं। सत्यवती ने परदे के खिलाफ स्त्री के स्वास्थ्य का भी तर्क दिया जिस पर पुरुष कम सोचते थे।

मृतस्त्रीक विवाह यानी पत्नी के मरने के पीछे पुरुष द्वारा किसी कुँआरी कन्या से विवाह करना। इस तरीके से पुरुष अपनी स्त्री के जीवन की कुछ भी कदर न करते थे। स्त्रियों की चेतना को यह प्रथा सबसे अधिक चोट पहुँचाती थी। अगस्त, 1917 के अंक में हुक्मा देवी का लेख छपा : स्त्री उन्नति कैसे हो? इसमें मृतस्त्रीक विवाह को स्त्री जाति की बेकदरी का सबसे बड़ा कारण बताया गया। हुक्मा देवी ने लिखा कि पशु अथवा पक्षी पालने वाले पुरुष को उनके मरने अथवा उड़ने पर कहीं अधिक शोक होता है परंतु निज पत्नी के रोगग्रस्त होने अथवा मरने पर उतना भी नहीं। क्योंकि स्त्री पैर की जूती है। फट गई तो नई आ जाएगी। एक निर्दोष धर्मज्ञ ब्रह्मचारिणी कन्या का विवाह मृतस्त्रीक पुरुष के साथ कर दिया जाता है। धर्म-अधर्म का कुछ भी विचार नहीं किया जाता। स्त्री बीमार पड़ती है तो वह चाहे कितनी सुंदर, पतिव्रता और गुणवती क्यों न हो, पुरुष सोचता है कि इसका पाप कटे और हम दूल्हा बनकर नई बहू लाकर आनंद उड़ावें।

लेखिका ने अंत में सुझाव दिया कि "प्रयाग में एक कन्या हितकारिणी सभा स्थापित की जावे। उस सभा का मुख्य उद्देश्य यही होगा कि मृतस्त्रीक पुरुषों के साथ कुमारी कन्याओं का विवाह रोका जावे।" हिंदी प्रदेश में किसानों और मजदूरों के संगठन बनने से पहले अपनी समस्याओं के हल के लिए स्त्रियों में संगठन बनाने की चेतना आई थी। ये स्त्रियाँ शहरों के शिक्षित मध्यवर्ग की थीं। गुलाब देवी चतुर्वेदी ने ऐसा स्त्री

संगठन बनाने के लिए सिर्फ स्त्रियों से सहायता की अपील की, पुरुषों से नहीं। यह उनकी नारीवादी चेतना थी।

मृतस्त्रीक विवाह की समस्या को लेकर देहरादून की श्रीमती हुक्मा देवी ने पत्र-पत्रिकाओं में एक अभियान छेड़ रखा था। इसी सवाल पर उन्होंने 'गृहलक्ष्मी' पत्रिका में भी लेख लिखे। 'स्त्री दर्पण' के मार्च, 1918 के अंक में इसी समस्या पर उनका एक और लेख छपा : 'स्त्री जाति की अवनति का मुख्य कारण अनमेल विवाह।' ''गंगाजल जैसी निर्मल कन्या के साथ 60-70 वर्ष के बूढ़े दुहेजू, दादा, नाना, पुत्र-पुत्री वाले मनुष्य का विवाह होता है। इस तरह के विवाह की प्रथा समाज में चल रही है, इसी के बल पर पुरुष कहते हैं कि पुरानी जूती टूट गई, नई पहिर लेंगे। अथवा, चोली का क्या धोना, औरत का क्या रोना।'' अप्रैल अंक में फिर एक लेख लिखा : 'अर्द्धांगिनी या पाँवों की जूती।' फिर मृतस्त्रीक विवाह के अत्याचार को सामने रखा : ''वर्तमान समय में भारतवर्ष में बुरी तरह से वैवाहिक अत्याचार फैला हुआ है। कोई घर इस प्रथा से शून्य नहीं है कि एक स्त्री मरी, दूसरी से विवाह कर लिया, दूसरी मरी तीसरी तैयार है।—क्या यह दुष्ट प्रथा स्त्री जाति के लिए महा आपत्तिकारक नहीं है? क्या स्त्री जाति को जूती की पदवी देनेवाली यही प्रथा नहीं है?''

'प्रेमाश्रम' में ज्ञानशंकर हालाँकि इस तरह दूसरा-तीसरा विवाह नहीं करता है। लेकिन विद्या के प्रति उसका दृष्टिकोण ठीक वैसा ही है जैसा 'स्त्री दर्पण' में छप रहे लेखों में बताया जा रहा था। हुक्मा देवी ने और 'स्त्री दर्पण' में छपे और भी कई लेखों में स्त्रियों को पाँव की जूती समझने और कहने की बात कई बार आई। यह उस युग में उभर रही स्त्री चेतना थी जो समाज में अपनी हैसियत की हकीकत को इस चालू मुहावरे में पहचान रही थी। इस मुहावरे को इन स्त्रियों ने अपने लेखों में पुरुष प्रधान समाज में स्त्री की वास्तविकता का प्रतीक बना दिया। यह महज इत्तेफ़ाक नहीं है कि ठीक उसी जमाने में प्रेमचंद ने भी 'प्रेमाश्रम' में विद्या के प्रति ज्ञानशंकर के दृष्टिकोण का बयान इसी मुहावरे में किया।

1918-20 के नारी आंदोलन में स्त्रियों ने बाल विवाह का विरोध तो किया और छोटी उम्र की लड़कियों का ब्याह कर देने के बजाय उन्हें शिक्षा देने पर जोर दिया लेकिन विधवा के विवाह की बात उन्होंने सीधे-सीधे नहीं की। उन्होंने विधवाओं के जीवन के अकेलेपन और उदासी को दूर करने के लिए तरह-तरह की व्यस्तताएँ और जीवन में रचनात्मक कामों को करने का इंतजाम जुटाने पर जोर दिया। विधवा आश्रमों को कायम कर विधवाओं को नए-नए हुनर सिखाने या शिक्षा देने के कार्यक्रमों में उत्साह दिखलाया। लेकिन विधवाओं को फिर से ब्याहने की माँग उनके लेखों में नहीं मिलती। स्त्रियों के बजाय पुरुषों के लेखों में विधवा विवाह की खुली जोरदार वकालत मिलती है। लेकिन जनवरी, 1919 के 'स्त्री दर्पण' में छपी संपादकीय टिप्पणी में युक्तप्रांत में एक साल की बच्ची से लेकर 20 वर्ष की युवा विधवाओं तक की भयंकर संख्या उद्धृत करने

के बावजूद संपादिका ने अपनी टिप्पणी में विधवा विवाह की खुलकर माँग न कर सिर्फ विवाह की उम्र बढ़ा देने की सिफारिश की : ''हमारी सम्मति में यदि विधवा विवाह एकदम जारी करने में सचमुच कठिनाइयों का सामना करना पड़ता हो तो एक से पंद्रह वर्ष की उम्रवाली कन्याओं का विवाह कर देने की रीति अनायास रोकी जा सकती है। तब भी इन बेचारी बाल-विधवाओं की संख्या घट जाएगी।'' यह बात अजीब-सी लगती है कि नारी आंदोलन की नेत्रियों ने विधवा-विवाह की खुली माँग न की जबकि पुरुष इसे खुलकर कह रहे थे और 19वीं सदी से ही पुरुष समाज सुधारक इसकी वकालत कर रहे थे।

1918-20 के नारी आंदोलन में शामिल स्त्रियाँ विधवा विवाह की विरोधी न थीं, लेकिन वे पुरुष समाज सुधारकों की तरह गला फाड़कर इसकी माँग भी नहीं कर रही थीं। असल में विधवाओं के सवाल पर पुरुषों के सोचने का ढंग एक उद्धारक जैसा था; विधवा-विवाह पुरुष के लिए स्त्री का उद्धार करना था। इसे वह स्त्री का सहज अधिकार नहीं मानता था। इस समस्या पर स्त्रियों का दृष्टिकोण मई-जून, 1919 के अंक में संपादकीय टिप्पणी से जाहिर होता है। रामेश्वरी नेहरू ने लिखा : ''जो विधवाएँ देवी पद पर सुशोभित रहकर निष्काम धर्म की मूर्तिमती देवी बनी हैं वे हमारी और सारे संसार की पूजनीय हैं। पर प्रश्न है उन बेचारियों का जो लालसा का दमन नहीं कर सकतीं और विवाह के लिए तरसती हैं। वे बालाएँ भी हैं और युवतियाँ भी हैं। हमारी समझ में यही बात नहीं आती कि हमारे देश के नेता लोग एक के विवाह के लिए सम्मति देते हैं तो दूसरी के लिए क्यों नहीं देते?'' विधवा विवाह की समस्या पर यह नजरिया पुरुषवादी नजरिए से ज्यादा स्वस्थ और स्वाभाविक था। पर इससे यह भी जाहिर है कि पुरुष प्रधान समाज विधवा से जिन मूल्यों के पालन की अपेक्षा करता था, उसे उस वक्त की स्त्री-चेतना ने पूरी तरह ठुकराया न था। विधवापन में 'पवित्रता' की तारीफ करते हुए इसी टिप्पणी में रामेश्वरी नेहरू ने लिखा : ''कुछ विधवाएँ भी ऐसी हैं जो अपना सारा जीवन निष्कामव्रत में अर्पण कर पवित्र दैवी जीवन काटने के लिए सब प्रकार से मनसूबा पक्का कर बैठी हैं और भगवतकृपा से इस असार संसार की तुच्छ लालसाओं से अविचिलित रहकर भारत माता को धन्य कर रही हैं।'' विधवा पर लिखी एक कहानी 'प्रेमबिंदु' जून, 1917 के अंक में और दूसरी कहानी 'आराधना' मई-जून, 1919 के अंक में छपी। दोनों कहानियाँ स्त्रियों की लिखी हुई थीं। ये दो कहानियाँ विधवा विवाह के प्रति उस वक्त की स्त्री चेतना की झलक देती हैं। 'प्रेम बिंदु' कहानी में एक ज़मींदार घर की रूपवती, सुशील और गुणवती लड़की की शादी उसके प्रेमी युवक से न कर एक रोगी युवक से कर दी जाती है। पति जल्द ही मर जाता है और लड़की विधवा होने के बाद पूना विधवा आश्रम में शिक्षिका का काम करने लगती है। उसका प्रेमी विश्व युद्ध में घायल होने के बाद बंबई के एक चिकित्सालय में पहुँचता है जहाँ वही लड़की घायल सैनिकों की चिकित्सा में हाथ बँटाने के लिए काम कर रही होती है। दोनों एक दूसरे को

पहचान लेते हैं। प्रेमी स्वस्थ होने के बाद उस संस्था को एक लाख रुपए का अनुदान देकर चला जाता है जिसने उसकी विधवा हो गई प्रेमिका को शरण दी थी। अबला विधवाओं की रक्षा करने के लिए उस संस्था की तारीफ में पत्र लिखता है और यहीं कहानी खत्म हो जाती है। दूसरी कहानी 'आराधना' में धनी घर का लड़का भूपतिभूषण एक निर्धन विधवा की कन्या चंपा से अपनी इच्छा से विवाह करता है। एक बार वह अपने दोस्तों के साथ पहाड़ पर जाता है। वह वहाँ से लौटता नहीं। उसके दोस्त लौटकर बताते हैं कि भूपति की मृत्यु हैजे से हो गई। चंपा विधवा का जीवन बिताते हुए अपने सास-ससुर की सेवा में लग जाती है। ससुराल के लोगों के साथ एक बार चंपा बनारस तीर्थ करने जाती है। वहाँ शिवरात्रि के दिन केदारनाथ घाट पर उसे साधु के रूप में अपना पति भूपति भूषण दिख जाता है। दोनों एक दूसरे को पहचान लेते हैं। भूपति अपने गुरु की आज्ञा लेकर फिर से गृहस्थ आश्रम में लौट जाता है।

दोनों ही कहानियों में विधवा का दुबारा विवाह लेखिकाओं ने नहीं दिखलाया। एक में विधवा जीवन की रक्षा की तारीफ की गई, दूसरे में पति को जीवित दिखाकर दुबाकर विवाह को टाल दिया गया। 'प्रेमाश्रम' में विधवा गायत्री की लालसाएँ दिखाने पर भी प्रेमचंद द्वारा मृतपति के प्रति उसकी निष्ठा दिखाना और उसका दुबारा विवाह न कराना अपने युग की स्त्री चेतना के अनुरूप ही था।

हिंदी प्रदेश में लड़ाई के आखिरी दौर में उभरा नारी आंदोलन अपना समर्थन तीन आधारों से जुटा रहा था। एक आधार इतिहास था। अगस्त, 1917 के 'स्त्री दर्पण' में रंगून की महिला समिति में दिया गया रामेश्वरी नेहरू का भाषण छपा। नारी की स्वतंत्रता के लिए इतिहास से समर्थन जुटाते हुए रामेश्वरी नेहरू ने कहा : "सीता, सावित्री, दमयंती, शकुंतला पर्दे में रहने वाली स्त्रियाँ नहीं थीं। रणभूमि पर देश के लिए जान देकर लड़ने वाली राजपूत स्त्रियाँ पर्दे में रहने वाली स्त्रियाँ नहीं थीं।" ज्यादातर स्त्रियाँ अपने आंदोलन के समर्थन में ऐसे तर्क इतिहास से जुटाती थीं। इतिहास के आधार पर नारी आंदोलन का समर्थन करने वाले एक लेखक सत्यभक्त थे। सत्यभक्त ने 'स्त्री दर्पण' के 1918 के चार अंकों में (जनवरी-अप्रैल) 'प्राचीन भारत में स्त्रियों के अधिकार' शीर्षक से लंबा लेख लिखकर इतिहास के आधार पर उभरते हुए नारी आंदोलन का समथंन किया।

नारी आंदोलन के समर्थन का दूसरा आधार लड़ाई के दौरान उभरा यूरोप का नारीवादी आंदोलन था। वहाँ 1905 से ही स्त्रियाँ अपने राजनीतिक अधिकारों और पुरुष से बराबरी की माँग का आंदोलन चला रही थीं। समाज में स्त्रियों की भूमिका और स्थान क्या हो, इस पर चलने वाली अंतहीन बहस का निपटारा यूरोपीय युद्ध में निभाई स्त्रियों की भूमिका ने कर दिया जब देश के सभी जवान मर्द लड़ाई के मोर्चे पर चले गए और देश के अंदर हर मोर्चे पर जिम्मेदारी स्त्रियों ने सँभाली। इंग्लैंड में स्त्री आंदोलन की बहुत-सी माँगों के आगे सरकार को झुकना पड़ा। हिंदी प्रदेश के शिक्षित मध्यवर्ग,

खासकर शिक्षित उच्च मध्यवर्ग की स्त्रियों ने यूरोपीय समाज में प्रकट हुई स्त्रियों की भूमिका और योग्यता का संदेश हिंदी प्रदेश में फैलाया। अक्तूबर, 1918 के 'स्त्री दर्पण' में इंग्लैंड में स्त्रियों के मताधिकार आंदोलन के इतिहास पर टिप्पणी छपी। 'स्त्री दर्पण' में उमा नेहरू ने अपने लेखों में युद्ध से यूरोपीय समाज में पैदा हुए आर्थिक-सामाजिक और नैतिक प्रश्नों के संदर्भ में स्त्री की बदली हुई हैसियत के महत्त्व पर ध्यान खींचा।

नारी आंदोलन के समर्थन का तीसरा आधार स्वराज्य का राष्ट्रीय आंदोलन था। 'स्त्री दर्पण' के 1917 के अगस्त-सितंबर और अक्तूबर के अंकों में तीन किस्मों में एक समतावादी के नाम से 'स्त्रियाँ और स्वराज्य' लेख छपा। इसमें सवाल उठाया गया है कि जब स्त्री हर दृष्टि से पुरुष के समान है तो उसकी भागीदारी के बिना सच्चा स्वराज्य कैसे हो सकता है? होमरूल आंदोलन की एक प्रमुख नेत्री एनी बेसेंट थीं जिन्हें सरकार ने गिरफ्तार कर लिया था। एनी बेसेंट स्वराज्य आंदोलन में स्त्रियों की भागीदारी की प्रतीक बन गई थीं। उनका हवाला देकर समतावादी ने लिखा कि आज स्त्रियाँ भारत के स्त्री और पुरुषों, दोनों के स्वराज्य के लिए लड़ रही हैं। तब फिर समाज और परिवार में पुरुष स्त्रियों को अपने बराबर के अधिकार देने को क्यों राजी नहीं होता? पुरुष नेताओं से यह सवाल पूछा गया कि वे अपने स्वराज्य की माँग में स्त्रियों के लिए कौन-सी व्यवस्था करने जा रहे हैं? क्या वे शासन में स्त्री की भागीदारी को कबूल करते हैं? जिस तरह आज पश्चिमी यूरोप के समाजवादी आंदोलन में स्त्रियाँ प्रारूप आंदोलन (प्री-फ़िगरेटिव मूवमेंट) की माँग कर रही हैं अर्थात् समाजवादी क्रांति के बाद समाजवादी शासन में स्त्री-पुरुषों के जो संबंध होंगे वे क्रांति के दौरान ही समाजवादी संगठन में दिखने चाहिए, ठीक इसी तरह 1917-18 में भारत के नारीवादी आंदोलन में माँग की गई कि स्वराज्य में स्त्रियों को मिलने वाली समता का प्रारूप स्वराज्य के लिए होने वाले आंदोलन में दिखना चाहिए : 'हमें इस समय भी आप स्वराज्य में समता दे सकते हैं, हमें आप पहले स्वराज्य आंदोलन में ही समता दीजिए।' स्वराज्य के राष्ट्रीय आंदोलन के साथ स्त्रियों का सवाल उसी तरह टकरा रहा था जैसे किसानों या अछूतों का सवाल टकरा रहा था। जो ज़मींदार और उनके वकील राष्ट्रीय आंदोलन के नेता बनकर अंग्रेजों से अपने लिए अधिकारों की माँग कर रहे थे वे खुद किसानों को उनके वाजिब अधिकार देने को तैयार न थे। जो ब्राह्मणवादी नेता अंग्रेजों से स्वाधीनता चाहते थे, उन्होंने समाज के करोड़ों लोगों को अछूत कहकर उन्हें हर तरह से पराधीन बना रखा था। यही अंतर्विरोध राष्ट्रीय आंदोलन के पुरुष नेतृत्व और स्त्रियों के बीच भी था। मई 1918 के अंक में उमा नेहरू ने अंग्रेजों से स्वतंत्रता की माँग करने वाले पुरुषों के सामने स्त्री की परतंत्रता का सवाल खड़ा किया : "केवल राष्ट्रीय स्वतंत्रता के जाने ने तुम्हें कैसा मलिन, कैसा व्याकुल, कैसा दुखित बना दिया है? फिर स्वयं सोचो, जिसके शरीर की, जिसके आत्मा की, जिसके हृदय की सारी स्वतंत्रता लुट गई हो, उसका हार्दिक भाव आनंदमय कैसे हो सकता है?" 1917 की नवंबर को सरोजनी नायडू के नेतृत्व में स्त्रियों का एक

प्रतिनिधिमंडल भारत मंत्री मांटेग्यू से मिला। स्त्री प्रतिनिधिमंडल ने कांग्रेस, मुस्लिम लीग और काउंसिल के 19 गैर-सरकारी सदस्यों की स्वराज्य संबंधी माँगों को अपना समर्थन देते हुए भारत मंत्री से माँग की कि शासन-सुधारों में स्त्रियों को भी शामिल किया जाए। इसके साथ ही प्रतिनिधिमंडल ने बिना फीस लड़के-लड़कियों की अनिवार्य शिक्षा, लड़कियों के लिए स्कूलों और अध्यापिकाओं के लिए प्रशिक्षण के इंतजाम, स्त्रियों के लिए मेडिकल कालेज तथा बच्चों और स्त्रियों के स्वास्थ्य के प्रबंध और उनकी बढ़ती हुई मृत्यु दर को कम करने की माँग की। किसानों और अछूतों की ही तरह स्त्रियों की भी इन माँगों को राष्ट्रीय नेतृत्व नहीं उठाता था।

1918 में शासन में सुधार के तहत जब काउंसिलों का चुनाव शुरू हुआ तो स्त्रियों ने अपने लिए वोट का हक माँगने में एक मिनट की भी देर न की। 26-31 अगस्त, 1918 को बंबई कांग्रेस में सरोजनी नायडू ने काउंसिलों के चुनाव में स्त्रियों के लिए वोट के हक का प्रस्ताव रखा। मदन मोहन मालवीय के विरोध के बावजूद प्रस्ताव पास हो गया। बाद में यही प्रस्ताव जब युक्त प्रांत की कांग्रेस के अलीगढ़ के सम्मेलन में लाया गया तो मदन मोहन मालवीय को विरोध करने की हिम्मत न हुई और प्रस्ताव पास हो गया। लेकिन समाज में स्त्री-पुरुषों के बीच इस सवाल पर काफी बहस चली। स्त्रियों को वोट के हक का विरोध करने वाले पुरुषों को उमा नेहरू ने 'मर्यादा' के अंक में, 'स्त्रियों के अधिकार' लेख लिखकर मुँहतोड़ जवाब दिया। राष्ट्रीय आंदोलन में शामिल निम्न और साधारण मध्यवर्ग के प्रतिनिधियों ने, जो बोल्शेविज़्म और सत्याग्रह का समर्थन कर रहे थे, स्त्री के राजनीतिक अधिकारों का समर्थन किया। गणेश शंकर विद्यार्थी ने 17 मई, 1920 के 'प्रताप' में 'नई कौंसिल' संपादकीय लिखकर स्त्रियों को वोट का हक देने का समर्थन किया।

हिंदी प्रदेश के नारी आंदोलन में इलाहाबाद के आनंद भवन में रह रहे नेहरू परिवार की भूमिका महत्त्वपूर्ण थी। 'स्त्री दर्पण' के संपादन और संचालन से संबंधित तीनों स्त्रियों, रामेश्वरी नेहरू, रूप कुमारी नेहरू और कमला नेहरू, इसी परिवार की थीं। इसी परिवार की उमा नेहरू अपने समय की सबसे आगे बढ़ी हुई नारीवादी स्त्री थीं। उन्होंने 'स्त्री-दर्पण' में मार्च 1918 से अगस्त 1918 तक 'हमारे समाज सुधारक', 'हमारे सामाजिक ढांचे', 'हमारे हृदय' और 'हमारी सूरतें' शीर्षक से महत्त्वपूर्ण लेख लिखे। इन लेखों में बड़े तीखे ढंग से यह दिखलाया गया कि यूरोपीय संपर्क के प्रभाव से भारत के पुरुष खुद तो पश्चिमी आदर्शों के रंग में रँगते जा रहे हैं, पर चाहते हैं कि उनकी स्त्रियाँ पूर्वीय ही दिखें। ऐसा होना असंभव है। पुरुष द्वारा सौंदर्य को स्त्री का आदर्श बताना एक स्त्री-विरोधी मूल्य है और पाखंड है क्योंकि इससे स्त्री शक्ति से वंचित होती है और खुद पुरुष अपनी 'सौंदर्य की देवी' से सारे दासोचित काम कराता है। पुरुषों को सबक सिखाने की जरूरत है। भारतीय समाज स्त्रियों के व्यक्तित्व को कुचलता है और उन्हें बेतुके साँचों में जबर्दस्ती ढालता है। पुरुष स्त्री के हृदय को नहीं समझता, उसके स्वतंत्र

व्यक्तित्व को नहीं मानता, इसलिए उसकी प्राकृतिक भावनाओं की अभिव्यक्ति भी सहन नहीं करता। स्त्री-पुरुषों के बीच दासी और स्वामी के घृणित संबंध को खत्म करके मित्रता और समानता का संबंध कायम होना चाहिए।

उमा नेहरू की तीखी नारीवादी चेतना अपने युग के स्त्री आंदोलन के बनिस्पत हमारे युग के स्त्री-आंदोलन के ज्यादा करीब है। 1917-20 में हिंदी प्रदेश में चल रहे नारी आंदोलन का आधार शिक्षित साधारण मध्यवर्ग और उच्च मध्यवर्ग था। उच्च मध्यवर्ग के अंदर नारी आंदोलन पर दो दृष्टिकोण थे। एक दृष्टिकोण नारी आंदोलन को सिर्फ भारत के ही नहीं बल्कि यूरोप के भी नारीवादी आंदोलन के संदर्भ में देखने का था। यह दृष्टिकोण उच्च मध्यवर्ग के उस हिस्से का था जो यूरोपीय समाज के संपर्क में था। उमा नेहरू इस हिस्से की प्रतिनिधि थीं। दूसरा दृष्टिकोण नारी आंदोलन के लिए यूरोपीय संदर्भ से समर्थन तो जुटाता था, लेकिन इसे मुख्यतः भारतीय संदर्भ में ही देखता था। यह दृष्टिकोण उच्च मध्यवर्ग के उस हिस्से का था जो यूरोपीय समाज के संपर्क में न था। लेकिन यूरोपीय समाज के संपर्क में रहने वाले कई व्यक्ति भी यह दृष्टिकोण रखते थे। यानी दृष्टिकोणों के फ़र्क का आधार आमतौर पर तो वर्गीय था, लेकिन विचारधारात्मक भी था। 'स्त्री दर्पण' की संपादिका रामेश्वरी नेहरू इसी हिस्से की प्रतिनिधि थीं। दृष्टिकोण का यह फ़र्क उच्च मध्यवर्ग में था जिसके हाथ नारी आंदोलन का नेतृत्व था। साधारण मध्यवर्ग नारी आंदोलन को भारतीय संदर्भ में देखता-सोचता था। सैद्धांतिक दृष्टि से निर्दोष दिखने वाले उमा नेहरू के नारीवाद को व्यापक मध्यवर्ग की स्त्रियों ने उसी तरह नहीं अपनाया जैसे हिंदी प्रदेश के प्रारंभिक कम्युनिस्टों ने सैद्धांतिक दृष्टि से निर्दोष दिखने वाले एम. एन. राय के राजनीतिक सुझावों को नहीं अपनाया। उमा नेहरू का नारीवाद और एम. एन. राय का कम्युनिज़्म, दोनों ही भारतीय समाज की वस्तुगत परिस्थितियों, राष्ट्रीय आंदोलन की जरूरतों और अपने आधार-वर्गों की चेतना के विकास के सामान्य स्तर से मेल न खाते थे। राष्ट्रीय आंदोलन में शामिल शिक्षित मध्यवर्ग की स्त्रियों ने स्त्री-पुरुषों की मित्रता, पुरुषों को सबक सिखाने और पुरुषवाद की कटु आलोचना के बजाय मृतस्त्रीक विवाह, स्त्री शिक्षा और राष्ट्रीय आंदोलन में स्त्रियों की भागीदारी को बढ़ाने के सवालों पर ज्यादा जोर दिया। उन्होंने स्त्रियों के व्यक्तित्व की स्वतंत्रता की माँग की, साथ ही स्त्री के त्याग और बलिदान के आदर्श को भी नहीं ठुकराया। 'स्त्री दर्पण' की संपादिका ने सीता-सावित्री के आदर्शों को ठुकराने के उमा नेहरू के विचार की आलोचना करते हुए मार्च, 1918 के अंक में लिखा : "सीता, दमयंती, सावित्री सदा हमारी पूज्य बनी रहें और जिस प्रकार की स्वतंत्रता और स्वाधीनता का सुख भोगती हुईं वे हमारी बुढ़िया भारत माता का नाम अजर अमर बना गई हैं, उसी प्रकार का सौभाग्य वर्तमान युग की महिलाओं को भी प्राप्त हो, यही घट-घट-वासी अंतर्यामी दयामय से हमारी हृदय खोलकर प्रार्थना है।" 'प्रेमाश्रम' के स्त्री चरित्रों की चेतना उमा नेहरू के नारीवाद से मेल नहीं खाती। उनकी चेतना राष्ट्रीय आंदोलन में शामिल साधारण शिक्षित मध्यवर्ग की स्त्री चेतना से मेल खाती है।

अपने विकसित नारीवाद के बावजूद 1917-20 के नारी आंदोलन को आगे बढ़ाने में उमा नेहरू वह योगदान न दे सकीं जो उनके मुकाबले में बहुत कम नारीवाद के समर्थक गाँधी ने दिया। यूरोप में बैरिस्टरी की ऊँची शिक्षा पाकर भी गाँधी भारतीय स्त्रियों की दशा में सुधार करने और उनके लिए सीता, द्रौपदी, दमयंती के आदर्श को मानने के पक्षपाती थे—यह बात उस जमाने की निम्न और साधारण मध्यवर्ग की स्त्रियों को बहुत अच्छी लगती थी। पूना के स्त्री संगठन भगिनी समाज ने गाँधी को अपनी सभा में बोलने के लिए बुलाया। वहाँ गाँधी ने जो भाषण दिया उसे 'स्त्री दर्पण' ने अपने मार्च, 1918 के अंक में छापा। गाँधी ने अपने भाषण में यूरोपीय संदर्भ में नारी आंदोलन को सोचने वाली उच्च मध्यवर्गीय स्त्रियों के नारीवाद पर हमला किया : "आजकल पर सारा आंदोलन गिनती में बहुत ही थोड़े-से लोगों की सीमा के भीतर बँधा हुआ है।" गाँधी ने नारी आंदोलन को आगे बढ़ाने के लिए देश की 85% स्त्रियों की जीवन-दशा और उनके विचारों पर ध्यान देने को कहा : "यदि भगिनी समाज की मेरी बहनें उन सैकड़ों 85% मनुष्यों के जीवन में ध्यान देकर खोज करेंगी तो उनको अपने समाज में काम करने का ढंग निकालने के लिए बहुत अच्छे मसाले मिल सकेंगे।" गाँधी ने कहा कि समाज के नियम पुरुषों ने बनाए हैं, उसमें कुछ दोष भी हैं। उन्हें दूर करने के लिए "हम सबको ऐसी स्त्रियाँ बनानी होंगी जो सीता, दमयंती, द्रौपदी के समान पवित्र, दृढ़ और आत्मबलिदानी हों। यदि हम ऐसी स्त्रियों को उपजा सकें तो उन वर्तमान काल की सतियों को भी हिंदू समाज से वही सम्मान मिलने लगेगा जैसे कि उनके प्राचीन काल के आदर्शों को मिलता था।" गाँधी ने कहा कि स्त्री-पुरुष बराबर हैं। स्त्रियों को पुरुषों के साथ स्वतंत्रता और स्वाधीनता पाने और ऊँचे से ऊँचे पद पर पहुँचने का अधिकार है। शिक्षित नहीं होने पर स्त्रियों को यह अधिकार नहीं मिलेगा, ऐसा दृष्टिकोण अन्यायपूर्ण है। शिक्षा से ज्यादा जरूरी बात अपनी स्थिति की चेतना है। स्त्री के पढ़ी-लिखी न होने पर पुरुष अपने बराबर उसका अधिकार न माने, यह ज्यादती है। फिर भी, स्त्रियों को शिक्षा मिलनी चाहिए। लेकिन यह जरूरी नहीं कि स्त्री-पुरुष दोनों को एक जैसी शिक्षा मिले। मौजूदा शिक्षा प्रणाली से स्त्री-पुरुष दोनों को दूर भागना चाहिए। अंग्रेजी की शिक्षा दोनों में से किसी के लिए भी जरूरी नहीं। स्त्रियाँ पढ़-लिखकर नौकरी या व्यवसाय करें, इसमें मेरा विश्वास नहीं है। गाँधी ने बाल-विवाह का विरोध किया और कहा कि छोटी उम्र की लड़की से विवाह करने वाले पुरुष को पहले उसे शिक्षित करना चाहिए, तब शारीरिक संपर्क करना चाहिए।

इस तरह गाँधी ने स्त्रियों के सवाल पर समझौतावादी रवैया अपनाया। बहुत-सी रूढ़ियों का समर्थन करते हुए उन्होंने स्त्रियों के अधिकारों का एक हद तक खुला समर्थन किया। इस समर्थन की विशेषता यह थी कि इससे पुरुषों का विरोध न था। इस तरह गाँधी ने नारीवादी दृष्टिकोण से नारी आंदोलन का समर्थन नहीं किया। उन्होंने स्वराज्य के राष्ट्रीय आंदोलन की जरूरतों की दृष्टि से नारी आंदोलन का समर्थन किया। गाँधी

के समर्थन से नारी आंदोलन को बहुत मदद पहुँची। इससे राष्ट्रीय आंदोलन में उनकी भागीदारी बढ़ी। 'स्त्री दर्पण' की संपादिका ने अपनी टिप्पणी में स्त्रियों के सवाल पर उमा नेहरू के दृष्टिकोण के मुकाबले गाँधी के दृष्टिकोण को सराहा।

गाँधी ने देश की जिन 85% स्त्रियों की बात कही, उनके बारे में प्रेमचंद गाँधी से बेहतर जानते थे। ये 85% औरतें भारत के देहातों की स्त्रियाँ थीं जिनकी प्रतिनिधि 'प्रेमाश्रम' की बिलासी है। बिलासी कष्ट और मुसीबतों से घिरकर भी जिस हिम्मत के साथ अपनी इज्जत की रक्षा के लिए लड़ती है, उसी हिम्मत के साथ ज़मींदार के अत्याचारों के खिलाफ़ भी लड़ती है। बिलासी जैसी लड़ने वाली स्त्रियों ने ही अवध के किसान आंदोलन में भाग लिया था। अवध के किसान आंदोलन में स्त्रियों की भागीदारी का पता बाबा रामचंद्र के नोट्स और डायरियों से चलता है। प्रतापगढ़ में किसान संगठन और आंदोलन खड़ा करने में झिंगुरी सिंह की पत्नी ने काफी मदद दी थी। रामचंद्र ने उनके योगदान का जिक्र करते हुए उन्हें 'सिंहनी' के रूप में याद किया।[77] सुल्तानपुर में किसान सभा के लिए किसानों का जुलूस गया। कई बैलगाड़ियाँ सजाई गईं, उन पर चारपाइयाँ बिछाई गईं और आगे-पीछे किसानों के हाथों में पताकाएँ थीं जिनमें लिखा था, हम नजराना न देंगे। हरी बेगारी न देंगे। भूसा पाती का गैर-कानूनी टैक्स न देंगे। इसी जुलूस में "चारपाइयों पर किसानों के घर की स्त्रियों के कई छोटे-छोटे लड़के-लड़कियों के झुंड दुख की आहों के मारे मुस्कुराते हुए देशी गान गाते हुए" चल रहे थे।[78] जिस साल 'प्रेमाश्रम' की रचना पूरी हुई, उसी साल के दिसंबर में अयोध्या में किसान सम्मेलन हुआ। किसान सम्मेलन के मंच पर जो किसान नेता बैठे थे उनमें पं. गौरीशंकर मिश्र और पं. माताबदल के साथ एक सीतादेवी भी बैठी थी।[79] सीतादेवी के बारे में और जानकारी नहीं मिलती, लेकिन इतना तो समझा ही जा सकता है कि वह यूँ ही किसान सम्मेलन के मंच तक न पहुँच गई होंगी। इस सम्मेलन में स्त्रियाँ बड़ी संख्या में आई थीं। जब किसान सम्मेलन से लौटने लगे तो उन्होंने बिना टिकट रेल में चढ़ने की जिद की। स्टेशन मास्टर से झड़प हुई और किसानों को रेल में चढ़ने से रोका गया। इससे एक हजार किसान-किसानिनों ने रेल की पटरियों पर लेटकर सत्याग्रह छेड़ दिया। उन पर इंजन के गर्म पानी का फव्वारा छोड़ा गया। और पुलिस ने लाठियाँ चलाईं। फिर भी, रामचंद्र ने लिखा कि "किसान-किसानिन अपने बालकों, नवयुवक-युवतियाँ, वृद्ध-वृद्धानी दूध पीते बालकों को छातियों पर चूचियों से मुँह लगाकर सैकड़ों दोनों रेल की पटरी पर" लेटी रहीं।[80] फैजाबाद की अकबरपुर और टांडा तहसीलों में महाजनों, बनियों और ज़मींदारों की कोठियों को लूट कर बैलगाड़ियों में माल लादकर ले जाने वाले किसानों के झुंडों में खेत मजदूरों की स्त्रियाँ बड़ी संख्या में शामिल रहती थीं।[81]

'प्रेमाश्रम' के स्त्री-चरित्रों की चेतना राष्ट्रीय आंदोलन में शामिल साधारण शिक्षित मध्यवर्गीय स्त्रियों की चेतना से काफी हद तक मेल खाती है। लेकिन बिलासी का शक्तिशाली व्यक्तित्व और उसकी चेतना अवध के किसान आंदोलन में शामिल किसान

औरतों के व्यक्तित्व और चेतना से इतना मेल खाती है मानो बिलासी ही उपन्यास से निकलकर किसान आंदोलन में शामिल हो गई हो।

नेतृत्व की विडंबना

'प्रेमाश्रम' में किसान अपना संघर्ष खुद चलाते हैं, लेकिन उनके मसीहा के रूप में प्रतिष्ठित होता है शिक्षित मध्यवर्ग। मानो यही घटना एक साल बाद अवध के किसान आंदोलन में अपने आप को दोहराती है जहाँ किसानों के नेता मोतीलाल नेहरू बन जाते हैं। अवध में संघर्ष के लिए किसानों को संगठित करने का काम स्थानीय किसान नेताओं ने किया था। झींगुरी सिंह, शाहदेव सिंह, माताबदल कोइरी, रघुनंदन, अमोल शर्मा, केदारनाथ और देवनारायण पांडे स्थानीय किसान नेता थे। फ़िजी टापू में कुलीप्रथा के अधीन मजदूरी करके लौटे बाबा रामचंद्र एक साधु के रूप में इनके बीच आए और किसानों के साथ एकाकार हो गए थे। इनका संघर्ष इनके अपने संगठन अवध किसान सभा के नेतृत्व में हुआ था। यह संगठन ऊपर से न बना था। प्रतापगढ़ जिले की पट्टी तहसील के रूरे गाँव में झींगुरी सिंह और उनके साथियों ने इसकी पहली इकाई संगठित की थी। बाबा रामचंद्र ने दूसरे जिलों में इसे फैलाया था। लेकिन जब अवध के किसानों के बीच थोड़े दिनों के लिए जवाहरलाल नेहरू आए तो वे इस किसान सभा के मंत्री बन गए। 1921 में जब किसान-संघर्ष फूट पड़ा, बाबा रामचंद्र बाराबंकी और लखनऊ के किसानों के बीच दौरा कर रहे थे। जब उन्हें रायबरेली में किसानों पर गोली चलने की खबर मिली तो वे रायबरेली जाने के लिए बेचैन हो उठे। खिलाफत आंदोलन के नेता मौलवी अब्दुल बारी ने उन्हें अपने घर में रोक लिया और तार देकर गाँधी और शौकत अली को बताया कि रायबरेली में क्या हो रहा है, रामचंद्र वहाँ लौटना चाहते हैं, क्या किया जाए? गाँधी और शौकत अली का जवाबी तार आया—रामचंद्र को वहाँ जाने से रोको। खुफिया पुलिस से रामचंद्र को बचाने का बहाना बनाकर अब्दुल बारी ने रामचंद्र को इलाहाबाद में मोतीलाल नेहरू के आनंद भवन में पहुँचा दिया। वहाँ, बाबा रामचंद्र के लिखे नोट के मुताबिक, मोतीलाल नेहरू ने उन्हें तीन हफ्तों तक नजरबंद रखा। इसी आनंद भवन में गौरीशंकर मिश्रा और पुरुषोत्तम दास टंडन के जरिए एक बैठक बुलाकर मोतीलाल नेहरू ने खुद को किसान सभा के अध्यक्ष के रूप में चुनवा लिया और किसान सभा का नाम बदल कर राष्ट्रीय यू. पी. किसान सभा रख लिया गया। मदन मोहन मालवीय ने 1918 से एक यू. पी. किसान सभा का गठन कर रखा था। युक्त प्रांत की कांग्रेस के अंदर मालवीय ग्रुप और नेहरू ग्रुप के बीच ठनी रहती थी। मालवीय गुप को मात देने के लिए नेहरू ग्रुप के हाथ में किसान सभा के रूप में एक नया मोहरा आ गया। संयुक्त प्रांत के इस बड़े रईस कांग्रेसी नेता द्वारा किसान सभा के नेतृत्व पर इस कब्जे की कार्रवाई से बाबा रामचंद्र दंग रह गए। खुलकर कुछ कह न सके। रामचंद्र ने लिखा : "इसका गूढ़ तत्त्व मैं जानता था। लेकिन किसानों से जाहिर नहीं किया।"[82]

लेकिन, शहरी उच्च मध्यवर्गीय नेता द्वारा गरीब और लड़ाकू किसानों के संगठन पर इस तरह कब्जा करने को रामचंद्र पचा न सके। मोतीलाल नेहरू न सिर्फ रईस थे, बल्कि ताल्लुकेदारों के वकील भी रहे थे। उनकी जायदाद और संपत्ति का आधार ताल्लुकेदारों के पक्ष में मुकदमे लड़कर कमाई गई दौलत थी। कोई आश्चर्य नहीं कि कुछ मुकदमे किसानों के खिलाफ हुए हों। रामचंद्र ने मोतीलाल को 'ताल्लुकेदारों का वकील' बताते हुए व्यंग्य से लिखा : "एक ओर वे ताल्लुकेदारों के वकील थे, दूसरी ओर किसान सभा के सभापति।"[83]

जवाहरलाल नेहरू और मोतीलाल नेहरू ने किसानों के लिए क्या किया था? जवाहरलाल एक-दो बार किसानों के बीच गए थे, भाषण देकर उन्हें उत्साहित किया था और उनके एक मुकदमे की पैरवी में मदद की थी। इसी ढंग का काम, पर इससे भी कम, मोतीलाल नेहरू ने किया था। निराला ने बहुत बाद में इस वर्ग के चरित्र के बारे में लिखा—

मैं देता कुछ, रख अधिक, किंतु जितने पेपर
सम्मिलित कंठ से गाते मेरी कीर्ति अमर

थोड़ा-सा देकर बहुत-कुछ रख लेने वाला शिक्षित उच्च मध्यवर्ग अवध के किसान आंदोलन का नेता वैसे ही बन बैठा जैसे वह 'प्रेमाश्रम' में बनता है।

मोतीलाल नेहरू के किसान सभा के अध्यक्ष बन जाने में वह गूढ़ तत्त्व क्या था जिसे रामचंद्र जानते थे, पर प्रकट नहीं किया? इसे प्रकट करते हुए बाद में उन्होंने लिखा : "...जान गया था कि अब स्वार्थी हल कायम होगा।—अब मान की लड़ाई में भिड़ना होगा। जानें जाएँगी। घर-बार, खेती-बाड़ी निकल जाएगी। पेड़ों के नीचे रहना भी मुश्किल होगा। मानी-धनी तुम्हारे बल पर आपस में लड़ेंगे। तुम्हारे असली दुख दूर होने में पंद्रह-बीस बरस लगेंगे क्योंकि कानूनी लड़ाई वाले हल खड़े हो गए हैं।"[84] आंदोलन के पतन के लिए रामचंद्र ने वकीलों और ऊँचे वर्गों के नेताओं की भूमिका को जिम्मेदार ठहराया। जिन शहरी राष्ट्रवादी नेताओं को वे आंदोलन में इसलिए लेकर आए थे कि अवध के किसानों का आंदोलन एक दिन भारत का भविष्य बन जाएगा, शुरू में कुछ उत्साह दिखाने के बाद उन नेताओं ने किसान संघर्ष से न सिर्फ मुँह मोड़ लिया, बल्कि उसकी निंदा भी की। रामचंद्र ने इस वर्ग के चरित्र के बारे में लिखा : "शिक्षित लोग तो स्वराज्य ले सकते हैं या माँग सकते हैं, लेकिन उनका पेशा सिर्फ चोरी और डकैती का है जैसा कि उन्होंने किसानों का इस्तेमाल अपने फायदे के लिए किया। किसानों को खुश करने के लिए वे जमींदार या सरकारी अफसरों को गालियाँ देंगे और उसके बाद अपनी मोटरगाड़ी में बैठकर चले जाएँगे।"[85]

रामचंद्र गलत नहीं थे। उच्च मध्यवर्गीय राष्ट्रवादियों ने किसान सभा पर कब्जा जमाया, लेकिन किसलिए? क्या किसान आंदोलन को आगे बढ़ाने के लिए? इसके उल्टे,

उन्होंने किसान आंदोलन को खत्म करने की कोशिशें कीं। उन्होंने अपने वर्गीय नेतृत्व में चल रहे राष्ट्रीय आंदोलन में किसानों को शामिल होने के लिए कहा, जिसमें किसानों के लिए चर्खा कातने, ताड़ी-शराब न पीने, सदा सच बोलने और कांग्रेस की सभाओं में जाने का कार्यक्रम था, पर सामंती शोषण-उत्पीड़न के खिलाफ संघर्ष का कोई कार्यक्रम न था।

1921 की दस फरवरी को गौरीशंकर मिश्र के कहने पर बाबा रामचंद्र काशी विद्यापीठ के उद्‌घाटन समारोह में गए। वहाँ पुलिस ने मंच पर आकर उन्हें गिरफ्तार कर लिया। रामचंद्र को जिस मंच पर से गिरफ्तार किया गया, वह कोई मामूली मंच नहीं था। उसी मंच पर जवाहरलाल नेहरू, मोतीलाल नेहरू जैसे कई बड़े राष्ट्रीय नेता बैठे हुए थे और कुछ ही समय में गाँधी वहाँ पहुँचने वाले थे। सामने दस हजार जनता मौजूद थी। रामचंद्र की गिरफ्तारी असाधारण थी। दस हजार लोगों के सामने, राष्ट्रीय नेताओं के बीच से एक लोकप्रिय किसान नेता को गिरफ्तार करके क्या पुलिस वहाँ हिंसा भड़काना चाहती थी? यह सवाल 'अभ्युदय' में कृष्णकांत मालवीय ने उठाया था। लेकिन ऐसी कोई हिंसा नहीं हुई। राष्ट्रीय नेताओं ने पुलिस से कोई बहस नहीं की। राष्ट्रीय नेताओं की मौजूदगी में दस हजार जनता भी अनुशासित बनी रही। गाँधी ने बाबा रामचंद्र की गिरफ्तारी को एक 'पवित्र कार्य' बतलाया। इसलिए वहाँ हिंसा भड़काना पुलिस का मकसद रहा भी हो तो, वह सफल नहीं हुआ। लेकिन घटना की एक दूसरी व्याख्या भी थी। जिस रामचंद्र को कुछ ही महीने पहले दस हजार किसानों की भीड़ ने प्रतापगढ़ जेल में पहुँचकर चौबीस घंटे के अंदर छुड़ा लिया था, क्या उस रामचंद्र को राष्ट्रीय नेताओं के सहयोग के बिना गिरफ्तार कर सकना संभव था? कृष्णकांत मालवीय ने यह संदेह भी प्रकट किया। बाबा रामचंद्र की डायरी इस शक को वाजिब करार देती है : "ताल्लुकेदारों के वकील पंडित मोतीलाल नेहरू ने जरूर महात्माजी से कहा होगा कि सहयोग आंदोलन या स्वराज्य हासिल करने का आंदोलन तब तक आगे नहीं बढ़ सकता जब तक किसान आंदोलन को भंग न किया जाए क्योंकि बाबा रामचंद्र के सामने दूसरा कोई नेता किसानों को प्रभावित नहीं कर पाता। उनकी गिरफ्तारी के बाद ही मैं (मोतीलाल) किसानों को असहयोग आंदोलन में ला सकूँगा।"[86]

रामचंद्र को आंदोलन के नेतृत्व से हटाकर ही मोतीलाल नेहरू जैसे शिक्षित उच्च मध्यवर्गीय नेता किसानों को अपने नेतृत्व में ला सकेंगे, रामचंद्र का यह यकीन सिर्फ किसी कटुता से उपजा नहीं लगता। उसकी पुष्टि गाँधी की भूमिका से होती है जब उन्होंने रामचंद्र की उपेक्षा कर मोतीलाल नेहरू को प्रतिष्ठित करने का प्रयत्न किया। 8 फरवरी, 1921 को गाँधी फैजाबाद आए जहाँ किसान आंदोलन जोरों से चल रहा था। गाँधी इस आंदोलन के पक्ष में न थे। उन्होंने किसानों के नाम 19 निर्देश जारी किए जिनके पालन करने का मतलब था व्यवहार में किसान आंदोलन को बंद कर देना। (देखिए, परिशिष्ट) गाँधी ने न सिर्फ किसानों से जमींदारों को लगान अदा करने के लिए

कहा, बल्कि विरोधियों के सामाजिक बहिष्कार जैसे अहिंसक कार्यक्रम को भी रोक देने के लिए कहा इन निर्देशों में पाँचवाँ बहुत महत्त्वपूर्ण था जिसमें गाँधी ने किसानों से कहा था कि ''अगर जमींदार के खिलाफ आपकी कोई माँग या शिकायत हो तो आप जाकर पंडित मोतीलाल नेहरू से कहिए और वे जैसा कहें, वैसा करिए।'' इसमें 'अगर' शब्द गौर करने लायक है। पर, इससे भी ज्यादा गौर-तलब बात यह है कि किसानों को मोतीलाल नेहरू के पास जाने के लिए कहा गया। यही बात गाँधी ने फैजाबाद में हुई किसानों की एक सभा में दोहराई कि मोतीलाल नेहरू और जवाहरलाल नेहरू बड़े आत्मबलिदानी हैं; उनके पास जाइए और वे जैसा कहें, वैसा कीजिए।

बाबा रामचंद्र खुद को असहयोगी मानते थे। विचारों में ही नहीं, कार्यों में भी। किसान आंदोलन के साथ-साथ स्वराज्य के लिए असहयोग आंदोलन का भी प्रचार करते थे। गाँधी के वे आजीवन भक्त रहे। आने वाले वर्षों में उन्होंने प्रतापगढ़ जिले में ही गाँव की एक कुर्मी लड़की (जग्गी, जो आज भी जीवित हैं और पट्टी तहसील के दाउदपुर गाँव के पास कुंडा देवस्थान में रहती हैं) से शादी कर ली और किसानों के बीच रहकर अपना सारा जीवन उन्हीं के संघर्षों में लगा दिया। लेकिन गाँधी ने बाबा रामचंद्र के नेतृत्व को दरकिनार कर, अवध के सारे स्थानीय किसान नेताओं को दरकिनार कर, किसानों को मोतीलाल नेहरू के पास जाने के लिए कहा यह किस बात का सबूत है?

ठीक दो दिन बाद बाबा रामचंद्र गिरफ्तार कर लिए गए।

कांग्रेस का उच्चमध्यवर्गीय नेतृत्व स्थानीय किसान संगठनों और आंदोलनों को अपनी विचारधारा और संगठन के नियंत्रण में लाने को उत्सुक था। इसका मुख्य कारण औपनिवेशिक शासन के खिलाफ राष्ट्रीय आंदोलन कों व्यापक बनाने की आवश्यकता थी। लेकिन बात इतनी ही न थी। साम्राज्यवाद के खिलाफ राष्ट्रीय संघर्ष चलता था तो साथ ही राष्ट्रीय आंदोलन के अंदर भी वर्ग संघर्ष चलता था। राष्ट्रीय आंदोलन का उच्चमध्यवर्गीय नेतृत्व संपत्तिशाली वर्गों के हितों की सुरक्षा करता था और इसके लिए वह मजदूर-किसानों के हितों को बलिदान करने के लिए राजी था। यही कारण है कि एक ओर वह साम्राज्यवाद के खिलाफ अपना आंदोलन व्यापक बनाने के लिए मजदूर-किसान संगठनों और आंदोलनों को अपने झंडे के नीचे लाता या उन पर कब्जा जमाता था, तो इसी के साथ-साथ, दूसरी ओर इन संगठनों पर कब्जा करके संपत्तिशाली वर्गों के हित में मजदूर-किसान आंदोलनों को झुकाता और तोड़ता भी था। असहयोग आंदोलन के दौर में हुए विभिन्न स्थानीय आंदोलनों और राष्ट्रीय आंदोलन के साथ उनके अंतःसंबंधों पर हाल के वर्षों में कई बारीक और विस्तृत अध्ययन हुए हैं जिनसे यह बात अच्छी तरह साबित होती दिखाई देती है।[87] गाँधी की अगुआई में उच्च मध्यवर्गीय राष्ट्रवादियों ने स्थानीय किसान नेताओं को कहीं भी कांग्रेस संगठन के अंदर जमने या आगे बढ़ने नहीं दिया। स्थानीय संगठन और आंदोलन में भी उन्हें प्रभावहीन और महत्त्वहीन बना देने की कोशिशें की गईं। यही चंपारन में हुआ, यही अवध में हुआ। भारत के दूसरे प्रांतों

में भी यही हुआ। कांग्रेस के अंदर रहकर भू-स्वामी वर्ग के खिलाफ संघर्ष चलाने वाले स्थानीय किसान नेताओं को अलगाव में ढकेला गया अथवा उन्हें संगठन के पदों से हटा दिया गया, हालाँकि वे कांग्रेस के प्रति निष्ठावान थे। कांग्रेस का यह चरित्र आज भी है, तब भी था। फिर भी, 1918-22 के राष्ट्रीय आंदोलन के दौरान किसान अपनी मुक्ति के लिए राष्ट्रवादी शिक्षित उच्च मध्यवर्ग की ओर ताक रहे थे और राष्ट्रीय आंदोलन में शामिल साधारण और निम्न मध्यवर्गीय बुद्धिजीवी भी, जो किसानों के हितैषी थे, उच्चमध्यवर्गीय नेतृत्व के हाथों किसानों की मुक्ति की उम्मीद रखते थे,–तो यह उनकी ऐसी मिथ्या चेतना थी जिसका आधार उस जमाने की वास्तविक परिस्थितियों में था जिसमें इस स्थिति का कोई विकल्प न था। नए गाँधीवादी नेतृत्व से पहला मोह भंग होने में अभी कुछ देर थी।

प्रेमचंद भी 'प्रेमाश्रम' में इसी शिक्षित राष्ट्रवादी मध्यवर्ग को किसानों के ऊपर प्रतिष्ठित करते हैं। प्रेमचंद राष्ट्रवादी वकीलों और जमींदारों की असलियत को जानते थे। वे किसानों के लिए नहीं लड़ रहे, यह आलोचना प्रेमचंद 'नया जमाना : पुराना जमाना' लेख में कर चुके थे। लेकिन प्रेमचंद की यह चेतना अभी तक सुसंगत न थी। फिर, 'नया जमाना : पुराना जमाना' में जिस राष्ट्रवादी नेतृत्व की आलोचना मिलती है, वह गाँधीवादी नेतृत्व नहीं है जिसकी नैतिक प्रभा ने प्रेमचंद में वैसे ही, नई आशाएँ जगा दी थीं जैसे उसने किसानों में और शिक्षित मध्यवर्ग के भी कई हिस्सों में जगाई थीं। 'प्रेमाश्रम' में किसानों की समस्या को राष्ट्रवादी शिक्षित मध्यवर्ग के नेतृत्व में सफलतापूर्वक हल होते दिखाकर प्रेमचंद अपने युग की मिथ्या चेतना को अभिव्यक्त करते हैं।

'प्रेमाश्रम' की परिणति

1918-20 के पूर्वी उत्तर प्रदेश के खेतिहर समाज के जिन अंतर्विरोधों का प्रेमचंद ने इतना सजीव और विश्वसनीय चित्र खींचा, उनकी वास्तविक परिणति 1920-22 में अवध के किसान आंदोलन में हुई थी। लाखों किसानों ने खुद को संगठित कर लिया और अपने शोषण के खिलाफ संघर्ष छेड़ा। उन्होंने ताल्लुकेदारों और ज़मींदारों की कोठियों पर हमले किए, उनके अनाज के भंडार लूट लिए, उनकी फसल काट ली और हजारों भुक्खड़ चमार, पासी, खेतिहर मजदूर लूट का वह सारा माल बैलगाड़ियों में भर-भरकर ले गए जो आज तक ज़मींदार और ताल्लुकेदार उनसे लूटते रहे थे। हजारों की संख्या में उन्होंने बिना टिकट रेल में सफर किया और अपने गिरफ्तार नेताओं को जेल और पुलिस के कब्जे से छुड़ा लिया। उन्होंने बनियों को कपड़ा और अनाज कम दाम पर बेचने को कहा और ज़मींदार-ताल्लुकेदारों को बेगार और रसद देने से इनकार कर दिया। कई इलाकों में किसानों की संगठित ताकत से डर कर ज़मींदार और ताल्लुकेदार शहर की ओर भाग गए और किसानों की सभाओं ने अपनी स्थानीय सत्ता कायम कर ली। अंग्रेजी राज ने अपने दलाल सामंत वर्ग की रक्षा के लिए किसानों को

गोलियों से भून दिया, उन पर जुल्म और आतंक की बाढ़ खोल दी और हजारों किसानों को पकड़कर जेलों में ठूँस दिया। इतनी लड़ाई लड़ने के बाद, अपना खून बहाकर, किसान सिर्फ बेदखली की दफा मंसूख करा सके। बस, और उन्हें कुछ नहीं मिला। अवध का किसान आंदोलन पूर्वी उत्तर प्रदेश के 1918-20 के किसान जीवन के यथार्थ और उसकी वास्तविक ताकत की स्वाभाविक परिणति थी। लेकिन 'प्रेमाश्रम' में परिणति इस रूप में नहीं होती। इसमें ज़मींदारी प्रथा से मुक्त एक गाँव तो कायम हो जाता है, लेकिन किसान आंदोलन को उठने से बचाकर। ज़मींदार-किसान का झगड़ा प्रेम और अहिंसा से सुलझ जाता है। बिना किसी संघर्ष के न सिर्फ बेदखली मंसूख हो जाती है, बल्कि पूरा रामराज्य आ जाता है।

'प्रेमाश्रम' की यह परिणति संयोग से उस युग में गाँधी के नेतृत्व में उठ रहे राष्ट्रीय आंदोलन की जरूरतों से मेल खा रही थी। प्रेमचंद ने 'प्रेमाश्रम' में जब यह परिणति दिखाई, उसके सिर्फ एक साल बाद गाँधी ने अवध के किसानों को निर्देश जारी किए कि वे ज़मींदारों-ताल्लुकेदारों के खिलाफ अपना आंदोलन रोक दें। गाँधी अवध में आए। उन्होंने ताल्लुकेदारों को यकीन दिलाया कि मेरा असहयोग आंदोलन विदेशी सरकार के खिलाफ है, आपके नहीं।[88] उन्होंने किसानों से कहा कि ज़मींदारों के जुल्म-अत्याचार को थोड़ा-बहुत सह लेना चाहिए क्योंकि ज़मींदार हमारे दुश्मन नहीं हैं।[89] गाँधी, जवाहरलाल नेहरू, मोती लाल नेहरू, मोहम्मद अली और शौकत अली ने अवध के इलाकों में घूम-घूमकर आंदोलनकारी किसानों के बीच सभाएँ कीं और भाषण दिए कि किसानों को अपना आंदोलन छोड़कर असहयोग आंदोलन में शामिल होकर स्वराज्य के लिए लड़ना चाहिए क्योंकि स्वराज्य से ही उनकी मुक्ति होगी।[90]

किसानों ने शिक्षित उच्च मध्यवर्गीय नेताओं की इन बातों को दिल से पसंद नहीं किया। ये बातें किसानों के अनुभवों और भावनाओं से मेल नहीं खाती थीं, न उनके वर्गहित में थीं। दिसंबर 1920 के आखिर में बाबा रामचंद्र के नेतृत्व में अयोध्या में जो किसान सम्मेलन हुआ था, उसमें तय हुआ था कि नागपुर के कांग्रेस अधिवेशन में दो प्रतिनिधि भेजे जाएँगे। ये प्रतिनिधि किसानों की ओर से कांग्रेस के सामने लगानबंदी का प्रस्ताव रखेंगे। कांग्रेस अपना जो भी फैसला देगी, उसे सुनने और उसके बाद का कार्यक्रम तय करने के लिए 15 जनवरी, 1921 को रायबरेली के ऊँचाहार में किसानों की सभा होगी। इस बीच रायबरेली में किसानों पर गोलियाँ चलीं और किसान आंदोलन भड़क उठा। इस हालत में घबराकर कांग्रेसी नेताओं ने ऊँचाहार की सभा को नहीं होने देने का फैसला किया। उन्होंने किसानों को खबर भिजवाई कि सभा नहीं होगी। लेकिन किसान सभा में जाना चाहते थे। कांग्रेसी नेताओं के निर्देश को उन्होंने 'सरकारी चाल' समझा और रेलों में बैठकर ऊँचाहार के लिए रवाना हो गए। मुंशीगंज फायरिंग के बाद भी किसानों का यह उत्साह बतलाता है कि किसान घबराए न थे और वे लगानबंदी आंदोलन चाहते थे। लेकिन नागपुर कांग्रेस ने लगानबंदी आंदोलन की इजाजत न दी।

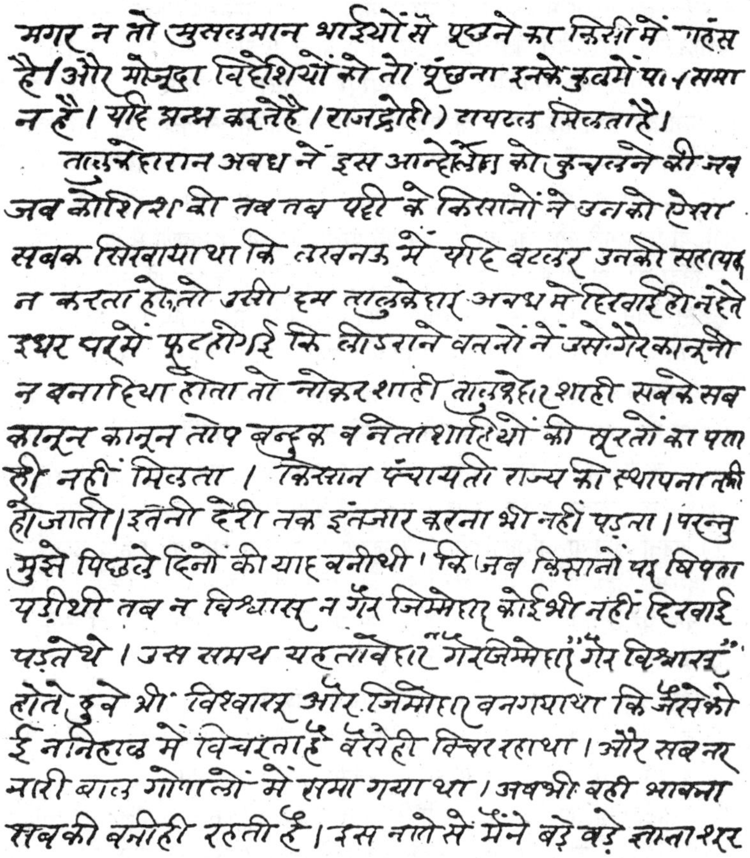
मगर न तो मुसलमान भाईयों से पूछने का किसी में साहस
है और मोजूदा विदेशियों को तो पूंछना इनके कुलमें पा। समा
न है। यदि प्रश्न करते है (राजद्रोही) रायटल मिलता है।
तालुकेदारान अवध ने इस आन्दोलन को कुचलने की जब
जब कोशिश की तब तब पट्टी के किसानों ने उनको ऐसा
सबक सिखाया था कि लखनऊ में यदि बटलर उनको सहायता
न करता होता तो उसी दम तालुकेदार अवध मे दिखाई ही न देते
इधर घर में फूट होगई कि लीडराने वतनों ने उसे गैरकानूनी
न बना दिया होता तो नौकरशाही तालुकेदारशाही सबके सब
कानून कानून तोप बन्दूक व नेताशाहियों की सूरतों का पता
ही नहीं मिलता। किसान पंचायती राज्य की स्थापना तभी
होजाती। इतनी देरी तक इंतजार करना भी नहीं पड़ता। परन्तु
मुझे पिछले दिनों की याद बनी थी। कि जब किसानों पर बिपता
पड़ी थी तब न विश्वासी न गैर जिम्मेदार कोई भी नहीं दिखाई
पड़ते थे। उस समय यह तालुकेदार "गैरजिम्मेदार" "गैर विश्वासी"
होते हुवे भी विश्वासी और जिम्मेदार बन गया था कि जैसे को
ई ननिहाल में विचरता है वैसे ही विचर रहा था। और सब नर
नारी बाल गोपालों में समा गया था। अब भी वही भावना
सबकी बनी ही रहती है। इस नाते से मैंने बड़े बड़े शास्त्र

बाबा रामचंद्र ने लिखा कि अगर राष्ट्रीय नेताओं ने किसान-आंदोलन का समर्थन किया होता तो किसान ताल्लुकेदारी प्रथा को उखाड़ फेंकते। अवध किसान आंदोलन से संबंधित बाबा रामचंद्र की हस्तलिखित पांडुलिपि का एक पृष्ठ।

—आर. सी. XI, रामचंद्र पेपर्स

ऊँचाहार की सभा में जा रहे किसानों को अब्दुल वारी और जंगीलाल चौरसिया ने खुद लखनऊ स्टेशन पर खड़े होकर वापस घर को भेजा। कांग्रेसी नेताओं के निर्देश के बावजूद बड़ी संख्या में किसान ऊँचाहार पहुँच गए थे। वहाँ मदन मोहन मालवीय और जवाहरलाल नेहरू जैसे नेताओं ने उन्हें सभा करने से रोका और वापस भेजा।[91] 27 जनवरी, 1921 को रायबरेली की अकबरपुर तहसील के गौहाना में 30-40 हजार किसानों की सभा हुई। सभा के मंच पर कांग्रेसी नेताओं का कब्जा था और अध्यक्ष जवाहरलाल नेहरू थे। सभा में किसानों की माँगें नहीं उठाई गईं। असहयोग आंदोलन और स्वराज्य के लिए प्रस्तावों के अलावा किसानों द्वारा ज़मींदार-ताल्लुकेदारों की कोठियों पर हमले और लूट के खिलाफ भी प्रस्ताव रखे गए। भाषणों में ब्रिटिश सरकार की निंदा की गई लेकिन ताल्लुकेदारों और ज़मींदारों के खिलाफ कुछ नहीं कहा गया। किसान बेचैन हो उठे और शोर मचाने लगे। अध्यक्ष ने भाषण बीच में रुकवाकर सभा पर काबू पाने के लिए हारमोनियम बजवाया। सबसे अधिक शोर तब हुआ जब किसानों से लूटपाट की निंदा और लूटपाट के शिकार ज़मींदारों के प्रति सहानुभूति प्रकट करने के लिए कहा गया।[92] जवाहरलाल ने किसानों को झिड़का कि किसानों के आंदोलन से स्वराज्य के उद्देश्य को धक्का पहुँचा है। उन्होंने किसानों को शर्म महसूस कराई और उन सबको हाथ उठाकर अपना गुनाह कबूलने को कहा जिन्होंने लूट-पाट में हिस्सा लिया था। दर्जनों खुफिया अधिकारियों की मौजूदगी में बहुत-से किसानों ने हाथ उठा दिए। जवाहरलाल नेहरू ने 12 साल बाद लिखा कि मुझे उनकी हालत पर बड़ा दुख हुआ और इस बात पर अफ़सोस होने लगा कि मैंने नाहक ही इन सीधे-भोले लोगों को लंबी-लंबी सजाएँ दिए जाने की हालत में ला दिया।[93] लेकिन 1921 में गाँधी जी की राजनीति से प्रभावित उच्च मध्यवर्गीय नेताओं का सत्याग्रही जोश ऐसा ही था। सभा की कार्रवाई नोट कर रहे खुफिया अधिकारियों ने दर्ज किया कि सभा से लौटते हुए किसानों ने कोई जै-जैकार नहीं की जो वे ऐसे मौकों पर अकसर किया करते थे।

राष्ट्रीय आंदोलन के गाँधीवादी नेतृत्व ने अवध के किसान आंदोलन को संगठित न किया था। किसान आंदोलन उनके नेतृत्व के बाहर स्थानीय किसान नेताओं द्वारा संगठित हुआ था। गाँधीवादी नेतृत्व ने उसका समर्थन भी नहीं किया। उन्होंने किसानों और ज़मींदारों के बीच कोई समझौता कराने की भी कोशिश नहीं की। अगर समझौता होता तो किसानों को कुछ माँगें छोड़नी पड़तीं, लेकिन तब ज़मींदार ताल्लुकेदारों को भी कुछ अधिकार छोड़ने पड़ते। ऐसे किसी समझौते की कोशिश गाँधीवादी नेतृत्व ने नहीं की। उसने जो किया वह खुल्लमखुल्ला किसान आंदोलन को घुटने टेकने पर मजबूर करना था। इसके पीछे उनकी समझ यह थी कि इससे स्वराज्य का आंदोलन आगे बढ़ेगा। इससे स्वराज्य का आंदोलन आगे कैसे बढ़ता? स्वराज्य का आंदोलन ज़मींदार-ताल्लुकेदारों के आगे घुटने टेकने से नहीं बल्कि उनके खिलाफ संघर्ष चलाने से आगे बढ़ता क्योंकि ज़मींदार और ताल्लुकेदार ब्रिटिश साम्राज्यवाद की ही शक्ति और

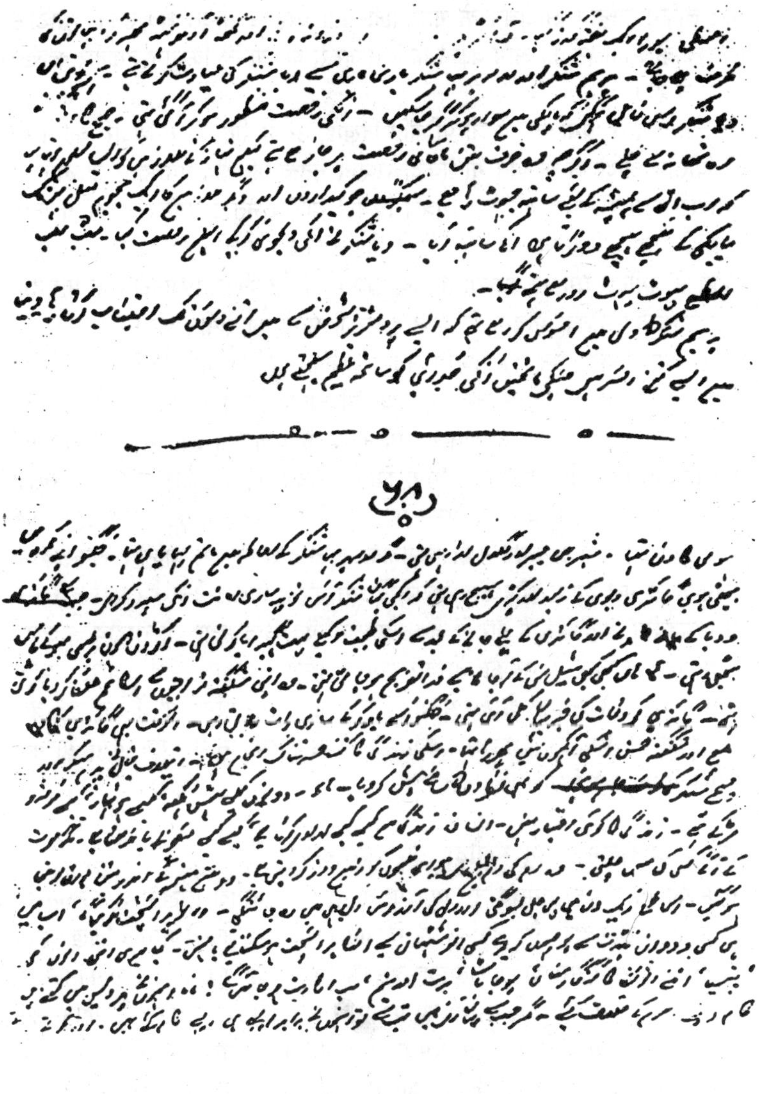

'प्रेमाश्रम' के उर्दू मसौदे का एक पृष्ठ

आधार थे। किसानों का आंदोलन वस्तुगत रूप से ब्रिटिश साम्राज्यवाद के खिलाफ जाता था। लेकिन राष्ट्रीय आंदोलन के गाँधीवादी नेता ऐसा न सोचते थे। उनकी दृष्टि से स्वराज्य के आंदोलन को आगे बढ़ाने के लिए जरूरी यह था कि किसान-ज़मींदार के बीच संघर्ष न हो।

प्रेमचंद ने 'प्रेमाश्रम' में जो परिणति दिखाई, उसके पीछे की समझदारी वह न थी जो किसान आंदोलन के प्रति गाँधीवादी राष्ट्रीय नेतृत्व की थी। प्रेमचंद ने उपन्यास में ज़मींदारी प्रथा से मुक्त गाँव का चित्रण किया। राष्ट्रीय नेतृत्व जमींदारी प्रथा से मुक्त गाँव की बात नहीं करता था। प्रेमचंद ने दिखलाया कि बोल्शेविज़्म की विचारधारा के प्रभाव से ज़मींदार वर्ग की आनेवाली पीढ़ी खुद ही संपत्ति की व्यवस्था को लात मार देगी और न्याय की नैतिक भावना से प्रेरित होकर किसानों को ज़मीन का मालिकाना सौंप देगी। स्वराज्य आंदोलन का राष्ट्रीय नेतृत्व ज़मींदार वर्ग से कोई ऐसी माँग भी नहीं करता था कि वह स्वेच्छा से ज़मींदारी प्रथा को त्यागकर ज़मीन किसानों को सौंप दे। इस हद तक 'प्रेमाश्रम' की परिणति राष्ट्रीय नेतृत्व के विचारों से जरा भी मेल नहीं खाती थी। लेकिन, किसानों की समस्या बिना किसान संघर्ष के, प्रेम और अहिंसा से सुलझ गई,—यह बात उच्च मध्यवर्ग के पसंद की थी। किसान समस्या की पृष्ठभूमि पर शुरू किया गया उपन्यास अनजाने में ही गाँधीवादी नेतृत्व द्वारा निरूपित राष्ट्रीय आंदोलन की राजनीति से मेल खाता और उसकी जरूरतें पूरी करता दिखाई देता है। यही कारण है कि असहयोग आंदोलन के दौर में जब 'प्रेमाश्रम' प्रकाशित हुआ, तो राष्ट्रीय आंदोलन में शामिल मध्यवर्ग ने उसका जोरदार स्वागत किया। 'प्रेमाश्रम' गाँधीवादी राष्ट्रीय आंदोलन के भारी प्रचारक के रूप में मान लिया गया। अगर 'प्रेमाश्रम' में अंत कुछ और होता (कटु संघर्ष के सिवा वह और क्या होता?) तो शायद उसे उस युग में वह मान्यता न मिलती जो उसे मिली।

राष्ट्रीय आंदोलन : उर्दू मसौदा और 'प्रेमाश्रम'

1918 की मई में जब प्रेमचंद ने 'प्रेमाश्रम' का मूल उर्दू मसौदा लिखना शुरू किया था तब उनके पीछे लड़ाई और चंपारन का किसान संघर्ष था। जब वे मसौदा लिख रहे थे तब देश में किसान समस्याओं, सत्याग्रह और बोल्शेविज़्म की गूँज थी। 1920 की फरवरी में उर्दू मसौदा पूरा हो गया। 1920 की फरवरी से लेकर 1921 के शुरू के महीनों तक प्रेमचंद इसकी हिंदी करते रहे। जब प्रेमचंद 'प्रेमाश्रम' के उर्दू मसौदे की हिंदी कर रहे थे, तब करीब-करीब एक साथ, लेकिन एक-दूसरे से स्वतंत्र, दो बड़े आंदोलनों ने उभरना शुरू किया—पूरे भारत में असहयोग आंदोलन और अवध में किसान आंदोलन। उर्दू मसौदे की हिंदी करते हुए प्रेमचंद ने उसमें कुछ नई बातें जोड़ दीं। जो बातें प्रेमचंद ने जोड़ीं, उनसे जाहिर होता है कि 1920-21 में प्रेमचंद उभर रहे किसान आंदोलन से उतना प्रभावित नहीं हुए जितना असहयोग आंदोलन से। क्योंकि जोड़ी गई बातों का संबंध

किसान आंदोलन से नहीं, असहयोग आंदोलन से था। किसान-समस्या से निकलकर प्रेमचंद बड़ी तेजी के साथ गाँधीवादी राष्ट्रीय आंदोलन की ओर जा रहे थे।

'प्रेमाश्रम' के मूल उर्दू मसौदे का एक हिस्सा इलाहाबाद म्यूज़ियम के सुमित्रानंदन पंत कक्ष में रखा हुआ है। इसे अमृतराय ने प्रेमचंद की कुछ कहानियों की पांडुलिपियों और नोटबुक के साथ म्यूज़ियम को दे दिया था। मसौदे के इस हिस्से में कुल 88 पन्ने हैं। यह 43 वें अध्याय से शुरू होकर आखीर तक यानी 71वें अध्याय तक है। आखिरी अध्याय 'खात्मा' शीर्षक से है जो हिंदी 'प्रेमाश्रम' में 'उपसंहार' है। हिंदी प्रेमाश्रम और उसके उर्दू मसौदे के अध्यायों में सात का फ़र्क है। यानी हिंदी का 58वाँ अध्याय उर्दू मसौदे में 65वाँ अध्याय है। लेकिन मसौदे में ही अध्यायों का यह फ़र्क सात से घटकर पाँच पर आ जाता है।

'प्रेमाश्रम' का मूल उर्दू मसौदा तीन कापियों में लिखा गया था। पहली कापी 114 पेज की थी। दूसरी 244 की और तीसरी 182 पेज की। इलाहाबाद म्यूजियम वाली पांडुलिपि तीसरी कापी है जो स्कूलों में चलनेवाली एक्सरसाइज कापियों जैसी ही है। तीन कापियों और उसके पृष्ठों का हिसाब-किताब खुद प्रेमचंद ने मसौदा पूरा करने के बाद आखिरी पेज पर पेंसिल से कर रखा है। आखीर में मसौदा शुरू करने की तारीख 2 मई, 1918 और खात्मे की तारीख 25 फरवरी, 1920 अंग्रेजी में दर्ज है। इस मसौदे की कापी में आखिरी अध्याय, जिसमें मायाशंकर अपनी ज़मींदारी से इस्तीफा देता है, के अधिकांश पन्ने गायब हैं। मसौदा कहीं नीली और कहीं काली रोशनाई में कलम से मुंशियाना अंदाज़ में इस कदर घसीट कर लिखा गया है कि प्रेमचंद के उर्दू ज़बादान बेटे अमृतराय को भी पढ़ते हुए पसीना छूटता है।[94]

हिंदी 'प्रेमाश्रम' का 63वाँ अध्याय, जिसमें प्रभाशंकर के ऊपर लदे कर्ज के रुपए चुकाने के लिए सोच में पड़े प्रेमशंकर को मायाशंकर अपने वज़ीफे का एक हिस्सा देने की तजवीज़ करता है, मूल उर्दू मसौदे में नहीं है। प्रेमचंद ने मायाशंकर और प्रेमशंकर के चरित्र को निखारने के लिए यह अध्याय हिंदी करते वक्त जोड़ दिया। मसौदे में प्रेमचंद ने 55वाँ अध्याय लिखना शुरू किया कि होली का दिन था। शहर में चारों तरफ अबीर और गुलाल उड़ रही थी—लेकिन प्रभाशंकर के घर पर मातम छाया हुआ था, आदि आदि। दस-पंद्रह पंक्तियाँ लिखकर प्रेमचंद ने यह अध्याय काट दिया। इसकी जगह दो अध्याय लिखे। एक में प्रभाशंकर के लड़कों तेजू और पद्मू की मंत्रसिद्धि के चक्कर में आत्मघात की कथा लिखी, दूसरे में बीमार दयाशंकर को देखने के लिए प्रेमशंकर और डॉ. प्रियनाथ के जाने का वर्णन किया। इसके बाद प्रेमचंद ने फिर वही अध्याय लिखना शुरू किया जिसकी 10-15 पंक्तियाँ लिखकर उन्होंने पहले काट दिया था। होली के दिन प्रभाशंकर के घर मातम छाये होने की वजह उनके लड़कों का आत्मघात ही था। पहले प्रेमचंद ने लड़कों के आत्मघात का चित्रण किए बिना यह मातमवाला अध्याय लिखना शुरू कर दिया था। इससे पता लगता है कि पहले प्रेमचंद

की योजना तेजू-पद्मू के आत्मघात को सिर्फ सूचित कर देने की थी। लेकिन उस किस्से में जो सिहरन थी उसे महसूस कराने के लिए उन्होंने उसका पूरा चित्रण करना तय किया। 'प्रेमाश्रम' का यह मूल उर्दू मसौदा अगर न होता तो हम यह कभी जान ही नहीं पाते कि 'प्रेमाश्रम' में प्रेमशंकर की पत्नी श्रद्धा का नाम प्रेमचंद ने पहले जुगनू रखा था। मूल उर्दू मसौदे में जुगनू नाम ही मिलता है। लेकिन न सिर्फ हिंदी 'प्रेमाश्रम' में बल्कि इसके प्रकाशित उर्दू रूप 'गोशाए आफियत' में भी प्रेमचंद ने श्रद्धा नाम रखा है।

लेकिन हमारे अध्ययन के लिहाज से ये परिवर्तन महत्त्वपूर्ण नहीं है। महत्त्वपूर्ण बात तो यह है कि 'प्रेमाश्रम' के आखिरी 28 अध्यायों को उर्दू से हिंदी करते हुए प्रेमचंद ने उसमें एक भी ऐसी बात नहीं जोड़ी जिसका संबंध किसान-समस्या या उभर रहे किसान आंदोलन से हो। किसान संघर्ष से संबंधित हिंदी 'प्रेमाश्रम' की दो मुख्य घटनाएँ मनोहर द्वारा कारिंदे की हत्या और फिर जेल में मनोहर की आत्महत्या—दोनों ही मूल उर्दू मसौदे में मौजूद हैं। इसके बजाय प्रेमचंद ने हिंदी करते हुए 'प्रेमाश्रम' के 42वें, 53वें, 60वें और 64वें अध्याय में ऐसी पंक्तियाँ जोड़ीं जो 1920-21 में उभर रहे असहयोग आंदोलन के बढ़ते असर को दिखलाती हैं।

मूल उर्दू मसौदे का 48वाँ अध्याय काउंसिल के सदस्य के रूप में ताल्लुकेदार राय कमलानंद के व्यक्तित्व और विचारों के वर्णन से शुरू होता है। प्रेमचंद लिखते हैं : "वो अब भी कौंसिल के मेम्बर हैं। इन अस्ना में दो बार इन्तेखाब हुए और दोनों बार कसरते राय उन्हीं के मुआफ़िक हुई। उनका रसूख ऐसा...[95] था कि उनके मुकाबले में आकर किसी को कामयाबी की उम्मीद नहीं हो सकती थी। हर एक उस हुक्काम से इत्तेफाक करना उनका शयार था। आवाज़ पर आवाज़ें कसते, उन पर जमनासाजी और कौमफरोशी का इल्ज़ाम रखते, पर उनके माथे पर ज़रा भी शिकन न आता था। वे कहते, जब अख्तियार हुक्काम के हाथ में है हमारा इख्तेलाफ़ या एतराज़ उसमें कोई तग़य्युर नहीं पैदा कर सकता तो इसकी क्या ज़रूरत है कि हम...हुक्काम की नज़रों में खार बनें।"

ऊपर का यह टुकड़ा मसौदे में लगातार है लेकिन इसकी हिंदी करते हुए प्रेमचंद ने इसे दो पैराग्राफों में तोड़ दिया और कुछ और पंक्तियाँ जोड़ दीं। मसौदे का ऊपरवाला टुकड़ा हिंदी 'प्रेमाश्रम' के 42वें अध्याय में इस तरह है और जो नई पंक्तियाँ प्रेमचंद ने जोड़ीं उन्हें मोटे टाइप में दिया जा रहा है, "वह अब भी सलाहकारी सभा के मेम्बर हैं। इस बीच में दो बार चुनाव हुआ और दोनों बार वही बहुमत से चुने गए। **यद्यपि किसान और मध्य श्रेणी के मनुष्यों को भी वोट देने का अधिकार मिल गया था, तथापि रायसाहब के मुकाबले में कौन जीत सकता था? किसानों के वोट उनके और उनके अन्य भाइयों के हाथों में थे और मध्य श्रेणी के लोगों को जातीय संस्थाओं में चन्दे देकर वशीभूत कर लेना कठिन न था।**

"राय साहब इतने दिनों तक मेम्बर बने रहे, पर उन्हें इस बात का अभिमान था कि मैंने अपनी ओर से कौंसिल में कभी कोई प्रस्ताव नहीं किया। वह कहते, मुझे

'प्रेमाश्रम' के उर्दू मसौदे के 69वें अध्याय का अंतिम पृष्ठ जिस पर खात्मे का निशान लगाए बिना प्रेमचंद ने छोड़ दिया। हिंदी करते वक्त प्रेमचंद ने इसमें सवा दो पेज और लिखे जिसमें प्रेमशंकर द्वारा कौंसिल में बेदखली से संबंधित प्रस्ताव न पेश कर सकने का जिक्र है।

खुशामदी टट्टू कहने में अगर किसी को आनंद मिलता है तो कहे; मुझे देश और जाति का द्रोही कहने से अगर किसी का पेट भरता है तो मुझे कोई शिकायत नहीं है, **पर मैं अपने स्वभाव को नहीं बदल सकता। अगर रस्सी तुड़ाकर मैं जंगल में अबाध्य फिर सकूँ तो मैं आज ही खूँटा उखाड़ फेंकूँ। लेकिन जब जानता हूँ कि रस्सी तुड़ाने पर भी मैं बाड़े से बाहर नहीं जा सकता, बल्कि ऊपर से और डंडे पड़ेंगे, तो फिर खूँटे पर चुपचाप खड़ा क्यों न रहूँ? और कुछ नहीं तो मालिक की कृपा-दृष्टि तो रहेगी? जब राजसत्ता** अधिकारियों के हाथों में है, हमारे **असहयोग** और असम्मति से उसमें कोई परिवर्तन नहीं हो सकता, तो इसकी क्या जरूरत है कि हम व्यर्थ अधिकारियों पर टीका-टिप्पणी करने बैठें और उनकी आँखों में खटकें?"[96]

रेखांकित पंक्तियों को प्रेमचंद ने उर्दू मसौदे की हिंदी करते समय जोड़ दिया। जोड़ी गई पंक्तियों का उद्देश्य उस ताल्लुकेदार का चित्र उभारना है जो काउंसिल का मेम्बर था और सरकार विरोधी आंदोलन से दूर रहता था। किसानों के वोट पर ताल्लुकेदारों का जीतना 1918-19 में शिक्षित मध्यवर्ग की एक मुख्य चिंता थी। राजेंद्र प्रसाद ने अपने 'मर्यादा' वाले लेख में इस सवाल को उठाया था। गणेश शंकर विद्यार्थी ने 17 मई, 1920 के 'प्रताप' में संपादकीय लिखा : नई कौंसिल। इसमें देहात के सभी किसानों को वोट देने के हक के सवाल पर विचार करते हुए उन्होंने लिखा था : "इससे गाँव वालों को हाल में कोई लाभ न होगा, ज़मींदार इस व्यवस्था से खूब फ़ायदा उठावेंगे।" इसके साथ ही प्रेमचंद ने राष्ट्रीय आंदोलन में शामिल मध्यवर्ग के उस हिस्से पर भी चुटकी ली जो चंदे के लिए ताल्लुकेदारों और ज़मींदारों के मुँहताज थे। लेकिन जोड़ी गई पंक्तियों में खास बात यह है कि यह राष्ट्रीय आंदोलन में असहयोग के प्रस्ताव से पैदा हुए झगड़े की सूचना देती है। गाँधी जी ने असहयोग आंदोलन में काउंसिलों के बहिष्कार का प्रस्ताव रखा था। इससे राष्ट्रीय आंदोलन के नेतृत्व में विवाद छिड़ गया। 1920 की 12 और 26 जुलाई को 'प्रताप' ने 'असहयोग का प्रश्न' और 'असहयोग आंदोलन' संपादकीय लेख लिखकर इस विवाद की चर्चा की : "असहयोग के विषय में, इस समय, देश में बड़ा मतभेद है। हमारे कुछ सहयोगी तो असहयोग-कम्प-ज्वर से पीड़ित मालूम होते हैं, पानी देखकर बावले कुत्ते के काटे हुए मनुष्य की जो दशा हो जाती है, असहयोग का नाम सुनकर इनकी वैसी ही दशा हो जाती है।" 4-9 सितंबर, 1920 को असहयोग के प्रस्ताव पर विचार करने के लिए कलकत्ते में कांग्रेस का विशेष अधिवेशन बुलाया गया। वहाँ जब गाँधी ने काउंसिलों के बहिष्कार का प्रस्ताव रखा तो काउंसिलों में जाने के समर्थक चित्तरंजन दास गरज उठे कि शासन में सुधार के रूप में काउंसिलें ब्रिटिश सरकार द्वारा दिए गए उपहार नहीं हैं। हमने अपने संघर्षों से उन्हें हासिल किया है। हम उनका इस्तेमाल पूर्ण स्वराज्य हासिल करने के लिए करेंगे। लेकिन राष्ट्रीय आंदोलन में शामिल पुराने नरमदलियों का एक हिस्सा ऐसा था जो सुधारों से बिल्कुल संतुष्ट था और अंग्रेजी राज के खिलाफ किसी भी बहिष्कार या असहयोग के

प्रस्ताव का कट्टर विरोधी था। काउंसिलों में किसानों के प्रतिनिधित्व का दावा करने वाले ज़मींदार-ताल्लुकेदार हर हालत में सरकार के साथ थे और शिक्षित मध्यवर्ग के सरकार-विरोधी हर प्रस्ताव के खिलाफ थे। प्रेमचंद जोड़ी गई पंक्तियों में असहयोग के प्रस्ताव से उठे विवाद की झलक देते हैं। उर्दू मसौदे में आए शब्द 'इख्तेलाफ़' का हिंदी तर्जुमा 'असहयोग' इस संदर्भ में गौरतलब है। 'इख्तेलाफ़' का मायने ठीक-ठीक असहयोग नहीं होता। 'मद्दाह' ने इसका अर्थ मतभेद, राय का इख्तिलाफ़; वैमनस्य, रंजिश, फूट, नाइत्तफ़ाकी, भिन्नता, अलग-अलग होना लिखा है।[97] ये सारे मायने असहयोग के इर्द-गिर्द के हैं। लेकिन असहयोग के नहीं। प्रेमचंद ने असहयोग आंदोलन के संदर्भ में ही हिंदी करते हुए इख्तेलाफ़ की जगह 'असहयोग' शब्द रख दिया। लेकिन इससे भी ज्यादा जोड़ी गई पंक्तियों का महत्त्व इस बात में है कि इनमें प्रेमचंद ने एक कलाकार की सहानुभूति के साथ एक सहयोगी के चरित्र को रखने की कोशिश की। एक सहयोगी, वैसा नहीं जैसा कि वह एक असहयोगी की नजर में दिखता है, बल्कि वैसा जैसा कि वह अपनी नज़र में है। असहयोगियों का सहयोगियों के प्रति जो भी तर्क रहा हो, लेकिन एक सहयोगी अपनी स्थिति को खुद अपने तर्क से कैसे समझाता था, प्रेमचंद ने इसे रखने की कोशिश की। इसी को ध्यान में रखते हुए 'प्रेमाश्रम' के पहले संस्करण की भूमिका लिखते हुए रामदास गौड़ ने लिखा था कि "प्रेमचंद जी यद्यपि असहयोगी हैं, तथापि उन्होंने विपक्ष के भावों को दरसाने में पक्षपात से काम नहीं लिया।"[98]

उर्दू मसौदे से हिंदी करते हुए कौंसिल के सवाल पर प्रेमचंद ने 'प्रेमाश्रम' के 64वें अध्याय में फिर जोड़ा। प्रेमशंकर और उसके शिक्षित उच्च मध्यवर्गीय दोस्त काउंसिल का चुनाव लड़ते हैं और जीत जाते हैं। जीतने वाले दूसरे ज्यादातर मेम्बर काउंसिल में पहुँचकर अपनी शांति में मग्न हो जाते हैं। उनकी जाति-हित की उमंग शांत हो जाती है। कोई अपने मुवक्किलों के सेवा सत्कार में, कोई अपने बही-खाते की देखभाल में और कोई सैर और शिकार में लीन हो जाता है। लेकिन प्रेमशंकर और उसके साथी काउंसिल की बहसों में जोश-खरोश के साथ शरीक होते हैं और अधिकारी वर्ग उनकी बातों को चुटकियों में नहीं उड़ा पाते। इतना वर्णन करने के बाद मूल उर्दू मसौदे में इस अध्याय को प्रेमचंद इस पंक्ति के साथ खत्म कर देते हैं : "अगर्चे डा. इरफ़ान अली इसमें सबसे मुमताज थे, मगर यह खुला हुआ राज था कि प्रेमशंकर इस जमात की रूहे-रवाँ हैं।"

मूल उर्दू मसौदे का 69वाँ अध्याय इस पंक्ति के साथ खत्म हो जाता है। लेकिन, हिंदी 'प्रेमाश्रम' में इस अंतिम पंक्ति के बाद भी अढ़ाई पेज और हैं जो प्रेमचंद ने हिंदी करते वक्त जोड़ दिए। मूल उर्दू मसौदे में 69वाँ अध्याय खत्म होने के बाद पन्ने पर आधा पृष्ठ जगह साफ बची हुई है। अध्याय के पूरा होने पर प्रेमचंद आमतौर पर कलम से कुछ फूल-पत्ती बनाकर या कलात्मक ढंग से लकीरें खींचकर अध्याय के खात्मे को दिखलाया करते थे। लेकिन इस अध्याय के अंत में उन्होंने ऐसा कुछ नहीं किया। इससे लगता है कि मूल उर्दू मसौदा लिखते समय भी उनके मन में इस अध्याय को यहीं खत्म

न कर कुछ और आगे बढ़ाने का ख्याल रहा होगा लेकिन वे उसे अंजाम न दे सके। हिंदी करते वक्त उन्होंने उसे आगे बढ़ाया। इसमें प्रेमचंद ने बाबू दीपक सिंह के बेदखली संबंधी प्रस्ताव के जवाब में मायाशंकर के किसानों के हक में लेख लिखने और इसके फलस्वरूप ज्ञानशंकर द्वारा मायाशंकर को प्रेमाश्रम से वापस बुला लेने का वर्णन किया है। जोड़े गए अढ़ाई पेज में महत्त्व की बात यह है कि इसमें प्रेमशंकर और उसके साथियों को काउंसिल में किसानों के हित में कोई भी प्रस्ताव लाने में असमर्थ दिखलाया गया है। उर्दू मसौदे में प्रेमशंकर की मित्र-मंडली को काउंसिल में बहुत सक्रिय और उत्साही दिखलाया गया था। हिंदी करते हुए प्रेमचंद ने उसमें जोड़ा, "इस तरह दो साल बीत गए और यद्यपि मित्र-मंडल ने सभा को मुग्ध कर लिया था, पर अभी तक प्रेमशंकर को अपना वह प्रस्ताव सभा में पेश करने का साहस न हुआ जो बहुत दिनों से उनके मन में समाया हुआ था और जिसका उद्देश्य यह था कि ज़मींदारों से असामियों को बेदखल करने का अधिकार ले लिया जाए।"[99] दो साल तक काउंसिल में प्रेमशंकर के मित्र-मंडल की उपलब्धि इतनी ही रही कि उन्होंने काउंसिल को अपने भाषणों से मुग्ध कर रखा। किसानों के हित का एक भी प्रस्ताव वे काउंसिल में रख न सके। काउंसिल स्वराज्य लाने का जरिया नहीं बन सकता। इससे प्रेमशंकर का चरित्र और भी कमजोर हुआ। प्रेमचंद दिखलाना चाहते हैं कि शिक्षित उच्च मध्यवर्ग के नेता काउंसिलों में जाकर भाषण तो अच्छा देते हैं, लेकिन किसानों के हित में कोई ठोस प्रस्ताव नहीं रखते। यह बात सही न थी। हृदयनाथ कुंजरू और तेज बहादुर सप्रू आदि काउंसिलों में जाने के समर्थक नेता काउंसिलों में किसानों के हित में महत्त्वपूर्ण प्रस्ताव रखते थे। हकीकत यह है कि भारतीय समाज में सुधार के उपायों की बात राष्ट्रीय आंदोलन में शामिल वही हिस्सा सबसे ज्यादा करता था जिसे राष्ट्रीय आंदोलन का दक्षिणपंथ कहा जाता है। सुधारों के लिए कोशिश करना इस हिस्से की राजनीति का स्वाभाविक अंग था क्योंकि यह अंग्रेजी राज के खात्मे के लिए नहीं बल्कि अंग्रेजी राज के कानूनों के बल पर सुधारों के लिए संघर्ष करता था। 1921 में अवध के किसान आंदोलन के दौरान इन दक्षिणपंथी नेताओं ने, खासकर हृदयनाथ कुंजरू और तेज बहादुर सप्रू ने यू. पी. काउंसिल में ताल्लुकेदारों का और सरकार का कड़ा विरोध करके उनके द्वारा रखे अवध रेंट एक्ट, 1921 की उन धाराओं में संशोधन करवाने की जबर्दस्त कोशिशें कीं जो धाराएँ किसानों के हितों के खिलाफ़ थीं। यही नहीं, इन नेताओं ने काउंसिल के बाहर भी किसानों के बीच सरकार द्वारा प्रस्तावित बिल के बारे में जागृति फैलाने और उसके किसान-विरोधी चरित्र के खिलाफ जनमत तैयार करने के लिए कई जगहों पर सभाएँ कीं। असहयोगियों ने इन सभाओं का विरोध किया और उनमें तोड़-फोड़ की क्योंकि उनकी राय में ये सभाएँ असहयोग आंदोलन के खिलाफ़ काउंसिलों के प्रति किसानों में विश्वास पैदा करने के लिए थीं।[100] इसलिए प्रेमचंद का यह दिखलाना सही न था कि काउंसिल में किसानों के हित में ठोस प्रस्ताव नहीं रखे जाते थे। समस्या यह नहीं थी। समस्या तो यह थी कि

वहाँ ठोस प्रस्तावों को सुनने वाला कोई नहीं था। काउंसिलों का सारा ढाँचा ऐसा था और उसके अंदर भू-स्वामीवर्ग का ऐसा बहुमत था कि किसानों के हित में रखे गए किसी भी प्रस्ताव का असफल होना तय रहता था। लेकिन प्रेमचंद काउंसिल में प्रेमशंकर की असमर्थता के कारण उसके ज़मींदार वर्ग से होने को दिखलाते हैं। इससे प्रेमशंकर का चरित्र और भी असंगतिपूर्ण हो जाता है क्योंकि वह ज़मींदार वर्ग को दलाल समझता है और अपनी इसी धारणा के मुताबिक उसने अपनी ज़मींदारी से इस्तीफ़ा भी दे दिया था।

1921 की तीन जनवरी को प्रेमचंद ने निगम के नाम खत में लिखा कि नाविल की हिंदी कर रहा हूँ। देश में असहयोग आंदोलन की आँधी चल रही थी। एक महीने बाद, 8 फरवरी को गाँधी गोरखपुर में आए। बीमार प्रेमचंद अपने बीवी बच्चों को साथ लेकर गाजी मियाँ के मैदान में गाँधी का भाषण सुनने गए। इससे ठीक एक हफ्ते बाद उन्होंने अपनी 21 बरस की सरकारी नौकरी पर लात मार दी। नौकरी छोड़कर चरखों का कारखाना खोला जो असहयोग आंदोलन के कार्यक्रम में था। इसके बाद राष्ट्रीय आंदोलन के प्रचार में हिंदी पुस्तक एजेंसी की 'असहयोग माला' के लिए 20 पन्नों का पैम्फलेट लिखा, 'स्वराज्य के फ़ायदे।' लेकिन यह सब करने से पहले असहयोग का प्रचार घुसाया 'प्रेमाश्रम' में। उर्दू मसौदे के 60वें अध्याय में शीलमणी जुगनू (श्रद्धा) से डिप्टी कमिश्नर ज्वालासिंह के इस्तीफे की लंबी चर्चा करती है। प्रेमचंद ने इसकी हिंदी करते वक्त इसमें असहयोग आंदोलन को जबर्दस्त ढंग से घुसा दिया। उर्दू मसौदे में शीलमणी कहती है : "अब तो इस्तीफा दे आए हैं और बाबू प्रेमशंकर के साथ रहना चाहते हैं। उनसे इन्हें बेइन्तिहा अक़ीदत है। पहले जब ये इस्तीफा देने का जिक्र करते थे तो मैं समझती थी काम से जी चुराते हैं, राजी न होती थी। लेकिन इन तीन सालों में मुझे खूब तजुर्बा हो गया कि इस मुलाज़िमत के साथ उसूलपरवरी का निबाह नहीं हो सकता। इस लड़ाई में सरकार ने रिआया से कर्ज लिया है मगर कहने को कर्ज है असल में जबरी टैक्स है। हुक्काम ने रियाआ पर तरह-तरह की सख्तियाँ कीं, तरह-तरह के दबाव डाले, यहाँ तक कि वे उन्हें अपने हल-बैल बेचने और जेवर गिरवी रखने पर मजबूर किया। बाबूजी ने अपने इलाके में किसी के साथ सख्ती नहीं की। कह दिया कि जिसका जी चाहे सरकार को कर्ज़ दे, जिसका न जी चाहे, न दे। नतीजा ये हुआ कि और इलाकों से तो लाखों रुपए वसूल हुए, इनके इलाके से बहुत कम रुपया मिला। इस पर हाकिमे जिला बहुत नाराज़ है। इनकी शिकायत कर दी। इनसे ये ओहदा छीन लिया गया **और आबकारी के महकमे में कोई जगह दे दी गई। वहाँ जाते ही इन्होंने शराब और गांजा-भंग की दुकानें, जो सड़कों पर थीं, बंद कर दीं। आमदनी में कमी हो गई। यहाँ भी उनकी शिकायत हुई और ओहदा तनज्जुल हो गया। पुलिस में डिप्टी सुपरिंटेंडेंटी की जगह मिली।** जब मैंने यह हाल देखा तो खुद ही उनसे इस्तीफा दिलवा दिया।"

इसकी हिंदी करते वक्त ऊपर की रेखांकित पंक्तियों को प्रेमचंद ने हटा दिया,

लेकिन कई नई पंक्तियाँ जोड़ दीं जो हिंदी 'प्रेमाश्रम' में शीलमणी के इस बयान में रेखांकित हैं :

"अब तो इस्तीफा देकर आए हैं और बाबू प्रेमशंकर के साथ रहना चाहते हैं। उन्हें इन पर असीम भक्ति है। पहले जब इस्तीफा देने की चर्चा करते तो समझती थी काम से जी चुराते हैं, राजी न होती थी, इन तीन वर्षों में मुझे अनुभव हो गया कि इस नौकरी के साथ आत्म-रक्षा नहीं हो सकती। **जाति के नेतागण प्रजा के उपकार के लिए जो उपाय करते हैं, सरकार उसी में विघ्न डालती है, उसे दबाना चाहती है। उसे भय होता है कि कहीं यहाँ के लोग इतने उन्नत न हो जाएँ कि उसका रोब न मानें। इसीलिए वह प्रजा के भावों को दबाने के लिए उसका मुँह बंद करने को नए नए कानून बनाती रहती है। नेताओं ने देश को दरिद्रता के चंगुल से छुड़ाने के लिए चरखों और करघों की व्यवस्था की। सरकार उसमें बाधा डाल रही है। स्वदेशी कपड़े का प्रचार करने के लिए दुकानदारों और ग्राहकों को समझाना अपराध ठहरा दिया गया है। नशे की चीजों का प्रचार कम करने के लिए नशेबाजों और ठेकेदारों से कुछ कहना-सुनना भी अपराध है।** अभी पिछले सालों जब यूरोप में लड़ाई हुई थी, तो सरकार ने प्रजा से कर्ज लिया। कहने को तो कर्ज था, पर असल में जरूरी टैक्स था। अधिकारियों ने दीन-दरिद्र प्रजा पर नाना प्रकार के अत्याचार किए, तरह-तरह के दबाव डाले, यहाँ तक कि उन्हें अपने हल-बैल बेचकर सरकार को कर्ज देने पर मजबूर किया। **जिसने इनकार किया उसे या तो पिटवाया या कोई झूठा इल्जाम लगाकर फँसा दिया।** बाबूजी ने अपने इलाके में किसी के साथ सख्ती नहीं की, कह दिया, जिसका जी चाहे कर्ज दे, जिसका न जी चाहे न दे। नतीजा यह हुआ कि और इलाकों से तो लाखों रुपए वसूल हुए इनके इलाके से बहुत कम मिला। इस पर जिले के हाकिम ने नाराज़ होकर इनकी शिकायत कर दी। इनसे यह ओहदा छीन लिया गया, दर्जा घटा दिया। जब मैंने यह हाल देखा तो आप ही जिद्द करके इस्तीफा दिलवा दिया।"[101]

असहयोग आंदोलन की पुकार पर हजारों लोग सरकारी नौकरियाँ छोड़ रहे थे। 1920 से पहले लिखे गए उर्दू मसौदे में ज्वाला सिंह डिप्टी कमिश्नरी से हटाए जाने पर पुलिस सुपरिंटेंडेंट बनता है। उसके बाद इस्तीफा देता है। लेकिन हिंदी करते वक्त प्रेमचंद ने एक ही बार में उसे नौकरी से इस्तीफ़ा दिलवा दिया। यह असहयोग आंदोलन का असर था। जब प्रेमचंद को नौकरी से इस्तीफा देने में सिर्फ़ एक हफ्ता लगा तो ज्वाला सिंह को तीन साल अब क्यों लगते?

शीलमणी के बयान में जोड़ी पंक्तियों में प्रेमचंद ने नशीले पदार्थों, स्वदेशी और चर्खे के बारे में जो कुछ लिखा, वह असहयोग आंदोलन के रचनात्मक कार्यक्रम में था। गोरखपुर आने से सिर्फ दो दिन पहले 8 फरवरी को गाँधी ने फैजाबाद में अवध के किसानों के नाम जो 19 सूत्री निर्देश जारी किए थे, उनमें से 10वाँ नशीले पदार्थों को छोड़ने, 17वाँ चर्खा कातने और 10वाँ स्वदेशी कपड़े पहनने के बारे में था। चर्खे का

प्रचार कांग्रेस की कार्यकारिणी समिति का एक मुख्य कार्यक्रम था। 30 जून, 1921 तक कांग्रेस ने 20 लाख चर्खे लगवाने का अभियान छेड़ रखा था।

शीलमणी का जितना बयान ऊपर उद्धृत किया गया, उसके आगे भी प्रेमचंद ने कुछ पंक्तियाँ जोड़ीं जो मूल उर्दू मसौदे में न थीं। सरकारी नौकरी को छोड़ने के राष्ट्रवादी तर्क को शीलमणी दुहराती है कि सरकारी नौकरी में हम प्रजा के ऊपर जुल्म करते हैं लेकिन इससे लाभ किसको होता है? शीलमणी कहती है : **"भला तो होता है सरकार का, रौब और बल तो उसका बढ़ता, जेब तो अंग्रेज व्यापारियों की भरती हैं और पाप के भागी होते हैं यह पेट के बन्दे नौकर, यह स्वार्थ के दास अधिकारी...।"** [102] इस तर्क का निष्कर्ष है : सरकारी नौकरी छोड़ दो। हिंदी 'प्रेमाश्रम' में शीलमणी का यह बयान अपने वक्त के असहयोग आंदोलन का दस्तावेज बन गया, जैसा वह मूल उर्दू मसौदे में न था।

चर्खे पर सूत कात कर कर्घे पर स्वदेशी कपड़े बुनने की बात प्रेमचंद ने एक और अध्याय में भी डाल दी। हिंदी 'प्रेमाश्रम' के 60वें अध्याय में प्रियनाथ दयाशंकर के थाने में चौकीदारों से बातचीत करता है। चौकीदार और मुंशी कहते हैं कि वे प्रजा पर जुल्म इसलिए करते हैं क्योंकि उनकी तनख्वाह कम है जिसमें उनके घर की गुजर-बसर नहीं होती। सरकारी नौकरी के कायदे बड़े सख्त हैं। सरकारी मुलाजिम रहते कोई और पेशा करने की मनाही है। स्वराज्यवादी प्रेमशंकर का चेला बन गया डॉ. प्रियनाथ सिपाहियों से कहता है : **"यह आपकी गलती है। आपको फुर्सत के वक्त कपड़े बुनने या सूत कातने या कपड़े सीने से कोई रोक नहीं सकता। हाँ, सरकारी काम में हर्ज न होना चाहिए।** आप लोगों को अपनी हालत हाकिमों से कहनी चाहिए।"[103]

यहाँ सरकारी नौकरी छोड़ने के लिए इसलिए नहीं कहा गया कि इससे ऐसे हज़ारों गरीब सिपाहियों को रोज़गार देने की एक और समस्या खड़ी हो जाएगी। गाँधीवादी राष्ट्रीय नेतृत्व के पास अपने कार्यक्रम से पैदा होने वाली ऐसी समस्याओं का हल न था। लेकिन गरीब सरकारी मुलाजिम नौकरी नहीं छोड़ने पर भी चरखे और करघे के कार्यक्रम पर अमल तो कर ही सकते हैं। हालाँकि उस वक्त सरकार की निगाह में चर्खों और कर्घों को चलाना भी सरकार विरोधी राजनीतिक कार्रवाई थी। असहयोग आंदोलन के दौरान पुलिस ने हजारों लोगों के घरों और दुकानों में घुसकर उनके चरखों और करघों को तोड़ डाला था। मूल उर्दू मसौदे में ऊपर की रेखांकित पंक्तियाँ न थीं। उसमें प्रियनाथ सिर्फ इतना बोलकर रह जाता है कि "आप लोगों को अपनी हालत हाकिमों से कहनी चाहिए।"

1920-21 में हिंदी प्रदेश में राष्ट्रीय आंदोलन और किसान आंदोलन दोनों चल रहे थे। इस दौर में प्रेमचंद ने 'प्रेमाश्रम' के उर्दू मसौदे की हिंदी करते हुए राष्ट्रीय आंदोलन का असर लिया और नई पंक्तियाँ जोड़ीं। किसान आंदोलन का असर 'प्रेमाश्रम' के हिंदी रूप में नहीं आया। 1922 में जब 'प्रेमाश्रम' छपा तो लोगों ने उसे राष्ट्रीय आंदोलन के राजनीतिक उपन्यास के रूप में ग्रहण किया।

पाठकीय समीक्षा

1922 के मार्च या अप्रैल में महावीर प्रसाद पोद्दार की हिंदी पुस्तक एजेंसी, कलकत्ता, से 'प्रेमाश्रम' प्रकाशित हो गया।

'प्रेमाश्रम' का प्रकाशन हिंदी साहित्य की एक ऐतिहासिक घटना थी। उस जमाने में हिंदी पर बंगला साहित्य का रौब छाया हुआ था। 'सरस्वती' जैसी हिंदी की प्रतिनिधि पत्रिका में बंगला उपन्यासों के विज्ञापनों की धूम थी। हिंदी की अपनी उपन्यास परंपरा में राधाचरण गोस्वामी के 'लंदन रहस्य' जैसे उपन्यासों का चलन था। 'सेवासदन' हिंदी में एक नई चीज थी, लेकिन उर्दू में वैसे उपन्यास बहुत थे और शायद उससे बढ़कर। लेकिन 'प्रेमाश्रम' जैसा उपन्यास न हिंदी में था न उर्दू में। 1922 में प्रेमचंद की लिखकर तारीफ करने वाले गिने चुने दो-तीन लेखकों में एक रघुपति सहाय ने 'प्रेमाश्रम' के छपने पर लिखा : ''देशी भाषाओं के इतिहास में विशेषकर हिंदी साहित्य के इतिहास में 'प्रेमाश्रम' का प्रकाशित होना एक स्मरणीय घटना है।''[104]

'प्रेमाश्रम' की पहली समालोचना बनारस के दैनिक 'आज' के 11 और 12 मई (1922) के अंकों में दो किस्तों में छपी। इसी महीने में उसकी दूसरी समीक्षा जबलपुर की 'श्री शारदा' में छपी। साहित्य की दुनिया में अपने नए उपन्यास के इस स्वागत से प्रेमचंद को संतोष हुआ। खुशी से उन्होंने 31 मई, 1922 को निगम को खत में लिखा : ''मेरा नया नाविल भी शाया हो गया। अच्छे रिव्यू हो रहे हैं।''[105] तीसरी समीक्षा 'सरस्वती' के जून अंक के पुस्तक-परिचय स्तंभ में छपी।

'प्रेमाश्रम' की सबसे लंबी समालोचना 'प्रभा' के जुलाई, 1922 के अंक में रघुपति सहाय ने लिखी। पश्चिमी आलोचना के ढंग पर लिखी गई इस प्रभावशाली आलोचना ने प्रेमचंद पर ऐसे विवाद को जन्म दिया जो 'प्रभा' के अंकों में करीब साल भर तक चलता रहा। 'प्रेमाश्रम' की एक और महत्त्वपूर्ण समालोचना जुलाई, 1922 की 'माधुरी' में कालिदास कपूर ने लिखी। उस जमाने में प्रेमचंद के साहित्य के समर्थन में लिखने वालों में तीन ही नाम मुख्य थे, रघुपति सहाय, कालिदास कपूर और रामदास गौड़। ये लोग हिंदी साहित्य के दिग्गज न थे, पर हिंदी आलोचना में प्रेमचंद का साथ देने वाले लेखक यही लोग थे। रामदास गौड़ ने 'प्रेमाश्रम' की भूमिका के रूप में 'अनुवचन' लिखा था जो 'प्रेमाश्रम' के पहले संस्करण में छपा। 'प्रेमाश्रम' की एक समीक्षा 'हिंदी नवजीवन' में हरिभाऊ उपाध्याय ने लिखी। 'प्रेमाश्रम' पर समालोचनाएँ लिखने का दौर उसके प्रकाशन के साथ ही शुरू हुआ और साल गुजर जाने के बाद भी खत्म न हुआ। इन समालोचनाओं की धूम ऐसी मची कि 'प्रेमाश्रम' के विज्ञापन में इसी मुद्दे को प्रचार का आधार बनाया गया। तीन सितंबर, 1923 के 'आज' के मुखपृष्ठ पर 'प्रेमाश्रम' का जो विज्ञापन छपा वह इस पंक्ति से शुरू होता है : ''यह वही उपन्यास है जिस पर अभी तक हिंदी पत्रों में बराबर आलोचनाएँ निकल रही हैं।''

'प्रेमाश्रम' को अपने जमाने में असाधारण लोकप्रियता मिली। 'प्रेमाश्रम' को बाजार में आए अभी सिर्फ तीन ही महीने गुजरे थे कि उसकी एक हजार प्रतियाँ बिक गईं। यह सूचना प्रेमचंद ने 14 जुलाई, 1922 के खत में निगम को दी। फिर अढ़ाई महीने बाद यह खबर दी : "आपको यह सुनकर खुशी होगी कि 'प्रेमाश्रम' की 1200 जिल्दें निकल गईं।" इसके बाद यह महत्त्वपूर्ण सूचना : "अब दूसरे एडीशन की तैयारी है।"[106] प्रथम प्रकाशन के सिर्फ छह महीने के अंदर उपन्यास के दूसरे एडीशन की तैयारी! यह हिंदी साहित्य की ऐसी असाधारण घटना थी जो पहले कभी न हुई थी और शायद बाद में भी न हुई। जुलाई, 1923 की 'माधुरी' में 'प्रेमाश्रम' के दूसरे संस्करण के प्रकाशन की घोषणा छपी। यानी सिर्फ एक साल बाद दूसरा संस्करण भी छप गया। 23 सितंबर, 1923 के 'आज' के जिस विज्ञापन का जिक्र ऊपर हुआ, उसी में यह भी लिखा था : "पुस्तक की सुंदरता इसी से समझ लें कि एक ही वर्ष में दूसरा संस्करण छप गया है।" पहले संस्करण पर छप रही समालोचनाओं का दौर अभी खत्म भी न हुआ था और दूसरा संस्करण छप गया। इसके चार साल बाद सितंबर, 1927 तक 'प्रेमाश्रम' का मराठी अनुवाद निकल गया।

साहित्य की दुनिया में 'प्रेमाश्रम' की इस बेजोड़ सफलता और लोकप्रियता का कारण क्या था?

'प्रेमाश्रम' में प्रेमचंद ने स्वराज्य के राष्ट्रीय आंदोलन के परिप्रेक्ष्य में किसानों के सवाल को उठाया था। स्वराज्य के आंदोलन में शामिल शहर के शिक्षित निम्न और साधारण मध्यवर्ग का एक बड़ा हिस्सा किसानों का हितैषी था। यही वह वर्ग था जो राष्ट्रीय आंदोलन का मुख्य आधार था। 'प्रेमाश्रम' का स्वागत इसी वर्ग ने किया। 'प्रेमाश्रम' इस वर्ग की राजनीतिक-सामाजिक दृष्टि का प्रतिनिधित्व करता था।

इस वर्ग ने 'प्रेमाश्रम' के कलात्मक संसार में अपने वास्तविक संसार को और भी अच्छी तरह देखा और पहचाना। रघुपति सहाय ने 'प्रेमाश्रम' में उठाए गए 'अत्यंत आवश्यक प्रश्न' की सराहना करते हुए लिखा कि "प्रेमचंद जी ने लखनपुर वालों की दुर्दशा का जो वर्णन किया है उसको साढ़े सात लाख से गुणा कर दीजिए तो आपको भारत के साढ़े सात लाख ग्रामों की विपत्ति का अनुभव हो जाएगा और उसकी सीमा मालूम हो जाएगी। नगर निवासियों के हाथों किसानों की क्या गति हो रही है, ज़मींदार प्रथा ने किसानों की जिंदगी को पुलिस, ज़मींदारी और अदालत के शिकंजों में किस तरह जकड़ दिया है, ज़मींदारी प्रथा किस तरह किसानों का खून चूस रही है, नागरिक जीवन और ग्राम्य जीवन के टकराने से कैसी दर्द भरी आवाज़ निकल रही है, किसानों का आत्मसम्मान किस तरह ठुकराया जा रहा है, देश में कैसी भीषण चिनगारियाँ उड़ रही हैं, कैसी आग लगी हुई है, इस अति महत्त्वपूर्ण, अति जटिल और अत्यंत हृदयाकर्षक प्रश्न को लेखक ने अपने अद्वितीय ढंग से पेश किया है।"

नागरिक जीवन और ग्राम्य जीवन की टकराहट स्वराज्य आंदोलन में किसानों के सवाल पर उच्च मध्यवर्गीय नेतृत्व के साथ किसानों और उनके हितैषी मध्यवर्गीय बुद्धिजीवियों के अंतर्विरोधों में भी प्रकट हो रही थी। 'प्रेमाश्रम' की प्रशंसा करने वाले पाठक-आलोचक इस अंतर्विरोध में किसके पक्ष में थे, यह रघुपति सहाय की इस समालोचना से जाहिर है। 'प्रेमाश्रम' का मूल प्रश्न अंग्रेजी राज के अधीन प्रजा का खून चूसने वाली थोपी गई ज़मींदारी प्रथा की कलई खोलना और उसको मिटा कर फिर से किसानों के अधिकारों को बहाल करने का है। इस प्रश्न को पकड़ कर रघुपति सहाय ने लिखा : "इसी महत्त्वपूर्ण प्रश्न की व्याख्या में 'प्रेमाश्रम' है। प्रेमचंद जी ने किसानों के लिए वही काम किया है जो मैक्सिम गोर्की के उपन्यासों ने बोल्शेविज़्म के सिद्धांतों के लिए किया और जार्ज इलियट के 'मिडल मार्च' ने इंग्लिस्तान के कार्न लॉ (Corn Law) के लिए किया था।"

रघुपति सहाय ने 'प्रेमाश्रम' के प्रसंग में देश में उड़ रही 'भीषण चिनगारियों' का जिक्र किया। कालिदास कपूर ने लिखा कि साधारणतः उपन्यासों में सुंदर प्रकृति चित्रण, राजमहल, राजकुमार और राजकुमारियाँ होती हैं। यहाँ सुक्खू चौधरी, बलराज, रबी की फसल, नौकरी और साम्यवाद को कौन पूछता है? बड़े-बड़े राजमंदिरों, किलों और उनके तिलस्मों के मुकाबले में बेचारे लखनपुर या हाजीपुर के झोंपड़ों को कौन देखता है? फिर देश में उड़ी उन 'भीषण चिनगारियों' को याद किया जिन्होंने देश के राजनीतिक नक्शे में इन किसानों के झोंपड़ों को महत्त्वपूर्ण बना दिया था : "शायद किसी और समय देहात और बेगार, मुकदमेबाजी और नौकरी के प्रश्न इतने रुचिकर नहीं होते, पर यह उपन्यास सन् 1921 का लिखा हुआ है। और, उस वर्ष के अंदर जितना आंदोलन और राजनीतिक ज्ञान देहातों में पहुँच गया, उतना शायद ही साधारणतः 50 वर्षों में पहुँचता।" 50 वर्षों में आने वाला ज्ञान 1921 के सिर्फ एक साल में देहातों में पहुँच गया था। ऐसी थी देश में उड़ी भीषण चिनगारियाँ जिनकी आँच में 'प्रेमाश्रम' का कलात्मक संसार तपा था।

रघुपति सहाय ने 'प्रेमाश्रम' में ज़मींदार और उसके दमनकारी गिरोह के बारे में लिखा : "ज्ञानशंकर एक असाधारण स्वार्थी और कुटिल मनुष्य है लेकिन गौस खाँ, बिंदा महाराज, करतार सिंह और फ़ैजुल्लाह किस गाँव में नहीं हैं।" इस पर 'प्रभा' के संपादक गणेश शंकर विद्यार्थी ने फुटनोट में टिप्पणी लिखी : "खोजने पर अपने आस-पास हमें अनेक ज्ञानशंकर भी मिल जाएँगे।" गणेश शंकर विद्यार्थी ने अवध के किसान आंदोलन में मुंशीगंज फायरिंग के डायर ताल्लुकेदार वीरपाल सिंह के खिलाफ मुकदमा लड़ा था और जेल की सजा भुगती थी। वीरपाल सिंह के पूर्वजों को गदर में अंग्रेजी राज की सेवा के बदले ताल्लुकेदारी मिली थी। वीरपाल सिंह ने ब्रिटिश पुलिस के साथ मिलकर किसानों पर गोलियाँ चलाई थीं। अवध में वीरपाल सिंह जैसे ताल्लुकेदारों की कमी न थी। 'प्रभा' के संपादक को वास्तविक समाज में ज्ञानशंकरों को खोजने में दिक्कत न हुई।

प्रभाशंकर के बारे में रघुपति सहाय ने लिखा : ''लाला प्रभाशंकर का चरित्र-चित्रण करके लेखक ने वर्तमान सभ्यता, नई रोशनी से ठीक पहले जैसे हिंदुस्तानी बुजुर्ग होते थे, उसका एक नमूना पेश किया है।'' 1922 में किसानों के सवालों पर सोचने-समझने वाले लोग देहात के पुराने और नए ढंग के ज़मींदारों का फ़र्क समझते थे और ब्रिटिश राज के साथ इस परिवर्तन का संबंध जोड़ते थे। कालिदास कपूर ने प्रभाशंकर जैसे पुराने ढंग के ज़मींदारों के बारे में लिखा कि उन्हें अभी पाश्चात्य सभ्यता की हवा न लगी थी। वे अभ्यागतों के सम्मान में अपनी इज़्ज़त समझते थे और अपने असामियों से सहानुभूति रखते थे। उन्हें अदालत जाते डर लगता था। ऐसे समय जमींदार भी सुखी थे और उनके किसान भी। इसके बाद कपूर ने लिखा : ''परंतु इधर पश्चिमी सभ्यता का आगमन हुआ। जिन ज़मींदारों के पुरखे बहेली पर सवार होते थे, घुटनों के ऊपर तक धोती और चार आने की सिलाई का अंगरखा या मिर्जई पहनते थे, उनकी संतानों के लिए मोटर की सवारी, लंबी रेशमी किनारे की धोती और साहबी ठाठ चाहिए। देहात की उन्नति कौन करता है? इज़ाफा और बेदखली का अत्याचार होना आवश्यक था।''

बलराज के बारे में कपूर ने लिखा : ''उसमें जो स्वतंत्रता है, वह किसी में नहीं,—यदि परिस्थितियाँ प्रतिकूलन हुईं तो वह भविष्य का बोल्शेविक होगा।''

प्रेमशंकर के चरित्र में गाँधी की छाया उस ज़माने में भी बहुतों को दिखी थी। 'आज' में 11-12 मई को समालोचना पर प्रतिक्रिया के रूप में लिखा गया एक लेख 31 मई, 1922 के अंक में छपा। लेख 'एक पाठक' के नाम से छपा। इसमें प्रेमशंकर के बारे में लिखा : ''बहुत अंशों में यह चरित्र महात्मा गाँधी जी से मिलता-जुलता है।'' कालिदास कपूर ने इससे आगे बढ़कर प्रेमशंकर में टॉल्स्टॉय को देखा : ''कुछ मित्रों का ख्याल है कि प्रेमशंकर में गाँधीजी की छाया है। हम लेखक के मन की थाह लेने का साहस तो नहीं कर सकते, पर हमारा कहना यह है कि रशिया के महर्षि टॉल्स्टॉय से क्यों न तुलना कीजिए?'' रघुपति सहाय ने इस स्रोत की चर्चा और भी साफ शब्दों में की : ''टॉल्स्टॉय के अन्ना कैरनिना में लेविन का चरित्र कुछ-कुछ प्रेमशंकर से मिलता है।''

'प्रेमाश्रम' पर छपी सभी समालोचनाओं में प्रेमचंद द्वारा ग्रामीण जीवन के यथार्थवादी चित्रण और प्रेमचंद की आसान और मनमोहक भाषा की तारीफ की गई। लेकिन 'प्रेमाश्रम' की कमजोरियाँ क्या हैं? 'आज' और 'प्रभा' वाली समालोचनाओं में श्रद्धा के प्रति प्रेमशंकर की सैद्धांतिक कठोरता की भर्त्सना की गई। दोनों समालोचनाओं में किसानों के मुकदमे के सिलसिले में प्रेमशंकर द्वारा महीनों बाद जाकर ऊपर के कोर्ट में अपील दायर करने को कानूनी तौर पर असंभव घटना बताया गया। 'आज' की 11-12 मई वाली समालोचना में श्रद्धा की धार्मिक दृढ़ता और प्रभाशंकर के अंग्रेजी शिक्षा प्राप्त दोनों लड़कों की मंत्र सिद्धि में हुई आत्महत्या को अस्वाभाविक और असंभव घटना कहा गया। 31 मई वाले जवाबी लेख के लेखक ने इसका जवाब देते हुए लिखा कि श्रद्धा से मिलती-जुलती घटना बनारस में और मंत्र सिद्धि से बिलकुल मेल खाती

घटना गोरखपुर में घट चुकी है। 11-12 मई वाली समालोचना में द्विवेदी युगीन ढंग से 'प्रेमाश्रम' में कुछ शब्द प्रयोगों की भी धज्जियाँ उड़ाई गईं और उसी ढंग से 31 मई वाले जवाबी लेख में उन शब्द प्रयोगों को उचित ठहराया गया। लेकिन, कालिदास कपूर ने 'प्रेमाश्रम' की तीन दिलचस्प कमियाँ दिखलाईं। "उपन्यास इतना बड़ा है, परंतु कोई सूची नहीं। अध्यायों के सिर्फ नंबर दिए हुए हैं। यदि हैडिंग भी होते तो पाठकों को अधिक सुभीता रहता।" यह थी पहली कमी। दूसरी कमी यह थी कि "क्लिष्ट उर्दू के अर्थ तथा देहाती हिंदी शब्दों के शुद्ध रूप भी दे देना अच्छा होता।" और तीसरी "विशेष कमी यह है कि आजकल की रीति के अनुसार, इतने बड़े उपन्यास के लिए एक चित्रकार की सहायता भी परम आवश्यक थी।"

यह बात नोट करने की है कि किसी भी समालोचना में 'प्रेमाश्रम' के उपसंहार में वर्णित 'रामराज्य' को अस्वाभाविक या असंभव नहीं कहा गया। इसे 'प्रेमाश्रम' की कला की कमजोरी नहीं माना गया। कालिदास कपूर ने लिखा : "साम्यवादियों के मतानुसार भारत में भी एक आदर्श कृषक संस्था तैयार करनी थी।" यह काम गाँधी और महर्षि टॉल्स्टॉय की छवि वाला प्रेमशंकर पूरा करता है "वह हाजीपुर को एक साम्यवादी गाँव बना देते हैं।" 1922 की हिंदी आलोचना में गाँधीवाद, टॉल्स्टॉयवाद और साम्यवाद में कोई फर्क नहीं किया जाता था।

'प्रभा' वाली समालोचना में रघुपति सहाय ने अपनी प्रेमचंद-भक्ति से 'प्रेमाश्रम' के आगे सारे यूरोपीय साहित्य को पानी भरता दिखाया था। रघुपति सहाय के मुताबिक 'प्रेमाश्रम' के ग्रामीण चित्र टॉल्स्टॉय के चित्रों से टक्कर ले रहे हैं। टामस हार्डी ने अपने वेसेक्स नाविल्स में और वर्डस्वर्थ ने अपनी कविताओं में ग्रामीण जीवन के चित्र खींचे हैं, लेकिन उनका व्यक्तित्व फिर भी उस जीवन से अलग रहता है, जबकि प्रेमचंद अपने अस्तित्व को मिटा कर उस चित्रित जीवन में मिल जाते हैं। हाँ, फ्रांसीसी चित्रकार ऐल्फ्रेड-डी-मसेट्र के चित्रों से 'प्रेमाश्रम' के चित्रों की तुलना की जा सकती है। 'प्रेमाश्रम' में चरित्रों का मनोवैज्ञानिक चित्रण बालज़क और एमिल जोला से टक्कर लेता नज़र आता है। लेकिन, ज्ञानशंकर का महत्त्वाकांक्षी चरित्र शेक्सपीयर के मैकबेथ से कहीं ज्यादा सूक्ष्म और मर्मस्पर्शी है। राय कमलानंद का जीवन के प्रति तिरस्कार हैमलेट के जुनून से कहीं ज्यादा भयंकर और दारुण है।

हेमचंद्र जोशी ने 'प्रेमाश्रम' की इस समालोचना पर उग्र प्रतिक्रिया की। उन्होंने 'प्रभा' में 'साहित्य कला और प्रेमाश्रम' शीर्षक से एक जवाबी लेख लिखा और 'प्रेमाश्रम' को हर दृष्टि से दो कौड़ी का उपन्यास बताया : 'प्रेमाश्रम' में धरा ही क्या है? एक भी चरित्र नहीं जो साहित्य का सम्मान रख सके। एक वाक्य ऐसा नहीं जो दिल पर असर करे। एक परिच्छेद ऐसा नहीं जिसमें भद्दी भूलें न हों। 'प्रेमाश्रम' के 'अनुवचन' में रामदास गौड़ ने लिखा था : "शरत बाबू प्रेमचंद जी की तुलना दबी जबान से रवींद्र ठाकुर से कर गए।" हेमचंद्र जोशी ने इस बात पर हल्ला मचा दिया। जोशी शरत चंद्र

से मिलकर आए और 'प्रभा' में फिर एक लेख लिखकर बताया कि रामदास गौड़ की बात सरासर झूठ है, ऐसा खुद शरतचंद्र ने उनसे कहा तुलना का तो कोई सवाल ही नहीं उठता। जोशी ने लिखा कि शरत बाबू ने उनसे कहा : "बाबू रामदास गौड़ को मेरी झूठी सम्मति छापते देखकर मुझे बड़ी चोट पहुँची है। जब यह बात रवि बाबू देखेंगे तो मुझे क्या कहेंगे?"

जोशी के लेख के जवाब में रामदास गौड़ ने लेख लिखा। फिर 'साहित्य' छद्मनाम से किसी और ने लिखा। छह-आठ महीनों तक यह बहस 'प्रभा' के पन्नों पर चलती रही और प्रेमचंद को केंद्र बनाकर भारतवासियों की मानसिक पराधीनता, हिंदी पर बंगला साहित्य के रौब और हिंदी के गौरव पर चर्चा होती रही। हेमचंद्र जोशी की तरह 'प्रेमाश्रम' के खिलाफ ऐसा ही एक और विवाद 1925-26 में 'सरस्वती' और 'समालोचक' में अपने नाम से और छद्मनाम से लेख लिखकर अवध उपाध्याय ने खड़ा किया जिसमें बहुत ही भौंडे और फूहड़ ढंग से 'प्रेमाश्रम' को टॉल्स्टॉय के 'रेज़रेक्शन' की नकल साबित करने की कोशिश की गई।

'प्रेमाश्रम' का प्रकाशन असहयोग आंदोलन के दौर में हुआ। देश का वातावरण राजनीतिक घटनाओं की उथल-पुथल और असहयोग की चर्चा से गर्म था। 'प्रेमाश्रम' जब छपा तब अवध के हरदोई और सीतापुर ज़िलों में किसान आंदोलन का दमन चल रहा था। 1922 की मई में अखबारों में सीतापुर में दमन के जाँच की नेहरू-रिपोर्ट के अंश छपे। अप्रैल में ईस्टर्न इंडियन रेलवे की लंबी हड़ताल चल रही थी। रोज ही अखबारों में चौरी-चौरा कांड की गवाहियाँ छप रही थीं। मोपला विद्रोह, भील किसानों के संघर्ष और अकाली आंदोलन पर दमन की खबरों से अखबार रोज ही भरे रहते। हर जगह बंदेमातरम् बोलनेवालों और गाँधी टोपी पहन कर अदालत में आने वालों को दंड देने तथा चर्खे और स्वराज्य के अर्थ और महात्मा गाँधी की अपीलों से अखबारों के पन्ने रंगे रहते। 'प्रेमाश्रम' के प्रकाशन से ठीक पहले, 1922 के मार्च-अप्रैल के महीनों में अखबारों में रोज ही पंजाब हत्याकांड, अलीपुर बम केस का रहस्य, राष्ट्रीय सिंहनाद, रूस का पुनर्जन्म, भारतीय देशभक्तों की कारावास कहानी, स्वराज्य का अर्थ और महावीर गैरीबाल्डी जैसी किताबों के बड़े-बड़े विज्ञापन और उनके मिलने के पते छप रहे थे। मार्च, 1922 में गाँधी को गिरफ्तार कर लिया गया और 19 मार्च के अंकों में 'अजातशत्रु महात्मा गाँधी को छः साल की सजा', 'नौकरशाही न्याय की पराकाष्ठा' की खबर बड़ी-बड़ी सुर्खियों में छपीं। 19 अप्रैल को लड़ाकू राष्ट्रवादी नेता मौलाना हसरत मोहानी की गिरफ्तारी की खबर सुर्खियों में छपी : मौलाना पर राजद्रोह का मुकदमा 12 मई को 'आज' के जिस अंक में 'प्रेमाश्रम' की सबसे पहली समालोचना छपी, उसी अंक में लखनऊ में जवाहरलाल नेहरू की गिरफ्तारी की खबर छपी। राजनीतिक उथल-पुथल के बीच, आंदोलनों, गिरफ्तारियों और स्वराज्य की माँग के बीच 'प्रेमाश्रम' प्रकाशित हुआ। लोगों ने उसे एक राजनीतिक उपन्यास के रूप में ग्रहण किया।

कालिदास कपूर ने लिखा कि 'प्रेमाश्रम' का उद्देश्य राजनीतिक है। यह राजनीति असहयोग की थी। 'प्रेमाश्रम' के पहले संस्करण में छपे एक पृष्ठ के अनुवचन में रामदास गौड़ ने नपे-तुले शब्दों में 'प्रेमाश्रम' की विशेषताओं का बखान करते हुए लिखा : "प्रेमचंद जी यद्यपि असहयोगी हैं, तथापि उन्होंने विपक्ष के भावों को दरसाने में पक्षपात से काम नहीं लिया है।" रामदास गौड़ का इशारा राय कमलानंद के चरित्र की ओर था जो एक सहयोगी के रूप में उपन्यास में दिखाया गया है। उस जमाने में 'प्रेमाश्रम' के अध्ययन की दृष्टि को असहयोग आंदोलन प्रभावित करता रहा। प्रेमशंकर के चरित्र में न सिर्फ गाँधी की छवि देखी गई बल्कि प्रेमशंकर के चरित्र की कमजोरियों को भी असहयोग आंदोलन के नेता के रूप में गाँधी की छवि के संदर्भ में ही देखा गया। 31 मई वाले लेख में प्रेमशंकर के चरित्र को गाँधी से मिलता-जुलता बताने के बाद लेखक ने प्रेमशंकर की कमजोरियों को इस तरह बतलाया : "प्रेमशंकर में (डिक्टेटर) बनने की शक्ति नहीं है, वह (स्केप्टिक) है, उन्हें पग-पग पर नैतिक शंकाएँ होती हैं, पग-पग पर अपनी गलती मालूम होती है।" असहयोग आंदोलन को सफलतापूर्वक चलाने के लिए गाँधी को सारे अधिकार सौंपते हुए कांग्रेस ने उन्हें आंदोलन का 'डिक्टेटर' बना दिया था। प्रेमशंकर असहयोगी है, गाँधी से मिलता-जुलता है, लेकिन डिक्टेटर बनने की शक्ति उसमें नहीं है। यानी प्रेमशंकर के चरित्र में अगर कुछ अभाव हैं तो उन अभावों की पूर्ति उन्हीं गुणों से होनी चाहिए जो डिक्टेटर गाँधी में हैं। हेमचंद्र जोशी ने प्रेमशंकर के चरित्र की कमजोरियों की व्याख्या इस तरह की कि कमजोरियाँ तो गाँधी में भी हैं, इसे खुद गाँधी ने स्वीकार किया है।

11-12 मई वाली समालोचना में 'प्रेमाश्रम' की एक भारी त्रुटि इस तरह बतलाई गई : "लेखक महोदय असहयोगी हैं। इनके प्रधान नायक प्रेमशंकर भी असहयोगी हैं, उनके प्रत्येक कार्य इसी नीति के पोषक और समर्थक हैं पर आप कौंसिलों में जाते हैं। पर इसके समर्थन में लेखक महोदय ने कोई भी गवेषणापूर्ण युक्ति नहीं दी है। यह भी इस पुस्तक की एक भारी त्रुटि है क्योंकि 'प्रेमाश्रम' औपन्यासिक रूप में वर्तमान राजनैतिक परिस्थिति का सजीव उदाहरण है।"

कौंसिलों के बहिष्कार का मुद्दा असहयोग आंदोलन के कार्यक्रम का एक खास मुद्दा था। असहयोगी नायक को कौंसिल में भेजकर प्रेमचंद अपने को आलोचकों के हमले से बचा न सके।

इसी समालोचना में प्रेमशंकर की एक और त्रुटि यह बतलाई गई कि वह किसानों के विरोधी और अंग्रेजी राज के मित्र ज़मींदार ज्ञानशंकर को क्यों सुधार न सका? समालोचक ने लिखा : "प्रेमशंकर के सहवास से कितने ही दुरात्मा सुधर गए तो क्या वे अपने भाई का सुधार नहीं कर सके? क्या उनको ठीक मार्ग का ज्ञान दिलाना उनके सामर्थ्य के बाहर था?...क्या घर की लगी आग वे भी नहीं बुझा सकते थे?"

असहयोग आंदोलन में ऐसे बहुत-से लोग थे जो असहयोग करने के पक्ष में होते

हुए भी नरमदली सहयोगियों के विरोधी न थे। वे चाहते थे कि सहयोगियों की भर्त्सना न की जाए, उन्हें भी अपने रास्ते से स्वराज्य का आंदोलन करने दिया जाए। विपिन चंद्र पाल ऐसे ही लोगों के नेता थ, जिन्होंने असहयोग के कार्यक्रम को मानते हुए भी कौंसिलों का बहिष्कार न करने पर जोर दिया था। इस नीति से असहयोगियों और सहयोगियों के बीच पड़ी दरार और विरोध को हल करने की कोशिश की जाती थी। 'घर की लगी आग' वाक्यांश इस राजनीतिक स्थिति को जाहिर करता है। इस आलोचना का उत्तर और भी दिलचस्प है। 31 मई वाले लेख में इस आलोचना का उत्तर देते हुए लेखक ने लिखा : ''यह शंका इतनी लचर है कि इसका उत्तर देना व्यर्थ-सा जान पड़ता है। वैद्य दूसरों को अच्छा करता है, पर स्वयं अपने को अच्छा नहीं कर सकता।'' इसके बाद एक उदाहरण दिया : ''दूर क्यों जाइए, पंडित मदनमोहन मालवीय अपने पुत्र ही को सहयोगी बनाने में सफल नहीं हुए।'' आलोचना में असहयोग आंदोलन की जो गूँज अस्पष्ट-सी थी, वह उत्तर में पूरी स्पष्ट हो गई।

उपन्यास को स्वराज्य के लिए चल रहे आंदोलन के साथ मिलाकर किस हद तक गड़बड़ा दिया गया, इसकी एक मिसाल हाईकोर्ट में दाखिल अपील का प्रसंग है। 11-12 मई वाली समालोचना में प्रेमशंकर द्वारा महीनों बाद दायर की गई अपील को ब्रिटिश अदालतों के कानूनों की दृष्टि से असंभव घटना कहा गया था। रघुपति सहाय ने 'प्रेमाश्रम' में इस तथ्यपरक भूल को माना। लेकिन, 31 मई वाले जवाबी लेख में इस आलोचना का उत्तर इस तरह दिया गया : ''यह उपन्यास वास्तव में वर्तमान दशा का चित्र है, लेकिन स्थायी दशा का, अस्थायी दशा का नहीं। अपील की मियाद कोई स्थायी दशा नहीं है। कौंसिल की व्यवस्था इस दशा का अंत कर सकती है। इसी प्रकार व्यवस्थापक सभाएँ स्थायी हैं, असहयोग अस्थायी दशा है, कांग्रेस का एक प्रस्ताव भी, शासकों की एक घोषणा, इसका अंत कर सकती है। वकील, ज़मींदार, किसान, पुलिस, पटवारी आदि सब वर्तमान जीवन के स्थायी अंग हैं और किसी-न-किसी रूप में रहेंगे। स्वराज्य केवल उनका संशोधन कर सकता है, उनका अस्तित्व नहीं मिटा सकता।'' और अंत में लिखा : ''हमारा विश्वास है कि स्वराज्य होने पर अपील की मियाद और हाईकोर्ट में मातहत अदालतों की शहादतों पर आश्रित रहने की प्रथा का अंत हो जाएगा। गवाहों को भी अपने पहले बयान पर स्थिर रहने का बंधन न रहेगा।''

इस तर्क का मतलब यह है कि 'प्रेमाश्रम' में अपील की मियाद और हाईकोर्ट में गवाहों के बदले हुए बयानों को जो कानूनी गलतियाँ हैं, इन्हें गलतियाँ नहीं समझना चाहिए। ये कानून तो ब्रिटिश राज के हैं और ब्रिटिश राज सब दिन तो रहेगा नहीं। ब्रिटिश राज अस्थायी दशा है। जल्द ही उसका अंत होगा और स्वराज्य आएगा। स्वराज्य में अपील की मियाद और बयान बदलने के बारे में ऐसे कानूनी बंधन नहीं रहेंगे। 'प्रेमाश्रम' की इन घटनाओं को ब्रिटिश राज के कानूनों की दृष्टि से न देखकर आने वाले स्वराज्य में जो कानून होंगे, उनकी दृष्टि से देखना चाहिए। उस दृष्टि से ये गलतियाँ,

गलतियाँ नहीं रह जातीं। चूंकि कौंसिलें भी स्वराज्य में हुआ करेंगी, इसलिए प्रेमशंकर के कौंसिल जाने की घटना पर भी आपत्ति नहीं करनी चाहिए।

1922 में न सिर्फ असहयोग आंदोलन की दृष्टि से 'प्रेमाश्रम' को देखा गया, बल्कि खुद 'प्रेमाश्रम' भी असहयोग आंदोलन का एक अंग बन गया। 'प्रेमाश्रम' का पहला संस्करण खद्दर की जिल्द में प्रकाशित हुआ था। 'प्रभा' वाली समालोचना के फुटनोट में उपन्यास के प्रकाशन का विवरण देने वाली टिप्पणी में लिखा था : "656 पृष्ठ, खद्दर में बँधी मजबूत जिल्द। मूल्य साढ़े तीन रुपए।" किसी भी बड़े जन आंदोलन में हमेशा ही अपने घोषित कार्यक्रम से बाहर भी फैल जाने की प्रवृत्ति हर जगह मिलती है। असहयोग आंदोलन भी एक ऐसा ही व्यापक जन-आंदोलन था जिसके घोषित कार्यक्रम से बाहर जनता की कल्पनाशीलता ने मूल आंदोलन की भावना के अनुरूप और भी कितने ही नए मुद्दों को आंदोलन में शामिल कर लिया था। गाँधी टोपी पहनना इसका एक उदाहरण था। दूसरा उदाहरण था खद्दर की जिल्द। किताबों पर खद्दर की जिल्द किस तरह असहयोग के आंदोलन में शामिल हो गई थी, इसका पता 1922 की फरवरी के 'श्रीशारदा' से मिलता है। इसके पुस्तक परिचय स्तंभ में उन्हीं दिनों प्रकाशित रामचंद्र वर्मा की किताब 'महात्मा गाँधी' का परिचय देते हुए इस बात की आलोचना की गई कि इसकी जिल्द खद्दर की नहीं है। पुस्तक समीक्षक ने लिखा : "अंत में हमें वही कहना है जो हमने 'गाँधी गौरव' के विषय में लिखा था कि पुस्तक जिस प्रकार सर्वथा पठनीय हुई है, उसी प्रकार यदि बँधवाने में विदेशी वस्त्र के बदले में धवल कांति खादी का व्यवहार किया गया होता जैसे कि कलकत्ते की हिंदी पुस्तक एजेंसी, काशी का ज्ञानमंडल आदि कतिपय पुस्तक प्रकाशक करने लगे हैं, कोई भी देशभक्त भारतवासी इस पुस्तक को अपने पास रखने में अपना गौरव समझता। आशा है, प्रकाशक भविष्य में इस ओर ध्यान देंगे और ज्ञान-भंडार के स्वदेशीपन की पूर्ण रक्षा करेंगे।" विदेशी कपड़ों के बहिष्कार के आंदोलन ने पुस्तक प्रकाशन व्यवसाय में भी प्रवेश पा लिया था। राष्ट्रवादी प्रकाशक विदेशी कपड़े का बहिष्कार कर अपने यहाँ की किताबों पर खद्दर की जिल्द बँधवाने लगे थे। खद्दर में बँधी जिल्द वाली किताबें रखना देशभक्त भारतवासियों के लिए गौरव की बात हो चली थी। खद्दर की जिल्द ज्ञान-भंडार के स्वदेशीपन की रक्षा कर रही थी। खद्दर की जिल्द में बँधकर 'प्रेमाश्रम' खुद भी उसी आंदोलन का एक अंग बन गया।

जिस दिन 'प्रेमाश्रम' की पहली समालोचना छपी, उसी दिन पं. जवाहर लाल नेहरू गिरफ्तार किए गए। जेल में नेहरू ने अपना ज्यादातर वक्त किताबों को पढ़ने में बताया। 'किताबें जिनको जेल में पढ़ा'—इस शीर्षक से नेहरू ने खद्दर की जिल्दवाली अपनी नोट बुक में 21 मई, 1922 के बाद से पढ़ी गई कई किताबों के नाम, उनके लेखकों के नाम सहित दर्ज किए और उनके सामने तारीखें डालीं। ये तारीखें शायद उनको पढ़कर खत्म करने की थीं। ज्यादातर किताबें अंग्रेजी की थीं, यूरोप के साहित्य,

इतिहास और दर्शन से संबंधित। दो-तीन किताबें हिंदी की भी। ऐसी पचपन किताबों की सूची में 33वीं किताब थी प्रेमाश्रम, लेखक प्रेमचंद। आगे तारीख डाली, 7-10-22।[107] 'प्रेमाश्रम' प्रकाशित होने के सिर्फ छह महीने के अंदर असहयोग आंदोलन के अंग्रेजीदां नेता जवाहरलाल ने 'प्रेमाश्रम' पढ़ लिया था।

जेल में स्वराज्यवादियों द्वारा 'प्रेमाश्रम' पढ़ने की यह पहली ज्ञात घटना है, लेकिन आखिरी नहीं। 1936 में 'हंस' के प्रेमचंद स्मृति अंक में भी अनसूया प्रसाद पाठक का लेख, 'हिंदी साहित्य के अभिमान प्रेमचंद' छपा। उन दिनों उड़ीसा और बिहार एक ही सूबा थे और राजनीतिक आंदोलन में पकड़े गए उड़िया कार्यकर्ताओं को भी बांकीपुर (पटना) के केंद्रीय जेल में भेज दिया जाता था। अनसूया प्रसाद ने सविनय अवज्ञा आंदोलन का जिक्र करते हुए लिखा : "सन् 1932 ई. की बात है। जेलें तीर्थ बनी थीं। क्या बूढ़े, क्या युवक-युवती, क्या बालक, सभी जेलों में थे। बिहार के पटना कैंप जेल में स्वराजी कैदियों की संख्या पैंतीस सौ थी—एक छोटा नगर-सा था। आवश्यकता की सभी चीजें मिलती थीं, चाहे चोरी से हो, या सचाई से। मैं भी वहीं जेल में था। उसमें करीब सात सौ उत्कली भी थे। एक दिन मैंने एक कैदी के हाथ में 'प्रेमाश्रम' नाम की एक मोटी पुस्तक देखी। नाम सुना था, मन खिंच गया। जरा गौर से देखा, पुस्तक के कोने में प्रेमचंद लिखा था। मैं इस नाम से परिचित था। कुछ कहानियाँ और सेवासदन आगे भी देख चुका था। अस्तु, दोस्ती गाँठने में देर न लगी। पुस्तक मुझे मिली, पढ़ गया। साथ के मित्रों को भी पढ़ने के लिए उत्साहित किया। वे उड़िये थे। प्रेमचंद का नाममात्र सुना था। ग्रंथों से भेंट न थी। पुस्तक उन्हें बहुत ही पसंद आई। जो पढ़ते, तारीफ करते थे, पुस्तक के पात्रों पर प्रकाश डालते थे।"

'प्रेमाश्रम' स्वराज्य के आंदोलन में शामिल कार्यकर्ताओं की जेल की साथी बन गई। अनसूया प्रसाद ने लिखा : "प्रेमाश्रम और रंगभूमि दो-दो बार पढ़ी। उस जेल में वही साथी थी। पात्रों के चरित्र वहाँ बलदाता थे। कर्म में सहायक और स्फूर्तिदायक थे।" 'प्रेमाश्रम' स्कूलों और विश्वविद्यालयों में बाद में आया, उससे पहले ही वह स्वाधीनता आंदोलन के पाठ्यक्रम में आ चुका था। 'प्रेमाश्रम' का पाठ स्वाधीनता आंदोलन में शामिल जनता के संघर्ष में सहायक और स्फूर्तिदायक था। 'प्रेमाश्रम' के चरित्र उन्हें उनके संघर्ष में बल प्रदान करते थे। 'प्रेमाश्रम' की लोकप्रियता का राज यह था कि वह एक औपनिवेशिक देश की जनता के साम्राज्यवाद विरोधी संघर्ष को बल पहुँचाता था।

यह इत्तेफाक की बात नहीं है कि 'प्रेमाश्रम' की सराहना करने वाले और उससे बल और स्फूर्ति पाने वाले लोग वही थे जो साम्राज्यवाद विरोधी राष्ट्रीय आंदोलन में शामिल या सक्रिय थे। नेहरू और अनसूया प्रसाद ने जेल में 'प्रेमाश्रम' पढ़ा तो, रघुपति सहाय ने भी जेल में ही बैठकर उसकी प्रभावशाली समालोचना लिखी। 'प्रभा' में 'प्रेमाश्रम' शीर्षक से छपी उनकी समालोचना के नीचे लेखक के नाम की जगह छपा था,

कारागार प्रवासी श्रीयुत रघुपति सहाय। रघुपति सहाय असहयोग आंदोलन में भाग लेने पर गिरफ्तार होकर जेल गए थे जहाँ से उन्होंने वह समालोचना लिखकर भेजी। उन्होंने अपने शहर गोरखपुर के पास के गाँवों में असहयोग आंदोलन को संगठित किया था। 3 अप्रैल 1922 के 'प्रताप' में गाँवों में असहयोग आंदोलन के दमन पर एक रिपोर्ट छपी : 'पिपरा बाजार (गोरखपुर) में अनाचार।' रिपोर्ट में लिखा था : "पिपरा बाजार बृजमनगंज से लगभग 10 मील उत्तर जिलांतर्गत बसा है। यह एक छोटा-सा कस्बा है जिसमें कायस्थों की ज़मींदारी है। पहली नवंबर सन् 1921 से श्री रघुपति सहाय गोरखपुरी की कृपा से यहाँ असहयोग का श्रीगणेश हुआ। मंडल कांग्रेस कमेटी कायम हुई। यह एक सुप्त स्थान था किंतु योग्य कार्यकर्त्ताओं की कृपा से एकदम उठ खड़ा हुआ।" इलाके में पुराने माडेरेटों का जोर था। 22 फरवरी, 1922 को वहाँ पुलिस आई, गाँव के किसानों को मारा-पीटा, वालेंटियरों को पकड़ा। मर्द भाग गए। उनकी औरतों से जबरन रुपए वसूले गए और देहातों में फौज घूमी और जबरन रसद वसूल की। केवल पिपरा बाजार जैसे एक मामूली कस्बे से 465 रुपए फौज ने उगाहे।

लगता है, इस घटना के बाद ही रघुपति सहाय गिरफ्तार हुए होंगे।

असहयोग आंदोलन के दौरान गिरफ्तार किए गए हिंदी-उर्दू के कई लेखकों और कवियों को आगरे की जेल में रखा गया था। जेल के अंदर ही उन्होंने मुशायरा और कवि सम्मेलन आयोजित किया। इस मुशायरे और कवि सम्मेलन की रिपोर्ट और उसमें पढ़ी गई कविताएँ और गज़लें 'प्रताप', 'अभ्युदय' और 'श्री शारदा' समेत हिंदी की करीब सभी मुख्य पत्र-पत्रिकाओं में छपीं। जेल में कैद हिंदी के जिन लेखकों ने इसमें भाग लिया था उनमें रामनरेश त्रिपाठी और कृष्णकांत मालवीय के अलावा 'प्रेमाश्रम' की भूमिका लिखने वाले रामदास गौड़ भी थे। कवि-सम्मेलन की रिपोर्ट 1922 की फरवरी में छपी। 'प्रेमाश्रम' में छपी रामदास गौड़ की भूमिका के नीचे जो तारीख है, वह 1922 की होली की है जो आमतौर पर मार्च के महीने में पड़ती है। अगर रामदास गौड़ तब तक रिहा न हो गए हों तो वह भूमिका भी उन्होंने जेल में ही लिखी होगी।

'प्रेमाश्रम' को दो कौड़ी का उपन्यास बतलाकर उसका विरोध करने वाले हेमचंद्र जोशी ने भी स्वीकार किया कि 'प्रेमाश्रम' असहयोग आंदोलन का प्रचारक है। बंगला और पश्चिम के साहित्य के मुकाबले में "प्रेमाश्रम में धरा ही क्या है" कहने वाले हेमचंद्र जोशी ने अपने लेख में यह भी लिखा–

"यह पुस्तक हिंदी में अच्छी है। महात्मा गाँधी के असहयोग आंदोलन को सहायता पहुँचाएगी।"

उस युग ने 'प्रेमाश्रम' को इसी दृष्टि से अपनाया था।

संदर्भ

1. विविध प्रसंग, भाग-II, हंस प्रकाशन, इलाहाबाद, 1978, पृ. 20
2. 'लीडर', 30 जून, 1917, इलाहाबाद।
3. अभ्युदय, 29 जून, 1918, इलाहाबाद।
4. राष्ट्रीयता और समाजवाद, आचार्य नरेंद्र देव; ज्ञान मंडल, वाराणसी; 1973, पृ. 28
5. अभ्युदय, 3 मार्च, 1917
6. अभ्युदय, 29 जून, 1918
7. पुराना जमाना : नया जमाना, विविध प्रसंग I, पृ. 264
8. वही, पृ. 268
9. कपिल कुमार, पृ. 209
10. वही, पृ. 268
11. चंपारन में महात्मा गाँधी, डॉ. राजेंद्र प्रसाद, बिहार राष्ट्रभाषा परिषद, पटना, 1965, पृ. 244
12. रिपोर्ट ऑफ एन इन्फॉर्मल कमेटी अपांइटेड टू इक्जामिन एंड एडवाइज़ रिगार्डिंग पैराग्राफ 212 टू 259 ऑफ दी रिपोर्ट ऑन इंडियन कांस्टिच्यूशन रिफार्म्स; खंड IV गवर्नमेंट प्रेस, इलाहाबाद, 1918
13. गंगाधर पंत का लेख 'अवध के जमींदार और काश्तकार'; सरस्वती, जून-जुलाई, 1918 और दयाशंकर दूबे का लेख, प्रभा, मई, 1921
14. एग्रेरिएन डिस्टरबेंस इन प्रतापगढ़, डिप्टी कमिश्नर बी. एन. मेहता द्वारा अवध किसान असंतोष की जाँच की रिपोर्ट।
15. संपत्तिशास्त्र, पृ. 180
16. वही, पृ. 136
17. वही, पृ. 135
18. प्रताप, 7 मई, 1917
19. रामचंद्र पेपर्स, आर. सी. 1, नेहरू मेमोरियल एंड म्यूज़ियम लाइब्रेरी, दिल्ली।
20. प्रेमाश्रम, पृ. 55
21. प्रेमाश्रम, पृ. 184-185
22. वही, पृ. 55
23. वही, पृ. 57
24. वही, पृ. 56
25. वही, पृ. 58
26. कपिल कुमार, पृ. 246
27. चंपारन में महात्मा गाँधी, राजेंद्र प्रसाद, पृ. 23-24
28. लेखांजलि, 179-80; किसानों का संगठन
29. अभ्युदय, 30 अगस्त, 1919
30. प्रेमचंद एंड पेजेंटरी; ई.पी. डब्ल्यू. 25 जून, 1983, पृ. 1150
31. प्रेमचंद : जीवन, कला और कृतित्व; हंसराज रहबर, पृ. 182
32. सरस्वती, जून, 1917
33. विविध प्रसंग, भाग-I, पृ. 267
34. प्रताप, 1 दिसंबर, 1919

35. बाबा रामचंद्र ने अपनी पांडुलिपि में पं. गौरीशंकर मिश्र की लिखी 'कृषकों की गोहार' रचना का जिक्र किया है। रामचंद्र ने लिखा है कि मिश्र जी अक्सर अखबारों में लेख आदि लिखकर किसानों के दुख दर्द का प्रचार कर दिया करते थे। संभव है, ऊपर की चिट्ठी भी पं. गौरीशंकर मिश्र की लिखी हुई हो।
36. फ़िजी की राम कहानी, रामरूप, मर्यादा, प्रवासी अंक, चैत्र सं. 1979
37. दी वर्कर्स एंड पेजेंट्स पार्टीज : 1926-30; एन आस्पेक्ट ऑफ कम्युनिज्म इन इंडिया; आदित्य मुखर्जी; बिपन चंद्र द्वारा संपादित स्टडीज इन हिस्ट्री, भाग III, नम्बर 1+2, जनवरी-दिसंबर, 1981, जे.एन.यू., में संकलित, पृ. 13
38. चंपारन में महात्मा गाँधी, पृ. 60
39. देखिए परिशिष्ट।
40. पेजेंट रिवोल्ट एंड इंडियन नेशनलिज्म : दी पेज़ेंट मूवमेंट इन अवध, 1919-1922, ज्ञान पांडे।
41. आर. सी. 1, नेहरू स्मारक एवं संग्रहालय पुस्तकालय।
42. सिद्दीकी, पृ. 134-35
43. कपिल कुमार, पृ. 156
44. वही, पृ. 206
45. वही, पृ. 257
46. वही, पृ. 182-83
47. आन पेजेंट रेबेलियन, एरिक आर. वोल्फ, त्योडोर शानिन द्वारा संपादित 'पेजेंट्स एंड पेजेंट सोसायटी' में शामिल निबंध, पेंग्विन, 1979, पृ. 272
48. सिद्दीकी, पृ. 196
49. पेजेंट नेशनलिस्ट ऑफ गुजरात : खेड़ा डिस्ट्रिक्ट, 1917-34, डेविड हार्डिमन, आक्सफोर्ड यूनिवर्सिटी प्रेस, दिल्ली, 1981, पृ. 250-51
50. कपिल कुमार, पृ. 158
51. रामचंद्र पेपर्स, III, स्पीचेज़ एंड राइटिंग एफ नं. 2 ए, नोटबुक नं. 2
52. रामचंद्र पेपर्स, आर. सी. I, पांडुलिपि विभाग, नेहरू स्मारक एवं संग्रहालय पुस्तकालय, नई दिल्ली।
53. "यूजिंग दी रामचरितमानस एज़ ए रेडिकल टेक्स्ट, बाबा रामचंद्र इन अवध, 1920-50, कपिल कुमार का अप्रकाशित निबंध।"
54. रामचंद्र पेपर्स, 1631 फाइल नं. 2
55. कपिल कुमार, पृ. 158
56. ज्ञान पांडे, सबाल्टर्न स्टडीज-I, पृ. 180
57. ऑन सम आस्पेक्ट्स ऑफ दी हिस्ट्रियोग्राफी ऑफ कोलोनियल इंडिया, रंजीत गुप्त द्वारा संपादित सबाल्टर्न स्टडीज I में शामिल रंजीत गुप्त का लेख।
58. प्रेमचंद घर में, शिवरानी देवी प्रेमचंद; आत्माराम एंड संस, दिल्ली, 1981, पृ. 94-95
59. चंपारन में महात्मा गाँधी, पृ. 274
60. प्रेमाश्रम, पृ. 367
61. चंपारन में महात्मा गाँधी, पृ. 206
62. वही, पृ. 174
63. प्रेमाश्रम, पृ. 167
64. चंपारन में महात्मा गाँधी, पृ. 173

65. दशरथ प्रसाद द्विवेदी का लेख 'अनोखा मालिक' 'गणेश स्मारक ग्रंथ' में संकलित; संपादक ' बनारसीदास चतुर्वेदी, झावरमल शर्मा और परिपूर्णानंद शर्मा, हिंदी भवन, कालपी, 1950।

66. "प्रेमचंद : ए हिस्ट्रिओग्राफिक व्यू", सुधीर चंद्र, ई. पी. डब्ल्यू, 11 अप्रैल, 1981

67. सिद्दीकी, पृ. 128

68. "प्रजा के हितचिंतकों की राय है कि इस देश की जमीन प्रजा की है न राजा की है, न जमींदारों की। जो जमीन जिस काश्तकार के कब्जे में चली आती है, उसे उसकी मौरूसी जायदाद समझना चाहिए। उसकी मालगुजारी सरकार यदि वसूल करना ही चाहती है तो करे।" पृ. 130 'संपत्तिशास्त्र' महावीर प्रसाद द्विवेदी, इंडियन प्रेस, प्रयाग, 1908। द्विवेदी जी का यह विचार क्रांतिकारी था। लेकिन आखिरी पंक्ति में यह बात साफ नहीं है कि सरकार मालगुजारी अपने कर्मचारियों से वसूल करे या ज़मींदारों के जरिए वसूल करे। वैसे 'संपत्तिशास्त्र' में द्विवेदी जी का मुख्य कथन सारे देश में बंगाल जैसा इस्तमरारी बंदोबस्त लागू करना है। द्विवेदी जी ने पूरे देश के लिए बंगाल जैसा पक्का ज़मींदारी बंदोबस्त लागू करने की सिफारिश करते हुए लिखा : "जो हानियाँ काश्तकारों को गैर-इस्तमरारी बंदोबस्त के कारण उठानी पड़ती हैं उनको दूर करने के लिए यदि बंगाल का ऐसा दवामी बंदोबस्त सब कहीं हो जाए तो बहुत अच्छा हो। इस देश के हितचिंतक संपत्तिशास्त्रज्ञों की यही राय है। पर सरकार ऐसा नहीं करना चाहती, यह अफ़सोस की बात है।" पृ. 123, उन्होंने फिर लिखा : "बंगाल और बिहार का यह इस्तमरारी बंदोबस्त प्रजा के हक में बहुत अच्छा है।—इस समय हिंदुस्तान के अन्यान्य प्रांतों की अपेक्षा वहाँ के ज़मींदार और काश्तकार अधिक सुखी हैं।" पृ. 128

69. रशियन रेवोल्यूशन एंड इंडिया, 1917-21, तिलकराज सरीन; स्टर्लिंग पब्लिशर्स, नई दिल्ली, 1977, पृ. 1-2

70. वही, पृ. 5-6

71. वही, पृ. 12

72. फुटनोट, वही, पृ. 19

73. वही, पृ. 15

74. तिलकराज सरीन, पृ. 17

75. वही, पृ 21

76. वर्किंग क्लास ऑफ इंडिया, सुकोमल सेन, के. पी. बाग्ची एंड कंपनी, कलकत्ता, 1979, पृ. 147-48

77. रामचंद्र पेपर्स, फाइल नं. I

78. आर.सी. XI, आटोबॉयोग्राफिकल नोट बुक II

79. आर.सी. XI, आटोबॉयोग्राफिकल नोट बुक-III

80. रामचंद्र पेपर्स, III, स्पीचेज एंड राइटिंग, एफ. एन. 2, नोटबुक नं. 2

81. कपिल कुमार, पृ. 178

82. रामचंद्र पेपर्स, फाइल नं. I

83. वही।

84. वही।

85. वही।

86. रामचंद्र नोट्स।

87. देखिए, कांग्रेस एंड क्लासेज : नेशनलिज़्म, वर्कर्स एंड पेजेंट्स, सं. कपिल कुमार, मनोहर, दिल्ली 1988

88. कपिल कुमार, पृ. 144
89. 10 फरवरी, 1921 को फ़ैजाबाद के किसानों के बीच गाँधी का भाषण; पृ. 180, सिद्‌दीकी।
90. कपिल कुमार, पृ. 181-82
91. वही, पृ. 174
92. वही, पृ. 181
93. मेरी कहानी, जवाहरलाल नेहरू, पृ. 97
94. मसौदे को पढ़ने में मेरी सहायता इलाहाबाद विश्वविद्यालय में उर्दू विभाग के अध्यक्ष सैयद मुहम्मद अकील ने की।
95. जहाँ डॉट दिए गए हैं, वहाँ शब्द पढ़े नहीं जा सके।
96. प्रेमाश्रम, पृ. 274
97. उर्दू-हिंदी शब्द-कोश; मोहम्मद मुस्तफ़ा खाँ 'मद्‌दाह', उत्तर प्रदेश हिंदी समिति, सूचना विभाग, उ. प्र., 1959, पृ. 55
98. अनुवचन, प्रेमाश्रम।
99. प्रेमाश्रम, पृ. 411-12
100. कपिल कुमार, पृ. 226-27
101. प्रेमाश्रम, पृ. 355
102. वही।
103. प्रेमाश्रम, पृ. 391
104. प्रभा, जुलाई, 1922, कानपुर
105. चिट्‌ठी-पत्री 1, पृ. 121
106. वही, पृ. 127
107. जवाहरलाल नेहरू वाङ्मय, खंड 1, पृ. 304

4

प्रेमाश्रम काल की कहानियाँ तथा अन्य रचनाएँ

'प्रेमाश्रम' की हिंदी करते हुए प्रेमचंद ने उस पर अवध के किसान आंदोलन का रंग नहीं चढ़ाया, न उस दौर की किसी कहानी में उस आंदोलन का कोई चित्र खींचा। प्रेमचंद अक्सर अपने समय की उथल-पुथल पर पत्र-पत्रिकाओं में लेख या टिप्पणियाँ लिखा करते थे। उस समय चल रहे असहयोग आंदोलन पर उन्होंने कई लेख लिखे। लेकिन अवध के किसान आंदोलन पर उन्होंने एक भी टिप्पणी या लेख नहीं लिखा। यहाँ तक कि अपने खतों में भी कहीं उसका जिक्र नहीं किया। इसकी क्या वजह थी? क्या वे उस आंदोलन से अनजान रहे?

यह बात नामुमकिन लगती है कि प्रेमचंद उस आंदोलन से अनजान रहे होंगे। अवध का किसान आंदोलन अपने जमाने की एक बड़ी घटना थी। सालों की तैयारी के बाद कई महीनों तक चला आंदोलन था। जवाहरलाल नेहरू ने शुरू में उसमें हिस्सा लिया था। उत्तर प्रदेश के मोतीलाल नेहरू, पंडित सुंदरलाल, पुरुषोत्तम दास टंडन और पं. मदन मोहन मालवीय तक का नाम किसी न किसी रूप में उससे जुड़ा था। सबसे बड़े राष्ट्रीय नेता गाँधी जी को उस आंदोलन को रोकने के लिए उसमें दखलअंदाजी करनी पड़ी थी। इलाहाबाद जैसे शहर में उस आंदोलन की चर्चा होती रही और कानपुर में आंदोलन के दमन के खिलाफ आम सभा हुई। प्रेमचंद के दोस्त गणेश शंकर विद्यार्थी ने उस आंदोलन में किसानों का पक्ष लिया और इसके लिए 'प्रताप' के प्रकाशक शिवनारायण मिश्र के साथ तीन महीने जेल की सजा काटी। 'प्रताप' अखबार के पूरे स्टाफ ने दमन के खिलाफ अदालती कार्रवाई में किसानों की गवाहियाँ जुटाने का काम किया और हिंदी के बालकृष्ण शर्मा नवीन, कृष्णदत्त पालीवाल और उपन्यासकार वृंदावन लाल वर्मा जैसे लेखक उससे जुड़े थे। हिंदी के दूसरे राष्ट्रवादी कवि माखनलाल चतुर्वेदी ने किसानों का पक्ष लेते हुए आंदोलन के बारे में अखबार में लेख लिखे।

अवध के किसान आंदोलन की खबरें हिंदी प्रदेश के हिंदी, उर्दू और अंग्रेजी के सभी अखबारों और पत्रिकाओं में छपी थीं। 'भविष्य', 'इंडिपेंडेंस', 'लीडर', 'पायोनियर', 'डेमोक्रेट', 'मर्यादा', 'अभ्युदय' (सब इलाहाबाद), 'हमदम', 'अवध वासी', 'आनंद', 'एडवोकेट' (सब लखनऊ), 'प्रताप', 'वर्तमान', 'आजाद', 'प्रभा', 'अलबरीद' (सब कानपुर), 'साहस' (झांसी), 'सुधारक' (आगरा), 'जादू' (जौनपुर), 'भारत बंधु' (हाथरस), 'अलखलील' (बिजनौर) तथा 'स्वार्थ' और 'आज' (बनारस) में अवध के किसान आंदोलन की खबरें छपी थीं। ये सभी पत्र-पत्रिकाएँ हिंदी प्रदेश से निकलती थीं। हिंदी प्रदेश से बाहर 'अमृत बाजार पत्रिका', 'स्टेट्समैन' तथा 'ट्रिब्यून' में भी अवध के किसान आंदोलन की खबरें छपी थीं। प्रेमचंद की चिट्ठियों से पता चलता है कि 1918-22 के बीच 'मर्यादा', 'अभ्युदय', 'प्रताप', 'स्वदेश', 'प्रतिभा', 'भारत मित्र', 'सरस्वती', 'लीडर', 'प्रभा', 'संसार', 'स्वार्थ', 'श्री शारदा', 'प्रताप', और 'आजाद'—इतनी पत्र-पत्रिकाएँ उनके पास पहुँचती थीं। इनमें से 'प्रताप', 'अभ्युदय', 'प्रभा' और 'लीडर' ऐसे पत्र थे जिन्होंने अवध के किसान आंदोलन के बारे में सबसे ज्यादा छापा था। किसान आंदोलन के दौरान प्रेमचंद की कुछ कहानियाँ और लेख 'आज' में छपे थे। 'आज' में किसान आंदोलन की खबरें छपती थीं। गणेश शंकर विद्यार्थी पर रायबरेली के ताल्लुकेदार वीरपाल सिंह के मानहानि मुकदमे की पूरी कार्रवाई 'आज' में लगातार छपती रही। 'प्रभा' के जिस अंक में प्रेमचंद की कहानी 'लाग-डाट' (जुलाई, 1921) छपी, उसी अंक में उस कहानी के ठीक सामने वाले पृष्ठ पर रायबरेली के मुंशीगंज फायरिंग में घायल हुए किसानों और उनके परिवार वालों के चित्र छपे; मुंशीगंज पुल के आस-पास पड़ी किसानों की लाश नोचते गिद्धों और खून से तर कपड़ों के फोटो और किसान आंदोलन के एक नेता पं. केदारनाथ और उनकी पत्नी की तस्वीर छपी। पं. केदारनाथ गिरफ्तार कर लिए गए थे। गोरखपुर में प्रेमचंद के मित्र दशरथ प्रसाद द्विवेदी के साप्ताहिक पत्र 'स्वदेश' के 16 जनवरी 1921 के अंक में मुंशीगंज फायरिंग की रिपोर्ट छपी। रिपोर्ट में इस गोलीकांड की तुलना जलियांवाला बाग कांड के साथ की गई। पूरे राष्ट्रीय प्रेस में आमतौर पर मुंशीगंज फायरिंग को जलियांवाला बाग कांड की पुनरावृत्ति कहा गया था। 23 जनवरी को फिर 'स्वदेश' में किसान आंदोलन की रिपोर्ट छपी। इन दिनों प्रेमचंद गोरखपुर में ही रहते थे और 'प्रेमाश्रम' की हिंदी कर रहे थे।

इन सबसे अच्छी तरह जाहिर होता है कि प्रेमचंद अवध के किसान आंदोलन से पूरे वाकिफ रहे होंगे। किसानों के सवाल पर गहरी और गंभीर दिलचस्पी के बावजूद प्रेमचंद की किसी रचना में उस आंदोलन के चित्र नहीं मिलते। इसका मतलब यह हुआ कि कला के सृजन और सामाजिक घटनाओं के बीच कोई सीधा—दर्पण में प्रतिबिंब जैसा—संबंध नहीं होता। हालाँकि प्रेमचंद कभी-कभी अपनी कहानियों में वास्तव में हुई घटनाओं को भी उतारा करते थे, उपन्यासों में भी ऐसी झलक देते थे। पर, यह कभी-कभी ही होता था। इससे ज्यादा व्यापक सत्य यह है कि प्रेमचंद जैसे कलाकार

वास्तविक सामाजिक यथार्थ और घटी घटनाओं में निहित चेतना और मूल्यों को पकड़ते हैं। फिर, उन मूल्यों और चेतना को कला की शर्तों पर यथार्थ की पुनर्रचना करते हुए व्यक्त करते हैं। अवध के किसान आंदोलन का एकमात्र उल्लेख, वह भी बहुत स्पष्ट रूप से नहीं, प्रेमचंद के सिर्फ एक लेख में मिलता है। 1921 के दिसंबर में 'जमाना' में छपे 'वर्तमान आंदोलन के रास्ते में कठिनाइयाँ' लेख में उन्होंने अपने समय की हलचलों के संदर्भ में जमींदारों की भूमिका की आलोचना करते हुए लिखा कि "इस वक्त अगर वह अपने असामियों की माँगें पूरी कर देंगे तो शुक्रिया और एहसान के हकदार होंगे।"[1] इस वाक्य में आए शब्द 'इस वक्त' और 'असामियों की माँगें' सिर्फ यही शब्द इस बात का संकेत देते हैं कि प्रेमचंद यह वाक्य अवध के किसान आंदोलन के संदर्भ में लिख रहे थे। दो पंक्तियों के बाद उन्होंने जमींदारों को चेतावनी देते हुए फिर लिखा कि, "अगर इस वक्त उन्होंने कृपणता और अनुचित दुराग्रह से काम लिया तो साल दो साल में उन्हें यह माँगें मजबूरन पूरी करनी पड़ेंगी..." यह पंक्तियाँ दिखलाती हैं कि प्रेमचंद उन माँगों के समर्थन में खड़े थे जो असामियों ने उठाई थीं। ये पंक्तियाँ जिस लेख में आई हैं, वह पूरा लेख किसानों के सवाल का नहीं बल्कि असहयोग आंदोलन के सवाल का विवेचन करता है : राष्ट्रीय आंदोलन का विवेचन करते हुए प्रेमचंद ने किसान-समस्या का उल्लेख किया। प्रेमचंद के लिए किसान-समस्या साम्राज्यवाद विरोधी राष्ट्रीय संघर्ष का एक मुख्य अंग थी, राष्ट्रीय संघर्ष से अलग या ऊपर न थी। राष्ट्रीय आंदोलन में उभार आया तो प्रेमचंद ने सबसे अधिक रचनाएँ राष्ट्रीय आंदोलन को लेकर लिखीं।

स्वाधीनता आंदोलन के कथाकार

प्रेमचंद ने 'प्रेमाश्रम' को 25 मई, 1918 से लिखना शुरू किया था और वह अप्रैल, 1922 तक छपकर बाजार में आ गया था। अगर हम 'प्रेमाश्रम' की रचना के 6-7 महीने पहले से शुरू करें और उसके छपकर बाजार में आने के 6-7 महीने बाद तक का समय शुमार करें तो 1917 के आखिरी महीनों से लेकर 1922 के आखिरी महीनों तक पूरे पाँच साल होते हैं। अगर इन पाँच सालों को हम वक्त का एक दौर मानकर प्रेमचंद की कहानियों पर गौर करें तो हम देखते हैं कि इस पूरे दौर में प्रेमचंद ने कुल मिलाकर करीब 40 कहानियाँ लिखीं, लेकिन किसानों के सवाल पर इनमें सिर्फ दो कहानियाँ हैं। एक 'बलिदान' जो 'प्रेमाश्रम' शुरू करने से पहले की लिखी और छपी है, दूसरी 'विध्वंस' जो 'प्रेमाश्रम' पूरा होने के बाद लिखी गई। इस पूरे दौर में जिस एक रंग में रंगी सबसे ज्यादा कहानियाँ उन्होंने लिखीं, वह था असहयोग आंदोलन का रंग। प्रेमचंद के साहित्य की दृष्टि से यह पूरा दौर दो हिस्सों में बँटा नजर आता है : पहला हिस्सा मई, 1918 से मई, 1920 तक का और दूसरा मई, 1920 से 1922 के आखीर तक का है। पहला दौर किसानों का आंदोलन और असहयोग आंदोलन शुरू होने से पहले का दौर है जबकि दूसरा इनके शुरू होने के बाद का। मई, 1920 से भारत का आकाश असहयोग आंदोलन

की आँधी से भर उठा था। इसी दौर में अवध में किसान आंदोलन का गुबारा भी उठा और आकाश में छायी असहयोग की आँधी में कराहता हुआ खो गया। 1918 से मई 1920 के पहले तक प्रेमचंद ने जो कहानियाँ लिखीं, उनमें राष्ट्रीय आंदोलन से संबंधित कोई कहानी न थी। इस दौर में वे 'प्रेमाश्रम' लिख रहे थे और कहानियाँ उन्होंने बहुत कम लिखीं। 1918 में प्रेमचंद की सिर्फ तीन कहानियाँ छपीं और 1919 में सिर्फ दो कहानियाँ। इस तरह पूरे दो साल में सिर्फ पाँच कहानियाँ। 28 नवंबर, 1919 को प्रेमचंद ने निगम के नाम अपने खत में लिखा : "दिमाग एक साथ दो मुख्तलिफ प्लाट नहीं सँभाल सकता। तजुरबा कर चुका हूँ कि एक ही काम एक वक्त हो सकता है। या तो नाविल लिखूँ या कहानियाँ।"[2] लेकिन जब 'प्रेमाश्रम' का उर्दू मसौदा पूरा हो गया तो प्रेमचंद ने कई कहानियाँ लिखीं। यह उस दौर के दूसरे हिस्से की बात है यानी मई, 1920 से 1922 तक। अवध का किसान आंदोलन और असहयोग आंदोलन इसी दौर में हुआ। प्रेमचंद ने किसानों से संबंधित कुछ नहीं लिखा, इस सवाल को अगर हम इस दौर में लिखे गए उनके साहित्य की रोशनी में देखें तो जवाब खुद तथ्यों से उभरता है। प्रेमचंद साम्राज्यवाद विरोधी संघर्ष के युग के लेखक थे। उन्होंने किसानों के हित की दृष्टि से स्वराज्य आंदोलन के शिक्षित मध्यवर्गीय नेतृत्व की हमेशा आलोचना की। लेकिन, उन्होंने कभी भी किसानों के सवाल को राष्ट्रीय स्वाधीनता के सवाल से ज्यादा बड़ा नहीं माना। उन्होंने कभी भी सामंतवाद विरोधी संघर्ष को साम्राज्यवाद विरोधी संघर्ष से ज्यादा महत्त्वपूर्ण नहीं माना। 1936 में भी, जब प्रेमचंद गाँधीवादी समाज दर्शन से निराश होकर साम्यवाद की ओर झुकते दिखाई देते हैं और जिसकी मिसाल उनके लेख 'महाजनी सभ्यता' में मिलती है, तब भी उन्होंने किसान-मजदूरों के सवाल को साम्राज्यवाद विरोधी संघर्ष से ज्यादा महत्त्व नहीं दिया। 1936 में मार्क्सवाद और समाजवाद के सिद्धांतों के प्रचारक संपूर्णानंद, आचार्य नरेंद्र देव, श्री प्रकाश और जयप्रकाश नारायण ने अपने लेखों का एक संग्रह छपवाया, 'साम्यवाद का बिगुल'। इस पुस्तक में 'समाजवादी समाज की कुछ विशेषताएँ', 'स्वाधीनता संग्राम और समाजवादी फैसिज्म का वास्तविक स्वरूप' तथा 'क्या बड़ी-बड़ी मशीनों की जरूरत नहीं है' आदि लेख छपे थे। जून, 1936 के 'हंस' में इसकी समालोचना करते हुए प्रेमचंद ने लिखा : 'साम्यवाद आजकल विचार का मुख्य विषय है और हमें मालूम होने लगा है कि देश का उद्धार किसी न किसी रूप में समाजवाद के हाथों होगा। हाँ, इतना कहना आवश्यक है, जैसा पंडित जवाहरलाल जी ने बार-बार कहा है : कि हमारे सामने वर्तमान समस्या देश की स्वाधीनता है। जब तक साम्राज्यवाद का विध्वंस न होगा, साम्यवाद की गाड़ी आगे न चलेगी।"[3] 1920-22 में प्रेमचंद ने जो कुछ लिखा, उससे यही निष्कर्ष निकलता है कि राष्ट्रीय स्वाधीनता का आंदोलन उनके साहित्य का केंद्रीय विषय था। उन्होंने सबसे पहला काम यह किया कि प्रेस में 'प्रेमाश्रम' की हिंदी कापी देने से पहले उसमें असहयोग आंदोलन के प्रचार की बातें जोड़ीं। इस दौर में, मई, 1920 से लेकर 1922 के अंत तक, करीब डेढ़ साल के

अंदर उन्होंने सब मिलाकर बीस कहानियाँ लिखीं जिनमें से सिर्फ एक किसान संघर्ष से संबंधित थी और दस कहानियाँ राष्ट्रीय स्वाधीनता आंदोलन से संबंधित थीं। 1920 में प्रेमचंद ने सिर्फ एक लेख लिखा : काउंट टॉल्स्टॉय और फने लतीफ। 1921 में दो लेख लिखे, दोनों स्वराज्य आंदोलन के बारे में 'वर्तमान आंदोलन के रास्ते में रुकावटें' और 'स्वराज्य के फायदे'। 1922 में उन्होंने चार लेख लिखे जिनमें से दो स्वराज्य आंदोलन के बारे में—'नया वर्ष' और 'विभाजक रेखा' तथा बाकी दो में से एक रूस और जर्मनी की संधि पर और दूसरा उपन्यास कला पर। इस तरह कुल 6 लेखों में 4 राष्ट्रीय आंदोलन पर। इससे प्रेमचंद की चिंताएँ जाहिर होती हैं। प्रेमचंद साहित्य के मर्मज्ञ रामविलास शर्मा ने सही लिखा है कि प्रेमचंद भारतीय स्वाधीनता आंदोलन के कथाकार थे।[4]

हालाँकि प्रेमचंद ने अवध के किसान आंदोलन की घटनाओं के चित्र न अपनी कहानियों में खींचे, न उन पर लेख लिखा, लेकिन मई, 1920 से 1922 के आखीर तक लिखी राष्ट्रीय आंदोलन से संबंधित उनकी अधिकतर कहानियाँ उस जमाने में घट रही वास्तविक घटनाओं को प्रतिबिंबित करती हैं। प्रेमचंद अपने इर्द-गिर्द और परिचितों के जीवन में घटी घटनाओं को आधार बनाकर भी कभी-कभी कहानियाँ लिखा करते थे। उनकी एक कहानी 'दफ्तरी' इम्तियाज अली 'ताज' के पत्र 'कहकशां' के जनवरी, 1920 के अंक में छपी थी। कहानी 'ताज' को भेजते हुए प्रेमचंद ने 'ताज' को चिट्ठी में उस कहानी के बारे में लिखा : "दफ्तरी बिल्कुल लाइफ से लिया गया है। तखैयुल का बहुत कम दखल है। मुमकिन है कि वह खुश्क मालूम हो।"[5] घटनाओं से जुड़ी सबसे ज्यादा कहानियाँ स्वराज्य के आंदोलन से संबंधित थीं। 'प्रेमाश्रम' शुरू करने के सात-आठ महीने पहले प्रेमचंद की एक कहानी 'वियोग और मिलाप' 'प्रताप' के स्वदेश अंक (22 अक्तूबर, 1917) में छपी। 1917 का साल होमरूल आंदोलन का साल था। "न ल बहिश्त भी हम होम रूल के बदले" जैसी चकबस्त की नज़्म हिंदी प्रदेश में गूंज रही थी। लड़ाई के आखिरी सालों में होमरूल आंदोलन सरकार के खिलाफ एक चुनौती बन कर छा गया। एक ओर नरम दली एनी बेसेंट और मदन मोहन मालवीय का दल और दूसरी ओर गरम दली बाल गंगाधर तिलक का दल। दोनों अलग-अलग होमरूल आंदोलन चला रहे थे। 1917 में एनी बेसेंट की नजरबंदी ने आंदोलन को और भी भड़का दिया। गाँधी के उभार के बाद प्रेमचंद और गणेश शंकर विद्यार्थी जैसे जो मध्यवर्गीय बुद्धिजीवी गाँधी के नेतृत्व में सबसे लड़ाकू सत्याग्रही बने, गाँधी के उभार से पहले तिलक के ही अनुयायी थे। गणेश शंकर विद्यार्थी और प्रेमचंद, दोनों पहले तिलक के अनुयायी थे। 1917 में प्रेमचंद की कहानी 'वियोग और मिलाप' इसी होमरूल आंदोलन से संबंधित कहानी थी जिसमें तिलक के साथ घटी एक घटना को प्रेमचंद ने कहानी में पिरो लिया। 1916 में लखनऊ कांग्रेस के अधिवेशन में नरम और गरम दल का मिलन हुआ। स्वराज्य का आंदोलन लड़ाकू ढंग से चलाने के पक्षधरों को इससे बहुत खुशी हुई। गणेश शंकर

विद्यार्थी ने तिलक और गाँधी को लखनऊ से लौटते हुए कानपुर लाने का आयोजन किया। दोनों नेता कानपुर आए। पं. दशरथ प्रसाद द्विवेदी ने, जो उन दिनों 'प्रताप' कार्यालय में काम करते थे, इस घटना का वर्णन करते हुए लिखा : "कानपुर के लोग तो उस समय लो. तिलक को अपने यहाँ ठहराने तक से डरते थे, तो उनके लिए अपनी सवारी कौन देता? इसलिए मजबूरन, गाँधी जी और मि. पोलक को शिवनारायण जी के तांगे पर हम लोग स्टेशन से 'प्रताप' आफिस ले आए।"[6] तिलक उन दिनों बड़े नेता थे। गाँधी जी का उतना महत्त्व न था। इसलिए गाँधी और मि. पोलक तो तांगे से आए और 'प्रताप' आफिस में ठहर गए। लेकिन तिलक के लिए शहर के किसी रईस ने अपनी गाड़ी न दी। इतना ही नहीं, उन्हें अपने यहाँ ठहराने के लिए भी कोई राजी न हुआ। दशरथ प्रसाद द्विवेदी ने लिखा : "इतने बड़े शहर में उनको ठहराने के लिए कहीं कोई जगह ही नहीं मिली। झख मारकर बड़ी मुश्किल से, ई. आई. आर. के पुराने जंक्शन के पास एक धर्मशाला में लो. तिलक को ठहराने का बंदोबस्त किया गया।" तिलक को अपने घर ठहराने का मतलब था सरकार का कोपभाजन बनना। ऐसा था वह भयभीत और कायर उच्च मध्यवर्ग जो स्वराज्य आंदोलन का नेता बनता था लेकिन तिलक को अपने यहाँ ठहरा न सकता था। प्रेमचंद ने इस घटना को ठीक इसी तरह 'वियोग और मिलाप' में उतार दिया।

गाँधी जी के असहयोग आंदोलन का कार्यक्रम बन जाने के बाद प्रेमचंद ने राष्ट्रीय आंदोलन से संबंधित जो सबसे पहली कहानी लिखी, वह थी 'मृत्यु के पीछे'। कहानी उर्दू में 'बाद अज मर्ग' के नाम से 'सुबहे-उम्मीद' के सितंबर, 1920 के अंक में छपी थी। इस कहानी में एक ऐसे व्यक्ति का चित्रण है जिसने कानूनी वकालत के जरिए पैसा कमाने के बजाय पत्रिका निकाल कर गरीबों की वकालत करने का रास्ता अपनाया। कुछ कमाई न हुई, घर का धन भी खर्च हो गया। लेकिन यश मिला। मरने के बाद जनता ने उसकी मूर्ति स्थापित की। वह गौरव प्राप्त हुआ जो बड़े-बड़े धनियों को भी नहीं मिलता। यह सब देखकर उसकी पत्नी की आँखें खुलीं जो पति के हृदय की महानता को पहले न समझकर सदा उसे वकालत का पेशा अपनाने के लिए कहती थी और पति की इच्छा का तिरस्कार कर अपने बेटे को वकालत के पेशे में लगा रही थी। पति की मृत्यु के पीछे उनके यश-गौरव को देखकर उसने अपने बेटे से वकालत का पेशा छोड़ पिता का रास्ता अपनाने को कहा, चाहे इससे गरीबी ही देखने को क्यों न मिले। किस्सा असहयोग आंदोलन में वकालत का पेशा छोड़ने के कार्यक्रम से ताल्लुक रखता है, लेकिन कहानी का कथानक प्रेमचंद ने एक वास्तविक घटना के आधार पर तैयार किया। कहानी के बारे में प्रेमचंद ने 'ताज' को 14 सितंबर, 1920 के अपने खत में लिखा : " 'एक किस्सा' 'बाद अज मर्ग' लिखा है। किस्सा क्या है, एक दोस्त की हकीकत है। सिर्फ आखिर में थोड़ी-सी उपज है।"[7]

जुलाई, 1921 की 'श्री शारदा' में प्रेमचंद की एक कहानी छपी : आदर्श विरोध।

कहानी इस तरह शुरू होती है। "महाशय दयाकृष्ण मेहता के पाँव जमीन पर न पड़ते थे। उनकी वह आकांक्षा पूरी हो गई थी जो उनके जीवन का मधुर स्वप्न था। उन्हें वह राज्याधिकार मिल गया था जो भारत-निवासियों के लिए जीवन स्वर्ग है। वाइसराय ने उन्हें अपनी कार्यकारिणी सभा का मेम्बर नियुक्त कर दिया था।"[8]

काउंसिलों का बहिष्कार असहयोग आंदोलन के कार्यक्रम में पहले नम्बर पर था। काउंसिलों में जाया जाए या नहीं, इस पर सितंबर, 1920 की कलकत्ता कांग्रेस में काफी गर्म बहस हो चुकी थी। गाँधी ने शैतान-सरकार के साथ हर तरह के सहयोग की निंदा की और काउंसिलों के बहिष्कार के कार्यक्रम को कांग्रेस से मनवाने में वे सफल हो गए। लेकिन बहुत से लोग अब भी जनता के हकों की रक्षा के लिए काउंसिलों में जाने के पक्ष में थे। 'प्रेमाश्रम' में रायकमलानंद उनका प्रतिनिधित्व करता है। बिहार में लार्ड सिन्हा को सरकार ने सूबे का गवर्नर बनाया था। किसी भी भारतीय को अंग्रेजी राज में पहली बार इतना ऊँचा ओहदा मिला था। लार्ड सिन्हा नामी बैरिस्टर थे, भले आदमी थे, विद्वान थे। गाँधी ने उनकी आलोचना की कि लार्ड सिन्हा अब एक प्रणाली के गुलाम बन गए हैं और अपनी सारी व्यक्तिगत अच्छाइयों के बावजूद वे अब एक ऐसी प्रणाली के लिए ही काम करेंगे जो अत्याचारी है। 'आदर्श विरोध' के नायक महाशय दयाकृष्ण मेहता भी लार्ड सिन्हा जैसे ही "बड़े उदार हृदय, राजनीति में कुशल तथा प्रजा भक्त थे।" लेकिन कहानी में प्रेमचंद दिखलाते हैं कि वे कार्यकारिणी के सदस्य बनकर वही सब करते हैं जो कार्यकारिणी पहले से ही करती चली आ रही थी। दयाकृष्ण मेहता भी उसी प्रणाली के गुलाम बन जाते हैं। अपने पैम्फलेट 'स्वराज्य के फायदे' में प्रेमचंद ने कौंसिलों की निस्सारता पर लिखा था : "भारत में ऐसी सभाएँ हैं जहाँ प्रजा के प्रतिनिधि सरकार को सलाह देने जाते हैं।...इन सभाओं को केवल राय देने का अधिकार है, अधिकारियों की इच्छा है चाहे वे उस राय को मानें या न मानें; वह इन सलाहों को मानने पर मजबूर नहीं हैं। विदित है कि वास्तव में यह सभाएँ केवल हाथी के दाँत हैं, उनकी जात से जनता की कोई भलाई नहीं हो सकती। उन्हें न तो आमदनी और खर्च के विषय में मुंह खोलने का अधिकार है, न सेना के विषय में, न पुलिस के विषय में। हाँ, शिक्षा, स्वास्थ्य, रक्षा और म्युनिसपैलिटी के मामलों में उन्हें कुछ सत्ता प्राप्त है, लेकिन वह भी केवल नाम के लिए, क्योंकि जब आमदनी और खर्च उनके अख्तियार के बाहर हैं तो वह शिक्षा या स्वास्थ्य रक्षा का उचित प्रबंध कैसे कर सकते हैं, जब खजाने की कुंजी शासकों के हाथों में है तो वह उनके अधीन है कि वह शिक्षा के लिए धन दें या न दें।"[9] कौंसिलों के खिलाफ असहयोग आंदोलन के ठीक इसी तर्क को प्रेमचंद 'आदर्श विरोध' में उतार कर दयाकृष्ण मेहता के खोखलेपन को दिखलाते हैं। आय-व्यय का एक मसविदा कौंसिल में पेश होने वाला है। वह उसकी कई मदों से असहमत हैं। वह अपने विचार अपनी पत्नी से कहता है : "यह देखो, तीन करोड़ रुपए उच्च कर्मचारियों के वेतन के लिए रखे गए हैं। यहाँ कर्मचारियों का वेतन पहले से ही बढ़ा हुआ है। इस वृद्धि की जरूरत ही नहीं,

पर यह बात जुबान पर कैसे लाऊँ? जिन्हें इससे लाभ होगा वे सभी नित्य के मिलने वाले हैं। सैनिक व्यय में 20 करोड़ बढ़ गए हैं। जब हमारी सेनाएँ अन्य देश में भेजी जाती हैं तो विदित ही है कि हमारी आवश्यकता से अधिक है, लेकिन इस मद का विरोध करूँ तो कौंसिल मुझ पर उँगलियाँ उठाने लगे।'' पत्नी कहती है : ''इस भय से चुप रह जाना तो उचित नहीं, फिर तुम्हारे यहाँ आने से ही क्या लाभ हुआ?''

मेहता ''कहना तो आसान है, पर करना कठिन है। यहाँ जो कुछ आदर सम्मान है, सब हाँ-हजूर में है। वायसराय की निगाह ज़रा तिरछी हो जाय, तो कोई पास न फटके। नक्कू बन जाऊँ।''

जब मसौदा काउंसिल में पेश होता है तो गैर-सरकारी सदस्य मसौदे में सैनिक व्यय के लिए बीस करोड़ की मद का विरोध करते हैं। दयाकृष्ण मेहता इस मद का समर्थन करते हुए सरकार की रक्षा करता है : ''शासन का प्रधान कर्त्तव्य भीतर और बाहर की अशांतिकारी शक्तियों से देश को बचाना है। शिक्षा और चिकित्सा, उद्योग और व्यवसाय गौण कर्त्तव्य हैं। अगर हमारी आय संपूर्णतः देश-रक्षा पर समर्पित हो जाए, तो भी हमको आपत्ति नहीं होनी चाहिए।''

इस तरह दयाकृष्ण मेहता कौंसिल में जाकर उस प्रणाली की सेवा करता है, जो प्रणाली जनता को लूटने और उसके शोषण के लिए बनी है। ऊँचा पद दयाकृष्ण मेहता को और भी गुलाम बना देता है जहाँ वह सरकार की कृपा-पात्र बने रहने के लिए अपनी आत्मा को बेचता है।

1920 की जुलाई में जब खिलाफत दल ने पंजाब का दौरा किया तब एबटाबाद के एक सब डिवीजन अफसर मुहम्मद आजम ने खिलाफत के सवाल पर असहयोग आंदोलन से प्रेरित होकर अपनी बीस साल की सरकारी अफसरी से इस्तीफा दे दिया और इस्तीफे की एक प्रति गाँधी को दी। 28 जुलाई, 1920 के 'यंग इंडिया' में गाँधी ने इस पर टिप्पणी लिखी : ''श्री मुहम्मद आजम ने एक ऐसे पद को लात मार दी है जो बहुत-से लोगों के लिए स्पृहणीय होगा। सांसारिक दृष्टि से देखा जाए तो इस तरह उन्होंने बहुत बड़ी चीज खो दी है। लेकिन धर्म या सम्मान की दृष्टि से उन्होंने कुछ खोया नहीं, बल्कि पाया ही है। अपनी आत्मा को बेचकर रुतबा और पैसा पाने में क्या रखा है?...अगर ऊँचे तबके के सरकारी नौकर श्री मुहम्मद आजम का अनुकरण करें तो शायद इस आंदोलन का उद्देश्य पूरा हो जाए।''[10] गाँधी ने टिप्पणी का शीर्षक दिया : एक महत्त्वपूर्ण त्याग पत्र।

29 जनवरी, 1921 को प्रेमचंद ने 'ताज' को लिखा : ''मैंने इधर दो-तीन किस्से लिखे हैं, एक 'सुब्हे उम्मीद' में है 'बाद अज़ मर्ग', दूसरा 'ज़माना' में है, 'नोंक-झोंक'। एक और 'जमाना' में रखा हुआ है 'मसर्रते हयात'। एक चौथा मेरे पास है, 'दस्ते गैव' पाँचवाँ ज़ेरे तहरीर है जिसमें नान कोआपरेशन का रंग नज़र आएगा।''[11] यह पाँचवाँ किस्सा 'लाल फीता' था जो 'महात्मा गाँधी की आज्ञा से' हिंदी पुस्तक एजेंसी की

असहयोग माला के अंतर्गत 'मजिस्ट्रेट का इस्तीफा' शीर्षक से छपा। इस कहानी में अंग्रेजी राज का भक्त एक कर्त्तव्यपरायण मजिस्ट्रेट अपनी सरकारी नौकरी से इस्तीफा दे देता है। "अब तक मैं समझता था कि मेरा कर्त्तव्य न्याय पर चलना है। अब मालूम हुआ कि यह मेरी भूल थी। मेरा कर्त्तव्य न्याय का गला घोंटना है, नहीं तो मुझे ऐसे आदेश क्यों मिलते? क्या समाचार पत्रों को पढ़ना भी कोई अपराध है? क्या दीन किसानों की रक्षा करना भी कोई पाप है?...मुझे उन साधु संन्यासियों पर कड़ी दृष्टि रखने का हुक्म दिया गया है जो धर्मोपदेश करते दिखाई दें। यही नहीं, मुझे यह भी देखना चाहिए कि कौन गजीगाढ़े के कपड़े पहने हुए है, किसके सिर पर कैसी टोपी है, उस टोपी पर कैसी छाप लगी हुई है। चर्खा चलाने वालों पर भी नजर रखनी चाहिए। मुझे उन लोगों के नाम भी अपने रोजनामचे में दर्ज करने चाहिए जो राष्ट्रीय पाठशालाएँ खोलें, जो देहातों में पंचायतें बनाएँ, जो जनता को नशे की चीजें त्याग करने का उपदेश करें।" आखिर में वह लिखता है : "मेरे विचार में वर्तमान शासन सत्पथ से संपूर्णतः विचलित हो गया है। यह आज्ञा प्रजा के जन्मसिद्ध स्वत्वों को छीनना और उनके राष्ट्रीय भावों का वध करना चाहती है।...ऐसे दुष्कार्य में योग देना अपनी आत्मा, विवेक और जातीयता का खून करना है। अतएव, अब मुझे इस राज-संस्था से असहयोग करने के सिवा और कोई उपाय नहीं है।"[12]

वह इस्तीफा देकर गाँवों में चर्खे के प्रचार में लग जाता है और उसका लड़का खादी का अर्थशास्त्र अपनी बहन को समझाता है।

सरकारी नौकरियों से इस्तीफा देना असहयोग के कार्यक्रम में शामिल न था, लेकिन यह उस आंदोलन की भावना और कार्यक्रमों के अनुरूप था। इसलिए जब भी कोई सरकार से असहयोग की भावना से प्रेरित होकर नौकरी छोड़ता तो उसका स्वागत किया जाता था। गाँधी खुद कई बार इसका आह्वान करते थे। सरकारी स्कूलों के बहिष्कार के साथ उन्होंने सरकारी स्कूलों के मास्टरों को नौकरी छोड़ देने के लिए कहा था। अगर मैं गिरफ्तार हो जाऊँ तो जनता को क्या करना चाहिए, यह बतलाते हुए 7 नवंबर, 1920 को गाँधी ने सोलह सूत्र लिखे थे जिनमें से 11वाँ सूत्र था : "जो लोग अन्य प्रकार से अपनी जीविका कमा सकते हों वे सैनिक या असैनिक सरकारी नौकरी त्याग दें।"[13] इससे पहले 23 अगस्त, 1920 को बेजवाड़ा में भाषण करते हुए उन्होंने कहा था : "मैं बेजवाड़ा के नागरिकों से प्रश्न करता हूँ कि सरकारी नौकरी में आपके लिए जो सुख निहित है उन पर निगाह डालने से पहले आप उन्हें तराजू के एक पलड़े पर और अपना धर्म तथा राष्ट्रीय सम्मान दूसरे पर चढ़ाकर देखिए और तब चुनाव कीजिए।"[14]

यह आह्वान प्रेमचंद की भावनाओं के अनुरूप था। "अपना धर्म और राष्ट्रीय सम्मान"—यह अपील मध्यवर्ग की मानसिकता को छूती थी। शोषण या दरिद्रता मध्यवर्ग की समस्या न थी। नौकरियों का मोह उसे था, लेकिन विचारधारा और आदर्शों से भी

वह प्रेरित होता था। धर्म और सम्मान का प्रश्न उसकी चेतना को ललकारता था। गाँधी ने अपनी पूरी राष्ट्रीय राजनीति मध्यवर्ग के इसी 'धर्म और राष्ट्रीय सम्मान' की चेतना के आधार पर संगठित की थी। सिर्फ प्रेमचंद ही नहीं, प्रेमचंद जैसे साधारण और निम्न मध्यवर्ग के कई बुद्धिजीवियों ने, असहयोग आंदोलन से बहुत पहले और उसके बाद भी, इस भावना से प्रेरित होकर सरकारी नौकरियाँ छोड़ी थीं। हिंदी के लेखकों में महावीर प्रसाद द्विवेदी, रामचंद्र शुक्ल और गणेश शंकर विद्यार्थी, सबने इसी भावना से अपनी नौकरियाँ छोड़ी थीं। 'प्रेमाश्रम' में डिप्टी कमिश्नर ज्वाला सिंह इसी तर्क से सरकारी नौकरी छोड़ता है। जिन दिनों प्रेमचंद ने 'लाल फीता' कहानी लिखी थी, उन्हीं दिनों राष्ट्रीय आंदोलन से संबंधित उनकी एक और कहानी 'विचित्र होली' 'स्वदेश' के मार्च, 1921 के अंक में छपी। इस कहानी का नायक सेठ उजागर मल सरकारी नौकरी नहीं करता, लेकिन अंग्रेजों का दोस्त है, सरकार का खैरख्वाह है। वह सहयोगी है। इसी कारण सरकार ने उन्हें कई ठेके दे रखे हैं। लेकिन जिलाधीश मि. क्रास की अनुपस्थिति में उसके घर के नौकरों के साथ होली खेलने और भंग पीकर हुड़दंग मचाने पर क्रास हंटर लेकर सेठ उजागर मल के पीछे दौड़ता है। इस अपमानजनक बर्ताव से उजागर मल की आँखें खुल जाती हैं। वह महसूस करता है कि उसके सहयोग के बावजूद अंग्रेजों की निगाह में उसकी कोई इज्जत नहीं। स्वाधीन और पराधीन में कोई मित्रता नहीं हो सकती। इस अपमान से आहत होकर वह शहर के कांग्रेस कमेटी के दफ्तर में आता है। वहाँ हिंदू-मुसलमान मिलकर होली खेल रहे हैं। सेठ अब तक देश के प्रति अपनी गद्दारी के लिए माफी माँगता है और कांग्रेसियों के साथ शामिल हो जाता है। सरकारी नौकरी न करने पर भी...धर्म और सम्मान की भावना ही सेठ उजागर मल को भी सहयोगी से असहयोगी बना देती है। धर्म और आत्मसम्मान के जिस तर्क से 'लाल फीता' का मजिस्ट्रेट, 'प्रेमाश्रम' का ज्वाला सिंह और 'विचित्र होली' का सेठ उजागर मल—ये सब सहयोगी से असहयोगी में बदल जाते हैं, उसी तर्क को प्रेमचंद ने अप्रैल, 1922 में अपने संपादन में निकलने वाली 'मर्यादा' की संपादकीय टिप्पणी में दुहराया : "सहयोगी भी स्वराज्य माँगते हैं, असहयोगी भी स्वराज्य माँगते हैं।...तो विभाजक रेखा कहाँ है? स्वराज्य प्राप्ति के विधान व्यवस्था में। असहयोगी किसी ऐसी व्यवस्था का प्रयोग नहीं कर सकता जिससे उसके आत्मसम्मान को आघात पहुँचे। उसे अपना आत्म-सम्मान देकर स्वराज्य लेना भी मंजूर नहीं। वह नाना प्रकार कष्ट सहेगा, जेल की कठोर यंत्रणाएँ झेलेगा लेकिन आत्मसम्मान को न छोड़ेगा।...सहयोगी प्रैक्टिकल पॉलिटीशियन है। वह अपने निर्धारित लक्ष्य पर पहुँचने के लिए स्वाभिमान की परवाह नहीं करता : अगर उसे अपने सिद्धांतों का बलिदान करके, अपने आत्मसम्मान का खून करके स्वार्थ सिद्धि का अवसर मिले तो वह इस अवसर को हाथ से जाने न देगा। उसमें इतना नैतिक बल नहीं कि राजकीय हस्तक्षेप का विरोध करे और उसके नतीजे भुगते। सहयोग और असहयोग में यही अंतर है, यही विभाजक रेखा है।"[15]

नैतिक बल, धर्म और आत्म-सम्मान—यही वह जादू था जो गाँधी ने मध्यवर्ग पर चलाया था। यही वह भावनाएँ थीं कि सरकारी रवैये के खिलाफ गाँधी टोपी पहनना और गाँधी की जय बोलना भी मध्यवर्ग के लिए धर्म और आत्मसम्मान का प्रश्न बनकर साम्राज्यवाद विरोधी संघर्ष का अंग बन गया।

असहयोग आंदोलन के कार्यक्रम का एक अंग अदालतों का बहिष्कार था। असहयोग आंदोलन के दौरान 6 अक्तूबर, 1920 को गाँधी ने 'यंग इंडिया' में लेख लिखा : न्यायालयों का मोह। इस लेख में उन्होंने लिखा कि अदालतों में "दोनों तरफ से झूठे गवाह पेश किए जाते हैं, जो पैसे या मित्रता के लिए अपनी आत्मा तक बेच देने को तैयार रहते हैं। लेकिन यह इन अदालतों की कोई सबसे बड़ी बुराई नहीं है। उनकी सबसे बड़ी बुराई तो यह है कि ये सरकार की सत्ता को बल देती हैं।...ऐसी ही थीं पंजाब की सैनिक अदालतें और समरी अदालतें। हमने उन्हें पूरी तरह उनके नग्न रूप में देखा और उनका यही रूप सामान्य समय में भी होता है, यदि सवाल एक उच्चतर जाति और उसके गुलामों की तरह जिंदगी बिताने वाले लोगों के बीच न्याय करने का हो।...कोई ऐसा न सोचे कि अंग्रेजों के बदले भारतीय न्यायाधीश या सरकारी वकील होने लगेंगे तो स्थिति बदल जाएगी। अंग्रेज लोग स्वभाव से भ्रष्टाचारी नहीं हैं और न ऐसा ही है कि हर भारतीय फरिश्ता है।...मैं जिस चीज की आलोचना कर रहा हूँ वह तो एक प्रणाली है।...जो लोग इन न्यायालयों के सहारे अपने लालच या प्रतिशोध की भावना की तुष्टि करते हैं या अपने न्याय-सम्मत दावे स्वीकार करा लेते हैं, उन्हें इन न्यायालयों के अंतिम लक्ष्य की ओर से आँखें बंद नहीं कर लेनी चाहिए, और न्यायालयों का अंतिम लक्ष्य, न्यायालय जिस सरकार का प्रतिनिधित्व करते हैं, उस सरकार की सत्ता को स्थायित्व प्रदान करना है।"[16]

असहयोग आंदोलन के इस कार्यक्रम पर भी कांग्रेस में बहुत विवाद था। प्रस्ताव पास हो जाने पर भी कम ही वकीलों ने अदालतों का बहिष्कार किया। कई नेता इस कार्यक्रम को व्यावहारिक न मानते थे। फिर भी, गाँधी साम्राज्यवादी शासन की इस संस्था की प्रतिष्ठा को मिटाने पर तुले हुए थे। आंदोलन के दौरान अगले साल, 1921 की 20 अप्रैल को उन्होंने फिर लिखा : "निश्चय ही पदवियों, कानूनी अदालतों, स्कूलों और परिषदों के साथ जुड़ी हुई प्रतिष्ठा के भ्रम को दूर करना आवश्यक था।...किसी भी ऐसे राष्ट्रवादी वकील की असहयोगियों में कोई प्रतिष्ठा नहीं रह गई है जिसने अपनी वकालत स्थगित नहीं कर दी है।"[17]

अदालतें ब्रिटिश सत्ता को स्थायित्व प्रदान करती हैं। वह एक अन्यायपूर्ण प्रणाली का अंग हैं। उनकी प्रतिष्ठा को खत्म करना जरूरी है। इसलिए वकीलों को अदालतों का बहिष्कार करना चाहिए। जो वकील बहिष्कार नहीं करते, ब्रिटिश राज की ही तरह उनकी भी प्रतिष्ठा नहीं की जा सकती। असहयोग आंदोलन के इस कार्यक्रम के सारतत्व को जैसा प्रेमचंद ने अपने साहित्य में उतारा, वैसा हिंदी के किसी लेखक के साहित्य में

नहीं मिलता। प्रेमचंद खुद को गाँधी का 'कुदरती चेला' कहते थे। जिन बातों में वे कुदरती चेले थे, उनमें से एक अदालत और वकीलों के बारे में उनका दृष्टिकोण था। गाँधी के असहयोग आंदोलन और अदालतों के बहिष्कार कार्यक्रम से बहुत पहले से ही प्रेमचंद ने अपने साहित्य में अदालतों और वकीलों की घृणास्पद भूमिका और उनके शोषक रूप को उद्घाटित कर उनकी प्रतिष्ठा को धूल में मिलाते आ रहे थे। जब गाँधी ने चंपारन में अभी प्रवेश ही किया था, तब 1917 के मई में प्रेमचंद की कहानी 'उपदेश' छपी थी जिसमें उन्होंने एक वकील चरित्र पं. देवरत्न शर्मा की आदर्शवादिता के खोखलेपन और उनकी जातीय सेवा के मिथ्या दंभ को दिखलाया था। अंग्रेजी राज में वकील दो वर्गों से आते थे, जमींदार वर्ग और शिक्षित मध्यवर्ग। और अक्सर ये वकील ही स्थानीय स्तर पर राष्ट्रीय आंदोलन (जो उन दिनों जातीय सेवा के नाम से जाना जाता था) का नेतृत्व करते थे। इस तरह औपनिवेशिक भारत में वकील एक ऐसा प्रतिनिधि चरित्र था जिसमें एक जमींदार, एक शिक्षित और एक जातीय सेवक—इन तीनों के व्यक्तित्व का सम्मिश्रण होता था। देवरत्न शर्मा भी ऐसा ही चरित्र है। इस चरित्र का चित्रण और उसकी असलियत का उद्घाटन प्रेमचंद के सारे साहित्य की एक खास विशेषता है। प्रेमचंद इस चरित्र की असलियत को पकड़ सके, इसकी वजह यह थी कि उन्होंने इसे किसानों की नजर से देखा था। किसानों का खून चूसकर जोंक की तरह पलने वाले जमींदार और वकील के घुले-मिले इस चरित्र के जितने विश्वसनीय चित्र हमें प्रेमचंद के साहित्य में मिलते हैं, उतने शायद ही कहीं और मिलें। इसी चरित्र को समझ सकने के कारण प्रेमचंद वह दृष्टि विकसित कर सके जिस दृष्टि से उन्होंने राष्ट्रीय आंदोलन के मध्यवर्गीय चरित्र की ऐसी पैनी आलोचना की जो राष्ट्रीय आंदोलन में शामिल रहने पर भी उसकी सीमाओं से उन्हें अलग और ऊँचा उठा दिखलाती है। 1918 के दिसंबर में लिखे अपने प्रसिद्ध लेख 'पुराना जमाना : नया जमाना' में प्रेमचंद ने इसी चरित्र को राष्ट्रीय आंदोलन के नेतृत्व में पहचानकर उसकी कटु आलोचना की थी, उसकी राष्ट्रीय आंदोलन के नेता की हैसियत को ललकारा था और उसे चेतावनी दी थी कि आने वाला जमाना अब मजदूरों और किसानों का जमाना होगा।

'प्रेमाश्रम' की रचना से पहले होमरूल आंदोलन से संबंधित अपनी कहानी 'वियोग और मिलाप' में प्रेमचंद ने इस चरित्र की स्वार्थपरता को दिखलाया। होमरूल आंदोलन में भाग लेने वाले दयानाथ के पिता जानकीनाथ ऐसा ही चरित्र है : "लाला जानकी नाथ शहर के बड़े आदमियों में थे। आज कई साल से उन्होंने वकालत छोड़ दी थी परंतु धन खूब संग्रह कर लिया था। कई गाँवों के जमींदार भी थे और सबसे बड़ी बात यह थी कि अफसरों के कृपापात्र थे।...अधिकारी वर्ग की विदाई और बधाई के जलसों में वे खूब योग देते थे। ऐसे अवसरों पर उनकी वक्तृताएँ बड़े मार्के की होती थीं। भाव और भाषा, दोनों ही सुंदर।"[18] जानकीनाथ की स्वार्थपरता ऐसी है कि अंग्रेजी राज की निगाहों में इज्जतदार बने रहने के लिए वे अपने बेटे को घर से निकाल देते हैं। 'प्रेमाश्रम' में प्रेमचंद

बैरिस्टर इर्फान अली का चित्र खींच चुके थे जिसका ईमान सिर्फ दौलत है। असहयोग आंदोलन के दौरान प्रेमचंद ने अदालत के बहिष्कार की घटना को आधार बनाकर कोई कहानी नहीं लिखी लेकिन इस कार्यक्रम का सार तत्त्व उनकी कई कहानियों में प्रतिबिंबित हुआ। वकीलों की स्वार्थपरता को दिखलाने और उनकी प्रतिष्ठा के भ्रम को खत्म करने में प्रेमचंद ने कोई कसर नहीं छोड़ी। जून, 1920 की 'सरस्वती' में उनकी एक कहानी छपी : पुत्र-प्रेम। कहानी इस तरह शुरू होती है : "बाबू चैतन्यदास ने अर्थशास्त्र खूब पढ़ा था, और केवल पढ़ा ही नहीं था, उसका यथायोग्य व्यवहार भी करते थे। वे वकील थे, दो-तीन गाँवों में उनकी जमींदारी भी थी, बैंक में भी कुछ रुपए थे। यह सब उसी अर्थशास्त्र के ज्ञान का फल था।"[19]

चैतन्यदास का अर्थशास्त्र ऐसा था कि जब भी किसी खर्च का सवाल सामने आता तो वे अपने मन में प्रश्न करते—इससे किसका उपकार होगा? मेरा या किसी अन्य का? अगर उन्हें दोनों में से किसी का उपकार नजर न आता तो बड़ी निर्दयता से उस खर्च का गला दबा देते थे। वे अपने आदर्शों के अनुरूप अपने लड़के को भी बैरिस्टर बनाना चाहते थे। इसके लिए वे उसे इंग्लैंड भेजकर पढ़ाना चाहते थे। संयोग ऐसा हुआ कि जिस बेटे को बैरिस्टर बनाने के लिए इंग्लैंड भेजना चाहते थे वह बीमार पड़ गया। उसे तपेदिक का रोग हो गया। जब उसके बचने की आशा न रही तो उसे इटली भी नहीं भेजा जहाँ इलाज के लिए डाक्टर ने सलाह दी थी। लड़का मर गया। लेकिन अपने दूसरे लड़के को पढ़ने के लिए उन्होंने इंग्लैंड भेज दिया। 'वियोग और विलाप' का जमींदार वकील जानकीनाथ अपने स्वार्थ के लिए बेटे को घर से निकाल देता है, 'पुत्र-प्रेम' का जमींदार वकील चैतन्यदास पुत्र-प्रेम से ज्यादा महत्त्व धन को देता है। धन को बचाने के लिए बेटे को मृत्यु के हाथ सौंप देता है। तीसरी कहानी 'आदर्श विरोध' है जिसमें वाइसराय की कार्यकारिणी सभा के मेम्बर बैरिस्टर दयाकृष्ण मेहता का बेटा अपने पिता की स्वार्थपरता से क्षुब्ध होकर आत्महत्या कर लेता है।

प्रेमचंद के साहित्य में एक भी ऐसा वकील चरित्र नहीं मिलता जो आदर्श हो, जिसे प्रेमचंद ने अपने मूल्यों का प्रतिनिधि बनाया हो। 1920 के सितंबर में छपी कहानी 'मृत्यु के पीछे' के नायक ईश्वरचंद्र ने धन कमाने के उद्देश्य से बहुत परिश्रम करके कानून की किताबों का संग्रह और वकालत का अभ्यास किया था। लेकिन देश प्रेम उन्हें वकालत के रास्ते से हटाकर पत्र-संपादन के रास्ते पर ले जाता है। राष्ट्रीय आंदोलन के जमाने में जाति-सेवा के दो मार्ग थे—वकालत और संपादन। मध्यवर्ग में चलन था कि जो वकील ही नहीं हुआ, वह राष्ट्रीय आंदोलन कैसे करेगा? अंग्रेजी कानूनों में माहिर हुए बिना अंग्रेजी राज से कैसे निपटा जा सकता है? लेकिन ईश्वरचंद्र अपने मन में वकालत और पत्र संपादन के बीच द्वंद्व पर विजय पाकर अपनी पत्नी से कहता है : "मुझे वकालत का पेशा ही पतित प्रतीत होता है। ज्यों-ज्यों वकीलों की आंतरिक दशा का ज्ञान होता है, मुझे उस पेशे से घृणा होती जाती है। इस शहर में सैकड़ों वकील और बैरिस्टर

पड़े हुए हैं, लेकिन एक व्यक्ति भी ऐसा नहीं जिसके हृदय में दया हो, जो स्वार्थपरता के हाथों बिक न गया हो। छल और धूर्तता इस पेशे का मूल तत्त्व है। इसके बिना किसी तरह निर्वाह नहीं। अगर कोई महाशय जातीय आंदोलन में शरीक भी होते हैं, तो स्वार्थ-सिद्धि करने के लिए, अपना ढोल पीटने के लिए। हम लोगों का समग्र जीवन वासना-भक्ति पर अर्पित हो जाता है। दुर्भाग्य से हमारे देश का शिक्षित समुदाय इसी दरगाह का मुजावर होता जाता है और यही कारण है कि हमारी जातीय संस्थाओं में श्रीवृद्धि नहीं होती।''[20]

ईश्वरचंद्र पत्र-संपादन का रास्ता चुनता है। गरीबों और मजदूरों की हिमायत करते हुए सारा जीवन गरीबी और तंगहाली में गुज़ारता है। जब वह मरता है तो हजारों लोग उसकी अर्थी के साथ जाते हैं और शहर में उसकी प्रतिमा स्थापित करते हैं। ईश्वरचंद्र को यश, मान और प्रतिष्ठा वकालत करके नहीं, वकालत छोड़ कर मिलती है। उसकी पत्नी गरीबी से उबरने के लिए अपने बेटे से पूछती है कि मृत्यु के बाद उसके पिता का इतना आदर हो रहा है, इसकी वजह क्या है? तो बेटा कहता है : ''उनका सारा जीवन सत्य और न्याय की वकालत में गुजरा है। ऐसे ही महात्माओं की पूजा होती है।''

मानकी—''लेकिन उन्होंने वकालत कब की?''

कृष्ण—''हाँ, वह वकालत नहीं की जो मैं और मेरे जैसे हजारों भाई कर रहे हैं, जिससे न्याय और धर्म का खून हो रहा है। उनकी वकालत उच्च कोटि की थी।''

माँ जवाब देती है कि अगर ऐसा है तो तुम भी वही वकालत करो।

यह कहानी असहयोग आंदोलन के अदालत के बहिष्कार कार्यक्रम को प्रचारित करती है। 1920-22 में प्रेमचंद पूरी तरह असहयोग आंदोलन के प्रचार में लग गए थे। अपना साहित्य उन्होंने इस आंदोलन के प्रचार में लगा दिया था। उस जमाने में प्रेमचंद की मानसिकता की झलक मिलती है 29 दिसंबर, 1921 को 'ताज' को लिखे एक खत में। लाहौर के रिसालों में लिखने को दावत भरे खत प्रेमचंद को मिल रहे थे। प्रेमचंद ने उन्हें लौटा दिया और 'ताज' को खत में लिखा ''आजकल लाहौर रिसालों में लिखते हुए तबीयत हिचकिचाती है। मैं वह जबान नहीं लिख सकता जिसका आजकल अक्सर रिसालों में नमूना नजर आता है और जिसका पेशरौ अगर कोई एक शख्स है तो आगरे का 'नक्काद' है। इस रंग का अन्सुर है सीधी-सी बात को तशबीहात और इस्तआरात में बयान करना। मैं इस रंग की तकलीद से कासिर हूँ।

''अलावा बरीं मैं भी तर्के मवालाती हूँ। मेरे दिलो-दिमाग में भी आजकल वही मसाइल गूँजा करते हैं। किस्सों में भी वही ख्यालात झलकते हैं और अदबी रसाइल में उनकी गुंजाइश नहीं।''[21]

बात सच थी। प्रेमचंद एक के बाद एक कहानी लिखे चले जा रहे थे जो असहयोग आंदोलन के असर को दिखा रही थी। एक कहानी एक घोड़े पर लिखी : स्वत्व रक्षा। एक अड़ियल घोड़े को उसके स्वभाव के विरुद्ध एक कदम भी आगे बढ़ाने में सारे लोग

हार जाते हैं। घोड़े के माध्यम से प्रेमचंद ने असहयोगी के सत्याग्रह को दिखलाया। कहानी 'माधुरी' के जुलाई 1922 के अंक में छपी। एक दूसरी कहानी एक कुत्ते पर लिखी 'अधिकार चिंता' । एक कुत्ता जिसे अपना आतंक जमाकर दूसरों के हिस्से की हड्डियाँ और मांस खाने की लत पड़ गई थी, अपना सारा जीवन अपने अधिकारों को सुरक्षित रखने की चिंता में ही बिता देता है लेकिन फिर भी सुरक्षित नहीं रख पाता और अपने शत्रुओं से घेरे जाकर, उनके दाँतों और नखों के हमलों से घायल हो जाता है। कहानी का अंत इस तरह होता है : "अंत में सातवें दिन अभागा टामी अधिकार चिंता से ग्रस्त, जर्जर और शिथिल होकर परलोक सिधारा। वन का कोई पशु उसके निकट न गया। किसी ने उसकी चर्चा तक न की; किसी ने उसकी लाश पर आँसू तक न बहाए। कई दिनों तक उस पर गिद्ध और कौए मँडराते रहे, अंत में अस्थि-पंजरों के सिवा और कुछ न रह गया।" [22]

कहानी की ये अंतिम पंक्तियाँ पशुबल पर कायम साम्राज्यवाद की मौत का मर्सिया जैसी बन गईं।

असहयोग आंदोलन के दौर में गाँधी ने एक साल के अंदर स्वराज्य हासिल करने की शर्तों में एक शर्त शराबबंदी को बनाया था। बड़े शहरों से लेकर छोटे कस्बों तक, यहाँ तक कि गाँवों में भी शराबबंदी का कार्यक्रम फैल गया। '1921 के असहयोग आंदोलन की झाँकियाँ" किताब में त्रिभुवन नारायण सिंह ने बनारस की तहसीलों में अपने साथी वालंटियरों के साथ गाँवों में ताड़ी पेड़ों को घेर कर खड़े होने और शराब की दुकानों में धरने देने का वर्णन किया है।[23] शहरों में शराबबंदी का आंदोलन सत्याग्रह और अहिंसात्मक असहयोग की शक्ति का उदाहरण बन गया। अहमदाबाद में शराबबंदी के आंदोलन के दौरान हुई एक घटना का चित्र देते हुए गाँधी ने 20 अप्रैल, 1921 को 'यंग इंडिया' में लिखा : "किसी अज्ञात व्यक्ति द्वारा फेंके पत्थर से डॉ. कानुगा की आँख में इतनी गहरी चोट आ गई थी कि उनको आँख से हाथ भी धोना पड़ सकता था। अंततः उन्हें कुछ दिन खटिया पकड़नी पड़ी। चोट खाकर भी, वे तब तक अपनी जगह पर डटे रहे जब तक कि उनकी जगह लेने कोई दूसरा नहीं आ गया। धरना देने वाले अन्य लोग अपनी जगह पर जमे रहे। कोई भगदड़ नहीं मची। कोई शिकायत दायर नहीं की गई, यह तो ठीक ही है। इसका असर बिजली-सा हुआ। पियक्कड़ों के हाथों के तोते उड़ गए। धरना देने वालों को अविचलित देखकर पथराव भी बेमतलब लगने लगा। और मुझे मालूम हुआ कि उस घटना के बाद फिर किसी तरह का पथराव हुआ ही नहीं। शराब की दुकानों पर जाने वालों पर भी इतना ही जबर्दस्त प्रभाव पड़ा है। मैं इसे असहयोग तथा उसके तात्कालिक परिणामों का एक सर्वोत्तम उदाहरण मानता हूँ।"[24]

यह सिर्फ एक घटना है। ऐसी ही घटनाएँ देश के बाकी हिस्सों में भी घट रही थीं। असहयोग के इस सर्वोत्तम उदाहरण को प्रेमचंद ने भी अपनी कला में उतारा और 'दुस्साहस' कहानी में जो बनारस के राष्ट्रवादी अखबार 'आज' के 18 जून, 1921 के

अंक में छपी। लखनऊ के नौबस्ते मौहल्ले के मुंशी मैकूलाल-मुख्तार ऐसे आदमी थे जिनका देश के किसी आंदोलन, किसी सभा, किसी सामाजिक सुधार से कोई संबंध न था। वे कचहरी से लौटते और दोस्तों के साथ बैठक में नियमपूर्वक शराब पीते। लेकिन एक दिन उन्हें शराब नहीं मिली। जिस आदमी को शराब लाने भेजा गया था, वह खाली हाथ लौट आया। पता चला कि शराब की दुकान पर कांग्रेस के स्वयंसेवकों ने धरना दे रखा है और वे किसी को भी शराब खरीदने या पीने से रोक रहे हैं। इस दखलअंदाजी पर गुस्से से तमतमाते हुए मैकूलाल अपने दोस्त के साथ शराबखाने में पहुँचे। स्वयंसेवकों ने सत्याग्रह करते हुए हाथ जोड़े। लोगों की भीड़ जुट गई, कुछ-एक ने ताने भी कसे। मैकूलाल के साथियों के छक्के छूट गए लेकिन मैकूलाल ने दुस्साहस से काम लिया। स्वयंसेवकों के लाख हाथ जोड़ने पर भी वे अंदर गए और शराब ले आए। उनकी रक्षा में एक कांस्टेबिल भी गया। लेकिन मैकूलाल शराब लाकर भी शराब न पी सके। "इतना अपमान सहकर, जनता की निगाह में पतित होकर, सारे शहर में बदनाम होकर, नक्कू बनकर एक क्षण के लिए सिर में सरूर पैदा कर लिया तो क्या काम किया?"[25] मैकूलाल को अपने पर खेद और ग्लानि हुई। उन्होंने बोतल परे फेंक दी।

शराबबंदी की ही तरह प्रेमचंद ने स्वदेशी के आंदोलन पर भी कहानी लिखी 'चकमा', जो 'प्रभा' के नवंबर, 1922 के अंक में छपी। विलायती कपड़े न बेचने की कांग्रेस की प्रतिज्ञा-पत्र में हस्ताक्षर न करने के कारण चांदनी चौक के सेठ चंदूमल की दुकान पर कांग्रेस के वालंटियर पहरा देते थे। इससे सरकार की निगाह में चंदूमल की इज्जत बढ़ी और वे अमन सभा के कोषाध्यक्ष बना दिए गए और उनकी सुरक्षा के लिए दुकान पर पुलिस तैनात कर दी गई। लेकिन वालंटियरों के सत्याग्रह के चलते माल न बिक पाता था। दूसरे व्यापारियों ने प्रतिज्ञा-पत्र पर हस्ताक्षर भी किए और चोरी छुपे विलायती कपड़ा भी बेचा। हस्ताक्षर कर देने की वजह से उनकी दुकानों पर पहरा न बैठा था। बात सेठ चंदूमल की समझ में आई। उसने कांग्रेस को चकमा दिया। दुकान पर खड़ी पुलिस को किसी बहाने वालंटियरों से उलझा दिया और इस झगड़े में पुलिस के खिलाफ कांग्रेस का साथ दिया। कांग्रेसियों को सेठ पर विश्वास हो गया और पहरा उठा लिया गया। इस तरह सेठ को प्रतिज्ञा-पत्र पर हस्ताक्षर भी न करने पड़े और पहरा भी उठ गया। जो विलायती कपड़ा कांग्रेस का विरोधी बनकर न बेच सका, अब वही कपड़ा वह कांग्रेस का मित्र बनकर बेच सकता था।

यह एक अनूठी कहानी है कि कैसे व्यवसायी वर्ग ने कांग्रेस का दोस्त बनकर अपना व्यवसाय चलाने की नीति अख्तियार की। स्वदेशी का आंदोलन असहयोग आंदोलन का सबसे सफल माना जाने वाला आंदोलन था। खुद गाँधी ने इसकी सफलता का दावा किया था। गाँधी ने स्वदेशी के सवाल को देश की स्वाधीनता का सवाल बनाकर पेश किया था। इस कार्यक्रम के बारे में गाँधी ने दावा किया था : "जब हमारा राष्ट्र अपने स्वतःस्फूर्त प्रयत्न से विदेशी कपड़े का बहिष्कार पूर्ण कर लेगा तब वह

स्वराज्य के योग्य बन जाएगा। मैं वचन देता हूँ कि उस स्थिति में भारतीय नगरों में खड़े ये बड़े-बड़े किले भारत की स्वतंत्रता के लिए खतरा नहीं रह जाएँगे।"[26] कांग्रेस ने विदेशी कपड़ों के बहिष्कार के लिए व्यापारियों को नोटिस दी थी और प्रतिज्ञा-पत्र पर उनसे हस्ताक्षर करवाए थे। लेकिन व्यवसायी वर्ग के लिए स्वराज्य से ज्यादा महत्त्वपूर्ण उसका मुनाफा था। वे सैकड़ों तरीकों से धोखा देकर और खुलेआम भी विदेशी कपड़ा आयात करते और बेचते थे। गाँधी मिलों में तैयार कपड़ों के विरोधी थे और चर्खे के समर्थक थे। इससे मिल मालिक भड़क उठे तो गाँधी ने उनके साथ समझौता किया। गाँधी ने काम चलाने के लिए मिलों में तैयार कपड़ों को भी स्वदेशी की मान्यता दी। लेकिन मिल-मालिक विदेशों से सूत आयात करके उससे देश में कपड़ा तैयार करते थे और उसे स्वदेशी कहकर बेचते थे। गाँधी की प्रार्थनाएँ उनके व्यवसाय के नियमों को बदल न सकीं। स्वदेशी आंदोलन में व्यवसायी और पूँजीपति वर्ग के इस चरित्र पर झुँझलाते हुए गाँधी ने 17 जुलाई, 1921 को 'नवजीवन' में लिखा : "मेरे पास तीन शिकायतें आई हैं। बंबई में कुछ लोग गली हुई विदेशी बनात, विदेशी साटन और विदेशी धागे का प्रयोग करके टोपियाँ बना रहे हैं और स्वदेशी बताकर मेरे नाम से बेच रहे हैं।" आगे उन्होंने लिखा : "जो बात टोपी के संबंध में कही जा सकती है, वही लट्ठे के संबंध में भी कही जा सकती है। शिमला से पत्र मिला है कि वहाँ लोग जापानी लट्ठे पर से जापान की छाप मिटाकर उसे फिर से धोकर उस पर बंबई छाप लगाकर विदेशी माल को स्वदेशी के नाम से बेच रहे थे और इसमें कुछ मिल भी हिस्सा ले रहे हैं।"[27] पूँजीपति और व्यवसायी वर्ग जो विदेशी माल पहले बेच रहे थे, वही अब भी बेच रहे थे। फर्क इतना ही था कि अब वे अपना माल स्वदेशी और गाँधी के नाम से बेच रहे थे। 1905-6 के स्वदेशी आंदोलन में भी इन वर्गों की यही भूमिका थी। कांग्रेस का आंदोलन इन वर्गों के चरित्र को बदल नहीं सकता था। इन वर्गों ने कांग्रेस के आंदोलन की कमजोरियों को पहचाना और उसका इस्तेमाल किया। प्रेमचंद ने बड़ी बारीकी से इन वर्गों के चरित्र और कांग्रेस की कमजोरियों को अपनी कहानी में उतारा।

प्रेमचंद का एक महत्त्व यह है कि गाँवों में पहुँचे असहयोग आंदोलन का पता उनकी कहानियों से मिलता है। 'प्रभा' के जुलाई, 1921 के अंक में छपी 'लागडाट' ऐसा ही एक कहानी है। यह दो किसानों की आपसी प्रतिद्वंद्विता की कहानी है। जमीन के एक टुकड़े को लेकर जोखू भगत और बेचन चौधरी में झगड़ा होता है तो पूरा गाँव उस झगड़े के आधार पर बँट जाता है। लेकिन स्वराज्य का आंदोलन दोनों को मिलाता है। कहानी में अदालतों के बहिष्कार, नशीले पदार्थों के त्याग और स्वदेशी की चर्चा भरी पड़ी है। कहानी में किसान सभा का गठन भी गाँव में होता है।

इस तरह हम देखते हैं कि अवध के किसान आंदोलन और असहयोग आंदोलन के दौर में प्रेमचंद ने सबसे अधिक कहानियाँ राष्ट्रीय आंदोलन के संबंध में लिखीं। इन कहानियों में उन्होंने असहयोग आंदोलन का प्रचार किया और उसके मध्यवर्गीय नेतृत्व

की आलोचना की। यही काम उन्होंने उस दौर में लिखे अपने लेखों में भी किया। इन कहानियों की एक खासियत यह है कि ये कहानियाँ अपने वक्त में घट रही घटनाओं से बहुत प्रभावित हैं। राष्ट्रीय आंदोलन का ज्वार जब भी उठा, प्रेमचंद ने स्वाभाविक रूप से अपना साहित्य उसके लिए समर्पित कर दिया। यह बात खासकर उनकी कहानियों में दिखती है। इसीलिए प्रेमचंद की कहानियों के अमरीकी अध्येता रॉबर्ट ओ स्वान ने लिखा कि प्रेमचंद ने देश में चल रहे राजनीतिक राष्ट्रवादी आंदोलन के अनुरूप साहित्य में लगातार राष्ट्रवादी कहानियाँ लिखकर एक कथात्मक राष्ट्रवादी आंदोलन (ए फिक्शनल नेशनलिस्ट मूवमेंट) खड़ा कर दिया था।[28]

'बलिदान' और 'विध्वंस'

1918-22 के दौर में 'प्रेमाश्रम' के अलावा प्रेमचंद ने सिर्फ दो कहानियाँ ऐसी लिखीं जो किसानों के सवाल पर थीं। पहली 'बलिदान' जो 'प्रेमाश्रम' की रचना शुरू होने से पहले मई, 1918 की 'सरस्वती' में छपी, दूसरी 'विध्वंस' जो 'प्रेमाश्रम' की रचना पूरी होने के बाद 25 जुलाई, 1921 के 'आज' में छपी।

'बलिदान' प्रेमचंद की सशक्त कहानियों में एक है जो अपने खेत से किसान के लगाव को दर्शाती है। वह लगाव यूँ ही नहीं है : उसका आधार है खेत में किसान का श्रम और उस श्रम से जुड़ी उसकी आशा-आकांक्षाएँ।

'बलिदान' का हरखू पुराने ढंग का धनी किसान था जो शक्कर का कारोबार भी करता था। विदेशी पूँजीवाद ने उसका कारोबार तोड़ दिया। बाजार में विदेशी चीनी आ गई। उसके खेत एक-एक कर के बिक गए। फिर भी गाँव में उसका सम्मान बना रहा। वह बीमार पड़ा और मर गया। मरने पर उसका खेत लेने के लिए किसानों में होड़ मच गई। उसका बेटा गिरधारी ज़मींदार का मनचाहा नजराना न दे सका तो खेत उसके हाथ से निकल गए। कर्ज चुकाने में उसके बैल भी बिक गए। वह मर गया तो उसका बेटा ईंटों के भट्ठे पर मजदूर बन गया। मजदूर बनने पर गाँव में उसकी मर्यादा खत्म हो गई। लेकिन गिरधारी की आत्मा अपने खेतों पर मँडराने लगी। जिस किसान ने उसका खेत लिया था, वह उसे जोत न सका। प्रेतग्रस्त खेत को किसी भी किसान ने लेने से इनकार कर दिया।

'प्रेमाश्रम' में नजराने का सवाल नहीं आया था, लेकिन इस कहानी में प्रेमचंद ने शोषण के इस रूप को घटनाओं के केंद्र में रखा। हरखू के मरने के बाद खेत फिर से लगान पर देने के लिए जमींदार 100 रु. नजराना माँगता है। बहुत कोशिश करके, अपने बैल बेचकर भी, गिरधारी यह नजराना नहीं जुटा पाता। खेत के हाथ से निकलने की खास वजह नजराना चुकाने की असमर्थता थी। अवध समेत पूरे पूर्वी उत्तर प्रदेश में नजराना किसानों के शोषण का एक खास रूप था। अवध में 1886 के रेंट ऐक्ट के बाद जब लगान की वृद्धि को एक हद तक नियंत्रित कर लिया गया तो जमींदारों-ताल्लुकेदारों

ने खेत से मुनाफा कमाने के लिए नजराने के हथियार का इस्तेमाल किया। किसान को खेत नए सिरे से देते समय नजराना माँगा जाने लगा। इसकी रकम वार्षिक लगान के छः-सात गुना होती थी। नजराना लेना गैरकानूनी था लेकिन व्यवहार में लूट का यह तरीका उतना ही स्थायी बन गया जितना कि लगान। जमींदार-ताल्लुकेदार न सिर्फ नजराने में बड़ी-बड़ी रकमें माँगते थे, बल्कि खेत को दूसरे किसान को देकर उससे भी नजराना वसूलते थे।[29] नजराने की धूम ऐसी थी कि खेत लगान पर चढ़ाते समय किसानों की भीड़ जुट जाती और नजराने की बोली लगती थी।[30] नजराने के शोषण ने अवध में 'मुर्दा फ़रोशी' और 'कन्या विक्रय' जैसी प्रथाओं को जन्म दिया। प्रतापगढ़ के डिप्टी कमिश्नर मेहता ने किसान असंतोष की जाँच की अपनी रिपोर्ट में नजराने के लिए किसानों की आत्महत्या और अपनी बेटियों को बेचकर नजराना चुकाने के उदाहरण दर्ज किए। जमींदार या ताल्लुकेदार नजराने के हथियार को किसी किसान की मौत के तुरंत बाद चलाते थे जब उसके घरवाले मातम मना रहे और लाचारी में होते। 9 फरवरी, 1920 के 'प्रताप' में अवध के एक किसान जगदत्त सिंह, फौजी सिपाही, की एक चिट्ठी छपी, 'अवध के किसान'। जगदत्त सिंह ने लिखा : "अवध की भोली प्रजा यह पुकार कर कहती है कि काश्तकारान से जमींदार खेत छीन लेते हैं। किसान जब खेती के लिए जमींदारान के पास जाते हैं तब जमींदारान किसानों से पूछते हैं कि कितने रुपए नजर दोगे? किसान कहते हैं कि जो आप फ़रमावें। इस प्रकार अधिक रुपए नजर लेकर किसी दूसरे किसान पर बेदखली लगाकर जमीन छीनकर, जमींदार उस किसान को जमीन दे देते हैं। कुछ वर्षों के बाद दूसरे से जमीन छीनकर तीसरे किसान को देते हैं और नजर तथा मालगुजारी उससे और अधिक तय करते हैं।...किसान की मृत्यु के पश्चात् जमीन का किसान के लड़के बच्चों से छीन लिया जाना भी अधर्म है। इस प्रकार का अन्याय बाराबंकी, लखनऊ, उन्नाव, रायबरेली आदि में बहुतायत से दिखलाई पड़ता है। क्या जमींदार लोग इधर ध्यान देंगे?"

मेहता ने अपनी जाँच रिपोर्ट 1920 में लिखी थी। जगदत्त की चिट्ठी भी 1920 में छपी। इनसे दो साल पहले प्रेमचंद ने किसान के मरने पर उसके घरवालों पर नजराने की मार को अपनी कहानी में घटना के रूप में चित्रित किया। लेकिन, प्रेमचंद की असहयोग आंदोलन के समय घट रही बहुत-सी घटनाओं पर लिखी गई राष्ट्रवादी कहानियों की तरह यह कहानी सिर्फ एक घटना की कहानी नहीं है। कहानी में प्रेमचंद इस घटना से बहुत आगे जाते हैं। वह खेत के साथ किसान के लगाव की कहानी लिखते हैं। कहानी किसान की पीड़ा का चित्रण करती है। ऐसी पीड़ा जो उसे बावला बना देती है, उसका जीवन ले लेती है। वह खेत जिस पर उसने श्रम किया है, उसके हाथ से निकले जाते हैं : "गिरधारी को खाना-पीना अच्छा न लगता, रात को नींद न आती। खेतों के निकलने का ध्यान आते ही उसके हृदय में हूक-सी उठने लगती। हाय! वह भूमि जिसे हमने वर्षों जोता, जिसे खाद से पाटा, जिसमें मेंड़ें रक्खीं, जिसकी मेंड़ें बनायीं, उसका मजा अब दूसरा उठाएगा।"

"ये खेत गिरधारी के जीवन के अंश हो गए थे। उनकी एक-एक अंगुल भूमि उसके रक्त से रँगी हुई थी। उनका एक-एक परमाणु उसके पसीने से तर हो गया था।"[31]

खेत से उसके लगाव का आधार उसका श्रम था। लेकिन यह एक अनोखा संबंध था जो इतना सजीव, मानवीय और सांसारिक जंजाल जैसा आसक्तिपूर्ण था जो सिर्फ किसानों की दुनिया में ही दिखाई देता है। वह अपने खेतों को ऐसे पहचानता है जैसे माँ-बाप अपने बच्चों को। वह अपने बच्चों की ही तरह अपने खेतों का भी नाम लेकर बात करता है—कोई चौबीसों था, कोई बाईसों था, कोई नालेवाला और कोई तलैयावाला। उसके जीवन की सारी आशाएँ, इच्छाएँ और मन्सूबे इन्हीं खेतों पर टिके थे। उन खेतों पर नजराने का हमला मानो उसके पूरे संसार पर हमला था। उसका अपना संसार शिव के त्रिशूल पर नहीं, शेषनाग के फन पर भी नहीं, उसके खेतों पर टिका हुआ था : "और अब वे ही हाथ से निकले जाते हैं। वह घबड़ाकर घर से निकल जाता और घंटों उन्हीं खेतों के मेंड़ों पर बैठा हुआ रोता, मानो उनसे विदा हो रहा हो!"

वह अपने जीवन में जितनी चिंता कर सकता है, वह सारी चिंता और सारे उपाय करके देख लेता है। लेकिन नजराने के सौ रुपए नहीं जुटा पाता। कोई उसकी मदद नहीं करता। लिहाजा खेत उसके हाथों से निकल जाते हैं। वह घर छोड़कर निकल जाता है और फिर कभी नहीं लौटता। लेकिन वह प्रेत बनकर अपने खेतों पर मँडराता रहता है। बढ़ा हुआ लगान और नजराना चुकाकर जो कालिकादीन उसका खेत लेता है, जब वह उसमें हल चलाने जाता है तो वहाँ उसे गिरधारी का प्रेत मिलता है। "कालिकादीन ने चीख मारी और हल बैल वहीं छोड़कर भाग गया। सारे गाँव में शोर मच गया।" इस घटना को कई वर्ष बीत जाते हैं लेकिन गिरधारी का प्रेत अभी तक अपने खेतों के चारों तरफ मँडराया करता है। अँधेरा होते ही वह मेंड़ पर आकर बैठ जाता है और कभी-कभी रात को उधर से उसके रोने की आवाज सुनाई देती है। वह किसी से बोलता नहीं, किसी को छेड़ता नहीं। उसे केवल अपने खेतों को देखकर संतोष होता है।

कहानी का अंत इन पंक्तियों से होता है : "लाला ओंकारनाथ बहुत चाहते हैं कि ये खेत उठ जाएँ, लेकिन गाँव के लोग अब उन खेतों का नाम लेते डरते हैं।"

रॉबर्ट ओ स्वान ने सही समझा है कि गिरधारी का प्रेत प्रेमचंद की पहले की कहानियों में आने वाला भूत-प्रेत नहीं, बल्कि उसके दुखों और कष्ट का ही विस्तार है। अगर वह अति-प्राकृतिक भूत-प्रेत हो, तब भी वह कहानी में खलता नहीं। उसकी व्यथा और निश्शब्दता 'काव्य का सत्य' बनकर आती है।[32] अपने संघर्ष में गिरधारी की असहायता का जिक्र स्वान और अमृतराय दोनों ने किया है। लेकिन उसकी असहायता की स्थिति से लेकर प्रेत बनकर खेतों पर मँडराने तक की स्थिति में एक चीज और भी उभर कर आती है, वह है सत्याग्रह। अमृतराय ने इस कहानी में 'गाँधी की भाषा' को पढ़ा। प्रेत बनकर भी मानो वह इसी सत्य का आग्रह कर रहा होता है कि ये खेत मेरे

हैं। वे खेत बंजर पड़े रह जाते हैं। जमींदार उन्हें किसी और को लेने पर भी राजी नहीं करा पाता। इसकी एक व्याख्या यह हो सकती है कि गरीब की आह ने अपना असर दिखलाया। लेकिन इसकी सही व्याख्या तो यह है कि वे खेत अगर गिरधारी के नहीं हो सकते तो, और किसी के भी नहीं होंगे। गिरधारी के सत्याग्रह के अंदर भी एक कठोरता है। मानो उसके जीवन काल की निरीहता ही मृत्यु के बाद कठोर प्रेत बनकर नजराना लेकर खेत देने की व्यवस्था का विरोध कर रही हो।

असहयोग आंदोलन पर लिखी सारी कहानियाँ एक तरफ, और यह एक कहानी एक तरफ। फिर भी कोई मुकाबला नहीं। रॉबर्ट ओ स्वान ने 'बलिदान' के बारे में लिखा कि यह कहानी अपने शिल्प में मँजी हुई है और प्रेमचंद की आगे की मुक्ति मार्ग, पूस की रात, ठाकुर का कुआँ और कफन जैसी प्रौढ़ रचनाओं की परंपरा में आती है।[33] यह बात सही है। प्रश्न उठता है कि क्या कारण है कि राष्ट्रीय आंदोलन से संबंधित प्रेमचंद की 1918-22 की कहानियाँ उनके इसी दौर में लिखी किसानों की समस्या से संबंधित कहानियों के सामने इतनी हल्की और कच्ची लगती हैं? यह प्रश्न तब और भी गहराई से उठता है जब हम इसी दौर में किसानों के सवाल पर लिखी प्रेमचंद की दूसरी कहानी 'विध्वंस' को देखते हैं।

यह कहानी बेगार प्रथा के खिलाफ एक बूढ़ी औरत भुनगी के संघर्ष की कहानी है। बेगार पूर्वी उत्तर प्रदेश की खेतिहर प्रणाली में गहरी जड़ जमाकर बैठी शोषण की व्यापक प्रथा थी। बनारस के 'आज' कानपुर के 'प्रताप' दोनों में 1920-21 के अंकों में बेगार के खिलाफ किसानों के असंतोष और विरोध की चिट्ठियाँ और खबरें छपी थीं। जमींदार-ताल्लुकेदार और उनके नौकर सिर्फ किसानों से ही बेगार न लेते थे। वे गाँव में बसने वाले हर आदमी से बेगार लेना अपना हक समझते थे। जो जितनी छोटी जाति का होता, उसे उतनी ही ज्यादा बेगार करनी पड़ती। किसानों के अलावा गाँव में रहने वाले गड़ेरिए, जुलाहे, चमार, नाई, धोबी और भंगी को भी बेगार देनी पड़ती। गड़ेरिए को साल में एक कम्बल और नव रात्रि में बलि चढ़ाने के लिए एक खस्सी ताल्लुकेदार को बेगार में देनी होती। जुलाहे को करघे का अबवाब देना पड़ता और बेगार में एक जोड़ी धोती। चमार को एक जोड़ा जूता देना पड़ता। नाई, धोबी और भंगी को अपनी सेवाएँ मुफ्त में देनी पड़तीं। पहले विश्वयुद्ध के बाद जब अनाज और कपड़ा महँगा हो गया और कीमतें चढ़ गईं तो बेगार में अपना सामान देने वाले इन लोगों को उसका भार बुरी तरह खलने लगा। इन्हें सिर्फ बेगार में अपने पेशे से संबंधित सामान ही नहीं देना पड़ता, बल्कि जमींदार ताल्लुकेदार के खेत और घर का काम भी करना पड़ता। इसके कारण इन्हें अपना पेशा बंद रखना पड़ता और इनकी पहले से ही कम आमदनी और भी कम हो जाती। इन्हें सिर्फ जमींदार और ताल्लुकेदार के ही लिए नहीं बल्कि उनके जिलेदार, मुख्तार, चपरासी और तहसीलदार, पटवारी, कानूनगो जैसे सरकारी मुलाजिमों और पुलिस के सिपाही और दरोगा के लिए भी बेगार करनी पड़ती।

'विध्वंस' की बुढ़िया भुनगी इस बेगार प्रथा के खिलाफ लड़ती है। भुनगी के पास न जमीन थी, न घर था। वह एक झोंपड़ी में भाड़ झोंकती थी और उसी में रहती थी। गाँव का ब्राह्मण जमींदार उदय भानु पांडे उससे बेगार में चने भुनवाता था और अपने घर का पानी भी भरवाता था। यह सब भुनगी को सिर्फ इसलिए करना पड़ता था क्योंकि वह उसके गाँव में रहती थी। एक बार जमींदार का अनाज भुनने में देर हो गई तो जमींदार के हुक्म से उसका भाड़ खोदकर फेंक दिया गया। भुनगी बेरोजगार हो गई। उसने फाके किए लेकिन उस गाँव को छोड़कर नहीं गई। उसने फिर से भाड़ बनाना शुरू किया। जमींदार ने फिर उसे तोड़ दिया और उसकी नाद पर जो लात चलाई वह भुनगी की कमर पर लगी। चोट खाकर घुटने टेकने के बजाय बुढ़िया विरोध में तनकर खड़ी हो गई। जमींदार ने उसे गाँव से निकल जाने का हुक्म दिया, लेकिन भुनगी राजी न हुई। जमींदार ने उसके झोंपड़े में आग लगवा दी। अपना सब कुछ जलते देखकर भुनगी भी उसी आग में कूद कर जल मरी। लेकिन आग ने फैलकर सिर्फ किसानों के घर ही नहीं, जमींदार के बखार और भवन को भी जला दिया और उसी में जमींदार का पूरा परिवार भी जल गया।

प्रेमचंद के 'रंगभूमि' उपन्यास की तारीफ में अक्सर यह बात कही जाती है कि सूरदास जैसे एक मामूली अंधे भिखारी को प्रेमचंद ने शासक वर्ग के साथ टक्कर लेते दिखाया। यहाँ भुनगी है। वह बुढ़िया है, संतानहीन है, विधवा है, जाति की गोंड़िन है। उसके पास न जमीन है, न रहने को घर है। समाज में जो सबसे कमजोर व्यक्ति हो सकता है, वह है। एक ऐसी औरत सामंतवादी व्यवस्था की सदियों से स्थापित प्रथा को चुनौती देती है। वह 'बलिदान' के गिरधारी की तरह खुद को असहाय नहीं महसूस करती है। जमींदार उसका भाड़ दुबारा तोड़ देता है और कहता है कि गाँव में रहने पर उसे बेगार करनी ही पड़ेगी, तो भुनगी उसका प्रतिवाद करती है : "टहल तो तभी करूँगी जब भाड़ बनाऊँगी। गाँव में रहने के नाते टहल नहीं कर सकती।"[34] वह बेगार से इनकार नहीं करती, लेकिन शर्त रखती है कि उसे भी भाड़ बनाने का हक है। सिर्फ गाँव में रहने के नाते वह बेगार करने को तैयार नहीं। यह एक नई बात थी। ऐसा कभी किसी ने नहीं कहा था। जमींदार उसे गाँव छोड़कर निकल जाने का हुक्म देता है तो वह उसका भी विरोध करते हुए जवाब देती है : "क्यों छोड़कर निकल जाऊँ? बारह साल खेत जोतने से असामी काश्तकार हो जाता है। मैं तो इस झोंपड़े में बूढ़ी हो गयी। मेरे सास-ससुर और उनके बाप-दादे इसी झोंपड़ी में रहे। अब इसे यमराज को छोड़कर और कोई मुझ से नहीं ले सकता।"

एक बहुत ही तुच्छ और महत्त्वहीन स्त्री यह चुनौती उस सामंती व्यवस्था को देती है जिसकी पहरेदारी खुद ब्रिटिश साम्राज्यवाद कर रहा था। लेकिन, उसके इस साहसपूर्ण प्रतिरोध से भी ज्यादा अर्थपूर्ण कहानी का अंत है। बुढ़िया की झोंपड़ी जला दी जाती है। वह झोंपड़ी ही उसकी सब कुछ थी। जब उसका सब कुछ जल गया तो वह जीकर क्या

करे? वह भी उस आग में कूद कर अपना बलिदान कर देती है। लेकिन यह बलिदान 'बलिदान' के गिरधारी जैसा मूक बलिदान न था। जो आग बुढ़िया को और उसके झोंपड़े को जलाती है, वही आग उस पूरे गाँव को भी जला देती है। उसी आग में किसानों के घर जल गए, जमींदार की बखार भी जल गई। कहानी का अंत इन पंक्तियों में होता है :

"ज्वालाएँ और भड़कीं और पंडित जी के विशाल भवन को दबोच बैठीं। देखते-ही-देखते वह भवन उस नौका की भाँति जो तरंगों के बीच में झकोरे खा रही हो, अग्नि-सागर में विलीन हो गया और वह क्रंदन-ध्वनि जो उसके भस्मावशेष में प्रस्फुटित होने लगी, भुनगी के शोकमय विलाप से भी अधिक करुणाकारी थी।"

ऐसा वर्णन करके प्रेमचंद दिखलाते हैं कि जो आग गरीब के झोंपड़े को जलाएगी, वह आग झोंपड़े को जलाने वाली व्यवस्था को भी छोड़ेगी नहीं। अन्याय और अत्याचार पर टिकी व्यवस्था का विध्वंस लाजिमी है। प्रेमचंद के पूरे साहित्य में सामंतवादी व्यवस्था के खिलाफ, उसके विध्वंस का ऐसा गहरा और मार्मिक फैसला सुनाने वाली यह कहानी अनुपम और अनूठी है।

यह बात नोट करने लायक है कि यह कहानी प्रेमचंद ने अवध का किसान आंदोलन फूटने के बाद लिखी। प्रेमचंद ने इस दौर में असहयोग आंदोलन से प्रेरित होकर दस कहानियाँ लिखीं। अवध के किसान आंदोलन से संबंधित किसी घटना पर उन्होंने कहीं कुछ नहीं लिखा। लेकिन, अगर अवध के किसान आंदोलन का कोई असर उनके साहित्य में खोजना हो तो, इस कहानी में खोजा जाना चाहिए। गाँधी के अहिंसात्मक सत्याग्रह के दौर में अवध के किसान आंदोलन को पृष्ठभूमि से हटाकर इस कहानी की सामंतवाद विरोधी दृढ़ता के संदर्भ को समझा नहीं जा सकता। यह बात 'बलिदान' और 'प्रेमाश्रम' से इसकी तुलना करने पर और भी साफ हो जाती है। बलिदान गिरधारी भी करता है, भुनगी भी करती है। लेकिन भुनगी का बलिदान सिर्फ सत्य का आग्रह मात्र नहीं है। उसका बलिदान सामंती संसार का विध्वंस भी करता है। 'प्रेमाश्रम' में किसानों का सामंतवाद विरोधी संघर्ष आदर्श जमींदार के त्याग और परोपकार के यूटोपिया में विलीन हो जाता है। न 'बलिदान' के पीछे और न 'प्रेमाश्रम' के पीछे अवध के उस किसान आंदोलन की पृष्ठभूमि थी जिसमें किसानों ने सामंती व्यवस्था के खिलाफ समझौताहीन संघर्ष किया था। 'प्रेमाश्रम' के किसान संघर्ष का उपसंहार दयालु जमींदार के द्वारा कायम राम-राज्य में होता है। लेकिन, सच पूछा जाए तो 'प्रेमाश्रम' का सही उपसंहार 'विध्वंस' में है। इन दो उपसंहारों के बीच में खड़ा है अवध का किसान आंदोलन। अवध के किसान आंदोलन के बिना उस दौर में 'विध्वंस' जैसी कहानी नहीं लिखी जा सकती थी।

फिर भी, इसे कोई अवध के किसान आंदोलन से सीधे-सीधे नहीं जोड़ सकता। कहानी में किसान आंदोलन की न कोई खास घटना है, न आंदोलन की आम घटनाओं

का ढाँचा। आंदोलन के साथ कहानी का अगर कोई संबंध है तो वह सिर्फ चेतना के स्तर पर, मूल्य के स्तर पर है। कथानक के ढांचे का आंदोलन से कोई संबंध नहीं है।

प्रेमचंद ने अपने पूरे जीवन में 'विध्वंस' जैसी कहानी फिर नहीं लिखी। 1918-22 के दौर में राष्ट्रीय आंदोलनों से जुड़ी उनकी कहानियाँ रोचक और पठनीय होने पर भी वैसी सशक्त नहीं हैं, जैसी उसी दौर में किसान आंदोलन से सीधे न जुड़ी होने पर भी, किसानों के सवाल पर लिखी कहानियाँ। क्या इससे यह निष्कर्ष निकाला जाए कि जब कला किसी सामाजिक-राजनीतिक आंदोलन से जुड़ी होती है तो वह कम बेहतर होती है और जब वह इस तरह जुड़ी नहीं होती तब वह ज्यादा बेहतर होती है?

असहयोग एक आदर्श था। आदर्श यानी एक ऐसा भाव, जो यथार्थ न था, उसे यथार्थ में उतारना था। आदर्श को यथार्थ में उतारने के लिए आदर्श का प्रचार करना पड़ता है। उसके दृष्टांत रखे जाते हैं, उस पर नीति-कथाएँ लिखी जाती हैं। असहयोग आंदोलन से संबंधित प्रेमचंद की कहानियाँ ऐसे ही दृष्टांतों की कहानियाँ थीं। वह असहयोग आंदोलन की नीति कथाएँ थीं। कला में चित्रित आदर्श चाहे कितने भी ऊँचे क्यों न हों, उनमें वैसा प्रभाव नहीं होता जैसा यथार्थ के चित्रण में होता है। सौ मन आदर्श से छटांक भर यथार्थ कहीं ज्यादा असरदार होता है। जीवन में भी आदर्श एक शक्ति तभी बनते हैं जब वे हमारे व्यवहार के, यथार्थ के रूप में ढल जाएँ। किसानों के सवाल पर लिखी प्रेमचंद की 'बलिदान' और 'विध्वंस' कहानियाँ किसी आदर्श पर नहीं, बल्कि किसान जीवन के यथार्थ पर खड़ी थीं। उनकी शक्ति का कारण उनके यथार्थ चित्रण में है।

जमींदारी प्रथा और टॉल्स्टॉयवाद

हर एक जमाने का इतिहास अपने वक्त की वास्तविक सामाजिक ताकतों के बीच विभिन्न मुद्दों पर चल रहे संघर्ष का इतिहास है। वह उनके परस्पर के हमलों और जवाबों का इतिहास है। वास्तविक सामाजिक ताकतों के बीच चल रहे इन संघर्षों का प्रतिबिंब उस जमाने के विचारधारात्मक रूपों में भी दिखलाई पड़ता है। कला और साहित्य भी इन्हीं रूपों में एक है। एक लेखक अपने साहित्य के माध्यम से इस विचारधारात्मक संघर्ष में हिस्सा लेता है। इसलिए जब कोई लेखक किसी कलाकृति की रचना करता है तो वह कृति उस विचारधारात्मक संघर्ष में उसका तर्क या कथन बनकर सामने आती है। लेकिन वह सिर्फ एक बार तर्क करके चुप नहीं हो जाता। वह कई बार तर्क करता है और बदले में मिलने वाले कई तरह के तर्कों का जवाब भी देता है। ऐसा इसलिए भी होता है कि इस संघर्ष का वास्तविक परिप्रेक्ष्य बदलता रहता है, उसमें नए-नए तत्त्व आकर जुड़ते रहते हैं, पुराने तत्त्व पिछड़ जाते हैं। कुल मिलाकर, एक बदलते हुए विकासशील वास्तविक सामाजिक संघर्ष के परिप्रेक्ष्य में चलने वाली विचारधारात्मक बहस भी विकासमान होती है। अगर लेखक की कोई एक कृति उसका एक तर्क या कथन है, तो

एक पूरे दौर में लिखा गया उसका साहित्य उसका पूरा बयान है जो वह उस विचारधारात्मक बहस में देता है। इस तरह साहित्यिक रचनाएँ अपने जमाने में चल रही विचारधारात्मक बहस में लेखक का बयान होती हैं। यह बयान कई तर्कों और कथनों की क्रमशः अभिव्यक्ति का समग्र रूप है। वह कौन-सा विचार है जो 1918-22 के दौर में किसानों के सवाल पर चल रही विचारधारात्मक बहस में प्रेमचंद अपनी ओर से पेश कर रहे थे?

1918-22 के दौर में प्रेमचंद का लिखा सबसे प्रसिद्ध लेख है : पुराना जमाना : नया जमाना। यह लेख उन्होंने 'प्रेमाश्रम' लिखने के दौर में ही लिखा था। इसी लेख में प्रेमचंद ने अपना यह प्रसिद्ध वाक्य लिखा था कि "आने वाला जमाना अब किसानों और मजदूरों का है।" लेकिन, यह जमाना कैसे आएगा? और उसमें जमींदार-किसान के रिश्ते कैसे होंगे? उस जमाने में जमींदारों के लिए कोई जगह होगी या नहीं? इन सवालों पर इसी दौर में प्रेमचंद की धारणा क्या थी?

राष्ट्रीय आंदोलन का नेतृत्व उच्च मध्यवर्ग के शिक्षित जमींदारों और वकीलों के हाथ में था जिनकी स्वार्थपरता, शोषण और बेइंसाफियों की प्रेमचंद ने इस लेख में तीखी आलोचना की है। इस वर्ग के बारे में प्रेमचंद लिखते हैं कि इस वर्ग को जनता के साथ कोई हमदर्दी नहीं। यह अपने ही स्वार्थ और प्रभुत्व में मस्त है। यह शासन और अधिकार की माँग करता है, धन और वैभव का इच्छुक है लेकिन जनता की भलाई नहीं चाहता। वकील, जमींदार और ताल्लुकेदार, जो करोड़ों काश्तकारों की किस्मत के मालिक बने बैठे हैं, काश्तकारों के साथ हमदर्दी, इंसानियत और भाईपने का बर्ताव नहीं करते। तो फिर नया जमाना कैसे आएगा? प्रेगचंद लिखते हैं : "जल्द या देर से, शायद जल्द ही, हम जनता को केवल मुखर ही नहीं, अपने अधिकारों की माँग करने वाले के रूप में देखेंगे।" लेकिन प्रेमचंद अपने लेख में इस संघर्ष को सिर्फ संभावित तथ्य के रूप में दर्ज करते हैं; वे इस संघर्ष का आह्वान नहीं करते। लेख का अंत किसी संघर्ष के आह्वान से नहीं होता बल्कि स्वार्थी और शोषक जमींदारों ताल्लुकेदारों को दिए गए इस सुझाव से होता है कि वे आने वाले जमाने का ख्याल कर खुद को बदल ले :

"उचित है कि वे तात्कालिक हानि की चिंता न करके किसानों की भलाई और सुधार की कोशिश करें, स्वेच्छा से इन अधिकारों से हाथ खींच लें जो उन्हें किसानों पर प्राप्त हैं। उनसे बेगार लेना छोड़ दें, उनके साथ आदमियत का बर्ताव करें, इजाफ़ा और बेदखली से परहेज करें, ताकि जनता के दिलों में उनकी इज्जत और उनके प्रति श्रद्धा हो।"[35]

'पुराना जमाना : नया जमाना' लेख के आखिरी हिस्से में आई ये बातें ही वह कथ्य है जो किसानों के सवाल पर प्रेमचंद 1918-1922 तक के पूरे दौर में अपने साहित्य में कहते रहे।

'प्रेमाश्रम' में प्रेमचंद ने प्रेमशंकर के मुँह से जमींदारी प्रथा को एक प्रणाली बतलाया जो किसानों के रक्त प' अवलम्बित है और उनके पाँवों की बेड़ियाँ हैं। यह भी कहा कि जमींदार वर्ग का अस्तित्व अनावश्यक है। उत्पादन की पूरी व्यवस्था में जमींदार वर्ग की कोई भूमिका नहीं है, यही तर्क मायाशंकर भी अपना इस्तीफा देते हुए दोहराता है। जमींदारी प्रथा का सवाल औपनिवेशिक भारत का सबसे मुख्य खेतिहर प्रश्न था। प्रेमचंद उस दौर के पहले और अकेले लेखक थे जिन्होंने 'प्रेमाश्रम' में इस प्रथा को मिटा देने की बात कही। 1917 की बोल्शेविक क्रांति से पहले प्रेमचंद ने यह बात कभी नहीं कही। सिर्फ रूसी क्रांति के बाद ही वे यह बात कह सके। लेकिन 'प्रेमाश्रम' में जब उन्होंने यह बात कही, तब इसके बारे में उनकी समझदारी क्या थी? हालाँकि प्रेमचंद ने 1919 में कहा कि मैं अब करीब-करीब बोल्शेविस्ट उसूलों का कायल हो गया हूँ, लेकिन तब भी इस बात में बहुत संदेह है कि जमींदारी प्रथा के बारे में उनकी धारणा एक बोल्शेविक धारणा थी। बोल्शेविक धारणा में जमींदारी प्रथा एक ऐसी प्रणाली नहीं है जिसका अंत जमींदार के स्वेच्छापूर्ण इस्तीफे से हो जाए। वह प्रणाली न किसी अनैतिक इच्छा पर आधारित थी और न किसी नैतिक इच्छा से उसका अंत किया जा सकता था। लेकिन 'प्रेमाश्रम' में ऐसा ही घटित हुआ। यह तथ्य ही बतलाता है कि जमींदारी प्रथा के प्रति प्रेमचंद की धारणा पूरी तरह एक बोल्शेविक धारणा न थी। उसमें कोई दूसरी विचारधारा मिली हुई थी।

'पुराना जमाना : नया जमाना' लेख में प्रेमचंद ने जमींदार वर्ग को दो हिस्सों में बाँटा और उनके प्रति अलग-अलग रवैया अपनाया : "जाहिल रईसों या जमींदारों से हमें शिकायत नहीं। उनकी आँखें उस वक्त खुलेंगी जब उनकी गर्दनें जनता के हाथों में होंगी और वे बेबस निगाहों से इधर-उधर तक रहे होंगे। शिकायत हमें उन लोगों से है जो पढ़े-लिखे हैं, और जमींदार हैं; वकील हैं और जमींदार हैं। वह अपने दिल से पूछें कि वह प्रजा के साथ अपना कर्त्तव्य पूरा कर रहे हैं।"[36] जमींदार वर्ग का ऐसा विभाजन करने के कारण ही वे इसके एक हिस्से को स्वेच्छा से अपने अधिकारों से हाथ खींच लेने की नैतिक अपील करते हैं। जाहिर है कि जमींदार वर्ग का ऐसा विभाजन ज़मींदार वर्ग के प्रति किसी बोल्शेविक रवैये को नहीं दिखलाता। यह विभाजन तो शिक्षा पर आधारित है। इससे भी अधिक यह विभाजन राष्ट्रीय आंदोलन में शामिल जमींदारों और उससे बाहर सरकारपरस्त जमींदारों के बीच है। प्रेमचंद उन शिक्षित जमींदारों से नैतिक अपील कर रहे थे जो राष्ट्रीय आंदोलन में शामिल थे।

क्यों प्रेमचंद कभी भी अपने कलात्मक साहित्य में किसान संघर्ष के बल पर जमींदार को टूटते या झुकते नहीं दिखाते? जमींदार टूटता या झुकता है तो हमेशा नैतिक कारणों से? क्या प्रेमचंद की कला में जमींदार वर्ग के प्रति उनके इस रवैये को राष्ट्रीय आंदोलन की जरूरतें तय कर रही थीं?

यह सच है कि प्रेमचंद ने साम्राज्यवाद विरोधी संघर्ष में गाँधी के नेतृत्व को माना और उसका प्रचार किया। गाँधी साम्राज्यवाद विरोधी संघर्ष में सामंतवाद विरोधी संघर्ष को शामिल करने के पक्ष में न थे; वे सामंतवाद विरोधी किसान संघर्ष को अपने आंदोलन के रास्ते में एक बाधा समझते थे। वे समझते थे कि जमींदारों के खिलाफ किसान संघर्ष चलाने से स्वराज्य का आंदोलन कमजोर हो जाएगा। इसीलिए उन्होंने असहयोग आंदोलन के दौरान फूटे अवध के किसान आंदोलन का विरोध किया। 6 दिसंबर, 1920 में छपरा में भाषण देते हुए गाँधी ने कहा :

"वे (अंग्रेज) तो हमारे ही समुदायों और विभिन्न दर्जे के लोगों को, जैसे जमींदार और रैयत को, आपस में लड़ाकर हम पर शासन करते हैं। किसानों का जमींदारों से लड़ना उचित नहीं। यह बड़ी भारी भूल है : इस तरह स्वराज्य हासिल नहीं हो सकता। मैं रामराज्य चाहता हूँ। अतः मैं यह भी नहीं चाहता कि जमींदार किसानों पर अत्याचार करे। यदि जमींदार उन पर अत्याचार करेंगे तो किसानों का उनसे असहयोग करना उचित होगा। किंतु अभी तो हमें सरकार से असहयोग करना है, और इसलिए परस्पर असहयोग की बात हमें नहीं सोचनी चाहिए।"[37]

किसान-जमींदार संघर्ष के सवाल पर प्रेमचंद का दृष्टिकोण ऐसा न था। गाँधी ने यहाँ कहा कि किसानों को जमींदार से लड़ाते हैं अंग्रेज। लेकिन प्रेमचंद ने अपनी कला में ऐसा कहीं नहीं दिखलाया कि जमींदार के खिलाफ किसानों का संघर्ष अंग्रेजों ने कराया हो। गाँधी ने कहा कि किसानों को जमींदारों से लड़ना उचित नहीं। प्रेमचंद ने इसे कभी अनुचित नहीं माना। हालाँकि जमींदार के अत्याचार की स्थिति में गाँधी ने किसानों को असहयोग करने की बात कही, लेकिन उसी साँस में उन्होंने उसकी विरोधी बात भी कही कि सरकार के खिलाफ असहयोग आंदोलन के दौर में किसान-जमींदार के बीच असहयोग की बात तो सोचनी भी नहीं चाहिए। क्या इस अंतिम बात का प्रेमचंद पर प्रभाव पड़ा था? जब प्रेमचंद पूरी तरह से सरकार के खिलाफ असहयोग आंदोलन के प्रचार में जुटे हुए थे, उसी दौर में प्रेमचंद ने 'विध्वंस' जैसी कहानी लिखी। सबसे बड़ा फर्क तो यह था कि जमींदार-किसान संघर्ष में गाँधी ने स्वराज्य आंदोलन के हित में किसानों को झुकने पर जोर दिया जबकि प्रेमचंद ने अपने साहित्य में जमींदारों को झुकने पर जोर दिया। गाँधी का तर्क जमींदार वर्ग के पक्ष में जाता था, प्रेमचंद का तर्क किसान वर्गों के पक्ष में। 1918-22 के दौर में, जब असहयोग आंदोलन हुआ, प्रेमचंद ने चार बार किसानों के हित में जमींदार को अपने सामंती अधिकारों को छोड़ते हुए दिखलाया—पहली बार 'प्रेमाश्रम' में, दूसरी बार 'बैंक का दिवाला' कहानी में, तीसरी बार 'पशु से मनुष्य' कहानी में और चौथी बार 'संग्राम' नाटक में; जबकि 1918-22 के दौर में गाँधी ने एक बार भी जमींदारों को अपने भूस्वामित्व का अधिकार छोड़ने की दलील नहीं दी। किसानों के सवाल पर गाँधी और प्रेमचंद दो भिन्न वर्गों का प्रतिनिधित्व करते हैं और उनके बीच कोई मेल नहीं। फिर भी, प्रेमचंद जमींदार के दावों को किसान संघर्ष के आधार पर नहीं,

बल्कि न्याय के नैतिक आधारों पर ही, खत्म होता दिखलाते हैं। इसी कारण, इत्तेफाक से, उनका साहित्य राष्ट्रीय आंदोलन की गाँधीवादी नीतियों के एक हद तक मुआफिक पड़ता था। लेकिन प्रेमचंद की जमींदार संबंधी वैसी धारणा का आधार क्या था?

उस धारणा का आधार टॉल्स्टॉयवादी विचारधारा में था। प्रेमचंद ने भले ही अपने आपको बोल्शेविस्ट उसूलों का कायल समझा हो, जमींदारी प्रथा को एक प्रणाली के रूप में देखते हुए उन्होंने बोल्शेविक और टॉल्स्टॉयवादी विचारधाराओं को आपस में मिला दिया और उनके सैद्धांतिक फर्क को वे न पकड़ सके। इस फर्क को न पकड़ सकने का कारण यह था कि शहरी मध्यवर्ग के सदस्य होने के बावजूद प्रेमचंद की दृष्टि पर किसानों की विचारधारा का असर था। किसानों की दृष्टि से देखकर ही उन्होंने औद्योगीकरण का विरोध किया, सरल, संतोषमय देहाती जीवन का समर्थन किया और टॉल्स्टॉय को क्रांतिकारी और समाजवादी माना।

टॉल्स्टॉय भी क्रांतिकारी थे, लेकिन किसानों की दृष्टि से। टॉल्स्टॉय ने किसानों का शोषण और दमन करने वाली हर संस्था—राज्य, नौकरशाही, पुलिस और धार्मिक मठों—की कड़ी निंदा की थी और जीवन भर उनके खिलाफ संघर्ष किया था। टॉल्स्टॉय भी समाजवादी थे, लेकिन किसानों की दृष्टि से। जैसे मार्क्स ने पश्चिम के मजदूर वर्ग के समाजवाद की विचारधारा विकसित की, उसी तरह, उसके मुकाबले में ही, टॉल्स्टॉय ने पूरब के किसानों की समाजवादी विचारधारा विकसित की थी। यह इत्तेफाक की बात नहीं है कि पश्चिमी यूरोप में मजदूरों के समाजवाद की चर्चा पहले से ही चली आ रही थी और मार्क्स ने उसे उसकी तार्किक और वैज्ञानिक परिणति तक पहुँचा दिया, बिल्कुल वैसे ही पूरब के रूस में किसानों के समाजवाद की चर्चा टॉल्स्टॉय के पहले से ही चल रही थी और टॉल्स्टॉय ने उसे उसकी तार्किक ऊँचाई तक पहुँचा दिया। अलेग्जेंडर द्वितीय की हत्या करने वाले छह क्रांतिकारियों की फाँसी की सजा रद्द कर देने की अपील करते हुए टॉल्स्टॉय ने अलेग्जेंडर तृतीय को अपनी चिट्ठी में लिखा कि "मार कर और नष्ट कर उन्हें शांत कर सकना असंभव है। उनके साथ संघर्ष आध्यात्मिक रूप से करना होगा। उनके आदर्श सबके लिए यथेष्ट हैं—समानता और स्वतंत्रता। अगर उनका विरोध करना है तो विरोध करने वाले को उनके आदर्शों से भी ऊँचा कोई आदर्श पेश करना होगा, ऐसा ऊँचा आदर्श जिसमें उनके आदर्श भी शामिल हों।"[38]

यह ऊँचा आदर्श था 'प्रेम' और 'अहिंसा' का, दया और क्षमा का जिसमें टॉल्स्टॉय ने क्रांतिकारियों के आदर्श स्वतंत्रता और समानता को भी शामिल कर लिया। टॉल्स्टॉय ने संपत्ति को हर तरह की हिंसा का मूल कारण माना और पूरी घृणा के साथ संपत्ति के स्वामित्व की व्यवस्था पर हमला किया। संपत्ति की व्यवस्था को खत्म कर उन्होंने सबके लिए श्रम की व्यवस्था का सिद्धांत रखा।[39]

इस तरह टॉल्स्टॉय ने उन आदर्शों को अपने आदर्शों में शामिल किया जो क्रांतिकारियों के, समाजवांदियों के और बाद में बोल्शेविकों के भी ध्येय थे। लेकिन इन

आदर्शों की समझदारी में बड़ा फर्क था। संपत्ति के स्वामित्व को हर तरह की हिंसा का मूल कारण बतलाना और उसकी व्यवस्था को खत्म करने का सिद्धांत रखना ऊपरी तौर पर बोल्शेविज्म जैसा ही लगता है। फिर भी, हम यह क्यों कहते हैं कि टॉल्स्टॉय की विचारधारा किसानों की विचारधारा थी? इसलिए कि किसानों की ही तरह टॉल्स्टॉय भी संपत्ति की द्वंद्वात्मक भूमिका को नहीं पहचानते थे। किसानों का सोचने का ढंग सीधा और सरल होता है। वे चीजों की गति के द्वंद्व को नहीं पकड़ सकते। उनकी जटिलता को नहीं समझते। वे सिर्फ पदार्थ के एक ही पक्ष को देखते हैं। उन्होंने देखा कि धनी उन पर शासन करते हैं, उनका शोषण करते हैं, अत्याचार और अन्याय करते हैं और विलासिता में पड़कर खुद पतन के गढ़हे में गिरते हैं। किसान इन सबको देखते हैं और नतीजा निकालते हैं—धन ही सारी बुराइयों की जड़ है। यह दुनिया में सबसे गंदी चीज है, इसलिए इसे मिटा दो। वे सामाजिक प्रगति में धन की दोहरी भूमिका और उसके चरित्र की जटिलता को नहीं पकड़ सकते। जिस धन से वे इतनी घृणा करते हैं, वही धन अगर अपना रूप बदल कर आए तो वे अपने उस परम शत्रु को पहचान भी न सकेंगे। बाकूनिन के राज्य संबंधी अराजकतावादी दृष्टिकोण को भी इसीलिए मार्क्स ने किसान विचारधारा की उपज कहा क्योंकि बाकूनिन हर तरह के राज्य की तरह समाजवादी राज्य को भी दमन का यंत्र ही मानते थे और राज्य के विकासमान रूप और उसकी द्वंद्वात्मक भूमिका को नहीं समझ पाते थे। टॉल्स्टॉय, गाँधी और प्रेमचंद, तीनों ही आधुनिक शिक्षा की कड़ी निंदा करते रहे। भारत में जहाँ कहीं भी देहात में जब पहले-पहल आधुनिक शिक्षा के स्कूल खुले तो किसानों ने उन्हें संदेह और विरोध की नज़र से ही देखा। पढ़ा-लिखा आदमी स्वार्थी और धूर्त होता है, ज्यादा पढ़ी-लिखी स्त्रियाँ ठीक नहीं होतीं, पढ़-लिखकर लोग अपना धर्म छोड़ देते हैं। किसानों के ये विचार टॉल्स्टॉय, गाँधी और प्रेमचंद तीनों में मिल जाते हैं।

टॉल्स्टॉय ने रूस के उस समाज में संपत्ति के स्वामित्व की धारणा पर हमला किया जिसमें सारी भू-संपत्ति जमींदारों-जागीरदारों के हाथों में केंद्रित थी और करोड़ों किसान भू-दास बने हुए थे। टॉल्स्टॉय की संपत्ति संबंधी धारणा भू-दास किसानों के लिए क्रांतिकारी थी। भारत में भी जमींदारी प्रथा के अधीन किसान जमीन के स्वामित्व से वंचित थे। गाँधी ने किसानों के सवाल पर टॉल्स्टॉय के इस सिद्धांत की ओर से आँखें मूँद लीं, लेकिन प्रेमचंद ने इस सिद्धांत को दोनों हाथों से पकड़ा। प्रेमचंद ने टॉल्स्टॉय के उपन्यास 'आन्ना कारेनीना' के छविनाथ पांडे द्वारा किए गए अनुवाद की भूमिका लिखते हुए टॉलस्टॉय के बारे में लिखा था : "क्रांति उनके रक्त में थी। वही क्रांति की भावना उनकी रचनाओं की प्रेरक थी।"[40] रूस के किसानों की ही तरह प्रेमचंद ने भी टॉल्स्टॉय को क्रांतिकारी माना। वह क्रांति क्या थी जो टॉल्स्टॉय के रक्त में थी? प्रेमचंद ने लिखा : "मसीह ने जीवन का जो आदर्श सामने रखा था, उसका वह नए सिरे से उद्‌घाटन करना चाहता था। समाज में ऊँच-नीच का भेद, उस भ्रातृभाव का अभाव जो ईसा के

उपदेशों का मूल तत्त्व था, और जिसने मुट्ठी भर धनियों और अधिकारियों को सारी जाति के भाग्य का विधाता बना दिया था, उसके लिए असह्य था। उसके विचार में उपजीवी वर्ग समाज का सबसे बड़ा शत्रु था। इस विषय में उसके विचार संपूर्णतः सोशलिस्ट थे।"[41] बोल्शेविक उसूलों के कायल प्रेमचंद के सामने बोल्शेविक भी सोशलिस्ट थे, टॉल्स्टॉय भी सोशलिस्ट थे। दोनों के समाजवाद का फर्क साफ न था।

किसानों के सवाल को प्रेमचंद ने टॉल्स्टॉय के समाजवाद की दृष्टि से देखा था। जिस 'आन्ना' की प्रेमचंद ने भूमिका लिखी थी, उसी 'आन्ना कारेनीना' के चरित्र लेविन के अनुरूप उन्होंने 'प्रेमाश्रम' में प्रेमशंकर के चरित्र की रचना की। लेविन खुद टॉल्स्टॉय का प्रतिबिंब था। 'आन्ना कारेनीना' का लेविन जमींदार है, लेकिन भूमि के प्रति, खेती के प्रति अपनी जिम्मेदारी महसूस करता है। वह अपने मजदूरों के साथ मिलकर खेतों में परिश्रम करता है। वह महसूस करता है कि समाज की व्यवस्था अन्यायपूर्ण है। वह बिना श्रम किए धनी होने वालों के खिलाफ है, ठेकेदारों और बैंकरों के खिलाफ है। वह यह भी महसूस करता है कि उसकी जागीरदारी भी अन्यायपूर्ण है। जमीन पर उसका स्वामित्व अन्यायपूर्ण है। प्रेमचंद ने इसी लेविन से मिलते-जुलते चरित्र प्रेमशंकर की रचना की जो अपनी जमींदारी से इस्तीफा दे देता है और उसका चेला मायाशंकर जमीन और संपत्ति के स्वामित्व के संबंध में टॉल्स्टॉयवादी विचारों को दोहराते हुए जमींदारी त्याग देता है। 'प्रेमाश्रम' के दूसरे पात्र प्रेमशंकर को 'साम्यवादी' कहते हैं। प्रेमचंद किसानों के सवाल पर लिखे अपने साहित्य में एक 'सोशलिस्ट-जमींदार' का चरित्र खड़ा करते हैं।

1918-22 के दौर में किसानों के सवाल पर लिखी रचनाओं में प्रेमचंद बार-बार इन्हीं विचारों को रखते हैं। जिस समय प्रेमचंद 'प्रेमाश्रम' लिख रहे थे, उसी समय उन्होंने एक लंबी कहानी लिखी : बैंक का दिवाला। कहानी 'कहकशां' के फरवरी-मार्च 1919 के अंक में दो किस्तों में छपी। बडहल रियासत के कुंवर जगदीश सिंह की चाची ने लखनऊ के नेशनल बैंक से जो 10 लाख कर्ज लिए थे, उनके मरने के बाद कुंवर उस कर्ज को चुकाने से इनकार कर देता है क्योंकि इससे उसकी रियासत की आमदनी पर बोझ पड़ेगा और भोग-विलास के अवसर कम हो जाएँगे। उसके इस फैसले से बैंक दिवालिया हो जाता है और वे लाखों लोग बर्बाद हो जाते हैं जिन्होंने उस बैंक में रुपए जमा करा रखे थे। इन लोगों में कुछ कुंवर के बचपन के सहपाठी भी थे। बचपन का एक दोस्त अहीर शिवदास इसी बर्बादी में विष खाकर आत्महत्या कर लेता है। साधारण लोगों की बर्बादी और शिवदास की आत्महत्या से कुंवर के मन में द्वंद्व और मंथन होता है। इस मंथन के बाद वह इस नतीजे पर पहुँचता है कि सिर्फ अपने सुख के लिए उसे इतने लोगों को बर्बाद करने का कोई हक नहीं। उसकी नैतिकता जगती है और वह अपनी ताल्लुकेदारी और जायदाद को ठुकराकर लाखों लोगों के जीवन को बर्बाद होने से बचा लेता है।

इस कहानी में प्रेमचंद उसी तर्क का खुलासा करते हैं जो उन्होंने 'प्रेमाश्रम' में दिया था। 'आन्ना' वाली भूमिका में प्रेमचंद ने लिखा था : "उनका (टॉल्स्टॉय का) ज्ञान, उनकी सेवा, उनका वैराग्य, संदेहों और विचारों और मानसिक द्वंद्वों से होकर निकला था, और इसीलिए उसमें इतनी शक्ति, इतनी तीव्रता भी थी। साहित्य की सृष्टि मानसिक द्वंद्व से होती है।" 'प्रेमाश्रम' का प्रेमशंकर इसी तरह मानसिक द्वंद्व का पुतला है। 'बैंक का दिवाला' का कुंवर जगदीश सिंह भी अपने आदर्श विचारों तक द्वंद्व की इसी प्रक्रिया से होकर पहुँचता है। वह अपनी रियासत के बारे में सोचता है : "यदि मेरे पुरखों ने हठधर्मी, जबर्दस्ती से इलाका अपने हाथ में रख लिया, तो मुझे उनके लूट के धन में शरीक होने का क्या अधिकार है?" द्वंद्व की प्रक्रिया से गुजर कर वह उन्हीं विचारों तक पहुँचता है, जिन पर प्रेमशंकर और मायाशंकर 'प्रेमाश्रम' में पहुँचे थे :

"जो लोग परिश्रम करते हैं, उन्हें अपने परिश्रम का पूरा फल मिलना चाहिए। राज्य इन्हें केवल दूसरों के कठोर हाथों से बचाता है। उसे इस सेवा का उचित फल मिलना चाहिए। बस, मैं राज्य की ओर से यह मुआवजा वसूल करने के लिए नियत हूँ। इसके सिवा इन गरीबों की कमाई में मेरा और कोई भाग नहीं।"

वह संपत्ति की व्यवस्था की आलोचना करता है और इस निष्कर्ष पर पहुँचता है : "यह एक संयोग है कि मैं आज इस जायदाद का अधिकारी हूँ। मैंने उसे कमाया नहीं। उसके लिए रक्त नहीं बहाया। पसीना नहीं बहाया।" जायदाद के बारे में यही विचार 'प्रेमाश्रम' में प्रेमचंद ने कमलानंद के मुँह से कहलाए थे। 'आन्ना' के लेविन की तरह वह भी किसानों के बीच किसानों की ही तरह रहने का निश्चय करता है : "मेरी भलाई इसी में है कि मैं इन्हीं में रहूँ, इन्हीं की भाँति जीवन-निर्वाह और इनकी सहायता करूँ।"

वह अपने सारे नौकर-चाकरों को स्वतंत्र कर देता है और उन्हें अपनी सीर की जमीन बाँट देता है। अपने विशेषाधिकारों को छोड़ देता है और अपनी सुख-सुविधाओं के सामान को ठुकरा कर बैंक का कर्ज चुका देता है। अपने रुपए वापस पाकर लोग उसके प्रति वैसे ही कृतज्ञ हो उठते हैं जैसे मायाशंकर के जमींदारी त्यागने पर किसान हुए थे : "किसी ने रोकर, किसी ने पैरों पर गिरकर और किसी ने सभ्यतापूर्वक अपनी कृतज्ञता प्रकट की।"

श्रद्धा की ही तरह उसकी पत्नी भी उसका साथ देती है। उसका बेटा दूसरा मायाशंकर निकलता है। इन सबके साथ कुंवर जगदीश सिंह लेविन और प्रेमशंकर की ही तरह अपने हाथ से खेती और बागवानी करते हुए सच्चे संतोष और आनंद का जीवन बिताने लगता है।

इस कहानी को 'कहकशां' के लिए भेजते हुए प्रेमचंद ने 'ताज' को खत में लिखा—"एक किस्सा 'बैंक का दिवाला' जाता है। लंबा हो गया है। देखिए पसंद आए तो रख लीजिए। दो नंबरों में निकल जाएगा। किस्सा रूखा है, जज़्बात नहीं आने पाए।" [42]

प्रेमचंद को लगा था कि 'बैंक का दिवाला' किस्स रूखाँ रह गया। उसमें जज़्बात पूरी तरह से न निखर सके। उन्होंने एक और किस्सा लिखा : "पशु से मनुष्य।" यह 'प्रभा' के फरवरी, 1920 के अंक में छपा। दुर्गा माली, जो वकील मेहरा के यहाँ चोरी किया करता था इसीलिए निकाल दिया गया, एक दूसरे सज्जन प्रेमशंकर के यहाँ आकर पशु से मनुष्य बन गया। इसका कारण प्रेमशंकर के वे विचार और उन विचारों का व्यावहारिक रूप है जिसमें मालिक और नौकर का रिश्ता नहीं है।

यह कहानी भी प्रेमचंद ने 'प्रेमाश्रम' के ही दौर में लिखी। कहानी न सिर्फ 'प्रेमाश्रम' के तर्कों का पुनरुत्पादन थी, बल्कि 'प्रेमाश्रम' के ही एक प्रसंग का भी पुनरुत्पादन थी। 'प्रेमाश्रम' में प्रेमशंकर हाजीपुर गाँव के भोला के चरित्र को सुधारता है। जो पहले चोरी किया करता था, ताड़ी पीने का आदी था। अपने प्रेमाश्रम की नई व्यवस्था में लाकर प्रेमशंकर उसके चरित्र को सुधार देता है। लेकिन 'प्रेमाश्रम' के प्रसंग में प्रेमशंकर को उन विचारों को खुलकर रखने का अवसर नहीं मिलता जो उसकी नई व्यवस्था के आधार थे। प्रेमचंद उन्हें 'पशु से मनुष्य' कहानी में पेश करते हैं।

वकील मेहरा अपने घर से निकाले गए नौकर दुर्गा को जब प्रेमशंकर के बगीचे में देखते हैं तो प्रेमशंकर को दुर्गा का पिछला चरित्र बतलाते हुए सावधान करते हैं और पूछते हैं कि आप इसे कितना वेतन देते हैं। प्रेमशंकर जवाब देता है : "यहाँ किसी को वेतन नहीं दिया जाता। सब लोग लाभ में बराबर के साझेदार हैं। महीने भर में आवश्यक व्यय के पश्चात् जो कुछ बचता है, उनमें से 10 रु. प्रति सैकड़ा धर्म खाते में डाल दिया जाता है, शेष रुपए समान भागों में बाँट दिए जाते हैं। पिछले महीने में 140 रु. की आमदनी हुई थी। मुझे मिलाकर यहाँ सात आदमी हैं। 20 रु. हिस्से पड़े।"[43]

प्रेमशंकर के इस बगीचे में कोई मालिक नहीं, कोई मजदूर नहीं। सब बराबर हैं और भू-संपत्ति पर सबका साझा है। प्रेमशंकर कहता है : "मुझे ये सब अधिक कार्यकुशल समझते हैं और मुझ पर पूरा विश्वास रखते हैं। बस, मैं इनका मुखिया हूँ। जो कुछ सलाह देता हूँ, उसे सब मानते हैं। कोई भी यह नहीं समझता कि मैं किसी का नौकर हूँ। सबके सब अपने को साझेदार समझते हैं और जी तोड़कर मेहनत करते हैं।"

वह मालिक-नौकर रिश्ते पर आधारित उत्पादन व्यवस्था की आलोचना करता है और कहता है कि इसी के कारण मालिक और नौकरों के बीच द्वंद्व और द्वेष पैदा होता है और उनके अलग-अलग वर्ग हित बन जाते हैं। संसार में आज इन्हीं दो वर्गों का संग्राम चल रहा है लेकिन अब यह संग्राम जल्द ही खत्म होगा और उसकी जगह मालिक और नौकर की सहकारिता स्थान ले लेगी जिस सहकारिता पर खुद उसके बगीचे की व्यवस्था की गई है। प्रेमशंकर वर्तमान सभ्यता और शिक्षा पर भी प्रहार करता है जिसने लोगों को स्वार्थी और धन का गुलाम बना दिया है और 'समय धन है' जैसे वाक्यों को उनके लिए ईश्वर वाक्य बना दिया है। वह उत्पादक कार्यों से कटे हुए शिक्षित वर्ग की आलोचना करते हुए कहता है : "शासन-प्रबंध, वकालत, चिकित्सा, चित्र-रचना, शिक्षा,

दलाली, व्यापार, संगीत और इसी प्रकार की सैकड़ों अन्य कलाएँ शिक्षित समुदाय की जीवन-वृत्ति बनी हुई हैं। पर इनमें से एक भी धनोपार्जन नहीं करतीं। इनका आधार दूसरों की कमाई पर है।''

वह स्वार्थी और परजीवी शिक्षित वर्ग की आलोचना करते हुए टॉल्स्टॉय की प्रसिद्ध पंक्तियों को दोहराते हुए कहता है कि यह दुनिया किसानों के बल पर टिकी हुई है : ''आज सारे वकीलों को देश निकाला हो जाए, सारे अधिकारी वर्ग लुप्त हो जाएँ और सारे दलाल स्वर्ग को सिधारें, तब भी संसार का काम चलता रहेगा, बल्कि और भी सरलता से। किसान भूमि जोतेंगे, जुलाहे कपड़े बुनेंगे, बढ़ई, लोहार, राज, चर्मकार सबके सब पूर्ववत अपना-अपना काम करते रहेंगे। उनकी पंचायतें उनके झगड़ों का निपटारा करेंगी। लेकिन यदि किसान न हों तो सारा संसार क्षुधा-पीड़ा से व्याकुल हो जाए।''

जो किसान सारे उत्पादन के केंद्र में है, उसी की सबसे कम आमदनी होती है और जिन वकीलों और डाक्टरों के बिना यह समाज मजे में चल सकता है, उनके लिए हजारों रुपए भी कम समझे जाते हैं। इस विषमता को दिखलाकर प्रेमशंकर मानसिक और शारीरिक श्रम के बीच उस विभाजन की निंदा करता है। जिस श्रम विभाजन को टॉल्स्टॉय ने संपत्ति की व्यवस्था का आधार कहा था। प्रेमशंकर अपनी सामाजिक आलोचना का सारांश पेश करता है : ''संक्षेप में कहना यही है कि धन की प्रधानता ने हमारे समस्त समाज को उलट-पुलट दिया है।''

'बैंक का दिवाला' कहानी प्रेमचंद को रूखी लगी थी क्योंकि उसमें जज़्बात नहीं आ पाए थे; 'पशु से मनुष्य' उससे भी ज्यादा रूखी बन गई। लेकिन इससे क्या? प्रेमचंद के पास कहने के लिए एक मुद्‌दा था और 'प्रेमाश्रम' रचना के दौर में वे उस मुद्दे को बार-बार उठाते रहे। यह इत्तेफाक की बात नहीं है कि प्रेमशंकर को 'प्रेमाश्रम' में साम्यवादी कहा जाता है, 'बैंक का दिवाला' में कुँवर जगदीश सिंह कालेज के दिनों में साम्यवादी था और 'पशु से मनुष्य' में मेहरा को संदेह होता है कि प्रेमशंकर सोशलिस्ट हैं। किसानों का सवाल हल करने के लिए जमींदार को बदलना जरूरी है। अगर वह अपनी आत्मा में झाँक कर देखे, समाज की विषमता पर गौर करे, अपनी नैतिक चेतना को जगाए और समाजवादी विचारों को कबूल कर ले तो, बिना किसान संघर्ष के, बिना खून-खराबे के ही, जमींदारी प्रथा त्यागी जा सकती है। अपने इन विचारों के अनुरूप प्रेमचंद ने एक 'सोशलिस्ट जमींदार' की छवि खड़ी की और अपनी कला में उसका पुनरुत्पादन करते रहे।

असहयोग आंदोलन के दौरान गाँधी ने साम्राज्यवाद-विरोधी संघर्ष की अपनी समझ के मुताबिक जमींदारों को किसानों के संघर्ष से बचाने का प्रयत्न किया। लेकिन इससे प्रेमचंद ने जमींदारी प्रथा के बारे में अपने विचार नहीं बदले। 'प्रेमाश्रम', 'बैंक का दिवाला' और 'पशु से मनुष्य' तीनों रचनाएँ असहयोग आंदोलन के पहले लिखी गई थीं। असहयोग आंदोलन शुरू हुआ तो प्रेमचंद उसके सिपाही बन गए, लेकिन असहयोग

के दौर में भी किसानों का सवाल उनके मन में बना रहा। एक रचना 'विध्वंस' लिखकर जमींदार के संसार को ध्वस्त किया और दूसरी रचना 'संग्राम' लिखकर एक बार फिर 'सोशलिस्ट जमींदार' के चरित्र को पेश किया।

'संग्राम' नाटक 1923 की फरवरी में छपा। लेकिन इसकी रचना प्रेमचंद ने 1921-22 में ही कर ली थी। 29 जनवरी, 1921 को 'ताज' को लिखी चिट्ठी में प्रेमचंद ने इस नाटक का जिक्र किया था : ''इन किस्सों के अलावा एक नाविल 'नाकाम' साफ कर रहा हूँ जो तसनीफ से कम जॉसौज काम नहीं है। यह खत्म हो जाए तो ड्रामे में हाथ लगाऊँ। इसका प्लॉट तैयार है, चार ही ऐक्ट में खत्म हो जाएगा। मगर सीन पंद्रह-सोलह से कम न हो सकेंगे। कामयाब हो सकूँगा या नहीं ईश्वर ही जाने।''[44] 16 जून, 1922 को निगम के नाम अपने खत में प्रेमचंद ने लिखा : ''आजकल एक ड्रामा लिखने में और अपने घर की तामीर में इतना मसरूफ हूँ कि कोई किस्सा लिखने का मौका न पा सका।''[45] जाहिर है कि प्रेमचंद ने संग्राम का कथानक 1921 की जनवरी में ही तैयार कर लिया था और 1922 में उसे लिखने में व्यस्त थे। 1923 की फरवरी में छपने पर भी यह नाटक 1918-22 के दौर की ही रचना थी।

असहयोग आंदोलन की दृष्टि से 'संग्राम' नाटक 'प्रेमाश्रम' का संशोधित संस्करण जैसा है। असहयोग आंदोलन के दौर में देहातों में फैली जिस साम्राज्यवाद विरोधी लहर को प्रेमचंद 'प्रेमाश्रम' में न ला सके उसे 'संग्राम' में ले आए। यहाँ ज्ञानशंकर जैसे धूर्त और स्वार्थी जमींदार नहीं हैं। मधुबन गाँव का जमींदार सबल सिंह एक आदर्श जमींदार है। उसकी जमींदारी में किसानों को बेगार नहीं देनी पड़ती। वह किसानों की बेदखली नहीं करता, न अबवाब लेता। उसके गाँव में न कोई कारिंदा है, न चपरासी, पर लगान नहीं रुकता। किसान खुद मीयाद के पहले ही लगान दे आते हैं। किसानों की नजर में सबल सिंह ''उस जनम के कोई महात्मा'' हैं। किसान उसके बारे में कहते हैं कि ''बहुत गाँव देखे, पर ऐसा ठाकुर नहीं देखा।''

'प्रेमाश्रम' के ज्ञानशंकर, गायत्री और राय कमलानंद सरकारपरस्त जमींदार थे। सबल सिंह ब्रिटिश राज का विरोधी है। वह पक्का असहयोगी है। वह अपनी जमींदारी के गाँवों में असहयोग आंदोलन के कार्यक्रम का प्रचार करता है। किसानों को उसने तीन निर्देश दे रखे हैं—सरकारी हाकिमों को बेगार नहीं देना; सरकारी अदालतों में मत जाना और शराब-ताड़ी मत पीना। सबल सिंह ने अपने गाँवों में शराब ताड़ी की दुकानें बंद करवा दी हैं। वह अदालतों की व्यर्थता पर अखबारों में लेख लिखता है और ब्रिटिश राज की न्याय प्रणाली की आलोचना करता है। उसके गाँवों में किसानों के सभी झगड़ों का निपटारा पंचायतों में होता है। सबल सिंह किसानों में जागृति और राष्ट्रीय भावना लाने के लिए गाँवों में लालटेन से सिनेमा दिखलाता है जिनमें सरकार की रेल व्यवस्था, पुलिस और नौकरशाही की आलोचना होती है। वह किसानों को सफाई और स्वास्थ्य की शिक्षा भी देता है।

असहयोग आंदोलन में गाँधी ने जमींदारों से आंदोलन में शामिल होने का आह्वान नहीं किया था। उन्हें अंग्रेजीराज की सेवा करते रहने के लिए छोड़ दिया था। जमींदारों के प्रति उस वक्त गाँधी की नीति यह थी कि उनके खिलाफ किसान संघर्ष न चलाएँ ताकि जमींदारों को साम्राज्यवाद विरोधी असहयोग आंदोलन में तटस्थ रखा जा सके। गाँधी मानते थे कि असहयोग आंदोलन में भाग लेने में जमींदारों को बहुत-सी कठिनाइयाँ हैं और इन कठिनाइयों को सहानुभूति से देखना चाहिए। उन्होंने जमींदारों की मजबूरी की बात कही और देशी रजवाड़ों की 'स्थिति' को स्वीकार किया।[46] लेकिन प्रेमचंद 'संग्राम' में एक जमींदार को असहयोग आंदोलन की लड़ाई लड़ते हुए दिखलाते हैं। सरकार की निगाहों में पहले सबल सिंह की इज्जत थी, लेकिन ज्यों ही पता चला कि सबल सिंह की रियासत में सुराज की धूम है, पुलिस उसे गिरफ्तार करने के लिए पहुँच जाती है। पुलिस का अंग्रेज सुपरिटेंडेंट सबल सिंह को लाल-पीली आँखें दिखाकर कहता है : ''तुम हमारा बनाया हुआ है। हम तुमको अपने काम के लिए रियासत दिया है और तुम सरकार से दुश्मनी करता है।''[47] सबल सिंह राष्ट्रीय स्वाभिमान से भर कर कहता है कि रियासत हमारे खानदान को अंग्रेजों ने नहीं, मुगल बादशाह ने दी थी। सुपरिटेंडेंट और भी बिगड़ उठता है : ''झूठ बोलता है।...जागीरदारी मौरूसी नहीं होता था। तुम्हारा बुजुर्ग लोग मुगल बादशाहों से ऐसा बदखाही करता जैसा तुम हमारे साथ कर रहा है तो जागीर छिन गया होता। हम तुमको असामियों से लगान वसूल करने के लिए कमीसन देता है और तुम हमारा जड़ खोदना चाहता है। गाँव में पंचायत बनाता है, लोगों को ताड़ी-शराब पीने से रोकता है, हमारा रसद-बेगार बंद करवाता है। हमारा गुलाम होकर हमको आँखें दिखाता है।''[48]

अंग्रेजी राज के साथ जमींदार वर्ग के रिश्ते की अपनी बिल्कुल सही समझदारी को प्रेमचंद ने इतने शानदार ढंग से इन चंद पंक्तियों में रख दिया। लेकिन असहयोग आंदोलन का सिपाही बन चुका सबल सिंह जोश के साथ जवाब देता है : ''मैं रैयत का मित्र बनकर रहना चाहता हूँ, शत्रु बनकर नहीं। अगर रैयत को गुलामी में जकड़े और अंधकार में डाले रखने के लिए जमींदारों की सृष्टि की गई है तो मैं इस अत्याचार का पुरस्कार न लूँगा चाहे वह रियासत ही क्यों न हो।''[49]

सबल सिंह की इस बगावत का अनुसरण करता हुआ उसका बेटा अचल सिंह भी खुद को अंग्रेजी राज का बागी घोषित करता है। पुलिस सबल सिंह को गिरफ्तार कर लेती है।

'संग्राम' नाटक की खास बात यह है कि इसमें सिर्फ जमींदार ही असहयोगी नहीं है, किसान भी असहयोगी हैं। उन्हें असहयोगी बनाया है खुद सबल सिंह ने। 'संग्राम' के किसान अपना शत्रु जमींदार को नहीं, ब्रिटिश राज को मानते हैं। वे अपनी दुर्दशा के लिए जिम्मेदार अंग्रेजी राज को ठहराते हैं। ओलों से फसल मारी जाती है तो लगान माफ करवाने का सवाल किसानों में उठता है। एक किसान कहता है : ''जमींदार के माफ

करने से थोड़े माफी होती है; जब सरकार माफ करे तब न? नहीं तो जमींदार को मालगुजारी घर से चुकानी पड़ेगी।"[50]

सरकार से लगान माफ करवाने के लिए नौकरशाही की हर सीढ़ी पर रिश्वत देनी होगी। फत्तू कहता है : "सरकार का अपना खजाना भरने से मतलब है कि परजा पालने से।" एक वृद्ध किसान कहता है : "सरकार एक पैसा भी न छोड़ेगी।" फत्तू अंग्रेजी राज का वर्णन करता है : "कचहरी में झूठ कोई दरख़ास देने जाओ तो बिना टके खर्च किए सुनाई नहीं होती। अफीम सरकार बेचे, दारू, गांजा, भांग, मदक चरस सरकार बेचे। और तो और, नोन तक बेचती है। इस तरह रुपया न खींचे तो अफसरों की बड़ी-बड़ी तलब कहाँ से दे।"

हलधर इस बातचीत का निष्कर्ष पेश करता है : "बिना सुराज मिले हमारी दसा न सुधरेगी। अपना राज होता तो इस कठिन समय में अपनी मदद करता।"

किसानों से लगान का इतना रुपया लूटकर सरकार क्या करती है? फत्तू इसका जवाब देता है : "इतनी बड़ी फौज बिना रुपए के ही रखी है। एक-एक तोप लाखों में आती है। हवाई जहाज कई-कई लाख के होते हैं। सिपाहियों को कूच के लिए हवा-गाड़ी चाहिए। जो खाना यहाँ रईसों को मयस्सर नहीं होता, वह सिपाहियों को खिलाया जाता है। साल में छह महीने सब बड़े-बड़े हाकिम पहाड़ों की सैर करते हैं। देखते तो हो, छोटे-छोटे हाकिम भी बादशाहों की तरह ठाट से रहते हैं, अकेली जान पर दस-पंद्रह नौकर रखते हैं, एक पूरा बंगला चाहिए। जितना बड़ा हमारा गाँव है उससे ज्यादा जमीन एक बंगले के हाते में होती है। सुनते हैं 10 रु. 20 रु. बोतल की शराब पीते हैं। हमको तुमको भर-पेट रोटियाँ नहीं नसीब होतीं, वहाँ रात-दिन रंग चढ़ा रहता है।"[51]

ब्रिटिश राज के खिलाफ यह सारी राष्ट्रवादी आलोचना मधुबन के किसान करते हैं। सामंतवाद विरोधी संघर्ष की जगह साम्राज्यवाद विरोधी संघर्ष ने ले ली है। असहयोग आंदोलन की दृष्टि से 'संग्राम' लिखकर प्रेमचंद ने मानो 'प्रेमाश्रम' का परिशिष्ट लिखा हो। लेकिन, नाटक की मुख्य विषय-वस्तु यह नहीं, कुछ और है।

हर तरह से आदर्शवादी होने पर भी सबल सिंह स्वार्थ और महत्त्वाकांक्षा के भँवर में पड़ता है। उसकी निगाह अपने ही एक रैयत की नई-नवेली दुल्हन राजेश्वरी पर पड़ती है। घर में वफादार बीवी होने के बांवजूद वह उस पर आसक्त हो जाता है। उसका मन तर्क करता है कि उस किसान औरत को एक गरीब रैयत के घर में सुख कहाँ? उसे तो सबल सिंह के महल में रानी बनकर रहना चाहिए। राजेश्वरी से मेल-जोल बढ़ाने के लिए वह बेगार की प्रथा को फिर से शुरू करता है ताकि राजेश्वरी उसके घर में आ-जा सके। उसे हासिल करने के लिए वह उसके पति हलधर को रास्ते से हटाने की योजना बनाता है। कर्ज न चुका सकने के इलजाम में वह हलधर को पकड़ कर जेल में बंद करवा देता है और असहाय राजेश्वरी को उठाकर अपने शहर के एक खाली बंगले में रख लेता है। इसका पता जब उसके भाई को चलता है तो वह अपने भाई की हत्या का षड्यंत्र रचता

है। राजेश्वरी से उसके संबंधों के चलते उसकी पत्नी विष खाकर आत्महत्या कर लेती है। इस तरह स्वार्थ और महत्त्वाकांक्षा के फेर में पड़कर आदर्शवादी सबल सिंह धूर्त, कायर, क्रूर और हिंसक हो उठता है और उसका जीवन कलह और क्लेशों से भर उठता है।

लेकिन, किसी तरह सबल सिंह अपने पतन के रास्ते से हट जाता है। पत्नी की आत्महत्या उसके मन में आत्म-ग्लानि भर देती है। वह भीषण द्वंद्व की प्रक्रिया से होकर गुजरता है और आखिर में अपनी जमींदारी से इस्तीफा दे देता है। जमीन का मालिक किसानों को बनाकर वह तीर्थ यात्रा पर निकल जाता है।

'संग्राम' असहयोग आंदोलन के दौर की उपज थी। सहयोग आंदोलन की दृष्टि से यह एक आदर्श रचना थी। सिर्फ इसलिए नहीं कि इसमें एक जमींदार को असहयोग दिखाया गया है। नहीं, यह तो असहयोग आंदोलन के कार्यक्रम से भी एक आगे का कदम था। असहयोग आंदोलन की गाँधीवादी राजनीति का आदर्श तो यह था कि किसान जमींदारों के खिलाफ संघर्ष न करें, दोनों आपस में सहयोग करें। 'संग्राम' ठीक इसी राजनीति के आदर्श की मूर्त करने वाली रचना है। असहयोग आंदोलन के दौर में लिखी गई यह प्रेमचंद की एकमात्र रचना है जिसमें किसान अपना प्रधान शत्रु जमींदार को नहीं, ब्रिटिश राज को मानता है और किसान और जमींदार दोनों आपस में मिलकर साम्राज्यवाद के खिलाफ संघर्ष करते दिखाए गए हैं। असहयोग आंदोलन की राजनीति की दृष्टि से नाटक को यहीं खत्म हो जाना चाहिए था। लेकिन प्रेमचंद यहीं पर रुक नहीं जाते। यहीं पर रुक जाना तो दूर रहा, वे इसे अपना प्रधान कथ्य भी नहीं बनाते। वे न सिर्फ एक जमींदार को असहयोगी दिखलाते हैं, बल्कि उससे जमींदारी से इस्तीफा भी दिलवाते हैं। वे ऐसी हालत में भी जमींदारी से इस्तीफा दिलवाते हैं जबकि किसान और जमींदार के बीच किसी भी खेतिहर सवाल पर संघर्ष न था।

इसकी वजह क्या थी?

इसकी वजह थी संपत्ति की व्यवस्था। क्यों सबल सिंह जैसा एक आदर्श जमींदार भी पाप के गड्ढे में गिरता है? इसलिए कि वह संपत्तिशाली वर्ग का प्रतिनिधि है। संपत्ति का स्वामित्व उसके पतन का मूल कारण है। उसके पास इतनी संपत्ति है, इसीलिए वह स्वार्थी और महत्त्वाकांक्षी बन गया। उसकी संपत्ति के अहंकार ने ही उसे फिर से धूर्त, कपटी, क्रूर और हिंसक बना दिया। संपत्तिशाली वर्ग चाहे जितना भी आदर्शवादी क्यों न बने, जब तक उसकी संपत्ति है तब तक उसकी यही नियति है। अपनी जमींदारी से इस्तीफा देने से पहले शानदार भाषण में सबल सिंह कहता है :

"आज मेरी आँखें खुल गईं। मुझे विदित हो रहा है कि ऐश्वर्य और संपत्ति जिस पर मानव-समाज मिटा हुआ है, जिसकी आराधना और भक्ति में हम अपनी आत्माओं को भी भेंट कर देते हैं वास्तव में एक प्रचंड ज्वाला है जो मनुष्य के हृदय को जलाकर

भस्म कर देती है। यह समस्त पृथ्वी किन प्राणियों के पाप-भार से दबी हुई है? यह कौन-से लोग हैं जो दुर्व्यसनों के पीछे नाना प्रकार के पापाचार कर रहे हैं? वेश्याओं की अट्टालिकाएँ किन लोगों के दम से रौनक पर हैं? किनके घरों की महिलाएँ रो-रोकर अपना जीवनक्षेप कर रही हैं? किनकी बंदूकों से जंगल के जानवरों की जान संकट में पड़ी रहती है? किन लोगों की महत्त्वाकांक्षाओं को पूरा करने के लिए आए दिन समरभूमि रक्तमयी होती रहती है? किनके सुख भोग के लिए गरीबों को आए दिन बेगारें भरनी पड़ती हैं? यह वही लोग हैं जिनके पास ऐश्वर्य है, संपत्ति है, प्रभुता है, बल है। उन्हीं के भार से पृथ्वी दबी हुई है, उन्हीं के नखों से संसार पीड़ित हो रहा है। सम्पत्ति ही पाप का मूल है।"[52]

संपत्ति ही पाप का मूल है। यह बोल्शेविज्म न था। यह क्रांतिकारी टॉल्स्टॉय का 'समाजवाद' था, जिसने अपने उच्चतर आदर्श में अपने विरोधी मार्क्सवादियों के आदर्श को भी सम्मिलित कर लिया था। 'सोशलिस्ट जमींदार' की जो छवि प्रेमचंद के मन में 1918 में बनी थी, वह छवि 1922 के अंत तक बनी रही। असहयोग आंदोलन की राजनीति इसमें कोई फेर-बदल न ला सकी। 1918-22 के दौर में अपने संपर्क में आने वाले हर धनी, सेठ और पूँजीपति को गाँधी ने गुणी, सज्जन और श्रद्धेय बताया था। उन्होंने असहयोग आंदोलन से दूर रहने वाले काठियावाड़ के राजाओं-महाराजाओं, जिनकी रियासतों में किसानों की तबाही की बात खुद गाँधी ने कही, के गुणों को बखाना और मजदूरों की जायज माँगों को ठुकराने वाले और अपने ही नेतृत्व में हुई मजदूर-हड़ताल के साथ छप-कपट का खेल करने वाले पूँजीपति अम्बालाल साराभाई को उनकी सज्जनता के लिए धन्यवाद दिया। टॉल्स्टॉय को अपना गुरु कहने वाले गाँधी ने व्यावहारिक राजनीति में पड़कर संपत्ति के प्रति टॉल्स्टॉय के सिद्धांतों से आँखें मूँद लीं और संपत्तिशाली वर्ग के साथ हजार किस्म के समझौते किए। लेकिन प्रेमचंद ने गाँधी के राजनीतिक नेतृत्व में चलकर भी टॉल्स्टॉय के सिद्धांत के प्रति अपनी निष्ठा नहीं छोड़ी। उन्होंने असहयोग का प्रचार करते हुए भी संपत्तिशाली वर्ग के पतन को चित्रित किया और उनसे संपत्ति का त्याग करवाया।

ब्रिटिश राज के खिलाफ असहयोग करने के लिए 'संग्राम' के किसान अपने जमींदार के साथ सहयोग करते हैं। लेकिन किसी को भी यह नहीं भूलना चाहिए कि यह जमींदार अपने किसानों से बेगार नहीं लेता है; उनसे अबवाब नहीं वसूलता; उन पर लगान इजाफे और बेदखली के हथियार नहीं चलाता। उसकी जमींदारी में कारिंदे और चपरासियों का दमनकारी गिरोह नहीं है। सिर्फ इन्हीं परिस्थितियों में ब्रिटिश राज के खिलाफ किसानों और जमींदार का परस्पर सहयोग संभव होता है। साम्राज्यवाद विरोधी संघर्ष के दौर में किसान-जमींदार के सहयोग की शर्त किसानों के हित का त्याग नहीं हो सकती। त्याग जमींदार को करना होगा। किसानों पर अपने नाजायज दावों को छोड़े बिना जमींदार असहयोगी नहीं बन सकता। जमींदार शोषण के सारे लाभों को बटोरते

हुए वह साम्राज्यवाद विरोधी संघर्ष का मित्र नहीं बन सकता। ब्रिटिश राज के खिलाफ संघर्ष में जमींदारी दावों के त्याग से स्वराज्य की लड़ाई कमजोर नहीं होगी, बल्कि और मजबूत होती।

1918-22 के साम्राज्यवाद विरोधी संघर्ष के दौर में, असहयोग आंदोलन की छाया में बैठकर लिखे साहित्य में किसानों के सवाल पर प्रेमचंद का बयान यही था।

द्वंद्व के बीच संकल्प

'प्रेमाश्रम' में प्रेमशंकर जमींदारी प्रथा को शोषण की एक प्रणाली कहता है और जमींदार वर्ग को अनावश्यक बतलाता है। लेकिन प्रेमचंद अपने साहित्य में जमींदार वर्ग का विभाजन करते हैं। वे अच्छे और बुरे, जाहिल और पढ़े-लिखे जमींदारों में फर्क करते हैं और दोनों के प्रति दो अलग-अलग रवैया अपनाते हैं। 'पुराना जमाना : नया जमाना' लेख में वे कहते हैं कि जाहिल रईसों या जमींदारों से हमें शिकायत नहीं। उनकी आँखें उस वक्त खुलेंगी जब उनकी गर्दनें जनता के हाथों में होंगी; लेकिन जमींदारों के दूसरे हिस्से से वे शिकायत करते हैं। यह दूसरा हिस्सा उनका है जो पढ़े-लिखे हैं और जमींदार हैं; वकील हैं और जमींदार हैं। इनसे प्रेमचंद अपील करते हैं कि वे अपने दिल से पूछें कि क्या वे प्रजा के साथ अपने कर्त्तव्य पूरा कर रहे हैं?

यह जो दूसरा हिस्सा है, असल में यह जमींदार वर्ग का वह हिस्सा है जो राष्ट्रीय आंदोलन में भाग ले रहा था। शिक्षित जमींदार वर्ग का जो हिस्सा राष्ट्रीय आंदोलन में नेतृत्व दे रहा था, प्रेमचंद इसी हिस्से से अपील कर रहे थे कि वे तात्कालिक हानि की चिंता न करके किसानों की भलाई और सुधार की कोशिश करें। किसान ही स्वराज्य आंदोलन की मुख्य शक्ति बनेंगे, अपने इस दृष्टिकोण के कारण प्रेमचंद स्वराज्य आंदोलन में शामिल जमींदारों से कह रहे थे कि वे उन अधिकारों से स्वेच्छापूर्वक हाथ खींच लें जो उन्हें किसानों पर प्राप्त हैं। वे किसानों से बेगार लेना छोड़ दें, उनके साथ आदमियत का बर्ताव करें और इजाफ़ा तथा बेदखली से परहेज करें।

ठीक यही विचार उन्होंने 1921 में अपने लेख 'वर्तमान आंदोलन के रास्ते में रुकावटें' में दोहराए। प्रेमचंद मानते थे कि "जमींदार-पूँजीपतियों का स्वराज्य के आंदोलन में रुकावट बनना तय है क्योंकि स्वराज्य का आंदोलन गरीब जनता का आंदोलन है। यह आंदोलन जैसे-जैसे बढ़ेगा, पैसे वाले इससे दूर होते जाएँगे। इस रुकावट को दूर करने के लिए प्रेमचंद ने फिर उनसे अपील की कि जमींदार-पूँजीपति अब अपने हथियार डाल दें। प्रेमचंद ने जमींदारों को समझाया कि इस वक्त अगर वह अपने असामियों की माँगें पूरी कर देंगे तो शुक्रिए और एहसान के हकदार होंगे। उनकी दानशीलता और उदारता का सब लोग बखान करेंगे, जनता उनका सम्मान करेगी, उन पर अपने प्राण न्यौछावर करेगी।"[53]

प्रेमचंद प्रणाली और वर्ग की बातें करने पर भी जमींदारी के हृदय परिवर्तन पर विश्वास रखते थे। इसलिए, राष्ट्रीय आंदोलन की जरूरतों को ध्यान में रखकर उन्होंने इस वर्ग के सदस्यों से नैतिक अपील की। प्रेमचंद ने कभी नहीं कहा कि राष्ट्रीय आंदोलन के लिए किसान अपने दावों को छोड़ दें। लेकिन उन्होंने जमींदारों से हमेशा ऐसी अपील की। अगर जमींदार स्वेच्छा से अपने अधिकार नहीं छोड़ेंगे, तो प्रेमचंद इसी लेख में उन्हें चेतावनी देते हैं : ''यह बात ध्यान में रखनी चाहिए कि मजदूर और किसान एक होकर जो चाहें कर सकते हैं। उनकी शक्ति असीम है।''[54]

प्रेमचंद ने जो विचार राष्ट्रीय आंदोलन से संबंधित अपने लेखों में रखे, उन्हीं विचारों को उन्होंने उस दौर के अपने कलात्मक साहित्य में उतारा। जमींदार वर्ग का दो हिस्सों में विभाजन यहाँ भी है। यहाँ भी प्रेमचंद जमींदार वर्ग के एक हिस्से को किसानों पर अपने दावों और अधिकारों से स्वेच्छापूर्वक हाथ खींचते हुए दिखलाते हैं और इस तरह अपने विचारों को साकार कर मानों वास्तविक समाज के जमींदारों के सामने मिसाल पेश करते हों। जिन जमींदारों को उन्होंने ऐसा करते हुए चित्रित किया, वे हमेशा ही राष्ट्रीय आंदोलन से जुड़े जमींदार दिखाए गए हैं, फिर चाहे वह 'प्रेमाश्रम' का 'प्रेमशंकर' हो या 'संग्राम' का सबल सिंह। नैतिक अपील ऐसे ही जमींदारों के लिए है। लेकिन जो जमींदार राष्ट्रीय आंदोलन से जुड़े हुए नहीं दिखाए गए जैसे 'प्रेमाश्रम' का ज्ञानशंकर और 'विध्वंस' का उदयभानु पांडे, प्रेमचंद उन्हें कभी स्वेच्छा से किसानों पर अपने दावों से हाथ खींचते नहीं दिखलाते। इनकी आँखें तो तब खुलेंगी जब इनकी गर्दनें जनता के हाथों में होंगी—अपने इसी विचार के अनुरूप प्रेमचंद ज्ञानशंकर के खिलाफ उठे किसान संघर्ष को चित्रित करते हैं; उसके कारिंदे की हत्या को वीरता का कारनामा बताकर उसका समर्थन करते हैं और उदय भानु पांडे के संसार को आग की लपटों में ध्वस्त कर देते हैं।

जमींदारी प्रथा एक प्रणाली है। जमींदार एक वर्ग है। फिर भी, जमींदार अच्छे या बुरे होते हैं। शिक्षित और जाहिल होते हैं। राष्ट्रवादी और सरकारपरस्त होते हैं। उनसे कैसे निपटा जाए? हिंसा से या अहिंसा से? वे स्वेच्छा से अपने अधिकार त्याग देंगे या उनके खिलाफ लड़ना होगा?

इन सब प्रश्नों पर प्रेमचंद के मन में द्वंद्व रह सकता है। लेकिन, इस द्वंद्व के बीच भी एक संकल्प साफ है—जमींदारी प्रथा को जाना होगा।

1918-22 के दौर में किसानों के सवाल पर यही प्रेमचंद के साहित्य का सारतत्व था।

संदर्भ

1. विविध प्रसंग-II, पृ. 29
2. चिट्ठी-पत्री, पृ. 91
3. विविध प्रसंग-III, पृ. 395
4. प्रेमचंद और उनका युग, पृ. 114
5. चिट्ठी-पत्री-II, पृ. 107
6. अनोखा मालिक; दशरथ प्रसाद द्विवेदी का लेख बनारसी दास चतुर्वेदी, झाबरमल्ल शर्मा और परिपूर्णानंद वर्म्मा द्वारा संपादित 'गणेश स्मारक स्मृति ग्रंथ' में संकलित, हिंदी भवन कालपी; 1960, पृ. 45
7. चिट्ठी-पत्री-11, पृ. 121
8. मानसरोवर, भाग VIII, सरस्वती प्रेस, 1982, पृ. 224
9. विविध प्रसंग-11, पृ. 272
10. संपूर्ण गाँधी वाङ्मय, भाग 18, पृ. 100
11. चिट्ठी-पत्री-11, पृ. 128
12. कलम का सिपाही, पृ. 240
13. संपूर्ण गाँधी वाङ्मय, भाग 18, पृ. 467
14. वही, पृ. 209
15. विविध प्रसंग-11, पृ. 37
16. संपूर्ण गाँधी वाङ्मय, भाग 18, पृ. 344-45
17. वही, भाग 20, पृ. 19
18. सोलह अप्राप्य कहानियाँ, प्रेमचंद, सरस्वती प्रकाशन, पृ. 132
19. गुप्त धन 11, हंस प्रकाशन, इलाहाबाद; 1978, पृ. 11
20. मानसरोवर-VI, पृ. 118
21. चिट्ठी-पत्री-11, पृ. 134
22. मानसरोवर VI, पृ. 274
23. 1921 के असहयोग आंदोलन की झाँकियाँ; प्रकाशन विभाग, सूचना प्रसारण मंत्रालय, नई दिल्ली, 1971, पृ. 142
24. संपूर्ण गाँधी वाङ्मय, भाग 20, पृ. 12
25. मानसरोवर, VIII, पृ. 207
26. संपूर्ण गाँधी वाङ्मय, भाग 20, पृ. 16
27. वही, पृ. 401
28. मुंशी प्रेमचंद ऑफ लम्ही विलेज, रॉबर्ट ओ स्वान; ड्यूक यूनिवर्सिटी प्रेस; 1969, पृ. 89
29. सिद्दीकी, पृ. 87
30. कपिल, पृ. 47
31. मानसरोवर VIII, पृ. 67
32. कलम का सिपाही, अमृतराय, पृ. 196
33. मुंशी प्रेमचंद ऑफ लम्ही विलेज, पृ. 78
34. मानसरोवर VIII, पृ. 182
35. विविध प्रसंग-I
36. वही, पृ. 267

37. संपूर्ण गाँधी वाङ्मय, भाग 19, पृ. 81
38. टॉल्स्टॉय, अर्नेस्ट जे. सिमोन्स; रूटलेज एंड कीगन पॉल; 1973, पृ. 125
39. वही, पृ. 132-33
40. 'अन्ना', पुस्तक मंदिर, काशी, पृ. 2
41. वही, पृ. 3
42. चिट्ठी-पत्री-11, पृ. 126
43. मानसरोवर VIII, पृ. 108
44. चिट्ठी-पत्री-11, पृ. 128
45. वही, पृ. 122
46. संपूर्ण गाँधी वाङ्मय, भाग 20, पृ. 21 एवं 496
47. संग्राम, पृ. 144
48. वही, पृ. 145
49. वही, पृ. 146
50. वही, पृ. 38
51. वही, पृ. 34
52. वही, पृ. 188
53. विविध प्रसंग-11, पृ. 29
54. वही।

5

निष्कर्ष

प्रेमचंद राष्ट्रीय स्वाधीनता आंदोलन के युग के लेखक थे। देश की शोषित-उत्पीड़ित जनता में अस्सी फ़ीसदी संख्या किसानों की थी जो अंगरेजों द्वारा देश पर थोपी नई दलाल सामंती भूमि व्यवस्था के अधीन लूट और दमन के शिकार थे। इनके लिए स्वराज्य का क्या मतलब है? शहरों के शिक्षित मध्यवर्ग के नेतृत्व में होने वाले स्वराज्य के आंदोलन में इन किसानों के लिए क्या स्थान है? राष्ट्रीय स्वाधीनता के सवाल के साथ इन किसानों की मुक्ति के सवाल का संबधं कैसा होगा? 1918-22 के दौर में इन सवालों को प्रेमचंद ने अपने साहित्य का केंद्र बनाया।

प्रेमचंद किसान वर्गों के नहीं, बल्कि शहर के निम्न मध्यवर्ग के सदस्य थे। गाँव में किसानों के साथ रहने वाले बहुत से लोग शहरों में नौकरी के लिए आते और बस जाते हैं। उनकी जमीऩ-जाय़दाद गाँव में रहती है। वे गाँव और शहर, दोनों जगह रहते हैं। प्रेमचंद शहरी निम्न मध्यवर्ग के इसी हिस्से के थे। गाँव के किसानों के नजदीक होने के कारण, उनके दुख और कष्टों से अच्छी तरह वाकिफ होने के कारण प्रेमचंद ने स्वराज्य आंदोलन के उस उच्च मध्यवर्गीय नेतृत्व की कड़ी आलोचना की जो अपने वर्ग स्वार्थों की दृष्टि से स्वराज्य आंदोलन को चला रहा था और किसानों से कोई ख़ास हमदर्दी न रखता था। चूंकि यही शिक्षित उच्च मध्यवर्ग समाज का सबसे जागरूक और राजनीतिक रूप से आगे बढ़ा हुआ वर्ग था, सभी तरह के सामाजिक आंदोलनों में यही अगुआ था और उस वक्त इसका कोई विकल्प न था, इसलिए प्रेमचंद इस वर्ग की आलोचना करते रहने के बावजूद बार-बार इसी वर्ग से अपनी स्वार्थपूर्ण राजनीति को बदलने और उसे किसानों के हितों के अनुरूप बनाने की अपील करते रहे।

गाँधी भी इसी शिक्षित उच्च मध्यवर्ग के एक नेता थे जो साम्राज्यवाद विरोधी राष्ट्रीय संघर्ष को नेतृत्व देने के लिए सबसे व्यापक कार्यक्रम लेकर सामने आए। ब्रिटिश

राज के खिलाफ संघर्ष का कार्यक्रम चाहने वाले बहुत से लोगों की तरह प्रेमचंद भी गाँधी के राजनीतिक नेतृत्व के साथ हो लिए। गाँधी ने साम्राज्यवाद विरोधी संघर्ष के साथ बहुत-से सामाजिक प्रश्नों के कार्यक्रम को भी जोड़ दिया। इस कार्यक्रम के कई मुद्दे प्रेमचंद के विचारों से मेल खाते थे। स्त्रियों की शिक्षा और स्वतंत्रता, अछूतोद्धार, नशाबंदी, स्वदेशी और राष्ट्रीय शिक्षा ऐसे ही मुद्दे थे। लेकिन किसानों के सवाल पर गाँधी जमींदार-ताल्लुकेदार वर्ग को नाराज करना नहीं चाहते थे। गाँधी के नेतृत्व और कार्यक्रम के बाहर अवध में किसानों ने अपने बूते पर ताल्लुकेदारों के विरुद्ध संघर्ष चलाया तो गाँधी ने इसकी भर्त्सना की। गाँधी चाहते थे कि किसान स्वयं कुछ कष्ट सह लें और भारतीय जमींदारों के खिलाफ संघर्ष न करें। किसान-जमींदार संघर्ष होने से, गांधी के विचार से, स्वराज्य का आंदोलन कमजोर होगा। कैसे कमजोर होगा, यह उन्होंने साफ ढंग से कभी नहीं बतलाया। गाँधी चाहते थे कि किसान सिर्फ कांग्रेस के कार्यक्रमों में हिस्सा लें। इन कार्यक्रमों में किसानों के लिए चर्खा कातने, स्वदेशी पहनने, स्वास्थ्य और सफाई का ध्यान रखने, नशाबंदी करने तथा कांग्रेस की सभाओं में जाने का कार्यक्रम था। जमींदारी प्रथा से किसानों पर होने वाले शोषण के खिलाफ कोई कार्यक्रम न था।

प्रेमचंद राष्ट्रीय आंदोलन के लिए कांग्रेस के कार्यक्रम के समर्थक थे। 1918-22 के दौर में उन्होंने अपने साहित्य से कांग्रेस के आंदोलन की सेवा की और उसके कार्यक्रम का प्रचार किया। उन्होंने कांग्रेस द्वारा किसानों के लिए बनाए गए कार्यक्रम का भी समर्थन और प्रचार किया। लेकिन वे किसानों के सवाल पर गाँधी और कांग्रेस के दृष्टिकोण से सहमत न हो सके। 1918-22 के दौर में उन्होंने अपने साहित्य में किसानों को जमींदारों के खिलाफ संघर्ष करते हुए दिखाया। उन्होंने जमींदारी प्रथा के ध्वंस का डंका बजाया। स्वराज्य के ही उद्देश्य को सामने रखकर उन्होंने किसानों के हित में जमींदारों को अपने अधिकारों और जमींदारी का त्याग करते हुए दिखाया। इस तरह प्रेमचंद ने दिखलाया कि सिर्फ उच्च मध्यवर्गीय नेताओं के स्वराज्य आंदोलन की सीमाओं में रहकर किसानों का हित नहीं साधा जा सकता था। शिक्षित उच्च मध्यवर्ग की दृष्टि से नहीं, बल्कि किसानों के हित की दृष्टि से स्वराज्य मिले, इसके लिए जमींदारी प्रथा के खिलाफ संघर्ष को कांग्रेस के स्वराज्य आंदोलन के कार्यक्रम के साथ जोड़ना जरूरी था। गाँधी किसानों से कहा करते थे कि जमींदार हमारे मित्र हैं। प्रेमचंद ने अपने साहित्य में जमींदार वर्ग को स्वराज्य के आंदोलन में एक बाधा बतलाया। जमींदारी चाहे लड़कर खत्म हो, चाहे जमींदार स्वेच्छा से अपने अधिकार छोड़ दें। शिक्षित मध्यवर्ग अंगरेजी राज के खिलाफ असहयोग आंदोलन करता रहे और किसान इस मध्यवर्ग के पीछे समर्थन में हाथ जोड़कर खड़ा रहे, इससे मध्यवर्ग को स्वराज्य मिल सकता है, किसानों को न मिलेगा। जमींदारी प्रथा के अधीन रहते हुए देश की अस्सी फीसदी जनता के लिए स्वराज्य का क्या मतलब हो सकता था? भारत के गाँवों में बसने वाले

किसानों की आँखों में और दिलों में अपने स्वराज्य का जो चित्र बसा हुआ था, वह जमींदारों और ताल्लुकेदारों के रोज-रोज के शोषण, दमन, लूट और जुल्म से मुक्त होने की अपनी हालत का चित्र था। प्रेमचंद ने इन किसानों के दिलों और आँखों में बसे सपने और उनकी हसरतों को समझा था। अपनी इसी समझ के मुताबिक उन्होंने अपना साहित्य लिखा। उनकी इस समझ को कोई हिला न सका। भारत के अस्सी फीसदी किसानों का सवाल भारत के राष्ट्रीय आंदोलन का केंद्रीय प्रश्न है। इस प्रश्न को अपने केंद्र में रखे बिना स्वराज्य का जो भी आंदोलन होता है, उससे किसी और को स्वराज्य भले मिल जाए, किसानों को नहीं मिल सकता। 1918-22 के दौर में लिखे प्रेमचंद के साहित्य की यही मुख्य स्थापना है।

प्रेमचंद की विचारधारा सुसंगत न थी। प्रेमचंद गाँधीवादी थे या बोल्शेविक थे, इसे लेकर होने वाली बहसें निरर्थक हैं। राष्ट्रीय आंदोलन में गाँधी के उभार से बहुत पहले प्रेमचंद ने टॉल्स्टॉय की विचारधारा के कुछ तत्त्वों को अपनाया था। टॉल्स्टॉय ने व्यक्तिगत संपत्ति को पाप का मूल और हिंसा का स्रोत बतलाया था। उन्होंने अपने साहित्य में रूस के संपत्तिशाली वर्ग के पतनशील चरित्र को दिखाकर उसे आत्म भर्त्सना करते और अपनी संपत्ति का त्याग करते दिखलाया था। संपत्तिशाली वर्ग की यह आलोचना जमीन के स्वामित्व से वंचित रूसी किसानों के हित में पड़ती थी। इसीलिए टॉल्स्टॉयवाद किसानों की दृष्टि में क्रांतिकारी था। गाँधी और प्रेमचंद, दोनों टॉल्स्टॉय के विचारों से अलग-अलग प्रभावित हुए थे, इसलिए दोनों में कुछ बातों की समानता थी। लेकिन गाँधी ने भू-संपत्ति के सवाल पर टॉल्स्टॉय की विचारधारा को कभी नहीं अपनाया और वे अपनी राजनीति में जीवन भर संपत्तिशाली वर्गों के हितों की रक्षा करते रहे। प्रेमचंद ने संपत्ति संबंधी टॉल्स्टॉय के दृष्टिकोण को अपना लिया और भारत में जमींदारी प्रथा के अधीन किसानों के सवाल पर उसे लागू किया। हालाँकि प्रेमचंद मध्यवर्गीय थे, लेकिन उनकी अपनी दृष्टि किसानों की दृष्टि से भी प्रभावित थी। किसानों की ही तरह प्रेमचंद भी टॉल्स्टॉय को सोशलिस्ट मानते थे। प्रेमचंद ने बोल्शेविज़्म का स्वागत किया था और खुद को बोल्शेविक सिद्धांतों का समर्थक घोषित किया था। प्रेमचंद हिंदी के पहले लेखक हैं जिन्होंने अपने साहित्य में बोल्शेविक मूल्यों को चित्रित और प्रतिष्ठित करने की कोशिश की। टॉल्स्टॉय से ली गई संपत्ति संबंधी प्रेमचंद की दृष्टि को बोल्शेविज़्म ने और भी दृढ़ और विस्तृत किया। लेकिन प्रेमचंद इस प्रश्न पर टॉल्स्टॉयवाद और बोल्शेविज़्म के सैद्धांतिक और विचारधारात्मक फर्क को नहीं समझते थे। हिंसा-अहिंसा के सवाल पर भी प्रेमचंद की कोई सैद्धांतिक दृढ़ता न थी। वे व्यापक तौर पर अहिंसा के समर्थक थे, लेकिन शोषण और अन्याय के खिलाफ हिंसात्मक संघर्ष को भी उन्होंने सहानुभूति और समर्थन की दृष्टि से चित्रित किया।

अवध का किसान आंदोलन 'प्रेमाश्रम' का उर्दू मसौदा पूरा हो जाने के बाद फूटा था। 'प्रेमाश्रम' की रचना से उसका कोई संबंध न था और न हो सकता था। अपने

उपन्यास को उर्दू से हिंदी में करते वक्त भी प्रेमचंद ने किसान आंदोलन के प्रभाव से उसमें कोई परिवर्तन-संशोधन नहीं किया। लेकिन किसान आंदोलन के ही दौर में उन्होंने सामंतवाद विरोधी चेतना और संघर्ष की 'विध्वंस' जैसी शक्तिशाली रचना लिखी। प्रेमचंद ने 'प्रेमाश्रम' में जमींदारी प्रथा के खिलाफ किसानों का संघर्ष चित्रित किया, हालाँकि उस समय हिंदी प्रदेश में कहीं भी किसानों का आंदोलन नहीं हो रहा था। कला का संबंध अपने युग के साथ घटनाओं के स्तर पर नहीं, चेतना के स्तर पर होता है। अपने युग के सामाजिक यथार्थ के सारतत्व को लेखक चेतना के स्तर पर ग्रहण करता है और इस चेतना को वह वास्तविकता पर आधारित अपनी सृजनशील कल्पना से रचे कलात्मक संसार में फिर से मूर्त करता है। वास्तविक समाज में घट रही घटनाओं या आंदोलनों का बाहरी रूप में नहीं, बल्कि घटनाओं में निहित चेतना और मूल्य कला की रचना के मूल तत्त्व होते हैं। लेखक के रचे कलात्मक संसार में प्रतिबिंबित होने वाली चेतना की सीमाओं को, बेशक, वास्तविक संसार में उपलब्ध चेतना निर्धारित करती है। लेकिन अपनी संवेदनशीलता और जीवन दृष्टि से कई बार लेखक उस चेतना को भी पकड़ लेता है और अपनी कला में चित्रित करता है जो अभी तक वास्तविक संसार में, उसके समय के यथार्थ में नहीं दिखती, लेकिन जिसके आगे आने और उभरने की पूरी संभावना रहती है। इसे हम लूसिएं गोल्डमन के शब्दों में 'संभावित चेतना' कहते हैं। इसी तरह कई बार न सिर्फ लेखक, बल्कि वे लोग भी, जो वास्तविक संसार की घटनाओं में भाग लेने वाले चरित्र हैं, अपने ही कारनामों का सही अर्थ नहीं समझ पाते। सिर्फ वक्त का दौर गुजर जाने के बाद ही वे लोग अथवा आने वाली पीढ़ियाँ उन घटनाओं का सही अर्थ समझ पाती हैं। पहले उन्होंने जो अर्थ समझा था उसे उनकी मिथ्या चेतना कहा जा सकता है। कला में अपने समय की वास्तविक चेतना के साथ-साथ ये दोनों प्रकार की चेतनाएँ भी प्रतिबिंबित होती हैं। किसानों का संघर्ष 'प्रेमाश्रम' में अगर 'संभावित चेतना' का उदाहरण है तो शिक्षित मध्यवर्ग के हाथों उसकी मुक्ति उस युग की 'मिथ्या चेतना' का उदाहरण है। वास्तविक और संभावित चेतना की तरह मिथ्या चेतना का आधार भी वास्तविक परिस्थितियों में ही होता है। 'प्रेमाश्रम' के युग में असंगठित किसानों के सामने और निम्न मध्यवर्ग स्थित किसानों के हितैषियों के सामने भी राष्ट्रवादी शिक्षित मध्यवर्ग को छोड़ और कोई नेतृत्वकारी वर्ग न था।

सिर्फ कला की रचना ही नहीं, उसका अध्ययन और मूल्यांकन भी अपने युग की परिस्थितियों से प्रभावित होता है। राष्ट्रीय आंदोलन के दौर में प्रकाशित 'प्रेमाश्रम' के अध्ययन और मूल्यांकन को उस वक्त चल रहे असहयोग आंदोलन ने प्रभावित किया था। 'प्रेमाश्रम' में असहयोग आंदोलन से संबंध रखने वाली बातों पर उस जमाने के पाठकों और आलोचकों का ध्यान अधिक गया और किसानों के सवाल से संबंधित इस उपन्यास को असहयोग आंदोलन के प्रचारक के रूप में देखा गया। अब इन बातों का जिक्र कोई नहीं करता। 'प्रेमाश्रम' के उपसंहार में आए 'रामराज्य' की उस जमाने में

किसी ने आलोचना नहीं की। असहयोग आंदोलनकारियों के बीच 'प्रेमाश्रम' बहुत लोकप्रिय हुआ और प्रेमशंकर का चरित्र असहयोगियों का प्रतिनिधि बन गया। आज ये सारी बातें 'प्रेमाश्रम' की कमजोरियों के रूप में देखी जाती हैं। युग और संदर्भ बदल जाने से उसके अध्ययन की दृष्टि और मूल्यांकन भी बदल गया।

6

संदर्भ-सूची

अप्रकाशित सामग्री

कपिल कुमार : **पेजेंट्स मूवमेंट इन अवध** : 1918-22 शोध प्रबंध, इतिहास विभाग, मेरठ विश्वविद्यालय, 1979

कपिल कुमार : **यूजिंग दी रामचरितमानस ऐज़ ए रेडिकल टेक्स्ट : बाबा रामचंद्र इन अवध, 1920-50**
जवाहरलाल नेहरू मेमोरियल म्यूज़ियम एंड लाइब्रेरी (दिल्ली) में आयोजित सेमिनार ऑन सोशल ट्रांसफार्मेशन एंड दी क्रिएटिव इमेजिनेशन (7-11 फरवरी, 1983) में पढ़ा गया शोध निबंध।

धारा ललिता : **अर्ली ट्वेण्टिएथ सेंचुरी वूमेन्स मूवमेंट इन इंडिया;** दिल्ली-बंबई के नारीवादी संगठनों के अध्ययन मंडलों में वितरित एक निबंध, 1983

बाबा रामचंद्र : रामचंद्र पेपर्स
पांडुलिपि विभाग, जे. एन. एम. एम. एल. दिल्ली।

प्रकाशित सामग्री

सरकारी दस्तावेज

रिपोर्ट ऑफ एन इनफार्मेल कमेटी अपाइंटेड टू इक्ज़ामिन एंड एडवाइज़ रिगार्डिंग पैराग्राफ 212 टू 259 ऑफ दी रिपोर्ट ऑन इंडियन कांस्टिच्यूशनल रिफॉमूर्स; गवनमेंट प्रेस, इलाहाबाद; 1918

ग्रंथ और निबंध

अमृत राय : **प्रेमचंद : कलम का सिपाही**; हंस प्रकाशन, इलाहाबाद; 1981

अमृत राय, मदन गोपाल (संपा.) : **प्रेमचंद : चिट्ठी-पत्री, I, II,** हंस प्रकाशन, इलाहाबाद; 1978

अर्नेस्ट जे सिमोन्स : टॉल्स्टॉय; रूट्लेज एंड कीगन पॉल, लंदन; 1973

अयोध्या सिंह : **भारत का मुक्ति संग्राम**; मैकमिलन; 1977

आचार्य नरेंद्र देव : राष्ट्रीयता और समाजवाद; ज्ञानमंडल वाराणसी; 1973

आदित्य मुकर्जी : **दी वर्कर्स एंड पेज़ेंट्स पार्टीज : 1926-30; एन आस्पेक्ट्स ऑफ कम्युनिज्म इन इंडिया;** बिपन चंद्र द्वारा संपादित स्टडीज इन हिस्ट्री, 111 में संकलित निबंध; नवंबर, 1+2, जनवरी-दिसंबर, 1981, सी.एच.एस., जे. एन. यू.

एरिक आर वोल्फ : **ऑन पेज़ेंट रेबेलिएन्स**; त्योडोर शानिन द्वारा संपादित **पेज़ेंट्स एंड पेज़ेंट सोसायटी** में संकलित निबंध; पेंग्विन, न्यूयार्क; 1979

कपिल कुमार : **पेज़ेंट्स परसेप्शन ऑफ गाँधी एंड हिज़ प्रोग्राम : अवध, 1920-1922**; सोशल साइंटिस्ट, फरवरी, 1983

गीतांजलि पांडे : **प्रेमचंद एंड पेज़ेंट्री;** इकनॉमिक एंड पॉलिटिकल वीकली, 25 जून, 1983

जवाहरलाल नेहरू : **मेरी कहानी**; सस्ता साहित्य मंडल, 11वाँ संस्करण, दिल्ली; 1971

जवाहरलाल नेहरू : **जवाहरलाल नेहरू वाङ्मय 1;** जवाहरलाल नेहरू स्मारक निधि तथा सस्ता साहित्य मंडल का संयुक्त प्रकाशन; दिल्ली; 1972

तिलकराज सरीन : **रशियन रेवोल्यूशन एंड इंडिया** : 1917-21; स्टर्लिंग पब्लिशर, नई दिल्ली; 1977

दयानारायण निगम : **प्रेमचंद की बातें**; शचीरानी गुर्टू द्वारा संपादित **प्रेमचंद और गोर्की** में संकलित निबंध; राजकमल, नई दिल्ली; 1955

दशरथ प्रसाद द्विवेदी : **अनोखा मालिक**; बनारसी दास चतुर्वेदी, झाबरमल्ल शर्मा और परिपूर्णानंद वर्म्मा द्वारा संपादित **गणेश स्मारक ग्रंथ** में संकलित निबंध; हिंदी भवन, कालपी; 1960

डॉ. इंद्रनाथ मदान : **'प्रेमाश्रम'**; डॉ. इंद्रनाथ मदान द्वारा संपादित, **प्रेमचंद प्रतिभा** में संकलित निबंध; सरस्वती प्रेस, इलाहाबाद; 1967

डॉ. कमर रईस : **प्रेमचंद का तनकीदी मुताला**; सर सैयद बुक डिपो, अलीगढ़; 1977

डॉ. कमल किशोर गोयनका : **प्रेमचंद विश्वकोश, 1, 11**; प्रभात प्रकाशन, दिल्ली; 1981

डॉ. राजेंद्र प्रसाद : **चंपारन में महात्मा गाँधी**; बिहार राष्ट्रभाषा परिषद, पटना; 1965

डेविड हार्डिमन : **पेज़ेंट नेशनलिस्ट ऑफ गुजरात : खेड़ा डिस्ट्रिक्ट** : 1917-1934; ऑक्सफोर्ड यूनिवर्सिटी प्रेस, दिल्ली; 1981

प्रेमचंद : **'भूमिका'**, छविनाथ पांडे द्वारा टॉल्स्टॉय के **'अन्ना कैरेनिना'** के हिंदी अनुवाद **'आन्ना'** में संकलित; पुस्तक मंदिर, काशी; 1933

मन्मथनाथ गुप्त : **अन्ना कैरेनिना**; डॉ. नगेंद्र द्वारा संपादित तोल्स्तोय में संकलित निबंध; आलेख प्रकाशन, दिल्ली; 1979

एम. एच. सिद्दीकी : **एग्रेरिएन अनरेस्ट इन नॉर्थ इंडिया**; दी यूनाइटेड प्रोविंस (1918-22), विकास, नई दिल्ली; 1978

महात्मा गाँधी : **संपूर्ण गाँधी वाङ्मय 18, 19, 20**; प्रकाशन विभाग, सूचना प्रसारण मंत्रालय; 1967

महावीर प्रसाद द्विवेदी : **संपत्तिशास्त्र**; इंडियन प्रेस, प्रयाग; 1908

मुरली मनोहर प्रसाद सिंह : **प्रेमचंद की रचनाओं पर किसान आंदोलन का प्रभाव;** कलम के प्रेमचंद अंक में, कलकत्ता, वर्ष?

मोहम्मद मुस्तफा खाँ 'मद्दाह' : **उर्दू-हिंदी शब्दकोश;** उत्तर प्रदेश हिंदी समिति, सूचना विभाग, उ. प्र.; 1959

रंजीत गुहा : **ऑन सम आस्पेक्ट्स ऑफ दी हिस्टोरिओग्राफी ऑफ कोलोनियल इंडिया; सबाल्टर्न स्टडीज I** में संकलित निबंध, ऑक्सफोर्ड यूनिवर्सिटी प्रेस, दिल्ली; 1982

रॉबर्ट ओ स्वान : **मुंशी प्रेमचंद ऑफ लम्ही विलेज;** ड्यूक यूनिवर्सिटी, प्रेस; 1969

रामचंद्र वर्मा : **साम्यवाद;** हिंदी ग्रंथ रत्नाकर, बंबई; 1919

रामदीन गुप्त : **प्रेमचंद और गाँधीवाद;** हिंदी साहित्य संसार, दिल्ली; 1961

रामविलास शर्मा : **प्रेमचंद और उनका युग;** राजकमल, नई दिल्ली; 1981

श्रीनिवास सरदेसाई : **गाँधीजी और भारतीय कम्युनिस्ट पार्टी; महात्मा गाँधी : एक मार्क्सवादी परिचर्चा** में संकलित निबंध, पी.पी.एच.; 1971

सुखबीर चौधरी : **पोस्ट वॉर एवेक्निंग : 1919-21;** ए. आर. देसाई द्वारा संपादित **पेजेंट स्ट्रगल इन इंडिया** में संकलित निबंध; ऑक्सफोर्ड यूनिवर्सिटी प्रेस, बंबई; 1979

सुकोमल सेन : **वर्किंग क्लास ऑफ इंडिया;** के. पी. बाग्ची एंड कंपनी, कलकत्ता; 1979

सुधीर चंद्र : **प्रेमचंद : ए हिस्टोरिओग्रॉफिक व्यू;** इकनॉमिक एंड पॉलिटिकल वीकली, 11 अप्रैल; 1981

सुमित सरकार : **पॉपुलर मूवमेंट्स एंड मिड्ल क्लास लीडरशिप इन लेट कोलोनियल इंडिया : पर्सपेक्टिव एंड प्रॉब्लम्स ऑफ ए हिस्ट्री फ्रॉम बिलो;** के. पी. बाग्ची एंड कंपनी, कलकत्ता; 1980

सुमित सरकार : **मॉडर्न इंडिया : 1885-1947**; मैकमिलन, दिल्ली; 1983

एच. सी. इरविन : **दी गार्डेन ऑफ इंडिया और चैप्टर्स ऑन अवध हिस्ट्री एंड अफ़ेयर्स** 1, 11; पुस्तक केंद्र, लखनऊ; 1973

एच. डी. मालवीय : **लैंड रिफॉर्म इन इंडिया**; ऑल इंडिया कांग्रेस कमेटी, दिल्ली; 1954

हंसराज रहबर : **प्रेमचंद : जीवन, कला और कृतित्व**; आत्माराम, दिल्ली; 1962

त्रिभुवन नारायण सिंह : **बनारस का वातावरण; 1921 के असहयोग आंदोलन की झांकियों** में संकलित निबंध, प्रकाशन विभाग, सूचना प्रसारण मंत्रालय, दिल्ली; 1971

ज्ञान पांडे : **पेज़ेंट रिवोल्ट एंड इंडियन नेशनलिज़्म : दी पेज़ेंट मूवमेंट इन अवध, 1919-1922**; रंजीत गुहा द्वारा संपादित सबाल्टर्न स्टडीज I में संकलित निबंध।

पत्र-पत्रिकाओं की पुरानी फाइलें

प्रताप	1917-22	:	माइक्रोफिल्म, जे. एन. एम. एम. एल., दिल्ली।
अभ्युदय	1917-22	:	माइक्रोफिल्म, जे. एन. एम. एम. एल., दिल्ली।
लीडर	1917	:	माइक्रोफिल्म, जे. एन. एम. एम. एल., दिल्ली।
आज	1920-22	:	काशी नागरी पचारिणी सभा, बनारस।
हंस	1936	:	काशी नागरी प्रचारिणी सभा, बनारस।
प्रभा	1913-23	:	मारवाड़ी पुस्तकालय, दिल्ली।
मर्यादा	1918-22	:	मारवाड़ी पुस्तकालय, दिल्ली।
सरस्वती	1914-23	:	मारवाड़ी पुस्तकालय, दिल्ली।
श्रीशारदा	1920-22	:	मारवाड़ी पुस्तकालय, दिल्ली।
स्वार्थ	1919-20	:	मारवाड़ी पुस्तकालय, दिल्ली।
माधुरी	1922-23	:	मारवाड़ी पुस्तकालय, दिल्ली।
नवजीवन	1922	:	मारवाड़ी पुस्तकालय, दिल्ली।
मॉडर्न रिव्यु	1917-18	:	मारवाड़ी पुस्तकालय, दिल्ली।
स्त्री दर्पण	1917-20	:	मारवाड़ी पुस्तकालय, दिल्ली।

आधार सामग्री

प्रेमचंद : **प्रेमाश्रम**, हंस प्रकाशन, इलाहाबाद, 1977

प्रेमचंद : प्रेमाश्रम के उर्दू मसौदे की खंडित प्रति, इलाहाबाद म्यूज़ियम

प्रेमचंद : **विविध प्रसंग I**, हंस प्रकाशन, इलाहाबाद, 1980

प्रेमचंद : **विविध प्रसंग II, III**, हंस प्रकाशन, इलाहाबाद, 1978

प्रेमचंद : **गुप्तधन I, II**, हंस प्रकाशन, इलाहाबाद, 1978

प्रेमचंद : **मानसरोवर I से VIII** तक, सरस्वती प्रेस, इलाहाबाद, 1982

प्रेमचंद : **संग्राम**, सरस्वती प्रेस, इलाहाबाद, 1980

प्रेमचंद : **सोलह अप्राप्य कहानियाँ**, सरस्वती प्रेस, इलाहाबाद, 1982

परिशिष्ट-1

1918 में पूर्वी उत्तर प्रदेश के जमींदारी और ताल्लुकेदारी इलाकों में जोत सुरक्षा की दृष्टि से किसानों की संख्या : I

सभी तरह के किसान

		लगान 1 से 24 रु. तक	लगान 25 से 49 रु. तक	लगान 50 से 99 रु. तक	लगान 100 रु. से ऊपर
बनारस डिवीजन जमींदारी इलाका	जिला – बनारस	48,995	11,254	5,132	1,602
	– मिर्जापुर	54,169	10,273	4,075	1,344
	– जौनपुर	78,790	17,053	6,414	1,614
	– गाज़ीपुर	55,984	12,446	4,749	1,368
	– बलिया	51,515	11,263	4,421	1,609
	कुल	**289,453**	**62,289**	**24,791**	**7,537**
गोरखपुर डिवीजन जमींदारी इलाका	– गोरखपुर	403,582	38,592	6,668	736
	– बस्ती	163,505	29,602	7,596	1,473
	– आज़मगढ़	134,074	20,567	4,938	871
	कुल	**701,161**	**88,761**	**19,202**	**3,080**
लखनऊ डिवीजन ताल्लुकेदारी इलाका	– लखनऊ	40,362	20,262	11,748	3,342
	– उन्नाव	95,372	31,730	12,420	2,465
	– रायबरेली	70,942	33,104	16,035	2,956
	– सीतापुर	85,951	47,929	31,336	8,720
	– हरदोई	105,400	40,506	18,856	4,647
	– खेरी	99,036	35,853	17,223	3,959
	कुल	**496,063**	**209,384**	**107,618**	**26,089**

			लगान 1 से 24 रु. तक	लगान 25 से 49 रु. तक	लगान 50 से 99 रु. तक	लगान 100 रु. से ऊपर
फैजाबाद डिवीजन ताल्लुकेदारी इलाका	—	फैजाबाद	117,519	23,163	8,788	1,499
	—	गोंडा	121,943	37,187	14,734	3,652
	—	बहराइच	89,294	36,248	19,999	7,345
	—	सुल्तानपुर	94,096	25,451	8,572	1,655
	—	प्रतापगढ़	75,619	25,640	10,192	2,610
	—	बाराबंकी	85,393	35,837	24,934	7,617
		कुल	538,864	183,526	87,219	24,378

परिशिष्ट-2

1918 में पूर्वी उत्तर प्रदेश के जमींदारी और ताल्लुकेदारी इलाकों में जोत सुरक्षा की दृष्टि से किसानों की संख्या : II

सुरक्षित किसान

		लगान 1 से 24 रु. तक	लगान 25 से 49 रु. तक	लगान 50 से 99 रु. तक	लगान 100 रु. से ऊपर
बनारस डिवीज़न जमींदारी इलाका	जिला – बनारस	40,351	10,106	4,535	1,470
	– मिर्जापुर	26,860	6,096	2,482	732
	– जौनपुर	54,571	15,608	5,848	1,492
	– गाज़ीपुर	39,081	8,604	3,174	858
	– बलिया	39,454	8,798	3,265	1,134
	कुल	**200,317**	**49,212**	**19,304**	**5,686**
गोरखपुर डिवीजन जमींदारी इलाका	– गोरखपुर	292,177	31,542	5,832	649
	– बस्ती	111,787	23,107	6,005	1,108
	– आज़मगढ़	107,130	15,603	4,132	619
	कुल	**511,094**	**70,252**	**15,969**	**2,376**
लखनऊ डिवीजन ताल्लुकेदारी इलाका	– लखनऊ	1,003	158	65	39
	– उन्नाव	1,779	400	111	73
	– रायबरेली	3,098	806	413	153
	– सीतापुर	388	99	47	28
	– हरदोई	927	305	150	72
	– खेरी	655	206	83	54
	कुल	**7,850**	**1,974**	**869**	**419**

		लगान 1 से 24 रु. तक	लगान 25 से 49 रु. तक	लगान 50 से 99 रु. तक	लगान 100 रु. से ऊपर
फैजाबाद डिवीजन ताल्लुकेदारी इलाका	— फैजाबाद	2,057	493	221	64
	— गोंडा	3,526	1,086	448	312
	— बहराइच	173	49	32	49
	— सुल्तानपुर	2,866	474	230	108
	— प्रतापगढ़	5,907	1,796	1,189	988
	— बाराबंकी	1,575	333	160	76
	कुल	**16,104**	**4,231**	**2,280**	**1,597**

स्रोत : फ़र्स्ट डिस्पैच ऑन इंडिया कांस्टिट्यूशनल रिफार्म्स; ओपीनियन आफ दी गवर्नमेंट ऑन मांटेग्यु चेम्सफोर्ड रिपोर्ट; रिपोर्ट ऑफ एन इनफॉर्मेल कमेटी, खंड **IV**; इलाहाबाद, 1918

परिशिष्ट-3

अवध में बेदखली की नोटिसें

	1905-06	1916-17	1917-18	1918-19	1919-20	1920-21
लखनऊ	2068	2262	2495	1399	2325	1989
उन्नाव	3474	3564	4232	2127	6392	4712
रायबरेली	1784	1920	1857	1641	2962	2440
सीतापुर	1889	1506	1905	1531	2148	2123
हरदोई	3784	3834	3560	1746	7666	7463
खेरी	1059	142	1261	781	1271	1417
फ़ैजाबाद	2146	2235	2266	2105	3374	2826
गोंडा	2295	4038	3752	2412	4068	3091
बहराइच	1703	2102	1795	2412	1878	2257
सुल्तानपुर	2326	2431	2473	2019	3661	3972
बाराबंकी	2895	3932	3725	2722	3843	4452
प्रतापगढ़	2157	2088	2129	2719	3892	766
पूरे अवध में	27580	30054	31450	23614	43490	37508

मूल स्रोत : रेवेन्यू एडमिनिस्ट्रेशन रिपोर्ट ऑफ एन. डब्ल्यू. पी. एंड अवध, 1905-06 तथा फाइल नं. 45/1921, रेवेन्यू, यू. पी. एस. ए., पृ. 46, कपिल कुमार के अप्रकाशित शोध प्रबंध से उद्धृत

उ. प्र. में लगान, भू-राजस्व और जमींदारों-ताल्लुकेदारों का हिस्सा

...लाख रुपए में

वर्ष	कुल लगान वसूली	सरकार को अदा किया गया कुल भू-राजस्व	जमींदारों और ताल्लुकेदारों का मुनाफा
1893-94	1,224	593	631
1898-99	1,236	619	617
1904-05	1,383	640	743
1909-10	1,508	649	859
1914-15	1,632	651	981
1919-20	1,784	677	1,107
1924-25	1,867	690	1,177
1929-30	1,940	703	1,237
1934-35	1,881	712	1,169
1939-40	1,810	702	1,108
1942-43	1,713	682	1,035
1944-45	1,753	682	1,071

नोट : 1893-94 से 1944-45 तक जमींदारों-ताल्लुकेदारों ने लगान की माँग 42% तक बढ़ाई जबकि सरकारी भू-राजस्व की माँग में 15% तक की ही वृद्धि हुई थी। इस तरह जमींदारों-ताल्लुकेदारों का हिस्सा बढ़कर 69% हो गया।

स्रोत : एच. डी. मालवीय, लैंड रिफॉर्म इन इंडिया, ऑल इंडिया कांग्रेस कमेटी, दिल्ली, 1954

परिशिष्ट-4

अवध किसान सभा की चौदह प्रतिज्ञाएँ

1. हम किसान सच बोलब—झूठ न बोलब और अपने दुख के बात सच-सच कहब।
2. कितनो दुख होय मारपीट कबहुँ न करब। न तो केहू के गारी देब और न केहू पर हाथ छोड़ब।
3. गाँव-गाँव किसान सभा बनाउब। सभा में जाब। केहू के रोके सभा में जाइब बंद न करब।
4. आपस में झगड़ा न करब, सुमति रखब। हर गाँव या दुई-दुई चार-चार गाँव मिलके पंचाइत बनाउब और जब कबौं कुछ झगरा तकरार होई वो ही में तय कर लेब।
5. अपने गाँव में अगर कौनो किसान खाये पीये के दुख या और कौने तरह के दुख में होई ओकर मदद हम करब। सब किसानन के दुख-सुख आपन समझब।
6. हथियावन, घोरावन, मोटरावन, मुड़ावन, नचावन, लटियावन, वगैरह गैर कानूनी टिकस न देब। बेगार बिना पूरी मजूरी के न करब। उपरी, पतई, भूसा और रस बाजार भाव पर बेचब। रुपया लेब तबै देब।
7. खेत के लगान ठीक वक्त पर भुगतान करब, लगान की रसीद जरूर लेब। और अगर रसीद न मिली तो डाक से लगान भेजब। आपन गाँव भर मिलके ठकुरे इहाँ जायके लगान देब।
8. खेत चाहे निकरि जाय लेकिन नजराना न देब।
9. बेदखली के कानून मंसूख करावे बदे हम सभा जरूर करब। और जब तक मंसूख न होय हम दम न लेब।
10. बेदखल खेत के, जौने किसान के खेत रहा वह के छोड़ि के दूसर कोने किसान खेत न लेई। और अगर कौनो दूसर किसान लेह ओके सभा से हटा दिया जाई। ओकर छूवा पानी न पीअब। ओकर सलाम बन्दगी बन्द कय देब। ओसे कौनो तरह के लगस्तगा न रखब।

11. ताल्लुकेदार से बेदखल खेत जोतेते बरे माँगब। अगर न दीहैं तो भूखन मरब लेकिन जबरजसती कबौ न करब, हमरि सुधि न लीहैं तो उनसे भी लगस्तगा न रखब।
12. अगर हमार ठाकुर परती में हमार गोरू न चरे दीहैं, हम न चराइब, हमार गोरू मर जइहैं लेकिन कानून के खिलाफ न करब।
13. रुई बोउब, घर-घर में चरखा रखब। सूत कातब और अपने तहसील में जुलह भाई से कपड़ा बुनवाय लेब।
14. अपने लड़किन के पढ़ाउब। कपड़ा बिनैके सिखाउब, ईश्वर में विश्वास रखब। भिन्सहरे और सांझ ईश्वर से आपन दुख मिटाबै बदे हाथ जोड़ब। साहस, धीरज और नीडर होइ के आपन दुख दूर होये बदे कोशिश करब।

किसान भाई व बहीन, ऊपर के बात सच्चे मन से करौ। ईश्वर बहुत जल्दीयै तुम्हारा दुख कटिहैं।

रामचंद्र शर्मा   तोहार सेवक   गौरी शंकर मिश्र

—स्पीचेज एंड राइटिंग
एफ. एन. 2 ए, नोट बुक नं. 2
रामचंद्र पेपर्स
जवाहरलाल नेहरू मेमोरियल म्यूज़ियम
एंड लाइब्रेरी, दिल्ली।

परिशिष्ट-5

अवध के किसान आंदोलन में किसानों को गाँधी के निर्देश : 9-2-1921

यदि हम नीचे लिखे हुए नियमों का अच्छी तरह पालन नहीं करेंगे तो हमको स्वराज्य नहीं मिल सकता, न हमारे दूसरे दुःख दूर हो सकते हैं।

1. हमें किसी को मारना नहीं चाहिए और न लकड़ी चलाना चाहिए। हमें किसी को न गाली देना चाहिए और न दूसरी किसी तरह की जबर्दस्ती करना चाहिए।
2. दुकानों को नहीं लूटना चाहिए।
3. जो हमारा कहा न माने उसको मुहब्बत से अपनाना।
4. सरकार और जमींदारों का पोत या लगान बंद नहीं करना।
5. जमींदार यदि कुछ दुख दें तो संयुक्त प्रांतीय किसान सभा के सभापति पंडित मोतीलाल जी नेहरू को खबर देना, और जो कुछ वे कहें, वैसा करना।
6. याद रखना कि जमींदारों को भी हम मित्र बनाना चाहते हैं।
7. हम इस समय कानून-भंग की लड़त नहीं चाहते हैं। इसलिए सब कानूनी आज्ञाओं को मानना।
8. रेलगाड़ी इत्यादि को न रोकना। न जबर्दस्ती बिना टिकट उसमें बैठना।
9. यदि हमारे किसी नेता को सरकार पकड़ ले तो उन्हें न घेरना, न कुछ दंगा या तूफान करना। सरकार के किसी को पकड़ने से हम नहीं हारेंगे। हम हारेंगे तब, जब पागल बनकर कुछ नुकसान करेंगे या मारपीट करेंगे।
10. दारू, बीड़ी, तम्बाकू और सब दुर्व्यसनों को छोड़ना।
11. परस्त्री को माँ-बहन समान समझना, उनकी रक्षा करना।
12. हिंदू-मुसलमानों के बीच प्रेम रखना।
13. हिंदू जातियों में किसी को नीच-ऊँच, अछूत—ऐसा नहीं समझना। सबमें समदृष्टि और भ्रातृ भाव रखना। हम सब भारतवासी भाई-बहन हैं, ऐसा भाव रखना।
14. जुआ नहीं खेलना।

15. चोरी नहीं करना।
16. झूठ हरगिज नहीं बोलना। सत्य ही हमेशा कहना और सच्चा व्यवहार करना।
17. हर एक घर में चरखा दाखिल करना और दूसरे कामों से जितना समय बचे वह सब स्त्री-पुरुष सूत कातने में दें। लड़के-लड़कियों को भी सूत कातने में लगाना। कम-से-कम चार घंटा रोज सूत कातने में दिया जाए।
18. परदेशी कपड़े का त्याग कर अपने काते हुए सूत में से जुलाहे के मारफत कपड़े बुनवाकर पहनना।
19. अपने झगड़ों का फैसला अदालतों से नहीं करना परंतु पंच की मारफत तय करना।

याद रखना कि सबसे बड़ी बात यह है कि हम गुस्से को रोकें और मारपीट न करें। कोई हमें मारे तो उस मार की परवाह न करना।

मोहनदास करमचंद गाँधी
पृ. 426-27, संपूर्ण गाँधी वाङ्मय-19